发展具有国际竞争力的大企业集团，提高国家竞争力。

陈锦华

二〇〇八年六月

贯彻落实科学发展观
扎实做强做大做久

王忠禹

二〇〇八年七月

2015
中国500强企业发展报告

中国企业联合会
中国企业家协会　编

企业管理出版社

图书在版编目（CIP）数据

2015中国500强企业发展报告/中国企业联合会、中国企业家协会编．—北京：企业管理出版社．2015.8

ISBN 978－7－5164－1114－8

Ⅰ.①2…　Ⅱ.①中…　②中…　Ⅲ.①企业发展－研究报告－中国－2015　Ⅳ.①F279.2

中国版本图书馆CIP数据核字（2015）第183293号

书　　名：2015中国500强企业发展报告

作　　者：中国企业联合会、中国企业家协会

责任编辑：刘　刚

书　　号：ISBN 978-7-5164-1114-8

出版发行：企业管理出版社

地　　址：北京市海淀区紫竹院南路17号　　邮编：100048

网　　址：http://www.emph.cn

电　　话：出版部：68414643　发行部：68701638　编辑部：68701661

电子信箱：80147@sina.com　　zbs@emph.cn

印　　刷：北京联兴盛业印刷股份有限公司

经　　销：新华书店

规　　格：210毫米×285毫米　16开　27印张　650千字

版　　次：2015年8月第1版　2015年8月第1次印刷

定　　价：300.00元

《2015 中国 500 强企业发展报告》

顾　问：陈锦华　袁宝华　张彦宁

主　编：王忠禹

副主编：李德成　王基铭　李建明

深化改革是企业发展的内在动力

中国企业联合会、中国企业家协会会长　王忠禹

新常态下，我国经济发展正从高速增长转向中高速增长，经济发展方式正从规模速度型粗放增长转向质量效益型集约增长，经济结构正从增量扩能为主转向调整存量、做优增量并举的深度调整，经济发展动力正从传统增长点转向新的增长点。在十二届全国人大三次会议上，李克强总理在《政府工作报告》中强调，主动适应和引领经济发展新常态，坚持稳中求进工作总基调。广大企业要从战略全局的高度，全面认识新常态、主动适应新常态、积极引领新常态，为提质增效升级作出新贡献。

一、着力推进转型升级，加快培育新的增长点

转型升级是企业发展的必由之路。改革开放30多年来，我国经济在高速发展的同时，也遇到国际分工地位较低、产品附加值较低、贸易壁垒较多等一系列问题。向中高端水平迈进，向依靠科技进步、创新能力强、资源消耗少的高端产业迈进，是新常态对广大企业提出的要求，也是企业发展的必由之路。在经济转型时期，各种矛盾和问题相互交织，经济下行压力大的形势下，企业不能坐等观望，而要主动转型，加快升级，运用新技术，发展新产业，培育新业态，在市场搏击中强筋健骨。一是提升制造业竞争优势，在优化结构、推动节能减排、改善品种质量、淘汰落后产能的同时，大力发展智能制造技术和装备。二是发展战略性新兴产业，在新一代信息技术产业、高端装备制造业、新材料产业、新能源产业和生物产业实现新的突破。三是推动服务业特别是生产性服务业的大发展，加快发展电子商务、现代物流等新兴市场业态，大力发展大数据、云计算等高端产业，积极发展售后服务，提高服务质量，完善服务标准。四是高度重视工业设计及研发服务，围绕产品的外观造型、功能创新、结构优化、包装展示以及节材节能、新材料使用等重点环节，创新设计理念，提升设计手段，从而不断丰富产品品种，提升产品附加值，扩大和满足消费者日益个性化、人性化和多样化的需求。

二、着力深化企业改革，进一步增强企业活力

深化改革是企业发展的内在动力。经过 30 多年的改革实践，我国企业的管理体制、经营机制、企业面貌都发生了深刻变化。一大批企业实现了公司制改革，适应市场经济发展的激励约束机制逐步建立，创新能力和市场竞争力显著提高。但也要看到，市场化导向的企业改革还在进行时，现代企业制度还很不完善，束缚企业发展的顽疾还很多。在新常态下，企业要发扬“敢为天下先，爱拼才会赢”的闯劲，勇闯企业改革深水区，打好深化企业改革攻坚战。一是进一步完善现代企业制度，健全公司法人治理结构，厘清股东会、董事会、监事会、经理层的职责权限，形成股东会、董事会、监事会、经理层各司其责、运转协调、有效制衡的机制。二是进一步发展混合所有制经济，积极吸收社会资本参与国有产权多元化改革，提高国有资本的效率，拓宽企业投资渠道，降低融资成本。三是进一步深化企业内部体制机制改革，做到管理人员能上能下、员工能进能出、收入能增能减。建立健全职业经理人制度，更好发挥企业家作用。四是进一步强化依法治企、依法经营，公平参与竞争，积极维护市场秩序，妥善处理企业在市场经营中遇到的法律纠纷。

三、着力推动企业创新，提升企业核心竞争力

创新是企业发展的灵魂。管理创新和技术创新密不可分，是提高企业生产力和竞争力的两个重要支撑。改革开放以来，我国企业的管理水平和技术水平都有了很大提高。国际上一些比较先进的管理理念和管理方法引入我国部分企业，并与企业的实际相结合，形成了各具特色的管理方法。我国企业逐步重视自主创新，有些技术达到国际先进水平，例如高铁、核电、4G 标准等。但也要看到，我国经济发展方式比较粗放，企业创新能力不足，物耗高、能耗高、污染严重，产能过剩等问题突出，仍然制约着企业健康发展。在新常态下，企业要认真贯彻落实《中共中央、国务院关于深化体制机制改革加快实施创新驱动发展战略的若干意见》，破除一切制约创新的思想障碍和制度藩篱，营造一个有利于创新的舆论环境和制度环境，激发企业创新活力和创新潜能，加快从要素驱动发展为主向创新驱动发展转变，提升劳动、信息、知识、技术、管理、资本的效率和效益，发挥市场对技术研发方向、路径选择和各类创新资源配置的导向作用，调整创新决策和组织模式，使企业成为真正的创新主体。在管理创新方面，企业要进一步加强管理理念、制度、机制、方法上的创新，着力推进商业模式创新，重视把信息化、网络化等先进技术手段引入企业管理中，提升管理效率和水平。要牢固树立精益管理理念，从企业经营管理各项活动的过程分析入手，做好流程梳理和浪费辨识工作，精简或消除不创造价值的活动，以品质优、成本低和效率高为目标，对市场需求做出快速响应。在技术创新方面，企业要紧紧抓住移动互联网、云计算、大数据、物联网带来的发展机遇，用高新技

术改造传统产业，集中精力在集成电路、数控机床、航空航天、网络通信设备、海洋工程装备、节能与新能源汽车、工业机器人、3D打印等高端制造领域抢得先机和实现赶超。要按照市场化原则完善内部创新激励机制，不断引进和培养站在行业科技前沿、具有国际视野和能力的领军人才，大力推进科技成果转化，让创新成果变成实实在在的产业活动和现实生产力。

四、着力实施“走出去”战略，提高国际化经营水平

实施“走出去”是企业发展的战略选择。我国企业从“引进来”消化吸收，到“走出去”开办工厂、设立研发中心、跨国并购，已经积累了丰富的经验，取得了可喜的成效。截至2015年1月，我国企业在180多个国家建立了2万多个境外企业，累计非金融类对外直接投资6500多亿美元，涉及能源、基础设施、地产、农业、科技等领域。中信、中国远洋运输、中国海洋石油上榜2014全球100大跨国公司，12家中国内地企业上榜发展中国家和地区100大跨国公司。但我国企业走出去起步较晚、基数较小，目前总体上尚处于初级阶段。随着新常态下我国经济的稳健发展和“一带一路”战略的实施，我国企业融入国际经济体系的步伐将进一步加快。广大企业要充分利用国际经济结构深刻调整和世界经济温和复苏的历史性机遇，加快推进国际化经营，增强在全球范围内配置和重组资源的能力，做到走得出、站得稳、有实效。一是进一步发挥低成本的竞争优势，合理选择投资方式，在全球范围内统筹布局生产和营销力量。二是进一步提高跨境并购的成功率，尤其是并购完成后实现企业业绩持续向好的成功率。三是进一步掌握国际通行的游戏规则和所在国的法律法规及政治、经济、社会、文化背景，警惕和防范运营中的各种风险，积极履行社会责任，不断提高中国企业的国际地位和形象。

（本文摘自作者2015年3月28日在全国企业管理创新大会上的讲话）

目　　录

The Development Report on 2015 China Top 500 Enterprises
Contents

第一章 2015 中国企业 500 强分析报告

2015 中国企业 500 强是中国企业联合会、中国企业家协会连续第 14 次向社会发布的“中国企业 500 强”排行榜。2014 年，中国经济步入新常态，中国企业 500 强也呈现诸多新的特征。第一，规模扩张步伐明显放缓。无论入围门槛增幅、营业收入总额增幅、资产总额增幅都为近年来最低。第二，企业绩效总体不容乐观。企业亏损面增至十年来最高；营业收入负增长、利润负增长企业明显增加；净利润增速处于低增长阶段。第三，产业结构调整继续深化。传统能源、冶金等行业深入调整，新兴产业和新业态酝酿大变革。从旧常态转向新常态就是一场革命性变革，对大企业来说同样如此。新常态下机遇与挑战并存，中国 500 强企业如何在新形势下加强自身变革，抓住新一轮内外发展机遇，直面颠覆性挑战，是需要面对和解决的重大课题。

一、2015 中国企业 500 强的规模特征

中国企业 500 强是一个大企业群体，具有显著的资源配置能力和市场影响力：500 家企业 2014 年的营业收入总额相当于中国当年 GDP 的 93.8%，它们大多数都是行业龙头企业或地区支柱企业，它们拥有约 4.5 万家控股子公司和 1.06 万家分公司，它们参与制定了 3.01 万项国内外行业标准，并拥有 53.1 万项专利包括 14.3 万项发明专利，几乎每个人每天都要直接或间接接触到这些企业。毫无疑问，我们现在处在大企业的时代。

1. 500 家企业的总体规模

2015 中国企业 500 强的营业收入总额达到了 59.5 万亿元，相当于 2014 年中国国内生产总值（GDP）63.4 万亿元的 93.5%（见图 1-1）。2015 美国企业 500 强的营业收入总额为 12.52 万亿美元，相当于 2014 年美国 16.2 万亿美元 GDP 的 77.3%。相比较，500 家中国大企业在国民经济中的地位更加突出。当然看总量也要看结构看国情。2015 中国企业 500 强的 59.5 万亿元营业收入中，293 家国有企业的营业收入 46.6 万亿元，占 500 强的 78.3%，因此毋宁说，国有大企业在国民经济中的地位更加突出。

2. 入围门槛增幅为历史最低

（1）2015 中国企业 500 强的入围门槛提高至 236.1 亿元，增幅仅 7.5 亿元，增幅为 5 年来最低

在近十年的 500 强中，入围门槛增幅最大的是 2012 中国企业 500 强，提高了 33.1 亿元；增幅最小的是 2010 中国企业 500 强，入围门槛仅比上年提高了 5.4 亿元，如图 1-2 所示。

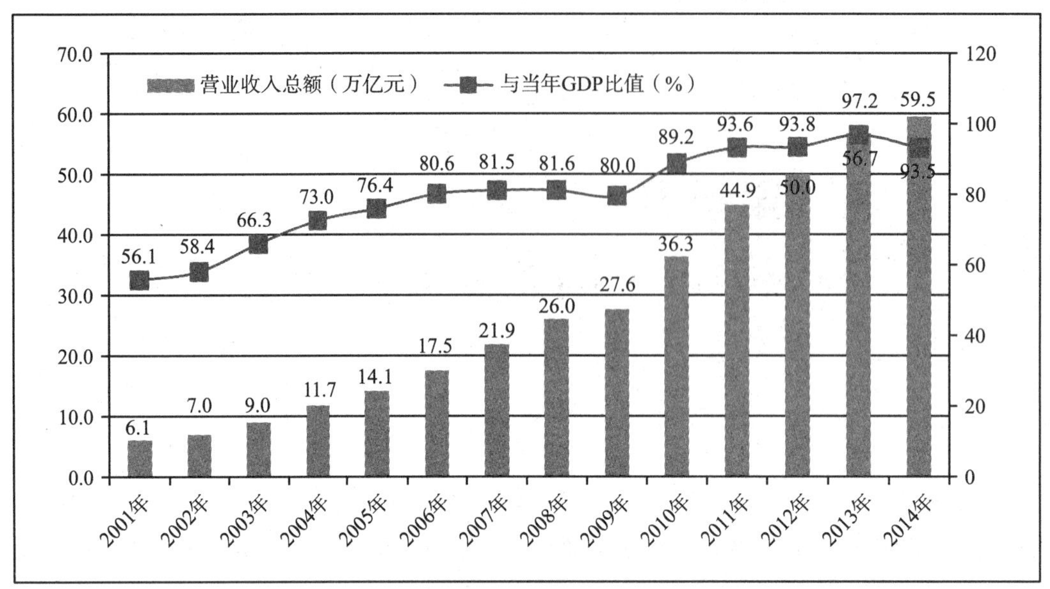

图 1-1　中国企业 500 强的营业收入总额及其与当年 GDP 比值

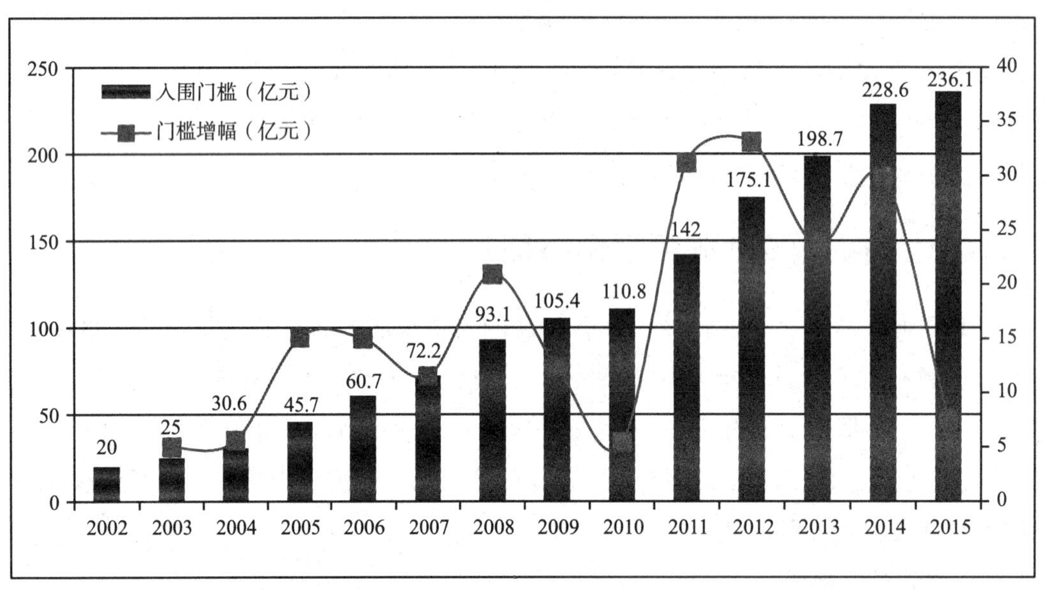

图 1-2　历年中国企业 500 强的入围门槛及增幅

（2）营业收入总额增幅和资产总额增长速度都显著下降

2015 中国企业 500 强的营业收入总额达到 59.5 万亿元，同口径同比增长了 6.98%，但仅比上年 500 强营业收入总额 56.7 万亿元增长了 4.94%，为历年来最低，如图 1-3 所示。

从资产总额看，2015 中国企业 500 强资产总额达到 197.6 万亿元，较上年 500 强资产总额 176.4 万亿元增长了 12.0%，为十年来最低（见图 1-4）。从趋势上看，国际金融危机以来中国企业 500 强的资产总额增幅总体呈现下滑态势。从结构上看，190 万亿资产总额中，高负债经营特征的银行和保险企业资产合计达到 135.3 万亿元，占 500 强的 68.5%，也就是说非金融企业的资产只占 32.6%，不足 1/3。

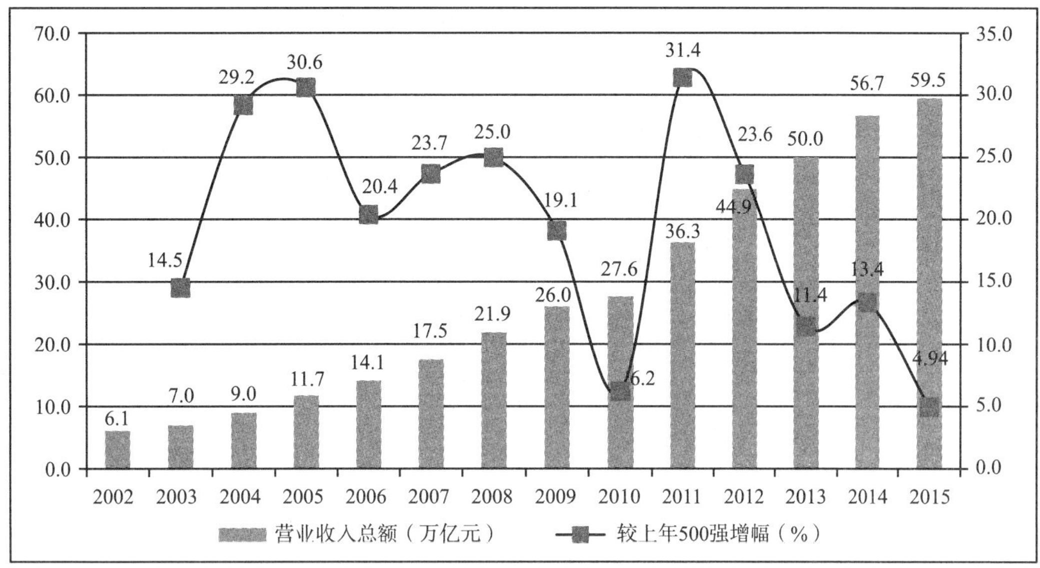

图 1-3 中国企业 500 强的营业收入总额和增长幅度

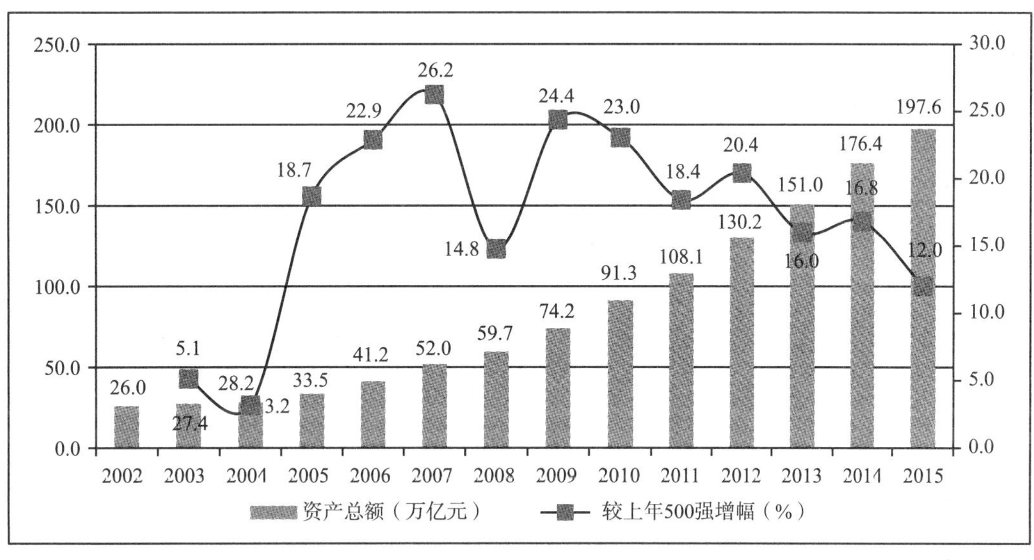

图 1-4 中国企业 500 强的营业收入总额和资产总额

3. 超千亿元的大企业群体继续扩容

2015 中国企业 500 强中，营业收入超过 1000 亿元的共有 144 家，其中包括 4 家超过 1 万亿元的超级企业：中国石油化工集团（2.89 万亿元）、中国石油天然气集团（2.73 万亿元）、国家电网公司（2.09 万亿元）、中国工商银行（1.03 万亿元）；2014 年中国工商银行的营业收入首次突破 1 万亿元（见表 1-1）；还包括 140 家营业收入超过 1000 亿元的超大型企业，比上年增加了 9 家。从所有制分布看，这 144 家企业包括 66 家中央国有企业、52 家地方国有企业、26 家民营企业；从行业分布看，主要分布在金融（20 家保险、银行和金融控股企业）、煤炭（13 家企业）、钢铁（13 家企业）、汽车（9 家企业）、建筑（9 家企业）、电力电网（7 家企业）、石油（5 家企业）、军工（5 家企业）、房地产（3 家）等传统领域，互联网领域出现了 1 家（京东）。

2015 中国企业 500 强中营业收入超过千亿元的 144 家大企业，在 2014 年共实现营业收入 43.59 万亿元，占 500 强营业收入总额的 73.3%；实现利润 2.15 万亿元，占 500 强利润总额的 83.3%；职工人数合计为 2231.4 万人，占 500 家企业职工总数的 71.6%；合计纳税额 3.18 万亿元，占 500 家企业纳税总额的 80.1%。

表 1-1　　2015 中国企业 500 强中营业收入超万亿的企业列表

企业名称	营业收入（亿元）	资产（亿元）	利润（亿元）	职工人数（万人）
中国石油化工集团公司	28899.3	22283.7	319.0	89.75
中国石油天然气集团公司	27299.6	38383.7	1008.0	163.65
国家电网公司	20913.6	28929.1	603.6	94.69
中国工商银行股份有限公司	10294.3	206099.5	2758.1	46.23
小计	87406.8	295696.0	4688.7	394.32

4. 企业间的规模差距总体在缩小

十多年来，中国 500 强企业的行业分布总体稳定，比如农业、采矿业、重工业、轻工业、建筑业、服务业等不同行业领域，有重资产企业，也有轻资产企业，规模差异大是一种正常现象。用规模大小来评价不同行业领域的企业，本身意义并不大，即使同行业企业之间的规模差距大也是正常的。但仅从数据本身看，近十多年来，500 强第 1 名和第 500 名的营业收入之比总体上呈现缩小态势，只是近六年波动幅度略大；我们计算了近十多年的中国企业 500 强的变异系数，发现其趋势总体上也呈缩小态势，如图 1-5 所示。

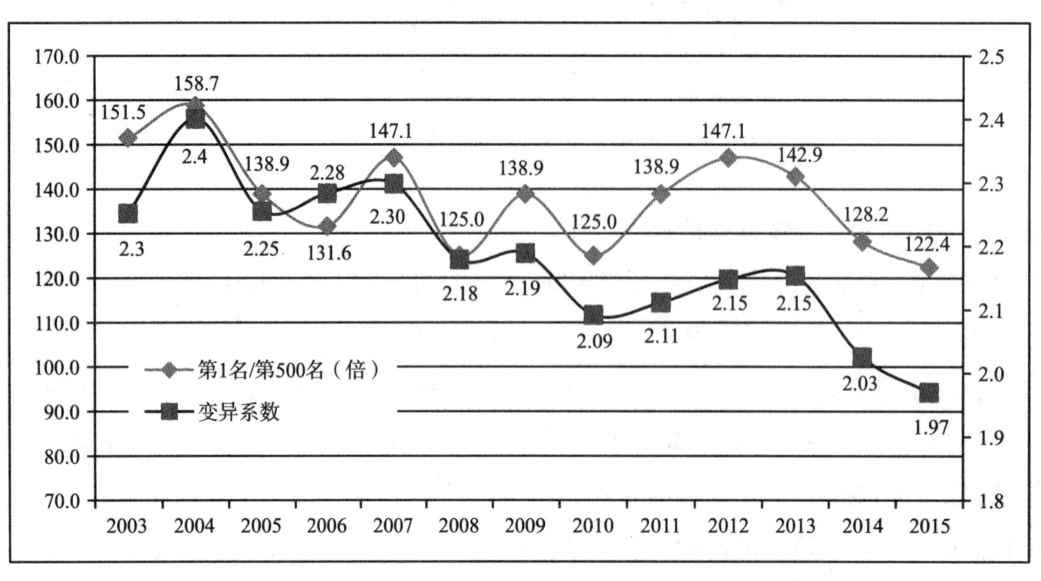

图 1-5　2003-2015 中国企业 500 强的内部差异

5. 企业“大”与“小”的辩证法

国内一些关于中国企业竞争力的指标体系，都把规模作为竞争力的最重要因素之一。20 世纪 90 年代 Fortune 500 被引入国内后，“世界 500 强”的译法便广为流传，大多数国人逐渐知道当代欧洲、美国、日本的那些富可敌国的大企业，各界都希望国内也涌现一批能使国人引以为傲的大企业。随着中国工业化进程在本世纪初进入以满足“住、行”需求为目标的新阶段，大规模城镇化和工业化快速推进，大量重化工企业随之涌现，越来越多的中国大企业进入世界 500 强名单。但与此同时，国人也逐渐觉得中国那些进入世界 500 强的大企业离自己的期望有点远，随之对“世界 500 强”的迷信和崇拜也逐渐淡化；更重要的是，政府开始审视“大”与“强”的差异以及大企业存在的真正价值，希望形成小企业“铺天盖地”、大企业“顶天立地”的发展格局，实现创新驱动发展，打造新引擎形成新动力。

英国经济学家舒马赫（E. F. Schumacher，1911-1977）在 20 世纪 70 年代石油危机后出版了《小的是美好的》（Small Is Beautiful）的经典畅销书，其观点简单清晰，发人深省甚至具有颠覆性，出版 40 多年来至今仍然有强烈的现实感。舒马赫指出，第一工业革命后欧美国家的经济模式主要是机器工业替代手工业，规模经济、集中化、大型化和大公司是主要特征，但这种模式造成了“现代社会三大危机”：非人性的科技、组织和政治形态在减弱和扼杀人性；人类生存环境正在发出痛苦的呻吟；地球上的不可再生资源已经面临严重的瓶颈。舒马赫认为，企业不是越大越好，小也有小的好处，“小的是美好的”。这种观点长期以来难以得到实现，直到移动互联网时代到来，情况才明显改变——许多传统行业的大企业都开始主动学习和掌握互联网思维，打破传统大企业的科层结构和商业模式，把大企业“做小”。比如海尔集团 2014 年正在推动“企业平台化、员工创客化、用户个性化”，把集团公司成为一个孵化器和投融资平台，把员工从传统的科层制中解放出来组成一个个直面市场和用户的小微企业，把一艘“航空母舰”变成一支灵活的舰队。2015 年 4 月，万科集团发布了《万科集团内部创业管理办法》，鼓励员工辞职创业；联想集团的内部创业项目“神奇工场”正式运营，寄望它成为集团从硬件企业向互联网转型的重要跳板；美的、长虹、TCL 等家电制造企业的内部创业风潮正在启动。舒马赫的经典观点是，“所有真正重大的创新和变革，一般来说都是从真正运用创造性自由的极少数人身上开始的”。从目前阶段看，可以说中国大企业内部蕴藏着积极变化，过去那种过度追求规模、追求重资产的倾向正在慢慢改变。

二、2015 中国企业 500 强的效益特征

从效益指标看，近年来中国大企业已经进入了一个新增长阶段，总体看有几个特征：一是亏损面较高；二是利润增长率和利润率保持较低水平；三是企业员工数量保持低速甚至负增长。

1. 企业亏损面扩大到 11.4%

2015 中国企业 500 强中，亏损企业有 57 家，比上年 500 强增加了 14 家，亏损面为 11.4%；亏损额达到 803.9 亿元。从图 1-6 可以看到，中国企业 500 强近三年的亏损面和亏损额保持在很高的程度，这一定程度上反映了大企业对于新常态的适应能力上存在较大问题。

经济减速会影响到许多领域，但影响最大的是煤炭、钢铁、有色等行业。2015 中国企业 500 强

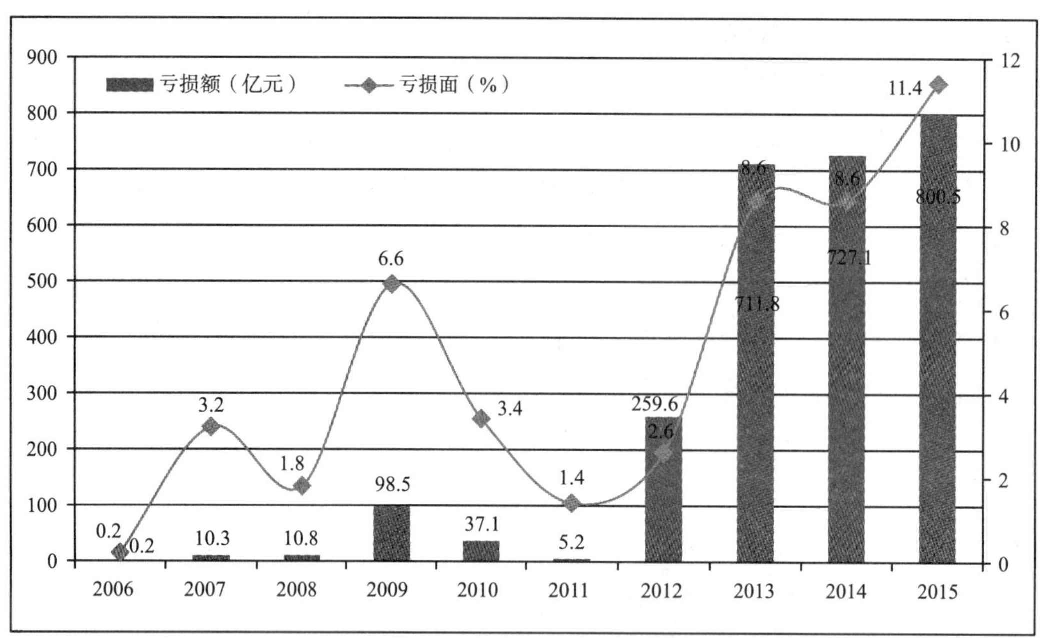

图 1–6　近十年中国企业 500 强的亏损面和亏损额趋势

的亏损企业与上年 500 强一样，主要集中在重化工领域，包括煤炭（18 家，较上年增加 1 家）、钢铁（11 家，增加了 4 家）、有色（8 家，较上年减少 10 家）、建材（2 家）、石化（1 家）、家电（1 家）。新常态下，传统行业的大企业必须加大自身改革力度，对自身传统盈利模式进行调整优化甚至变革。

2. 营收、利润负增长企业数量都明显增加

2015 中国企业 500 强中，营业收入负增长的有 94 家，较之上年 50 家企业营收负增长企业大为增加（见图 1–7）。营业收入负增长的企业主要集中在煤炭（17 家）、钢铁（22 家）、发电（8 家）、机械设备（5 家）、有色（2 家）。

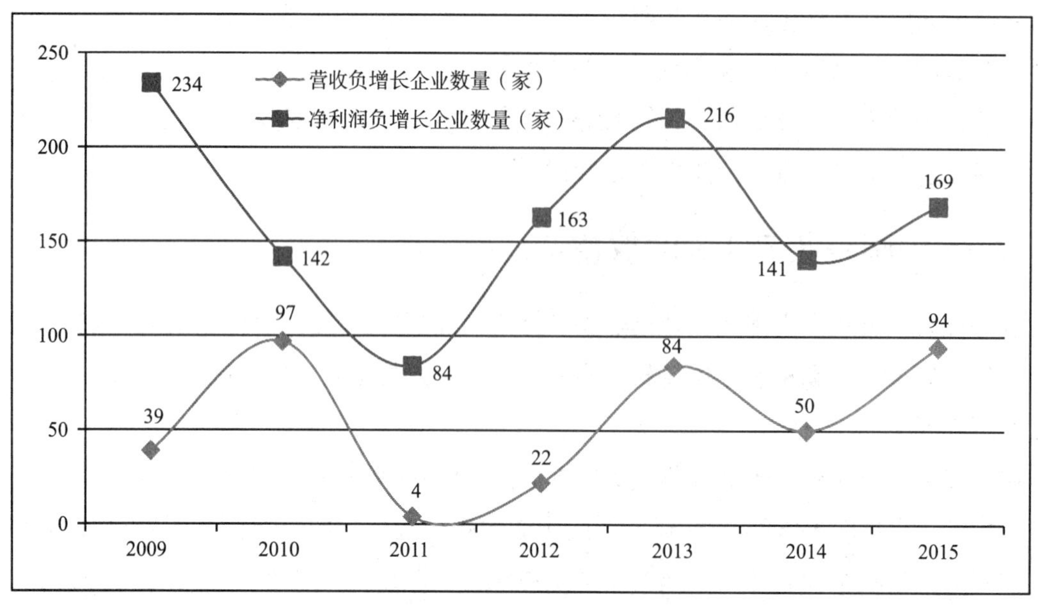

图 1–7　中国企业 500 强中营业收入和净利润出现负增长的企业数量（2009–2015）

2015 中国企业 500 强中，净利润负增长的有 169 家，较之上年 141 家企业营收负增长企业明显增加。净利润负增长的企业主要集中在煤炭（11 家，另有 9 家亏损额持续扩大）、钢铁（19 家）、有色（9 家，另有 2 家亏损额持续扩大）、电力电网（5 家）、建材（3 家）。

3. 净利润增速和利润率进入低增长阶段

2015 中国企业 500 强的净利润总额达到 2. 58 万亿元，较 2014 中国企业 500 强的 2. 40 万亿元净利润增长了 7. 3%，增幅较上年的 10. 6% 有所回落（见图 1–8）。总体来看，近四年中国大企业的利润增速保持在较低水平上，进入了一个低速增长阶段。

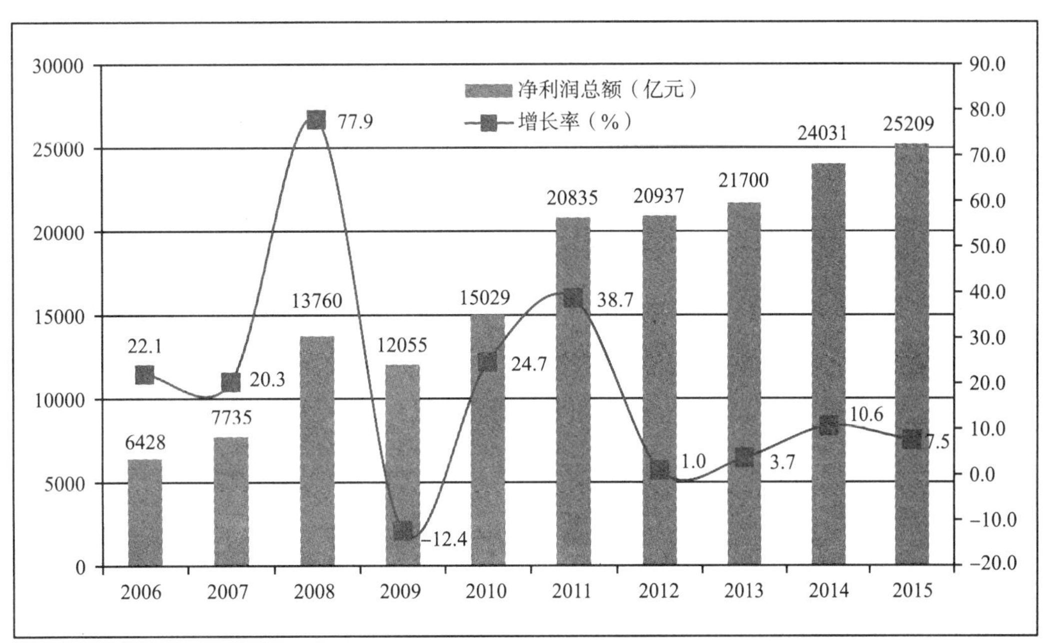

图 1–8 近年中国企业 500 强的净利润及增长率趋势

从收入利润率和资产利润率看，近几年也进入一个较为稳定的新阶段。2015 中国企业 500 强的收入利润率为 4. 33%，较上年 500 强有所上升，但近三年保持在较低水平上；资产利润率为 1. 30%，连续 4 年下降。总体上看，近几年的收入利润率和资产利润率是呈现下滑趋势的，说明大企业盈利能力总体有所减弱，如图 1–9 所示。

4. 净资产收益率有所下降

2015 中国企业 500 强的净资产为 24. 58 万亿元，平均净资产收益率为 10. 49%，较上年 500 强该指标有所降低，连续三年呈下降态势，如图 1–10 所示。

如果按照 2014 年我国商业银行 1 年期定期存款利率 3. 3% 算，2015 中国企业 500 强中，有 128 家企业的净资产收益率低于或等于 3. 3%，较上年增加了 10 家；其中，55 家企业的净资产收益率是负的，较上年增加了 14 家；1 家净资产为负。128 家大企业合计资产有 17. 2 万亿元、3. 18 亿元的企业净资产的收益率低于 1 年期银行固定存款利率；这其中，有 101 家国有企业，合计资产 16. 2 万亿元，主要分布在煤炭、钢铁、有色等行业。

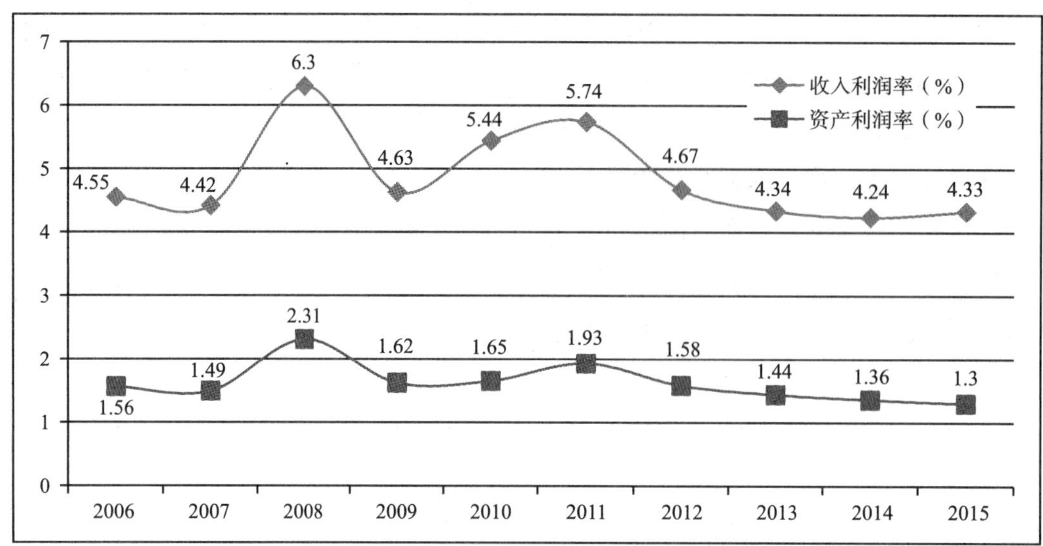

图 1-9 近年中国企业 500 强的营业收入利润率和资产利润率趋势

从近十年来国际比较看，中国企业 500 强与世界 500 强、美国 500 强在平均净资产收益率上基本保持了同步波动。从图 1-10 可以看出，国际金融危机后美国企业 500 强、中国企业 500 强、世界 500 强的净资产收益率都明显下降，中国企业 500 强的净资产收益率低于美国企业 500 强和世界 500 强的净资产收益率。

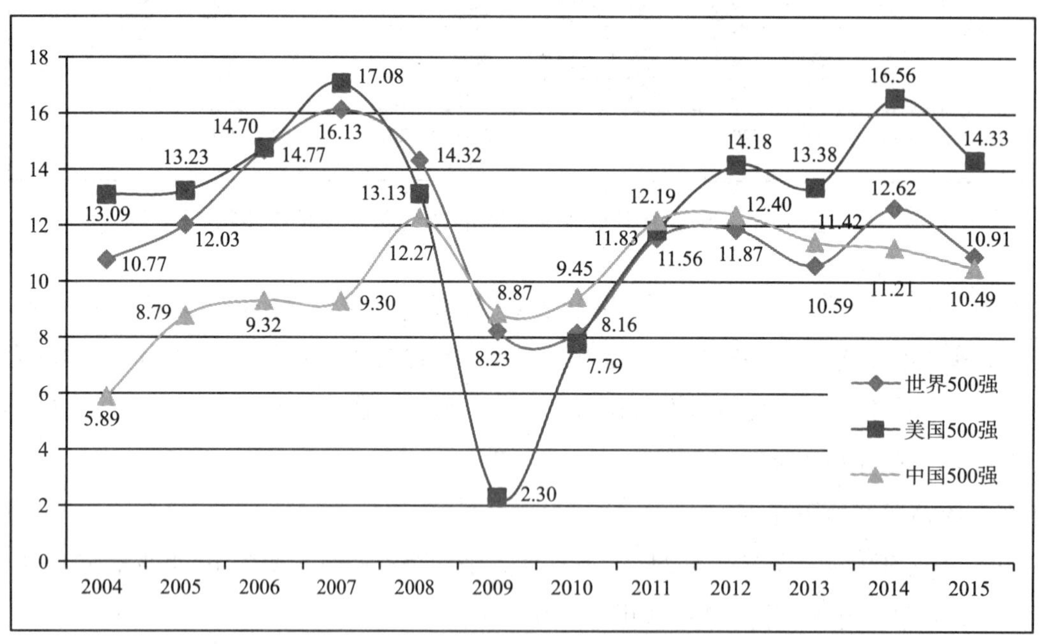

图 1-10 世界、美国、中国企业 500 强的净资产收益率比较

5. 缴税总额增速有所下降

2015 中国企业 500 强共实缴税收总额 3.98 万亿元，较上年 500 强企业纳税总额 3.88 万亿元增长了 2.58%，增长幅度连续四年下降；500 家大企业的缴税总额占 2014 年我国税收收入 11.9 万亿元的

33.4%，占比连续四年下滑如图 1-11 所示。

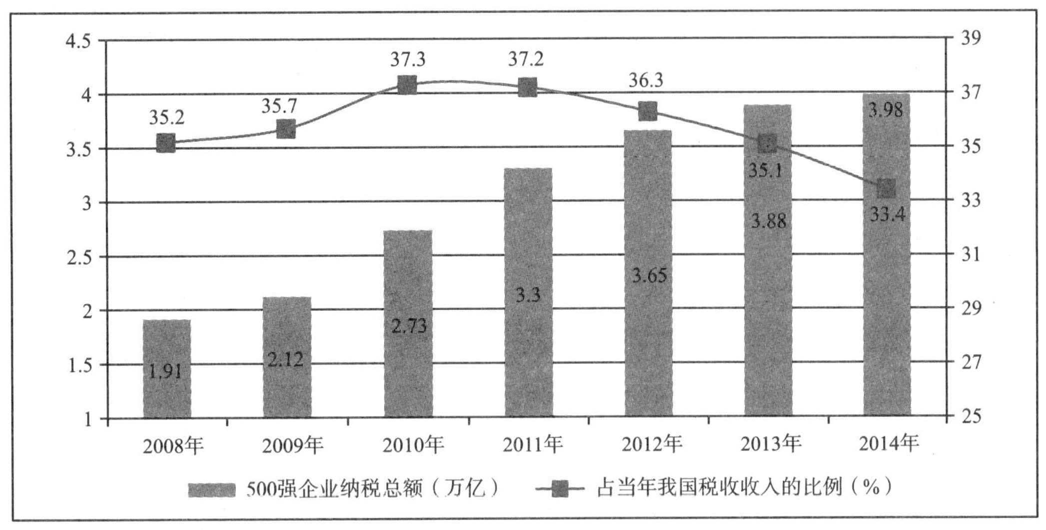

图 1-11　中国企业 500 强纳税总额占当年我国税收收入的比例（2008-2014 年）

从单个企业看，2015 中国企业 500 强中，有 76 家企业的纳税额超过 100 亿元，合计纳税 3.10 万亿元，占 500 家企业纳税总额的 77.9%（见表 1-2），集中在石油、银行、烟草等领域。其中，纳税额超过 1000 亿元的有 4 家，分别是中石油（2014 年纳税额 4070.4 亿元）、中石化（3307.2 亿元）、国家电网公司（1383.2 亿元）、中国工商银行（1237.0 亿元）。

表 1-2　　2015 中国企业 500 强中纳税额超过 500 亿元的企业

排名	企业名称	营业收入（亿元）	净利润（亿元）	纳税（亿元）
2	中国石油天然气集团公司	27299.6	1008.0	4070.4
1	中国石油化工集团公司	28899.3	319.0	3307.2
3	国家电网公司	20913.6	603.6	1383.2
4	中国工商银行股份有限公司	10294.3	2758.1	1237.0
7	中国农业银行股份有限公司	7980.2	1794.6	934.9
120	上海烟草集团有限责任公司	1212.1	197.7	904.7
8	中国银行股份有限公司	7452.1	1691.6	855.5
12	中国海洋石油总公司	6116.0	529.4	833.9
10	上海汽车集团股份有限公司	6300.0	279.7	826.3
17	中国第一汽车集团公司	4941.2	261.8	754.7
9	中国移动通信集团公司	6625.4	643.9	709.1
159	红云红河烟草（集团）有限责任公司	865.1	70.6	601.1
14	国家开发银行股份有限公司	5555.6	975.8	600.7
32	神华集团有限责任公司	3249.0	269.6	596.5
140	红塔烟草（集团）有限责任公司	1022.6	66.5	576.0

根据媒体 2015 年 7 月报道，我国税务部门正筹划一项“千户集团税收风险分析”计划，可能改变

中国以往按税种、按地域划分的税收征管体制，将大企业集团作为中央政府税源监测的重点照顾对象，实现大企业税收管理权力的统一上收。“千户集团”是指在国际或国内企业排名靠前、税收规模大、且具有行业代表性与良好成长型的企业集团及其成员单位，可能包括大型国有企业、大型民营企业和跨国公司；国内排名靠前将参考最新的世界 500 强、中国企业 500 强、民营企业 500 强等权威信息中排名靠前的国际或国内企业，从前往后进行筛选；税收规模大是指 2014 年度集团企业纳税总额排名前 3000 位以内的企业集团；行业代表性则是指企业集团在同行业中位居领导者或第一方阵，其产品具有品牌号召力和较强的定价能力，主要依据行业协会的统计数据；良好的成长性则是指新兴业态比如电子商务、国家七大战略新兴产业，以及契合国家重大战略布局比如“一带一路”的企业集团。据悉，该计划实施之后，中国 60% 左右的大企业集团的税收管理，将直接划归国家税务总局管辖。

6. 员工总数较上年 500 强略有下降

近年来，500 家大企业的员工总数维持在 3100 万人左右。2015 中国企业 500 强共有员工人数 3110.2 万人，同口径同比仍增长了 2.38%，但较上年 500 强员工总数减少了 0.9%（见图 1-12）。新常态下，企业通过裁减冗余岗位人员、提高劳动生产率是必然选择。2015 中国企业 500 强中，企业员工数量“零增长或负增长”的企业有 208 家，正增长的有 284 家（另有 8 家数据不全）。对于市场化、国际化企业来说，企业经营效益不好，立刻可以通过裁减非关键岗位人员来降低成本提高效益，比如在 2015 年 7 月，高通公司由于利润下滑 47% 而决定裁减 15% 的全职员工，大幅削减临时员工，并计划削减 3 亿美元的年度股票薪酬奖励；新西兰乳业公司恒天然集团宣布由于全球乳品价格跌势加剧，将裁员 523 人。2014 年 6 月，海尔 CEO 张瑞敏在沃顿商学院全球论坛时透露，2013 年海尔完成裁员 1.6 万人，2014 年再裁员 1 万人，员工数降至 6 万人左右。在国内，这样敢于清晰明确地裁员的企业还不多。这其实是国内人力资源开发体系不完善、经济缺少活力和弹性的体现。事实上，中国现在的劳动就业形势已经和 20 世纪 90 年代发生了逆转，原来是总量供大于求，现在已经劳动力短缺

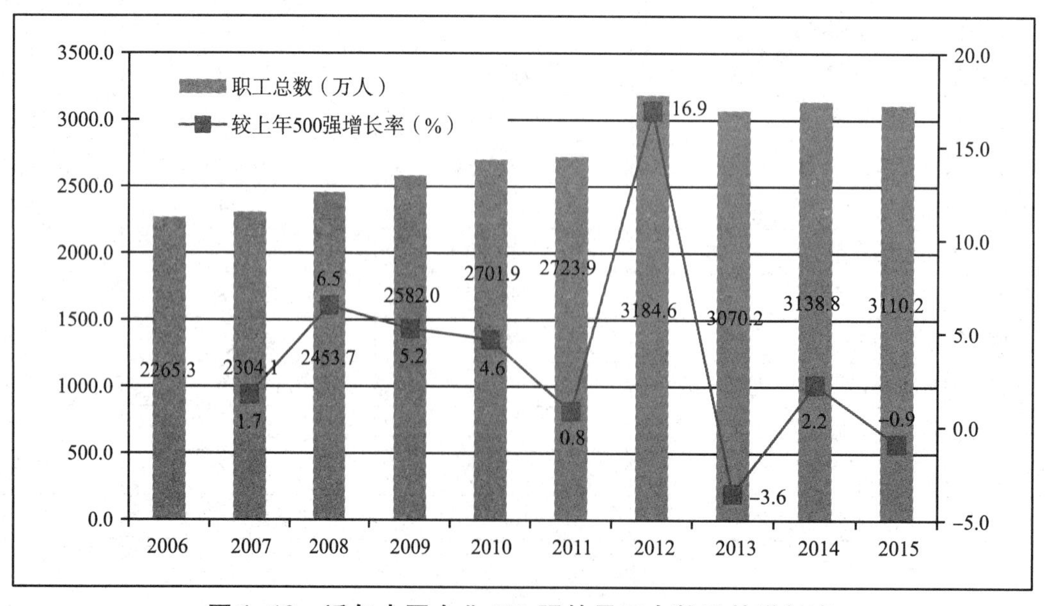

图 1-12　近年中国企业 500 强的员工人数及其增长率

已经成为常态，结构调整的腾挪空间比过去大得多。各级政府要为企业转型升级做好社会保障兜底和培训再就业工作。

2015 中国企业 500 强的人均营业收入为 190. 7 万元，较 2014 中国企业 500 强该指标提高了 10. 2 万元，近六年总体呈现上升趋势；实现人均净利润为 8. 20 万元，较 2014 中国企业 500 强提高了 0. 54 万元，近六年总体在波动中上升，如图 1-13 所示。

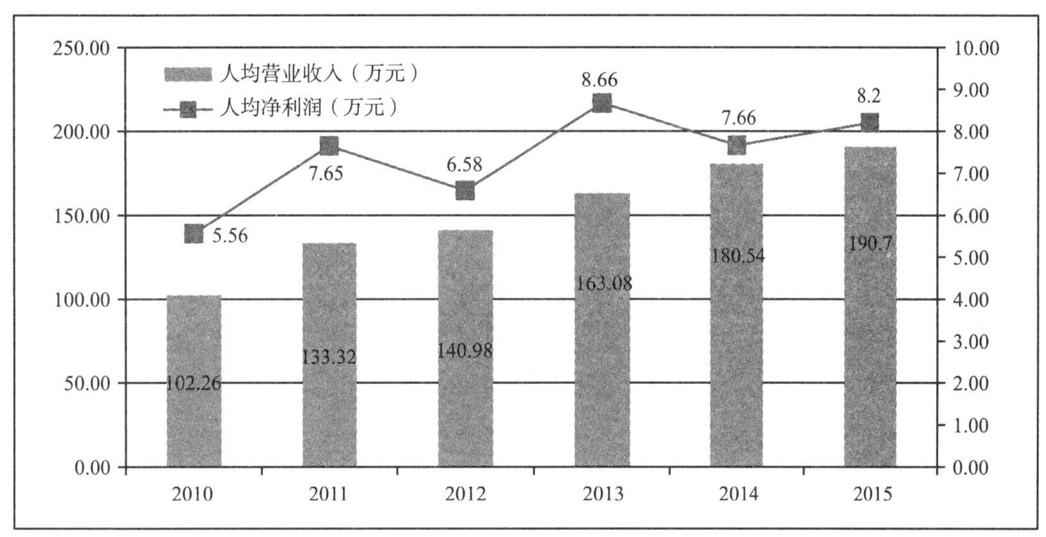

图 1-13　近年中国企业 500 强的人均营业收入和人均净利润

7. 制造业利润占比持续下降

从企业数量上看，中国企业 500 强中制造业企业占多数，2015 中国企业 500 强中有 266 家制造企业，合计营业收入 23. 85 万亿元，占 500 强营业收入总额的 40. 1%。这一比值自 2008 年以来总体上呈现持续下滑态势，如图 1-14 所示。

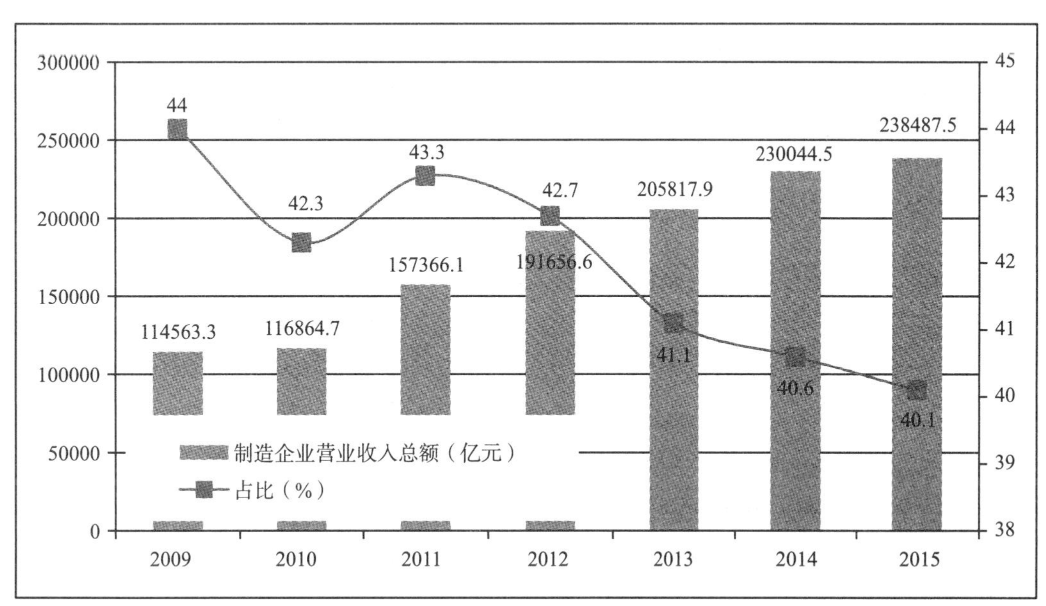

图 1-14　近年中国制造业企业的营业收入总额及占比趋势

注：2009-2015 中国企业 500 强中分别有 294、279、279、272、268、260、266 家制造业企业。

从净利润指标看，5 年来中国企业 500 强中制造业企业的利润占比的下降幅度更大。从图 1-15 看得出，显著变化的是 2010-2011 年，国际金融危机后国际国内经营环境发生了很大变化，制造业企业面临的挑战不断增加。具体可能有几个方面：劳动力成本上升，制造业所长期依赖的劳动力优势不再；经济增速下滑，市场竞争高度激烈，产品价格下滑；企业财务成本上升、企业环保成本上升等。有些成本上升是不可逆的，如劳动力成本，有些成本如财务成本的持续上升则不甚合理。

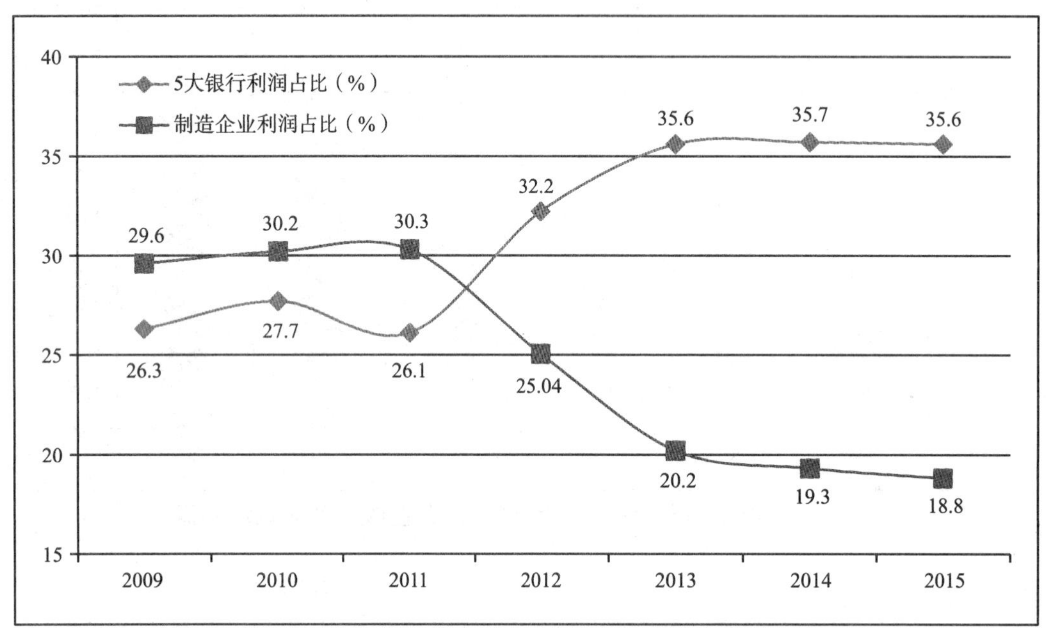

图 1-15　五大国有商业银行与制造业企业的利润占比趋势

注：2009-2015 中国企业 500 强中分别有 294、279、279、272、268、260、266 家制造业企业。

从工农中建交五大国有商业银行与制造业企业的对比看，2014 年五大银行的净利润占 500 家企业利润总额的 35.6%；而 269 家制造企业的净利润仅占 18.8%。从图 1-15 可以看到，2008 年以来两条曲线形成一个明显的“剪刀差”：五大国有商业银行的净利润占比几乎是 260 多家制造业企业净利润占比的 2 倍。近年来中央政府很注重加快金融体制改革，加强金融部门对实体经济、制造业的支持作用，但就目前看这种情况还没有改善。

三、2015 中国企业 500 强的所有制格局

简单地说，中国企业 500 强的所有制属性采用二分法：国有及国有控股、民营。但严格意义上解释这两种所有制类型，则十分复杂。比如国有企业按照理论和宪法都属于全民所有制经济，而实践上国有及国有控股企业的直接控制主体很多，包括中央国有（包括中央金融和非金融企业，中央非金融企业又包括财政部所属、国资委所属、其他部门所属 3 类）、地方国有（包括各省、直辖市、自治区和兵团的控股企业，比如新疆生产建设兵团建设工程集团公司）、高校所有（如清华大学控股的同方股份、北京大学控股的方正集团等）、全国供销合作社所有（如中国供销集团）等。民营企业也很复杂，包括私营企业、集体企业等非国有控股企业。以后混合所有制企业会越来越多，特别是国有参股的股份

制企业（含上市公司），其所有制属性很难划分。

1. 中国企业500强的所有制格局

从企业数量上，2015 中国企业500强中有293家国有企业、207家民营企业，分别占500家企业的58.6%和41.4%（见图1-16）。从历史趋势看，民营企业的上榜数量逐渐增加，国有企业的上榜数量仍保持近六成的上榜比例，仍具有优势。

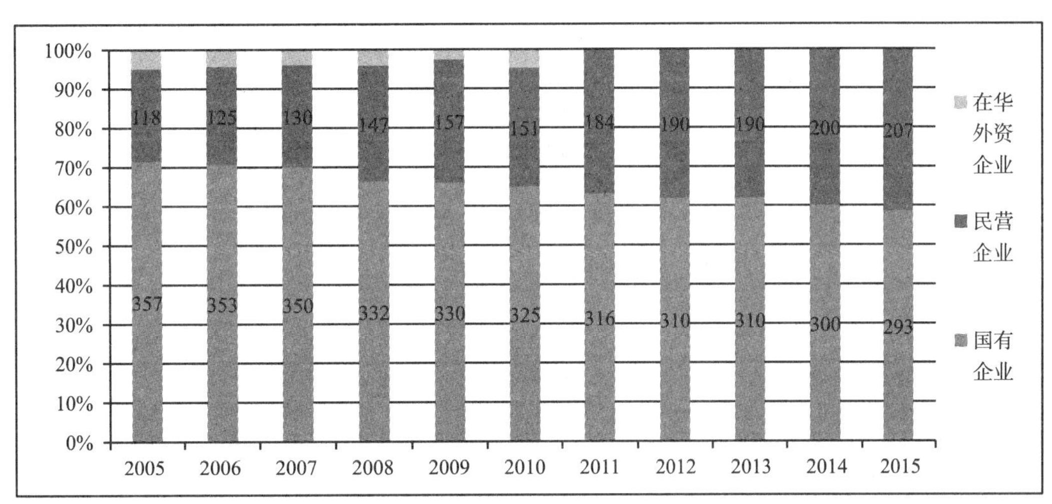

图1-16 历年中国企业500强中国企和民企数量对比图

注：自2011中国企业500强后不再统计在华外资企业。

尽管民营企业在上榜数量上超过了40%，但它们在营业收入、资产、利润、纳税、职工人数等指标上与国有企业的差距还非常大。2015 中国企业500强中，国有企业的上述指标总额分别占500强的78.3%、90.2%、81.1%、88.7%、81.0%，占了中国企业500强“总盘子”的大多数，具有显著的“重资产”特征；民营企业的营业收入、资产、利润、纳税、职工人数等指标在500强中只占21.7%、9.8%、18.9%、11.3%、19.0%，具有较强的轻资产特征，如表1-3所示。

表1-3 2015 中国企业500强按所有制主要指标

所有制	企业数	营业收入（亿元）	资产总额（亿元）	净资产总额（亿元）	利润总额（亿元）	纳税总额（亿元）	从业人数（万人）
全国	500	594796.2	1975977.4	245815.9	25774.2	39772.9	3114.7
国有	293	465883.9	1782043.3	212098.1	20909.7	35274.7	2522.5
民营	207	128912.3	193934.1	33717.8	4864.5	4498.2	592.2

2. 500强中国有、民营企业的规模趋势

近十年来，国有企业和民营企业在规模扩张上都有显著变化。但后国际金融危机的几年里，中国企业500强中的国有企业、民营企业的规模扩张幅度明显放缓，最典型的是营业收入和资产增长速度。从图 1-17 可以看到，无论国有企业还是民营企业，近五年的营业收入增长速度都是下行的，目前增速已经下行到国际金融危机最严重的 2009 年的增长水平。只有 2015 中国企业 500 强中的民营企业资产增速同比有所反弹。

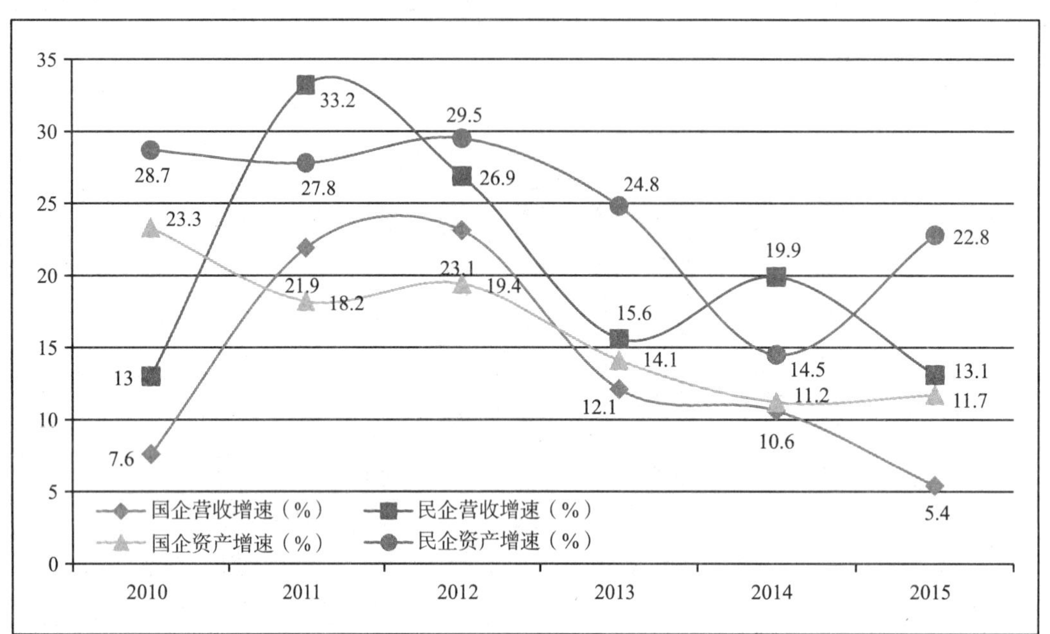

图 1-17　近年中国企业 500 强中国企和民企的营业收入增速和资产增速

注：本年度增长率是当年 500 强企业的同口径同比增长。

2015 中国企业 500 强中的民营企业资产增长率同口径同比增长了 22.8%，较上年有所反弹，这与其中“权重企业”有直接关系。民营企业中，资产规模最大的是两家金融企业：中国民生银行（资产为 40151.3 亿元，增长了 24.5%）和中国平安保险集团（资产为 40059.1 亿元，增长了 19.2%），占 19.4 万亿元民营企业资产总额的 41.4%，平均资产增幅 24.8%。资产规模超过 2000 亿元的 12 家民营企业的资产规模合计达到 12.1 万亿元（见表 1-4），占民营企业资产总额的 62.4%，平均资产增幅 28.0%。阿里巴巴集团于 2014 年 9 月在美国上市，使其资产额增长了 152%。这些因素直接带动了 500 强中民营企业资产增长率反弹。

表 1-4　　资产规模超过 1000 亿元的民营企业

排名	公司名称	资产总额（亿元）	资产增长率（%）	营业收入（亿元）	营收增长率（%）
55	中国民生银行股份有限公司	40151.4	24.5	2464.4	13.0
20	中国平安保险（集团）股份有限公司	40059.1	19.2	4628.8	27.7
57	大连万达集团股份有限公司	7320.5	84.3	2424.8	29.9
146	泰康人寿保险股份有限公司	5274.0	19.5	983.9	17.0
458	盛京银行股份有限公司	5033.7	41.6	268.2	31.8

（续表）

排名	公司名称	资产总额（亿元）	资产增长率（%）	营业收入（亿元）	营收增长率（%）
99	海航集团有限公司	4952.0	20.7	1580.2	36.7
129	恒大地产集团有限公司	4744.6	36.3	1114.0	18.9
39	华为技术有限公司	3097.7	33.8	2882.0	20.6
38	联想控股股份有限公司	2890.0	32.9	2894.8	18.7
188	阿里巴巴集团控股有限公司	2699.9	152.2	708.1	105.2
77	海尔集团公司	2500.4	39.5	2007.1	11.3
25	太平洋建设集团有限公司	2270.9	24.4	3904.5	6.5
合计/平均		120994.3	28.0	25860.7	20.6

3. 500 强中国有、民营企业的效益趋势

2014 年，293 家国有企业的总体绩效有所恶化。①从亏损面看，共有 50 家企业亏损，亏损面为 17.1%，较上年 500 强提高了 3.1 个百分点；亏损额合计为 720.5 亿元，较上年 500 强该指标（726.6 亿元）相当。②从净利润看，国有企业净利润总额为 20909.7 亿元，同口径同比增长了 6.0%，较上年稍有回升；净利润出现负增长的有 103 家，比上年大幅增加。293 家企业的纳税总额为 3.53 万亿元，同口径同比增长了 1.48%。③从净资产利润率看，293 家企业的净资产利润率为 9.86%，同口径同比下降了 0.83 个百分点，如图 1-18 所示。

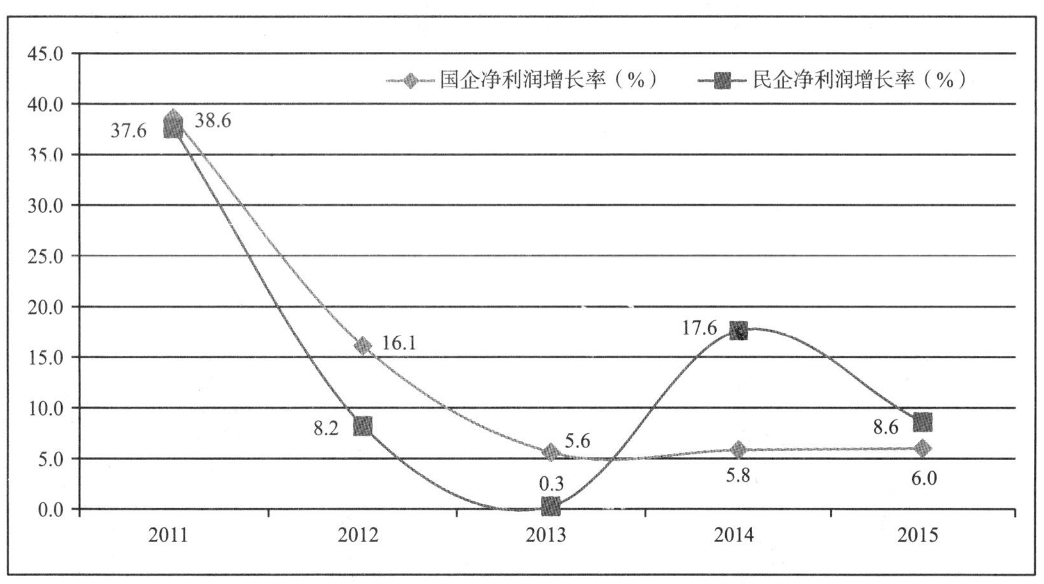

图 1-18 近年中国企业 500 强中国企和民企的净利润增速

注：该数据为当年 500 强企业的同口径同比。

2014 年，207 家民营企业的经营业绩也受到一些影响。从亏损面看，207 家中只有 7 家亏损，较上年 500 强增加了 6 家，亏损面为 3.38%。从净利润看，207 家企业净利润总额为 4864.5 亿元，同口径同比增长了 8. 6% 。65 家企业的净利润出现负增长。207 家企业的纳税总额为 4498. 2 亿元，同口径同比增长了-0. 21% 。从净资产利润率看，207 家企业的净资产利润率为 14. 43% ，同口径同比下降了 2. 13 个百分点。

4. 500 强中的中央企业的规模和效益

2015 中国企业 500 强中，共有 83 家中央企业上榜，包括 69 家国务院国资委监管的中央企业、14 家金融企业（银行、保险公司、金融控股公司和政策性金融公司，不含招商银行）。中央企业在中国企业 500 强中占有举足轻重的地位：合计营业收入占 500 强营业收入总额的 50. 4% ，合计资产占 500 强资产总额的 71. 8% ，合计净利润占 500 强净利润总额的 65. 6% ，合计纳税额占 500 强纳税总额的 59. 3% ，合计职工人数占 51. 9% （见图 1-19）。上榜的中央企业中，金融央企和非金融央企的结构分布如图 1-20 所示。

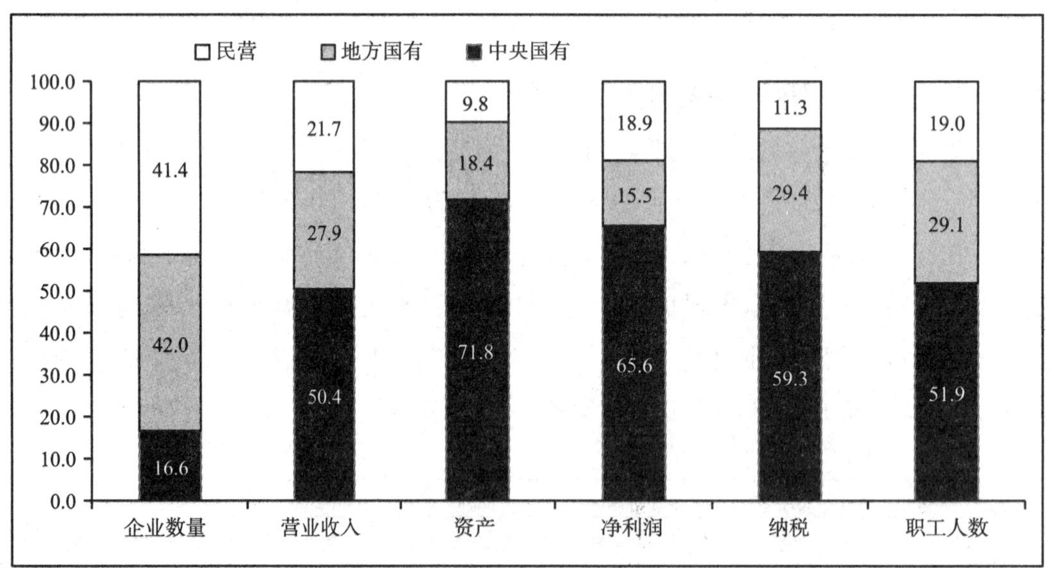

图 1-19　央企、地方国企、民企各项指标占比对比图

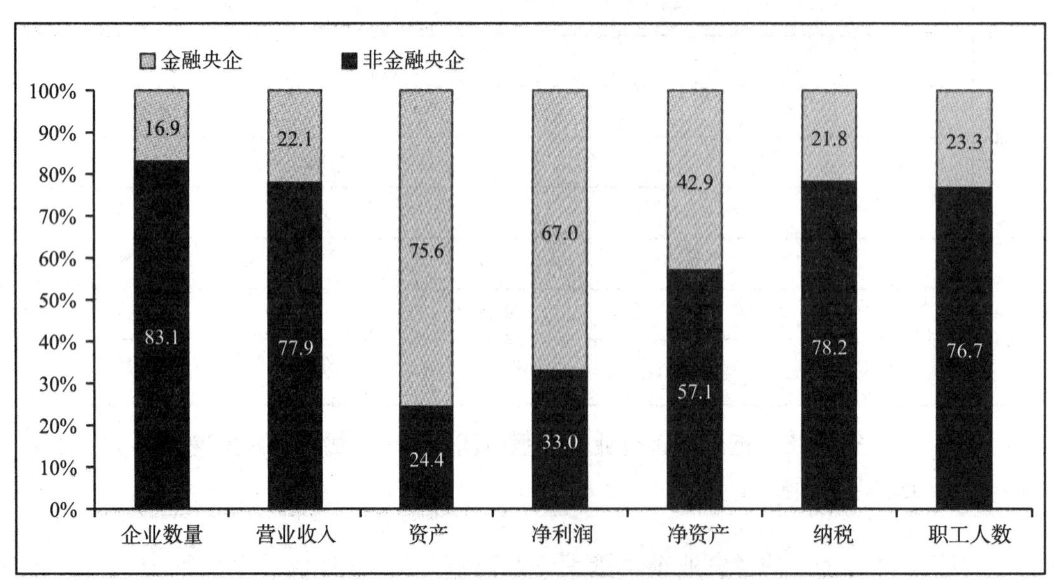

图 1-20　83 家中央企业中金融央企与非金融央企的比重

经济增速下行也给中央企业的效益带来一定影响，但没有想象的那么大。从亏损面看，83 家上榜企业中有 11 家亏损，亏损面为 13.3%；合计亏损额为 267.0 亿元；亏损企业集中在有色、煤炭矿业、化工、建材等领域。从营业收入看，83 家企业的营业收入总额达到 29.99 万亿元，同口径同比增长了 4.28%；营业收入负增长的企业有 21 家。从净利润看，83 家企业的净利润总额为 1.69 万亿元，同口径同比增长了 6.8%；净利润出现负增长的有 23 家。83 家平均净资产收益率为 10.26%，同口径同比下降了 0.79 个百分点。

5. 500 强吸纳社会资本情况以及其中的混合所有制企业

2015 中国企业 500 强归属母公司权益为 24.58 万亿元，占 500 强公司所有者权益 30.97 万亿元的 79.37%。其中，国有企业归属母公司权益为 21.21 万亿元，占 500 强公司所有者权益的 79.29%；中央国有企业的归属母公司权益为 16.48 万亿元，占 500 强公司所有者权益的 79.83%；民营企业归属母公司权益为 3.37 万亿元，占 500 强公司所有者权益的 79.78%（见图 1-21）。总体上看，三类企业全部权益中，少数股东权益占比相当，都在 20% 左右。

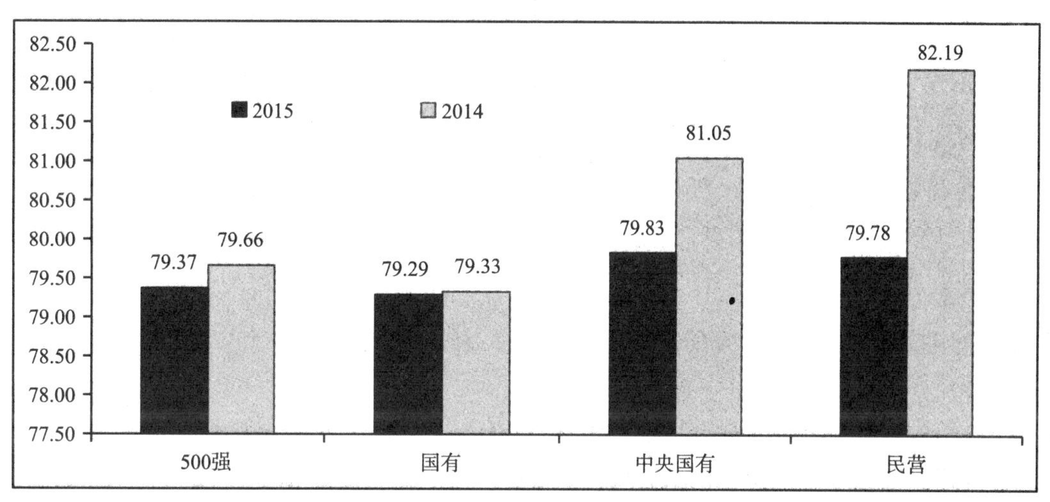

图 1-21 2015 中国企业 500 强中不同类别企业的归属母公司权益占比

2015 中国企业 500 强中，有不少典型的混合所有制企业，特别是国有参股的股份制企业。比如中国国际海运集装箱（集团）股份有限公司（简称中集集团）是由中远集团和招商局集团联合发起设立的 A 股和 H 股上市公司，招商局集团持有 25.44%，中远集团持有 22.67%，A 股股东持有 30.3%，H 股股东持有 21.59%，其中包括高管持股，公司并没有实际控制人，按照现代公司治理运行；2014 年，由于全球集装箱贸易增速提高和燃油成本大幅下降，中集集团营业收入增长了 21%，净利润增长了 13.7%，取得了良好效益。TCL 集团旗下拥有 TCL 集团（A 股）、TCL 多媒体（A 股）、TCL 通讯（H 股）、通力电子 4（H 股）4 家上市公司，截止到 2014 年年底，惠州市政府通过惠州市投资控股有限公司持有 8.79%，通过惠州市投资开发有限公司持有 1.12%，董事长李东生持有 6.75%，不存在控股股东，企业按照现代企业治理制度运行；2014 年，TCL 集团全面推进“智能+互联网”战略转型及建立“产品+服务”商业模式的“双+”转型战略，取得良好经济效益，2014 年营业收入超过 1000 亿元，增长了 18.4%，净利润达到 31.8 亿元，增长了 50.9%；净资产收益率 17.5%。此外，浪潮集团、海螺集团、招商银行等混合所有制企业也取得了良好的经济效益，国有资本大幅增值。这值得今后的国资国企改革借鉴。

四、2015 中国企业 500 强的行业特征

传统产业一直都是中国企业 500 强的主体。但随着国民经济从旧常态向新常态过渡，许多传统企业勇于接受时代的挑战，跨出“自我赋予”的行业界限，做行业颠覆者；同时在互联网等新兴产业的企业也快速成长，成为中国企业 500 强的新鲜血液。在未来几年内，由于产业融合、产融结合、融融结合以及跨界竞争、跨界合作的普遍化，中国企业 500 强中许多企业的行业界定将越来越困难，比如海尔集团正致力于向互联网公司转型，大连万达集团正在“去房地产化”向轻资产模式转型，小米公司本身就是一个平台型的互联网公司，多数 500 强企业正在向平台化、多元化控股公司转型。这一过程虽然缓慢，但却反映了大企业适应和引领新常态的大趋势。

1. 房地产业以及建筑、建材企业的特征

在过去十多年快速城镇化背景下，房地产业成为促使中国经济高速增长的龙头产业，满足城乡居民“住”的需求，我国涌现出一批世界级的房地产企业。但近两年，我国房地产市场出现了重大变化，三四线城市房屋供给出现了供大于求和价格下降现象，一二线城市价格在高水平波动，城镇房地产投资增速持续下降。中国一些典型的房地产企业酝酿转型升级，比如大连万达集团提出走“轻资产模式”、逐渐“去房地产化”，万科集团重新定位要做“城市配套服务商”，恒大集团也启动多元化战略，释放出重大信号。

2015 中国企业 500 强中有 16 家房地产企业，有 1 家亏损（见表 1-5）。2014 年，16 家企业合计营业收入 1.11 万亿元，同口径同比增长了 16.2%，较上年的增幅 25.3% 大幅下降；合计净利润 552.3 亿元，同口径同比增长了 2.62%。

表 1-5　**2015 中国企业 500 强中的房地产企业**

排名	公司名称	营业收入（万元）	营收增幅（%）	净利润（万元）	利润增幅（%）
47	绿地控股集团有限公司	26195510	3.9	556979	-32.0
57	大连万达集团股份有限公司	24248000	29.9	1255099	49.5
129	恒大地产集团有限公司	11139811	18.9	1276129	2.5
168	绿城房地产集团有限公司	7940000	22.0	207172	-57.6
235	银亿集团有限公司	5358317	27.3	109503	-7.1
249	隆基泰和实业有限公司	5057996	0.7	238257	3.2
255	重庆龙湖企业拓展有限公司	4958879	26.7	807375	45.2

（续表）

排名	公司名称	营业收入（万元）	营收增幅（%）	净利润（万元）	利润增幅（%）
344	广东圣丰集团有限公司	3627023	83.1	197907	45.2
372	重庆市金科投资控股（集团）有限责任公司	3268670	8.0	82130	-9.7
406	天津住宅建设发展集团有限公司	3018376	4.6	96514	12.8
426	福佳集团有限公司	2903489	2.7	90053	3.9
433	世纪金源投资集团有限公司	2866880	-7.8	186551	0.4
436	弘阳集团有限公司	2836606	3.1	133389	-17.3
444	卓尔控股有限公司	2802565	17.1	188127	-7.6
481	广州越秀集团有限公司	2467798	18.4	144211	4.3
488	天津房地产集团有限公司	2404035	46.3	-46127	亏损↑

2015 中国企业 500 强中有 9 家建材企业，有 2 家企业亏损（见表 1-6）。2014 年，9 家企业合计营业收入 6450.55 亿元，同口径同比增长了 4.82%；合计净利润 126.5 亿元，同口径同比增长了 22.0%。

表 1-6　　2015 中国企业 500 强中的建材企业

排名	公司名称	营业收入（万元）	营收增幅（%）	利润（万元）	利润增幅（%）
50	中国建筑材料集团有限公司	25042872	-0.7	294380	10.0
127	安徽海螺集团有限责任公司	11154817	19.6	401315	17.8
174	中国中材集团有限公司	7756556	5.2	-27076	亏损↓
267	北京金隅集团有限责任公司	4784987	-9.3	148300	-9.9
299	吉林亚泰（集团）股份有限公司	4300519	2.5	18359	-15.6
347	天瑞集团股份有限公司	3560101	17.4	156151	-5.2
410	沂州集团有限公司	2988457	7.0	50668	-5.2
476	冀东发展集团有限责任公司	2498839	2.2	-10339	亏损↓
486	红狮控股集团有限公司	2417965	29.0	233584	27.1

建筑业包括房地产建筑和工程建筑。2015 中国企业 500 强中有 49 家建筑企业，没有企业亏损（见表 1-7）。2014 年，49 家企业合计营业收入 5.20 万亿元，同口径同比增长了 10.1%；合计净利润 1016.5 亿元，同口径同比增长了 17.8%。

表 1-7　　**2015 中国企业 500 强中的前 10 家建筑企业**

排名	公司名称	营业收入（万元）	营收增幅（%）	公司利润（万元）	利润增幅（%）
6	中国建筑股份有限公司	80002875	17.3	2256997	10.6
11	中国铁路工程总公司	61329911	9.3	591418	9.4
13	中国铁道建筑总公司	59393519	0.9	711184	17.2
25	太平洋建设集团有限公司	39044629	6.5	1643802	-3.6
28	中国交通建设集团有限公司	37042234	10.3	903938	10.1
46	中国电力建设集团有限公司	26500259	17.1	660394	39.5
62	中国冶金科工集团有限公司	22062626	6.5	172867	扭亏
83	中国能源建设集团有限公司	18682856	17.9	239698	52.1
124	上海建工集团股份有限公司	11366168	10.5	177180	9.2
145	广厦控股集团有限公司	9868116	8.7	102308	11.3

从近几年进入中国企业 500 强的房地产、建材、建筑企业指标看，三个行业的营业收入增长幅度都较上年下降，同时都降至 6 年来最低增长水平（见图 1-22）；但是，净利润指标的趋势与营业收入不太一样，房地产企业净利润增幅降至 6 年来最低，建筑业企业净利润增幅虽有下降但仍然较高，建材企业的净利润增幅近五年来呈现“V”字反转（见图 1-23），值得研究。

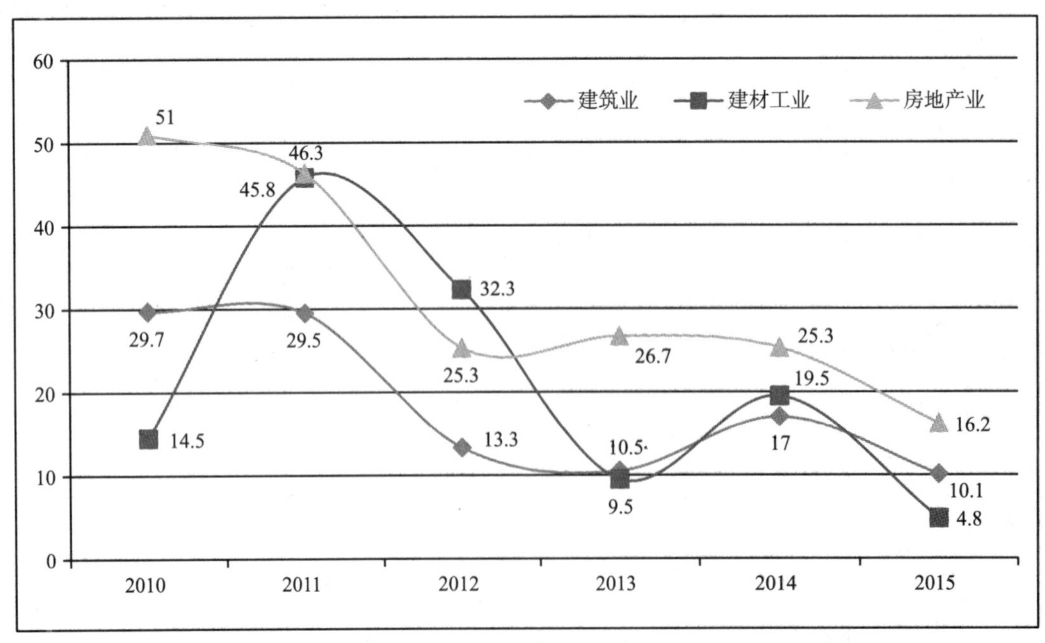

图 1-22　近五年房地产、建筑和建材大企业营收总额增速

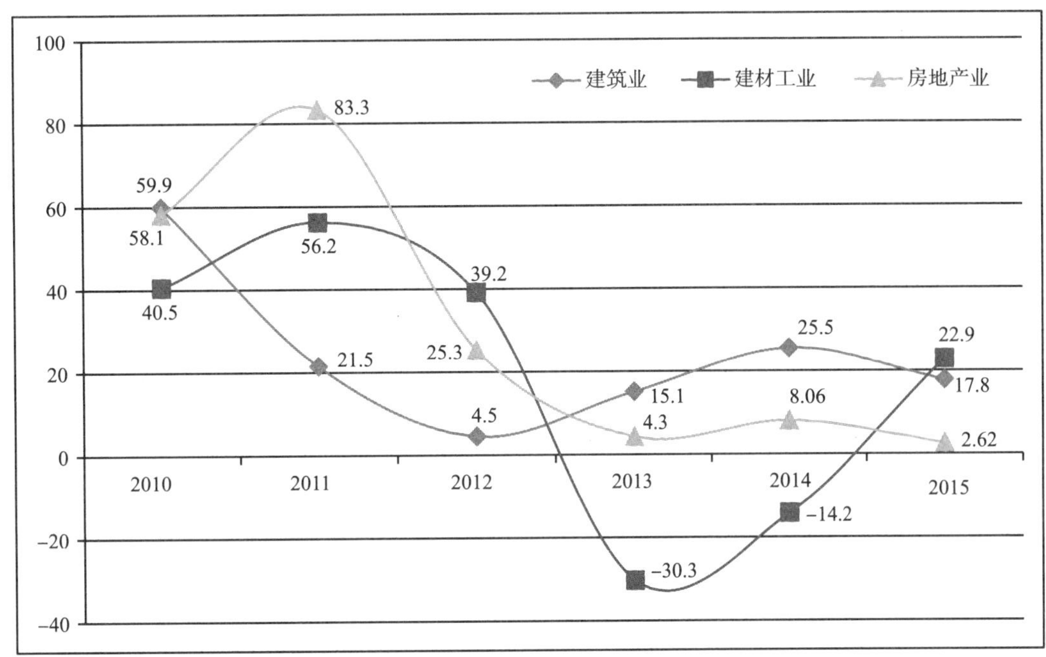

图 1-23 近年房地产、建筑和建材大企业净利润总额增速（2010-2015）

2. 钢铁、有色等冶金企业的特征

钢铁和有色是国民经济的基础性材料工业。自从 2002 年中国企业联合会发布中国企业 500 强以来，钢铁都是上榜企业最多的行业。2015 中国企业 500 强榜单上，有 50 家钢铁企业、25 家有色企业（含黄金企业）上榜，较上年各减少 1 家。冶金企业数量最多时在 500 强中占 18%，现在降到 15%，占比仍然是很高的，如图 1-24 所示。

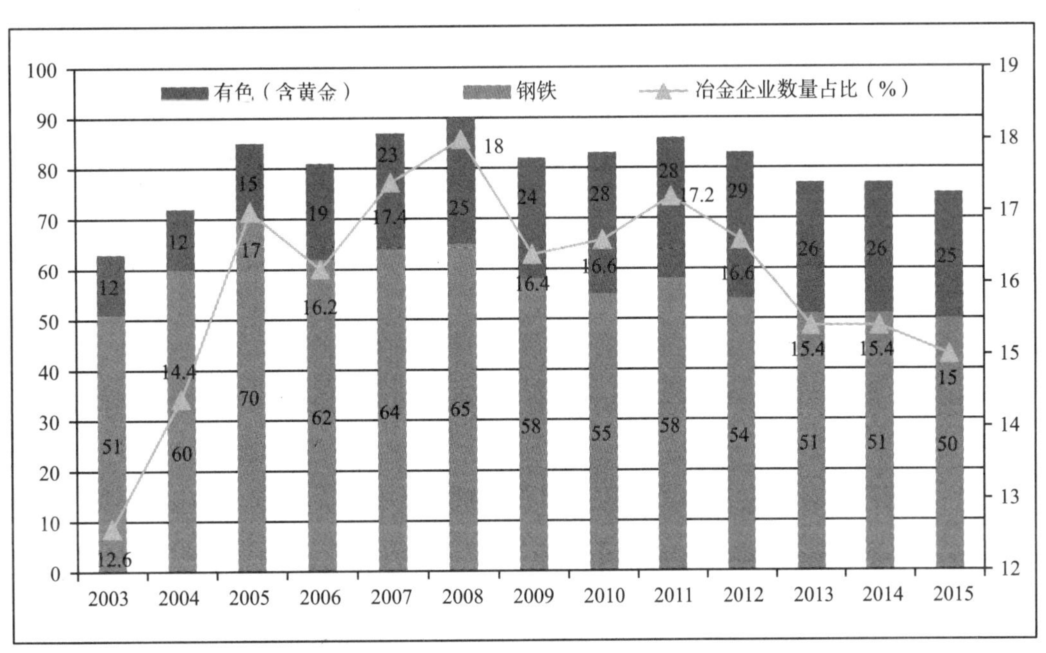

图 1-24 历年中国企业 500 强中的冶金企业数量（2003-2015）

先看钢铁企业的情况。①亏损面大幅增加。50 家上榜企业有 11 家亏损，亏损面 22%，较上年 500 强亏损面 14% 大幅增加。②合计营业收入负增长。合计营业收入达到 3.96 万亿元，同口径同比增长-0.05%；较上年 500 强钢铁企业合计营业收入 4.04 万亿元有所下降。50 家企业中，营业收入负增长的有 22 家，较上年的 8 家大幅增加。③合计净利润负增长。50 家企业合计净利润 103.6 亿元，同口径同比增长了-3.45%。④净资产收益率有所提高，但仍然很低。50 家企业的净资产总额为 9842.0 亿元，净资产收益率为 1.05%，较上年 500 强钢铁企业该指标 0.87% 明显提高。上年 500 强钢铁企业该指标由负转正，今年继续提高，看来钢铁大企业在提质增效方面正在加大力度。

表 1-8　2015 中国企业 500 强中的钢铁企业前 10 名

排名	名称	所有制	营业收入（万元）	营业收入增速（%）	净利润（万元）	净利润增速（%）
35	宝钢集团有限公司	中央国有	29774301	-1.8	587134	3.2
43	河北钢铁集团有限公司	地方国有	28061555	11.8	-114989	亏损↑
53	江苏沙钢集团有限公司	民营	24851875	9.0	175064	64.7
59	渤海钢铁集团有限公司	地方国有	23406168	6.3	22455	-43.2
68	新兴际华集团有限公司	中央国有	21255731	5.4	270519	14.0
86	首钢总公司	地方国有	18290392	-13.3	2012	扭亏
97	鞍钢集团公司	中央国有	16150972	4.1	-799549	亏损↑
104	武汉钢铁（集团）公司	中央国有	14615513	-35.6	33588	348.1
109	酒泉钢铁（集团）有限责任公司	地方国有	13842849	13.1	-84907	-197.9
122	山东钢铁集团有限公司	地方国有	11599587	-3.9	-234569	亏损↓

再看有色企业。①亏损面大幅增加。25 家上榜企业有 8 家亏损，较上年增加 1 家。②合计营业收入正增长。合计营业收入达到 2.33 万亿元，同口径同比增长 8.56%；较上年 500 强有色企业合计营业收入 2.13 万亿元有小幅增长。25 家企业中，营业收入负增长的有 22 家，较上年的 8 家大幅增加。③合计净利润大幅负增长。25 家企业合计净利润 68.7 亿元，同口径同比增长了-57.0%；较上年 500 强有色企业 158.3 亿元净利润大幅下降。④净资产收益率大幅下降。25 家企业的净资产总额为 3332.9 亿元，净资产收益率为 2.06%，较上年 500 强有色企业该指标 4.89% 大幅下降，而且连续两年大幅下降（前年该指标为 5.61%）。有色企业的总体形势非常严峻。

表 1-9　　2015 中国企业 500 强中的有色企业前 10 名

排名	名称	所有制	营业收入（万元）	营业收入增速（%）	净利润（万元）	净利润增速（%）
44	中国铝业公司	中央国有	28000752	0.2	-1083278	亏损↑
45	正威国际集团有限公司	民营	26871182	14.9	590079	15.2
71	江西铜业集团公司	地方国有	20812305	7.0	32515	-43.0
79	金川集团股份有限公司	地方国有	20041403	8.4	76879	28.1
82	中国有色矿业集团有限公司	中央国有	18765549	-1.2	-7588	亏损↓
110	铜陵有色金属集团控股有限公司	地方国有	13636199	11.6	-12542	-134.5
113	海亮集团有限公司	民营	13003081	29.5	79261	-44.7
118	中国黄金集团公司	中央国有	12133863	8.9	-54894	-184.5
136	陕西有色金属控股集团有限责任公司	地方国有	10544213	9.4	13341	-27.4
148	大冶有色金属集团控股有限公司	地方国有	9585434	14.8	7425	11.6

3. 石油、石化企业的特征

能源产业是国民经济的支撑性产业。过去在旧常态下，由于产业结构重型化，能源消耗系数很高，因此单位 GDP 所需要的化石能源规模很大，这也带动了我国煤炭、石油、电力电网市场规模的急剧扩大。但随着经济步入新常态，产业结构调整逐渐“高技术化”、“轻型化”，能源消耗系数必然明显下降，因此煤炭、石油、电力市场规模的扩张速度肯定会下降，甚至会负增长。

2015 中国企业 500 强中共有 16 家石油企业上榜，主要分为四类企业：国有大型一体化企业 4 家（中石油集团、中石化集团、中海油集团、延长石油集团）、石油进出口贸易企业 2 家（珠海振戎、华信能源集团）、炼油企业（山东东明石化、山东京博控股、山东海科化工、利华益、大连西太平洋石化、宁夏宝塔石化、山东金诚石化、山东汇丰石化，如表1-10所示。

表 1-10　　2015 中国企业 500 强中的石油石化企业

排名	名称	类别	所有制	营业收入（万元）	净利润（万元）
1	中国石油化工集团公司	一体化	中央国有	288993429	3189818
2	中国石油天然气集团公司	一体化	中央国有	272995616	10079825
12	中国海洋石油总公司	一体化	中央国有	61159992	5294284
65	中国华信能源有限公司	贸易	民营	21399476	345650
70	陕西延长石油（集团）有限责任公司	一体化	地方国有	20822635	668701
176	珠海振戎公司	贸易	中央国有	7702673	12664
178	山东东明石化集团有限公司	石化	民营	7581776	49480

（续表）

排名	名称	类别	所有制	营业收入（万元）	净利润（万元）
291	山东京博控股股份有限公司	石化	民营	4363306	44292
293	山东海科化工集团有限公司	石化	民营	4342433	66978
306	利华益集团股份有限公司	石化	民营	4202161	115449
325	大连西太平洋石油化工有限公司	石化	中外合资	3898310	-146511
345	宝塔石化集团有限公司	石化	民营	3612466	48565
396	山东金诚石化集团有限公司	石化	民营	3051258	11883
475	旭阳控股有限公司	石化	民营	2516644	16316
483	山东汇丰石化集团有限公司	石化	民营	2459961	5116
500	山东万通石油化工集团有限公司	石化	民营	2361182	82375

从中国石化、中国石油、中海油、陕西延长石油、珠海振戎五大国有石油企业看，近年来五大石油公司的营业收入增速和利润增速均呈现下滑趋势。从图 1-25 可以看到，中石油、中石化、中海油、延长石油四家一体化石油企业的营业收入增速是总体下降的，只有石油贸易企业珠海振戎公司的营业收入增速近两年持续回升，这与石油价格较低有关。从图 1-26 可以看到，中石油、中石化、陕西延长石油、珠海振戎的净利润增速都是负的，中石化的净利润负增长达到-41. 9%，珠海振戎的达到-45. 4%，陕西延长石油的虽有所好转，但仍没有实现利润正增长。五大石油公司中，只有中海油实现了 10% 的利润增长。

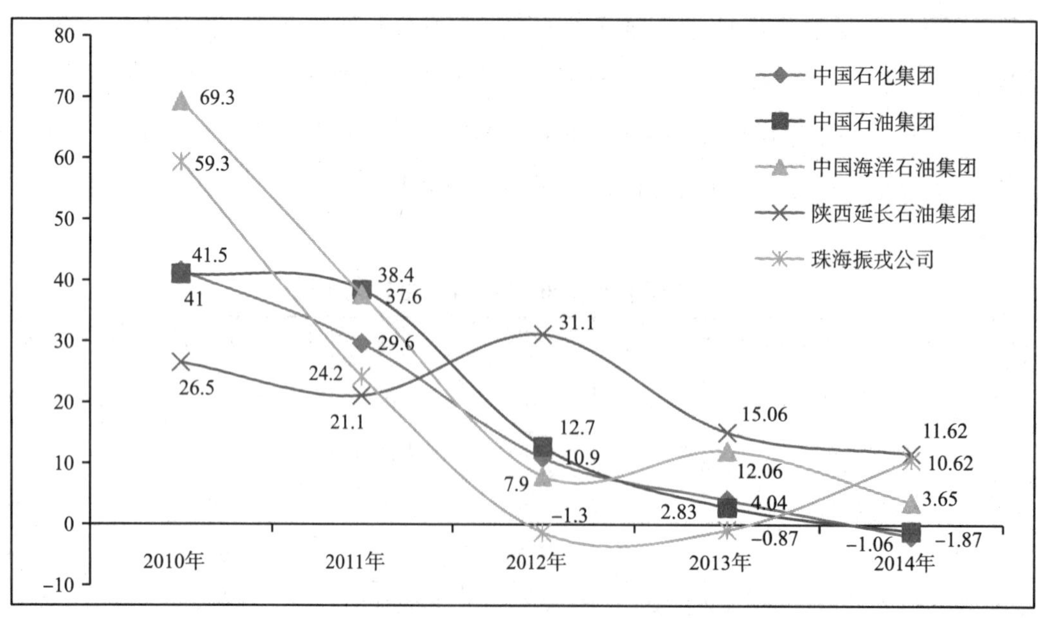

图 1-25　近 7 年来五大石油企业营收增速（2010-2014 年）

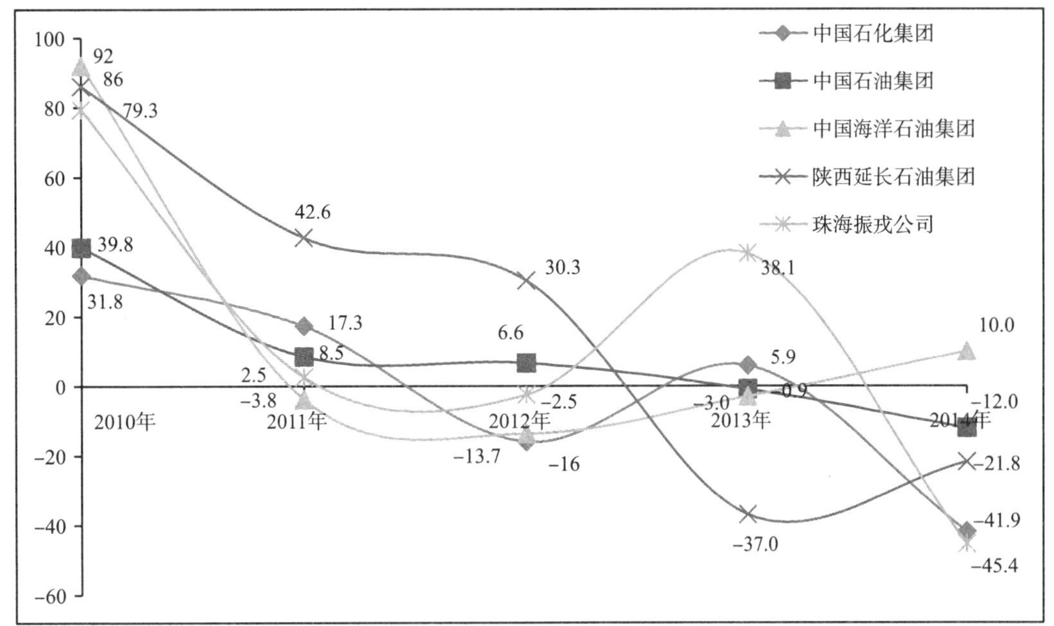

图 1-26 近 7 年来五大石油企业净利润增速（2010-2014 年）

4. 煤炭、电力电网企业的特征

我国能源种类“多煤”，电力生产以“煤电火电”为主。煤炭行业受经济减速和经济结构调整影响很大，主要是需求增速下降，产能严重过剩，煤价大幅下滑，煤炭企业绩效非常差；而电力生产则由于电力价格受国家管制，并不随着煤炭价格灵活联动，因此总体上电力生产企业的效益还不错。

2015 中国企业 500 强中，共有 22 家煤炭企业上榜。从亏损面看，2014 年 22 家企业中有 16 家亏损，亏损面超过 70%；亏损额合计约 273.0 亿元。从营业收入看，22 个企业营业收入合计额达到 3.03 万亿元，同口径同比增长了-1.85%，较上年 500 强的煤炭企业合计营业收入 3.52 万亿元也显著减少，增速连续三年大幅下滑。从净利润看，22 家企业净利润合计为 14.4 亿元，同口径同比增长了-93.4%，情况持续恶化。除了 16 家亏损企业，其余 6 家盈利企业中，有 5 家净利润都是显著下降的，只有兖矿集团有限公司扭亏为盈。从员工人数看，22 家企业共有职工 274.0 万人，同口径同比增加-1.97%。煤炭企业还需要进一步增强灵活性。

表 1-11　　2015 中国企业 500 强中的煤炭企业前 10 名

排名	名称	营业收入（万元）	营收增速（%）	净利润（万元）	净利润增速（%）
32	神华集团有限责任公司	32490059	-11.7	2696257	-26.2
48	山西焦煤集团有限责任公司	25773258	9.2	41510	-9.6
60	冀中能源集团有限责任公司	22921232	-0.3	-216550	亏损↑
66	大同煤矿集团有限责任公司	21382993	7.3	-278738	亏损↑

（续表）

排名	名称	营业收入（万元）	营收增速（%）	净利润（万元）	净利润增速（%）
72	山西潞安矿业（集团）有限责任公司	20511761	3.2	-91781	亏损↑
74	河南能源化工集团有限责任公司	20433687	-7.1	-258647	亏损↑
78	山东能源集团有限公司	20056727	-12.7	-105146	-176.7
80	山西晋城无烟煤矿业集团有限责任公司	19411655	0.8	63284	-39.3
85	开滦（集团）有限责任公司	18316390	-4.1	-294638	亏损↑
88	阳泉煤业（集团）有限责任公司	18113176	-5.6	-6183	亏损↓

电力生产效益与煤炭价格高度相关。现在电力生产业的市场结构是上次电力体制改革的产物，主要有五大发电（华能、大唐、华电、国电、中电投）和四小发电（华润电力、国华电力、国投电力、中广核）等；地方也有一些规模较大的国有电力投资企业。在 2015 中国企业 500 强上，共有 15 家发电公司、3 家电网公司上榜。从表 1-12 可以看出，五大发电集团有 4 家营业收入负增长，合计营业收入增长了 -1.94%，但合计净利润则增长了 -7.57%，增长率大幅下降（上年增长了 116.5%）。尽管煤炭价格下行给了发电企业盈利空间，但由于节能减排、发电量下降等原因，发电企业的净利润也不如预期。

表 1-12　　2015 中国企业 500 强中的发电企业

排名	名称	所有制	营业收入（万元）	营收增长率（%）	净利润（万元）	净利润增长率（%）
36	中国华能集团公司	中央国有	29206174	-0.4	261166	7.1
67	中国国电集团公司	中央国有	21335549	-8.3	300985	-14.3
69	中国华电集团公司	中央国有	21249477	6.3	665877	37.0
84	中国大唐集团公司	中央国有	18587307	-2.3	7209	-94.1
87	中国电力投资集团公司	中央国有	18228613	-4.2	144177	-50.1
187	浙江省能源集团有限公司	地方国有	7117063	-8.2	652535	-6.9
197	北京能源集团有限责任公司	地方国有	6638375	12.6	316606	45.3
245	广东省粤电集团有限公司	地方国有	5078951	-8.8	320836	-18.3
282	中国广核集团有限公司	中央国有	4517432	27.9	619853	10.3
349	云南省能源投资集团有限公司	地方国有	3532995	33.9	172726	123.7
356	山西省国新能源发展集团有限公司	地方国有	3445676	9.2	5580	-51.5
358	重庆市能源投资集团有限公司	地方国有	3411240	-1.1	-3614	-890.8

（续表）

排名	名称	所有制	营业收入（亿元）	营收增长率（%）	净利润（亿元）	净利润增长率（%）
390	天津能源投资集团有限公司	地方国有	3169725	15.6	71446	7.6
393	申能（集团）有限公司	地方国有	3082414	-3.0	234543	4.7
450	福建省能源集团有限责任公司	地方国有	2747908	13.1	84542	-9.7

我国电网具有自然垄断和行政垄断特征，供电和售电价格都受到政府高度管制，电网企业的经营绩效高度依赖售电量。2014 年我国发电量 54638 亿千瓦时，同比仅增长 3.2%。从 3 家电网企业看，其营业收入增长率都不高，平均增速仅有 2.53%，较上年大幅下降；但国网、南网两家企业的净利润增长率大幅增加；内蒙古电力公司营收和净利润都有小幅下滑，当然净利润下滑幅度已经较上年明显收窄，如表 1-13 所示。

表 1-13　　2015 中国企业 500 强中的电网企业

排名	名称	所有制	营业收入（亿元）	营收增长率（%）	净利润（亿元）	净利润增长率（%）
3	国家电网公司	中央国有	20913.63	2.03	623.58	20.55
19	中国南方电网有限责任公司	中央国有	4723.50	5.68	109.33	29.32
215	内蒙古电力（集团）有限责任公司	地方国有	582.07	-3.53	15.98	-7.55

5. 汽车、高铁、民航企业的特征

进入 21 世纪的 15 年间，中国人的"出行需求"快速释放，国家基础设施建设如高速公路、铁路、机场等加快进行，因而在汽车、高铁、民航等领域都诞生了一批世界级规模的大企业。

先看汽车企业。汽车行业分为汽车制造业和汽车销售业，汽车制造业可以分为轿车和客车制造。2015 中国企业 500 强中，共有 17 家汽车生产企业（其中包括 1 家重型汽车、1 家客车企业）、3 家汽车连锁销售企业上榜。2014 年，17 家汽车制造企业共实现营业收入合计 3.05 万亿元，同口径同比增长了 9.15%；净利润合计 880.3 亿元，同口径同比增长了 15.1%；3 家汽车连锁销售企业只有上海永达效益较好（见表 1-14，表 1-15）。过去十多年是我国汽车制造业发展的黄金时代，截止到 2014 年，我国汽车产销量都超过 2300 万辆，位居世界第一，全国汽车保有量 1.54 亿辆，私家车保有量超过 1.05 亿辆，仅次于美国的 2.45 亿辆位居世界第二；汽车社会的快速到来让中国城市不堪重负，一定程度上汽车趋于饱和，未来中国汽车产能过剩问题一定凸显，企业间竞争必然更加激烈。

表 1-14　　2015 中国企业 500 强中的汽车生产企业

排名	名称	所有制	营业收入（亿元）	营收增长率（%）	净利润（亿元）	净利润增长率（%）
10	上海汽车集团股份有限公司	地方国有	6300.01	11.35	382.51	7.49
17	中国第一汽车集团公司	中央国有	4941.15	7.14	446.37	26.37
18	东风汽车公司	中央国有	4866.24	6.94	268.97	6.00
34	北京汽车集团有限公司	地方国有	3115.61	16.96	119.81	8.13
73	广州汽车工业集团有限公司	地方国有	2047.91	1.62	79.36	13.15
102	浙江吉利控股集团有限公司	民营	1539.53	-2.83	28.37	15.41
103	华晨汽车集团控股有限公司	地方国有	1506.64	17.69	95.25	57.09
114	万向集团公司	民营	1287.89	8.58	13.74	43.27
130	江苏悦达集团有限公司	地方国有	1111.45	9.80	36.18	-38.85
194	中国重型汽车集团有限公司	地方国有	683.13	10.07	10.62	18.51
207	长城汽车股份有限公司	民营	625.99	10.24	80.41	-2.32
220	比亚迪股份有限公司	民营	581.96	10.09	7.40	-4.64
250	江铃汽车集团公司	地方国有	504.21	24.54	31.99	32.91
317	陕西汽车控股集团有限公司	地方国有	400.11	17.54	2.67	43.39
318	安徽江淮汽车集团有限公司	地方国有	396.58	1.64	6.72	-35.52
394	郑州宇通集团有限公司	民营	307.20	13.84	40.49	54.58
411	奇瑞汽车股份有限公司	地方国有	298.49	10.36	1.27	-85.50

表 1-15　　2015 中国企业 500 强中的汽车连锁销售企业

排名	名称	所有制	营业收入（亿元）	营收增长率（%）	净利润（亿元）	净利润增长率（%）
213	庞大汽贸集团股份有限公司	民营	603.15	-5.74	1.32	-38.92
231	中升集团控股有限公司	民营	547.87	4.30	7.81	-23.69
297	上海永达控股（集团）有限公司	民营	430.41	29.40	8.50	33.27

再看铁路方面。我国铁路建设近年来高速进行，铁路设备制造能力、铁路基础设施施工能力也快速成长，目前已经形成了以中国铁路总公司为需方、以南北车为机车设备提供方、以中国铁建总公司和中国铁路工程总公司为核心施工方的市场结构，此外还有中国铁路通号集团、中国铁路物资总公司等辅助或关联企业。我们单看铁路设备制造企业的南车集团、北车集团。2014 年，南车集团的营业收入和净利润都实现了快速增长，而北车集团则出现了营业收入小幅增长、利润负增长态势（见表 1-16）。2014 年 12 月 30 日，南车集团和北车集团的上市子公司南车股份和北车股份宣布合

并，并于 2015 年 6 月正式完成合并，集团层面的整合也随后展开。这是中央国有企业第一次通过证券市场进行大规模合并重组，具有示范意义。

表 1-16　　2015 中国企业 500 强中的铁路设备制造企业

排名	名称	所有制	营业收入（万元）	营收增长率（%）	净利润（万元）	净利润增长率（%）
119	中国南车集团公司	中央国有	12132061	20.81	261319	20.95
135	中国北方机车车辆工业集团公司	中央国有	10570383	7.25	268274	-2.95
合计			22702444		529593	

最后看民航企业。上次民航体制改革后，在中央企业层面形成了“三大民用航空集团+三大航空辅助集团”的格局，此后一些民营航空公司和地方政府控股的地方航空公司也快速发展。在 2015 中国企业 500 强中，有 4 家民航企业上榜，分别是海航集团、南方航空集团、中国航空集团、东方航空集团（见表 1-17）。不经意间，海航集团在总体规模上已经超越了三大国有航空公司。三大辅助集团只有中国航空油料集团上榜。

表 1-17　　2015 中国企业 500 强中的民航和辅助企业

排名	名称	所有制	营业收入（万元）	营收增长率（%）	净利润（万元）	净利润增长率（%）
99	海航集团有限公司	民营	15801958	36.74	127480	26.59
132	中国南方航空集团公司	中央国有	10918040	9.83	161981	31.43
134	中国航空集团公司	中央国有	10720489	7.40	217014	28.88
151	中国东方航空集团公司	中央国有	9454194	3.96	186055	-9.99
61	中国航空油料集团公司	中央国有	22289976	-1.29	58030	-38.18

6. 批发零售业企业的特征

消费升级是产业升级、企业升级的原动力。中国拥有 13.7 亿人口，其中 54% 长期活动在城市，他们给我国批发零售企业成长提供了广阔舞台。2014 年，我国社会消费品零售总额达到 26 万亿元，同比增长 12%，回归正常状态。在中国企业 500 强中，共有三种批发零售企业：一般商品批发零售、药品连锁销售、家电连锁销售。

首先看一般性批发零售企业。2015 中国企业 500 强中有 12 家一般批发零售企业上榜（见表 1-18）。12 家企业合计营业收入 7248.8 亿元，同口径同比增长了 2.12%，低于 2014 年我国社会零售品消费总额的增速（12%）。从效益看，11 家企业均实现不同程度的增长。

表 1-18　　2015 中国企业 500 强中的连锁商业企业

排名	名称	所有制	营业收入（万元）	营收增长率	净利润（万元）	净资产收益率（%）
93	大商集团有限公司	民营	17023317	13.2	144031	17.5
112	百联集团有限公司	国有	13435613	-18.0	55422	2.9
167	山东省商业集团有限公司	国有	8050638	8.1	29048	6.7
241	重庆商社（集团）有限公司	国有	5145104	1.7	15242	6.1
272	天津一商集团有限公司	国有	4630440	14.5	8805	11.2
333	合肥百货大楼集团股份有限公司	国有	3780000	7.4	36602	11.2
336	浙江省商业集团有限公司	国有	3682317	-19.5	9946	3.4
340	永辉超市股份有限公司	民营	3672680	20.2	85156	13.2
362	武汉武商集团股份有限公司	国有	3400003	10.8	65969	18.6
378	长春欧亚集团股份有限公司	国有	3232232	14.3	29875	18.8
379	中百控股集团股份有限公司	国有	3221803	9.9	18625	6.2
383	石家庄北国人百集团有限责任公司	国有	3213628	6.5	38565	16.7

再看药品批发零售。2015 中国企业 500 强中有 3 家药品批发零售企业上榜，分别是国药集团总公司、九州通、天津领先控股集团（见表 1-19）。国药集团总公司现在自我定位是“医药健康产业集团”，它拥有国内最庞大的药品和医疗器械分销网络：全国医药物流分销配送网络、全国医药零售连锁网络、全国麻醉药品配送网络、全国生物制品营销及冷链配送网络、全国医疗器械耗材产品配送网络。九州通是国内最大的民营药品连锁销售企业，天津领先集团下属的领先药业连锁集团是在天津占据主导地位的药品销售企业。从三家企业数据看，2014 年药品批发零售企业一如既往保持着良好发展态势。

表 1-19　　2015 中国企业 500 强中的药品销售企业

排名	名称	所有制	营业收入（万元）	营收增长率	净利润（万元）	净利润增长率（%）
54	中国医药集团总公司	国有	24710984	20.80	270494	27.96
310	九州通医药集团股份有限公司	民营	4106840	22.82	56071	17.32
442	天津领先控股集团有限公司	民营	2804979	17.94	105378	26.15

最后看家电销售企业。传统家电销售业受两个因素影响较大，一是房地产成交量，二是互联网渠道商。2015 中国企业 500 强中有 2 家传统的家电销售企业（苏宁、国美）和 1 家互联网家电销售企业（京东）上榜（见表 1-20）。从 2014 年数据看，苏宁和国美营业收入增速都不大，而京东则销售规模扩大了 65.85%；苏宁和国美经过努力，净利润较上年大幅增加，而京东则亏损持续扩大。家

电的传统销售模式和互联网模式完全不同，由此可见一斑。

表 1-20　　2015 中国企业 500 强中的家电连锁销售企业

排名	名称	所有制	营业收入（万元）	营收增长率（%）	净利润（万元）	净利润增长率（%）
40	苏宁控股集团	民营	28294180	1.12	76188	142.53
106	国美电器有限公司	民营	14348266	7.61	347228	74.49
123	京东商城电子商务有限公司	民营	11500231	65.85	-499635	亏损↑

7. 金融企业的特征

金融是国民经济命脉，牵一发而动全身。长期以来我国采用金融抑制（Financial Repression）政策，国有大型金融机构分工合作，形成垄断竞争格局。新时期，金融业对内对外开放的趋势不可阻挡，促使金融机构成为支持实体经济发展的力量，培育具有国际竞争力的金融机构成为下一阶段政策目标。在分业经营政策下，我国金融机构可以分为商业银行、保险公司、证券公司、信托公司、基金公司、期货、金融控股公司等类型，但是在大企业领域，通常只有银行、保险、金融控股公司三个类型，证券、信托、基金、期货通常由大企业控股存在。

2015 中国企业 500 强中，有 28 家金融企业，包括 8 家保险机构、15 家商业银行、2 家金融控股公司（中信集团、光大集团）、1 家邮政金融集团（中国邮政集团）、2 家政策性金融机构（国家开发银行、中国农业发展银行）。2014 年，8 家保险公司合计资产 10.0 万亿元，实现营业收入 1.94 万亿元，实现净利润 899.7 亿元，平均净利润增长率 53.7%，平均净资产收益率达到 12.7%。值得注意的是，8 家保险公司中只有中国人寿保险（集团）公司的国际化指数达到 3.01%，其余企业的国际化指数总体比较低或没有开展国际业务，如表 1-21 所示。

表 1-21　　2015 中国企业 500 强中的保险企业

排名	名称	资产（亿元）	营业收入（亿元）	利润（亿元）	利润增长率（%）	净资产收益率（%）	国际化指数
15	中国人寿保险（集团）公司	27468.0	5375.8	104.0	184.34	10.90	3.01
20	中国平安保险（集团）股份有限公司	40059.1	4628.8	392.8	39.51	13.56	--
29	中国人民保险集团股份有限公司	7822.2	3515	131.1	61.42	14.16	--
63	中国太平洋保险（集团）股份有限公司	8251.0	2197.8	110.5	19.31	9.43	--
107	新华人寿保险股份有限公司	6437.1	1431.9	64.1	44.87	13.25	--
146	泰康人寿保险股份有限公司	5274.0	983.9	67.6	80.61	21.17	0.21
156	中国太平保险集团有限责任公司	3531.4	886.3	20.5	88.91	11.19	--
323	阳光保险集团股份有限公司	1289.2	391.8	9.2	765.5	5.53	--

除保险公司外，其他 20 家金融机构都是银行业为主的，因此把它们归为银行类。20 家银行的营业收入合计为 6.73 万亿元，资产合计为 125.3 万亿元，净利润合计为 1.35 万亿元，职工人数 324.7 万人，合计缴纳税收 6089.9 亿元（缺建设银行缴税数据），分别占 500 强各项总额的 8.1%、63.4%、52.2%、15.3%，平均净资产收益率为 16.5%（见图 1–27）。这些银行中，只有中国中信集团、交通银行、工商银行的国际化指数比较高，如表 1–22 所示。

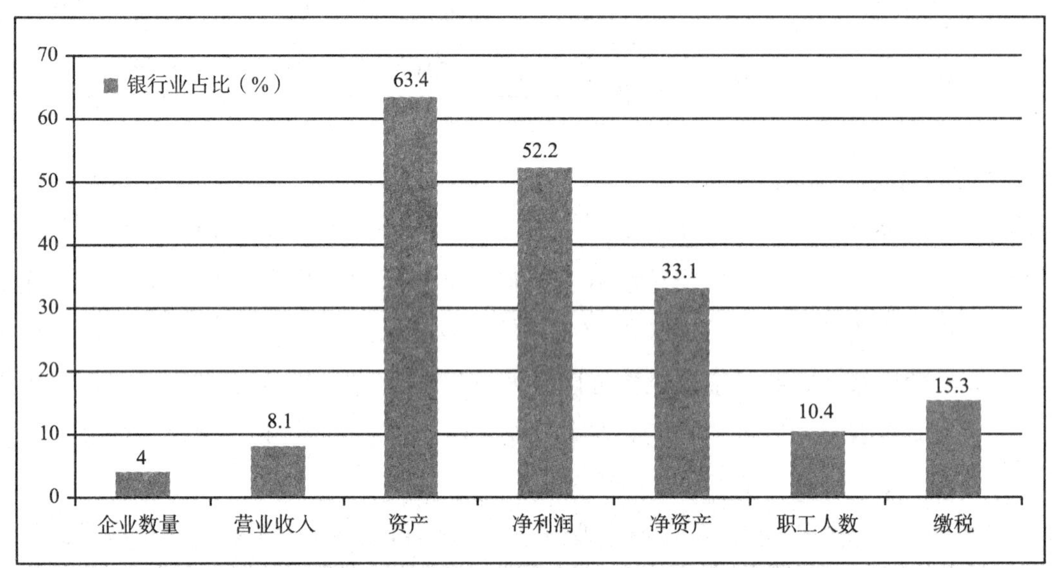

图 1–27　2015 中国企业 500 强中银行企业的占比（%）

表 1–22　2015 中国企业 500 强中的银行和综合金融公司

排名	名称	营业收入（亿元）	资产（亿元）	利润（亿元）	利润增长率（%）	净资产收益率（%）	国际化指数
4	中国工商银行股份有限公司	10294.3	206099.5	2758.1	5.0	18.0	5.1
5	中国建设银行股份有限公司	8621.9	167441.3	2278.3	6.1	18.3	1.9
7	中国农业银行股份有限公司	7980.2	159741.5	1794.6	7.9	17.4	
8	中国银行股份有限公司	7452.1	152513.8	1691.6	7.8	14.8	
14	国家开发银行股份有限公司	5555.6	103170.3	975.8	22.6	14.6	1.9
22	中国邮政集团公司	4047.7	65018.4	286.0	13.0	11.9	
30	中国中信集团有限公司	3408.9	47329.0	290.5	–23.2	10.9	18.6
31	交通银行股份有限公司	3344.4	62683.0	658.5	5.7	14.0	5.9
42	招商银行股份有限公司	2810.5	47318.3	559.1	8.1	17.8	
51	兴业银行股份有限公司	2501.2	44064.0	471.4	14.4	18.3	
55	中国民生银行股份有限公司	2464.4	40151.4	445.5	5.4	18.5	
58	上海浦东发展银行	2379.9	41959.2	470.3	14.9	18.1	

（续表）

排名	名称	营业收入（亿元）	资产（亿元）	利润（亿元）	利润增长率（%）	净资产收益率（%）	国际化指数
90	中国农业发展银行	1757.7	31422.1	143.0	1.2	18.3	
91	中国光大集团股份有限公司	1734.8	29575.7	90.9	393.2	11.0	
138	华夏银行股份有限公司	1040.3	18516.3	179.8	16.0	17.7	
169	北京银行	792.4	15244.4	156.2	16.1	16.3	
326	渤海银行股份有限公司	388.4	6671.5	50.3	10.3	17.1	
458	盛京银行股份有限公司	268.2	5033.7	54.0	11.1	15.1	
470	天津银行股份有限公司	259.8	4788.6	44.2	29.2	15.4	
473	广州农村商业银行股份有限公司	254.4	4666.1	53.7	11.3	17.5	

注：中国银行未提供海外数据。

需要注意的是上述金融企业中的金融控股公司：中信集团、光大集团、平安保险集团。这三家企业都是经营两种以上金融业务。金融控股公司一词最早起源于美国，在美国《金融服务业法案》首次使用Financial Holding Company的法律术语；我国台湾地区《金融控股公司法》对金融控股公司的定义是：对一银行、保险公司或证券商所持有的股份具有控制性，并依照金融控股公司法设立的公司。中国大陆20世纪90年代后实行金融业分业经营、分业监管政策，只有少数几家企业被许可采取金融控股公司形式，其他企业不得同时经营两种以上金融业务、金融企业不得参控股非金融企业。但是近年来，许多金融企业通过各种途径来规避这一原则，比如中国银行在香港注册了中银国际开展证券业务，中国建设银行在香港注册了建银国际金融开展投资银行业务等（见表1-23）。另一方面，大量非金融大企业也逐渐进入金融领域，包括国有大企业和民营大企业，纷纷要打造“金融全产业链”的金融控股集团，比如海航集团、中航工业集团、复星高科集团等（见表1-24）。总的来看，金融企业和非金融大企业的金融控股公司化趋势已经形成，而金融监管依然是分业监管体制，严重滞后于企业发展的现实，需要正视这一趋势并完善监管政策。

表1-23　　部分金融机构的混业经营情况

金融机构名称	银行	证券	保险	信托	其他
中国中信集团	中信银行	中信证券	信诚人寿、天安保险	中信信托	制造业、服务业；信诚基金；期货等
中国光大集团	光大银行	光大证券	光大永明人寿	光大信陇信托	资产管理、期货、金融租赁、基金；实业
平安保险集团	平安银行	平安证券	平安保险	平安信托	期货、基金、资产管理、房地产

（续表）

金融机构名称	银行	证券	保险	信托	其他
交通银行股份有限公司	交通银行	交银国际	交银国际信托		
中国建设银行股份有限公司	中国建设银行	建银国际金融		建信信托	建信金融租赁、建信基金管理
中国银行股份有限公司	中国银行	中银国际	中银集团保险		消费金融；制造业
国家开发银行股份有限公司	国家开发银行	国开证券			国开金融、国开金融租赁、中非基金、国开村镇银行

数据来源：作者自己整理。

表 1-24　部分大企业的金融控股公司化

企业名称	银行	证券	保险	信托	其他
国家电网公司	参股 10 余家银行	英大证券	英大泰和保险	英大国际信托	财务公司、期货、融资租赁、保险经纪
中石油集团	控股昆仑银行	参股国泰君安等	中意人寿等	昆仑信托	昆仑金融租赁、财务公司、资产管理、基金
宝钢集团	参股建设银行	华宝证券	参股新华保险等	华宝信托	财务公司、基金管理公司等
中航工业集团		中航证券	中航财险	中航信托	财务公司、基金、期货、租赁等
华润集团	华润银行	国信证券	华泰保险	华润信托	资产管理、基金、租赁等
五矿集团		五矿证券	金盛人寿保险	五矿信托	财务公司、金融租赁、期货
海航集团	营口银行（大股东）	联讯证券	华安保险、民安保险等	渤海国际信托	金融租赁、担保、货币兑换、PE
万向集团	浙商银行（大股东）		2 家保险公司	万向信托	财务公司、期货、第三方支付等
海尔集团	青岛银行（大股东）	长江证券（大股东）	海尔纽约人寿等		

数据来源：作者自己整理。

8. 互联网、电信企业的特征

互联网是今天这个时代最鲜明的特征，它经过门户网站时代、搜索/社交时代，近年来伴随着智

能移动终端的高速发展而进入了移动互联网时代。2014年，中国智能手机销量达到5.19亿部，3G、4G信号用户总数已突破6.7亿户，其中4G用户达到2.25亿户，我国网民人数达6.5亿人，其中光纤用户超过3.3亿人。有研究预期到2018年我国智能手机用户数量将超过7亿户。移动互联网的崛起，是一个生态系统的崛起，它从最顶层的硬件层（智能手机、平板电脑、可穿戴设备）、移动操作系统（苹果、安卓等）、运营商（移动、联通、电信等）、零售商（苏宁云商、阿里巴巴等），到中间过渡的OTT（苹果APP市场、机顶盒）、移动浏览器（UC等）、移动应用（社交、地图、运动、天气、新闻、票务、导航、出租、支付、生活信息等），最后到最底层的发布系统（手机助手、豌豆荚等）和投放层（广告等），全面改变着城乡居民的行为方式，无数的市场需求从线下转到线上，或者线上线下相结合，对许多产业的市场格局进行重构。这是今天服务业企业都必须要面对的大趋势，也是制造业企业所要认真对待的大趋势。

2015中国企业500强中，5家互联网企业上榜，分别是京东商城、腾讯、百度、阿里巴巴集团公司，以及IT基础设施和解决方案供应商浪潮集团。按照小米公司总裁雷军披露的数据，小米公司可能也能进入；如果海尔集团向互联网模式转型成功，那么也将成为其中之一。从表1-25可以看出，京东、腾讯、阿里巴巴、百度四家企业的营收增长率都保持高速增长，净利润则参差不一，腾讯和百度保持快速增长，京东亏损增加，阿里巴巴集团净利润大幅下滑，浪潮集团则稳定成长。

表1-25　　2015中国企业500强中的互联网企业

排名	名称	所有制	营业收入（亿元）	营收增长率（%）	净利润（亿元）	净利润增长率（%）
123	京东商城电子商务有限公司	民营	1150.0	65.85	-50.0	亏损↑
171	腾讯控股有限公司	民营	789.3	30.60	238.1	53.59
188	阿里巴巴集团控股有限公司	民营	708.1	105.15	269.7	-48.15
244	百度股份有限公司	民营	490.5	53.56	131.9	25.36
257	浪潮集团有限公司	国有	510.3	13.15	10.9	10.68

电信运营商是移动互联网的基础。众所周知，目前我国电信运营由三大电信公司中国移动、中国联通、中国电信寡头竞争。在移动互联网时代，三大电信公司将如何应对？2014年春节期间，几乎所有人拿着手机发短信拜年的情形不再，转而代之微信“发红包、抢红包”；比如除夕当日，全国短信发送量同比下降25%，而产生的移动数据流量则同比增长69.5%。传统业务的式微是大势所趋。从表1-26可以看到，三大电信公司2014年营业收入增长率都零增长或负增长，净利润增速尽管仍然较高但较往年也大幅下滑。电信运营商必须开展新战略、新业务、新商业模式来维持未来发展。

表 1-26　　2015 中国企业 500 强中的电信公司

排名	名称	营业收入（亿元）	营收增长率（%）	利润（亿元）	利润增长率（%）	净资产收益率（%）	国际化指数
9	中国移动通信集团公司	6625.4	0.10	644.0	13.87	7.67	2.11
27	中国电信集团公司	3829.2	0.37	125.6	31.24	3.34	1.44
37	中国联合网络通信集团有限公司	2896.5	-4.94	58.0	29.07	3.46	4.85

五、2015 中国企业 500 强的区域分布特征

严格区分中国企业 500 强的区域分布是困难的，因为企业作为市场主体，跨区域甚至跨国界经营都是正常的，大多数大企业都不会自我限制在一个行政区域内从事经营活动（当然也有这种企业）。现在的企业区域分布是基于总部注册地城市，多数企业的成长所在地和注册地通常是一致的（但也有不一致的情况），企业向所在地政府缴税，企业成长总体上受到了地区文化的影响，因此具备一定区域性特征。这是本报告观察分析企业区域分布特征的前提假设。未来会有越来越多的大企业走全国化、全球化路线，地方色彩会越来越淡，加之经营范围的广覆盖，那么就这种分析方法也会随之改变。

1. 总体分布情况

2015 中国企业 500 强分布在内地 30 个省市自治区，只有西藏没有企业上榜。按照多年来使用的企业总部所在地标准，2015 中国企业 500 强的地区分布如表 1-27 所示。

表 1-27　　2015 中国 500 强企业地域分布

四大板块	七大区域	所包括的省区市
东部（364）	环渤海（196）	北京（98）、天津（21）、河北（26）、山东（51）
	泛珠三角（43）	广东（41）、海南（2）
	长三角（117）	上海（25）、江苏（44）、浙江（48）
	海西经济区（8）	福建（8）
东北（19）	东北三省（19 家）	辽宁 12 家、吉林 4 家、黑龙江 3 家
中部（56）	中部（56）	山西（9）、安徽（12）、江西（7）、河南（10）、湖北（12）、湖南（6）
西部（61）	大西南（40）	重庆（11）、广西（6）、四川（14）、贵州（2）、云南（7）、西藏（0）
	大西北（21）	陕西（7）、甘肃（4）、青海（1）、宁夏（1）、新疆（4）、内蒙古（4）

表 1-28　　2015 中国 500 强企业之各地区企业的总量指标

省区	企业数（个）	营业收入（亿元）	净利润（亿元）	资产总额（亿元）	缴纳税款（亿元）	从业人数（万人）
全国	500	594796.2	25774.2	1975977.4	39772.9	3114.7
北京	98	290169.1	16725.1	1415333.9	22167.0	1530.3
山东	51	30017.3	699.0	27751.5	1037.5	155.5
浙江	48	27892.4	791.8	22279.1	1177.7	109.4
江苏	44	28692.5	564.5	19267.0	833.3	155.0
广东	41	42789.6	2408.8	142694.8	2568.4	243.3
河北	26	16124.1	187.8	11776.9	419.6	83.4
上海	25	35460.1	2132.3	146078.6	3137.1	103.2
天津	21	16069.2	330.6	25116.1	412.0	41.7
四川	14	6591.0	150.2	7586.0	308.0	54.6
湖北	12	10967.2	208.1	8354.8	994.1	50.9
辽宁	12	10674.6	129.1	20301.3	822.3	74.3
安徽	12	6702.3	10.4	7643.7	530.0	44.8
重庆	11	3950.0	111.6	6427.9	210.3	34.5
河南	10	6134.8	26.1	7137.6	267.9	60.7
山西	9	14156.1	-48.1	11836.6	537.1	95.2
福建	8	6366.6	527.4	47332.1	593.9	22.4
陕西	7	7504.1	59.5	9008.0	576.3	38.4
江西	7	4321.4	30.9	2421.0	127.9	15.5
云南	7	4260.1	130.5	5663.4	1253.7	14.4
湖南	6	3249.2	59.9	3604.3	101.5	15.3
广西	6	3018.5	38.7	4401.1	90.9	10.0
吉林	4	6195.3	292.7	4124.2	785.2	24.4
甘肃	4	4234.4	0.6	3314.0	76.3	12.8
新疆	4	1955.8	42.1	2837.2	71.3	12.9
内蒙古	4	1878.2	49.3	3483.6	122.5	15.2
黑龙江	3	1905.5	-41.2	3291.0	65.5	78.8
海南	2	2188.2	14.9	5082.4	66.6	11.5
贵州	2	704.6	137.9	1076.4	405.5	3.4
宁夏	1	326.3	6.7	336.0	5.8	2.0
青海	1	297.9	-3.0	416.9	7.8	1.0

表 1-29　　2015 中国 500 强企业之各地区企业的总量指标占比

名称	企业数（%）	营业收入（%）	利润（%）	资产（%）	纳税总额（%）	从业人数（%）
北京	19.6	48.78	64.89	71.63	55.73	49.13
山东	10.2	5.05	2.71	1.40	2.61	4.99
浙江	9.6	4.69	3.07	1.13	2.96	3.51
江苏	8.8	4.82	2.19	0.98	2.10	4.98
广东	8.2	7.19	9.35	7.22	6.46	7.81
河北	5.2	2.71	0.73	0.60	1.05	2.68
上海	5.0	5.96	8.27	7.39	7.89	3.31
天津	4.2	2.70	1.28	1.27	1.04	1.34
四川	2.8	1.11	0.58	0.38	0.77	1.75
辽宁	2.4	1.79	0.50	1.03	2.07	2.38
安徽	2.4	1.13	0.04	0.39	1.33	1.44
湖北	2.4	1.84	0.81	0.42	2.50	1.63
重庆	2.2	0.66	0.43	0.33	0.53	1.11
河南	2.0	1.03	0.10	0.36	0.67	1.95
山西	1.8	2.38	-0.19	0.60	1.35	3.06
福建	1.6	1.07	2.05	2.40	1.49	0.72
陕西	1.4	1.26	0.23	0.46	1.45	1.23
江西	1.4	0.73	0.12	0.12	0.32	0.50
云南	1.4	0.72	0.51	0.29	3.15	0.46
湖南	1.2	0.55	0.23	0.18	0.26	0.49
广西	1.2	0.51	0.15	0.22	0.23	0.32
吉林	0.8	1.04	1.14	0.21	1.97	0.78
甘肃	0.8	0.71	0	0.17	0.19	0.41
新疆	0.8	0.33	0.16	0.14	0.18	0.41
内蒙古	0.8	0.32	0.19	0.18	0.31	0.49
黑龙江	0.6	0.32	-0.16	0.17	0.16	2.53
贵州	0.4	0.12	0.53	0.05	1.02	0.11
海南	0.4	0.37	0.06	0.26	0.17	0.37
宁夏	0.2	0.05	0.03	0.02	0.01	0.06
青海	0.2	0.05	-0.01	0.02	0.02	0.03

表 1-30 2015 中国 500 强企业之各地区企业的部分效益指标

名称	资产利润率（%）	人均利润（万元）	资产周转率（次/年）	人均营业收入（万元）
北京	1.18	10.9	0.205	189.6
上海	1.46	20.7	0.243	343.5
天津	1.32	7.9	0.640	385.1
重庆	1.74	3.2	0.615	114.7
黑龙江	-1.25	-0.5	0.579	24.2
吉林	7.10	12.0	1.502	254.4
辽宁	0.64	1.7	0.526	143.7
河北	1.59	2.3	1.369	193.4
河南	0.37	0.4	0.860	101.1
山东	2.52	4.5	1.082	193.0
山西	-0.41	-0.5	1.196	148.6
陕西	0.66	1.6	0.833	195.3
安徽	0.14	0.2	0.877	149.6
江苏	2.93	3.6	1.489	185.2
湖南	1.66	3.9	0.902	212.1
湖北	2.49	4.1	1.313	215.5
江西	1.28	2.0	1.785	279.4
浙江	3.55	7.2	1.252	254.9
广东	1.69	9.9	0.300	175.9
四川	1.98	2.8	0.869	120.6
福建	1.11	23.5	0.135	283.9
广西	0.88	3.9	0.686	302.3
贵州	12.81	41.1	0.655	209.9
云南	2.30	9.1	0.752	296.6
甘肃	0.02	0.1	1.278	330.8
青海	-0.72	-3.0	0.714	297.4
宁夏	1.98	3.3	0.971	163.1
新疆	1.48	3.3	0.689	152.2
内蒙古	1.42	3.2	0.539	123.3
海南	0.29	1.3	0.431	190.1

2. 500 强中的东北企业

从地区分布看，有一个现象值得重视，即东北地区的企业数量持续减少。今年 19 家企业上榜，正好是2003 中国企业 500 强东北上榜企业的 50%，这一现象不是偶然的，如图 1-28 所示。

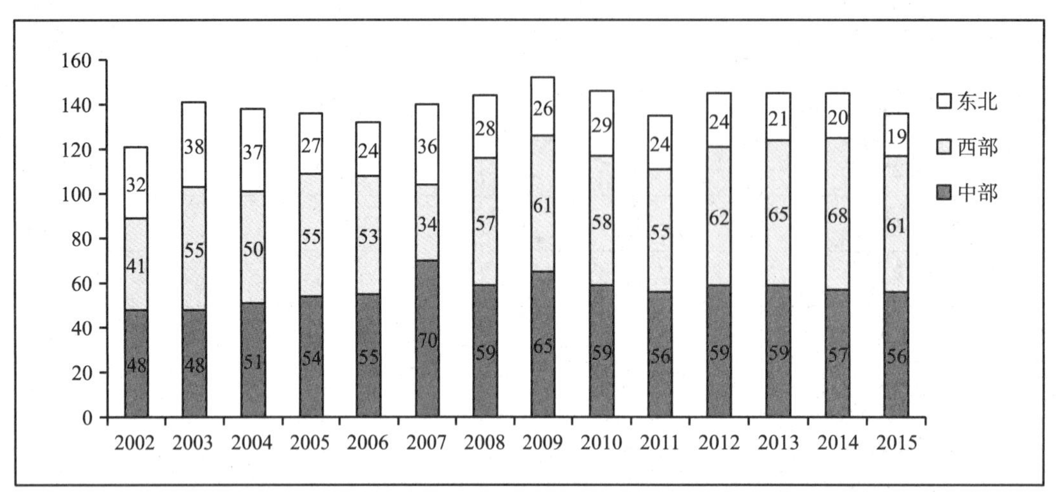

图 1-28　历年中国企业 500 强的东北、中部、西部地区企业数量

从效益上看，东北三省的 19 家企业合计营业收入 18775 亿元，同口径同比增长了 9.96%，高于 2015 中国企业 500 强的同口径同比营业收入增速约 3 个百分点；利润合计 380.6 亿元，同口径同比增长了 17.8%，但企业之间差异极大，钢铁、煤炭、农垦、建材、石化等领域企业效益较差。黑龙江的 3 家企业北大荒农垦集团、龙煤矿业、哈尔滨电气集团效益都不太好，这与黑龙江的总体经济数据能够相互印证，如表 1-31 所示。

表 1-31　　2015 中国企业 500 强中之东北企业

排名	名称	所有制	营业收入（亿元）	营收增长率（%）	利润（亿元）	利润增长率（%）	净资产收益率（%）	国际化指数
17	中国第一汽车集团公司	央企	4941.2	7.1	261.8	30.5	18.6	0.2
57	大连万达集团股份有限公司	民营	2424.8	29.9	125.5	49.5	13.2	11.7
93	大商集团有限公司	民营	1702.3	13.2	14.4	8.6	17.5	
97	鞍钢集团公司	央企	1615.1	4.1	-80.0	亏损↑	-13.0	7.0
103	华晨汽车集团控股有限公司	地方国有	1506.6	17.7	10.7	137.1	20.6	0.6
111	黑龙江北大荒农垦集团总公司	地方国有	1358.8	4.2	-2.3	-267.5	-1.0	6.7
131	本钢集团有限公司	地方国有	1110.1	0.7	1.1	扭亏	0.3	5.0
231	中升集团控股有限公司	民营	547.9	4.3	7.5	-25.7	6.8	
252	修正药业集团股份有限公司	民营	500.9	25.2	26.2	13.5	19.2	
299	吉林亚泰（集团）股份有限公司	地方国有	430.1	2.5	1.8	-15.6	2.3	
325	大连西太平洋石油化工有限公司	地方国有	389.8	11.4	-14.7	亏损↑	--	9.4

（续表）

排名	名称	所有制	营业收入（亿元）	营收增长率（%）	利润（亿元）	利润增长率（%）	净资产收益率（%）	国际化指数
378	长春欧亚集团股份有限公司	地方国有	323.2	14.3	3.0	21.8	18.8	
426	福佳集团有限公司	民营	290.3	2.7	9.0	3.9	3.7	
440	辽宁日林实业集团有限公司	民营	281.6	0.5	10.5	5.0	11.6	5.2
441	黑龙江龙煤矿业控股集团有限责任公司	地方国有	281.6	-27.2	-37.6	亏损↑	-38.4	
454	凌源钢铁集团有限责任公司	地方国有	272.2	14.7	-4.1	-795.3	-7.7	1.8
458	盛京银行股份有限公司	民营	268.2	31.8	54.0	11.1	15.1	
464	逸盛大化石化有限公司	民营	265.6	7.5	-5.0	-368.9	-10.7	1.5
466	哈尔滨电气集团公司	央企	265.2	10.6	-1.2	-128.7	-1.2	5.8

注：华晨、本钢、大连西太平洋石化、凌源钢铁等四家企业只有海外营业收入或海外资产数据，缺少海外员工数据，因此国际化指标仅作参考；大连西太平洋石化的净资产为负数。

从省域经济发展情况看，2014 年东北三省经济出现下滑态势，辽宁、吉林、黑龙江三省的经济增速分别是5.8%、6.5%、5.6%，三省 GDP 增速全部掉入全国后五位；2015 年1 季度，辽宁经济增速仅为1.9%，全国垫底，黑龙江和吉林分别为4.8%和5.8%，三省 GDP 增速都远低于全国；截止到2015 年7 月底，东北三省上半年 GDP 增速数据尚未披露，但从1～5 月份三省财政收入也可以看到东北经济的下滑趋势仍在加速。2015 年1～5 月份，黑龙江和吉林的财政收入呈现“负增长”，同比下降了19.0%和5.9%，1～6 月份辽宁财政收入同比下跌22.7%。鉴于东北严峻的经济形势，李克强总理和习近平主席先后于2015 年4 月、7 月到东北调研，“督战”项目落地和简政放权改革。

东北自然资源丰富，工业体系相对完整，长期以来对于我国经济建设发挥了重要作用。但是，东北地区早期被学者称为“苏联模式的全球样板”，计划经济模式在东北实施的最早，退出的最晚，受计划经济模式和思维的影响最深，民营经济发展的营商环境不太好；同时由于工业体系相对完整，因而对外依赖少，加上与俄罗斯、朝鲜等不发达和封闭经济体接壤，对外经济联系更少。根据王小鲁等（2013）的《中国分省企业经营环境指数2013 年报告》和樊纲、王小鲁等（2011）的《中国市场化指数——各地区市场化相对进程2011 年报告》，东北地区的市场化指数和经营环境指数在全国排在后列。最近，也有学者发现，东北地区近年来的劳动力和人才净流出现象十分突出，按照第六次全国人口普查数据，东北三省每年净流出的人口约200 万人；同时由于国有单位多，计划生育政策落实得严格，黑龙江、吉林、辽宁的总和生育率分别只有1.03%、1.03%和1.0%，在国际上属于“超低出生率”水平。在新常态背景下，多种因素形成了叠加效果，从而使东北经济出现今天的局面。这种局面的改变必须综合施策、精准发力来解决。

六、2015 中国企业 500 强的创新特征

中国的工业化进程已经总体上进入后期阶段，但地区之间差异非常大，北京、上海等地区甚至

已经完成了工业化而进入后工业化社会，多数省份仍然处于工业化中期阶段，少数省份还处在工业化初期阶段。这种工业化进程决定了中国企业的成长驱动因素的多样性，既有劳动、资本驱动型，也有创新驱动型。在全球正在经历第三次工业革命的背景下，越来越多的中国企业把创新摆到企业战略的重要或核心位置，中国企业正在步入由要素驱动向创新驱动发展的重要转折期。中国自 2006 年制定了《国家中长期科学和技术发展规划纲要（2006-2020）》，要在 2020 年进入创新型国家行列。建设创新型国家，创新型大企业是必不可少的，特别是大企业具备中小微型企业不具备的集成创新优势。培育一批创新型企业、创新型大企业，对于实现国家的转型升级有重要意义。

1. 426 家企业的基本情况

2015 中国企业 500 强共有 426 家企业提供了研发数据，填报率达到 85%，符合历年填报率水平。从这 426 家企业的样本数据，对于分析我国大企业的创新情况很有价值。2014 年，426 家企业的营业收入总额达到 48. 3 万亿元，占 2015 中国企业 500 强营收总额的 81. 2%；资产总额达到 99. 4 万亿元，占 2015 中国企业 500 强资产总额的 50. 3%；其中，金融企业有 10 家，它们的资产合计 43. 1 万亿元，也就是说如果减去这 10 家企业，那么剩余的 416 家非金融企业的资产总额只占今年 500 强的 28. 5%。

2. 426 家企业的创新投入情况

创新投入是企业创新的源泉，而研发投入是创新投入的主要部分。没有一定规模和强度的研发投入，是不可能出现较大创新成果的。2014 年，426 家企业共投入研发资金 6198. 1 亿元，同口径同比增长了 9. 37%，研发投入增速较上年有所反弹（2012-2014 中国企业 500 强的该指标分别为 16. 50%、11. 37%、7. 36%）；平均研发强度（研发投入与营业收入的百分比）为 1. 28%，为五年来首次反弹（见图 1-29）。我国研发经费占 GDP 的比值于 2013 年第一次超过了 2% 的关口，达到

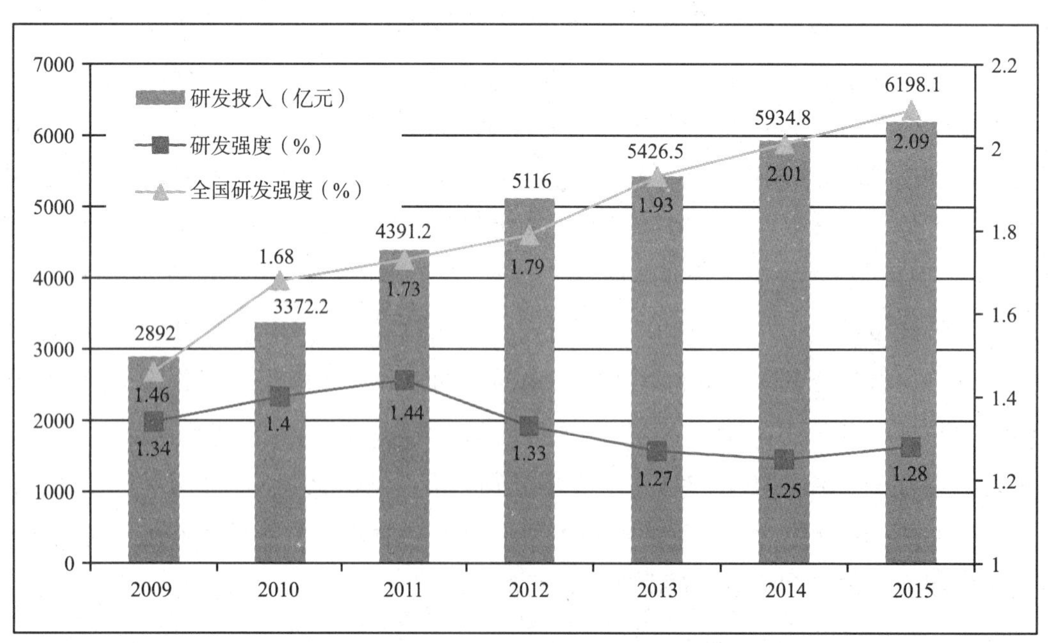

图 1-29　中国企业 500 强的研发投入及研发强度

注：研发强度是当年度 500 强中填报研发数据的企业的研发经费总额与它们营收总额之比。

2.01%，2014年继续提高到2.09%，达到历史最高值。从图1-29可以看出，中国大企业的平均研发强度与全国水平的差距越拉越大，中国大企业的总体创新能力亟须提高。

这426家大企业的研发投入在2014年全国研发经费支出中占46.6%，显示出它们的重要地位。根据国家统计局公布的2014年国民经济和社会发展统计公报，2014年我国全国研究与试验发展（R&D）经费支出为13312亿元，比上年增长12.4%，但这一增速为10年来的最低值。2004-2011年之间，我国研发经费支出增幅平均超过24%，而且总体稳定，而2011年以来，我国研发经费支出增幅连续三年下降。同时，中国企业500强中的企业研发投入在全国研发经费支出中的比重连续五年下降，如图1-30所示。

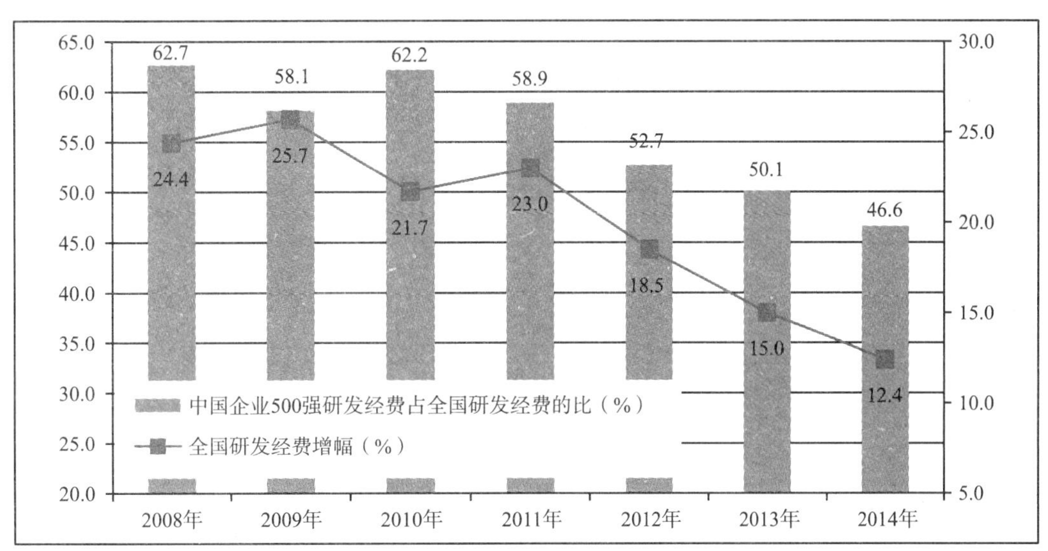

图1-30 2008-2014年全国研发经费增幅与500强研发经费在全国的占比

3.426家企业的创新产出情况

创新投入的目的是为了取得创新产出，但有投入不一定会有产出。中国科技研发体制最大的问题在于市场无法在资源配置中发挥决定性作用，如果科技成果无法市场化、产业化，那只是科研行为，而不是创新行为。麦肯锡全球研究院（MGI）2015年7月发布的《中国创新的全球效应》报告显示，中国巨大的科研创新投入还未有效转化为创新成果，科研创新体系的成果质量与投入的规模仍然不成比例。

衡量企业创新产出的形式很多，包括论文发表和引用率、专利和发明专利数量、新技术交易量、新产品销售收入、国内外行业标准等。在目前条件下，我们仅取得了专利、发明专利、标准（国内标准、国际标准）的企业数据，缺少新产品销售收入数据。从企业专利情况看，2015中国企业500强中有387家企业提供了专利数据，合计拥有专利53.1万件，比上年500强增加12.6%；其中发明专利14.3万件，比上年增加14.2%。发明专利占比为27.0%，较上年提高0.2个百分点。表1-32和表1-33是2015中国企业500强中拥有专利数量最多的10家企业。

表 1-32　　2015 中国企业 500 强中拥有专利项数最多的 10 家企业

排名	公司名称	研发费用（万元）	研发强度（%）	拥有专利项数（项）	发明专利项数（项）
3	国家电网公司	707986	0.34	40646	6080
108	美的集团股份有限公司	540781	3.80	29549	7303
164	中兴通讯股份有限公司	900854	11.06	18500	15000
2	中国石油天然气集团公司	2678689	0.98	16923	4253
26	中国航空工业集团公司	2343476	6.07	16738	7471
1	中国石油化工集团公司	870050	0.30	16034	10961
62	中国冶金科工集团有限公司	370745	1.68	13862	2741
77	海尔集团公司	1056103	5.26	13710	4792
147	海信集团有限公司	395236	4.03	10500	3620
100	中国航天科工集团公司	1817893	11.55	10426	4542

注：未取得华为、浪潮、百度、阿里巴巴、上海电气、联想控股等部分高研发强度企业的专利数据。

表 1-33　　2015 中国企业 500 强中拥有发明专利项数最多的 10 家企业

排名	公司名称	研发费用（万元）	研发强度（%）	拥有专利项数（项）	发明专利项数（项）
164	中兴通讯股份有限公司	900854	11.06	18500	15000
1	中国石油化工集团公司	870050	0.30	16034	10961
26	中国航空工业集团公司	2343476	6.07	16738	7471
108	美的集团股份有限公司	540781	3.80	29549	7303
9	中国移动通信集团公司	1854825	2.80	7843	7261
3	国家电网公司	707986	0.34	40646	6080
77	海尔集团公司	1056103	5.26	13710	4792
100	中国航天科工集团公司	1817893	11.55	10426	4542
2	中国石油天然气集团公司	2678689	0.98	16923	4253
76	中国船舶重工集团公司	1075907	5.33	9701	3922

注：未取得华为、浪潮、百度、阿里巴巴、上海电气、联想控股等部分高研发强度企业的专利数据。

标准竞争日益成为市场竞争的一个新特征，也是企业建立核心竞争优势的一个重要途径。国外众多领先企业已将标准竞争作为一种基本的竞争战略，并通过标准竞争建立其他方式难以获取的核心竞争力。当然，标准包括国际标准、国内标准，国内标准也有国家标准、地方标准、行业标准、企业标准之分。从创新活动的标准制定看，2015 中国企业 500 强中有 333 家企业提供了标准数据，它

们共参与制定标准数 3.01 万项，其中国内标准 2.78 万个、国际标准 0.14 万个。其中有 9 家企业参与制定标准数量超过 1000 个，如表 1-34 所示。

表 1-34　　2015 中国企业 500 强中标准最多的 10 家企业

排名	公司名称	研发费用（万元）	研发强度（%）	标准总数（个）	国内标准（个）
164	中兴通讯股份有限公司	900854	11.1	2200	1700
3	国家电网公司	707986	0.3	1317	1295
23	中国兵器工业集团公司	1051669	2.6	1246	1246
1	中国石油化工集团公司	870050	0.3	1245	1243
62	中国冶金科工集团有限公司	370745	1.7	1187	1152
49	中国化工集团公司	188487	0.7	1169	1166
26	中国航空工业集团公司	2343476	6.1	1117	537
21	华润股份有限公司	105166	0.2	1056	1056
16	中国中化集团公司	148963	0.3	860	860
83	中国能源建设集团有限公司	298746	1.6	825	825

值得注意的是参与或主导国际标准制定的企业。它们通常拥有较高的国际化指数，拥有一定的海外市场份额、海外资产，因此也有动力进行《专利合作条约》（PCT）国际专利申请。表 1-35 是 10 家制定国际标准最多的企业情况。

表 1-35　　2015 中国企业 500 强中制定国际标准最多的 10 家企业

排名	公司名称	研发费用（万元）	研发强度（%）	国际标准（个）	国际化指数
164	中兴通讯股份有限公司	900854	11.06	500	31.7
9	中国移动通信集团公司	1854825	2.80	302	2.1
27	中国电信集团公司	996806	2.60	114	1.4
37	中国联合网络通信集团有限公司	23410	0.08	105	4.8
119	中国南车集团公司	552086	4.55	45	7.1
62	中国冶金科工集团有限公司	370745	1.68	35	6.8
270	云南冶金集团股份有限公司	81639	1.75	31	1.9
77	海尔集团公司	1056103	5.26	28	4.0
126	兖矿集团有限公司	218500	1.94	25	12.5
3	国家电网公司	707986	0.34	22	1.6

4. 中国企业 500 强中的创新型大企业

中国大企业中，有多少可以堪称创新型企业、全球创新型企业？这取决于创新型企业的评价标准。汤森路透集团（Thomson Reuters）依据专利总数量、专利申请成功率、专利组合的国际化程度和文献引用次数等四大标准，评选出“2014 TOP100 全球创新型企业”，其中中国大陆只有华为一家企业上榜，而中国台湾有 2 家（台湾工研院和联发科），韩国 4 家，日本 39 家，美国 35 家。波士顿咨询公司（BCG）根据经营者的领导力、拥有专利的数量、产品开发情况、顾客指向、工程改善等标准，评选出《2014 年最具创新性的 50 家企业》，中国大陆有联想、小米、腾讯、华为 4 家企业上榜，苹果连续 10 年保持第一。福布斯根据“创新溢价指数”发布的“全球 50 大最具创新力公司”中，中国大陆有双汇、康师傅、恒安、百度、腾讯、伊利 6 家企业上榜。这都是值得重视和参考的重要信息。

企业研发强度是评价创新型大企业的主要信息之一。如果不分行业，2015 中国企业 500 强中，研发强度超过 3% 的有 63 家，超过 5% 的有 13 家企业（见表 1-36）；超过 10% 的有 3 家公司，分别为：华为公司（14. 17%）、中国航天科工（11. 55%）、中兴通讯（11. 06%）。这些企业在电信设备制造、航天科技、军工、家电制造、云计算、智能汽车等领域保持着领先地位，他们是我国创新型大企业的代表。

表 1-36　　2015 中国企业 500 强研发强度超过 5% 的企业

名次	公司名称	营业收入（亿元）	利润（亿元）	研发强度（%）	发明专利（项）	国际标准（个）
39	华为技术有限公司	2882. 0	278. 5	14. 17		
100	中国航天科工集团公司	1574. 3	78. 0	11. 55	4542	654
164	中兴通讯股份有限公司	814. 7	26. 3	11. 06	15000	2200
337	京东方科技集团股份有限公司	368. 2	25. 6	6. 52	1805	9
466	哈尔滨电气集团公司	265. 2	-1. 2	6. 50	172	525
26	中国航空工业集团公司	3863. 8	46. 8	6. 07	7471	1117
102	浙江吉利控股集团有限公司	1539. 5	17. 0	6. 00	508	3
76	中国船舶重工集团公司	2016. 8	67. 0	5. 33	3922	80
77	海尔集团公司	2007. 1	117. 8	5. 26	4792	360
374	山东胜通集团股份有限公司	326. 4	37. 3	5. 20	3	1
244	浪潮集团有限公司	510. 3	278. 5	5. 10		
306	利华益集团股份有限公司	420. 2	78. 0	5. 05	3	2
469	同方股份有限公司	259. 9	7. 6	5. 00	896	

注：华为、浪潮的专利和标准数据缺失。

不同行业之间的创新型企业的评价标准是不一样的，“一刀切”的方式会漏掉许多传统行业的创新型企业。航天航空、制药等高技术产业必然要求大规模、高强度的研发投入，而以“大进大出”为基本特征的能源资源、重化工业则不可能实现高研发强度。比如钢铁行业，全球钢铁巨头安赛乐米塔尔 2010 年研发强度为 0.41%，蒂森克虏伯的为 1.59%，浦项制铁的为 1.62%，新日铁的为 1.14%；2015 中国企业 500 强中的钢铁企业，研发强度超过 1% 的有 20 家，其中最高的是日照钢铁集团（4%）（见表 1-37），说明我国钢铁企业日益注重技术改造和新产品研发投入对于企业转型升级的作用。

表 1-37　　2015 中国企业 500 强的部分钢铁企业研发情况

排名	公司名称	营业收入（亿元）	利润（亿元）	研发强度（%）	专利数量（项）
313	日照钢铁控股集团有限公司	405.9	14.0	4.00	24
104	武汉钢铁（集团）公司	1461.6	4.6	3.73	4178
109	酒泉钢铁（集团）有限责任公司	1384.3	-2.1	3.34	310
321	包头钢铁（集团）有限责任公司	393.8	-16.3	3.08	257
122	山东钢铁集团有限公司	1160.0	-10.4	3.03	--
97	鞍钢集团公司	1615.1	-118.1	2.97	6561
225	河北敬业企业集团有限责任公司	566.7	5.5	2.68	22
175	湖南华菱钢铁集团有限责任公司	775.6	12.0	2.34	743
405	福建省三钢（集团）有限责任公司	302.0	0.5	2.25	131
86	首钢总公司	1829.0	-8.6	2.24	1613
35	宝钢集团有限公司	2977.4	55.3	1.91	8390

七、2015 中国企业 500 强的国际化特征

截至目前，中国大企业走出去归纳起来有几种方式：进出口贸易、绿地投资、跨国并购、产业园区开发和维护。在国际国内经济形势都发生重大调整背景下，中国大企业的国际化进程也出现一些新特征，值得重视。

1. 大企业更加重视跨国并购和产业园区开发

（1）跨国并购更为成熟理性

过去，中国企业更看重资源、能源类资产，更习惯于在不发达国家进行投资，但近两年中国企业的跨国并购更趋理性，并购项目越来越多的集中于金融、高技术、互联网等高盈利能力项目，越来越喜欢在欧美等制度完善、市场成熟的发达国家进行并购投资。从表 1-38 和表 1-39 列举的部分跨国并购案例可以观察到这一趋势特征。此外，普华永道于 2015 年 1 月发布的《2014 中国地区企业并购回顾与 2015 年前瞻》显示，2014 年中国大陆企业的海外并购数量达 272 宗，总金额达到 569 亿美元，其中在北美洲有 96 宗、欧洲 83 宗，而亚非拉地区则大幅减少（亚洲 64 宗、非洲 7 宗、南美

洲 5 宗)，也能说明中国企业跨国并购的这种趋势。

表 1-38　　2015 中国企业 500 强中部分大型国有企业近两年的跨国并购案例

企业名称	并购标的	标的额
五矿集团	秘鲁邦巴斯特铜矿	70 亿美元
中粮集团	来宝农业 51%	15 亿美元
国家电网公司	意能源网公司 35%、意大利电网 35%	21 亿欧元、20 亿欧元
中国石化集团	荷兰 COOP100%	5.62 亿美元
中国海油	西伯利亚液化天然气项目修建设备	16 亿美元
建设银行	巴西 BIC 银行 72%	7.32 亿美元
交通银行	巴西 BBM 银行 80%	1.73 亿美元
河北钢铁集团	瑞士德高公司 51%	4 亿美元
中国移动	马来西亚 Axiata 20%	37 亿美元

数据来源：根据网络信息搜集。

表 1-39　　2015 中国企业 500 强中部分大型民营企业近两年的跨国并购案例

企业名称	并购标的	标的额
弘毅投资	英国餐饮品牌 Pizza Express	9 亿英镑
联想集团	摩托罗拉移动	29.1 亿美元
联想集团	IBM 低端服务器业务	23 亿美元
复星集团	IRONSHORE20%	20.98 亿美元
万达集团	澳洲 Hoyts 集团 100%（院线）	估计 10 亿澳元
安邦集团	华尔道夫酒店	19.5 亿美元
百度	Uber 股权	6 亿美元
阿里巴巴集团	高德软件 72%、UC34%	11 亿美元、10.9 亿美
腾讯	CJ Games 28%	5 亿美元

数据来源：根据网络信息搜集。

（2）海外产业园区建设热潮兴起

中国企业不断探索优化其国际化形式，希望“走出去”后，还能“走进去、走上去、留下来、挣到钱”。自从海尔集团于 2000 年在巴基斯坦建立了我国第一个海外产业园区，截至 2014 年 10 月，我国企业在境外设立的合作区性质的园区达 118 个，分布在全球 50 个国家，投资规模总计 220 亿美元，累计创造产值约 477 亿美元，为东道国创造税收 13.5 亿美元，解决就业 23.7 万人。在海上丝绸之路经济带沿线国家，我国已经有许多大企业在运营产业园区，运营方以民营大企业为主，产业园区项目以轻工业、劳动密集型产业为主，目前已经积累了相当多的经验和运营能力。

表 1-40　　2000 年以来中国大企业在“一带”沿线国家建设的部分产业园区

发起企业	时间	国家+工业园	产业布局
海亮集团	2008 年	越南：龙江工业园	轻工业
华立集团	2006 年	泰国：泰中罗勇工业园	轻工业
红豆集团	2006 年	柬埔寨：西哈努克港工业园	服装轻工
广西农垦	2007 年	印尼：经贸合作区	加工贸易
特变电工等	筹建中	印度：工业园	汽车、电力设备
海尔集团	2000 年	巴基斯坦：海尔—鲁巴经济区	家电
永钢集团	2007 年	埃塞：东方工业园	钢铁、水泥等
泰达集团	2008 年	埃及：苏伊士经贸合作区	重工业
中交集团	2015 年	肯尼亚：蒙巴萨工业园	轻工业
东方之星集团	2015 年	坦桑尼亚：仕达威轻工业制造产业园	轻工业
中国有色	2009 年	赞比亚：中国经贸合作区	有色、物流
海信集团	2013 年	南非：海信工业园	家电

数据来源：作者根据网络信息整理。

2. 海外营业收入增速连续 3 年下滑

2015 中国企业 500 强中，有 280 家企业提供了海外营业收入数据。2014 年，280 家企业共实现营业收入 41.18 万亿元，其中海外营业收入 6.33 万亿元，海外营业收入占比为 15.37%，较上年 500 强的 6.16 万亿元增长了 2.76%，增幅连续三年大幅下滑（之前三年增速为 44.15%、16.25%、7.69%）。海外营业收入占营业收入比例超过 40% 的企业有 19 家，如见表 1-41 所示。

表 1-41　　2015 中国企业 500 强中海外营业收入超过 40% 的企业

排名	公司名称	海外收入（亿元）	海外收入占比（%）	国际化指数分值
176	珠海振戎公司	707.6	91.9	38.8
16	中国中化集团公司	4403.1	88.6	57.0
102	浙江吉利控股集团有限公司	1295.1	84.1	68.9
94	中国远洋运输（集团）总公司	1121.9	66.3	42.4
38	联想控股股份有限公司	1814.5	62.7	30.1
12	中国海洋石油总公司	3342.0	54.6	35.6
295	上海纺织（集团）有限公司	229.5	53.2	18.4
244	浪潮集团有限公司	270.7	53.0	17.7
337	京东方科技集团股份有限公司	188.8	51.3	18.9
2	中国石油天然气集团公司	13797.1	50.5	27.3
164	中兴通讯股份有限公司	408.9	50.2	31.7
296	山东如意科技集团有限公司	205.3	47.7	38.4

（续表）

排名	公司名称	海外收入（亿元）	海外收入占比（%）	国际化指数分值
222	浙江省国际贸易集团有限公司	271.6	47.5	19.5
61	中国航空油料集团公司	1054.9	47.3	23.3
218	杭州汽轮动力集团有限公司	272.2	46.7	15.6
142	TCL 集团股份有限公司	454.6	45.0	31.3
162	西安迈科金属国际集团有限公司	348.2	41.6	16.8
75	中国电子信息产业集团有限公司	842.3	41.3	20.8
176	珠海振戎公司	707.6	91.9	38.8

注：跨国指数缺失的企业是因为海外资产或海外员工人数缺失；本表国际化指数中，联想、浪潮、杭州汽轮动力集团 3 家企业缺少海外资产或海外员工数，因此只能做参考。

3. 海外资产增幅下降

2015 中国企业 500 强中，有 253 家企业提供了海外资产数据。2014 年，253 家企业的资产总额达到 119.8 万亿元，其中海外资产总额达到 9.60 万亿元，较上年 500 强的 8.02 万亿元增长了 19.7%，增速较上年下降了近 3 个百分点；海外资产占比为 8.02%。这其中，海外资产占总资产比例超过 30% 的企业有 18 家。其中中国中化集团公司的最高，达到 71.79%；浙江吉利控股集团有限公司占比次之，为 63.82% 如表 1-42 所示。

表 1-42　　2015 中国企业 500 强中海外资产占比超过 30% 的企业

排名	公司名称	海外资产（亿元）	海外资产占比（%）	跨国指数
16	中国中化集团公司	2551.04	71.8	57.0
102	浙江吉利控股集团有限公司	830.51	63.8	68.9
94	中国远洋运输（集团）总公司	1965.50	54.7	42.4
296	山东如意科技集团有限公司	104.72	45.0	38.4
142	TCL 集团股份有限公司	417.06	44.9	31.3
12	中国海洋石油总公司	4810.72	43.0	35.6
33	中国五矿集团公司	1558.44	42.6	25.0
469	同方股份有限公司	200.68	40.4	25.9
115	潍柴控股集团有限公司	537.63	39.5	30.7
163	中国海运（集团）总公司	828.88	39.4	28.9
269	青建集团股份有限公司	120.35	38.7	22.6
1	中国石油化工集团公司	8571.24	38.5	25.1
354	上海均和集团有限公司	24.68	36.9	18.5
44	中国铝业公司	1792.30	36.8	14.5
164	中兴通讯股份有限公司	372.76	35.1	31.7

（续表）

排名	公司名称	海外资产（亿元）	海外资产占比（%）	跨国指数
154	中国外运长航集团有限公司	362.16	33.2	17.6
23	中国兵器工业集团公司	1055.20	32.4	23.6
82	中国有色矿业集团有限公司	369.10	30.7	24.4

4. 海外职工人数明显增长

2015 中国企业 500 强共有 246 家企业填报了海外职工人数。2014 年，246 家企业共有员工总数 1974.0 万人，其中海外员工总数为 82.1 万人，海外员工占比 4.16%；海外员工总数较上年 500 强海外职工总数增长了 10.2%，增速连续两年增长。单个企业看，海外员工人数占企业职工数量最多的是浙江吉利控股集团有限公司，2014 年海外员工数量为 2.53 万人，占全公司人数的 58.79%，如表 1-43所示。

表 1-43　　2015 中国企业 500 强中海外职工数量超过 20%的企业

排名	公司名称	海外员工数（人）	海外人数占比（%）	国际化指数
102	浙江吉利控股集团有限公司	25260	58.8	68.9
467	新疆生产建设兵团建设工程（集团）有限责任公司	8102	49.7	26.8
114	万向集团公司	12725	47.1	26.7
46	中国电力建设集团有限公司	89918	44.7	29.3
215	雅戈尔集团股份有限公司	19941	43.5	27.7
380	天狮集团有限公司	4504	36.2	12.1
30	中国中信集团有限公司	60250	33.6	18.6
115	潍柴控股集团有限公司	25778	33.4	30.7
38	联想控股股份有限公司	16716	27.7	30.1
191	广东省广新控股集团有限公司	5912	23.7	18.9
65	中国华信能源有限公司	5000	23.2	13.0
296	山东如意科技集团有限公司	5603	22.7	38.4
57	大连万达集团股份有限公司	23268	20.6	11.7

注：本表国际化指数中，联想只有海外营业收入和海外员工数据，缺少海外资产数，因此只能做参考。

八、2015 中国企业 500 强的兼并重组活动

1. 总体兼并重组情况

2015 中国企业 500 强共有 139 家企业实施了兼并重组活动，共实施了 690 次并购重组活动，比上

年500强的811次明显减少，单位企业实施了4.96次并购重组活动，并购重组活动的活跃度下降到2010年以来最低，如图1-31所示。

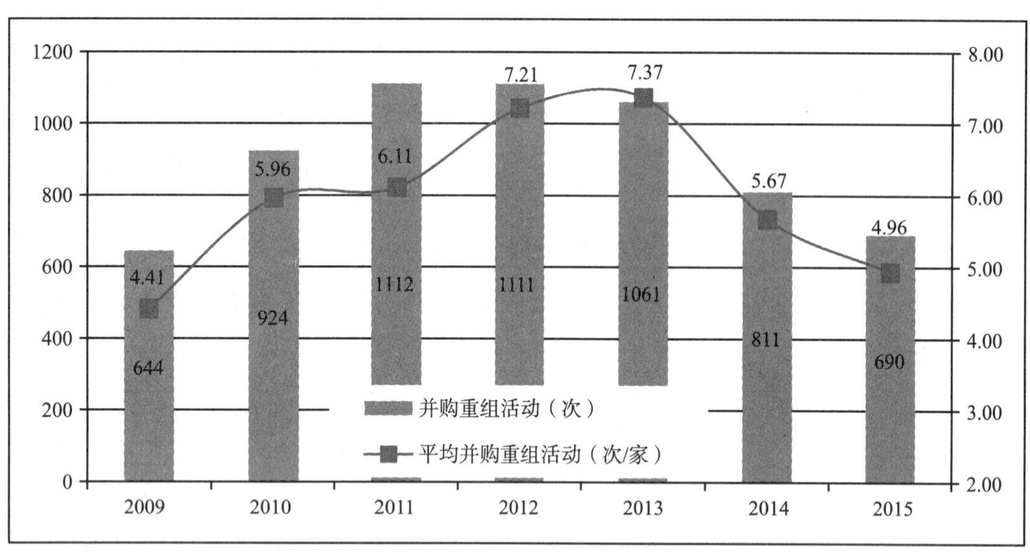

图1-31 近年来中国企业500强实施的兼并重组活动

从兼并重组的行业看，兼并重组活动发生在多个行业，没有一致的特征。表1-44提供了兼并重组最多的10家企业，这10家企业共实施了376次并购重组，占全部并购重组活动的54.3%；其他企业的并购重组行为不太活跃。

表1-44 2015中国企业500强中兼并重组最多的10家企业

排名	公司名称	所有制	营收增长率（%）	资产增长率（%）	利润增长率	并购重组企业数
21	华润股份有限公司	国有	13.78	10.36	-6.07	156
23	中国兵器工业集团公司	国有	4.94	9.29	8.15	46
298	正邦集团有限公司	民营	19.40	10.89	--	35
310	九州通医药集团股份有限公司	民营	22.82	29.73	20.68	32
496	北京首都创业集团有限公司	国有	3.73	42.99	5.94	26
334	广东省交通集团有限公司	国有	24.40	24.55	52.20	21
99	海航集团有限公司	民营	36.74	20.72	15.67	17
54	中国医药集团总公司	国有	20.80	18.33	29.26	16
335	双胞胎（集团）股份有限公司	民营	-0.81	27.01	16.83	15
65	中国华信能源有限公司	民营	1.91	31.67	63.84	12

2. 中央企业的合并重组

中央企业是体制改革的产物，但不意味着体制改革的结束。20世纪90年代，国务院大力推进了计划经济模式的专业部委的企业脱钩、部委转制和行业总公司拆分，由此诞生了由“中共中央大型

企业工作委员会（简称中央大工委）”和“中共中央金融企业工作委员会（简称中央金融工委）”负责管理的大批所谓“中央企业”和“中央金融企业”。2003 年国务院国资委成立后，中央把由中央企业工委管理的 190 多家大型国有企业交给国务院国资委监督管理，管人管资产管企业管考核（其中 56 家企业领导人算“中管干部”），“中央企业”这一概念从此被公众和媒体广为传播和认知。国务院国资委成立之后，曾经大力推进中央企业的合并重组，把“培育 30～50 家具有国际竞争力的大企业”当作重要目标，要求央企“做到各自行业的前三名，做不到的，你就自己找婆家，你找不到的话，我给你找”，使国务院国资委监管的中央企业数量从 190 多家下降到 120 多家，实现了“做大”目标，30 多家世界 500 强企业由此诞生；但这项工作也因为“拉郎配”、高负债、整而不合等原因而诞生了不少失败的中央企业合并和扩张案例，受到各界诟病，在一段时间内中央企业合并重组基本停止。

2014 年年底中国南车股份有限公司和中国北车股份有限公司、国家核电技术公司和中国电力投资集团启动合并重组并于 2015 年上半年完成，再次在企业界、投资界掀起了中央企业合并重组的大讨论，支持者和反对者都有。2015 年 3 月 25 日国务院常务会议在听取南北车重组进展汇报时强调，“要继续加大国企国资改革力度，加快国有资本投资公司、运营公司试点，充分发挥市场机制作用，促进强强联合，优化资源配置，有效解决重复建设、过度竞争等问题”，央企合并重组被认为是国资国企改革的热门选项，而十八届三中全会决定中关于“以管资本为主加强国资监管”，推进混合所有制和员工持股、组建国有资本投资和运营公司、完善国企法人治理结构、建立职业经理人制度增加市场化选聘比例等内容则难见进展。市场化取向的国资国企体制改革是潮流，简单合并同类项不是国资国企改革的主轴，也无助于提高中央企业的活力、效率和国际竞争力。中央企业提升国际竞争力，应该把注意力从“做大”转移到“做强、做优”上，因为靠行政命令“做大”很容易；要按照十八届三中全会决定的要求，破除各种行政垄断，斩断政府向中央企业输送营养的脐带，让大多数中央企业成为“靠市场”而不是“靠政府”生存和发展的盈利性市场主体；要推进中央企业母公司的公司化、股份化和混合所有制化，特别是要消化过去丨多年间中央企业合并重组的“夹生饭”，解决“总公司套总公司”、“整而不合”问题；要多从企业治理结构上下功夫，推进管理人员“去行政化”改革，特别是让“党管干部”要求与能上能下、能进能出的市场化选聘机制相适应；要改善企业各级管理人员和业务人员的激励机制，完善考核机制，让他们充满工作的激情和能动性。

九、新常态下中国大企业面临的挑战

近年内中国大企业的经营绩效表现欠佳不是偶然的，而是中国经济发展阶段的必然。可以说，相当大比例的 500 强企业是“旧常态”的产物；而从旧常态走向新常态，国民经济要从劳动资本要素驱动型走向创新驱动型，要从高速增长转向中速甚至低速增长，这些大企业所面临的挑战是前所未有的。

1. 低成本和无限劳动力供应“一去不复返”

对于大多数中国大企业而言，过去十多年的快速增长，直接得益于廉价且无限供给的劳动力供应，特别是采矿业、制造业、建筑业等劳动密集型行业。但这种情况在 2010 年以来已经发生了重大变化：15～59 岁劳动年龄人口的绝对数量和占比都在快速下降，而 0～14 岁年龄人口和占比也在快速下降，60 岁以上人口数量和占比在快速上升。根据国家统计局数据，2014 年，我国 15～59 岁劳动年龄人口已经降至 9.16 亿人，比 2010 年净减少了近 2500 万人（见图 1-32），而从 0～14 岁年龄人口数量和趋势看，劳动年龄人口绝对量和占比的下降是长期趋势；2014 年我国 0～14 岁年龄人口比例为 16.6%，而世界平均为 27%，我国该指标甚至比美国、英国、法国、荷兰等发达国家还要低，中国已经属于严重少子化。更严重的是，预计到2015 年我国60 岁年龄人口占比将达到16.7%，将超过0～14 岁年龄人口占比（见图1-33），未来中国大企业所面临的社保费用将不可能降低，增加的可

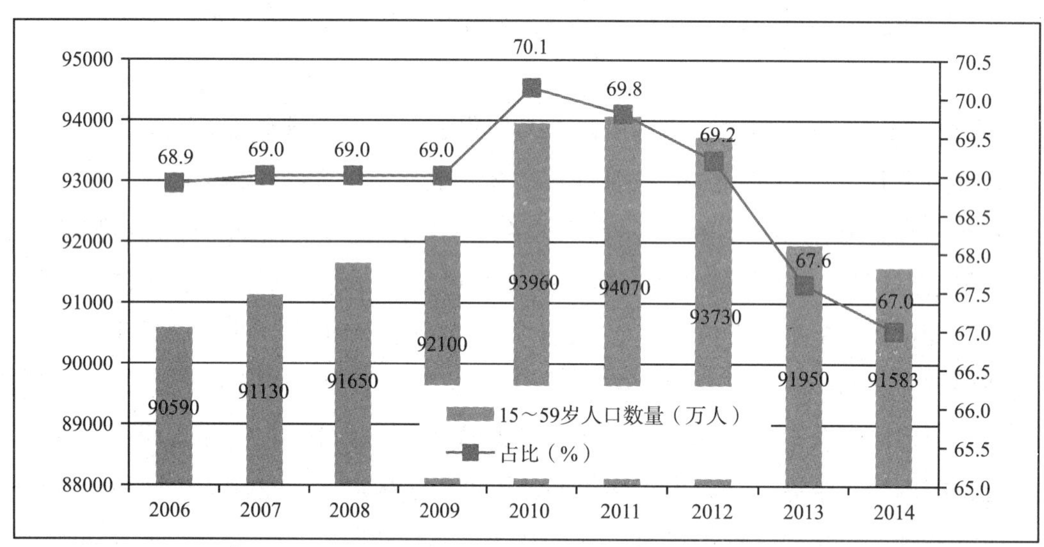

图 1-32　中国劳动年龄人口总数及占总人口数量的比重

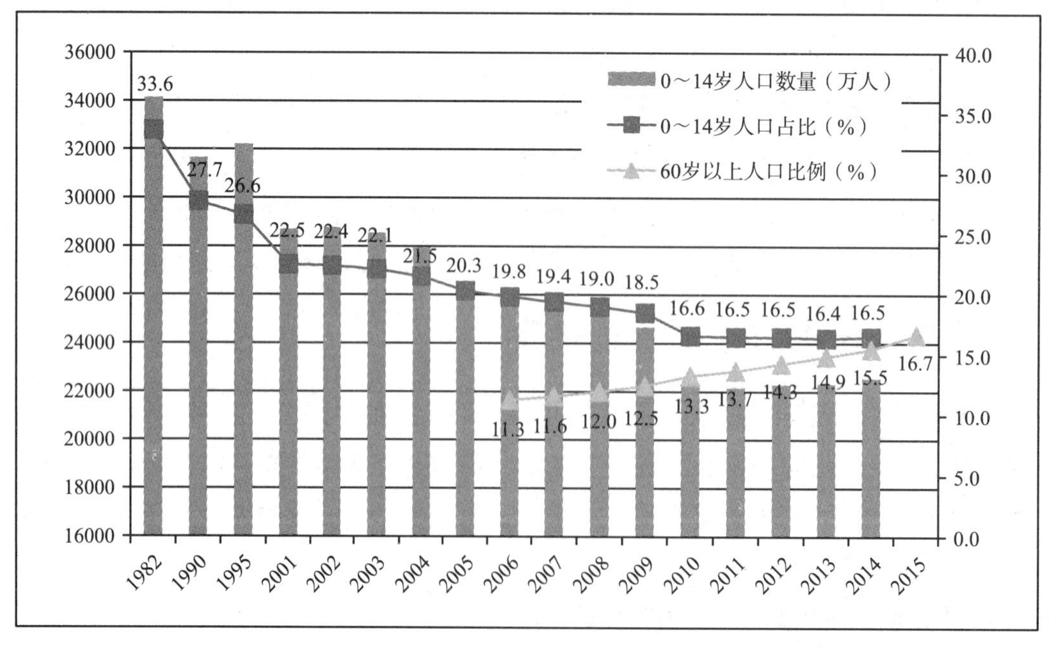

图 1-33　中国 0～14 岁年龄人口总数及占总人口数量的比重

注：2015 年 60 岁以上年龄人口数为民政部预测数。

能性很高。由此可以做出基本判断，我国企业的用工成本优势将不复存在，这种人口结构的快速少子化和老龄化将对中国大企业产生长期影响。初步看，人口转变引起的成本冲击，影响到中国 80% 以上的产业领域，尤其是第二产业。这项挑战是中国大企业所无法改变的，只能适应和改变自己。

2. 重化工业化阶段进入尾声

客观地说，当前的大企业群体是工业化进程的产物。发展经济学家罗斯托在其《经济增长的阶段》中把一个国家的经济成长划分为五个阶段：传统社会阶段、为起飞创造条件阶段、起飞阶段、走向成熟阶段、大众高消费阶段。中国学者陈佳贵、黄群慧等人（2007）进一步将这种阶段划分具体化为前工业化、工业化初期、工业化中期、工业化后期和后工业化五个阶段，其中工业化的初期、中期、后期又进一步分解为前半段和后半段，这样就形成工业化实施阶段的六个小阶段（见表 1-45）。他们测算了 1995-2005 年间中国省级区域的工业化进程，结论是：中国整体已经步入工业化中期的后半阶段，上海、北京已经实现了工业化，步入后工业化社会。陈佳贵、黄群慧等人（2012）的跟踪研究表明，中国工业化已经进入到工业化后期的前半阶段，其中北京、上海已经完成工业化进程进入后工业化阶段，天津、江苏、浙江、广东进入工业化后期的后半段。这就意味着中国相当多大企业长期所依赖的重化工业化阶段即将结束，产能过剩将成为行业常态。

表 1-45　　工业化进程的不同阶段

<table>
<tr><td rowspan="3">前工业化阶段（1）</td><td colspan="6">工业化实现阶段</td><td rowspan="3">后工业化阶段（5）</td></tr>
<tr><td colspan="2">工业化初期（2）</td><td colspan="2">工业化中期（3）</td><td colspan="2">工业化后期（4）</td></tr>
<tr><td>前半阶段</td><td>后半阶段</td><td>前半阶段</td><td>后半阶段</td><td>前半阶段</td><td>后半阶段</td></tr>
</table>

来源：陈佳贵、黄群慧、钟宏武、王延中等：《中国工业化进程报告（1995-2005）》，社会科学文献出版社，2007 年。

从消费结构上看，20 世纪 80 年代、90 年代的第一轮经济增长周期，是主要为了满足人们的“衣、食”需求的工业化，食品、纺织、家电等产业高速发展；从 90 年代末至今的第二轮经济增长周期（见图 1-34），则主要是为了满足人们的“住、行”需求，房地产、汽车等产业是龙头产业，带动了钢铁、建材、机械、化工、电子、能源等关联产业，这一过程中城镇化进程加快进行，投资增速水平高（超过 20%），增长空间较第一轮增长更长，规模更大，但重化工特征突出，国民经济“重型化”趋势显著，服务业比重不高。这就是所谓的“重化工业化阶段”。近两年经济增长特征表明，人们的房地产、汽车等初次消费需求已经得到很大程度的释放，靠房地产业、汽车及相关支撑产业大规模投资拉动经济增长的时代或许已经结束，而城镇化率在达到 55% 左右时，“以人为本的新型城镇化”又面临着土地政策、户籍政策、社会保障政策、教育医疗卫生人口政策的羁绊，约 3 亿城乡间流动人口需要城镇化的巨大潜在需求难以得到释放。如此，就意味着我国持续十多年的重化工业化阶段已经临近结束，中国企业 500 强中的重化工企业将进入较长期的去产能化、转型升级过程，而消费结构升级则是永恒的主题，罗斯托所说的“大众高消费阶段”则是中国企业前进的方向。

3. 颠覆性技术和创新对传统盈利模式的重构

所谓中等收入陷阱，即一个经济体处在中等收入阶段时“后有追兵、前有堵截”，追兵是指其

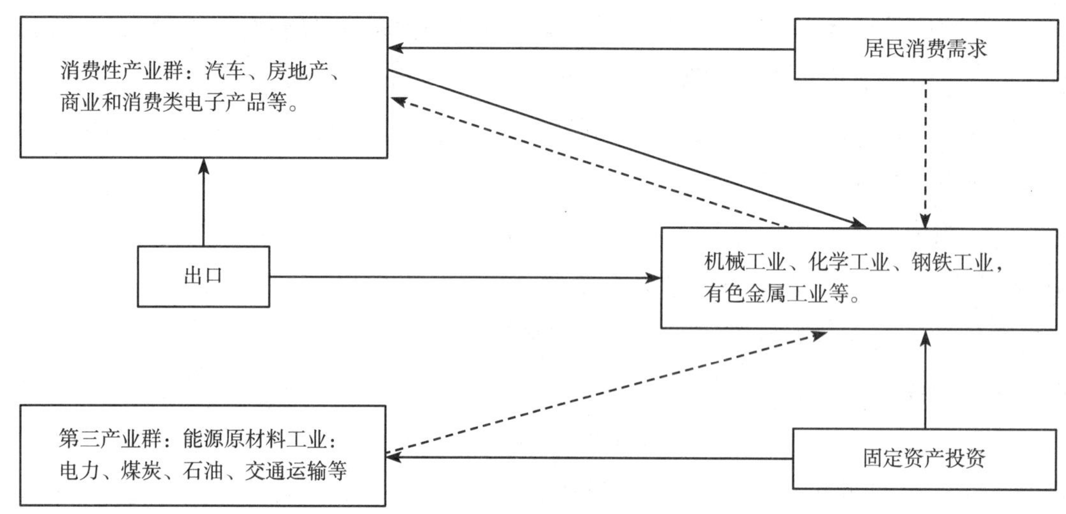

图 1-34　以满足人们"住行"需求为主的第二轮经济增长

来源：杨建龙：《中国经济与产业发展展望》报告。

他低劳动成本国家对传统产业的国际竞争，堵截是高收入国家的技术壁垒、贸易壁垒以及颠覆性技术创新（disruptive innovation）。2013 年 5 月，麦肯锡全球研究所发布"2025 年前可能改变生活、企业和全球经济的 12 项颠覆性技术"，包括移动互联网、知识型工作自动化、物联网、云技术、先进机器人、车联网、基因技术、能源存储、3D 打印技术、分子材料、石油和天然气勘探与回收技术、可再生能源等。所谓颠覆性技术，是指打破渐进性技术（incremental innovation）思维和路线的跨越式技术，它可以是新技术，也可以给予原有技术的跨学科、跨领域的创新应用；颠覆性技术的商业化和产业化，将会产生颠覆性创新，引发部分行业领域的资源要素重新组合与优化配置。颠覆性技术创新的最大特征是颠覆性技术与市场需求相互推动。遵循技术路径，充分挖掘、满足消费者的潜在需求，创造新需求，开拓颠覆性技术商业化的市场空间。同时，市场推动颠覆性技术加快成熟。随着新的市场需求不断涌现，推动突破性技术更加完善，现实市场规模明显，技术和市场产生共振效应，突破性技术在原始基础上，迅速衍生出适应不同细分市场的技术形态，最终获得广泛的商业化应用和规模化生产。其结果是必然带来商业模式创新，通过创造新价值的传递和分配方式，使颠覆性技术的价值增值链贯穿于整个产业体系，从而对原有产业组织和商业模式进行重构。

颠覆性技术的产业化应用，意味着"逆袭"、弯道超车。传统的在位者在既有技术路线和思维范式影响下一般很难快速、及时改变，因此颠覆性技术将可能对在位企业和市场结构产生颠覆性的影响。全球最典型行业是手机制造业。1996-2010 年间，诺基亚手机的全球销量连续 15 年占据第一，甚至 2010 年诺基亚在全球手机市场的份额占 35%，领先第二名 20%。但这种市场地位在此后短短四年间却发生了颠覆性的变化，全球手机市场快速地进入智能手机时代，而诺基亚等传统手机企业则反应迟钝，盈利状况江河日下，于 2014 年 4 月 25 日宣布正式退出手机市场。在第三次工业革命浪潮下，大量颠覆性技术创新正在涌现，也正在全方位地改变中国人的消费习惯。相当多大企业对于新出现的技术和商业模式都采取漠视、忽视、排斥或阻挠的态度，而不是拥抱，当边缘性技术创新成

功产业化，在位企业已经回天无力了。

4. 国际化的商业风险和非商业风险

面对国内经济条件正在发生重大变化，越来越多的大企业需要通过国际化来实现企业进一步的增长。中国大企业的确需要通过收购国外公司的技术、品牌和形象以获取更加合理的利润，摆脱低成本制造的桎梏，同时通过国外公司的现有渠道进入广阔的世界市场，摆脱对于中国国内市场的过度依赖。国外的良好机会在于欧美经济和新兴经济体正处于低迷之际，同时中国国内正在实施“一带一路”战略以及政府相应推出的一系列简政放权等改革新举措，进一步激活了中国企业跨国并购活动，中国企业的国际化进程特别是跨国并购有加速趋势。根据商务部数据，2014年中国对外投资规模在1400亿美元左右，首次超过外商对华直接投资，成为资本净输出国。《2015年一季度中资海外并购报告》显示，2015年一季度中国企业海外并购交易119宗，环比增长36.78%，同比增长39.34%。越来越多的民营和国有大企业走了出去，在非洲、南美、欧洲、北美、亚洲等地区都吸引了中国企业的注意力。然而，中国企业国际化特别是在跨国并购中必须考虑到两类风险，一是商业和市场风险，二是非商业风险。2015年7月，一则新闻引人注目：“中海油深陷加拿大油砂项目泥潭”，内容是2013年中海油花费150亿美元收购了加拿大尼克森公司，但时隔两年全球石油价格大幅回落，使得尼克森公司市值大幅缩水，同时推高了中海油的营运成本。过去几年间，中国大企业在海外收购了许多石油、煤炭、铁矿、铜矿等矿产资源或股权，如今这些大宗资源全球价格均大幅下跌，许多企业不得不承受巨大的市场风险。第二个方面，越来越多的中国企业采取跨国并购、开办工业园区等途径走出去，比如在东南亚、非洲、中亚西亚、俄罗斯等地区，希望能借助“一带一路”的国家战略开拓市场，但却低估了地缘政治、民族主义、民粹主义等非商业风险，忽视了工会、环保团体、动植物保护团体等利益非直接相关者的利益诉求，造成了重大损失。在全球经济增长乏力背景下，中国企业走出去要注意这两种风险。

5. 环境保护的“红线”不可逾越

如果说劳动力成本上涨对于中国制造、采矿企业来说是“釜底抽薪”，那么政府对环境污染和环境违法行为的零容忍则是“乌云压顶”。2014年以来，中国制订出台一系列能源领域大气污染防治配套政策措施，遏制雾霾天气发展，加强重点地区清洁能源保障，实施煤炭消费总量控制；新修订并通过了“新环保法”，并于2015年1月1日起开始实施，新法罕见地规定：对情节严重的环境违法行为适用行政拘留；对有弄虚作假行为的环境监测机构以及环境监测设备和防治污染设施维护、运营机构，规定承担连带责任；2015年2月通过了《水污染防治行动计划》并于4月发布施行；征收“环保税”也已经进入倒计时。在2015年3月召开的中国发展高层论坛上，张高丽副总理表示，中国是负责任的大国，会把生态环境和治理污染问题摆到突出的位置，将重点对大气、水和土壤污染进行治理，对一切环境的违法行为做到“零容忍”。这意味着中国在大气和土地环境保护上的力度将继续加大。对于钢铁、煤炭、有色、发电、制药等行业企业来说，新常态下企业经营面临着极大压力，有的企业还寄希望于环境执法力度“懈怠”一下。但是显然，这种希望必然落空。以煤炭为例，尽管在严重困难形势下，多数大型煤炭企业在环保投入上都不遗余力，2014年多数煤炭企业的环保费用都不同程度地增加：神华集团2014年环保资金投入58.6亿元，包括除尘脱硫、脱硝、废水防治等方面；中煤集团的节能减排资金投入了 6.8 亿元；山西潞安集团完成环保投资 18.8 亿元，完成环保项目 30 项；煤炭清洁化生产和供应成为趋势。对于钢铁企业来说，环境保护成本更高。据调研，目前国内大型钢铁企业的吨钢环保成本约 160 元，而吨钢利润却不足 5 元，新环保法等法律政策的环保标准和惩罚更加严厉，估计将使环保成本上升 50% 左右。中国重化工企业必须接受并战胜这一挑战。

6. 体制改革的红利能否顺利释放

在人口红利行将枯竭条件下，中国经济和中国企业增长的动力何在？十八届三中全会“全面深化改革若干问题的决定”的回答是：改革是中国最大的红利。的确，没有体制改革，中国不可能从一个贫穷落后封闭的国家成长为世界第二大经济体，不可能走到人均 7000 多美元的中等收入阶段。中国当前和今后较长时期的经济增长和企业发展，仍然要靠体制改革的红利。但是现在问题在于，体制改革的红利能否顺利释放。过去的改革，是全体受益型的增量改革，难度较小；现在的改革，是利益调整的结构性改革，到处是深水区、险滩和硬骨头，难度极大。在调研中，有企业反映许多地方存在“中央踩油门、省里挂空挡、市县踩刹车”的现象，改不动，改的慢，拖着改，改革往后推，已经成为一种习以为常的现象，简政放权和深化改革的政策在企业层面大打折扣。中国企业联合会在 2014 年 11 ~ 12 月进行了一项“全面深化改革涉企相关政策落实情况问卷调查”，结果发现 36.4% 的受调查企业认为“成效尚未显现”，35.0% 的受调查企业认为仅“取得初步成效”，特别是在破除行政垄断、国资国企改革等领域的改革进展缓慢。人们相信全面深化改革的未来前景是光明的，但过程是曲折的。在改革红利顺利释放之前，企业要承受一段“传统增长动力丧失、新增长动力尚未形成”的“增长动力空档期”或“衔接期”。改革一旦突破了原来的桎梏，就会迎来一片新的天地，中国社会的发展就会走上一个新的台阶，改革红利就会像 30 多年前开启改革一样重新爆发。

十、新常态下大企业应对挑战、抓住机遇、提升竞争力的建议

现在中国企业所面临的国内外环境都异常复杂，特别是政治经济政策环境。但大企业作为一种市场组织，不管在什么样的营商环境下都要生存和发展而不能停滞不前，无论国内外有什么样的挑战都要从容应对；更重要的是，任何时候机遇和挑战都是并存的，悲观的人看到的是挑战，而乐观的人看到的是机遇。在新常态下，有些东西是企业不可改变的，有些则是自己能主动作为去改变的。大企业要有一颗平常心，努力提高自己的环境适应能力，放下包袱轻装前进，抓住经济转型升级的重大机遇，提升市场竞争能力。

1. 理解新常态是一场革命性变革

2014 年年底中央经济工作会议强调，“认识新常态，适应新常态，引领新常态，是当前和今后一个时期我国经济发展的大逻辑”，面对新常态，“观念上要适应，认识上要到位，方法上要对路，工作上要得力”。对于大企业来说，新常态其实是一场革命，不适应新常态的将被淘汰出局。第一，经济增长速度下行是长期必然现象。日本、韩国、中国台湾等经济体在从中等收入向高收入迈进过程中，都经历了从 10% 以上的 GDP 增速逐渐下行的过程：日本在 1953-1970 年间的平均 GDP 增速达到

9.4%，1970-1979年间平均经济增速降至4.7%，1980-2008的近30年间平均经济增速只有2.3%；韩国1963-1999年间的平均GDP增速达到8.7%，其中1968-1988年间平均增速接近10.8%，而2000-2013年间平均增速降至4.4%；中国台湾1952-1988年间的平均名义经济增长速度竟然达到16.8%，1989-1998年间平均名义增速达到9.9%，而1998-2007年平均经济增速只有3.9%；它们都成功跨越了中等收入陷阱，成为高收入和创新型经济体。可以说，高增长速度、低增长质量是起飞阶段经济体的共同特征。过去20年间，中国经济名义增速也达到10%左右，人均GDP从500多美元增长到7000多美元，"高增长、低质量"的旧模式已经发挥到了极限，经济减速是历史的必然。我们也到了该走"低速度、高质量"的道路了，未来10年的GDP增速目标一定更低。第二，经济增长动力在转换。经济从旧常态到新常态，增长动力就要从主要依赖劳动和资本转向依赖技术进步，现实政策目标就是要依赖体制改革红利和人才红利，实施创新驱动战略，建成"创新型国家"。只有依赖技术进步和制度创新的经济增长才是高质量的。目前北京、深圳、杭州等地的创业创新热潮正如火如荼，假以时日一定会诞生出一批新兴增长点。第三，经济结构要调整，转向轻型化和高技术化。重化工业化阶段是日本、韩国、中国台湾、中国在起飞过程中都经历过的阶段，但日韩台随着经济减速都经历了经济结构轻型化转变，比如日本实施"技术立国"，强调"日本制造"的品牌竞争力；韩国制定了"21世纪国家科学技术基本计划"，制定了6T战略，重点推动信息技术IT、生命技术BT、纳米技术NT、宇航技术ST、环境技术ET、文化技术CT成长；20世纪80年代中国台湾提出了"两高（高技术密集、高附加值）"、"两大（市场潜力大、产业关联度大）"、"两低（低污染、低能耗）"的产业发展战略，90年代至今以国际代工（OEM）企业为载体承接国际产业转移，通过"专利战略"从低端OEM模式向微笑曲线的左半端延伸。长期以来，中国产业结构重型化特征突出，但现在必须逐渐改变，降低能耗强度，提高产品质量、附加值和品牌竞争力。现在中国企业500强中，称得上能够引领新常态的企业并不多，大多数企业都在努力适应新常态之中。现在看这个前期政策消化器、新政策理解和适应期比预期的要长，希望多数大企业要充分理解新常态，尽快适应新常态，提升竞争能力。

2. 做好新常态下的加减法

产业结构大调整最考验企业家的洞察力和企业战略的灵活性。大企业之所以成长到现在的规模，一定程度上代表了过去模式的成功，但许多企业也会因此高估这种模式的适用性。海尔集团张瑞敏的名言："世界上没有成功的企业，只有时代的企业"，就是说企业要有适应性、趋势洞察力和灵活性。新常态下，挑战和机遇并存，因此大企业要多一些辩证思维来看待新问题、新变化。第一，要挖掘新的经济增长点，做加法。复星高科集团近年来独创了"全球资源嫁接中国动力"的商业模式，着眼于中国快速增长的中产阶级消费需求和生活方式升级，形成了"以保险为核心的综合金融能力"与"拥有全球产业整合能力"双轮驱动，在此思维指导下并购了法国度假村集团地中海俱乐部、英国休闲旅游集团Thomas Cook、全球领先的激光美容品牌Alma Laser、意大利高端定制男装Caruso、美国高端女装St. John、希腊时尚品牌FolliFollie等国外高端服务企业，以及葡萄牙最大保险公司Caixa Seguros、美国Ironshore保险集团等保险金融机构；面对中国接近20%的老年人口，2014年复星集团决定打通旗下的养老保险、综合地产、医药健康三大产业平台，构建大健康社区，掘进高端养老业。

第二，也要用于“甩包袱”，做好减法。2015 中国企业 500 强中，有 128 家企业的净资产收益率小于商业银行 1 年期定期存款利率。相当多的企业有大量低效无效资产不能形成盈利能力。要果断进行资产结构调整，通过外包、股权转让、资产出让、破产重组等方式剥离严重亏损或资不抵债的板块，盘活存量资产，增强资产流动性，鼓励具有战略价值和引领作用的产业板块。万达百货是大连万达集团的传统支柱板块业务，但面对新型商业、电商冲击、人力和租赁成本高企的冲击，2014 年万达百货完成收入 154.9 亿元，同比增长 39%，净利润亏损 7%；这种情况下大连万达集团果断决定止损，在全国关闭 40 多家亏损最严重的百货店以及大歌星 KTV 业务；更重要的，大连万达集团决定“去房地产化”，走一条“轻资产模式”，重点发展商业、文化产业、金融产业和电子商务产业，投入 170 多亿元先后并购了快钱、盈方体育传媒、澳大利亚 HOYTS 院线、入股马德里竞技足球俱乐部、同程旅游金融和互联网企业，显示出超强战略洞察力和执行力。面对新常态，相当多大企业面对严重亏损业务却不赶快“止血”，仍然在幻想、等靠要，寄希望于“保增长”，这不是企业和企业家该做的事情。

3. 勇于探索推进国企自身改革

2015 中国企业 500 强中，国有企业数量近六成，营业收入占近八成，资产超过九成，利润超过八成，纳税占近九成，是中国企业 500 强的主体部分。国有企业在金融、电力、电信、能源、装备制造等领域拥有控制地位，但其中的低效无效资产数量庞大，经营性国有资产流失问题严重，其企业活力的提升将显著改善中国大企业整体乃至国民经济的活力和效率。中国在政策监管实践上对国有企业构筑了可谓全世界最复杂的多层监管体系，但却难以解决腐败多发和政企不分问题；国有企业总是在政策化和市场化、附属化和独立化之间犹豫徘徊，公司战略难以清晰定位，公司治理软弱无力，企业关系错综复杂，企业家精神和才能难以施展。十八届三中全会决定对国资国企改革进行了顶层设计，就是要“罗马的归罗马，恺撒的归恺撒”，让政府、市场、企业各自回归本位，让各种类型企业分别承担不同责任，采取不同的监管办法。思路很好，但实践却太复杂，国资国企改革方案迟迟难以出台，相当多国有企业都在等待观望中错失发展机遇，进一步造成更大的经营性国有资产流失。顶层设计方案难以出台，与基层探索少有直接关系。有一些国有企业不愿意等待，积极主动推进自身改革。2014 年 2 月，中国石化集团率先推进油品销售板块的混合所有制改革，授权董事长在社会和民营资本持有销售公司股权比例不超过 30% 的情况下确定投资者、持股比例、参股条款和条件，组织实施该方案及办理相关程序。2015 年 3 月，25 家国内外投资者已经向中石化销售公司缴纳了相应的增资价款共计 1050.4 亿元、完成率 98.1%，充实了公司资本实力，为后续发展打下了良好的基础，改革速度之快让业内刮目相看。2014 年 7 月，交通银行上报了“实施混合所有制”申请，正在“等待相关部门批准”，开启了中央金融企业混合所有制的改革序幕。交通银行是包括国资、外资、民资的股权多元化上市公司，规模在五大银行中最小，适合开展混合所有制。交通银行表示，“要完善股东大会、董事会、监事会、高管层的公司治理，形成董事会与管理层相对独立运作、互相制衡的机制，让董事会在战略管理、高管人员管理、薪酬管理和业务风险管理中发挥主要作用”，这是国有企业混合所有制改革的真谛所在。2015 年 7 月习近平总书记在吉林省调研时强调，推进国有企业改革，要有利于国有资本保值增值，有利于提高国有经济竞争力，有利于放大国有资本功能；

要深化国有企业改革，完善企业治理模式和经营机制，真正确立企业市场主体地位，增强企业内在活力、市场竞争力、发展引领力。这将有力地破除国资国企改革方面的观念障碍和阻力，为企业探索推进自身改革指明了方向。

4. 实现互联网+时代的思维模式转变

移动互联是这个时代最鲜明的特征，而2015年最火热的概念应该是“互联网+”，几乎所有企业都在思考什么是“互联网+”，如何实施“互联网+”。2015年3月，李克强总理在政府工作报告中首次提出要制定“互联网+”行动计划，推动移动互联网、云计算、大数据、物联网等与现代制造业结合，促进电子商务、工业互联网和互联网金融健康发展；7月，国务院发布《关于积极推进“互联网+”行动的指导意见》，希望互联网+能够在创业创新、协同制造、现代农业、智慧能源、普惠金融、益民服务、高效物流、电子商务、便捷交通、绿色生态、人工智能等11个方面发挥积极作用。本质上，“互联网+”代表的是一种新的经济形态，即充分发挥互联网在生产要素配置中的优化和集成作用，将互联网的创新成果深度融合于经济社会各领域之中，提高实体经济的创新力和生产力，形成更广泛的以互联网为基础设施和实现工具的经济发展新形态。从目前看，“互联网+”已经出现了“三产全面开花、二产部分启动，一产不甘落后”的局面，互联网和各行业的融合正在走出初级阶段。

在制造业领域，海尔集团的互联网化最为典型。十年前，海尔集团决定从大规模制造企业转向拥抱互联网，经过一系列颠覆性重构和“自杀式变革”，海尔已经完成了从金字塔形管控组织向互联网化、平台型公司的转变，公司6万多员工只有3种身份：平台主、小微企业主和创客。2015年，海尔宣布面向全球招募至少3万名创客到微店平台创业，开设3万家专卖店；目前，海尔周边已经汇聚了1328家风投机构及98家孵化器资源，在全社会孵化和孕育着2000多家创客小微公司，推出免清洗洗衣机等上千个创新产品及创业项目。2014年，海尔集团完成营业收入2007亿元，同比增长了11.3%，实现利润118亿元，同比增长33%，取得了阶段性成效。面对如火如荼的移动互联网大潮，刘永好说，“我希望我再年轻40岁、50岁，在‘双创’格局下成为一个积极的参与者”，要“以创新思维应对传统产业的变革”。新希望集团最初启动了“互联网+乳业”计划，建设“云牧场”，在乳业行业率先启动粉丝节，推出一款牛奶众筹游戏，最终锁定了12万的精准受众粉丝；通过股权合作打造全新区域高端肉食O2O商业模式，并进一步探讨“移动互联网+农业”的新商业模式。在石油石化领域，中国石化集团决定从油品供应商转型为综合服务商，2014年与顺丰在O2O业务、油品销售、物流配送等领域开展合作，将与腾讯在业务开发与推广、移动支付、O2O业务、地图导航、用户忠诚度管理、大数据应用与交叉营销等领域合作。2014年年底中石化发布了手机服务APP“车e族”，集成银行卡加油、加油站营业状态查询、道路救援服务呼叫、在线购物等功能，可以为车主提供全方位“移动生活”体验。2015年全面启动了基于互联网的车联网、O2O、互联网金融、便利店、水产业等6大创新业务，7月宣布将与阿里巴巴集团等企业在合作对部分传统石油化工业务进行升级，打造多业态的商业服务新模式。中石油集团也不甘落后，2015年7月宣布将与蚂蚁金服等互联网金融企业在移动支付、大数据、车联网与O2O等领域达成合作。未来随着国家能源互联网行动计划的出台和落实，石油、煤炭、发电、输配售电、光伏、风电、智能汽车、移动支付、移动通信、互联网企业都将参与进来。

要实现互联网+时代的思维模式转变，必须搞清楚传统企业与互联网思维的企业之间的区别。第一，传统企业的盈利模式是卖产品送服务，以卖产品盈利为生存之基，只为客户提供特定的产品及服务，而互联网企业的经营模式是送产品卖服务，依靠增值服务来盈利，即所谓“羊毛出在狗身上，猪来买单”。传统企业必须从单一的产品加工制造或服务企业转变为综合服务商，为客户提供全方位服务。第二，传统企业是以产品为中心，是一个为客户生产和销售特定产品的相对封闭的系统，而互联网企业则是一个开放的平台型企业，通过搭建平台，吸引各类客户到平台上来互动交流或交易，通过整合资源，为客户提供尽可能广泛的服务，构建一个开放的、可以不断延伸、发展的生态系统。传统企业的“互联网+”，不能只是利用微博、微信、电商等平台来销售产品，而必须建立自己的业务平台，不仅销售自己的产品和服务，整合所有的消费者、生产商、销售商、供应商，还要为各类客户提供全方位、全过程、全天候的服务，形成自己的业务生态系统，做平台型公司。第三，传统生产经营企业的特点是突出主业、做精做强，互联网企业的突出特征则是跨界融合、多元化扩展，从来不设置业务范围，没有主业。传统企业要通过并购、参股等方式整合社会经济资源，构建自己的生态圈，从生产经营公司向资本投资公司转变。

5. 借助中国制造 2025 战略提高创新能力

中国制造业位居全球第一，在中国企业 500 强中制造企业也占半数以上，其重要性不言而喻。国际金融危机后，发达国家无一不重视先进制造业的作用。美国在 2012 年就提出“先进制造业国家战略计划”，鼓励制造企业回归美国本土，通过制定通用标准，打破技术壁垒，利用互联网激活传统工业过程；德国实施了工业 4.0 计划；日本长期实行“技术立国”战略，现在专攻“人工智能”，2015 年出台了《机器人新战略》，要建立世界机器人技术创新高地，营造世界一流的机器人应用社会，引领物联网时代机器人的发展。与此相反的是，中国制造业近年来出现多重困难，在低端加工制造领域面临东南亚国家的追赶，在高端制造领域面临发达国家打压，国内经营环境也严重恶化。2015 年 5 月，国务院发布《中国制造 2025》战略规划，明确要实施国家制造业创新中心建设、智能制造、工业强基、绿色制造、高端装备创新等重点工程，希望通过“三步走”来实现中国的制造业强国目标。这对于中国制造业是重大利好。中国制造业企业要抓住此轮制造业振兴机遇，从利用人口红利转向利用人才红利，向微笑曲线的两端迈进。这其中最重要的是提高研发强度和创新能力。习近平总书记在 2014 年 12 月江苏调研时强调，要以只争朝夕的紧迫感，切实把创新抓出成效，强化科技同经济对接、创新成果同产业对接、创新项目同现实生产力对接、研发人员创新劳动同其利益收入对接，形成有利于出创新成果、有利于创新成果产业化的新机制。2015 年 7 月，工业和信息化部公布 2015 年智能制造试点示范项目名单，共有 46 个项目上榜，涉及流程制造、离散制造、智能装备和产品、智能制造新业态新模式、智能化管理、智能服务等 6 个类别，宝钢的热轧智能车间、鞍钢的数字矿山、伊利的乳业智能工厂、娃哈哈的饮料智能工厂、海尔的家电智能制造、三一的工程机械智能制造、长虹的彩电智能制造、中联水泥的水泥智能工厂等大企业项目上榜。在大国企中，中国航空工业集团积极利用互联网技术，结合 3D 打印，探索众创研发与分布式制造，在型号研制、项目管理、异地协同等方面发挥了重要作用。但正如 2015 年 7 月份德勤和中

国机械工业联合会联合发布的《从中国制造到中国智造》报告所指出的，尽管以工业机器人为代表的智能制造已经得到初步发展和认可，但总体上仍处于初级阶段。在国内实体经济经营环境不断优化、知识产权保护力度不断增强的背景下，中国大企业要进一步加大研发投入力度，可以通过转型做孵化器来筛选项目，重点发挥大企业的集成创新和资源整合优势，让技术创新成为大企业夺取全球产业制高点的核心动力。

6. 重点防范国际化的非商业风险

中国大企业的国际化进程不断深化，对外投资规模不断扩大，特别在“一带一路”国家战略开战后，有越来越多的中国大企业希望开展或扩大沿线国家的投资，开展跨国产能合作。中国企业在基础设施建设、一般制造甚至部分高端制造领域拥有国际市场优势，但也要特别注意“一带一路”沿线国家可能由此产生的非商业风险。第一，不要只考虑市场问题、企业管理问题，而忽视政府政策和法律。中国企业走出去的动机比较多，有的要利用外国低成本劳动力，有的看好潜在的市场需求，有的要规避欧美国家的双反调查，对劳动力数量、价格、技术熟练程度等考虑的较多，但对劳工法律等问题考虑较少，对罢工、涨薪等群体性事件应对经验不足。第二，不只要与执政党及其政府官员打交道，还要与在野党及领导人打交道。中国企业习惯于与现任政府交往，对于政党轮替可能引发的对华政策变化的准备和应对措施不足。过去几年中国企业对外投资的这方面损失很大。第三，还不能忽视投资过程中的直接和非直接利益相关者。“一带一路”沿线许多国家是地缘政治高度敏感和大国博弈地区，国家内部可能存在民主化转型、民族冲突、国家冲突等矛盾，环保组织、人权组织、社区组织、宗教组织甚至恐怖组织等利益主体多元复杂。中国大企业在对外投资中要更加重视软实力学习和使用，加强公司的本土化，像一家本土企业一样承担环保责任和社会责任，与社区组织和社区居民处理好关系；同时要加强信息披露，与媒体、社会组织良性沟通；也要及时加强对合规风险的认识，积极建立合规内控制度，保证企业在海外经营中守住本地化底线和基本的商业道德，确保可持续发展。

第二章 2015 中国制造业企业 500 强分析报告

2015 中国制造业企业 500 强是中国企业联合会、中国企业家协会连续第 11 次向社会发布的中国制造业最大 500 家企业年度排行榜。与 2014 中国制造业企业 500 强相比，2015 中国制造业企业 500 强的整体增长速度有所放缓，入围门槛略有提高。在《财富》杂志 2015 年公布的全球 500 强中，有 94 家中国内地企业入围，其中制造业企业有 31 家申报并入围，与去年持平。

自 2009 年以来，中国制造业企业入围中国企业 500 强的企业数量持续减少，但今年有所增加。2015 中国制造业企业 500 强中，有 266 家企业入围 2015 中国企业 500 强，比上年增加 6 家。11 年来，入围中国企业 500 强的制造业企业数量由最初的 280 家，发展到最多时的 2009 年的 294 家，此后连年减少，直至去年减少为 260 家，今年又略有增加，达到 266 家。这 266 家企业的营业收入总额为 26.9 万亿元，相当于 2015 中国企业 500 强总营业收入的 45.28%，这一数值比上年（40.58%）提高了 4.7 个百分点；净利润（归属母公司所有者净利润，下同）总额为 5737.4 亿元，相当于 2015 中国企业 500 强实现利润总额的 22.26%，这一数值比上年减少了 1.09 个百分点。

一、2015 中国制造业企业 500 强的规模及其分布特征

1. 总体规模持续增长，但增幅有所下降

2015 中国制造业企业 500 强的入围门槛由上年的 67.1 亿元上升为 68.1 亿元，上升了 1.49%。2015 中国制造业企业 500 强营业收入总额 26.9 万亿元，比上年增长了 3.25%，与上年 11.57% 的增长速度相比，增幅下降了 8.32 个百分点；资产总额达到 25.7 万亿元，比上年增长了 8.08%；从业人数达到 1282 万人，比上年增加了 1.4 万人。2014–2015 中国制造业企业 500 强的总体规模对比，如表 2–1 所示。

表 2–1　2014–2015 中国制造业企业 500 强总体规模对比

项目 / 年度	入围门槛（亿元）	总营收（亿元）	总资产（亿元）	从业人数（人）	入围中国 500 强企业个数	入围世界 500 强企业个数
2015	68.1	269339.94	256609.04	12823133	266	31
2014	67.1	260872.85	237436.03	12809325	260	31
增长率	1.49%	3.25%	8.08%	0.11%	增加 6 家	持平

另外，就入围门槛的变化来看，11 年来中国制造业企业 500 强的入围门槛由 2005 年的 20.2 亿元提高到 2015 年的 68.1 亿元，提高了 2 倍多。11 年中只有两年的入围门槛是降低的。第一次出现在 2010 年，入围门槛由上年的 48.6 亿元下降为 41.6 亿元，下降了 14.40%。第二次出现在去年。这两次入围门槛的下降也正反映了当时国际国内经济形势的动荡对我国实体经济的影响。如图 2-1 所示。

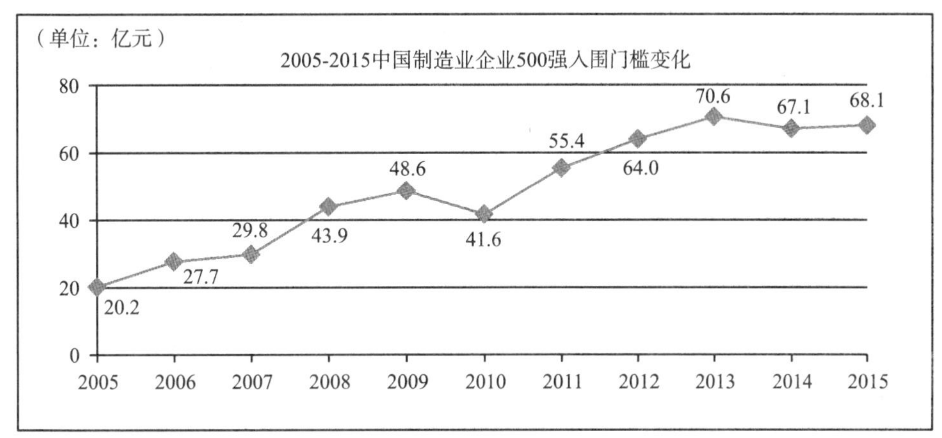

图 2-1　2005-2015 中国制造业企业 500 强入围门槛变化

从以上数据来看，随着我国工业化进程的不断推进，制造业规模逐年扩大是必然的。规模增长幅度的下降表明中国制造业企业在经受了国际金融危机的深化和欧债危机的影响而一度发展缓慢之后，正在慢慢走出阴影。入围门槛一改上年下降的趋势，略有提高也表明大部分制造业企业在逐步从危机中恢复元气，开始谱写新的发展篇章。

2. 规模分布不均衡，"两极分化"现象仍然存在

2015 中国制造业企业 500 强中千亿元规模以上的企业有 60 家，比上年的 54 家增加了 6 家。其中最大一家已经近 3 万亿元；500 亿元企业（营业收入超过 500 亿元、低于 1000 亿元的企业）数目达到了 59 家，比上年减少了 1 家；百亿元企业（营业收入超过 100 亿元、低于 500 亿元的企业）有 313 家，比上年增加了 3 家；营业收入不足 100 亿元的企业有 68 家，比上年减少了 8 家。

从资产规模来看，2015 中国制造业企业 500 强中有 58 家企业资产达到 1000 亿元以上，比上年多 3 家，其中资产规模最大的仍然是中国石油化工集团公司，资产已经超过了 2 万亿元；另外，包括中国航空工业集团公司在内的 57 家企业资产超过了 1000 亿元；资产在 500 亿 ~ 1000 亿元的企业有 56 家，比上年减少了 1 家；资产在 100 亿 ~ 500 亿元的企业有 247 家，比上年增加了 4 家；资产在 100 亿元以下的企业有 137 家，比上年减少了 8 家。可见，2015 中国制造业企业 500 强资产规模的分布仍然很不均衡，主要力量仍然集中分布在中等规模的企业，但超大资产规模的企业数量有不断增加的趋势。

从入围 2015 中国制造业企业 500 强前 10 名企业与后 10 名企业的情况相比来看，前 10 名企业营业收入总额与资产总额分别为 6.5 万亿元和 5.9 万亿元，后 10 名企业营业收入总额与资产总额分别为 690.3 亿元和 593.6 亿元，后 10 名企业营业收入总额与资产总额仅为前 10 名企业的 1.06% 与 1.01%，而上年这两个比值分别为 1.06% 和 1.20%。这再一次说明，2015 中国制造业企业 500 强在规模上的个体差距仍然很大，而且多年来这种差距始终存在，短期内是无法改变的。2014-2015 中国制造业企业 500 强整体规模分布对比情况，如表 2-2 所示。

表 2-2　　2014-2015 中国制造业企业 500 强整体规模分布对照表

项目 / 年度	1000 亿元以上		500 亿~1000 亿元		100 亿~500 亿元		100 亿元以下	
	营业收入	总资产	营业收入	总资产	营业收入	总资产	营业收入	总资产
2015	60 家	58 家	59 家	56 家	313 家	247 家	68 家	137 家
2014	54 家	55 家	60 家	57 家	310 家	243 家	76 家	145 家
增长情况	增加 6 家	增加 3 家	减少 1 家	减少 1 家	增加 3 家	增加 4 家	减少 8 家	减少 8 家

二、2015 中国制造业企业 500 强的经济效益及其分布特征

1. 总体经济效益有所提高，盈利能力未有大的改观

2015 中国制造业企业 500 强共实现净利润 5737.4 亿元，比上年的 5610.2 亿元提高了 127.2 亿元，增长 2.27%，增幅较上年下降了 5.57 个百分点。

从人均实现利润看，2015 中国制造业企业 500 强人均利润为 4.48 万元，比上年增长了 2.52%；从收入利润率看，2015 中国制造业企业 500 强平均收入利润率为 2.13%，比上年略降 0.02 个百分点；从资产利润率来看，2015 中国制造业企业 500 强平均资产利润率为 2.24%，比上年略降 0.12 个百分点。从人均营业收入看，2015 中国制造业企业 500 强人均营业收入为 210 万元，比上年的 203 万元提高了 3.44%，这也反映了营业收入总额的增长速度比员工人数的增长速度要快。

从总体上看，2015 中国制造业企业 500 强的总体经济效益延续了上年经济效益上涨的态势，虽然增幅有所降低，但也说明我国制造业企业正在一步步从前期恶劣的国内外经济形势中寻求新的发展路径，重拾发展信心，逐步摆脱经济危机的负面影响。

2. 利润仍然高度集中于少数企业，亏损企业数量及亏损额均有大幅度增加

2015 中国制造业企业 500 强实现利润超过 100 亿元的企业有 8 家，比上年增加 1 家，其利润总额为 1666.1 亿元，占制造业 500 强利润总额的 29.04%，这个比例比上年提高了 0.5 个百分点；实现利润 50 亿~100 亿元的企业有 16 家，比上年减少 2 家，其利润总额为 1104.9 亿元，占制造业 500 强利润总额的 19.26%，这个比例比上年降低了 2.67 个百分点；实现利润在 50 亿元以上的企业虽然仅有 24 家，但其实现利润几乎占到全部 500 家企业的一半比例，制造业企业的利润仍然高度集中于为数不多的企业；实现利润 10 亿~50 亿元的企业有 112 家，比上年增加了 18 家，其利润总额为 2366.9 亿元，占制造业 500 强利润总额的 41.26%；实现利润 0~10 亿元的企业有 316 家，比上年增加了 16 家，其利润总额为 1085.4 亿元，占制造业 500 强利润总额的 18.94%。另外，有 46 家企业亏损，比

上年多 15 家，共亏损 487.3 亿元，亏损额比上去年增长了 59.51%。2014–2015 中国制造业企业 500 强利润分布情况，如表 2–3 所示。

表 2–3　　2014–2015 中国制造业企业 500 强利润分布情况对照表

	100 亿元以上	50 亿～100 亿元	10 亿～50 亿元	0～10 亿元	亏损企业	未填报企业
2015	8	16	112	316	46	2
2014	7	18	94	350	31	0
变化情况	增加 1 家	减少 2 家	增加 18 家	减少 34 家	增加 15 家	增加 2 家

3. 资产管理质量和利用效率与上年相比有所降低

资产周转率是衡量企业资产管理效率的重要财务指标，是考察企业资产运营效率的一项很重要的指标，体现企业经营期间全部资产从投入到产出的流转速度，反映企业全部资产的管理质量和利用效率。一般情况下，这个数值越高，表明了企业总资产周转速度越快，销售能力就越强，资产利用效率就越高。2015 中国制造业企业 500 强平均资产周转率达到 1.05 次/年，低于上年 1.10 次/年的水平。资产周转率大于 2.00 次/年的企业有 117 家，比上年少 5 家；资产周转率小于 1.00 次/年的企业有 169 家，比上年多 2 家。资产周转率排在首位的是河南金利金铅有限公司，达到 17.4 次/年。

净资产利润率反映了企业为股东创造价值的能力，是反映企业盈利能力的一个综合指标。2015 中国制造业企业 500 强平均净资产利润率为 8.59%，比上年略减少 0.58 个百分点。从净资产利润率的角度看，2015 中国制造业企业 500 强的盈利能力略低于上年水平。净资产利润率最高的卫华集团有限公司，达到了 161.83%，比上年最高的净资产利润率 150.39% 有所提高。排在第 2 至第 5 位的分别是湖北东圣化工集团有限公司、天津华北集团有限公司、森赫电梯股份有限公司、双胞胎（集团）股份有限公司，净资产利润率分别为 143.88%、100.61%、86.00%、73.33%，总体水平高于上年。今年有 3 家企业的净资产利润率超过 100.00%，与上年持平。

通过与上年的数据比较可以发现，2015 中国制造业企业 500 强的资产管理质量和利用效率虽然基本上与上年持平，但趋于下降。这说明中国制造业企业 500 强在提质增效发展的道路上仍需付出相当努力。

4. 纳税总额保持稳定，税收贡献持续下降

纳税总额直接反映了中国制造业企业 500 强对国民经济发展所做的贡献。2015 中国制造业企业 500 强纳税总额达到了 1.70 万亿元，与上年 1.69 万亿元相比持平。

近年来，中国制造业企业 500 强的纳税贡献持续降低，2015 中国制造业企业 500 强纳税总额只占 2014 年全国税收总收入（11.91 万亿元）的 14.28%，比上年减少 0.33 个百分点。

从单个企业来看，2015 中国制造业企业 500 强中，纳税额超过 100 亿元的企业有 28 家，比上年增加了 5 家。其中，中国石油化工集团公司连续第四年纳税额超 3000 亿元，达到 3307.22 亿元。

三、2015 中国制造业企业 500 强的行业结构与分布特征

从产业结构特征看，中国制造业企业 500 强门类比较齐全，传统产业、高新技术产业、轻工业、重工业等都有不同程度的发展。2015 中国制造业企业 500 强分布在 40 个行业中。

1. 行业分布情况变化不大，各行业在市场中的地位长期稳定

从 40 个行业中所分布的企业数目来看，2015 中国制造业企业 500 强的行业分布比较分散。入围企业数最多的行业，仍然是“黑色冶金及压延加工业”，共有 77 家企业入围，比上年多 5 家。该行业已经连续 11 年占据入围企业最多的地位。

入围企业数排在第 2 至第 5 位的行业分别是“化学原料及化学制品制造业”41 家，“一般有色冶金及压延加工业”36 家，“汽车及零配件制造业”29 家，“电力、电气等设备、机械、元器件及光伏、电池、线缆制造业”25 家。以上提到的 5 个行业，近五年来一直都排在入围企业数最多的前 5 位，只是位次稍有变化。

入围企业数最少的行业是“乳制品加工业”，只有 1 家企业入围。其次是“轨道交通设备及零部件制造业”、“木材、藤、竹、家具等加工及木制品、纸制品等印刷、包装业”和“农林机械、设备及零配件制造业”等 3 个行业，分别有 2 家企业入围。

通过 2015 中国制造业企业 500 强各行业入围企业数与前几年数据的对比我们发现，中国制造业企业 500 强的行业分布虽然比较分散，但各行业的市场地位相对稳定，个别行业中少数企业的变动不会影响整个行业在大企业中的地位。

2. 部分行业的盈利能力持续下降，各行业间的差距显著

从收入利润率来看，2015 中国制造业企业 500 强的平均收入利润率是 2. 13%。平均收入利润率高于 10% 的行业只有“酿酒制造业”，其行业平均收入利润率达到 10. 37%，虽然比上年减少了 1. 15 个百分点，但这也是其连续七年在这一指标上排在第一位。除此之外，“饮料加工业”和“烟草加工业”的行业平均收入利润率也接近 10%，分别达到 9. 70% 和 8. 88%。除以上 3 个行业之外，行业平均收入利润率高于 2. 13% 的还有“乳制品加工业”等 26 个行业。另外，还有 11 个行业的平均收入利润率低于 2. 13%，其中，行业平均收入利润率最低的是“黄金冶炼及压延加工业”（仅为 -0. 13%）。与上年相比，行业平均收入利润率低于平均数的行业比上年少了 6 个。

从资产利润率来看，2015 中国制造业企业 500 强的平均资产利润率为 2. 24%。平均资产利润率高于 10% 的行业有 3 个，其中“饮料加工业”的行业平均资产利润率最高，为 15. 76%；另外，“乳制品加工业”的行业平均资产利润率为 10. 49%，“烟草加工业”的行业平均资产利润率为 10. 19%。除以上 3 个行业之外，还有 20 个行业的平均资产利润率高于 2. 24%。另外，有 17 个行业的平均资产利润率低于 2. 24%，其中“黄金冶炼及压延加工业”的行业平均资产利润率最低，为 -0. 16。如表 2-4 所示。

表 2-4　　2013-2015 中国制造业企业 500 强按行业平均指标对照表

项目 行业	平均收入利润率(%)			平均资产利润率(%)			入围企业数		
	2013	2014	2015	2013	2014	2015	2013	2014	2015
酿酒制造业	14.70	11.52	10.37	10.75	8.04	6.31	9	7	7
黄金冶炼及压延加工业	3.74	1.02	-0.13	4.28	1.13	-0.16	4	5	4
烟草加工业	9.46	9.86	8.88	10.92	10.94	10.19	13	13	12
电梯及运输、仓储设备与设施制造业	5.83	4.03	4.23	4.50	3.11	3.54	2	2	3
办公、影像等电子设备、元器件制造业	4.75	4.29	7.50	1.87	5.53	4.01	2	1	3
工程机械、设备及零配件制造业	4.54	3.00	1.69	3.85	2.20	1.20	13	10	13
纺织品、服装、鞋帽（含皮草、毛、绒等）加工业	4.62	4.33	4.84	4.75	4.86	6.34	14	16	14
船舶工业	4.01	3.51	3.72	1.90	1.76	1.86	6	6	5
塑料制品业	4.46	4.18	3.80	6.78	11.02	5.86	3	3	4
食品加工制造业	2.48	2.26	2.37	2.10	1.86	2.40	10	11	11
乳制品加工业	4.09	6.67	7.68	8.67	9.69	10.49	1	1	1
通讯器材及设备、元器件制造业	3.86	5.60	6.57	4.43	6.68	6.78	5	7	6
橡胶制品业	4.77	4.67	4.96	8.92	8.12	8.31	8	7	6
医药、医疗设备制造业	3.86	3.96	4.15	4.79	4.73	4.72	14	16	15
纺织、印染业	3.33	2.86	3.18	5.53	4.83	5.85	13	13	12
造纸及纸制品加工业	2.89	2.94	2.40	2.79	2.95	2.50	8	7	6
化学纤维制造业	1.91	1.18	1.17	3.22	2.10	1.90	14	14	13
建筑材料及玻璃等制造业	3.15	1.90	2.21	2.15	1.38	1.54	14	14	15
农林机械、设备及零配件制造业	3.25	2.29	2.37	8.53	5.87	5.97	2	2	2
汽车及零配件制造业	2.78	2.75	2.92	3.90	3.67	3.75	25	28	29
肉食品加工业	3.70	3.60	5.57	5.54	4.95	9.27	6	5	3
化学原料及化学制品制造业	1.57	1.40	1.61	1.42	1.37	1.61	36	37	41
家用电器及零配件制造业	3.43	4.20	3.96	3.91	4.74	4.28	13	12	14
综合制造业（以制造业为主，含有服务业）	2.08	1.44	1.19	2.12	1.53	1.01	24	22	21
工业机械、设备及零配件制造业	2.57	2.00	2.52	2.32	1.70	2.09	10	10	10
轨道交通设备及零部件制造业	2.32	2.48	2.33	1.91	1.92	1.69	2	2	2

（续表）

项目 行业	平均收入利润率(%)			平均资产利润率(%)			入围企业数		
	2013 年	2014 年	2015 年	2013 年	2014 年	2015 年	2013 年	2014 年	2015 年
石化产品、炼焦及其他燃料加工业	1.71	1.76	1.03	2.48	2.55	1.42	18	20	20
饮料加工业	11.05	9.92	9.70	18.07	17.09	15.76	3	4	4
农副食品及农产品加工业	1.87	1.64	2.42	3.04	2.69	3.77	12	14	15
航空、航天及国防军工业	1.32	1.29	2.31	1.11	1.08	1.56	4	4	4
电力、电气等设备、机械、元器件及光伏、电池、线缆制造业	2.69	2.45	2.16	3.58	3.24	3.16	26	29	25
电子元器件与仪器仪表、自动化控制设备制造业	1.63	1.41	2.68	1.73	1.41	2.24	8	6	10
一般有色冶金及压延加工业	0.93	1.00	0.50	1.05	1.22	0.63	41	42	36
生活用品（含文体、玩具、工艺品、珠宝）等轻工产品加工制造业	1.65	1.68	3.55	2.46	2.76	4.08	5	4	5
金属制品、加工工具、工业辅助产品加工制造业	1.22	1.46	1.34	1.61	2.00	1.82	13	17	15
摩托车及零配件制造业	2.12	1.78	1.97	1.83	1.66	1.51	4	4	4
黑色冶金及压延加工业	0.01	0.31	0.33	0.01	0.30	0.31	81	72	77
计算机及零部件制造业	0.91	1.03	2.40	0.85	1.01	1.79	4	3	4
动力、电力生产等装备、设备制造业	0.94	1.99	0.97	0.70	1.54	0.69	8	7	7
木材、藤、竹、家具等加工及木制品、纸制品等印刷、包装业	11.25	2.48	6.78	8.64	1.18	2.63	2	3	2

通过表 2-4 的数据对比分析可以看出，入围的 40 个行业中部分行业的平均盈利能力有所下降，个别行业严重下滑，行业间差距显著。

3. 黑色冶金及压延行业盈利能力仍然与其他行业差距悬殊，与其规模极度不匹配

如前所述，2015 中国制造业企业 500 强中入围企业数最多的行业分别是“黑色冶金及压延加工业”、“化学原料及化学制品制造业”、“一般有色冶金及压延加工业”、“汽车及零配件制造业”和“电力、电气等设备、机械、元器件及光伏、电池、线缆制造业”，分别有 77 家、41 家、36 家、29 家和 25 家企业入围。但从表 2-4 的数据可以看出，这 5 个行业中有 4 个行业的平均盈利能力都低于平均水平，其他一个行业的平均盈利能力也只是略高于平均水平。这与它们庞大的规模相比非常不匹配。需要引起注意的是，作为入围企业数量连续数年排在首位的重点行业“黑色冶金及压延加工业”，虽然入围企业数最多，但盈利能力却很弱，平均收入利润率和资产利润率与其他行业的差距相

当悬殊。

2015 中国制造业企业 500 强分行业主要指标如表 2–5 所示。

表 2–5　　2015 中国制造业企业 500 强分行业主要指标

名称	企业数	营业收入（万元）	利润（万元）	资产（万元）	纳税总额（万元）	从业人数（人）
全国	500	2693399413	57373970	2566090406	169720294	12823133
黑色冶金及压延加工业	77	431750992	1409992	456786654	10216854	1910942
化学原料及化学制品制造业	41	120553743	1937329	120204920	3618883	498899
一般有色冶金及压延加工业	36	230067510	1143805	181799242	3884180	691723
汽车及零配件制造业	29	316096176	9178568	246179387	32635243	1129495
电力、电气等设备、机械、元器件及光伏、电池、线缆制造业	25	74878935	1614755	51045854	2326702	338214
综合制造业（以制造业为主，含有服务业）	21	95669953	1142623	112798290	3942034	593102
石化产品、炼焦及其他燃料生产加工业	20	360162012	3693330	260904340	35088707	1023938
农副食品及农产品加工业	15	45427127	1098793	29117785	842774	381382
医药、医疗设备制造业	15	49607859	2060505	43640831	1996169	319281
建筑材料及玻璃等制造业	15	72752069	1610952	104827844	5306752	497756
金属制品、加工工具、工业辅助产品加工制造业	15	23229141	311397	17078239	492850	98953
纺织品、服装、鞋帽、服饰加工业	14	33577914	1583540	25712999	1355397	272515
家用电器及零配件制造业	14	84689305	3349639	78206783	4458622	512837
化学纤维制造业	13	57689437	672259	35294239	974176	156376
工程机械、设备及零配件制造业	13	33785438	572529	47854918	1042146	174011
烟草加工业	12	59846451	5315955	52178330	38095714	105809
纺织、印染业	12	55228012	1758428	30042262	1190029	235956
食品加工制造业	11	32541889	772454	32146185	1156372	256782
工业机械、设备及零配件制造业	10	18663330	470911	22583586	734073	138826
电子元器件与仪器仪表、自动化控制设备制造业	10	35212377	943802	42227709	1137446	251918
酿酒制造业	7	20831794	2160827	34253363	3537085	170650
动力、电力生产等装备、设备制造业	7	41209865	399278	57789900	1121719	216949
造纸及纸制品加工业	6	25210408	605964	24280374	801155	75580

（续表）

名称	企业数	营业收入（万元）	利润（万元）	资产（万元）	纳税总额（万元）	从业人数（人）
橡胶制品业	6	15418244	764871	9201153	471902	60306
通讯器材及设备、元器件制造业	6	57164547	3757816	55417124	2175975	342524
生活用品（含文体、玩具、工艺品、珠宝）等轻工产品加工制造业	5	16520568	587107	14403056	328909	72470
船舶工业	5	27928364	1037880	55663463	791890	228554
饮料加工业	4	11985215	1162524	7375530	979369	63491
塑料制品业	4	5081691	193332	3297620	101666	13489
黄金冶炼及压延加工业	4	24872146	-33438	20759010	554299	91990
计算机及零部件制造业	4	35961775	862084	48295678	1767030	121742
摩托车及零配件制造业	4	8482108	166942	11081055	239473	55294
航空航天及国防军工业	4	111562814	2578907	165348993	3289855	1108182
肉食品加工业	3	10451721	582411	6283777	639944	113880
电梯及运输、仓储设备与设施制造业	3	10090930	426862	12069585	303713	77224
办公、影像等电子设备、元器件制造业	3	3099312	232485	5801333	205595	45137
木材、藤、竹、家具等加工及木制品、纸制品等印刷、包装业	2	2557598	173480	6600496	166082	80800
农林机械、设备及零配件制造业	2	5442269	129051	2162640	72353	36353
轨道交通设备及零部件制造业	2	22702444	529593	31426429	1403173	200625
乳制品加工业	1	5395930	414428	3949430	273984	59178

4. 利润高度集中于少数行业和企业

在2015中国制造业企业500强中，实现利润最多的前5个行业分别为“汽车及零配件制造业”、“烟草加工业”、“通讯器材及设备、元器件制造业”、“石化产品、炼焦及其他燃料生产加工业”和“家用电器及零配件制造业”，这5个行业共81家企业实现利润总额2529.53亿元，占2015中国制造业企业500强利润总额的44.09%。不到两成的企业实现了几乎一半的利润，这也充分说明了在2015中国制造业企业中，利润高度集中于少数行业和企业中。

四、2015中国制造业企业500强的区域结构与分布特征

中国制造业企业500强的企业总部分布格局与中国地区经济的发展程度基本保持一致，并且长期以来始终稳定在一种发展相对不均衡的状态上，这种不均衡状态与地区经济发展的差异性一样在短期内不会改变。

2015 中国制造业企业 500 强总部所在地涉及了 30 个省、自治区、直辖市，只有西藏没有企业入围 2015 中国制造业企业 500 强。这 500 家企业在各个地区的分布同以往一样，呈现出不均衡性。其中东部地区有 346 家企业，占 69.20%；中部地区有 64 家企业，占 12.80%；西部地区有 65 家企业，占 13.0%；东北地区有 25 家企业，占 5.00%。总体上看，东部地区企业数量增加，其他地区企业数量都在减少。

东部地区：浙江 98 家、江苏 43 家、山东 67 家、北京 33 家、河北 39 家、广东 24 家、天津 17 家、上海 18 家、福建 5 家、海南 2 家。这 10 省市共有 346 家企业入围，比上年多 10 家，占 2015 中国制造业企业 500 强总数的 69.20%，超过了 2/3 的比例。

中部地区：河南 10 家，安徽 13 家，湖南 7 家，湖北 18 家，江西 13 家，山西 3 家。这 6 省区共有 64 家企业入围，比上年少 1 家，占 2015 中国制造业企业 500 强总数的 12.80%。

西部地区：四川 15 家、重庆 14 家、云南 7 家、陕西 4 家、广西 10 家、内蒙古 2 家、甘肃 3 家、贵州 2 家、新疆 4 家、青海 3 家、宁夏 1 家。这 11 个省市区共有 65 家企业进入 2015 中国制造业企业 500 强，比上年少 7 家，占 13.0%。

东北地区：辽宁 15 家、黑龙江 5 家、吉林 5 家。这 3 个省共有 25 家企业进入 2015 中国制造业企业 500 强，比上年少了 3 家，占 5.0%。

图 2-2 是 2005-2015 中国制造业企业 500 强的企业在各个区域分布的变化示意图。从图上可以很直观的看出来，11 年来，东部地区入围中国制造业企业 500 强的企业数目基本上保持在 70% 左右，中、西部地区以及东北地区在过去的几年里受到“中部崛起”、“西部大开发”、“振兴东北老工业基地”等区域扶持政策的支持后，虽然入围的企业数目有所增加，但幅度不大。

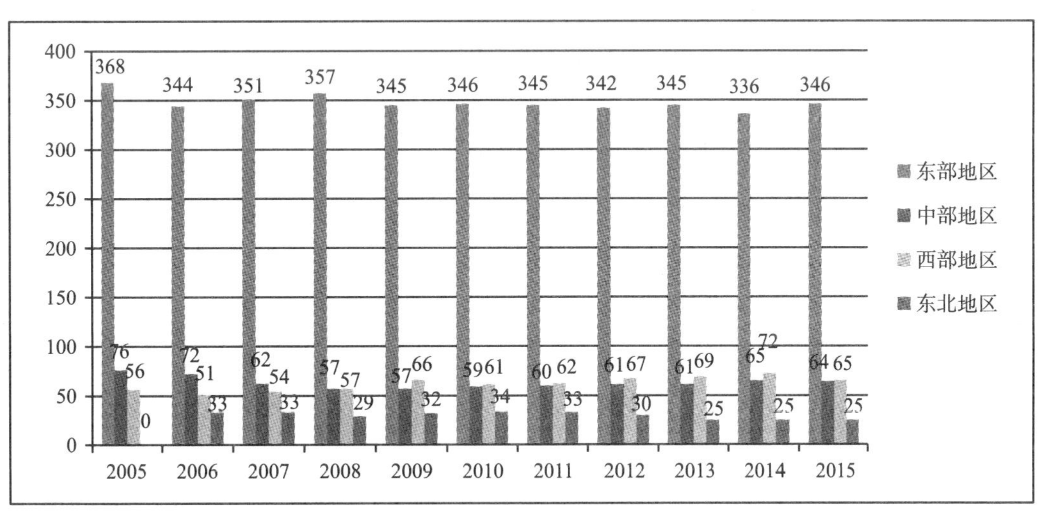

图 2-2 2005-2015 中国制造业企业 500 强区域分布变化示意图

从经济总量上看，2015 中国制造业企业 500 强营业收入总额为 26.9 万亿元，利润总额为 5737.4 亿元，资产总计为 25.7 万亿元，其中绝大部分集中在东部，东部地区的营业收入、利润总额、资产总额分别为 20.5 万亿元、4526.8 亿元、18.9 万亿元，各占全国的 76.03%、78.90%、73.77%。各地区营业收入、利润总额及资产总额及其在全国所占比例分布，如表 2-6 及图 2-3 所示。

表 2-6　　2015 中国制造业企业 500 强四大地区主要指标

名称	营业收入（万元）	利润总额（万元）	资产总额（万元）
东部地区	2047847740	45267923	1893097865
中部地区	264399870	4886091	234043250
西部地区	249072887	5181322	301028847
东北地区	132078916	2038634	137920444

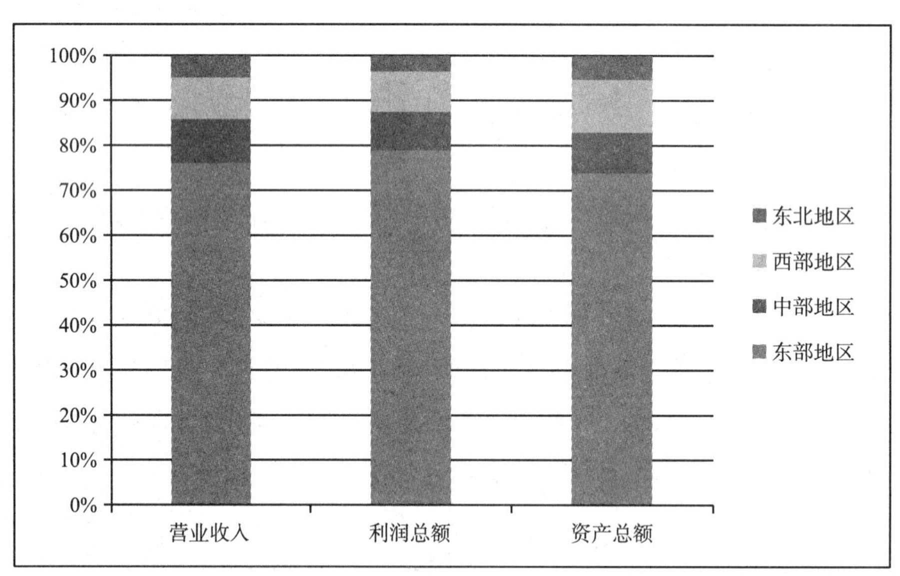

图 2-3　2015 中国制造业企业 500 强四大地区经济总量分布示意图

2015 中国制造业企业 500 强分地区主要指标详如表 2-7 所示。

表 2-7　　2015 中国制造业企业 500 强分地区主要指标

名称	企业数	营业收入（万元）	利润（万元）	资产（万元）	纳税总额（万元）	从业人数（人）
全国	500	2693399413	57373970	2566090406	169720294	12823133
浙江	98	253064706	7142155	178819968	11181157	1032183
山东	67	275659843	7689865	209944849	8477589	1087168
江苏	43	188275517	3260035	131426218	4293783	581568
河北	39	115164963	2155840	85607629	3654795	561472
北京	33	758410840	8001885	848497041	50906132	3920405
广东	24	159501196	7002697	141264095	6962858	988257

（续表）

名称	企业数	营业收入（万元）	利润（万元）	资产（万元）	纳税总额（万元）	从业人数（人）
上海	18	183574269	6927339	196670350	21717487	565615
湖北	18	107128051	2357041	89562453	10426643	494551
天津	17	100728822	2718442	87412502	2797994	377174
辽宁	15	63168825	-787595	78172522	4779529	442734
四川	15	63031555	1438165	68484957	2803140	411730
重庆	14	27883003	368486	38227194	904878	224980
安徽	13	48683420	814499	46664589	4373145	256033
江西	13	49117010	496618	29867105	2372253	204384
河南	10	26892882	709627	24902653	1100550	180898
广西	10	23554526	305951	24181992	1938901	175921
湖南	7	27669786	484327	37034543	876072	123779
云南	7	38061847	833034	50949231	12473038	165040
黑龙江	5	7186398	-123424	15845589	882025	80767
吉林	5	61723693	2949653	43902333	7905051	311481
福建	5	10103996	292169	9728485	2144495	64772
陕西	4	23795525	87853	22267067	498306	112409
新疆	4	9834686	327606	19569133	434288	61463
山西	3	4908721	23979	6011907	52049	29780
甘肃	3	38511150	4065	30236925	628358	87356
青海	3	4757460	103997	13372443	328343	31212
贵州	2	7046445	1378643	10763884	4055060	33564
内蒙古	2	9334012	266873	19615540	664052	114535
海南	2	3363588	77496	3726728	30605	81902
宁夏	1	3262678	66649	3360481	57718	20000

五、2015 中国制造业企业 500 强的所有制分布特征

在 2015 中国制造业企业 500 强中，有 190 家国有企业，比上年减少 15 家，占总数的 38.0%；310 家民营企业，占总数的 62.0%。中国制造业企业 500 强中的国有企业数目连续 6 年减少，国有与

民营企业在相关领域内发挥着各自的优势。

1. 国有企业在数量上的占比持续下降，但仍然占据优势地位

入围 2015 中国制造业企业 500 强的 190 家国有企业的营业收入总额为 16. 8 万亿元，占 500 强总量的 62. 26%；净利润总额达到 2647. 3 亿元，占 500 强总量的 46. 14%；资产总额为 18. 2 万亿元，占 500 强总量的 70. 74%；纳税总额达到 1. 4 万亿元，占 500 强总量的 82. 53%。而 310 家民营企业的营业收入总额为 10. 17 万亿元，占 500 强总量的 37. 74%；利润总额达到 3090. 1 亿元，占 500 强总量的 53. 86%；资产总额为 7. 51 万亿元，占 500 强总量的 29. 26%；纳税总额达到 2964. 1 亿元，占 500 强总量的 17. 47%。190 家国有企业的平均营业规模和资产规模为 882. 5 亿元和 955. 3 亿元，分别是民营企业（327. 9 亿元和 242. 2 亿元）的 2. 69 倍和 3. 94 倍。如表 2-8、表 2-9 所示。

表 2-8　　2015 中国制造业企业 500 强按所有制分类的主要指标

名称	企业数	营业收入（万元）	利润（万元）	资产（万元）	纳税总额（万元）	从业人数（人）
全国	500	2693399413	57373970	2566090406	169720294	12823133
国有	190	1676833685	26473469	1815136090	140071189	8510083
民营	310	1016565728	30900501	750954316	29649105	4313050

表 2-9　　2015 中国制造业企业 500 强主要指标所有制分布

名称	企业数（%）	营业收入（%）	利润（%）	资产（%）	纳税总额（%）	从业人数（%）
国有	38. 00	62. 26	46. 14	70. 74	82. 53	66. 37
民营	62. 00	37. 74	53. 86	29. 26	17. 47	33. 63

与上年相比，国有企业在经济总量上的占比均略有下降，但仍然占据主导地位，收入、资产、纳税、就业人员占比仍明显高出民营企业。

2. 国有企业在税收上的贡献远远大于民营企业

在全部制造业 500 强中，国有企业以 62. 26% 的收入份额贡献了 82. 53% 的纳税份额，百元收入纳税率为 8. 35 元，是民营企业（2. 92 元）的 2. 86 倍。国有企业所占份额较上年（81. 95%）有所增长。国有企业的收入利税率（（纳税总额+净利润）/营业收入）为 9. 93%，高于民营企业 5. 96% 的水平。

3. 民营企业的经营绩效仍然好于国有企业

从盈利性的角度看，国有企业的经营绩效一直不如民营企业。190 家国有企业中，有 19. 47%（37 家）的企业亏损，亏损额达 433. 3 亿元，而 310 家民营企业中仅有 9 家（2. 9%）企业亏损，亏损额为 54. 02 亿元。

从盈利水平看，国有企业和民营企业的盈利水平与上年基本持平。2015 中国制造业企业 500 强

中 190 家国有企业的平均收入利润率为 1.68%，低于 310 家民营企业的 3.04%；平均资产利润率为 1.46%，低于民营企业的 4.11%。从资产管理效率来看，2015 中国制造业企业 500 强中的国有企业的平均资产周转率为 0.92 次/年，低于民营企业的 1.35 次/年。从劳动生产率指标来看，国有企业的人均营业收入为 197.04 万元，低于民营企业的 235.70 万元；国有企业的人均利润为 3.11 万元，低于民营企业的 7.16 万元。如表 2-10 所示。

表 2-10　　2015 中国制造业企业 500 强按所有制分类的经济效益与效率

名称	资产利润率（%）	人均利润（万元）	资产周转率（%）	人均营业收入（万元）	收入利润率（%）
国有	1.46	3.11	92.38	197.04	1.68
民营	4.11	7.16	135.37	235.70	3.04

六、2015 中国制造业企业 500 强的研发状况

1. 总体研发投入力度有所加大

2015 中国制造业企业 500 强中有 473 家填报了研发投入数据，共投入研发费用总额为 4814.65 亿元，比上年的 4496.0 亿元提高了 7.09%，增速高于上年的 5.20%；平均研发费用为 10.18 亿元，比上年增长了 5.50%。研发投入费用最多的 5 家企业分别是华为技术有限公司（408.5 亿元）、中国航空工业集团公司（234.3 亿元）、中国航天科工集团公司（181.8 亿元）、中国第一汽车集团公司（118.9 亿元）、中国船舶重工集团公司（107.6 亿元），其研发投入占各自营业收入的比例分别为 14.17%、6.07%、10.85%、2.41%、5.33%。

2015 中国制造业企业 500 强的平均研发强度（研发费用占营业收入的比重）为 1.86%，比上年略增长 0.08 个百分点。2015 中国制造业企业 500 强的研发强度超过 10% 的企业有 4 家，比上年增加 2 家；在 5% ~10% 之间的企业有 20 家，比上年减少 1 家；在 3% ~5% 之间的企业有 87 家，比上年增加 6 家；在 1% ~3% 之间的企业有 173 家，比上年增加 1 家；有 189 家企业的研发投入比例小于 1%，比上年减少 1 家。

2. 研发投入增长率持续降低

随着营业收入增长率的降低，众多企业的研发投入增长率延续上年下降的态势。在填报数据的 473 家企业中，虽然有一定数量的企业自身研发投入的水平有了一定程度的提高，但整体水平仍然在低位徘徊。其中，有 13 家企业的研发投入增长率高于 100%，比上年减少 5 家，占总数的 2.77%；有 27 家企业的研发投入增长率在 50% ~100% 之间，比上年增加 4 家，占总数的 5.74%；有 46 家企业的研发投入增长率在 30% ~50% 之间，比上年多 11 家，占总数的 9.79%；有 114 家企业的研发投入增长率在 10% ~30% 之间，比上年增加 1 家，占总数的 24.26%；有 126 家企业的研发投入增长率在 0 ~10% 之间，比上年减少 18 家，占总数的 26.81%；另外，还有 144 家企业的研发投入增长率出

现了负增长，比上年增加 11 家，占总数的 30.64%。如表 2-11 所示。

表 2-11　　2014-2015 中国制造业企业 500 强研发投入增长情况对比

	超过 100%	50% ~100%	30% ~50%	10% ~30%	0 ~10%	0 以下
2014	18	23	35	113	144	133
占总数比例	3.86%	4.94%	7.51%	24.25%	30.90%	28.54%
2015	13	27	46	114	126	144
占总数比例	2.77%	5.74%	9.79%	24.26%	26.81%	30.64%
增长情况	减少 5 家	增加 4 家	增加 11 家	增加 1 家	减少 18 家	增加 11 家

通过以上两年数据变化的对比可以发现，研发投入增长率高的企业数量越来越少，大部分企业都集中在中下游水平，而且有逐年增加的趋势。

3. 专利数和发明专利数继续提高

2015 中国制造业企业 500 强中有 440 家企业填报了专利情况，共拥有专利 42.1 万项，比上年（454 家）的 38.1 万项增加了 10.50%；其中发明专利 12 万项，比上年的 10.8 万项增加了 11.1%，占全部拥有专利数量的 28.59%；从平均数来看，440 家企业平均每家拥有专利 957 项，比上年增长了 13.93%；平均拥有发明专利 291 项，比上年增长了 22.78%。美的集团股份有限公司是拥有专利最多的企业，拥有 29549 项专利。中兴通讯股份有限公司是发明专利最多的企业，发明专利 15000 项。

虽然通过专利数量尤其是发明专利的数量增加，能够看出我国企业越来越重视自主研发能力和研发水平的提高，但由于基础差、底子薄，与国际上先进企业相比还存在巨大的差距，投入的产出比以及研发效率亦有不小提升的空间。

七、2015 中国制造业企业 500 强的海外经营状况

1. 海外营业收入与上年持平，但占比有所下降

2015 中国制造业企业 500 强中，有 241 家企业填报了海外营业收入，共实现海外营业收入 2.9 万亿元，与上年的 2.9 万亿元持平；占其营业收入总额的 13.22%，比上年的 15.35% 降低了 2.13 个百分点。

海外营业收入超过 500 亿元的企业有 8 家，其中有 4 家企业超过了 1000 亿元，分别是中国石油化工集团公司（8998.2 亿元）、联想控股股份有限公司（1814.5 亿元）、中国兵器工业集团公司（1403.9 亿元）、浙江吉利控股集团有限公司（1295.1 亿元）。海外营业收入占总收入比例超过 50% 的企业有 7 家，比上年减少 1 家（详见表 2-12）；在 30% ~50% 之间的有 18 家，比上年多 5 家。

表 2-12　　2015 中国制造业企业 500 强中海外营业收入占比超过 50%的企业

公司名称	总排名	海外占总收入比例（%）	海外收入（万元）
浙江吉利控股集团有限公司	35	84.13	12951344
宁波均胜电子股份有限公司	485	70.37	498041
联想控股股份有限公司	10	62.68	18145246
中芯国际集成电路制造有限公司	382	57.09	686077
宁波申洲针织有限公司	403	53.08	590901
京东方科技集团股份有限公司	166	51.28	1887906
中兴通讯股份有限公司	69	50.19	4088775

2. 海外资产比上年有所增加，海外从业人数增加明显

2015 中国制造业企业 500 强中，有 189 家企业填报了海外资产数据。这 189 家企业的海外资产总额达到了 2.4 万亿元，比上年 183 家企业的 2.2 万亿元增加了 9.09%；占其资产总额的 13.69%，比上年减少了 0.49 个百分点。海外资产超过 100 亿元的企业有 31 家，其中 9 家企业超过了 500 亿元。海外资产占比超过 50%的有浙江吉利控股集团有限公司、宁波均胜电子股份有限公司 2 家，在 30% ~50%之间的有 11 家。

另外，2015 中国制造业企业 500 强共有 204 家企业填报了海外从业人数，共有海外员工 39.2 万人，较上年大幅增加了 16.67%。

八、2015 中国制造业企业 500 强发展面临的问题

经过建国 60 多年特别是改革开放以来的快速发展，我国制造业取得了举世瞩目的成就，已经成为支撑国民经济持续快速发展的重要力量，建成了门类齐全、独立完整的产业体系。但我国仍处于工业化进程中，大而不强的问题依然突出，与先进国家相比还有较大差距，未来的任务依然艰巨而紧迫。中国制造业企业的发展面临诸多问题，其中比较突出的是以下几个方面：

（一）国际形势严峻：我国制造业正面临着发达国家“高端回流”和发展中国家“中低端分流”的双向挤压

曾经一度，“东莞塞车，世界缺货”被人用来形容中国“世界工厂”的地位，但“前后夹击”却变成了如今中国制造业的无奈现状。

发达国家高端制造回流与中低收入国家争夺中低端制造转移同时发生，对我国形成“双向挤压”的严峻挑战。一方面，高端制造领域出现向发达国家“逆转移”的态势。制造业重新成为全球经济竞争的制高点，各国纷纷制定以重振制造业为核心的再工业化战略。美国发布《先进制造业伙伴计划》、《制造业创新网络计划》，德国发布《工业 4.0》，日本在《2014 制造业白皮书》中重点发展机器人产业，英国发布《英国制造 2050》等。目前，制造业向发达国家的回流已经开始。如，苹果电

脑已在美国本土设厂生产，日本制造企业松下将把立式洗衣机和微波炉生产从中国转移到日本国内，夏普计划在本土生产更多机型的液晶电视和冰箱，TDK 也将把部分电子零部件的生产从中国转移至日本秋田等地。2015 年 6 月，谷歌在加州发布了一款最新无线家庭媒体播放器 Nexus Q。据《纽约时报》报道，最令在场媒体感兴趣的不是这款家庭媒体播放器本身有多炫，而是在机器底部刻的一段简短铭文："美国设计并制造"。美国波士顿咨询公司研究报告称，在年收入超过 10 亿美元的美国公司中，有 1/3 计划或考虑将制造业务迁回美国。

另一方面，越南、印度等一些东南亚国家依靠资源、劳动力等比较优势，也开始在中低端制造业上发力，以更低的成本承接劳动密集型制造业的转移。一些跨国资本直接到新兴国家投资设厂，有的则考虑将中国工厂迁至其他新兴国家。如：微软计划关停诺基亚东莞工厂，部分设备转移到越南河内；耐克、优衣库、三星、船井电机、富士康等知名企业纷纷在东南亚和印度开设新厂。

（二）国内形势不容乐观：我国经济发展进入新常态，制造业企业经营环境发生重大变化

2014 年中央经济工作会议指出，"我国经济正在向形态更高级、分工更复杂、结构更合理的阶段演化，经济发展进入新常态。"我国的经济发展已不再是总量扩张的过程，而主要是结构转型升级的过程，增速下降可能带来某些难以预料的挑战，这对我国制造业企业的发展提出了更高的要求。

当前，我国制造业发展的资源能源、生态环境、要素成本等都在发生动态变化。从资源能源看，我国资源相对不足、环境承载能力较弱，人均淡水、耕地、森林资源占有量仅为世界平均水平的 28%、40% 和 25%，石油、铁矿石、铜等重要矿产资源的人均可采储量分别为世界人均水平的 7.7%、17%、17%。从环境压力看，长期积累的环境矛盾正集中显现，目前全国有 70% 左右的城市不能达到新的环境空气质量标准，17 个省（区、市）的 6 亿左右人口受雾霾天气影响，水体污染较为突出，土壤污染日益凸显，重大环境事件时有发生。从要素成本看，随着人口红利消失和要素成本的全面上升，我国制造业原有的比较优势正在逐渐消失。如，2014 年我国劳动年龄人口从 2011 年的顶点下降了 560 万，劳动力供给呈缩减趋势，并直接导致用工成本上升。目前我国制造业工资普遍达到 3000 ~ 4000 元，远高于东南亚等国。据波士顿报告，中国制造业对美国的成本优势已经由 2004 年的 14% 下降到 2014 年的 4%，表明在美国生产只比在中国生产贵 4%。

我国制造业传统竞争优势赖以保持的多种要素约束日益趋紧，已经使粗放式的发展道路越走越窄。经济发展新常态下，在原有比较优势逐步削弱、新的竞争优势尚未形成的新旧交替期，我国制造业企业必须加快转型升级步伐。

（三）大部分制造业企业对技术研发和创新重视不够，导致企业缺乏核心技术

经过改革开放 30 多年来的发展，我国的工业产业规模已占整个世界制造业总规模的 20% 左右。但我国工业的对外依赖度还非常高，高档数控系统、芯片、高档液压密封件和发动机等还大部分需要依靠进口。可以说我国制造业企业的现状是自主创新能力不足，关键核心技术受制于人，品牌质量水平不够高，产业结构不尽合理，仍然"大而不强"。在 2015 米兰世博 KIP 馆"中国制造到中国创造世博高峰论坛（CWB 论坛）"上有专家指出：在产品价值方面，我国的产品组装与关键部件与

国外存在着很大的价值差距。目前，许多产业的关键部件被外资掌控，中国制造业企业在制造业产业链中仅赚取组装的价值。

1. 技术创新能力低下导致新产品开发能力与国际水平相比差距拉大

与发达国家制造业的研发投入相比，中国制造业研发投入处于一个很低的水平。中国制造业企业500强2014年的研发费用占营业收入的平均比例仅达到1.86%，虽然较2013年1.72%的水平略有提高，但我国规模以上制造业研发经费占主营业务收入的比重仅为0.85%。国际上普遍认为这一比例达到2.5%时，企业方可维持生存，达到5%以上时企业才具有市场竞争力。

与国际比较看，中国制造业研发投入强度（企业研发投入总量与产品销售收入的比值）为1.1%，而美国的这个数值是4.0%、日本3.4%、德国2.3%、法国1.7%、英国2.6%、韩国1.9%。其中，中国高技术产业研发经费占制造业研发经费的比重为26.3%，同样远低于美国73.3%、日本41.2%、德国34.3%、法国48.5%、英国62.8%、韩国58.7%的水平 。

2. 新产品开发能力与国际水平相比差距拉大

研发费用投入过低，严重影响了企业的创新能力，新产品开发速度缓慢。自2009年以来，多数"中国制造"新产品销售比重连续下降。其中，2012年文教体育用品制造业，皮革、毛皮、羽毛（绒）及其制品业，烟草制品业，通信设备、计算机及其他电子设备制造业新产品销售比重下降幅度较大，分别较上年下降了13.65%、6.33%、18.39%、3.72%。从发展方式上看，长期以来中国制造业依靠技术引进和模仿制造，在大规模投资基础上快速形成了庞大生产能力，但粗放型的增长模式也产生了自主创新能力不足的问题。在汤姆森路透评选的"全球创新企业百强"榜单中，2011～2013年间我国企业连续3年无一入选。企业创新能力不强，新产品销售比重不高已经成为制约我国制造业质量提升的主要因素。

（四）企业品牌建设相对比较落后，不利于国际化

在经济全球化迅猛发展的今天，推进品牌战略、培育世界知名品牌已成为世界各国抢占国际国内市场、带动本国经济发展、跻身经济强国的重要法宝。虽然中国已经成为世界第一制造大国了，但是中国的品牌要成为世界的品牌还有一个过程。由世界品牌实验室编制的2014年世界品牌500强榜单中，中国仅有29个品牌入选，相对于世界第一制造大国的地位来说显然是不够的。目前我国明显还是"制造大国，品牌小国"。当前中国企业在国际分工中仍处于价值链中加工和组装等低端微利环节，低档次的品牌形象严重制约了中国企业的跨国竞争能力和跨国发展利益，自主品牌的缺失更是加剧了中国企业在跨国市场中的从属地位，显然品牌已成为中国产品走向全球市场的软肋。目前在品牌建设方面，中国制造业企业主要存在以下几个方面的问题：

1. 品牌意识淡漠、管理落后

国内企业品牌意识淡薄、管理落后体现在：一是大多数企业没有认识到品牌在企业整体战略中的地位；二是将品牌与商标、产品名称、企业形象设计和产品宣传等同，忽视品牌的品质和文化内涵；三是只重视广告宣传但忽视产品质量；四是品牌经营忽视创造消费者认可的价值，难以与国际接轨；五是不会进行品牌管理、提升、维护和发展。

2. 品牌保护意识薄弱

中国企业在积极开拓国际市场时由于不熟悉相关国际惯例和规则，商标意识薄弱，未能及时进行商标的国际注册，对品牌加以法律保护，而被国外企业恶意抢注，丧失了商标专用权，给企业带来了巨大损失。据国家工商总局的不完全统计，国内有 15% 的知名商标在国外被抢注，平均每年中国商标被国外抢注案件超过 100 起，涉及化妆品、饮料、家电、服装、文化、食品等多个行业。一些国内著名品牌商标在国外相继被抢注，导致中国企业品牌资产严重受损，在国际市场竞争中面临十分不利的局面。

3. 品牌设计不利于国际化

我国许多企业的品牌名称和图案设计缺乏品牌个性，如有的品牌名称故意抄袭模仿国内外名牌，有的只有中文名称和汉语拼音，没有英文译名，无法有效地传递产品的相关信息。在品牌内涵设计上往往不能很好地传达企业文化背景，品牌缺乏文化底蕴，品牌形象设计不统一，难以引起国外消费者的情感共鸣以产生品牌联想。

（五）制造业企业中职业技术工人严重缺乏，“技工荒”问题十分突出

随着中国制造业的迅猛发展，“中国制造”下的“技工荒”问题已十分突出，成为影响中国制造业企业进一步发展的“瓶颈”。从制造业企业所需要的各种人才上看，主要存在两方面问题：一是高学历、高技术的人才外流，严重影响中国制造业企业的自主研发能力；二是职业技术工人严重缺乏，影响中国制造业企业的整体生产能力。在广东等南方人才市场，高级技术人才极其缺乏，高级技术人才的需求量一直高居榜首。据浙江省劳动力市场提供的资料显示：在浙江，机械设备装配工的供需缺口为1∶7，焊工、机修钳工的供需缺口是1∶8，数控铣工的供需缺口是1∶21。人力资源和社会保障部不久前发表的人才报告显示，目前我国四类关键型人才奇缺，其中就有技术人才。据统计，我国高级技工占技工总数的比例只有 3.5%，与发达国家 40% 的比例相差甚远，由于一线工人技术水平低，使我国工业制造企业产品平均合格率只有 70%，不良产品每年损失近 2000 亿元。因此，衡量一个国家制造业的发达程度，不仅取决于其设备工艺，技术工人素质也至关重要。

九、促进制造业企业发展的建议

当前和未来一个时期，我国仍将面对复杂多变的国际环境和艰巨繁重的国内改革发展任务，制造业发展的内外环境也呈现出不同于以往的重要变化。《中国制造 2025》指出，全球制造业格局面临重大调整，国内经济发展环境发生重大变化，我国制造业发展必须紧紧抓住历史机遇，积极稳妥应对内外部挑战。

（一）加快管理创新，努力降低企业成本

当前，为了给企业转型升级争取宝贵时间，加强管理就必然成为企业控制成本、增强盈利能力的重要手段。新时期加强管理更需要与时俱进，大胆创新。

1. 扎实地做好基础管理工作

基础管理是企业管理的根基。没有扎实有效的基础管理，企业各项管理不仅难以规范也容易流于形式。当然，企业只做好基础管理还是远远不够的，企业要想有跨越式发展就必须大胆实行管理创新。管理创新应当建立在基础管理的根基之上，管理创新和发展又能深化基础管理。基础管理要求管理创新必须符合基本业务规范，管理创新则要求基础管理不断更新。没有管理创新，基础管理就没有新的依托；没有基础管理，管理创新和发展也难以实现预期的目标。因此，基础管理与管理创新的关系是既相互依存，又相互制约的关系，是既牵制，又促进的关系。要处理好基础管理与管理创新的关系，必须把基础管理与管理创新纳入企业发展的总体要求，必须在总体设计目标下同步运行，必须按高度协调的要求去解决基础管理与管理创新中的矛盾和问题。

2. 把实业管理与虚拟经营相结合

作为适应多变的需求与竞争环境的动态企业经营观的产物，虚拟经营能够提高企业的灵活性与适应性，有效降低经营成本，加快产品的扩张速度。许多国际知名企业，如菲利普、索尼等正是通过虚拟经营创造了辉煌的业绩。但虚拟经营必须以实体经营为基础，应注意三方面问题：一是关键性资源的掌握。企业不能全部借助外部力量，必须根据自身情况，控制住关键性资源，如产品设计、销售网络等，以免受制于人。二是不要片面追求规模大，而要努力追求实力强。企业家应当把关注的焦点从扩大规模转向增强实力。规模的扩张必须适度，应当以竞争能力强、市场形象好、效益高作为企业长期成长所追求的根本目标。三是对组织结构不必强调完整齐全，而要强调精干高效。通过市场选择和交易，让社会上的优质资源为企业服务，既降低成本，又减少内部摩擦，使各种优质资源更加有效地发挥效能，提升企业发展所需要的全部功能。

（二）加强建设和完善企业技术创新体系

技术创新是决定制造业发展的诸多要素中最重要的因素。技术创新能给中国制造业带来的首先是先进的制造技术和制造工艺乃至制造设备等，随之而来的是先进的制造产品和著名的制造企业，最终，作为一个统一的品牌，“中国制造”可以在世界范围享有巨大影响。技术创新贯穿于中国制造业发展始终，无论中国今后在成为“世界制造中心”的同时是否也能够成为“世界技术创新中心”，有一个结论是毋庸置疑的：如果中国要想在世界制造价值链中占据高端的重要地位，在世界制造的分工中占据有利的地位，摆脱受制于人的局面，就必须重视和依靠技术创新。

一是企业应明确自身的技术创新战略，包括自主创新、联合创新、引进-消化-吸收-创新等方式。企业应根据自身的优势与市场情况选择适合自己的技术创新战略。在此基础上，企业创新资金、人力资源、组织体系、创新机制等均应服从和服务于技术创新战略支撑体系。二是建立多元化的技术创新资金投入体制。一方面企业应通过自有资金加大研发投入。另一方面政府应加大对基础性、共性的行业关键技术投入力度。另外，应鼓励风险投资进入技术创新领域，同时完善风险投资退出机制。三是建立健全企业技术创新组织体系。大型企业应建立技术中心或正式技术部门，再以技术攻关小组、创新小组等其他辅助组织作为补充；中小型企业应充分利用社会科技资源，通过技术联盟或多种形式的产学研合作，提高技术创新能力。四是建立和完善企业技术创新动力机制。企业技术创新潜能蕴藏在每名员工中，企业应关注员工的价值目标和追求，创新企业制度，加强企业文化建设，充分激发员工的技术创新动力。五是加强法制建设，加大对知识产权的保护力度，为企业技术创新创造公正、公平的外部环境。

（三）发挥人力资源效能，提高劳动生产率

1. 规范劳动力管理，减少人员流失

劳动力成本上涨是不可逆转的事实，但仅就目前中国劳动力市场情况来看，供给还是大于需求，因此，如何从企业内部找原因改变劳动力流失状况还是切实可行的。现在 60% 都是新生代的农民工，他们比上一代有文化、有梦想，权利意识更强，更渴望融入城市生活，这也是推动经济发展、社会制度改革的原动力，而发挥他们的潜能完全取决于企业的态度。

（1）规范薪酬待遇，建立健全劳动保障制度和人力资源管理体系

企业的发展应与员工共同成长。完善的薪酬体系和健全的劳动保障制度可以增加员工的安全感和对企业的向心力，是吸引和留住优秀员工的重要因素。企业薪酬体制除了基本工资外还应给职工购买社会保险，提供福利待遇，保证 8 小时工作时间和双倍加班工资，用浮动绩效鼓励优质高效工作等。制造业企业要充分重视人力资源管理，制定与企业发展战略相匹配的人力资源发展战略。严把招聘关，为企业选用合适的人才，做好人才与岗位的合理匹配；为员工提供科学工作设计，使工作丰富化；将薪酬制度与绩效考核相结合，将本企业员工薪酬与企业外员工薪酬相对比，保证薪酬在企业内部的公平性和在企业外部的竞争性。

（2）完善培训体系，提高劳动力质量

制造企业对员工再培训的成本要低于重新招聘新员工并将新员工培养成熟练工所花费的费用。因此企业要有完善的员工培训体系，重视员工培训；为员工提供清晰的职业生涯规划，提供较为广阔的发展空间。企业可以每年从人力资源开发资金中安排专款组织人才培训工作，鼓励企业优秀员工参加专业培训，或邀请国内外专家学者做专题讲座，定期选派具有发展潜力的企业科技人才到高校或研究机构进修，让他们掌握更多的知识和技能，从而满足先进制造业快速发展对经营管理人才和工程技术人才的需求。通过提高劳动力质量来替代劳动力数量，这才是企业发展应采取的根本措施。

2. 借鉴德国工业 4.0，在制造业转型升级过程中进一步提高劳动生产率

德国工业 4.0 战略十分注重员工需求，赋予员工自主控制、调节和配置智能制造资源网络和生产步骤的权力，同时辅之以智能辅助系统降低劳动强度，节约劳动时间；鼓励员工采用虚拟的、移动的工作方式，设立灵活的工作组织，通过高度的自我管理，更好地集中精力和时间从事质量控制、技术创新等重要环节。目前，中国劳动生产率相对较低，且面临劳动力价格上升压力。在借鉴德国工业 4.0，促进制造业转型升级过程中，更进一步发挥人力资源效能，提高劳动生产率，是中国制造业面临的重要任务。应加强与德国相关高校、科研机构的交流与学习，主动学习先进的技术与经验；鼓励国内科研单位、高等院校等研究机构参与到制造业技术开发、标准制定、人才培养中；鼓励并支持校企合作，共同培养具备高端文化水平和丰富实践经验的制造业相关人才。进一步提高员工的自主权，发挥其主观能动性，让员工将更多的精力和时间投入到技术创新等关键环节中；逐步试行

移动工作方式，通过灵活的工作组织和工作方式，提高员工的工作效率和质量；配合国家延长退休年龄的政策，适度地延长制造业员工的退休年龄，充分利用临退休员工在技术研发、生产操作、工作流程、人员组织等方面的丰富经验。

（四）抓住“一带一路”战略带来的发展机遇，提高中国制造业企业“走出去”的质量和水平

“一带一路”战略的实施，为我国企业“走出去”创造了难得的历史机遇。可以预见，步入 2015 年这一战略将进入实施期。中国企业应把握机遇，顺势而为，及早做出关乎企业长远发展的战略抉择。

一是应继续推进出口市场多元化。一方面要巩固和扩大传统出口市场，包括欧洲、北美、日本等市场。另一方面要逐步扩大新兴出口市场，包括东南亚、俄罗斯、东欧、中东、非洲、拉美等市场。在具体实施多元化战略中，应针对不同国家和地区制定相应的外贸政策。二是应通过对外直接投资“走出去”。对外直接投资不但能避开贸易壁垒，而且能带动相关产品出口。企业进行对外直接投资首先要有明确的目标和发展战略。其次要大力培育核心技术，强化所有权优势，提高对外投资的技术含量。最后要积极实施本地化策略，包括经营管理本地化、人员本地化、工资分配本地化等。无论是铺路架桥，还是办工厂、做生意，我们都必须考虑所到国家和地区的文化传统、宗教信仰、礼俗民情、审美习惯，以及外国人对我们的真实看法，如果缺乏对所到国家政治、历史、经济、文化、社会，以及风俗习惯的了解，那就存在很大的盲目性，很难“走出去”，勉强“走出去”也会碰了钉子“退回来”。三是应抓住机遇，积极并购海外企业。受金融危机影响，发达国家的许多制造企业因经营效益不佳，急切需要寻找买主，并纷纷降低技术输出条件，这为我国企业实现海外并购提供了契机。四是有条件的企业应尝试构建海外资本平台。这样可提高企业国际知名度，为企业开辟新的融资渠道，为企业海外扩张提供资金支持，有助于提升企业国际化资源整合能力。

另外，“走出去”的企业要树立正确对待的义利观，要做真诚合作的好伙伴。“一带一路”是一个深度融入世界经济的重要战略，旨在构建一个包容性的发展平台，互利共赢是这一战略的重要原则；不仅对中国是好事情，对沿线国家都是有利的。走出国门的中国企业，要自觉遵守这些原则，秉承和平、交流、理解、包容、合作、共赢的精神谈合作。古谚云：“独行快，众行远”，为了长远的发展目标，我们要树立利益共同体和命运共同体意识，在外面真诚交友，愉快共事。

（五）加强制造业企业品牌建设，实现从“中国产品”到“中国品牌”，让中国品牌迸发更大活力

当前，虽然我们面临中国品牌建设的深厚基础和良好机遇，但中国品牌的打造是一个长期的过程，不可能一蹴而就，需要付出艰苦的努力。在互联网背景下，新模式新业态的出现，以及大数据和互联互通带来的新机会，深刻影响到品牌建设的模式和周期，要舍得下苦功夫，也要会动新脑筋。要让中国品牌迸发更大活力，需要从以下几个方面着手。

一是重质量。质量是产品的生命线，也是企业的生命线。目前很多出口产品，并非以高质量取

胜，而是以低价格取胜。没有质量就谈不上品牌，更谈不上国际知名品牌。必须坚持以质取胜，精益求精，让质量为品牌打气，品牌为质量代言，形成品牌和质量的良性互动。

二是重创新。从全球范围看，我们正处在新一轮产业革命的进程之中；从中国自身来看，我们也正处在“中国制造”向”中国创造”的转型过程中。创新是时代的主题，也是品牌建设的主题。没有创新，就没有质量的根本性提升，就不能赋予品牌以全新内涵。新常态下，既要坚持技术创新、产品创新，又要加快管理方式、商业模式创新，立体化打造品牌，立体化拓展品牌发展空间。

三是重开放。后起国家的品牌发展规律就是在开放中学习，在学习中创造。日本、韩国在这方面都提供了成功的经验。开放是双向的，既要把国外品牌引进来，学习、消化，也要将国内品牌推出去，让其在国际市场上去迎接竞争、接受考验。只有在品牌的交汇对撞中，中国品牌才能变得越来越知名，越来越强大。

四是重文化。文化是品牌的精髓，品牌消费也是文化消费。任何优秀的品牌，都包含着传统或时代文化的元素。要做好中国品牌，不仅要重视吸收传统文化因素，也要采纳现代文化因素，将文化元素和商业元素进行有机结合，让中国产品植入中国文化元素和文化基因，让中国品牌更具中国气质、中国韵味。这是中国品牌建设的最高境界。

（六）寻找制造业和服务业的“对接口”

制造企业转变为某种意义上的服务企业，是制造业高度发展呈现出的必然趋势。特别是随着我国劳动力、原材料成本的提高，低价优势逐渐削弱，企业要想保持强劲的竞争力，产品品质和服务能力的提升就显得尤为重要。目前，很多制造型企业都在寻找和服务业的“对接口”，寻找如何来提升自身的服务能力的途径，而这两大问题也成为服务业与制造业融合发展的焦点。一个企业要获得完善的服务能力，其专业化水平的不断提高是必要条件。只有专业水平的提高，制造企业才能为顾客提供包括顾客需求调研、个性化产品设计、融资支持、主动健康维护和产品回收等全生命周期的整体解决方案。我国目前在这方面表现较好的制造型企业基本都是专业化水平较高的装备制造企业。

如今，在互联网、大数据、云计算等技术的支持下，制造业和服务业的“对接口”更为丰富，制造企业要做的，就是顺应现代科技的发展和市场的变化，不断变革、创新制造方式和服务业态，推进制造业的智能化、数字化、网络化、服务化，搞好售后服务、全生命周期服务，发展故障诊断、维护检修、检测检验、远程咨询、仓储物流、电子商务、在线商店等专业服务和增值服务。此外，还可以发展产品定制、零部件定制、柔性制造、个性化制造等，在规模化、批量化生产的同时，注重满足不同的市场需求。

制造业是工业化国家的基础产业。制造业和现代服务业融合发展是现代产业演进的客观规律，是推进工业化进程和调整经济结构的重要举措。通过将服务业与制造业融合发展，企业可由单一制造向制造服务转型，企业由以前的关注产品功能生产，到关注顾客需求服务，通过服务增值活动，使得依附于产品上的价值大大增加。我国由世界制造中心向创造中心升级，提升制造业发展水平至关重要。现代服务业和制造业融合发展，有助于恢复健康的实体经济，并且有助于实现制造业在新形势、新常态下转型升级。

第三章 2015 中国服务业企业 500 强分析报告

2015 中国服务业企业 500 强是由中国企业联合会、中国企业家协会连续第 11 次向社会发布的中国服务业企业 500 强年度排行榜。与 2014 中国服务业企业 500 强相比较，本年度发布的 2015 中国服务业企业 500 强，营业收入增长稍有放缓，但仍然超过制造业增速。在规模分布方面仍然呈现金字塔的格局。在盈利能力方面，净利润总体增幅有所下降，利润出现负增长的企业数量有所增加。整体而言，服务业企业的盈利能力在向中间集中，越来越多的企业能够获得平均利润。在行业构成方面，金融行业占比继续增大，其中尤以银行业一家独大的特征最为明显。

一、2015 中国服务业企业 500 强的规模及分布特征

1. 营业收入增长稍有放缓，但连续第三年超过制造业增速

2015 中国服务业企业 500 强的规模增长依然显著，实现营业收入总额达 252475 亿元，资产总额达到 1648812 亿元，与 2014 中国服务业企业 500 强相比较，分别增长 7.17% 和 11.69%（见表 3-1）。营业收入增长较上年有所放缓，但增幅仍然高于制造业企业 500 强 3.25% 的营业收入增长速度；企业纳税总额为 14942 亿元，占全国税收 119158 亿元的 12.54%，相较于 2014 年企业纳税总额 14253 亿元占全国税收 110497 亿元的 12.89%，占比略减 0.35 个百分点。服务业企业的员工人数增幅较上年的下降有所增幅，为 4.72%。2015 中国服务业企业 500 强入围门槛为 28.05 亿元，较上年的 26.13 亿元增加 1.92 亿元。

表 3-1 2014-2015 中国服务业企业 500 强企业总规模对比

	总营收（万元）	总资产（万元）	纳税总额（万元）	员工数（人）	入围门槛（万元）
2014	2355821091	14762320962	142531136	12095905	261330
2015	2524751566	16488124795	149420786	12667167	280540
增长	7.17%	11.69%	4.83%	4.72%	19210

2. 151 家企业入围中国企业 500 强，34 家企业入围世界企业 500 强

2015 中国服务业企业 500 强榜单中有 151 家企业入围 2015 中国企业 500 强，占比 30.2%，和上

年 157 家相比有所下降，小于制造业企业 53.2% 的占比。另外，在 2015 服务业 500 强榜单中有 34 家服务业企业进入世界 500 强，占入围总数的 6.8%（见表 3-2）。如果包括没有申报世界 500 强的苏宁电器、大连万达、大商集团 3 家企业，我国服务业企业有 37 家达到世界 500 强的入围门槛。海航集团是 2015 年新进入的一家服务业企业，位列 464 名。从排名变化来看，除了晋能集团、中国中信集团有限公司、中国联合网络通信股份有限公司、中国机械工业集团有限公司、中国航空油料集团公司、中国电信集团公司出现了不同程度的下滑，其他 27 家企业的名次较上年都有所上升，其中中粮集团有限公司从 401 名提升至 272 名，上升 129 位；招商银行从 350 名提升至 235 名，上升 115 位。从进入世界 500 强的行业来看，主要分布在银行和贸易两大行业，总计达 20 家企业，这和我国服务业以银行和贸易类企业为主要构成的行业结构是一致的。

表 3-2　　2015 中国服务业企业入围世界 500 强名单

排名	上年排名	公司名称	营业收入（百万美元）
7	7	国家电网公司	339，427
18	25	中国工商银行	163，175
29	38	中国建设银行	139，933
36	47	中国农业银行	130，048
45	59	中国银行	120，946
55	55	中国移动通信集团公司	107，529
87	122	国家开发银行	89，908
94	98	中国人寿保险（集团）公司	87，249
96	128	中国平安保险（集团）股份有限公司	86，022
105	107	中国中化集团公司	80，635
113	115	中国南方电网有限责任公司	76，662
115	143	中国华润总公司	74，887
143	168	中国邮政集团公司	65，693
146	185	天津市物资集团总公司	65，301
160	154	中国电信集团公司	62，148
174	208	中国人民保险集团股份有限公司	57，048
186	160	中国中信集团有限公司	55，326
190	217	交通银行	54，464
227	210	中国联合网络通信股份有限公司	46，835
235	350	招商银行	45，614
258	268	绿地控股集团有限公司	42，515

（续表）

排名	上年排名	公司名称	营业收入（百万美元）
271	338	兴业银行	40，595
272	401	中粮集团有限公司	40，525
276	357	中国医药集团	40，106
281	330	中国民生银行	39，922
288	278	中国机械工业集团有限公司	39，723
296	383	上海浦东发展银行股份有限公司	38，684
321	314	中国航空油料集团公司	36，178
328	384	中国太平洋保险（集团）股份有限公司	35，670
339	345	浙江物产集团	34，811
382	309	晋能集团	31，318
426	469	中国通用技术（集团）控股有限责任公司	27，671
432	451	中国远洋运输（集团）总公司	27，483
464	--	海航集团	25，646

3. 规模分布呈金字塔形，底部企业上升空间很大

总体上看，2015 中国服务业企业 500 强的规模分布仍延续了前几年的格局，继续呈现金字塔的状态，属于低数量区间的企业占据了绝大多数，但逐渐朝金字塔的高数量级移动显著。

从营业收入分布来看，超过 1000 亿元的有 53 家，100 亿～1000 亿元的企业数量有 190 家，分别比上年增加企业数 5 家、2 家，60 亿～100 亿元的企业数量有 89 家，比上年减少 12 家，低于 60 亿元的企业数量有 168 家，比上年增加企业数 5 家（见表 3-3）。2015 中国服务业企业 500 强中，达到万亿元以上的企业有国家电网和中国工商银行 2 家，中国工商银行首次收入过万亿元，弥补了上年 1 万亿元和 2 万亿元区间企业分布出现的空白。近几年，百亿元以下的企业数量持续减少，2015 服务业企业 500 强榜单中有 257 家企业规模在百亿元以下，比较上年的 264 家有所减少，但占比仍旧高达 51.4%，金字塔底部企业上升空间很大。

表 3-3　2014-2015 中国服务业企业 500 强企业营收规模分布

	超过 1000 亿元	100 亿～1000 亿元	60 亿～100 亿元	60 亿元以下
2014	48 家	188 家	101 家	163 家
2015	53 家	190 家	89 家	168 家
增长情况	5 家	2 家	-12 家	5 家

从资产规模的分布上看，有 96 家服务业企业资产达到 1000 亿元以上，比上年增加 2 家，资产在

100 亿～1000 亿元的企业数量有 184 家，比上年增加 8 家。资产在 60 亿～100 亿元的企业数量有 59 家，比上年减少 8 家，低于 60 亿元的有 159 家，比上年减少 2 家，榜单中企业的资产规模在朝着金字塔上方聚拢，如表 3-4 所示。

表 3-4　　2014-2015 中国服务业企业 500 强企业资产规模分布

	超过 1000 亿元	100 亿～1000 亿元	60 亿～100 亿元	60 亿元以下	总数
2014	94 家	176 家	67 家	161 家	498 家
2015	96 家	184 家	59 家	159 家	498 家
增长情况	2 家	8 家	-8 家	-2 家	—

另外，从企业规模看，企业间的差距仍旧很大，但较上年有所缓和。榜单中排名前 30 位的营业收入之和占 500 强营业收入总额的 57.23%，比上年 57.21% 有微小增幅，前 30 位的资产之和占 500 强资产总额的 79.70%，比上年的 85.76% 有所降低。这其中排名前 10 的企业所实现的营收和占有的资产分别为 32.69% 和 52.79%。

4. 人均资产增长大幅超过人均营收

和上年相比，2015 中国服务业企业 500 强的各项人均指标都呈现显著提升，其中人均营业收入实现 195.85 万元，增长 3.22%，人均拥有资产 1294.70 万元，增长 8.37%；较之上年，人均营收有所增长，人均拥有资产增幅，较上年的 18.87%，增加 8 个百分点（见表 3-5）。这其中可能的原因有两个，一是营业收入、资产等总量指标虽然增幅放缓，但从业人员增幅放缓更甚。二是服务业企业的固定资产投资持续上涨。

表 3-5　　2014-2015 中国服务业企业 500 强人均规模指标对比

	人均营收（万元）	人均资产（万元）
2014	189.72	1194.65
2015	195.85	1298.5
增长情况	3.23%	8.69%

从人均营业收入的分布来看，超过 1000 万元的有 87 家，比上年减少 12 家；100 万～1000 万元的有 309 家，相比上年的 305 家，增加 4 家；100 万元以下的有 104 家，相比上年的 89 家，增加 15 家。

从人均资产的分布来看，1000 万元以上的企业有 121 家，相比上年的 125 家，减少 4 家；100 万～1000 万元的有 285 家，相比上年的 284 家，增加 1 家；100 万元以下的有 68 家，相比上年的 83 家，减少 15 家。

二、2015 中国服务业企业 500 强的经济效益及特征

1. 净利润总体增幅有所下降

2015 中国服务业企业 500 强实现净利润（指归属母公司净利润，下同）总额为 19565 亿元，较上年增长 9.77%；人均利润为 14.94 万元，较上年的 14.53 万元，增长 2.82%，如表 3-6 所示。

表 3-6　　2014-2015 中国服务业企业 500 强经济效益指标

	净利润（亿元）	人均利润（万元）
2014	17824	14.53
2015	19565	14.94
增长情况	9.77%	2.82%

2. 亏损企业数量增加

2015 中国服务业企业 500 强实现利润超过 100 亿元的企业有 29 家，净利润总额为 16423 亿元，占 500 强利润总额的比重为 83.94%，较上年的 80.96% 有所增长；在 10 亿 ~ 100 亿元之间的企业有 92 家，实现净利润 2409 亿元，占比 12.32%，较上年的 14.98% 有所下降，两者合计企业数为 121 家，500 强全部利润的 96.26%，较上年略有提升，显示出净利润进一步向少部分企业集中。而其余的企业中有 344 家的净利润在 0 ~ 10 亿元之间，占 500 强利润总额的 4.65%，较上年的 5.35% 进一步降低。另有 32 家企业亏损，在上年亏损 17 家的基础上，亏损数量有所增加，如表 3-7 所示。

表 3-7　　2015 中国服务业企业 500 强企业利润分布表

规模	个数	利润额（亿元）	占比
100 亿元以上	29	16423	83.94%
10 亿 ~ 100 亿元	92	2409	12.32%
0 ~ 10 亿元	344	914	4.65%
亏损	32	-173	-
总计	497	19573	-

3. 盈利能力略有下降，金融、互联网企业占据高利润区间

从 2015 中国服务业企业 500 强利润增长率的变化来看，榜单中企业利润增长率高达 50% 以上的企业数量为 73 家，明显低于上年的 91 家，也低于 2013 年的 82 家，但较之 2012 有 106 家和 2011 有 170 家企业的利润增长率超过 50%，还是处于较低的增长水平；增长率 30% ~ 50% 之间的企业数量为 34 家，与上年 52 家相比又继续下降；在 10% ~ 30% 增长率之间的企业数量为 110 家企业。0 ~ 10% 利润增长率的企业数量为 79 家，略高于上年的 71 家。

表 3-8　　2011-2015 中国服务业企业 500 强企业利润增长率对比

利润增长率	2011	2012	2013	2014	2015
50% 以上	170	106	82	91	73
30% ~50%	74	65	64	52	34
10% ~30%	116	123	87	138	110
0 ~ 10%	59	65	80	71	79
总计	419	395	313	352	296

另从收入利润率来看，2015 中国服务业企业 500 强的平均收入利润率为 7.77%，较上年 7.58% 增加了 0.19 个百分点。收入利润率达到 30% 以上的企业有 14 家，比上年有所增长，其中有 4 家银行，4 家互联网公司，2 家证券公司，2 家房地产公司，1 家人力资源公司，1 家信托公司；排在前 38 位，即收入利润率达到 20% 以上的企业中，有 14 家银行，7 家互联网公司，金融类与互联网的企业几乎独揽了高收入利润率这一区间。收入利润率在 10% ~20% 之间的有 50 家。另外有 378 家企业收入利润率在 0 ~ 10% 之间，占全部申报数据企业数量的 76.06%，较上年有所增加。

企业平均资产利润率为 1.19%，较上年 1.21% 降低了 0.02 个百分点。其中超过 10% 的有 23 家，较上年的 14 家有所增加，5% ~10% 之间的企业有 56 家，3% ~5% 的企业有 55 家，1% ~3% 之间的有 198 家，0 ~ 1% 之间的 132 家，资产利润率为负的有 30 家，也就是资产利润率在 3% 以下的企业占比高达 72.87%。

平均净资产利润率为 12.06%，与平均资产利润率的变化趋势相一致，下降了 0.7 个百分点，如表 3-9 所示。

表 3-9　　2011-2015 中国服务业企业 500 强企业各平均效率指标

	平均收入利润率（%）	平均资产利润率（%）	平均净资产利润率（%）
2011	8.33	1.39	12.49
2012	7.67	1.29	13.23
2013	7.56	1.25	12.95
2014	7.58	1.21	12.76
2015	7.77	1.19	12.06
增长情况	0.19 个百分点	-0.02 个百分点	-0.7 个百分点

4. 资产利用状况略有下降

从资产周转率看，2015 中国服务业企业 500 强平均资产周转率为 0.1528 次/年，较上年 0.1594 次/年有所下降。从分布情况看，资产周转率超过 10 次/年的有 10 家企业，较之上年的 13 家有所下降，1 ~ 10 次/年之间的有 221 家，小于 1 次/年的有 265 家。

三、2015 中国服务业企业 500 强的行业分布情况

2015 中国服务业企业 500 强共分布在 37 个行业中，与上年相同，如表 3-10 所示。

表 3-10　　2015 中国服务业企业 500 强分行业主要指标

名称	企业数	营业收入（万元）	利润（万元）	资产（万元）	纳税总额（万元）	从业人数（人）
全国	500	2524751566	195649623	16488124795	149420786	12667167
商业零售业及连锁超市	48	99873366	1402759	60270948	2629588	1076256
房地产开发与经营、物业及房屋装饰、修缮、管理等服务业	47	133737980	8025368	359865788	12536544	438949
银行业	41	614874262	132360228	11747372405	57991766	2216173
能源（电、热、燃气等能）供应、开发、减排及再循环服务业	24	297653419	9211175	456990200	20150732	1492655
物流、仓储、运输、配送服务业	24	64718313	159138	71486215	1939613	218292
信息、传媒、电子商务、网购、娱乐等互联网服务业	24	44145802	7275120	82272595	244015	33021
多元化投资控股、商务服务业	21	119712103	5687887	680304030	9789079	917361
生产资料内外贸易批发、零售业	21	84958772	310195	35911090	905949	68256
粮油食品及农林、土畜、果蔬、水产品等内外商贸批发、零售业	19	42197834	382368	57750692	1079273	156142
生活消费品（家用、文体、玩具、工艺品、珠宝等）内外批发及商贸业	19	32726794	417524	22394313	641762	86903
金属内外贸易及加工、配送、批发零售业	18	24754355	204481	5816742	201954	7974
汽车和摩托车商贸、维修保养及租赁业	18	29424854	304331	19455795	414201	116442
陆路运输、城市公交、道路及交通辅助等服务业	17	21057282	522396	133472340	1509278	293387
综合性内外商贸及批发、零售业	16	39930264	199010	18220567	582435	76670
公用事业、市政、水务、航道等公共设施投资、经营与管理业	15	21523834	643502	191704112	1567987	185975
矿产、能源内外商贸批发业	14	69999752	-159506	40129368	1424758	140238
综合服务业（以服务业为主，含有制造业）	12	74330592	1529963	104934446	4142256	308258
医药专营批发、零售业	11	37744126	538564	27137796	976225	134423
港口服务业	10	20581749	1457630	67572568	1074107	129121
电器商贸批发、零售业	8	53086196	355574	25421422	823023	259211
文化产业（书刊出版、印刷、发行与销售及影视、音像、文体、演艺等）	8	8192582	370625	11760802	342940	53274
机电、电子产品内外商贸及批发业	7	26616766	430137	19399437	919373	73044

（续表）

名称	企业数	营业收入（万元）	利润（万元）	资产（万元）	纳税总额（万元）	从业人数（人）
航空运输及相关服务业	6	49800278	741963	112796130	2578909	350778
化工产品及医药内外商贸批发业	6	54711816	401627	37081121	1454875	63207
旅游、旅馆及娱乐服务业	6	12196392	177829	19044081	373415	132846
科技研发、推广及地勘、规划、设计、评估、咨询、认证等承包服务业	5	4409869	271497	6376253	354490	43127
人力资源、会展博览、国内外经合作等社会综合服务业	5	10723033	310122	6807474	334912	43367
软件、程序、计算机应用、网络工程等计算机、微电子服务业	5	16189007	331711	14677974	479922	150963
电信、邮寄、速递等服务业	4	173987700	11134157	932467919	13091741	1944380
人寿保险业	4	81834075	2448271	404681720	2142374	367805
其他金融服务业	3	8881365	246358	11425394	278744	25383
水上运输业	3	25616442	447538	57971438	576103	122377
综合保险业	3	77129151	5238296	518415379	3182324	370767
财产保险业	2	35456922	1342538	78777484	2116188	515170
航空港及相关服务业	2	1944595	198762	8199458	178172	29658
铁路运输及辅助服务业	2	8200457	48618	7056935	109708	11538
证券业	2	1829467	681867	32702364	282051	13776

1. 前十大行业占比 500 强总规模的六成

按照企业数量排序，前 10 位的行业拥有企业数 288 家，占 57.6%，较上年的 59.2%，减少 1.6 个百分点，其所实现的营收、利润、所占有的资产、员工人数和所缴纳的税款分别占 500 强总量的比例为：60.78%、84.46%、82.33%、52.92% 和 72.22%，与上年的各个比重相比较，变化不大，如表 3-11 所示。

表 3-11　　2014-2015 中国服务业企业 500 强包含企业数量前 10 的行业比较

	企业数（%）	营业收入（%）	利润（%）	资产（%）	从业人数（%）	纳税（%）
2014	59.2	60.07	84.92	82.54	52.97	72.56
2015	57.6	60.78	84.46	82.33	52.92	72.22
增加（百分点）	-1.6	0.71	0.46	0.21	0.05	-0.34

2. 零售业位居第一大行业，房地产和银行业次之

2015 中国服务业企业 500 强中，含有企业数量排名前 10 的行业包括：商业零售业（48 家）；房

地产业（47家）；银行业（41家）；能源（电、热、燃气等）供应、开发、减排及再循环服务业（24家）；物流、仓储、运输、配送服务业（24家）；信息、传媒、电子商务、网购、娱乐等互联网服务业（24家）；生产资料内外贸易批发、零售业（21家）；多元化投资控股、商务服务业（21家）；生活消费品（家用、文体、玩具、工艺品、珠宝等）内外批发及商贸业（19家）；粮油食品及农林、土畜、果蔬、水产品等内外商贸批发、零售业（19家），如表3-12所示。

相比于上年，上述10个行业所包含的企业数量出现了较大的变化，也是37个行业中变化最为显著的行业。其中：商业零售业减少了3家，房地产业减少6家，其他行业的数量也有所减少。互联网业增幅最大，由原来的5家增加到了24家，大幅增加，表现出互联网业近几年的蓬勃发展。

表3-12 2014-2015中国服务业企业500强前十大行业对比

2014前十大行业	企业数量	2015前十大行业	企业数量
房地产开发与经营、物业及房屋装饰、修缮、管理等服务业	53	商业零售业及连锁超市	48
商业零售业及连锁超市	51	房地产开发与经营、物业及房屋装饰、修缮、管理等服务业	47
银行业	43	银行业	41
能源（电、热、燃气等）供应、开发、减排及再循环服务业	23	能源（电、热、燃气等）供应、开发、减排及再循环服务业	24
生产资料内外贸易批发、零售业	23	物流、仓储、运输、配送服务业	24
金属内外贸易及加工、配送、批发零售业	23	信息、传媒、电子商务、网购、娱乐等互联网服务业	24
多元化投资控股、商务服务业	22	生产资料内外贸易批发、零售业	21
汽车和摩托车商贸、维修保养及租赁业	21	多元化投资控股、商务服务业	21
生活消费品（家用、文体、玩具、工艺品、珠宝等）内外批发及商贸业	19	生活消费品（家用、文体、玩具、工艺品、珠宝等）内外批发及商贸业	19
物流、仓储、运输、配送服务业	18	粮油食品及农林、土畜、果蔬、水产品等内外商贸批发、零售业	19

2015中国服务业企业500强榜单中，银行业延续了上年的发展水平，虽然比上年减少了2家，但是其盈利水平以企业平均利润323亿元在37个行业中位居第一位。利润水平排在前5名的行业包括：银行业、邮电通信业、综合保险业、财产保险业、人寿保险业。这五大行业的利润水平高于所有行业的平均水平。

受到调控影响，房地产行业企业数量比上年减少6家，低于前两年的榜单数量。从企业平均规模和利润看，平均营收2838266万元，较上年的2463470万元，增长15.21%。平均利润为176773万元，较上年的154336万元，增长14.54%。

3. 服务业企业 500 强利润在银行业高度集中

在 37 个行业之中，2015 服务业企业 500 强的利润在银行业过度集中。500 家企业之中，银行业有 41 家，占 500 强企业数量的 8.2%，而银行业的利润 13236 亿元，占 500 强利润 19574 亿元的 67.62%。换句话说，中国服务业企业 500 强中，银行业用仅有的 41 家企业，即不到一成的企业数量贡献了近七成利润。这个特征在十年前就有，并在近几年愈加明显。2009 年时，银行业利润占 500 强利润的 58%，到 2014 年，这一比重已经达到 70.95%，并在近六年中呈现上升态势，今年利润有所回调。如表 3-14、图 3-2 所示。

表 3-14　　2009-2015 中国服务业企业 500 强中银行业各项指标占比

银行业 500 强	营业收入占比	利润占比	资产占比	纳税总额占比	从业人数占比
2009	17.51%	58.04%	68.59%	31.68%	14.76%
2010	16.51%	54.12%	69.61%	26.51%	14.08%
2011	15.86%	54.40%	70.77%	35.76%	16.07%
2012	18.89%	63.97%	70.50%	36.65%	15.61%
2013	21.61%	67.50%	71.27%	40.45%	16.65%
2014	22.94%	70.95%	72.35%	39.45%	17.94%
2015	24.36%	67.62%	71.24%	38.81%	17.50%

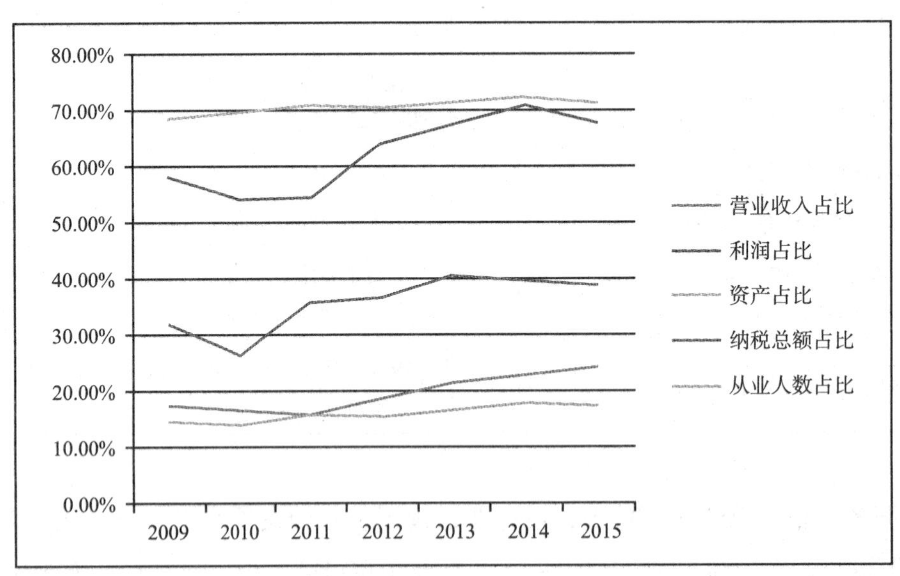

图 3-2　2009-2015 中国服务业 500 强中银行业各项指标占 500 强总额变化趋势

只是银行业一家独大，并不意味着中国金融业十分发达，同属于金融业的保险业、证券业分别只有 9 家和 2 家企业入围中国服务业企业 500 强，而且两个行业 2015 年 11 家企业的利润总和只有 971 亿元，只有 500 强中银行业利润 13236 亿元的 7.34%，占所有服务业企业 500 强净利润 19573 亿元的 4.96%。银行业的一家独大，与中国一直以来的间接融资为主有莫大关系，但在经济形势低迷，

制造业和服务业都陷入资金困境时，银行业利用其资金优势获利，仍然值得商榷。这些本该由更多企业享有的经营利润被银行业占据，也在一定程度上削弱了实体经济的竞争能力。

4. 非银行业盈利水平持续下降

剔除掉银行业的影响，分析其余行业在近些年的发展可以发现，银行业之外的其他行业占总营业收入占比徘徊在 75. 64% 左右，但利润只占 32. 38%（见表 3-15、图 3-3）。从变化趋势来看，营收、利润、资产、纳税和从业人数等指标占比在近 5 年逐渐下降，其中利润下降速度表现得更为明显，在图形上主要表现为下降曲线的斜率更大。这类数据从另一个角度反映了，中国服务业的发展出现了结构性失衡的现象。银行业独占鳌头，其他行业的发展速度则略有不及。以利润这一指标最为显著，银行业之外的其他行业在 2009 年占总利润 42%，在 2010 年和 2011 年都是占比 46%，但从 2012 年开始这一数据下降到 36%，并在 2014 年数据中进一步下降到 29. 05%，2015 年数据有所上升。近几年，服务业蓬勃发展，非银行业的服务业 500 强大企业的盈利水平也都超过制造业，纵观整个中国 500 强的全部企业，银行对其他行业利润的侵占可能更为严重。

表 3-15　2009-2015 银行业之外的其他行业占服务业 500 强的数据比例

	营业收入（%）	利润（%）	资产（%）	纳税总额（%）	从业人数（%）
2009	82. 49	41. 96	31. 41	68. 32	85. 24
2010	83. 49	45. 88	30. 39	73. 49	85. 92
2011	84. 14	45. 60	29. 23	64. 24	83. 93
2012	81. 11	36. 03	29. 50	63. 35	84. 39
2013	78. 39	32. 50	28. 73	59. 55	83. 35
2014	77. 06	29. 05	27. 65	60. 55	82. 06
2015	75. 64	32. 38	28. 76	61. 19	82. 50

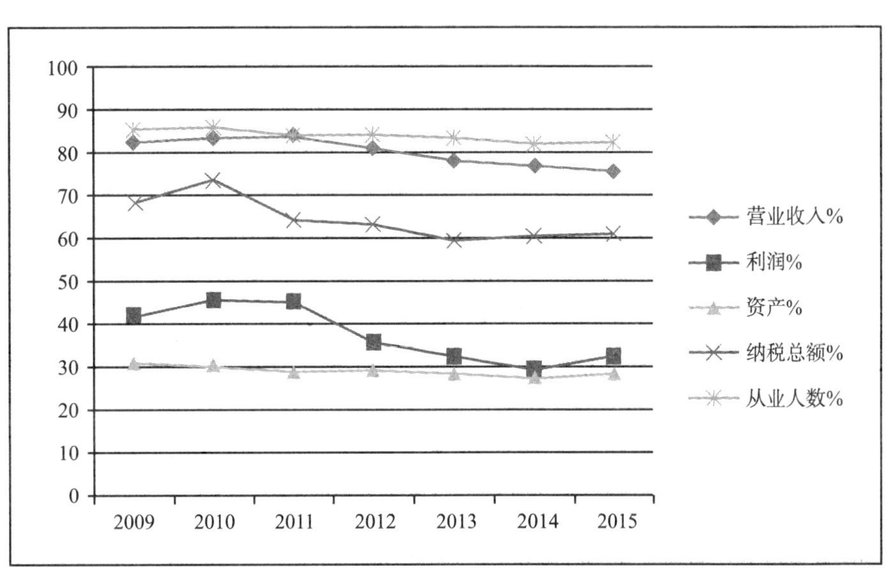

图 3-3　2009-2015 银行业之外的其他行业占服务业 500 强总额变化趋势

四、2015 中国服务业企业 500 强的地域分布特征

1. 地区分布集中度有所降低

2015 中国服务业企业 500 强榜单中，企业数量排名前 10 的地区拥有企业 380 家，占比 76%，相比上年的 74.4%，增长 1.6 个百分点。而排名前 5 位的地区，拥有企业数量为 261 家，占比 52.2%，较上年的 51.2%，增长 1 个百分点，企业的地区分布集中度有所增长。另外，排名前三位的地区分别为浙江、广东、北京，拥有企业数量分别为 65 家、63 家和 60 家。相比于上年的北京（61 家）、浙江（59 家）和广东（59 家），企业的地区分布更加均衡。全国共有 27 个省、自治区、直辖市的企业进入 2015 中国服务业企业 500 强，如表 3-16 所示。

表 3-16　　2015 中国服务业企业 500 强分地区主要指标

名称	企业数	营业收入（万元）	利润（万元）	资产（万元）	纳税总额（万元）	从业人数（人）
全国	500	2524751566	195649623	16488124795	149420786	12667167
浙江	65	116504823	5144674	140501550	4025481	297190
广东	63	300771073	19759367	1351162133	19496326	1663075
北京	60	1345337178	135171809	11905393301	91163450	7082847
上海	41	187020843	15284215	1303652806	10320854	598392
江苏	32	72915541	1138507	84058341	1341073	373786
天津	29	81646506	1733863	279943769	2081219	147631
福建	26	69862198	5592798	490160879	4893203	271980
重庆	25	36119434	2611920	155754404	2590634	313119
湖北	22	26170997	1073103	110045601	1102431	145163
山东	17	33050866	707408	90343317	1383845	330337
湖南	16	11701500	994147	55627315	556495	84018
安徽	15	20944634	623750	36153394	816109	75898
辽宁	14	61972320	2756877	165151817	4130340	448501
河北	14	30883223	1067700	39525662	914982	215333
广西	13	21467950	608731	75231025	856519	89292
四川	11	7141784	282839	13101986	341630	54098
山西	8	37458577	-138947	43032543	1244932	168465

（续表）

名称	企业数	营业收入（万元）	利润（万元）	资产（万元）	纳税总额（万元）	从业人数（人）
新疆	8	14571762	267540	17584889	521249	96457
黑龙江	3	2663818	97539	16075523	174212	6028
陕西	3	10415932	96287	10206295	326567	19772
江西	3	2129698	211541	16093566	111691	2290
云南	3	4916325	215732	6966293	67789	10859
青海	3	2101663	98865	9877426	116648	18231
宁夏	2	1269413	158420	10778158	103503	22005
海南	2	21882354	148861	50824171	666372	115100
吉林	1	3232232	29875	1326223	48500	7561
内蒙古	1	598922	-87798	9552408	24732	9739

2. 地区分布数量向中西部转移

和上年相比，2015 中国服务业企业 500 强地区分布在向中西部倾斜，东部数量减少 5 家，为 349 家；其他地区分别为中部 64 家，西部 69 家，东北部 18 家。

东部地区：浙江 65 家、广东 63 家、北京 60 家、上海 41 家、江苏 32 家、天津 29 家、福建 26 家、山东 17 家、河北 14 家、海南 2 家，合计 349 家，占 500 强企业总数的 69.8%，比上年减少了 5 家。浙江、广东、江苏分别增加了 6 家、4 家和 1 家，其他省市都有所减少。

中部地区：湖北 22 家、湖南 16 家、山西 8 家、安徽 15 家、江西 3 家，合计 64 家，占 500 强企业总数的 12.8%，较上年的 62 家继续上升。

西部地区：重庆 25 家、广西 13 家、四川 11 家、新疆 8 家、陕西 3 家、云南 3 家、青海 3 家、宁夏 2 家、内蒙古 1 家，合计企业数为 69 家，占总企业数为 13.8%，较上年的 63 家，增长了 6 家。

东北地区：辽宁 14 家、黑龙江 3 家、吉林 1 家，合计企业数为 18 家，占总企业数为 3.6%，比上年减少 3 家。

五、2015 中国服务业企业 500 强所有制分布特征

1. 国有企业多项指标占比高，但有所减少

2015 中国服务业企业 500 强中，国有及国有控股企业共计 278 家，与上年相同，占全部企业数量的 55.6%；拥有资产 1494833 亿元，占 500 强资产总额的 90.66%，较上年的 91.96%，减少 1.3 个百分点；实现营业收入 201328 亿元，占 500 强营业收入总额的 79.74%，较上年的 80.44% 减少 0.7 个百分点；实现利润为 16637 亿元，占 500 强利润总额的 85.05%，较上年的 87.94% 减少 2.89 个百分点；实现纳税 12780 亿元，占 500 强纳税总额的 85.53%；拥有员工 1047 万人，占 500 强员工

总数的 82.66%，如表 3-17、表 3-18 所示。

表 3-17　　2015 中国服务业 500 强企业的所有制结构分布

名称	企业数	营业收入（万元）	利润（万元）	资产（万元）	纳税总额（万元）	从业人数（人）
全国	500	2524751566	195649623	16488124795	149420786	12667167
国有	278	2013282999	166377427	14948332909	127806433	10470103
民营	222	511468567	29272196	1539791886	21614353	2197064

表 3-18　　2015 中国服务业企业 500 强按所有制主要指标

名称	企业数（%）	营业收入（%）	利润（%）	资产（%）	纳税总额（%）	从业人数（%）
国有	55.60	79.74	85.05	90.66	85.53	82.66
民营	44.40	20.26	14.95	9.34	14.47	17.34

2. 民营企业平均规模显著低于国有企业

在 2015 中国服务业企业 500 强中，前 100 位中的民营企业数量有 29 家，比上年增加 4 家。但是，民营企业总体规模显著低于国有企业。民营企业总资产 153979 亿元，仅相当于国有企业资产的 10.3%；民营企业营业收入为 51146 亿元，仅相当于国有企业营收的 25.41%；民营企业利润为 2927 亿元，相当于国有企业利润的 17.58%。

榜单中，民营企业共计 222 家，占 44.4%；拥有资产总计 153979 亿元，占比 9.34%，比上年的 8.04%，增加 1.3 个百分点；实现营业收入 51146 亿元，占比 20.26%，比上年的 19.56% 增加 0.7 个百分点；实现利润总额为 2927 亿元，占比 14.95%，比上年的 12.06% 增加 2.89 个百分点；实现纳税 2161 亿元，占比 14.47%；拥有员工 219 万人，占比 17.34%，较上年的 15.98%，增加 1.36 个百分点，如表 3-18 所示。

3. 国有企业在金融、交通运输、文化传媒、公用事业等行业处于绝对优势地位

在金融、交通运输、文化传媒、公用事业、电信、教育科研等行业国有企业一直处于绝对优势地位，这在表 3-19 中可以有很清晰的体现。2015 年中国服务业企业 500 强榜单中，在上述几个行业，国有企业的数量远远超过民营企业，其中在文化产业、港口服务、人力资源等社会服务业、水上运输业、铁路运输及辅助服务业、航空港及相关服务业、电信、航空等细分行业，民营企业的入围数为 0。相比较而言，在房地产、汽车维修租赁、互联网业、金属内外商贸等四大行业，民营企业占据着一定优势，这和国家在这几个行业的放开政策不无关系，但也仅仅是这几个少数的行业，民营服务大企业获得了较为迅速的发展。

表 3-19　　2015 中国服务业 500 强不同类型企业的行业分布

行业	国有	民营	差额
银行业	32	9	23
商业零售业、连锁超市	23	25	-2
物流、仓储、运输、配送服务业	19	5	14
能源（含电力、热力、燃气等）供应、开发、减排及再生循环服务业	18	6	12
陆路运输、城市公交、道路及交通辅助等服务业	16	2	14
粮油食品及农林、土畜、果蔬、水产品等内外批发商贸业	16	3	13
多元化投资控股、商务服务业	16	5	11
生产资料批发及内外商贸业	13	8	5
房地产开发与经营、物业及房屋装饰、修缮、管理等服务业	12	35	-23
公用事业、市政、水务、航道、港口等公共设施的投资、经营与管理业	12	3	9
港口服务业	10	0	10
生活消费商品（含家居、文体、玩具、工艺品、珠宝等）内外批发及商贸业	10	9	1
综合性内外商贸及批发业、零售业	8	8	0
文化产业（书刊的出版、印刷、发行与销售及影视、广播、音像、文体、演艺等）	8	0	8
航空运输业	5	1	4
矿产、能源内外商贸及批发业	5	9	-4
医药专营批发业、零售业	5	6	-1
人力资源、会展博览、国内外经济合作等社会综合服务业	5	0	5
电信、邮寄、速递等服务业	4	0	4
旅游、宾馆及娱乐服务业	4	2	2
综合服务业（以服务业为主，含有制造业）	4	8	-4
水上运输业	3	0	3
汽车及摩托车商贸、维修保养及租赁业	3	15	-12
人寿保险业	3	1	2
科技研发、推广及地勘、规划、设计、评估、咨询、认证等承包服务业	3	2	1
信息、传媒、电子商务、网购、网络娱乐等互联网服务业	3	21	-18
铁路运输及辅助服务业	2	0	2
航空港及相关服务业	2	0	2
软件、程序、计算机应用、网络工程等计算机、微电子服务业	2	3	-1
化工产品及医药批发及内外商贸业	2	4	-2

（续表）

行业	国有	民营	差额
机电、电子批发及内外商贸业	2	5	-3
金属内外商贸及加工、配送、批发零售业	2	16	-14
财产保险业	2	0	2
综合保险业	2	0	2
电器商贸批发业、零售业	1	7	-6
证券业	1	1	0
其他金融服务业	1	2	-1

六、金融危机前后服务业企业发展情况

1. 营业收入增速企稳，净利润增速企稳回升

2006-2015 中国服务业企业 500 强的数据显示，服务业企业的营业收入、利润和入围门槛均有大幅度增长。营业收入由 2006 年的 61218 亿元，增长至 2015 年的 252475 亿元，增长 4. 12 倍；净利润由 2006 年的 2829 亿元，增长至 2015 年的 19565 亿元，增长 6. 92 倍；入围门槛由 2006 年的 6 亿元，增长至 2015 年的 28 亿元，增长 4. 67 倍。净利润的增长幅度大大高于营收和门槛的增长水平，如表 3-20 所示。

表 3-20　　2006-2015 年中国服务业企业 500 强各指标

年份	营业收入总额（亿元）	净利润总额（亿元）	入围门槛（万元）	资产总额（亿元）
2006	61218	2829	59000	327526
2007	75339	3523	72057	418546
2008	91810	7102	98469	470390
2009	110883	7039	119700	592775
2010	116295	8594	99410	734584
2011	147319	12171	197303	872843
2012	177869	13624	227029	1055560
2013	204773	15479	241601	1242160
2014	235582	17832	261330	1476244
2015	252475	19565	280540	1648812

从逐年的增长水平看，经历了金融危机的洗礼，服务业大企业经营水平和盈利能力更加趋于稳

定和一致，并逐渐回归至 2006 年的水平。期间，利润的增长水平经历了“过山车”式的变化。和 2006 年相比，2007 年的服务业企业 500 强利润水平实现爆发式增长，增长率达到 101.58%。经历着金融危机爆发的 2008 年，500 家企业的利润总额增长为负，增长率为-0.88%。2009 年开始，受到 4 万亿元刺激计划的利好影响，利润指标逐渐回暖，增长率达到 22.08%，2010 年最高达到 41.62%。2012 年，企业所处宏观环境偏紧，欧债危机爆发导致国外经济环境恶化，利润的增长水平回归至 11.94%。2013 中国服务业企业 500 强中，营业收入增长率再次大幅下滑，与 2010 年 4 万亿元政策刚出来时 26.68% 的高速增长形成鲜明对比。2014 年，营收增长率基本停止了下降，而利润增长率继续呈现回升趋势。2015 年，营业收入增长率大幅下滑，为 9.23%，相对上年 15.05% 的营业收入增长率有大幅回调。同样趋势的数据表现在中国服务业企业 500 强的利润增长率上，由上年的 15.20% 下降为 8.19%。入围门槛增长率出现了微增的倾向，如表 3-21、图 3-4 所示。

表 3-21　　2007-2015 中国服务业企业 500 强各指标变化

年份	营收增长率	利润增长率	入围门槛增长率
2007	23.07%	24.51%	22.13%
2008	21.86%	101.58%	36.65%
2009	20.77%	-0.88%	21.56%
2010	4.88%	22.08%	-16.95%
2011	26.68%	41.62%	98.47%
2012	20.74%	11.94%	15.07%
2013	15.13%	13.61%	6.42%
2014	15.05%	15.20%	8.17%
2015	9.23%	8.19%	7.35%

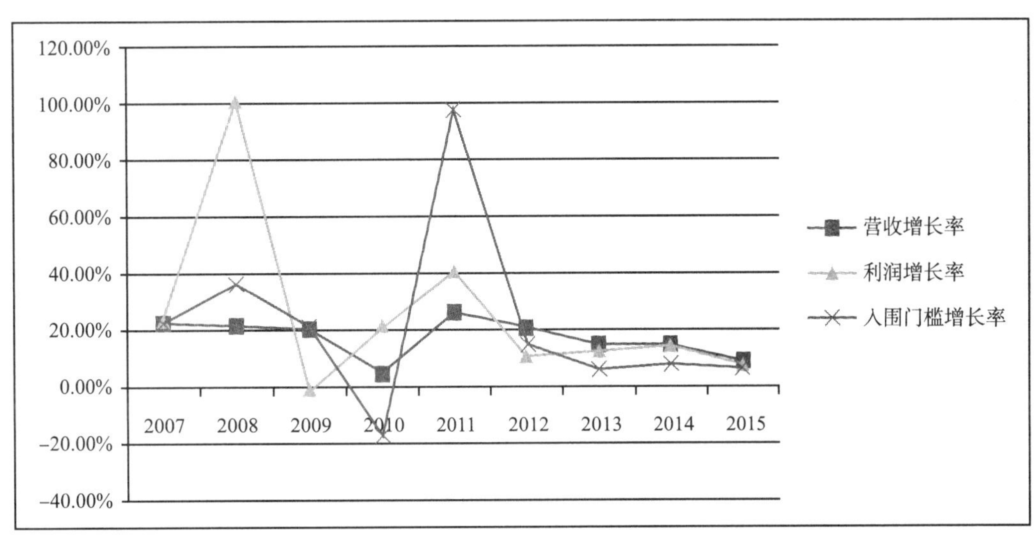

图 3-4　2007-2015 中国服务业企业 500 强各指标变化

2. 各大行业出现较为明显的分化

在中国服务业企业500强发布近十年的时间中，行业出现了较为明显的分化（见表3-22）。这其中贸易类行业，贸易零售已经由2006中国服务业企业500强榜单中的225家企业减少为2015年榜单中的205家。第二大类走下坡路的行业则为交通运输仓储物流行业，由2006中国服务业企业500强榜单中的94家企业减少为2015年榜单中的68家。但与之相反的是，金融类企业尤其是银行业、商务服务业、汽车租赁维修业则处于上升趋势，在2015中国服务业企业500强的榜单中分别达到顶峰，为67家、21家和18家。相对而言，公用事业、房地产、能源供应、教育科研、文化产业和餐饮住宿等六大行业则处于相对稳定状态，所包含的企业数没有明显的变化。2006-2015这10年间，我国服务业企业经历了金融危机的洗礼，当然也有国家加快服务业发展各项政策的不断推进的良好环境，上述行业所表现出的上升、下降和平稳这三种状态应该是二者综合作用的结果。这其中可喜的是传统服务业所占比例逐渐降低，现代服务业逐渐居主导地位，但分析其内部结构，现代服务业中金融类尤其是银行的一家独大，商业服务业的企业还是以各地方的融资平台为主要构成，实现我国服务业的又好又快发展仍有很长的路要走。

表 3-22　　2006-2015 中国服务业企业 500 强各行业所包含企业数

行业	2006	2007	2008	2009	2010	2011	2012	2013	2014	2015
贸易	225	231	219	225	214	210	220	209	191	205
交通运输、仓储物流	94	84	83	90	87	71	62	70	63	68
金融	29	42	36	45	45	52	60	64	71	67
商务服务业	11	13	14	17	14	16	19	19	22	21
汽车及摩托车商贸、维修保养及租赁业	14	14	12	13	14	20	18	20	21	18
公用事业	9	10	10	11	10	13	15	14	15	15
房地产开发、经营，房屋修饰	49	42	64	43	52	56	51	49	53	47
能源供应业	18	15	16	16	19	19	18	16	23	24
教育科研	10	13	14	14	17	13	12	11	12	5
文化产业	13	14	12	9	8	9	8	11	11	8
餐饮住宿	11	11	13	8	15	11	7	9	8	6

七、新常态下我国服务业大企业所面临的挑战

近两年，我国经济呈现出新常态，增长速度由高速转为中高速增长；增长动力从要素驱动、投资驱动逐渐转向创新驱动和技术驱动；经济结构中服务业所占比例逐年攀升，2014年服务业增加值为30.7万亿元，所占GDP比重为48.2%，我国经济已经开始从“工业”时代逐渐向“服务业”时代过渡，未来服务业也将成为经济增长的主要动力。对经济运行中的微观主体——企业而言，新常

态还包含了以互联网、大数据、云计算等新技术所支撑的企业成长的新模式、新业务、新方式的井喷式涌现。这正是服务业大企业未来很长一段时间都必须面临的经济大势，前景光明，道路却曲折。传统行业、传统的商业模式受到前所未有的冲击，很多服务业大企业业绩大幅下滑，破产倒闭者也不在少数。

1. 部分行业承压较大，企业业绩大幅下滑

2015中国服务业企业500强营收总额增长7.17%，其中有35.60%的企业收入下滑或微增（增幅在5%以内），利润下降和亏损的企业数占比高达38.76%，上年这组数字分别为21.40%和25.96%，经营状况进一步恶化（见表3-23、表3-24）。这似乎和2014年我国国民经济中第三产业高达8.1%的增速有些相悖。究其原因，我国服务业大企业大都属于商贸、住宿餐饮、交通运输等传统服务业，对经济环境敏感度高，加之受到互联网服务为代表新业态冲击，很多行业都承受了较大压力，大企业尾大不掉，业绩下滑在所难免。

表3-23　2015中国服务业企业500强中部分服务业行业经营状况

	企业数	营收下降企业数及占比		营收增幅5%以内企业数及占比		合计占比
房地产行业	47	9	19.15%	12	25.53%	44.68%
交通运输行业	64	16	25.00%	6	9.38%	34.38%
信息传媒行业	24	2	8.33%	1	4.17%	12.50%
银行业	41	1	2.44%	0	0.00%	2.44%
商务服务行业	21	5	23.81%	1	4.76%	28.57%
商贸行业	205	60	29.27%	29	14.15%	43.41%
2015	500	107	21.40%	71	14.20%	35.60%
2014	500	55	11.00%	52	10.40%	21.40%

表3-24　2015中国服务业企业500强中部分服务业行业企业盈利状况

	企业数	利润下降企业数及占比		亏损企业数及占比		合计占比
房地产行业	47	17	36.17%	1	2.13%	38.30%
交通运输行业	64	17	26.56%	2	3.13%	29.69%
信息传媒行业	24	6	25.00%	4	16.67%	41.67%
银行业	41	8	19.51%	0	0.00%	19.51%
商务服务行业	21	9	42.86%	0	0.00%	42.86%
商贸行业	205	87	42.44%	13	6.34%	48.78%
2015	500	166	33.20%	32	6.4%	38.76%
2014	500	112	22.40%	17	3.40%	25.96%

具体而言，一是因为宏观经济增速下滑，消费平淡，制造业低迷，交通运输、商贸、银行等对环境敏感度高的企业受到较大冲击。2015 中国服务业企业 500 强中，商贸企业共计 205 家，其中 60 家收入下降，29 家收入增幅在 5% 以内；87 家利润下降，13 家亏损，业绩不良企业数量占比接近 50%。交通运输业企业共计 64 家，其中 16 家收入下降，17 家利润下降。而银行一直是 500 强企业中的常胜将军，在 2011 年、2012 年没有一家银行的利润出现下降，且平均利润增长都保持在 20% 左右，然而，2014 年进入服务业企业 500 强榜单的 41 家银行中有 5 家银行的利润下降，平均利润增长下降到 8.56%。

二是随着互联网的普及应用，网络消费的规模和渗透率都取得了爆发式增长，在线消费和境外消费等对传统商超百货、旅游企业形成明显分流。各大百货商场竞相促销来抵消网购所拥有的便捷性和价格优势，营业收入虽勉强实现平稳过渡，但利润却出现大幅下滑。2015 中国服务业企业 500 强中，47 家商超百货中有 21 家出现利润下降，2 家出现亏损，合计占比 48.94%。另外中国电子商务研究中心的数据显示，2014 年上半年我国网络零售市场交易规模达 10856 亿元，同比增长 43.9%，预计全年网络购物交易额占社会消费品零售总额将达到 8.7%，这一比例在未来无疑还将继续提高。很多零售企业以快速关店来止损，并力求转型。据《2015 年上半年主要零售企业关店统计》显示，主要零售企业在国内共计关闭 121 家，百货业态关闭 26 家。而作为其中的先锋，万达在年初关闭 10 家店后，还将陆续关闭济南、唐山等多个地区共 40 多家严重亏损的门店，并对其余门店将进行调整。

三是过去几年政策调控的影响仍在，房地产企业、餐饮企业等依然处在萧条到繁荣的攀爬阶段。受到 2013 年前后一系列宏观调控政策的影响，2014 年楼市出现了大面积的观望情况，投资增速显著放缓。不论是一线城市还是二三线城市，房地产销售面积和销售额同比都大幅下滑。2015 中国服务业企业 500 强中房地产企业 47 家，其中 9 家收入下降，12 家收入增幅在 5% 之内，17 家利润下降，1 家出现亏损。受"限三公"政策和"八项规定"的影响，餐饮企业收入增速以及毛利率水平持续下降：2013 年限额以上餐饮企业主营业务收入增速仅 5%，低于 GDP 全年增速。

2. 企业规模偏小，专业化能力亟待提升

中国经济走到今天，服务业对产业结构调整的重要性，对经济增长速度保持平稳的支撑性已然凸显，这几年国家从战略层面密集发布一系列促进服务业快速发展的政策正是最好的注脚。企业作为经济的基本细胞，决定着服务业的发展水平。然而在经济增速换挡、经济结构调整的严峻环境中，我国服务业企业整体规模偏小、品牌价值不高、专业服务能力不强的弊病也一一显露出来。

目前我国最大的 500 家服务业企业的门槛只有 25 亿元，与综合类 500 强的门槛 230 亿元相比，差了一个数量级，与制造业 500 强企业的门槛 68 亿元相比，也相差甚远。服务业企业整体规模偏小，已然跟不上经济发展的需要。除此之外，我国服务业企业的品牌价值不高也非常值得关注，不同于制造企业所生产的产品容易衡量优劣的标准，服务是无形的，靠口碑传播，品牌价值于企业而言至关重要。但 2014 世界品牌 500 强中，我国服务类品牌只有 18 个，其中金融类 7 家，电信 3 家，互联网 3 家，传媒 3 家，与往年情况基本一致，只是互联网企业的首次入围让人惊喜。其他类型的企业则一直没能入围，服务业企业的品牌价值尚存在很大的行业局限性。另外，我国服务业企业的专业能

力也亟待提升，尤其是金融、信息技术、商务服务、科研这四大对制造业升级有重要影响的行业中的大企业责任重大。然而目前我国金融企业表现为大却不强，其他企业则表现为小而不专，专业、高质量的服务水平急需形成。

总结来看，我国服务业企业整体表现为不大不强不优。究其原因，一是经济发展阶段所致，二是地方割据影响。世界经济产业的发展史中，生产要素是逐渐由农业，向工业再向服务业转移，更何况我国长期以人工、资源要素驱动为动力，重化工业的经济发展模式对服务需求有限，服务分化不足，因此服务业企业的壮大需要一个过程。这也正是服务业企业发展做大受困的一个症结。另外，我国服务业企业的发展在很大程度上受到地方经济割据的影响，占据服务业500强企业中60%左右①的商贸、交通运输服务业企业大都具有明显的地方特色，立足于本地市场，服务于本地企业，尚未从省级公司成长为真正全国性的公司，更不用说实现跨国经营。长期以来，中国百货业高度分散，CR3仅为5.6%，与法国百货企业的CR3 92.5%差距巨大。纵观服务业企业500强中的百货企业的发展愿景，“立足本地、布局全省、放眼全国”者不在少数。而交通运输企业作为经济发展的血液，受“地方保护”的影响，对外地企业的服务远没有实现市场化，反而施加种种限制，很大程度上阻碍了我国经济的活跃程度，自身的发展壮大更是难以逾越“地方割据”。未来随着国企改革的推进，商贸、交通运输两类服务业企业做大让人期待。

3. “互联网+”兴起，传统商业模式受到严峻考验

互联网、大数据、云计算等新技术的普及对企业的运营模式、组织结构、资源配置方式带来了革命性的影响，O2O②（Online To Offline）、OTT③（Over The Top）、OTA（Online Travel Agent，在线旅游）等新的商业模式层出不穷，并逐渐成气候。以“互联网+”为代表新业态加速对服务业企业的全面渗透，并作为最基本要素和重要支撑，产生全方位影响。互联网为企业植入新的基因，构筑新的模式，改变了竞争规则，重构产业价值，新兴产业被催生，很多传统的、固化的商业模式被颠覆，传统大企业的发展步履维艰。

首先，互联网使服务可以跨越时空，网络购物、广告、租车、旅游、教育等网络消费兴起，实体、门店经营模式受到严峻挑战。前面已经论述过以万达为代表的百货企业关闭门店，被迫转型，随着淘宝、京东为代表的电商逐步正规化、透明化，品牌影响力植入人心，很多实体的商超百货店面成为鸡肋，未来很有可能成为体验中心或者仓储场所，总而言之传统购物转型迫在眉睫。相类似的，随着携程、去哪儿、途牛在线旅游公司的兴起，客户资源逐渐向线上转移，传统旅游受到较大

---

① 2012中国服务业企业500强中商贸、交通运输两大类行业占比为63.2%，2015年中国服务业企业500强中商贸、交通运输两大类行业占比为53.8%

② O2O，全称Online To Offline，又被称为线上线下电子商务，就是把线上的消费者带到现实的商店中去：在线支付线下（或预订）商品、服务，再到线下去享受服务。

③ OTT，“Over The Top”的缩写，是指通过互联网向用户提供各种应用服务。这种应用和目前运营商所提供的通信业务不同，它仅利用运营商的网络，而服务由运营商之外的第三方提供。目前，典型的OTT业务有互联网电视业务，苹果应用商店等。

冲击。中国国旅、中青旅等大型旅游公司正探索向线上延伸的道路，纷纷建设自己的电子商务平台。而融合网络平台与旅行社两者优势的在线旅行社（OTA）模式更为业界所看好。但无论如何，传统的经营模式必须主动加入互联网的基因，才能在这一轮的大浪潮中存活下来。

其次，互联网改变了原有的分工协作体系，使得企业边界变得模糊，传统服务的挑战不仅来自于业内，更来自于跨界竞争。众多新兴企业以互联网新技术为基础，凭借其灵活的机制、与众不同的商业模式，实现“过顶传球”（OTT），改变了竞争规则，不少传统服务业企业都产生“狼来了”的危机感。电信运营商在以微信为代表的 OTT 业务的冲击下，依靠网络规模、用户数带来收入的盈利模式正在失效，收入的增长并不能弥补网络扩容成本的增加，形成了巨大的利润“剪刀差”，正面临着被“管道化”的风险。同样，伴随着互联网金融的持续升温，传统银行业赖以生存的“存、贷、汇”等核心业务也面临众筹、人人贷、第三方支付等新型业态的有力竞争。互联网企业跨界竞争，发挥鲶鱼效应，正全面重塑行业格局。

4. 并购持续升温，整合风险不容忽视

服务企业并购持续升温，2014 年可谓是服务业的并购整合年。主要表现在三个方面：

第一，受到多种因素冲击，酒店、餐饮、旅游、购物等消费服务业企业竞争异常激烈。前有京东、淘宝的电商价格战，百货商场的折扣从未停止过，如今拥有大量资本支持的在线旅游企业（OTA）的竞争已经不计成本，全面进入负利润时代的行业不在少数。这是服务业企业的发展尚处于草莽时代，竞争白热化最好的注脚。而行业竞争导致必然资本融合。纵观旅游市场，2014 年，金额上亿元的并购事件屡屡发生。从首旅酒店并购南苑股份，再到众信旅游收购竹园国旅，以及万达旅业频频收购旅行社，资本市场频现旅游巨头的身影。未来几年规模较大的旅游企业依然会继续通过并购，打造品牌并向多元化发展。消费服务业企业将逐渐实现寡头格局。

第二，以文化传媒、休闲服务业为代表的新兴企业受到较高期待和估值空间，成为传统行业中无处安放的资本的逐利点。而这些新兴企业的发展本身也需要大量资本，完善业务短板，打通产业上下游，过去两年相关企业的并购持续升温。2009 年以来，文化传媒相关并购事件达 651 起，仅 2014 年就超过 200 起，其中跨界并购达 410 起，涉及交易总额超过 2000 亿元。2014 年 A 股涉及影视行业的并购案件为 54 件，有一半左右属于跨界并购。

第三，尽可能掌控服务业资源的多元化经营已经成为大多数服务业大企业的战略趋势，这以互联网企业巨头 BAT 为代表。仅在 2014 年上半年，阿里巴巴就陆续并购或入股了中信 21 世纪、1stdids、高德软件、文化中国、银泰百货、魅族科技、优酷土豆、新加坡邮政、恒大足球俱乐部、UC 优视、21 世纪经济报道等企业，加上之前布局的行业，其业务范围已涉及电商、社交网络、物流、金融、旅游、导航、视频娱乐、医疗、教育、文化、体育等众多领域，将触角伸至服务业的各个角落，多元化的服务集团已然形成。大连万达集团为了打通文化旅游行业产业链，未来可能会进军航空业，并超越迪士尼，成为世界最大旅游集团。

并购在激烈竞争的行业在所难免，更是企业快速掌控资源的有放途径。然而，疯狂并购后，整合困境历来为业界所诟病，尤其是跨界并购更会存在水土不服的问题。2014 年的影视并购案中，至少有 1/3 的企业完不成业绩对赌，上市公司面临严峻考验。并购后整合的难度和失败的风险的相关论

述汗牛充栋，这里不再赘述，只是陈列这样一些已经并购的事实和未来可能的并购方向，给企业以参考，面对机遇和困境，选择并购时，应当谨慎再谨慎。

八、我国服务业大企业抓住机遇、提升影响力的若干建议

中国经济发展的现实预示着服务业蓬勃发展的时代正在到来，伴随着国企改革的实质性推进和产业政策的持续利好，在以互联网、云计算和大数据为代表的新技术、新模式的推动下，我国服务业大企业的发展前景光明。如何把握经济大势，提升企业影响力，这里试图提出一个建议。但服务业涉及行业众多，并随着服务业和制造业的不断融合，服务业企业自身的属性识别度有所降低，对服务业企业发展有针对性地发展建议并非易事，这里只试图找到服务业大企业所共同面临的机遇，拥有的共同特点，并结合具体的行业特征，从战略转型、客户导向、资源整合等方面，切实提出一些可供企业参考的具体意见。

1. 紧抓历史大机遇，迎接服务新时代

深化改革、转型升级的历史机遇给我国服务业的发展带来了巨大的发展空间，以互联网为代表的新技术革命为服务业企业突破传统模式，发展新业态、新模式提供了最有力的生产要素。我国服务业企业快速、健康成长的时代正在到来。

（1）服务业蓬勃发展的时代正在到来

我国国民经济构成中，服务业所占比重逐年攀升，自 2012 年超过第二产业，达到 45.5% 后，始终居于 GDP 贡献的第一位。服务业增速也于 2013 年超过第二产业后，2014 年，今年继续以 8.1% 的速度超过第二产业的 7.3%（见图 3-5、图 3-6）。从固定投资的角度看，文化、金融、房地产、商务服务、科学研究、批发零售等服务业行业的投资增速在过去 5 年中，平均都超过制造业的投资水平，这说明资本对服务业有更多的青睐，社会的期待值更高，预示着在未来服务业的发展有更好的基础条件（见图 3-7）。另外，互联网的兴起，网络购物、网络游戏、网络广告、在线租车、在线教育、在线旅游等大批新兴行业被催生，给服务业的发展带来新的活力，服务业蓬勃发展的时代正在到来。

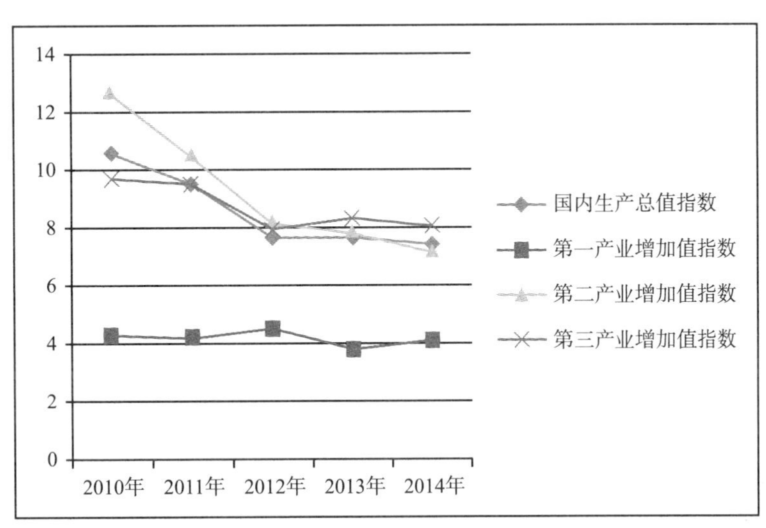

图 3-5 2010-2014 年国民生产总值指数

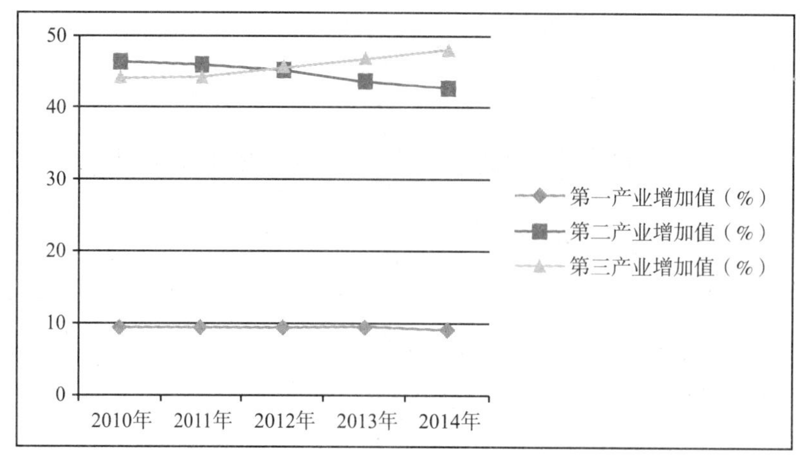

图 3-6　2010-2014 年国民生产总值增加值

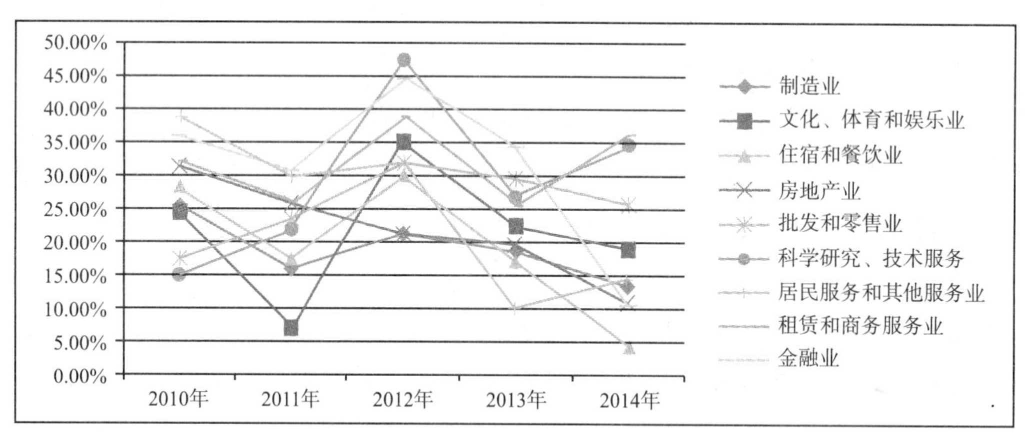

图 3-7　各行业固定资产投资增速

（2）国企改革带来服务业企业发展新活力

2013 年 11 月，党的十八届三中全会对全面深化国资国企改革做出了一系列重要部署。2014 年 7 月，国资委启动中央企业四项改革试点工作，包括国有资本投资运营公司试点、混合所有制试点、规范董事会制度试点和纪检工作试点，标志着国企改革迈出实质性步伐。通过深化国企改革，资本投资运营公司的组建、混合所有制改革、国企资产证券化、员工持股与股权激励计划等各方面得以突破，企业发展将长期受益。而服务业大企业中，交通运输、百货、贸易、金融、科研、能源服务等企业大都是国有企业，其经营效率长期低于同行业的民营企业，国企改革的不断升温，这些企业未来的前景将更为宽广。

（3）“互联网+”助推服务业企业开辟新道路

“互联网+”的兴起，传统商业模式受到严峻考验，很多企业面临生死困境，但这是最坏的时代，也是最好的时代。互联网等新技术的出现，也让服务“站在了最容易找到的地方”，低成本、高效率、全方位、全流程的服务变得可行。随着消费互联网深入、产业互联网兴起，服务业企业与互联网深度融合，必将产生更多的服务新业态，开辟新的服务道路，服务业企业也将借此机会转型升级，真正实现做优做强。

首先，流通企业与互联网继续深度融合，商业模式从买卖差价升级为集合金融、信息、仓储、物流等供应链服务模式，构建O2O闭环，从消费终端向产业互联方向发展，最终实现流通企业的升级，达到流通4.0。出口电商是贸易的互联网化，重塑了传统贸易的利益链条，打破了进口商、批发商、分销商的垄断，而直接面对零售商，甚至是终端消费者，大大缩减了交易的中间环节，减少成本，提升效率。出口电商也将逐渐由传统的“搬运工”升级成为品牌培育者。跨境电商的发展，将重塑我国对外贸易的格局。

第二，互联网作为“普惠”媒介正在改写金融业的竞争格局。互联网具有天然的降低信息不对称功能，是一种边际成本几乎为零的去中介化工具，而传统金融机构的本质正是解决企业与个人的投资、融资、支付需求的中介机构，因此金融机构赖以存在的基础已经被改变。目前，互联网+对金融三大细分领域的改造机会在于，证券交易业务因标准化程度较高，互联网对传统模式的替代较强；互联网银行则通过P2P、征信业务及供应链金融业务，弥补了传统金融机构未能满足的小微企业贷款需求；互联网时代产生的大数据使得保险产品的精准定价成为可能，将极大促进保险的精细化发展。

第三，互联网和旅游企业的结合，使得客户资源逐渐向线上转移。旅游企业也呈现出线上线下（OTA模式）互相融合渗透的趋势，企业间在资源整合、品牌推广、服务体系构建等领域开展激烈竞争，这正是传统旅游企业开辟新渠道、提升全产品服务质量，打造品牌形象的大好机会。

最后，职业教育发展是“互联网+”与传统产业深度融合的基本前提，随着教育法的修订，社会资本引入教育破除产业营利性问题，教育事业也将迎来历史性机遇，教育企业也将迎来发展的春天。当然还有其他的传统服务业大企业的成长道路在互联网+的浪潮中都将被重新塑造，这里不便一一列举。

（4）政策持续利好服务业企业转型升级

国家政策对服务业企业的利好影响表现在两个方面：一是既有的“大棒”政策压力基本释放完毕。这主要表现在高端餐饮和公路运输两类企业，“限三公消费”政策和“节假日高速公路免费”的政策一度使得企业的经营数据瞬间“变脸”。几年时间过去，企业积极应对，现在基本已经实现平稳过渡。过去一年相关政策全面稳定也印证了这一判断。二是国家战略层面对服务业的全面扶持，相关政策频繁发布。近几年可以说是服务业的政策年，从服务业整体发展的笼统提法到各个细分行业的专署行动，大大小小的扶持政策几乎没有间断。以文化产业政策密集出台为例，有深化文化体制改革的，有扶持小微文化企业的，有促进文化金融合作的，还有推进特色文化产业的，有文化产业创业创意人才扶持的，面面俱到，这些必将为文化企业的升级发展提供有力支持。另外，从国务院印发《互联网+行动意见》到商务部制定《“互联网+流通”行动计划》，互联网+对服务业发展的促进也有专门安排。这些都将持续利好服务业企业转型升级。另外，“一带一路”也为服务业企业拓宽了发展空间，为服务业企业走出去提供了绝佳的机遇。

2. 关注行业新常态，树立发展新思维

经济“新常态”带来企业“新思维”，服务业大企业要审时度势，积极调整发展战略，多种途径转型升级，实现企业的长期健康发展。

首先，关注行业新趋势，提前进行战略布局。以房地产业为例，过去 10 年以住宅为主快速发展，未来 10 年将以住宅、商业、地产服务产业链、工业地产、混业经营五分天下，从“住宅一统”到“多元分割”，是行业发展的必然趋势。过去 10 年新房市场反映地产行情，未来 10 年新房和存量房面积占比结构将发生显著改变，盈利模式多元化应当引起房地产企业的重视。2015 年，万科与万达两巨头启动战略合作，由竞争变为“强强联合”正是看准了房地产行业的发展大势，借助彼此的优势资源，谋求战略转型。

第二，关注行业内的竞争，更要重视平台竞争和跨界发展，积极构建生态圈。互联网提高了企业获取外部资源的便利性和经济性，模糊了传统的产业边界，对企业发展战略提出了更高的挑战，微信对传统电信企业、乐视对传统电视企业正是很有力的注脚。服务业大企业与其直面竞争，不如主动整合资源，完善产业链条。例如传统的旅游企业与其与在线旅游企业直面竞争，不如与之寻求合作，同时利用大企业的优势，整合产业链条上的吃（餐饮）、住（酒店）、行、游（旅行社、景区）、购（零售、免税）、娱（主题公园、演艺）等各种资源，打造完整闭环生态圈，提高服务竞争力。

第三，关注工业发展大局势注重融合发展新需要。服务业企业因工业企业向外分化部分销售、财务、法律等服务类业务而诞生，但随着制造业服务化的推进，这一服务业企业存在的根本正悄然发生变化，传统服务业企业原有的、单一的服务方式受到挑战。制造强国的打造是未来 35 年国家层面都会坚定实施的大方略，《中国制造 2025》只是第一步，目前国家层面积极推进制造业服务化，二者融合发展成为趋势。传统的产业链条、服务链条、价值链条都将被重构，制造业企业由提供产品向提供整体解决方案转变，服务业企业将利用现代科技提供更为专业的服务。产业分工的变化将带来组织结构的变革，服务业企业必须改变既有的战略思路，积极利用互联网，打造更为专业的、全方位的服务，打造集信息流、物流、资金流有机地融为一体的全流程服务链，积极嵌入到未来制造业发展的链条中去。

3. 以客户为导向，提升客户价值

互联网新业态在传统领域的替代能够频频奏效，其重要原因就是其以客户为导向，提升客户价值为己任。客户是互联网业态服务的出发点、核心点、闭环点和再提升点，也是互联网企业能够生生不息、持续发展的根本驱动力。这与传统的电信运营商、传统金融企业在成为行业主导者，掌控价值模式后，更多将客户价值第一停留在口头上有着本质差别。服务业大企业必须警醒互联网企业能够一次又一次成功颠覆传统行业的深层次原因，及时纠正服务思维，切实将客户价值实现作为企业存在的动力。

首先，理清思路是前提，传统的服务业大企业与互联网企业的纷争领域应当扮演何种角色？逐渐被“管道化”的电信运营商继续扮演纯管道的角色，是不断对“微信”等外来者严厉控诉，还是应当积极利用庞大的用户群体和强大的规模实力主动参与新价值链的打造。面对支付宝、拉卡拉的更便捷的新型支付方式，面对 P2P 真正实惠的惠及中小企业，传统银行是继续争论其合法性，还是应该主动作为，利用庞大的、坚实的信用基础提供更为人性化的，真正为客户所需的金融服务。如何选择不言而喻，但如果还是故步自封，在互联网企业的蚕食鲸吞中将自身原有的大好势头拱手相

让也为期不远。

其次，找准目标是关键。能给顾客什么不再重要，顾客需要什么才是真理。众多学术研究通过多种方式的研究都得出客户之于服务业企业发展的重要意义，企业实践也有很多类似认知，但客户价值不是我能提供什么给客户，而是客户从企业的产品和服务中得到的需求的满足。这其中的逻辑在于从客户出发，以客户为导向，而并非以企业为逻辑的原点。企业拥有什么不重要，能给顾客什么也不重要，客户需要什么才是意义重大 。客户关心的才是商机，才有价值，否则只是企业的自娱自乐，并最终灭亡。

4. 借助大企业优势，强化整合资源能力

大企业的竞争力在于综合性、复合性的优势，与小企业应时应景，可以靠抓机会生存不同，大企业必须围绕产业价值链进行布局，把握产业价值链的关键环节，整合全产业价值链资源去展开竞争，以此来确立不可替代的优势地位。与制造业不同，服务企业因产品的无形性，更注重客户的价值体验，服务业大企业能否提供高品质、更便捷、低成本的服务至关重要，而这需要企业具备强大的资源基础和平台优势。而从服务业的发展来看，服务业企业的商业模式已经逐渐由交易服务阶段、信息服务阶段过渡到资源整合阶段。服务业企业的竞争战线已经由行业内扩展至行业间，很多传统大企业被跨行业竞争者以出其不意的速度、方式所击败。因此服务业大企业的胜出在于，能否打通行业壁垒，汇集平台优势，整合相关资源，做大产业格局，建设闭合的生态圈系统。

目前，服务业巨头坚定于“大而全”战略，加速“资本+资源”的扩张，完善一站式、全流程服务体系。前文中提及阿里巴巴通过强势并购，已经将业务遍及服务业的各个角落，另一个 BAT 巨头腾讯也不甘示弱，仅在 2014 年，就完成投资并购 39 项之多，涉及金融（富图证券、人人贷），游戏（星创互联、擎天柱、4：33 Creative Lab、Dots、Aiming、Kamcord、CJ Games），电子商务（京东、买卖宝、口袋购物），社交平台（Whisper、58 同城、大众点评、AltspaceVR），在线教育（跨考），在线医疗（丁香园、挂号网），在线旅游（我趣、同程旅游网），O2O（e 袋洗、e 家洁），文化娱乐（万达、红点直播快看、华谊兄弟、华彩控股），地产服务（乐居），地图服务（四维图新、科菱航睿），物流运输（人人快递、滴滴打车、华南城），网络服务（迈外迪、刷机大师）等十几个服务行业，以互联网为连接的多元化服务集团也正逐渐形成。

服务业企业已经由发展之初的强调利润到发展稳定之后的领域、业务、区域扩张。以大企业具有规模优势，以核心资源为中心，进行并购、整合相关企业已经成为服务业大企业的发展趋势。对很多传统服务企业而言，以此为契机，并借助互联网的东风，强化资源整合力度，重构核心优势，谋求转型也未尝不可。

第四章 2015 中国跨国公司 100 大分析报告

为了贯彻党的十八届三中全会、四中全会精神，发展我国大型跨国公司，提高国际化经营水平，同时为社会各界提供我国大企业跨国经营水平及其相关信息，中国企业联合会、中国企业家协会 2015 年继续推出中国跨国公司报告。

中国跨国公司报告以中国企业联合会、中国企业家协会每年推出的“中国 100 大跨国公司及跨国指数”作为分析重点。“中国 100 大跨国公司及跨国指数”是中国企业联合会、中国企业家协会在中国企业 500 强、中国制造业企业 500 强、中国服务业企业 500 强的基础上，依据企业自愿申报的数据，参照联合国贸易和发展组织的标准产生的。中国 100 大跨国公司是由拥有海外资产、海外营业收入、海外员工的非金融企业，依据企业海外资产总额的多少排序产生，跨国指数则按照（海外营业收入/营业收入总额+海外资产/资产总额+海外员工/员工总数）/3×100% 计算得出。

一、中国企业对外投资步伐加快

据商务部统计，2014 年我国境内投资者共对全球 156 个国家和地区的 6128 家境外企业进行了直接投资，累计实现投资 6320. 5 亿元（折合 1028. 9 亿美元），同比增长 14. 1%。其中股本投资和其他投资 5288. 5 亿元（折合 860. 9 亿美元），占 83. 7%，利润再投资 1032 亿元（折合 168 亿美元），占 16. 3%。截至 2014 年年底，我国累计非金融类对外直接投资 3. 97 万亿元（折合 6463 亿美元）。

自 2002 年中国公布对外直接投资统计数据以来，中国企业的对外直接投资金额年均增速达到 42. 13%。尽管受 2009 年美国次贷危机影响，近两年增速有所放缓，但 2013 年增速出现明显提升，预示着中国企业“走出去”步伐明显加快，对外直接投资活动也正在进入新一轮的快速增长期。2014 年，中国企业对外直接投资达到 1400 多亿美元，首次超过外商对中国的直接投资，进而成为资本净输出国。这是中国企业“走出去”的一个里程碑，是中国企业国际化进程的分水岭。

从全球视野来看，2014 年中国对外直接投资流量位列全球第三位，仅次于美国和日本；占发展中经济体对外直接投资流量总额的比重超过 1/5，达到 23. 97%，已经成为最大的发展中资本输出国；占同期世界对外直接投资流量总额的 9. 21%。实际上，经过 2002 年以来短暂的 10 多年的发展，无论是中国对外直接投资流量占发展中经济体的比重，还是占世界的比重都呈快速增长趋势：前者由 2002 年仅占发展中经济体的 5. 64% 一跃扩大为 23. 97%，后者则由仅占世界流量总额的 0. 48% 扩大为 9. 21%，如表 4-1 所示。

表 4-1 2002-2014 年中国对外直接投资流量及占世界比重

年份	中国（亿美元）	发展中经济体（亿美元）	世界（亿美元）	中国占发展中经济体比重（%）	中国占世界比重（%）
2002	25	448	5281	5.64	0.48
2003	29	518	5807	5.51	0.49
2004	55	1136	9198	4.84	0.60
2005	123	1410	9043	8.69	1.36
2006	212	2425	14253	8.72	1.48
2007	265	3271	22672	8.10	1.17
2008	559	3384	19993	16.52	2.80
2009	565	2767	11712	20.43	4.83
2010	688	4209	14676	16.35	4.69
2011	747	4226	17117	17.67	4.36
2012	878	4402	13467	19.95	6.52
2013	1010	4541	14107	22.24	7.16
2014	1160	4840	12600	23.97	9.21

资料来源：联合国贸发会议发布的《2015 世界投资报告》。

2014 年，全球共有 3282 起企业并购案，并购数为金融危机以来最高，并购金额达到 3.12 万亿美元，数量和规模较 2013 年分别增长 22.2% 和 73.3%，其中美国并购案数量占比 34%，金额占比 45%。2014 年中国跨境并购的次数为 331 起，全球为 9696 起。2014 年全球 10 亿美金以上的并购为 219 起，涉及金额 7568 亿美金，其中中国为 8 起（占 2.74%），涉及金额为 516 亿美金（占 6.81%），如表 4-2 所示。

表 4-2 2014 年中国企业超过 10 亿美元的主要跨境并购交易概况

并购方	被并购公司	被并购公司所在地	被并购方母公司所在地	金额（亿美元）	并购股权比例（%）
中粮集团	Noble Agri Ltd	中国香港	中国香港	40	51
联想控股	摩托罗拉移动公司（Motorola Mobility Holdings Inc）	美国	美国	31	100
联想控股	PizzaExpress Ltd	英国	英国	15	100
复星集团	Caixa Seguros e Saude SGPS SA	葡萄牙	葡萄牙	14	80
Investor Group	10 Upper Bank Street	英国	英国	14	100
中石油	OAO Yamal SPG	俄罗斯	俄罗斯	11	20
中石油	Phoenix Energy Holdings Ltd	加拿大	加拿大	11	40
Investor Group	Aquila Resources Ltd	澳大利亚	澳大利亚	10	80

注：表中数据未包括被并购方母公司所在国亦为中国的并购交易。

资料来源：联合国贸发会议发布的《2015 世界投资报告》。

二、2015 中国跨国公司 100 大及跨国指数基本情况

依据 2015 中国企业 500 强、2015 中国制造业企业 500 强、2015 中国服务业企业 500 强的海外数据，中国企业联合会中国企业家协会给出了 2015 中国跨国公司 100 大及其跨国指数（见表 4-3）。中国石油天然气集团公司、中国石油化工集团公司、中国海洋石油总公司、中国中信集团有限公司、中国中化集团公司、中国远洋运输（集团）总公司、中国铝业公司、中国五矿集团公司、国家电网公司、中国兵器工业集团公司位列 2015 中国跨国公司 100 大前 10 位，前三强由石油和石化企业包揽。

在 2015 中国跨国公司 100 大中，跨国指数排前 10 位的企业分别是浙江吉利控股集团有限公司、宁波均胜电子股份有限公司、中国中化集团公司、广东省航运集团有限公司、中国大连国际经济技术合作集团有限公司、中国远洋运输（集团）总公司、天津聚龙嘉华投资集团有限公司、山东如意科技集团有限公司、中国海洋石油总公司、卧龙控股集团有限公司。其中浙江吉利控股集团有限公司的跨国指数仍居首位，达到 68.91%，比上年提高 1.3 个百分点。

海外营业收入排前 10 位的企业分别是中国石油天然气集团公司、中国石油化工集团公司、中国中化集团公司、中国海洋石油总公司、中国兵器工业集团公司、浙江吉利控股集团有限公司、中国远洋运输（集团）总公司、中国化工集团公司、中国五矿集团公司、中国电子信息产业集团有限公司。海外员工数排前 10 位的企业分别是中国石油天然气集团公司、中国电力建设集团有限公司、中国中信集团有限公司、中国石油化工集团公司、潍柴控股集团有限公司、浙江吉利控股集团有限公司、大连万达集团股份有限公司、雅戈尔集团股份有限公司、中国航空工业集团公司、国家开发投资公司，如表 4-3 所示。

表 4-3　　2015 中国跨国公司 100 大及跨国指数

排名	公司名称	海外资产（万元）	企业资产（万元）	营业收入（万元）	海外收入（万元）	企业员工（人）	海外员工（人）	跨国指数（%）
1	中国石油天然气集团公司	90562165	383837071	272995616	137970692	1636532	127931	27.32
2	中国石油化工集团公司	85712364	222836618	288993429	89982803	897488	50839	25.09
3	中国海洋石油总公司	48107196	111937356	61159992	33419539	114573	10550	35.61
4	中国中信集团有限公司	34684147	473290356	34088735	5084264	179288	60250	18.62
5	中国中化集团公司	25510368	35535391	49682919	44030613	55349	5912	57.03
6	中国远洋运输（集团）总公司	19654990	35905745	16933575	11219335	75675	4679	42.39
7	中国铝业公司	17922980	48644865	28000752	1511626	158096	1851	14.47
8	中国五矿集团公司	15584385	36609914	32275663	8884601	110261	5493	25.03
9	国家电网公司	11159936	289291369	209136337	1489565	946871	1748	1.58
10	中国兵器工业集团公司	10552008	32614538	40428489	14038989	250138	9466	23.62

（续表）

排名	公司名称	海外资产（万元）	企业资产（万元）	营业收入（万元）	海外收入（万元）	企业员工（人）	海外员工（人）	跨国指数（%）
11	中国交通建设集团有限公司	9621532	66194392	37042234	6470418	150727	7004	12.22
12	中国航空工业集团公司	9130734	79961590	38638266	4335222	562038	18028	8.62
13	浙江吉利控股集团有限公司	8305092	13013336	15395264	12951344	42968	25260	68.91
14	中国海运（集团）总公司	8288801	21058504	8306535	3153076	40598	3826	28.91
15	中国联合网络通信集团有限公司	8124580	59168674	28965300	199721	283458	349	4.85
16	海航集团有限公司	7595546	49520370	15801958	2706558	113089	7330	12.98
17	中国电力建设集团有限公司	7164325	41318025	26500259	6869092	201066	89918	29.33
18	中国建筑股份有限公司	7028980	91910622	80002875	5155503	247672	14028	6.58
19	中国化工集团公司	6665346	27207157	25763136	9871858	99247	10588	24.5
20	兖矿集团有限公司	5502677	19977212	11239819	875739	91060	2035	12.52
21	宝钢集团有限公司	5413689	53470594	29774301	7874433	133069	811	12.39
22	潍柴控股集团有限公司	5376268	13606332	12665954	2448663	77239	25778	30.74
23	中国华能集团公司	5189987	92815795	29206174	1777901	136349	593	4.04
24	中国铁道建筑总公司	4954574	63009579	59393519	2374913	297035	6658	4.7
25	北京首都创业集团有限公司	4812206	18510768	2378289	105657	21071	1154	11.97
26	TCL集团股份有限公司	4170583	9287689	10102868	4546213	73485	2835	31.25
27	中国铁路工程总公司	4061007	68537453	61329911	2619912	297216	6936	4.18
28	大连万达集团股份有限公司	3937988	73205403	24248000	2237017	113161	23268	11.72
29	中兴通讯股份有限公司	3727616	10621420	8147128	4088775	75609	7496	31.73
30	中国有色矿业集团有限公司	3691009	12013353	18765549	4657727	56691	9953	24.37
31	中国外运长航集团有限公司	3621620	10912186	9145576	1518227	62003	1841	17.59
32	金川集团股份有限公司	3583222	13382655	20041403	3809015	32680	2495	17.81
33	中国电子信息产业集团有限公司	3576772	23431716	20385155	8423174	129330	7509	20.8
34	中国冶金科工集团有限公司	3532776	33875495	22062626	1219175	154032	6631	6.75
35	中国移动通信集团公司	3332737	153082975	66253831	1014268	274347	7187	2.11
36	中国航空集团公司	2892209	22189803	10720489	3342985	78560	2268	15.7
37	光明食品（集团）有限公司	2764680	17355202	12092831	1470517	136405	7684	11.24
38	鞍钢集团公司	2739111	31723100	16150972	1956142	218900	526	6.99
39	中国通用技术（集团）控股有限责任公司	2351646	13272278	17049315	1022532	40450	731	8.51

（续表）

排名	公司名称	海外资产（万元）	企业资产（万元）	营业收入（万元）	海外收入（万元）	企业员工（人）	海外员工（人）	跨国指数（%）
40	中联重科股份有限公司	2145247	9375795	6370001	289499	20314	438	9.86
41	绿地控股集团有限公司	2124132	50895866	26195510	146204	9300	233	2.41
42	武汉钢铁（集团）公司	2052090	21370944	14615513	2682982	94596	1506	9.85
43	中国电力投资集团公司	2043593	68038830	18112678	23630	127611	573	1.19
44	河北钢铁集团有限公司	1947293	32428661	28061555	3295137	142217	4400	6.94
45	中国黄金集团公司	1812858	8872929	12133863	192109	51196	1860	8.55
46	首钢总公司	1764877	41386460	18290392	3031690	139422	4439	8.01
47	海信集团有限公司	1707846	9759782	9804851	1799914	53930	488	12.25
48	广东粤海控股集团有限公司	1580133	7762171	1444585	49570	10659	549	9.65
49	万向集团公司	1502849	8004431	12878896	1832604	26989	12725	26.72
50	中国能源建设集团有限公司	1382171	22802032	18682856	2328651	174755	6922	7.49
51	中国南车集团公司	1363235	15678157	12132061	1054529	112329	4394	7.1
52	中国机械工业集团有限公司	1342944	25313437	24474888	7604720	124768	997	12.39
53	广东省广晟资产经营有限公司	1289231	10026908	4223059	1186590	38359	1369	14.84
54	中国大唐集团公司	1286610	72036324	18587307	352646	100082	269	1.32
55	北京汽车集团有限公司	1262490	26618149	31156065	637096	112159	3904	3.42
56	神华集团有限责任公司	1253211	92864733	32490059	404999	259868	344	0.91
57	青建集团股份有限公司	1203518	3109531	4685183	956873	12048	1050	22.61
58	中国电信集团公司	1193022	70031825	38291973	658699	454292	4136	1.44
59	山东如意科技集团有限公司	1047228	2328305	4306943	2052689	24673	5603	38.45
60	江苏沙钢集团有限公司	1042521	16809650	24851875	1169071	40037	576	4.11
61	国家开发投资公司	958471	46172597	11262010	351238	81107	15049	7.92
62	美的集团股份有限公司	933360	12029208	14231097	4982301	108120	5165	15.85
63	上海汽车集团股份有限公司	849506	41487067	63000116	113083	91155	1467	1.28
64	广东省广新控股集团有限公司	841251	4114325	7004680	883080	24944	5912	18.92
65	广东省航运集团有限公司	757191	1007189	376332	318120	6104	515	56.05
66	渤海钢铁集团有限公司	756818	28494715	23406168	1213560	67151	298	2.76
67	云南建工集团有限公司	714675	8255716	4206833	179983	18407	357	4.96
68	中国重型汽车集团有限公司	706021	10152821	6831274	724688	43454	258	6.05
69	四川长虹电子集团有限公司	682576	7358847	9315491	1059233	71001	775	7.25
70	马钢（集团）控股有限公司	667847	8971610	6915216	92646	48452	488	3.26

（续表）

排名	公司名称	海外资产（万元）	企业资产（万元）	营业收入（万元）	海外收入（万元）	企业员工（人）	海外员工（人）	跨国指数（%）
71	正泰集团股份有限公司	653754	3738345	3511777	603539	26761	309	11.94
72	徐州工程机械集团有限公司	651190	7654964	8081463	981002	26293	3109	10.82
73	中国大连国际经济技术合作集团有限公司	623481	1060441	380135	190416	2198	935	50.47
74	白银有色集团股份有限公司	614071	3403179	4626898	131847	16778	2584	12.1
75	北京建工集团有限责任公司	609436	4719871	3361206	387679	20555	650	9.2
76	卧龙控股集团有限公司	607313	2028147	2312521	975764	13140	4504	35.47
77	铜陵有色金属集团控股有限公司	583956	7818192	13636199	547837	28158	962	4.97
78	中国恒天集团有限公司	556009	5983281	4639003	905051	54922	6888	13.78
79	陕西煤业化工集团有限责任公司	550767	40204099	17662201	12735	130463	1269	0.8
80	浙江龙盛控股有限公司	485600	2475576	3016131	874592	10261	1948	22.53
81	深圳市中金岭南有色金属股份有限公司	415279	1421579	2460871	825015	10221	1037	24.3
82	山东钢铁集团有限公司	403600	20008544	11599587	378038	99635	233	1.84
83	雅戈尔集团股份有限公司	395273	5891150	5897962	1947201	45852	19941	27.74
84	黑龙江北大荒农垦集团总公司	392797	18803467	13587686	2411979	544779	1005	6.67
85	宁波均胜电子股份有限公司	383540	625920	707709	498041	6389	3746	63.43
86	新疆特变电工集团有限公司	381827	7606677	4453073	637018	21400	410	7.08
87	天津聚龙嘉华投资集团有限公司	378340	1064434	1743425	31025	10748	9400	41.59
88	新疆生产建设兵团建设工程（集团）有限责任公司	332463	2709192	2627551	481191	16288	8102	26.77
89	中国华信能源有限公司	330482	5206589	21399476	2010267	21568	5000	12.97
90	上海华谊（集团）公司	325163	5906462	6392687	213039	26325	296	3.32
91	陕西有色金属控股集团有限责任公司	314499	12003143	10544213	323356	45262	246	2.08
92	山东高速集团有限公司	307925	31172744	4350349	179047	24863	448	2.3
93	云天化集团有限责任公司	292879	9457697	7077201	1993852	32203	687	11.13
94	中国建筑材料集团有限公司	279569	40693127	25042872	231983	176854	2181	0.95

（续表）

排名	公司名称	海外资产（万元）	企业资产（万元）	营业收入（万元）	海外收入（万元）	企业员工（人）	海外员工（人）	跨国指数（%）
95	上海建工集团股份有限公司	279398	11706580	11366168	406035	28789	553	2.63
96	广西柳工集团有限公司	279042	2949289	1371682	275892	18317	1699	12.95
97	新华联集团有限公司	277754	6845299	5698917	167835	43089	795	2.95
98	重庆轻纺控股（集团）公司	273193	2951939	2469003	340619	27720	5052	13.76
99	重庆对外经贸（集团）有限公司	270459	1612103	1624748	282632	6421	3902	31.65
100	云南冶金集团股份有限公司	266704	8401710	4656058	74022	34687	342	1.92
	合计数	563338430	3933819656	2485903146	517714187	12924264	754731	13.66

2015 中国跨国公司 100 大入围门槛为 26.67 亿元，比上年的 21 亿元提高了 5.67 亿元；2015 中国跨国公司 100 大平均跨国指数为 13.66%，比上年的 13.60% 只提高了 0.06 个百分点；2015 中国跨国公司 100 大共拥有海外资产 56334 亿元，比 2014 中国跨国公司 100 大的海外资产 52473 亿元增长了 7.36%，占 100 大跨国公司总资产 393382 亿元的 14.32%；实现海外收入 51771 亿元，比 2014 中国 100 大跨国公司的海外收入 50074 亿元增长了 3.39%，占 100 大跨国公司总收入 248590 亿元的 20.83%，与上年基本持平；海外员工 754731 人，比 2014 中国跨国公司 100 大的海外员工 723932 人增长了 4.25%，占 100 大跨国公司总员工数量 12924264 人的 5.60%，比上年提高 0.31 个百分点。

从公司总部所在地看，2015 中国跨国公司 100 大主要在经济发达地区，其中北京占 43%，上海、广东和山东均占 8%，浙江占 7%，辽宁占 3%。从公司性质看，2015 中国跨国公司 100 大中，国有控股企业仍然占据明显的主导地位。从行业分布看，2015 中国跨国公司 100 大的行业分布相对比较分散，超过 4 家企业的行业分别是建筑业、一般有色冶金及压延加工业、汽车及零配件制造业、黑色冶金及压延加工业、家用电器及零配件制造业等。

三、中国大企业国际化面临的主要问题

与世界级跨国公司相比，中国大企业的国际化经营尚存在较大差距。究其原因，中国企业走向世界级跨国公司自身存在四大问题。

1. 国际化经营能力不足

国际化经营或者全球化经营是跨国公司尤其是世界级跨国公司的主要特征。当前中国大企业的国际化经营能力尚显不足，存在不少问题。归纳起来，主要体现在：对外投资与国际化经营战略不够清晰或定位不够准确，获取东道国法律、政策、市场信息的能力不强，市场开拓具有一定的盲目性，利用国际国内金融市场的能力不足，投资决策不科学和不规范；“大企业病”比较普遍，企业组织僵化，缺乏灵活性，风险管理与应对能力有待加强；不重视跨文化整合和当地化经营，缺乏处理与东道国工会关系的能力，企业社会责任意识较弱；跨国经营的内生动力不足，缺乏科学有效的国

际化经营绩效考核与人力资源管理等。

2. 欠缺国际化经营意识和理念

中国企业国际化经营能力不足的一个重要原因在于缺乏国际化经营的意识和理念。归纳起来，主要包括：①全球意识：缺乏从全球资源配置的视角出发从事企业经营和决策，而全球意识是跨国公司区别于国内企业的重要特点；②品牌意识：缺乏“品牌高于一切”的企业经营意识，树好品牌、用好品牌，还没有成为企业提升企业全球资源配置能力的推手；③风险意识：任何企业国际化经营活动都潜藏着各种风险，有效识别主要风险并未雨绸缪做好防范和应对，是中国企业必须尽快补齐的“短板”；④合作意识：企业之间在国际化经营过程中还不太注意协调和合作，无序发展和恶性竞争时有发生；⑤公关意识：企业软实力的建设还没有提到重要议事日程，主动出击做好东道国的公关工作，尤其是特别照顾当地民众关切的意识还不够强，在当地的综合形象还有待改善。

3. 国际化人才短缺

实际上，中国企业国际化能力不足的另一个重要原因是国际化人才短缺且经验不足，尤其是品德高、外语好、业务强、经验多的国际化管理人才更为稀少。

上述问题既涉及体制机制，也涉及企业国际化经营管理方式；既有能力和意识上的短板，也有国际化人才储备上的缺陷。

四、抓住机遇，不断提高国际竞争力

党的“十八大”提出“要加快‘走出去’步伐，增强企业国际化经营能力，培育一批世界水平的跨国公司”。中国跨国公司的培育不仅是中国大企业发展的必然要求，而且也是中国经济实力增长的集中体现。

1. 认清现实，充分利用国家“一带一路”战略、国际产能和装备制造合作的机遇

2014年11月底，习近平总书记在中共中央外事工作会议上对世界发展态势和国际格局变化进行了深入分析，明确指出了“我们观察和规划改革发展，必须统筹考虑和综合运用国际国内两个市场、国际国内两种资源、国际国内两类规则”。仅仅一周以后，2014年12月5日，在中共中央政治局关于加快自贸区建设的集体学习中，习近平总书记更进一步提出，“完善对外投资体制和政策，促进中国加快从贸易大国向贸易强国转变，巩固外贸传统优势，培育竞争新优势。同时鼓励中国企业树立战略思维和全球视野，站在国内国际两个大局相互联系的高度，激发中国企业对外投资潜力，勇于并善于在全球范围内配置资源、开拓市场。”与此相呼应的，是支持中国企业走出去的一系列战略举措和利好政策的密集出台。继2013年十八大三中全会将“一带一路”上升为国家战略之后，2014年12月9~12日期间的中央经济工作会议，再次将“一带一路”战略明确作为2015年三大战略重点之一。2015年5月，国务院发布了关于推进国际产能和装备制造合作的指导意见，将大力推进国际产能和装备制造合作，促进国内经济发展、产业转型升级，拓展产业发展新空间，打造经济增长新动力，开创对外开放新局面。

实施“一带一路”战略、推进国际产能和装备制造合作，是我国根据全球经济深刻的调整变化，统筹国际国内两个大局，构建全方位对外开放新格局所作出的重大战略决策。“一带一路”战略、国际产能和装备制造合作涉及众多国家和地区，也涉及众多产业的融合和生产要素的调配，大企业参与其中，既面临前所未有的机遇，也面临十分严峻的挑战。从机遇看，一是世界政治经济格局发生深刻变化，境外资源价格大幅下降，不少国家在重点领域放宽投资限制，为我国大企业带来了难得的投资机会；二是“一带一路”涉及的多个新兴经济体经济发展迅速，城镇化进程不断加快，对装备和基础设施需求强劲，市场潜力巨大，为大企业提供了广阔的发展空间；三是我国正在着力构建开放型经济新体制，加大对走出去重点项目的统筹协调、政策支持和服务保障力度，将为大企业走出去提供良好的政策环境。从挑战看，一是当前国际政治经济局势错综复杂，主要经济体走势和政策取向继续分化，大国之间利益冲突与博弈加剧，不稳定、不确定因素明显增加，大企业面临的系统性风险仍然较大；二是贸易保护主义抬头，一些发达国家打着维护国家安全的旗号，加大了对我国企业尤其是国有企业的审查和限制，对我国产品频繁采取“双反”措施，想方设法阻止我国企业走出去，一些新兴市场国家民族主义、民粹主义思潮升温，大企业面临的外部环境更加复杂；三是国际市场开拓难度加大。金融危机以来，以美国为首的发达国家纷纷采取措施，回归实体经济，强化科技创新，发展新兴产业，积极抢占未来经济和科技的战略制高点，大企业面临的国际竞争更加激烈。我国大企业要高度重视参与“一带一路”建设、国际产能和装备制造合作工作，准确把握形势，主动抓住机遇，尽早谋划，优化自己的企业竞争与发展模式，迎难而上，沉着应对挑战。

2. 增强国际化“五大意识”

当前我国大企业的跨国化程度普遍不高，视野的限制导致多数企业缺乏包括全球意识、品牌意识、风险意识、合作意识、公关意识在内的五大国际化经营意识。

我国大企业要以建设世界级跨国公司为己任，以提升全球思维能力为重点，多措并举，增强企业负责人和员工的国际化意识。一是要加强国际化战略研究，密切跟踪国际化发展趋势，定期举办国际化经营意识、理念和知识培训，加强企业国际化运作的经验交流，开阔员工的视野，增强管理层见识。二是要“走出去”与“请进来”相结合，建立中方员工定期外派和外方员工定期赴中国培训的跨国人才交流制度，使中外方员工在一起工作的同时增强国际化意识。三是要认真总结跨国公司成长规律，积极学习其他跨国公司的优秀经验，在此基础上，确立竞争标杆，从规模实力、资源禀赋、创新机制、商业模式、经济效益、人才保障等方面全面开展对标，持续开展寻差距、找不足活动，有效弥补企业发展的短板，提高企业在全球行业中的地位。四是要适时修订企业行为规范，及时补充完善与国际化相适应的制度规程，修改与国际化经营不相适应的规章，使国际化意识和作法融入企业的日常管理和员工的行为习惯。五是要高度重视社会责任。以全球“企业公民”为追求，加强与投资地政府、社区、居民、非政府组织、媒体的沟通，积极参与所在地国家和地区的公益活动，构建具有企业特色的社会责任体系，增强企业的“软实力”。

3. 培育国际化“五大能力”

企业国际化经营能力不足是我国大企业走向世界级跨国公司的首要障碍，直接影响企业跨国化程度的提升，阻碍企业在全球范围内高效配置资源。提高企业国际化经营能力，必须从战略、决策、执行、考核监督、风险控制等五个方面统筹谋划，系统推进。

一是要高度重视战略规划。每个国家政治制度、经济状况、文化制度、法律制度、外交政策、发展需求等情况都不一样，我国大企业要在深入分析全球竞争格局和企业竞争环境的基础上，结合自

身特点，认真制订一套具有独特价值、不易被竞争对手模仿的国际化经营战略，清晰勾画战略愿景、布局重点和实施路径，并根据情况的变化，适时进行调整和完善。要把打造全球产业链、整合全球资源、品牌管理、目标市场并购投资风险管控、社会责任等关键要素纳入战略，并对战略执行情况进行跟踪、评估，确保战略落地。

二是要建立和完善反应灵敏、民主高效的决策机制。提高投资决策的科学性和规范性。要继续完善董事会制度，增强董事履职能力。要拓展董事选聘视野，对国际化程度高的企业，可选聘一些在国际上有一定知名度、具有战略眼光和丰富商业经营经验的人士在中央企业担任董事，同时要加强董事的培训，重点在战略、决策等方面，加大培训的力度。要健全决策机制。在明确资本纪律的基础上，可考虑在中央企业内部建立投资决策会商机制，即首先内部讨论投资可行性，然后聘请投资银行、律师、会计师等中介服务机构和业内专家评估，最后与技术、管理、市场、财务等多部门人员会商决策。

三是要强化战略的执行。战略确定以后，执行团队的执行力最为关键。要以培育具有全球视野的职业经理人为重点，健全优秀人才选聘机制，提升企业国际化经营负责人素质和能力，增强其把握机遇、开拓市场、驾驭风险的能力和水平。要健全国际化经营组织机构，从集团、事业部到各业务单元，都要围绕战略目标的落地，强化战略管控。

四是要加强考核监督。要以“正确导向、落实责任”为重点，以国际优秀跨国公司为标杆，以目标管理为手段，强激励，硬约束，建立科学有效的国际化经营业绩考核机制，强化对国际化经营效益的监管。

五是要加强风险管控。认真开展风险排查，明示各类风险等级和相应的应急预案和规避措施。要理顺风险管理、企业文化、企业社会责任等制度和机制，推动管理规范化和监管常态化，提升企业的国际形象。

4. 多管齐下，改善中国跨国公司的成长环境

当前中国跨国公司的内外培育环境还存在一些问题，需要企业、中介机构、行业协会、政府共同努力加以改善。要加强顶层设计和战略统筹，全面提升中国企业走出去的国际化程度和国际竞争软实力。由于区域经济形态的差异和合作空间的巨大，中国企业“走出去”，需要加强顶层设计和战略统筹。国家相关领导部门要尽快制定整体规划方案和具体实施蓝图，进一步明确相关各省区市的功能定位、产业布局及资源整合等重大事项，避免各地区走出去的交叉重叠和资源浪费，以免给外界造成混乱无序甚至恶性竞争的不良印象和影响，加快形成区域产业协同融合、资源互补共享的良好发展格局。

另一方面还要从国家和政府层面，包括金融机构、行业协会和智库等，为企业提供必要的帮助。一是进一步深化外交关系，持续加强与有关国家的沟通交往，加强战略互信，为国内资本、企业“走出去”创造良好的合作条件。二是进一步加强指导和引导中国企业推行“本土化”经营战略。建立完善所在国经济、政治、法律和人文方面的知识库、信息库，完善风险识别、分析和预警机制，帮助企业控制和化解各类风险；加强国别风险评估和安全预警机制，及时向企业发布对外投资合作境外风险提示；增强应对境外大规模政治动荡、恐怖袭击、社会动荡、公共卫生灾害等事情的综合处置能力，维护企业和人员的安全权益；健全境外企业风险管理机制，帮助企业提高境外风险防控能力。建议境外投资的企业要将一定比例的费用用于境外安保支出。在国家支持下成立民间化、市场化、国际化的国际安保机构以服务和保障企业走出去的安全防范。三是进一步加强协调机制建设，深化“走出去”的企业之间、产业链各环节的市场主体之间、实体与资本之间的交流合作，结成战略联盟，携手拓展国际市场，提升“走出去”的竞争力和质量。特别是对重大项目如高铁，需要通过政府协调，统一规划，系统推进，以充分发挥高铁在“一带一路”、互联互通战略实施中的“先锋”作用。四是应加快立法建设，为“走出去”企业提供可靠的法律保障。对外投资立法滞后，已经难以适应当前境外投资发展的要求，导致企业的对外投资行为无法可依，成为企业对外直接投资健康有序发展的一大制约因素。建议尽快出台《海外投资促进保护法》，将其作为企业“走出去”战略的基本法律，为其他低位阶的法律法规提供母法性质的依据。五是行业协会商会应发挥政府与企业之间的桥梁纽带作用，加强与发改、商务、外事、工信、海关等相关职能部门的沟通协调，整合资源，共同搭建企业走出去服务平台。

第五章
2015 中国企业效益 200 佳分析报告

2015 中国企业效益 200 佳是中国企业联合会、中国企业家协会在 2015 中国企业 500 强、制造业企业 500 强和服务业企业 500 强共计 1084 家企业的基础上，依据企业归属母公司所有者净利润产生的（见表 5-1）。2015 中国企业效益 200 佳当中，包括 95 家中国制造业企业 500 强（其中 82 家同时是中国企业 500 强），82 家中国服务业企业 500 强（其中 64 家同时是中国企业 500 强），以及采掘、建筑等行业的 23 家中国企业 500 强。与 2014 中国企业 200 佳相比，制造业企业增加了 10 家，服务业企业减少了 9 家，其他行业减少 1 家。

表 5-1　　　　2015 中国企业效益 200 佳

名次	企业名称	净利润（万元）	营业收入（万元）	纳税总额（万元）	资产总额（万元）	所有者权益（万元）	从业人数（人）
1	中国工商银行股份有限公司	27581100	102943000	12370201	2060995300	153085900	462282
2	中国建设银行股份有限公司	22783000	86218900		1674413000	124217900	372321
3	中国农业银行股份有限公司	17946100	79801600	9348800	1597415200	103106600	493583
4	中国银行股份有限公司	16915900	74520700	8555200	1525138200	114085900	308128
5	中国石油天然气集团公司	10079825	272995616	40703916	383837071	197836495	1636532
6	国家开发银行股份有限公司	9757891	55555825	6007174	1031703038	66760920	11005
7	交通银行股份有限公司	6584974	33444493	2995269	626829898	47105551	93428
8	中国移动通信集团公司	6439467	66253831	7091012	153082975	84006348	274347
9	国家电网公司	6035861	209136337	13831860	289291369	123167051	946871
10	招商银行股份有限公司	5591100	28104943	2780700	473182900	31440400	75109
11	中国海洋石油总公司	5294284	61159992	8339357	111937356	46137783	114573
12	兴业银行股份有限公司	4713800	25012300	2707400	440639900	25793400	49338
13	上海浦东发展银行	4702600	23798800	2476300	419592400	26016900	42532
14	中国民生银行股份有限公司	4454600	24643900	2436500	401513600	24014200	59659
15	中国平安保险（集团）股份有限公司	3927900	46288200	3013300	400591000	28956400	235999

（续表）

名次	企业名称	净利润（万元）	营业收入（万元）	纳税总额（万元）	资产总额（万元）	所有者权益（万元）	从业人数（人）
16	中国石油化工集团公司	3189818	288993429	33072161	222836618	73556695	897488
17	中国中信集团有限公司	2905149	34088735	3068373	473290356	26758102	179288
18	中国邮政集团公司	2859590	40476596	2012944	650184445	23934106	932283
19	上海汽车集团股份有限公司	2797344	63000116	8263132	41487067	15766439	91155
20	华为技术有限公司	2785100	28819700		30977300	9994000	160000
21	阿里巴巴集团控股有限公司	2697000	7081000		26999300	13710100	
22	神华集团有限责任公司	2696257	32490059	5965495	92864733	35210303	259868
23	中国第一汽车集团公司	2617575	49411547	7547455	32871046	14108745	135599
24	腾讯控股有限公司	2381000	7893200		17116600	8001300	
25	中国建筑股份有限公司	2256997	80002875	3422611	91910622	13901946	247672
26	上海烟草集团有限责任公司	1976767	12121020	9047005	13363557	12052725	14315
27	华夏银行股份有限公司	1798091	10403472	1000377	185162778	10145868	27835
28	太平洋建设集团有限公司	1643802	39044629	2321684	22708943	9632927	312785
29	北京银行	1562332	7923955	734892	152443673	9590281	10401
30	华润股份有限公司	1553150	46141246	4250452	93698492	14227364	461944
31	中国农业发展银行	1430400	17576500	1490000	314221000	7824000	52776
32	百度股份有限公司	1318707	4905232		9966151	5152563	
33	中国人民保险集团股份有限公司	1310900	35149600	2104226	78222100	9258100	513535
34	恒大地产集团有限公司	1276129	11139811	1710000	47446209	5111979	77057
35	中国电信集团公司	1255471	38291973	2375197	70031825	37546269	454292
36	大连万达集团股份有限公司	1255099	24248000	2742000	73205403	9519967	113161
37	海尔集团公司	1178083	20071067	1099718	25004319	4573215	60962
38	中国太平洋保险（集团）股份有限公司	1104900	21977800		82510000	11713100	90829
39	中国贵州茅台酒厂（集团）有限责任公司	1066511	3515398	1587192	8423523	5201875	24228
40	美的集团股份有限公司	1050222	14231097	1003400	12029208	3947049	108120
41	中国南方电网有限责任公司	1049453	47234994	3515217	61696665	21951722	306572
42	中国人寿保险（集团）公司	1039776	53758346	1603687	274679520	9535009	151719
43	东风汽车公司	986081	48662393	4342174	33626567	6265595	197192
44	中国光大集团股份有限公司	908900	17347800	1807300	295756700	8227600	54000
45	中国交通建设集团有限公司	903938	37042234	1535027	66194392	8591543	150727
46	中国航天科技集团公司	882078	16753254	391687	32892427	11541149	158067

（续表）

名次	企业名称	净利润（万元）	营业收入（万元）	纳税总额（万元）	资产总额（万元）	所有者权益（万元）	从业人数（人）
47	广东珠江投资股份有限公司	827491	938629	126500	8616584	2371166	2085
48	重庆龙湖企业拓展有限公司	807375	4958879	795360	12899377	3612333	14697
49	长城汽车股份有限公司	804154	6259910	740154	6134525	3345186	71575
50	中国航天科工集团公司	780291	15742805	439646	19880438	7657508	137939
51	中国铁道建筑总公司	711184	59393519	2508782	63009579	5701133	297035
52	南山集团有限公司	709297	8462315		9920733	5059664	46538
53	山东魏桥创业集团有限公司	708745	28193071	548381	14517917	5765828	123517
54	红云红河烟草（集团）有限责任公司	706457	8650528	6010784	7741846	5831806	12891
55	杭州娃哈哈集团有限公司	697551	7204254	591540	3780259	2642786	28268
56	重庆农村商业银行股份有限公司	682845	1980243	405903	61888899	4142595	17808
57	上海国际港务（集团）股份有限公司	676655	2877870	234047	9427950	5456276	18442
58	泰康人寿保险股份有限公司	676299	9838871	191803	52739653	3194712	45335
59	中国船舶重工集团公司	669890	20168087	553093	41273308	10654133	163000
60	陕西延长石油（集团）有限责任公司	668701	20822635	4092808	26725395	9196640	141085
61	中国华电集团公司	665877	21249477		72656262	4353483	110300
62	红塔烟草（集团）有限责任公司	665258	10226128	5759762	11459062	7430782	22580
63	中国电力建设集团有限公司	660394	26500259	1040403	41318025	5483305	201066
64	浙江省能源集团有限公司	652535	7117063	677477	18261760	6229365	18825
65	四川省宜宾五粮液集团有限公司	646699	6309671	728775	7487779	5528555	44734
66	新华人寿保险股份有限公司	640600	14318700	162100	64370900	4835900	56487
67	中国保利集团公司	628800	16048517	2292994	55090859	4544041	61726
68	中国广核集团有限公司	619853	4517432	664703	38885224	7414335	32879
69	中国铁路工程总公司	591418	61329911	2640615	68537453	5978606	297216
70	正威国际集团有限公司	590079	26871182	155963	11573532	5425146	17556
71	宝钢集团有限公司	587134	29774301	1393323	53470594	24418241	133069
72	中国联合网络通信集团有限公司	579629	28965300	1612588	59168674	16771346	283458
73	绿地控股集团有限公司	556979	26195510	1815181	50895866	4648449	9300
74	天津中环电子信息集团有限公司	556864	15460530	865200	7327265	3742517	64116

（续表）

名次	企业名称	净利润（万元）	营业收入（万元）	纳税总额（万元）	资产总额（万元）	所有者权益（万元）	从业人数（人）
75	湖北中烟工业有限责任公司	553644	6445589	4259689	4107978	2583738	9750
76	盛京银行股份有限公司	540493	2682186	250538	50337051	3569955	3791
77	广州农村商业银行股份有限公司	537469	2544079	351189	46660762	3066061	7873
78	北京汽车集团有限公司	505175	31156065	2932056	26618149	4050993	112159
79	渤海银行股份有限公司	503127	3884177	301603	66714754	2949629	6036
80	广发证券股份有限公司	502257	1339497	170241	24009978	3961088	9276
81	天津华北集团有限公司	495016	1486448	28364	821519	492016	740
82	天津百利机械装备集团有限公司	490000	12301000	748000	8024000	3427000	79073
83	海信集团有限公司	475430	9804851	548999	9759782	3255027	53930
84	网易公司	469100	1155124		2993589	2306764	
85	中国航空工业集团公司	468321	38638266	1445273	79961590	16833168	562038
86	中国兵器工业集团公司	448217	40428489	1013249	32614538	8434429	250138
87	天津银行股份有限公司	441723	2597985	204572	47885908	2867217	5416
88	河南省漯河市双汇实业集团有限责任公司	428861	4802613	352004	2322256	1436262	72742
89	联想控股股份有限公司	416039	28947583	1301710	28900152	3198586	60379
90	内蒙古伊利实业集团股份有限公司	414428	5395930	273984	3949430	1863392	59178
91	国家开发投资公司	410590	11262010	1228900	46172597	6223324	81107
92	安徽海螺集团有限责任公司	401315	11154817	1005151	10836213	2383961	54518
93	中国机械工业集团有限公司	375016	24474888	1146208	25313437	4545513	124768
94	山东胜通集团股份有限公司	373038	3264179	138503	1604570	703086	7300
95	天狮集团有限公司	369124	3219568	181621	1220968	958023	4101
96	国美电器有限公司	347228	14348266	287901	5662110	1765661	58903
97	中国中化集团公司	346684	49682919	1398866	35535391	7440500	55349
98	中国华信能源有限公司	345650	21399476	319688	5206589	1846293	21568
99	山东大王集团有限公司	337131	11143928	381459	6891404	2417342	26339
100	科创控股集团有限公司	335700	4620000	239800	5034000	3730000	25800
101	中国远洋运输（集团）总公司	333725	16933575	348313	35905745	11746004	75675
102	海澜集团有限公司	332328	5230881	180746	4028841	2499436	29000
103	三一集团有限公司	325500	7436785	273010	11168650	3454779	37000
104	新光控股集团有限公司	324295	707305	12976	3548782	930845	6571

（续表）

名次	企业名称	净利润（万元）	营业收入（万元）	纳税总额（万元）	资产总额（万元）	所有者权益（万元）	从业人数（人）
105	广东省粤电集团有限公司	320836	5078951	774611	13096616	6427926	14867
106	TCL集团股份有限公司	318321	10102868	595996	9287689	1819435	73485
107	北京能源集团有限责任公司	316606	6638375	549553	22269804	6235666	43296
108	中国化学工程股份有限公司	316605	6925569	267069	8140032	2364822	46662
109	江苏扬子江船业集团公司	314581	3266661	189357	6006933	1909360	20383
110	贵州中烟工业有限责任公司	312132	3531047	2467868	2340361	1620616	9336
111	雅戈尔集团股份有限公司	304578	5897962	285932	5891150	1656116	45852
112	中国国电集团公司	300985	21335549	2549464	78714754	4780534	128299
113	新奥能源控股有限公司	296800	2908700	113700	4303500	1209800	27931
114	中国建筑材料集团有限公司	294380	25042872	1464095	40693127	2480767	176854
115	中国通用技术（集团）控股有限责任公司	293098	17049315	681030	13272278	3437168	40450
116	恒力集团有限公司	292750	16352809	380251	8388159	3293732	63425
117	浙江中烟工业有限责任公司	284195	7153703	3164318	3761544	3056976	3580
118	重庆银行股份有限公司	282714	748311	151338	27453115	1590302	3581
119	新兴际华集团有限公司	270519	21255731	303934	11752471	2589455	67897
120	中国医药集团总公司	270494	24710984	723349	19919246	3194444	92168
121	中国北方机车车辆工业集团公司	268274	10570383	625771	15748272	2990364	88296
122	广东温氏食品集团股份有限公司	266398	3804023	12684	2533693	1454752	39500
123	波司登股份有限公司	266374	3026981	102448	2319994	1365881	24806
124	中兴通讯股份有限公司	263357	8147128	1117151	10621420	2487857	75609
125	修正药业集团股份有限公司	261612	5009115	71152	1703671	1363418	67885
126	中国南车集团公司	261319	12132061	777402	15678157	2398672	112329
127	中国华能集团公司	261166	29206174	3316201	92815795	4815561	136349
128	上海医药集团股份有限公司	259113	9239889	285122	6434056	2782213	39891
129	重庆协信控股（集团）有限公司	258807	842295	103757	5229290	1207213	4096
130	浙江龙盛控股有限公司	256700	3016131	151762	2475576	1155191	10261
131	京东方科技集团股份有限公司	256213	3681632	374486	13624028	7615507	34165
132	郑州宇通集团有限公司	253640	3071976	271873	4749232	862882	20394
133	中国国际海运集装箱（集团）股份有限公司	247800	7007100	53649	8777618		61309

（续表）

名次	企业名称	净利润（万元）	营业收入（万元）	纳税总额（万元）	资产总额（万元）	所有者权益（万元）	从业人数（人）
134	山东如意科技集团有限公司	244945	4306943	166768	2328305	1130947	24673
135	长沙银行股份有限公司	243092	641609	127500	21607330	1293235	3728
136	威高集团有限公司	239800	2404400	122695	2559843	1551480	17263
137	中国能源建设集团有限公司	239698	18682856	812553	22802032	3144955	174755
138	隆基泰和实业有限公司	238257	5057996	246529	4482698	1367279	22766
139	上海复星高科技（集团）有限公司	234777	5426059	1493000	18520643	2898455	989
140	申能（集团）有限公司	234543	3082414	274346	13556268	7269524	11812
141	山东大海集团有限公司	234279	5118357	80035	924734	668719	5800
142	天津农村商业银行股份有限公司	234162	1262646	126648	22152570	1705639	6207
143	红狮控股集团有限公司	233584	2417965	151051	2326764	818319	11784
144	新疆广汇实业投资（集团）有限责任公司	231731	10082004	416637	14113268	2287010	68705
145	新华联集团有限公司	231558	5698917	158347	6845299	1420098	43089
146	武汉农村商业银行股份有限公司	230994	903962	143406	15406551	1406770	3973
147	中国对外贸易中心（集团）	230849	449755	108271	3032620	1975139	1990
148	康美药业股份有限公司	228588	1594919	110190	2787931	1671597	7061
149	安徽中烟工业有限责任公司	224249	3363096	2336926	2614468	1880706	10244
150	中国航空集团公司	217014	10720489	506691	22189803	3602128	78560
151	江苏南通三建集团有限公司	210888	5892663	297537	1896609	966776	95675
152	光明食品（集团）有限公司	208802	12092831	444872	17355202	3405315	136405
153	绿城房地产集团有限公司	207172	7940000	881200	12714388	2364007	5050
154	宁波申洲针织有限公司	206671	1113153	119788	1594387	1179641	58900
155	大连金玛商城企业集团有限公司	205728	1519585	91814	2018971	841371	6500
156	中国太平保险集团有限责任公司	205496	8863151	169024	35314379	1836318	43939
157	江苏南通二建集团有限公司	204881	4423509	190293	1872589	882031	100949
158	华融湘江银行股份有限公司	203710	883250	86231	16530889	1102054	4385
159	香江集团有限公司	201646	2248818	137561	4809213	2519500	12372
160	天津市医药集团有限公司	200203	3900073	181446	6444557	3010683	21732
161	青岛啤酒股份有限公司	199010	2904932	601052	2700391	1538756	44016
162	广东圣丰集团有限公司	197907	3627023	170013	2131763	1231258	14692
163	福建中烟工业有限责任公司	194336	2895508	1721866	2765851	1846821	7844

（续表）

名次	企业名称	净利润（万元）	营业收入（万元）	纳税总额（万元）	资产总额（万元）	所有者权益（万元）	从业人数（人）
164	广西中烟工业有限责任公司	193032	2158495	1357751	1569640	1306059	3368
165	中南控股集团有限公司	191135	4882433	326987	8270661	764827	50000
166	万华化学（宁波）有限公司	188451	1374645	150473	1298701	517886	1217
167	卓尔控股有限公司	188127	2802565	48510	4351794	3210791	1866
168	世纪金源投资集团有限公司	186551	2866880	458639	9765140	2622437	19550
169	中国东方航空集团公司	186055	9454194	730583	17919027	1819101	54018
170	江苏阳光集团有限公司	185039	3475281	132783	2086155	999566	17145
171	新疆金风科技股份有限公司	182968	1770422	127359	4577733	1476779	4855
172	方正证券股份有限公司	179610	489970	111810	8692386	3033543	4500
173	上海建工集团股份有限公司	177180	11366168	427200	11706580	1795832	28789
174	天士力控股集团有限公司	176801	2250317	134197	3435633	1372023	17662
175	新希望集团有限公司	176158	7820574	142835	6693637	1661226	78360
176	浙江省交通投资集团有限公司	175616	3295151	272285	17003352	3186215	20166
177	东营鲁方金属材料有限公司	175390	2821623	10182	968716	321203	1600
178	河北新华联合冶金控股集团有限公司	175337	6691696	65820	4605194	2069476	14430
179	广州汽车工业集团有限公司	175100	20479107	2240300	16302314	2059150	63405
180	江苏沙钢集团有限公司	175064	24851875	406464	16809650	3301821	40037
181	中国冶金科工集团有限公司	172867	22062626	1064070	33875495	2345192	154032
182	云南省能源投资集团有限公司	172726	3532995	40422	5669179	1876134	3532
183	宏胜饮料集团有限公司	171937	1001148	110063	919231	848567	5415
184	青岛农村商业银行股份有限公司	170318	920730	109908	14565621	1183326	5156
185	浙江吉利控股集团有限公司	169724	15395264	916591	13013336	1280068	42968
186	东辰控股集团有限公司	168595	2202348	133251	1154073	625172	1610
187	劲牌有限公司	167093	684466	205823	1630907	773497	5869
188	奥克斯集团有限公司	165514	5521610	181509	3741170	994834	20138
189	天津城市基础设施建设投资集团有限公司	164283	1264410	116844	65786702	17684561	11572
190	山东金茂纺织化工集团有限公司	162321	1511520	65094	1407869	527857	1800
191	中国南方航空集团公司	161981	10918040	521176	19675190	2060053	95361
192	宁波港集团有限公司	161894	1376255	115880	5560048	3212755	11627

（续表）

名次	企业名称	净利润（万元）	营业收入（万元）	纳税总额（万元）	资产总额（万元）	所有者权益（万元）	从业人数（人）
193	新疆特变电工集团有限公司	161048	4453073	145970	7606677	2628030	21400
194	海天塑机集团有限公司	159863	1141118	84988	1804777	853981	7488
195	内蒙古电力（集团）有限责任公司	159757	5820652	216535	5704927	2602256	30248
196	山东金岭集团有限公司	156331	3292511	98522	1061054	604549	4120
197	天瑞集团股份有限公司	156151	3560101	187129	5428690	2613316	17647
198	搜房控股有限公司	155340	431189		1067300	386721	
199	无锡产业发展集团有限公司	155044	5724130	134289	4134612	1968571	24086
200	维维集团股份有限公司	154641	2725608	124271	1879064	1879064	20760
	合计	259104679	3837203959	335159019	17832999329	2164108913	19318233

一、2015 中国企业效益 200 佳盈利增长分析

2015 中国企业效益 200 佳 2014 年实现净利润 25910 亿元，较 2014 中国企业效益 200 佳的净利润（24283 亿元）增长 6.70%，增幅降低了 4.54 个百分点；与 2015 中国企业 500 强净利润 7.25% 的增长水平相比，2015 中国企业效益 200 佳的盈利增长幅度低 0.55 个百分点，基本同步，并没有优势。2015 中国企业效益 200 佳最后一名的净利润为 15.46 亿元，高于上年 14.05 亿元的水平，提高 10.04%。

2015 中国企业效益 200 佳 2014 年纳税总额 33516 亿元，较上年（32480 亿元）增长了 3.19%，增幅较上年（8.15%）降低 4.96 个百分点；占 2014 年全国税收总额（119159 亿元）的 28.13%，与上年（29.39%）相比下降 0.26 个百分点。这反映出企业效益 200 佳对国家的税收贡献大而且稳定，同时也反映出近年来国家减轻企业税负的政策举措已经取得一定成效。

中国工商银行股份有限公司长期位列中国企业效益 200 佳的首位，排在第二位至第十位的企业分别是中国建设银行股份有限公司、中国农业银行股份有限公司、中国银行股份有限公司、中国石油天然气集团公司、国家开发银行、交通银行股份有限公司、中国移动通信集团公司、国家电网公司、招商银行股份有限公司。与上年相比，国家电网公司进入前十位，中国石油化工集团公司跌出前十位，工商、建设、中银、农业、交通五大银行仍然保持一贯的良好收益水平，连续七年跻身前十位。

二、2015 中国企业效益 200 佳规模增长分析

近年来，中国企业效益 200 佳增长速度波折起伏，在经历两年放缓一年反弹后，规模扩张速度再度下滑。2015 中国企业效益 200 佳的营业收入总额为 38.37 万亿元，较上年（36.26 万亿元）增长了 5.82%，增速降低 7.78 个百分点；资产总额为 178.33 万亿元，较上年（161.61 万亿元）增长了 10.35%，增速降低 10.50 个百分点；归属母公司所有者权益总额为 21.64 万亿元，较上年（18.62 万

亿元）增加16.23%，增速提高0.91个百分点；从业人员1931.82万人，高出上年（1858.10万人）3.97%。

三、2015中国企业效益200佳的结构分析

1. 银行、石油天然气生产、邮电通信行业效益位居前三但占比略降，信息互联网、综合保险行业进入前十

2015中国企业效益200佳分布在58个行业，效益居前三位的行业分别是银行业、石油天然气开采及生产业、邮电通信业，其中，银行业的25家企业实现净利润13080亿元，高出上年（12558亿元）4.16%，增幅下降17.18个百分点；在200佳企业中的占比由上年的51.72%下降到50.48%，依然超过五成。石油天然气开采及生产业的3家企业实现净利润1604亿元，较上年（1708亿元）减少9.39%，连续两年降低；占比由上年的7.04%下降到6.19%；邮电通信业的4家企业实现净利润1113亿元，较上年（959亿元）提高16.06%，占比由上年的3.95%提高到4.30%。3个行业合计净利润15799亿元，较上年（15225亿元）增长3.77%；占200佳净利润的60.97%，较上年（62.70%）下降1.73个百分点。

信息互联网业入围200佳的企业数量由1家增加到5家，实现净利润702亿元，由上年排行第18位上升到第7位；综合保险业入围企业数量由2家增加到3家，实现净利润524亿元，由上年排行第11位上升到第9位。多元化投资业排行由上年的第8位下降到第11位，石化行业排行由上年的第9位下降到第13位，均跌出前十。

2015中国企业效益200佳入围企业数量居前三位的行业分别是银行业、房地产业和建筑业，与上年相同，房地产业和建设业位次互换。其中，银行业入围的企业有25家，比上年减少8家，共实现营业收入6.06万亿元、净利润1308亿元；建筑业入围的企业有13家，与上年持平，共实现营业收入3.78万元（上年3.26万亿元）、净利润828亿元（上年799亿元）；房地产业入围的企业有12家，较上年减少2家，共实现营业收入9287亿元（上年9982亿元）、净利润620亿元（上年619亿元）。这3个行业包含企业60家，较上年减少10家，合计净利润14528亿元（上年13979亿元），占2015中国企业效益200佳的56.07%，较上年（57.56%）减少1.49个百分点。2015中国企业效益200佳分行业主要经济指标情况如表5-2所示。

表5-2　　2015中国企业效益200佳分行业主要经济指标情况

行业	企业数	净利润（万元）	营业收入（万元）	纳税总额（万元）	资产总额（万元）	从业人数（人）
全国	200	259104679	3837203959	335159019	17832999329	19318233
银行业	25	130801435	606345366	56968949	11590211037	2180351
石油、天然气开采及生产业	3	16042810	354978243	53136081	522499822	1892190
电信、邮寄、速递等服务业	4	11134157	173987700	13091741	932467919	1944380

（续表）

行业	企业数	净利润（万元）	营业收入（万元）	纳税总额（万元）	资产总额（万元）	从业人数（人）
能源（电、热、燃气等）供应、开发、减排及再循环服务业	6	8585798	276117883	18962153	409379366	1355307
汽车及零配件制造业	8	8308793	237436378	27253735	174802236	734447
建筑业	13	8280987	377549251	16854831	442243012	2157363
信息、传媒、电子商务、网购、娱乐等互联网服务业	5	7021147	21465745		58142940	
房地产开发与经营、物业及房屋装饰、修缮、管理等服务业	12	6201540	92866406	9235250	236547725	296692
综合保险业	3	5238296	77129151	3182324	518415379	370767
烟草加工业	9	5110070	56545114	36125969	49724307	93908
多元化投资控股、商务服务业	4	5041615	95024986	8588147	618830624	725871
通信器材及设备、元器件制造业	3	3605321	52427358	1982351	48925985	299725
石化产品、炼焦及其他燃料生产加工业	2	3535468	310392905	33391849	228043207	919056
家用电器及零配件制造业	5	3187570	59731493	3429622	59822168	316635
煤炭采掘及采选业	1	2696257	32490059	5965495	92864733	259868
航空航天及国防军工业	4	2578907	111562814	3289855	165348993	1108182
人寿保险业	3	2356675	77915917	1957590	391790073	253541
电力生产业	6	2328474	87208235	7521514	301873578	452942
酿酒制造业	4	2079313	13414467	3122842	20242600	118847
一般有色冶金及压延加工业	4	1969782	39641568	194509	23284500	66434
医药、医疗设备制造业	7	1701817	29018713	1144602	28399691	197294
纺织、印染业	5	1535329	42605172	993061	21264980	172935
财产保险业	1	1310900	35149600	2104226	78222100	513535
综合服务业（以服务业为主，含有制造业）	3	1235547	50605409	3855839	94517564	255199
黑色冶金及压延加工业	4	1208054	82573603	2169541	86637909	255433
纺织品、服装、鞋帽、服饰加工业	4	1109951	15268977	688914	13834372	158558
建筑材料及玻璃等制造业	4	1085430	42175755	2807426	59284794	260803
饮料加工业	3	1024129	10931010	825874	6578554	54443
船舶工业	2	984471	23434748	742450	47280241	183383
港口服务业	2	838549	4254125	349927	14987998	30069
化学原料及化学制品制造业	4	770077	9885635	534008	5989404	17208
证券业	2	681867	1829467	282051	32702364	13776

（续表）

行业	企业数	净利润（万元）	营业收入（万元）	纳税总额（万元）	资产总额（万元）	从业人数（人）
计算机及零部件制造业	2	672252	32629215	1676196	42524180	94544
电力、电气等设备、机械、元器件及光伏、电池、线缆制造业	2	651048	16754073	893970	15630677	100473
综合制造业（以制造业为主，含有服务业）	3	621379	16849106	1785636	29500554	68164
食品加工制造业	2	577926	15312399	626493	18576170	140506
航空运输及相关服务业	3	565050	31092723	1758450	59784020	227939
轨道交通设备及零部件制造业	2	529593	22702444	1403173	31426429	200625
农副食品及农产品加工业	2	442556	11624597	155519	9227330	117860
肉食品加工业	1	428861	4802613	352004	2322256	72742
乳制品加工业	1	414428	5395930	273984	3949430	59178
橡胶制品业	1	373038	3264179	138503	1604570	7300
电器商贸批发、零售业	1	347228	14348266	287901	5662110	58903
化工产品及医药内外商贸批发业	1	346684	49682919	1398866	35535391	55349
造纸及纸制品加工业	1	337131	11143928	381459	6891404	26339
水上运输业	1	333725	16933575	348313	35905745	75675
工程机械、设备及零配件制造业	1	325500	7436785	273010	11168650	37000
生活用品（含文体、玩具、工艺品、珠宝）等轻工产品加工制造业	1	324295	707305	12976	3548782	6571
机电、电子产品内外商贸及批发业	1	293098	17049315	681030	13272278	40450
化学纤维制造业	1	292750	16352809	380251	8388159	63425
医药专营批发、零售业	1	270494	24710984	723349	19919246	92168
电梯及运输、仓储设备与设施制造业	1	247800	7007100	53649	8777618	61309
人力资源、会展博览、国内外经合作等社会综合服务业	1	230849	449755	108271	3032620	1990
商业零售业及连锁超市	1	205728	1519585	91814	2018971	6500
电子元器件与仪器仪表、自动化控制设备制造业	1	182968	1770422	127359	4577733	4855
陆路运输、城市公交、道路及交通辅助等服务业	1	175616	3295151	272285	17003352	20166
公用事业、市政、水务、航道等公共设施投资、经营与管理业	1	164283	1264410	116844	65786702	11572
工业机械、设备及零配件制造业	1	159863	1141118	84988	1804777	7488

2. 企业效益东部占比继续上升，中西部下降

从企业总部所在地看，2015 中国企业效益 200 佳分布在 23 个省、自治区、直辖市，与上年相比，黑龙江、宁夏没有企业入围，上年分别有 2 家和 1 家。入围企业主要集中在东部地区，其中东部地区 162 家，较上年（159 家）增加 3 家；中部地区 14 家，与上年持平；西部地区 19 家，与上年持平；东北地区 5 家，较上年（8 家）减少 3 家。2015 中国企业效益 200 佳企业总部所在地区分布情况如表 5-3 所示。

表 5-3　2015 中国企业效益 200 佳企业总部所在地区分布情况

省市	企业数	净利润（万元）	营业收入（万元）	纳税总额（万元）	资产总额（万元）	从业人数（人）
全国	200	259104679	3837203959	335159019	17832999329	19318233
北京	63	168849092	2526891145	206614175	13562194310	13284020
广东	24	25303986	339521742	23583267	1359540521	1954121
浙江	17	7057280	78753727	7867833	124694525	298110
上海	15	20633473	285250941	30199068	1388275697	786542
山东	15	5532713	106422775	4104567	95369331	424624
江苏	12	4126527	118897460	4787110	80402210	799051
天津	10	3631303	47627154	2888495	229813876	216655
湖北	5	2125939	59498975	8999602	59123797	218650
重庆	4	2031741	8529728	1456358	107470681	40182
河北	4	1514548	20918302	1166203	19525917	136702
湖南	4	951912	9451614	598551	57999255	49613
辽宁	3	2001320	28449771	3084352	125561425	123452
河南	3	838652	11434690	811006	12500178	110783
四川	3	1158557	18750245	1111410	19215416	148894
云南	3	1544441	22409651	11810968	24870087	39003
新疆	3	575747	16305499	689966	26297678	94960
吉林	2	2879187	54420662	7618607	34574717	203484
安徽	2	625564	14517913	3342077	13450681	64762
福建	2	4908136	27907808	4429266	443405751	57182
贵州	2	1378643	7046445	4055060	10763884	33564
内蒙古	2	574185	11216582	490519	9654357	89426
陕西	1	668701	20822635	4092808	26725395	141085
广西	1	193032	2158495	1357751	1569640	3368

东部地区企业净利润占 200 佳总额的 93.23%，较上年（92.67%）上升 0.56 个百分点；西部地区占比 3.14%，较上年（3.62%）下降 0.48 个百分点；中部地区占比 1.75%，较上年（1.88%）下降 0.13 个百分点，东北地区占比 1.88%，较上年（1.83%）提高 0.05 个百分点。入围企业数量在 10 家及 10 家以上的省市依然全部分布在东部，分别是北京 63 家、广东 24 家、浙江 17 家、上海 15 家、山东 15 家、江苏 12 家、天津 10 家，合计 151 家企业，较上年增加 10 家。

3. 国有企业数量减少较多，效益和税收占比高但趋于下降

2015 中国企业效益 200 佳中国有企业有 115 家，较上年（131 家）减少 16 家，民营企业有 85 家，相应较上年增加 16 家。115 家国有企业共实现净利润 21256 亿元，占全部 200 佳净利润的 82.04%，较上年（86.25%）下降了 4.21 个百分点；纳税总额 30211 亿元，占全部 200 佳纳税总额的 90.14%，较上年（91.21%）降低了 1.07 个百分点。以上数据说明，2015 中国企业效益 200 佳中国有企业效益虽然仍占据突出地位，对国家税收的贡献维持较高水平，但相对地位趋于下降。2015 中国企业效益 200 佳企业所有制结构分布情况如表 5-4 所示。

以收入利润率反映企业的盈利能力，2015 中国企业效益 200 佳的平均收入利润率为 6.75%，较上年（6.70%）下降 0.05 个百分点。其中，国有企业为 6.70%，较上年（6.81%）降低 0.11 个百分点；民营企业为 7.02%，较上年（6.09%）提高 0.93 个百分点，后者好于前者。

以百元收入纳税反映企业税负负担，2015 中国企业效益 200 佳的平均收入纳税率为 8.73%，较上年（8.96%）下降 0.23 个百分点。其中，国有企业为 9.52%，较上年（9.63%）下降 0.11 个百分点；民营企业为 4.99%，较上年（5.21%）降低 0.22 个百分点。国有企业收入税负率高于民营企业，下降程度低于民营企业。

表 5-4　2015 中国企业效益 200 佳企业所有制结构分布情况

项目	企业数	净利润（万元）	营业收入（万元）	纳税总额（万元）	资产总额（万元）	从业人数（人）
全国	200	259104679	3837203959	335159019	17832999329	19318233
国有	115	212556775	3174439380	302107390	16218240553	16179519
民营	85	46547904	662764579	33051629	1614758776	3138714

第六章 2015 中外企业 500 强对比分析报告

2014 年，发达经济体经济运行分化加剧，发展中经济体增长放缓。据 IMF《世界经济展望报告》数据，2014 年全球经济增长 3.4%，与 2013 年相比，增速回升了 1 个百分点，经济复苏呈现好转迹象。其中发达经济体经济增长 1.8%，新兴市场和发展中经济体经济增长 4.6%。美国商务部数据显示，2014 年美国国内生产总值增长了 2.4%，为 2010 年以来最高增速。2014 年，外需是推动日本经济增长的重要因素，日本全年名义经济增长率为 1.7%，仅比上年提高了 0.1 个百分点，但剔除物价变动因素的实际增长率为零增长。欧盟统计局发布的初步数据显示，2014 年欧元区和欧盟国内生产总值分别增长 0.9% 和 1.4%，与上年相比增速均明显上升，正在逐步走出经济衰退阴影。2014 年，我国经济下行压力有所加大，经济新常态逐渐确立，经济增长开始进入中高速轨道，全年经济增长 7.4%，同比继续放缓。尽管中国经济增速持续放缓，但 2014 年中国对全球经济增长的贡献仍高达 27.8%，远高于美国的 15.3%，中美两国已成为全球经济最为重要的增长引擎。

受国际经济复苏进程缓慢影响，世界 500 强收入增速持续多年回落，中国 500 强营业收入增速与上年相比大幅放缓，但美国 500 强的营业收入增长速度却比上年有所回升。2015 世界 500 强、美国 500 强净利润均出现较大幅度的下降，中国 500 强净利润实现中低速增长。2015 中国企业 500 强营业收入增速依然全面超越了世界 500 强和美国 500 强，与世界 500 强、美国 500 强的规模差距进一步缩小；中国 500 强的利润增速也均显著高于世界 500 强和美国 500 强，中国 500 强与世界 500 强、美国 500 强之间的盈利能力差距有所缩小。但中国大企业盈利水平与国际优秀大企业之间仍有不小差距，提质增效发展还需付出更大努力。

一、中国企业继续稳居世界 500 强第一梯队

（一）中国上榜企业数量与第二集团进一步拉开距离

2015 年 7 月 22 日《财富》杂志发布了 2015 世界 500 强，10 家中国企业新进榜单，其中 6 家来自内地；中国上榜企业创纪录地达到了 106 家，其中中国内地企业 94 家，中国台湾 8 家，中国香港 4 家，成为自榜单发布以来第三个上榜企业数量超过 100 的国家。

中国企业在世界 500 强中的地位进一步巩固，和美国一道继续稳居世界 500 强国别榜第一梯队。日本上榜企业数量持续减少，仅有 54 家企业进入 2015 世界 500 强，比上年减少了 3 家；上榜企业数

量继续向法德英靠拢，沦落为第二方阵国家（见图6-1）。2015世界500强中，中国企业上榜数量已经接近日本的两倍，比法国（31家）、德国（28家）、英国（28家）3个国家的总和还要多19家。2015世界500强企业分别来自35个国家或地区，美国、中国、日本、法国、德国与英国依然位居前6位，排名与上年相比没有发生变化；美国与中国的上榜企业数量合计为234家，将近占500强企业的一半。2015世界500强中有23家新上榜企业，其中来自中国的有10家，中国新进企业占全部新上榜企业的43.48%，已经连续多年是世界500强新进企业最重要的培育摇篮。

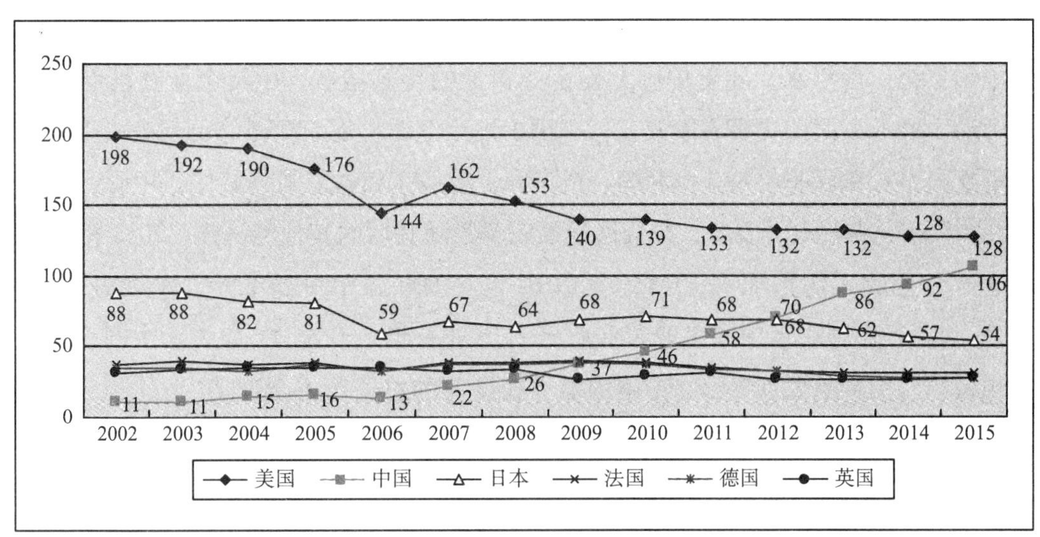

图6-1 2002-2015世界500强中主要经济体上榜企业数量变化趋势

（二）中国石油化工集团公司距离榜首已近在咫尺

在上榜企业数量持续增长的同时，上榜的中国企业排名整体继续上升。中国中铁股份有限公司、中国南方集团公司、中国铁路物资股份有限公司、中国农业发展银行没有申报2015世界500强，其他88家中国内地企业再次上榜。其中只有26家企业的排名与去年相比有所下降，平均下降了28.5位。中国石油天然气集团公司、国家电网公司、中国移动通信集团公司的排名与上年持平。中国石油化工集团公司等其他67家上榜中国企业的排名继续上升，平均上升了28.6位。中粮集团有限公司、招商银行、上海浦东发展银行股份有限公司、中国医药集团、中国能源建设集团有限公司位居排名上升榜前五位，分别上升了129位、115位、87位、81位和74位。在跌幅榜上，武汉钢铁集团公司大跌190位高居首位，直接从上年的310名跌至2015世界500强的最后一名。而在2015年继续入围的122家美国企业中，只有66家企业排名上升，平均上升了20.8位，排名升幅远小于中国企业；有47家企业排名出现下滑，平均下滑幅度为14.6位。中国内地大企业在世界500强榜单中排名位置变化表明，中国内地大企业的国际影响力近年来显著提升，预计未来中国内地企业在世界500强中的排名有望进一步上升。

中国企业进入世界前100强中创最好成绩。中国石油化工集团公司、中国石油天然气集团公司、国家电网公司连续第六年跻身世界500强前10名；其中中国石油化工集团公司排名比上年提升一位，首次位居世界500强榜眼位置，营业收入与排名首位的沃尔玛相比已经只差8.69%，超越近在咫尺。2015世界500强中，已经有9家中国企业进入前50名，其中8家来自中国内地；有18家中国企业进入前100名，其中16家来自中国内地。中国内地企业进入前50强和前100强的数量均创下了《财富》杂志发布世界500强排行榜以来中国内地企业最好入围成绩。

（三）中国企业在世界500强中做大层面的贡献更加突出

2015世界500强中中国企业的贡献进一步提升，中国企业在世界500强营业收入、利润与就业方面的贡献更加突出。近年来，随着中国上榜企业数量的持续增加，中国企业在世界500强营业收入、利润与劳动力就业方面的贡献不断提升。中国内地企业对世界500强的贡献进一步加大，已经成为500强的重要力量。在营业收入、净利润、资产和少数股东权益总量指标中，中国内地上榜企业已经连续多年在主要经济体中位居第2，并且远远领先于紧随其后的其他经济体。2013世界500强中中国内地上榜企业营业收入的占比为15.81%，2014世界500强中中国上榜企业营业收入的占比为18.35%，2015世界500强中，中国企业营业收入占比进一步上升至19.12%，中国企业对世界500强营业收入规模扩张的贡献更加突出。中国内地上榜企业的总资产占全部2013世界500强总资产的15.88%，2014世界500强中中国内地上榜企业资产占总资产比上升为19.43%，2015世界500强中，中国内地上榜企业资产占500强资产总额的占比进一步上升为21.39%。2013世界500强中国内地上榜企业归属母公司的少数股东权益的占比为14.95%，2014世界500强中进一步提升为16.80%，2015世界500强中这一比例再次上升至19.26%，如图6-2所示。

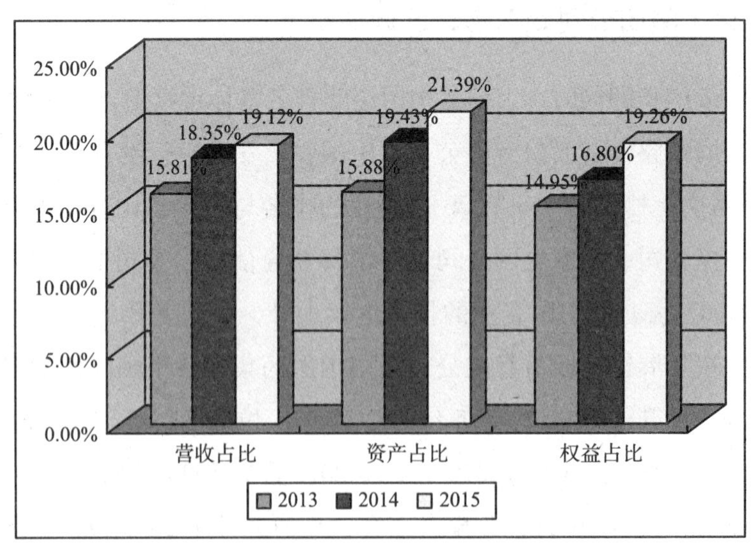

图6-2　中国内地上榜企业主要指标占比变化

（四）中国民营企业在世界500强中首次跻身前100名

2015 世界 500 强榜单中，中国民营企业数量增加 1 家，总数到达了 11 家，分别是中国平安保险（集团）股份有限公司、太平洋建设集团、华为投资控股有限公司、联想集团、山东魏桥创业集团有限公司、正威国际集团、江苏沙钢集团、中国民生银行、中国华信能源有限公司、海航集团、浙江吉利控股集团。中国民营企业占中国内地上榜企业数量已经上升到 11.70%。连续多年来，世界 500 强新增上榜企业中都出现了中国民营企业的身影，中国民营大企业的世界地位与竞争力都在显著提升。从排名变化看，10 家连续上榜的中国民营企业中，只有浙江吉利控股集团排名下滑了 11 位，其他 9 家中国民营企业在 2015 世界 500 强中的排名均有不同程度上升，其中 7 家企业均上升了 30 位以上。中国平安保险（集团）股份有限公司的排名由上年的 128 位提升了 32 位，成为首家跻身世界 500 强前 100 名的中国民营大企业，这是中国民营企业在世界 500 强中取得的历史性突破。11 家中国民营企业的营业收入占 94 家内地上榜企业的 8.44%，利润占 7.91%。

（五）中国企业的盈利能力整体处于较好水平

受国际经济形势整体不佳影响，2015 世界 500 强的收入增速进一步放缓，利润下滑了 14.76%，受此影响，2015 世界 500 强企业的整体营业收入利润率仅为 5.34%，比上年下降了 0.96 个百分点。尽管中国内地上榜企业的利润增长不尽如人意，中石化、中石油利润同比均大幅下降，但总体的盈利水平仍有所提升；2015 世界 500 强中 94 家中国内地上榜企业的营业收入利润率为 5.35%，比上年略微增长了 0.06 个百分点。在主要经济体中，中国企业营业收入利润率仅低于美国企业，分别比日本企业、法国企业、德国企业和英国企业营业收入利润率高 1.26 个百分点、1.92 个百分点、1.31 个百分点和 2.53 个百分点，如表 6-1 所示。

表 6-1　2015 世界 500 强营收利润率变化

	2015 收入利润率	2014 收入利润率	变动值
中国内地	5.35%	5.29%	0.06 个百分点
500 强总体	5.34%	6.30%	-0.96 个百分点
美国	7.62%	9.33%	-1.71 个百分点
日本	4.09%	4.49%	-0.40 个百分点
法国	3.43%	2.45%	0.98 个百分点
德国	4.04%	3.40%	0.64 个百分点
英国	2.82%	10.20%	-7.38 个百分点

从企均利润指标看，中国内地上榜企业的企均利润水平也在主要经济体中处于较好水平。2015 世界 500 强中 94 家中国内地企业的企均利润为 33.95 亿美元，比 500 强总体的企均利润 33.35 亿美元

高 0.6 亿美元。在主要经济体中，中国内地企业平均利润仅次于美国上榜企业的 51.74 亿美元，高于日本、法国、德国和英国企业平均利润；日本、法国、德国和英国企来平均利润分别为 21.74 亿美元、22.37 亿美元、30.05 亿美元和 16.21 亿美元。

（六）北京成为世界 500 强最大总部基地

在 2015 世界 500 强总部的地区分布榜中，北京拥有的世界 500 强企业总部继续保持在 52 家，蝉联全球城市第一；北京所拥有的企业总部数量已经大大超过了紧随其后的日本东京和法国的巴黎，成为当之无愧的世界 500 强企业全球最大总部基地（见表 6-2）。从中国内地上榜企业总部国内城市分布看，94 家企业共涉及北京、上海等 26 个城市；中西部地区这几年上榜企业明显增加。其中北京 52 家，上海 8 家，深圳 4 家，广州、杭州、太原、天津、武汉、西安各 2 家，鞍山、滨州、长春、长治、大同、福州、贵溪、海口、济南、晋城、南京、石家庄、唐山、邢台、阳泉、张家港、郑州各 1 家。其中涉及省会城市 12 个，直辖市 3 个，其他城市 11 个。近年来，随着一些地方国有企业和民营企业的不断上榜，区域分布已经有一定程度的分散化，但中国内地世界 500 强企业集中分布在东部沿海地区的格局并没有发生根本性转变。

表 6-2　中国内地 2015 世界 500 强上榜企业总部城市分布

城市	数量	城市	数量
北京	52	大同	1
上海	8	福州	1
深圳	4	贵溪	1
广州	2	海口	1
杭州	2	济南	1
太原	2	晋城	1
天津	2	南京	1
武汉	2	石家庄	1
西安	2	唐山	1
鞍山	1	邢台	1
滨州	1	阳泉	1
长春	1	张家港	1
长治	1	郑州	1

（七）中国大企业发展仍然存在诸多问题

中国企业发展质量还需继续提高。2015 世界 500 强中，中国企业的盈利能力虽然显著好于日本、法国、德国与英国企业，但与占据明显优势地位、代表当代优秀跨国公司的美国大企业相比，仍有

较大差距。在未来要想与美国大企业在全球市场开展竞争，中国大企业还需在提质增效发展方面做出较大努力。从个体企业看，2015世界500强最赚钱的10家公司中，美国公司占5家，中国是4家，韩国1家；前50家公司中，美国有21家，中国是13家。中国的13家公司中，各有1家来自中国香港和中国台湾，其他11家公司中，有7家是银行。中国最赚钱的公司，主要还是银行，其中中国工商银行实现利润447.64亿美元，是2015世界500强最赚钱的公司；但与银行业的高利润相比，实体企业的盈利能力令人担忧。

我国产业结构升级初见成效，但与美国相比仍有较大差距。随着上榜企业数量的不断增加，世界500强中中国企业的产业覆盖范围进一步扩大，2015世界500强中，94家中国内地上榜企业已经覆盖了全部63个行业中的29个，中国大企业涉及的行业领域比上年增加了3个。但与美国大企业相比，中国大企业仍有较大差距；2015世界500强中，美国大企业出现在48个行业大类之中。在美国企业分布的半导体电子元件、包装与容器、保健：保险和管理医保、保健：药品和其他服务、保健：医疗设施、财产与意外保险（互助）、服装、管道运输、计算机软件、家居与个人用品、建筑和农业机械、批发：保健、批发：电子、办公设备、批发：食品、人寿与健康保险（互助）、食品：消费产品、食品：饮食服务业、食品店和杂货店、食品生产、铁路运输、信息技术服务、烟草、饮料、油气设备与服务、娱乐、专业零售等27个行业中，没有中国大企业的身影。而在中国企业分布的船务、房地产、纺织、工程与建筑、工业机械、建材与玻璃、贸易、能源八个行业中没有美国企业。在中美两国企业均有分布的行业，中国企业在重化工特征突出的行业更占优势，美国企业则在现代服务与技术性产业更占优势（见表6-3）。显然，与中国大企业相比，美国大企业的产业分布结构更为合理化、高级化；尤其是在现代服务业发展方面，中国大企业还存在非常大的差距。

表6-3　　　　中美两国部分行业企业分布比较

	美国企业数量	中国企业数量	中美差异
采矿、原油生产	2	16	-14
金属产品	1	10	-9
车辆与零部件	3	6	-3
银行：商业储蓄	8	11	-3
公用事业：天然气和电力	1	2	-1
人寿与健康保险（股份）	2	3	-1
公用设施	2	2	0
批发商：多元化	1	1	0
电信	4	3	1
电子、电气设备	2	1	1
化学品	2	1	1
计算机、办公设备	2	1	1
航天及防务	3	1	2

（续表）

	美国企业数量	中国企业数量	中美差异
网络、通讯设备	5	3	2
邮件、包裹及货物包装运输	4	2	2
航空	3	1	2
多元化金融	4	1	3
制药	4	1	3
综合商业	4	1	3
炼油	6	2	4
财产与意外保险（股份）	6	1	5

品牌建设有所进展，创新投入仍明显不足。2014 年的全球知名品牌榜单中，华为成为中国企业的首个突破者。在 Interbrand 发布的《2014 年度全球最有价值品牌年度报告》中，作为中国通信与信息网络设备的供应商，华为排名第 94 位。但这一成就与 2015 世界 500 强中 94 家中国内地企业、前 100 强中 16 家中国内地企业的数量相比，明显不相称。中国企业在国际知名品牌建设方面，还需继续努力。94 家上榜 2015 世界 500 强的中国内地企业中，有 74 家申报了研发投入，研发强度为 1.24，与上年相比增长了 0.07 个百分点；全年研发投入占企业净利润的 36.74%，比上年提升了 2.02 个百分点。但与世界 500 强企业的平均研发强度 5% 相比，我国大企业对创新投入显然不足。汤森路透"2014 年全球百强创新机构"榜单中，美国有 35 家，日本有 39 家，法国有 7 家，瑞士有 5 家，德国和韩国各有 4 家，中国台湾有 2 家，但中国内地只有华为 1 家企业上榜。

二、2015 世界 500 强、美国 500 强基本情况分析

（一）2015 世界 500 强简要分析

2015 世界 500 强实现营业收入 31.21 万亿美元，实现净利润 1.67 万亿美元，资产总规模达到 123.09 万亿美元，所有者权益为 15.28 万亿美元，员工总数为 65061114 人。2015 世界 500 强入围门槛为 237.21 亿美元，仅比上年微升 0.15 亿美元。总体上看，2014 年世界大企业规模扩张整体在继续放缓，而且盈利状况显著恶化。

1. 世界 500 强的盈利水平再次下滑

2015 世界 500 强的总利润为 1.67 万亿美元，与上年相比大幅减少了 14.76%，与上年高速增长 26.96% 形成明显反差。与 2008 年相比，2015 世界 500 强企业的整体盈利仅仅 4.92%。这是世界 500 强企业盈利水平近四年来第二次下滑，并且是下滑幅度最大的一次。从各国企业整体盈利水平看，澳大利亚企业盈利水平最好，8 家上榜企业的整体营业收入利润率达到了 13.75%。在上榜企业数量超过 10 家以上的主要经济体中，整体营业收入利润率最高的是加拿大，其 11 家上榜企业的营业收入利润率为 8.21%；其次是美国，128 家上榜企业的营业收入利润率为 7.62%；再次为瑞士，12 家上

榜企业的营业收入利润率为7.59%。中国位居第四，106 家上榜企业的营业收入利润率为5.33%。如表 6-4 所示。

表 6-4　　主要国家入围企业的平均营业收入利润率

国家	企业数量	国别利润率	国家	企业数量	国别利润率
美国	128	7.62%	意大利	9	1.60%
中国	106	5.33%	澳大利亚	8	13.75%
日本	54	4.09%	西班牙	8	5.76%
法国	31	3.43%	巴西	7	3.31%
德国	28	4.04%	印度	7	4.24%
英国	28	2.82%	俄罗斯	5	5.48%
韩国	17	4.13%	墨西哥	3	-9.31%
荷兰	13	2.69%	瑞典	3	0.81%
瑞士	12	7.59%	爱尔兰	2	6.52%
加拿大	11	8.21%	比利时	2	12.19%

从近三年上榜企业平均营业收入利润率的变化情况看，各国企业的盈利水平都有不同程度变化。其中澳大利亚与西班牙上榜企业营业收入利润率连续三年都在稳定上升；加拿大、巴西、荷兰的营业收入利润率则连续三年下降；其他国家企业盈利水平则整体上呈现出上下波动趋势，（见表 6-5）。从主要经济体上榜企业营业收入利润率年度排名看，美国和加拿大连续三年都在前五位，中国则都在六七位间波动。

表 6-5　　主要国家营收利润率变化情况

国家	平均营收利润率			国家	平均营收利润率		
	2015	2014	2013		2015	2014	2013
美国	7.62%	9.33%	6.60%	瑞士	7.59%	5.73%	5.77%
中国	5.33%	5.10%	5.36%	加拿大	8.21%	8.63%	9.40%
日本	4.09%	4.49%	2.77%	意大利	1.60%	-1.07%	11.75%
法国	3.43%	2.45%	2.68%	澳大利亚	13.75%	11.97%	3.59%
德国	4.04%	3.40%	3.49%	西班牙	5.76%	4.98%	3.55%
英国	2.82%	10.20%	2.87%	巴西	3.31%	7.45%	17.43%
韩国	4.13%	5.06%	4.94%	印度	4.24%	4.18%	7.18%
荷兰	2.69%	3.69%	4.35%	俄罗斯	5.48%	14.37%	2.02%

2. 2015 世界 500 强企业净利润变动幅度明显收窄

2015 世界 500 强的总利润为 1.67 万亿美元，大幅下降 14.76%。2015 世界 500 强中 50 家最赚钱的企业实现净利润 7900.06 亿美元，比上年减少了 2704.83 亿美元；贡献了全部 500 强净利润的 47.38%，比上年下降了 6.83 个百分点。但与 2014 世界 500 强企业的盈利能力两极分化，部分企业盈利能力大幅波动相比，2015 世界 500 强企业盈利能力变化明显收窄。连续上榜的 477 家企业中，利润正向变动幅度超过 100% 的企业有 34 家，负向变动幅度超过 100% 的企业有 46 家；合计变动幅度超过 100% 的企业为 80 家，远低于上年的 98 家。从利润变动率极值看，韩国电力公司、途易、来德爱、雷普索尔公司、国际航空集团的利润增速分别为 4556.75%、2435.71%、745.71%、725.96%、704.14%，位居增速前五位；波兰国营石油公司、夏普、科斯莫石油、开滦集团、台湾中油股份有限公司的利润增幅分别为 -3407.18%、-1852.43%、-1729.03%、-1704.53%、-1104.42%，位居利润增长的倒数前五位。2015 世界 500 强利润增长前 10 企业如表 6-6 所示。

表 6-6　　利润增长最快的 10 家企业

今年排名	去年排名	公司名称	去年赢利（百万美元）	今年赢利（百万美元）	利润变动率（%）
193	212	韩国电力公司	2551.90	54.80	4556.75%
469	490	途易	142.00	5.60	2435.71%
447	473	来德爱	2109.20	249.40	745.71%
188	126	雷普索尔公司	2138.40	258.90	725.96%
443	484	国际航空集团	1302.70	162.00	704.14%
356	356	万通互惠理财	1326.90	193.40	586.09%
249	257	Plains GP Holdings 公司	70.00	15.00	366.67%
468	455	BAE 系统公司	1218.20	262.60	363.90%
500	310	武汉钢铁（集团）公司	54.50	12.20	346.72%
405	422	PHOENIX PHARMAHANDEL 公司	291.60	66.70	337.18%

2015 世界 500 强中，有 54 家企业发生亏损，其中连续亏损企业为 26 家，由盈转亏企业 25 家，新上榜亏损企业 3 家。54 家企业合计亏损 916.81 亿美元，比上年 50 家企业亏损金额 1212.69 亿美元减少了 295.88 亿美元，企均亏损额收窄 7.28 亿美元。2015 世界 500 强中，苏伊士集团、美国航空等 21 家企业实现了扭亏为盈；这 21 家企业在 2013 年合计亏损了 612.75 亿美元，但在 2014 年却合计盈利 267.53 亿美元。

3. 企业盈利能力呈明显分化状态

世界 500 强企业虽然都具有庞大的体量规模，在全球市场据占有较大的市场份额，但其盈利

能力并非都能令人满意。2015 世界 500 强企业的盈利能力有好有坏，分化依然较为显著，但总体上看比上年有所改善。2015 世界 500 强营收利润率最高为 48.62%，是排名 478 位的新上榜企业美国公司 Gilead Sciences；营业收入利润率最低为-16.71%，是排名 47 位的墨西哥石油公司。2015 世界 500 强营业收入利润率的最高值与最低值的绝对值均比 2014 世界 500 强小，企业盈利能力的分化程度显著小于 2014 世界 500 强，但整体上仍表现出典型的分化特征。除东芝没有提供利润数据外，营业收入利润率小于等于 1% 的企业多达 112 家，其中包括 54 家亏损企业；营业收入利润率在 1% ~2% 的企业有 61 家，2% ~3% 的企业有 55 家，3% ~4% 的企业有 45 家，4% ~5% 的企业有 31 家，5% ~10% 的企业有 106 家，10% ~20% 的企业有 62 家，20% 以上的企业有 27 家，如图 6-3 所示。

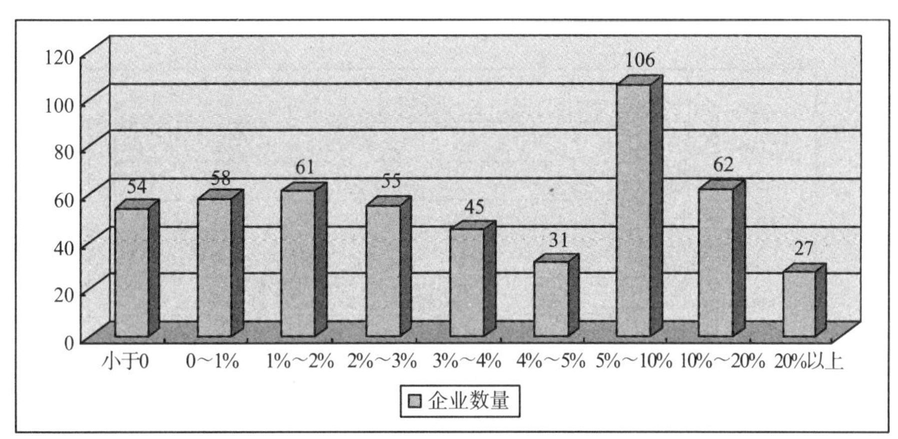

图 6-3 2015 世界 500 强企业营业收入利润率区间分布

4. 大宗商品价格下滑成为企业亏损重要原因

大宗商品价格的连续下滑，是 2015 世界 500 强上榜公司发生亏损的主要原因。54 家亏损企业中，能源、矿产等行业合计达到 28 家，占比超过一半。受石油价格大跌影响，除中国石油、埃克森美孚和英国石油等石油巨头外，墨西哥石油公司、巴西国家石油公司、英美资源集团、波兰国营石油公司、台湾中油股份有限公司等亏损额均在 10 亿美元以上，其中墨西哥石油公司亏损额达 199 亿美元，是 2015 世界 500 强亏损最多的公司。随着煤炭价格的下降，我国上榜 2015 世界 500 强的煤炭公司中，除中国神华、晋城无烟煤和山西焦煤外，几乎全部陷入亏损，开滦集团、大同煤矿集团、河南能源化工集团、冀中能源、陕西煤业化工集团、山东能源集团、潞安集团亏损都在 1 亿美元以上。而钢铁和铁矿石价格下降，则导致了安赛乐米塔尔、中国鞍钢集团、河北钢铁等钢铁公司的大幅亏损。在 94 家上榜中国内地公司中有 16 家发生亏损，其中 12 家分布在能源、矿产等行业；其中中国铝业公司、鞍钢集团公司、大同煤矿集团、河南能源化工集团、冀中能源集团、河北钢铁集团、潞安集团已经连续两年亏损。

5. 2015 世界 500 强企业扩张速度持续回落

受国际经济持续缓慢复苏影响，世界 500 强企业近年来的扩张速度呈现出持续回落态势。2012

世界500强企业营业收入比上年增长了13.23%，2013世界500强企业营业收入增速快速回落至2.77%，2014世界500强企业营业收入增速缓慢回落至2.49%。2015世界500强企业实现营业收入31.21万亿美元，增速持续下降为0.49%。与此相对应的是，2015世界500强的入围门槛为237.21亿美元，仅仅比上年增长了0.15亿美元。世界500强企业的资产总额也同样呈现出增速逐年回落的态势。2012世界500强企业的资产总额比上年增长了4.42%，2013世界500强企业资产总额增速回落至3.45%，2014世界500强企业的资产总额增速进一步回落至1.54%，2015世界500强企业资产总额不增反降，小幅下降0.24%。受企业资产规模增长缓慢影响，世界500强企业的雇员增长同样放缓，趋势与资产总额变化保持一致。2012世界500强企业雇员总数比上年增长了4.64%，2013世界500强企业的雇员总数增速回落至2.16%，2014世界500强企业的雇员增速进一步回落至0.86%，2015世界500强企业雇员比上年500强减少了0.61%，如图6-4所示。

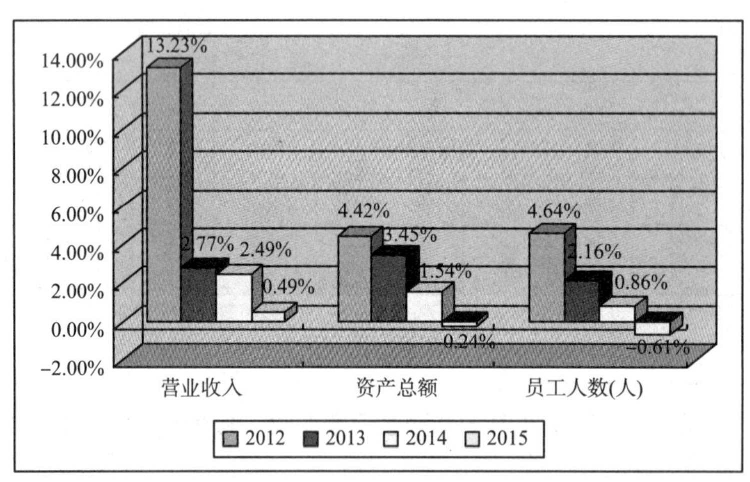

图6-4　世界500强企业营业收入、资产总额与员工人数变化趋势

6. 各区域国家利润指标存在显著差异

从上榜企业所在的区域分布看，亚洲各国上榜企业数量最多，为193家；其次为美洲的152家，欧洲有147家；金砖四国一共有125家。整体上看，美洲国家上榜企业的平均盈利水平最高，收入利润率、资产利润率、净资产利润率分别为7.05%、2.08%、13.97%，人均利润为3.81万美元；其次是亚洲国家，收入利润率、资产利润率、净资产利润率分别为4.88%、1.28%、10.44%，人均利润为2万美元；欧洲国家上榜企业的盈利水平在三大洲中居于末位，收入利润率、资产利润率、净资产利润率分别为3.82%、0.85%、7.85%，人均利润为1.99万美元，欧洲企业的经营水平亟待改善。此外，金砖四国作为一个整体，其收入利润率、资产利润率、净资产利润率分别为5.17%、1.32%、10.31%，人均利润为1.80万美元；总体上看，金砖四国的收入利润率和资产利润率仅次于美洲企业水平；但净资产利润率仅好于欧洲国家水平，而人均利润则低于美洲、亚洲与欧洲国家的整体水平；整体上看，金砖国家企业的人员产出水平很差，需要尽快做出提升安排，如表6-7所示。

表 6-7 各区域国家主要利润指标比较

	收入利润率	资产利润率	净资产利润率	人均利润（万美元）
欧洲国家	3.82%	0.85%	7.85%	1.99
亚洲国家	4.88%	1.28%	10.44%	2.00
美洲国家	7.05%	2.08%	13.97%	3.81
金砖国家	5.17%	1.32%	10.31%	1.80
500强总体	5.34%	1.35%	10.91%	2.56

7. 2015世界500强行业分布发生明显变动

与前几年相比，2015世界500强的行业划分可能发生了明显变化，一些行业被区分为更细分类，这直接导致2015世界500强的行业数量和企业所属行业情况发生了显著变化。2013世界500强涉及的行业为52个，2014世界500强企业则来自53个行业；2015世界500强的行业数量突增至63个，比2014世界500强多出10个，10个新增行业共有上榜企业21家。其中商业银行上榜企业数量为8家，在以往年度都归属于银行：商业储蓄大类，今年做了单列处理。专业零售商做了更为具体的分类，分别被区分为专业零售商、专业零售商：其他、专业零售商：服装，如表6-8所示。

表 6-8 2015世界500强新增行业及上榜企业数量

排序	新增行业	上榜企业数量（家）	排序	新增行业	上榜企业数量（家）
1	商业银行	8	6	专业零售商：服装	1
2	专业零售商：其他	4	7	包装与容器	1
3	房地产	2	8	计算机周边产品	1
4	保健：药品和其他服务	1	9	纺织	1
5	雇佣帮助	1	10	旅游服务	1

与上年相比，在两年榜单中都存在有的53个行业大类中，上榜企业数量也发生了一定程度的变化。其中人寿与健康保险（股份）、食品生产、半导体与电子元件各增加了2家，车辆与零部件等9个行业均新增1家上榜企业；银行：商业储蓄、专业零售由于原归属企业单列的缘故，上榜企业数量分别减少了8家和5家，其他类下的企业由于具体归入了相关行业，今年上榜企业数量也大幅减少了8家。另外，炼油、食品店和杂货店、航天与防务、批发：保健、烟草各减少了2家；电信、能源、贸易、网络与通讯设备、批发：食品各减少了1家上榜企业，如表6-9所示。

表 6-9　　2014-2015 世界 500 强企业行业分布变化

排序	上榜企业数量增加的行业	增加数（家）	上榜企业数量减少的行业	减少数（家）
1	人寿与健康保险（股份）	2	银行：商业储蓄	8
2	食品生产	2	其他	8
3	半导体、电子元件	2	专业零售	5
4	车辆与零部件	1	炼油	2
5	采矿、原油生产	1	食品店和杂货店	2
6	制药	1	航天与防务	2
7	航空	1	批发：保健	2
8	娱乐	1	烟草	2
9	信息技术服务	1	电信	1
10	铁路运输	1	能源	1
11	公用事业：天然气和电力	1	贸易	1
12	油气设备与服务	1	网络、通讯设备	1
13			批发：食品	1

（二）2015 美国 500 强基本情况分析

2015 年 6 月 4 日，《财富》杂志公布了 2015 美国 500 强榜单。自 1955 年以来，这已经是《财富》杂志连续 60 年发布美国 500 强榜单。2015 美国 500 强企业实现营业收入 12.52 万亿美元，与上年相比增长了 2.56%，全部 500 家上榜企业的总收入相当于 2014 年美国 GDP 的 71.9%。2015 美国 500 强企业实现归属母公司的净利润 9445 亿美元，大幅下滑了 12.57%，企业的盈利能力显著下降。以归属母公司净利润计算的营业收入利润率为 7.54%，比上年下降了 1.31 个百分点。2015 美国 500 强入围门槛为 51.90 亿美元，比上年提升了 2.35 亿美元。总体上看，2015 美国 500 强企业尽管仍然维持着较高的盈利水平，但其金融危机以来的盈利复苏进程再次被打断。

1. 营业收入继续低速增长，整体盈利能力显著下滑

2015 美国 500 强总的营业收入为 12.52 万亿美元，比上年增长了 2.56%，增速比上年略有回升，但总体上继续保持较低增速。这已经是美国 500 强连续第三年增速低于 3%，美国 500 强营业收入增长可能已经迈入了缓慢增长的新阶段。但与 2014 美国 500 强企业的整体盈利能力有大幅提高所不同的是，2015 美国 500 强企业在营业收入继续低速增长的条件下，没能继续保持盈利能力的向好恢复；相反，2015 美国 500 强企业的盈利额比上年大幅减少了 12.57%，创下了 2009 年以来净利润增速的新低。从盈利率指标看，2015 美国 500 强企业的营业收入利润率、资产收益率、

净资产收益率分别为7.54%、2.48%、14.33%，均与2014美国500强相比有较大下降。尽管金融危机以来，美国大企业高度重视发展质量，但受外部诸多因素的综合影响，美国500强企业没有能够持续实现盈利能力的增长。尽管整体盈利能力下滑，但仍有一些行业企业平均利润出现较大幅度增长，废物管理、食品生产、林产品与纸制品、出版印刷、家居设备和家具分居企业平均利润增速前五位，增速都在50%以上；从净利润增长额看，制药、计算机及办公设备、烟草、金属产品、半导体及电子元件分居净利润额增长前五位，单一企业平均净利润增长额都在5亿美元以上，如表6-10所示。

表6-10　　2015美国500强净利润增速与净利润增长额前五行业

序号	净利润增速前五行业	净利润增速	净利润增长额前五行业	净利润增长额（百万美元）
1	废物管理	168.65%	人寿与健康保险	7187.4
2	出版印刷	136.43%	半导体、电子元件	6316.9
3	运输设备	107.47%	金属产品	4559.1
4	家居设备和家具	55.25%	公用事业：天然气和电力	4237.3
5	食品生产	52.26%	航天与防务	3307.8

2. 苹果成为最赚钱公司，房利美、房地美赢利大幅回落

2015美国500强净利润排名前50企业实现归属母公司的净利润5321亿美元，占全部500强企业净利润总额的56.34%，虽然与前两年的占比有所下降，但占比仍在50%以上。去年净利润排名前50的企业中，有41家企业今年继续排名在前50名，达美航空、21世纪福克斯、州立农业保险公司、杜邦四家上年新进入2014美国500强最赚钱50强的公司退出了2015美国500强最赚钱公司前50强，3M公司、波音、大都会保险公司、菲利普斯66公司、CVS Health公司、高特利集团、吉利德科学公司、联合太平洋、默沙东9家公司成为新晋最赚钱公司。2013年赢利大幅增长的房利美、房地美，2014年的赢利出现大幅下降；2014年，房利美实现净利润142.08亿美元，比上年大幅减少了697.55亿美元；房地美实现净利润76.9亿美元，比上年大幅减少409.78亿美元。房利美与房地美净利润合计减少了1107.33亿美元，贡献了美国500强净利润减少额1357.85亿美元的81.55%，成为2015美国500强净利润下滑的关键影响因素。

3. 企业亏损面基本稳定，石油降价负面效应明显

2015美国500强企业中有38家出现亏损，比上年增加了1家，亏损面为7.6%。38家亏损企业合计亏损314.96亿美元，比上年增亏49.38亿美元；从企业亏损额平均值看，2015美国500强中亏损企业平均亏损额为8.28亿美元，比上年企均亏损值增加了1.1亿美元。虽然美国500强企业的整体盈利能力有明显下降，但企业亏损面、亏损总额与企均亏损额与上年相比没有发生明显变化，总体上仍处于较稳定水平。2014年下半年以来，石油国际大宗商品价格持续下跌，石油价格的下跌，对美国500强企业2014年的经营业绩产生了显著不利影响，与原油采掘及加工相关的行业，盈利能

力均显著下降。采矿与原油生产行业净利润减少了106.71亿美元，下降了61.49%；化学品行业净利润减少了62.63亿美元，下降幅度为23.67%；航空业净利润减少了38.92亿美元，下降幅度为36.35%；炼油行业净利润减少了27.28亿美元，下降幅度为3.95%。石油及相关行业净利润合计减少了289.54亿美元。

4. 金属产品行业整体扭亏为盈，商业成亏损重灾区

尽管2015美国500强整体盈利水平明显下降，但行业盈利能力变动趋势差异显著。人寿与健康保险、半导体与电子元件、金属产品、公用事业等行业净利润额出现显著增长；尤其是金属产品行业，在2013年全行业亏损29.28亿美元的基础上，2014年实现了全行业扭亏为盈，合计实现净利润16.31亿美元。从具体企业看，除AK钢铁控股公司继续亏损外，美国钢铁公司与美铝公司在2014年都实现了扭亏为盈。从行业角度看，只有能源行业呈整行业亏损态势，全行业5家企业合计亏损28.75亿美元，这已经是美国500强中能源行业连续第二年整体性亏损；但其实除未来能源控股公司大额亏损64.06亿美元外，其他4家企业都有不同程度盈利。采矿与原油生产有4家企业发生亏损，合计亏损92.48亿美元，是所有行业中亏损最多的行业，但4家企业中只有1家企业连续三年亏损，其他3家企业都是近三年来首次发生亏损。商业领域是2015美国500强中真正的亏损重灾区；10家综合商业企业中有3家发生亏损，24家其他专业零售商中也有3家发生亏损。西尔斯控股、杰西潘尼公司、欧迪办公、巴诺公司4家公司连续三年亏损，已经陷入长期亏损困境，企业管理层对扭亏似乎缺乏有效举措；2014年度4家企业分别再次亏损16.82亿美元、7.71亿美元、3.54亿美元和0.47亿美元。

5. 换榜率稍有下降，近半数行业上榜企业数量发生变动

2015美国500强的上榜门槛提高到了51.90亿美元，较上年的49.55亿美元上升了4.7%。2015美国500强中共有Netflix、Salesforce等26家公司新上榜；其中流媒体视频服务商Netflix的营业收入增长了25.8%，达到55.05亿美元，正式成为美国500强的一员，排名第474位。而美敦力、橡树资本、Coach等由于收入下滑，今年跌出了榜单。与2014美国500强相比，2015美国500强的换榜率稍有下降，企业经营相对较为稳定。从各行业具体变动情况看，炼油、人寿与健康保险、食品：消费产品3个行业均新增了2家上榜企业，运输设备、废物管理、金融数据服务等13个行业均有1家新增上榜企业；采矿与原油生产行业有3家企业退出了美国500强榜单，车辆与零部件、电信、化学品等16个行业各有1家企业退出了美国500强榜单，其中电信、食品生产行业近年来上榜企业数量出现连续减少态势。增减合计，2015美国500强中共有33个行业上榜企业数量发生改变，考虑到其他行业中的增减相抵的7个换榜企业，企业数量发生变动的行业应相当于总行业数量的一半左右。尽管换榜企业数量并不多，但上榜企业的行业结构变化比较明显。

6. 制造业回归成效欠佳，服务业比重进一步提高

从美国500强榜单情况看，2008年金融危机以来奥巴马政府的“制造业回归”政策在大企业中并没有取得预期效果，美国制造业的空心化趋势仍然在继续发展。2015美国500强中，共有制造业企业176家，比上年减少了6家；共实现营业收入4.51万亿美元，占全部500强营业收入的36.04%，占比下降了1.7个百分点；实现利润4009.77亿美元，占全部500强净利润的42.45%，占

比提升了5.09个百分点。2015美国500强中，共有服务业企业268家，比上年增加了10家，服务企业的地位进一步加强，美国500强的服务化特征更加突出。268家服务业企业共实现营业收入7.27万亿美元，比上年增长了5.77%，占全部500强营业收入总额的53.12%，占比上升了1.76个百分点；共实现利润5017亿美元，占全部500强利润总额的57.37%，比去年下降了4.1个百分点。

7. 金融地位略有上升，金融内部发展出现分化

2015美国500强中，财产与意外保险、人寿与健康保险、商业银行、多元化金融、证券分别有22家、18家、18家、8家和5家企业上榜，其中人寿与健康保险增加2家，证券公司减少1家，金融类上榜企业数量比上年增加了1家。金融类企业共实现营业收入2.10万亿美元，比上年增长了0.81%，占全部500强营业收入的16.77%，占比下降了0.29个百分点。金融行业内部发展出现明显分化。银行业营业收入大幅下降了39.26%，多元化金融行业营业收入则大幅增长了45.15%；人寿与健康保险行业在增加了2家上榜企业的情况下营业收入增加了16.36%，证券业由于减少了1家上榜企业而减少了14.06%的营业收入。金融类企业净利润的变化同样差异显著。人寿与健康保险业上榜企业净利润高速增长了174.38%，而商业银行和多元化金融业净利润则分别大幅下降了78.94%和31.19%。

三、2015中国企业500强、世界500强、美国500强比较分析

中国企业500强、世界500强、美国500强分别代表了中国大企业、世界大企业、美国大企业的发展状况，三者之间的差异，也相应反映了中国大企业、世界大企业、美国大企业发展变化的不同之处。总体上看，2015中国企业500强的规模扩张继续领先，不过尽管受世界500强、美国500强净利润大幅下滑影响，中国大企业与世界大企业和美国大企业之间盈利能力差距再次缩小，但整体绩效水平仍显著落后于2015世界500强和2015美国500强。

（一）中国大企业规模扩张持续领先世界大企业、美国大企业

世界经济增长、美国经济与中国经济增长之间的速度差距，再次在三个500强的榜单上得到了清晰体现。2014年中国国内生产总值增长7.4%，创下新低，但仍明显高于世界经济增速与美国经济增速，受此推动，中国企业500强规模扩张速度依然全面超越世界500强和美国500强。2015中国企业500强共实现营业收入59.48万亿元，比上年增长4.94%，以美元计算，2015中国500强共实现营业收入9.70万亿美元，比上年增长5.65%；而同期界500强营业收入仅增长了0.49%，美国500强营业收入仅微弱增长了2.56%，中国企业500强营业收入增速显著高于世界500强与美国500强。2015中国企业500强的资产规模也继续实现了较快增长，资产总额为197.60万亿元，比上年增长了12.00%，换算成美元增长了11.59%；而2015世界500强企业的资产总额减少了了0.24%，2015美国500强的资产总额也仅增长了2.99%，均明显低于中国企业500强资产总额增速。2015中国企业500强的归属母公司的股东权益总额为24.58万亿元，增长了14.62%，换算成美元增长了14.21%；而2015世界500强归属母公司股东权益减少了1.40%，2015美国500强归属母公司的股东权益则仅增长了1.08%，如图6-6所示。

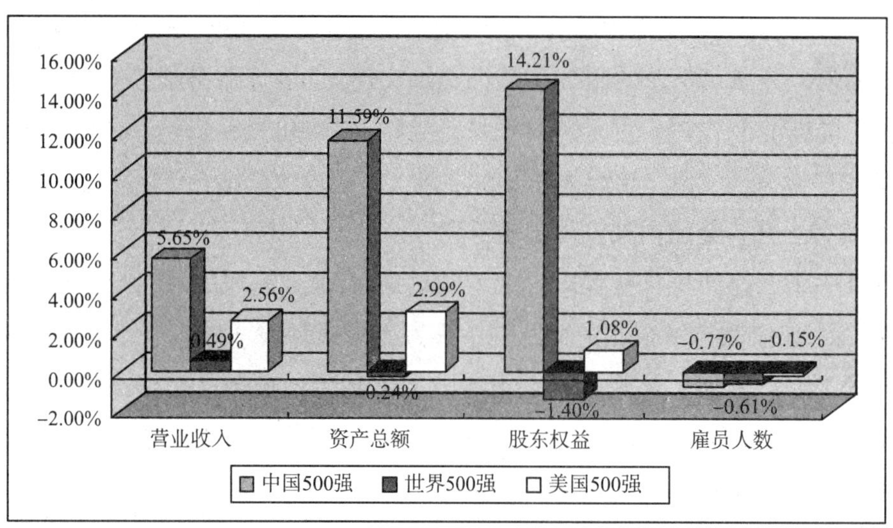

图 6-5　2015 中国企业 500 强、世界 500 强、美国 500 强规模指标比较

2011 年来，中国企业 500 强的规模扩张速度一直都领先于世界 500 强和美国 500 强。尽管三个 500 强的营业收入增速近年来都呈现出下降态势，但中国企业 500 强营业收入增速一直都明显高于同期世界 500 强和美国 500 强，如图 6-6 所示。

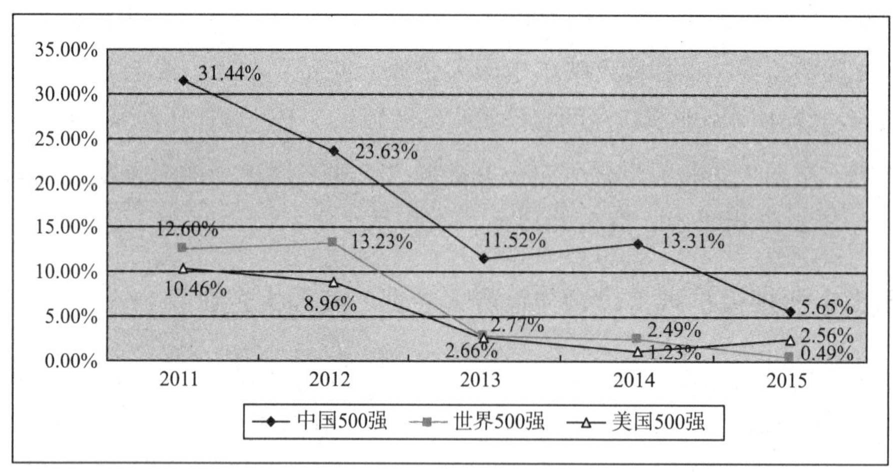

图 6-6　2011-2015 三个 500 强营业收入增速变化趋势

与 2008 年的榜单相比，中国企业 500 强的营业收入规模增长了 172. 14%，同期世界 500 强、美国 500 强营业收入分别增长了 32. 15% 和 18. 13%，平均年度增速远低于中国企业 500 强。2008 中国企业 500 强营业收入只相当于同期世界 500 强的 12. 67%、美国 500 强的 28. 22%；7 年后，2015 中国企业 500 强营业收入已经相当于同期世界 500 强的 31. 06%、美国 500 强的 77. 42%；中国企业 500 强营业收入总额已经超过世界 500 强的三成，相当于美国 500 强的 3/4 强。2015 美国 500 强的入围门槛是 49. 55 亿美元，按此规模，2015 中国企业 500 强中有 388 家企业可以入围。2015 世界 500 强的入围门槛为 237. 21 亿美元，按此规模，2015 中国 500 强中有 105 家企业可以上榜，如表 6-11 所示。

表 6-11　　2012-2015 中国企业 500 强与世界 500 强、美国 500 强的相对占比

		营业收入占比	资产占比	权益占比	雇员占比
中/世	2012	23.55%	17.59%	19.55%	47.49%
	2013	26.19%	19.77%	20.80%	47.31%
	2014	29.44%	22.88%	22.26%	48.34%
	2015	31.06%	26.23%	26.28%	47.87%
中/美	2012	59.10%	59.64%	46.37%	118.25%
	2013	65.81%	66.61%	49.35%	116.76%
	2014	74.87%	76.22%	52.89%	118.99%
	2015	77.42%	84.67%	60.94%	117.30%

（二）中国大企业与世界大企业、美国大企业之间盈利差距再次缩小

2015 中国企业 500 强以美元计算的归属母公司净利润为 4212.16 亿美元，与上年相比增长了 6.86%。受同期世界 500 强和美国 500 强利润大幅下滑影响，中国企业 500 强与世界 500 强、美国 500 强之间的盈利能力差距明显缩小。2014 中国企业 500 强归属母公司净利润占世界 500 强归属母公司净利润、美国 500 强归属母公司净利润的相对占比分别从 22.36%、42.00% 下滑至 20.08%、36.36%，2015 中国 500 强归属母公司净利润分别占世界 500 强归属母公司净利润、美国 500 强归属母公司净利润的 25.26% 和 44.60%。中国企业 500 强净利润和世界 500 强、美国 500 强相比的相对份额有明显回升，并且超过了 2013 年的水平。

表 6-12 列出了 2015 中国企业 500 强、世界 500 强、美国 500 强营业收入利润率、资产利润率、归属母公司权益利润率和人均利润指标，在所有 4 个利润率指标上，中国企业 500 强均落后于世界 500 强与美国 500 强。2015 中国企业 500 强的营业收入利润率为 4.33%，比美国 500 强低 3.21 个百分点，比世界 500 强低 1.01 个百分点，差距与上年相比明显缩小；2014 中国企业 500 强的营业收入利润为 4.24%，不到美国 500 强营业收入利润率的一半，也比世界 500 强的营业收入利润率低 2.06 个百分点。2015 中国企业 500 强的资产利润率为 1.30%，权益利润率为 10.49%，与世界 500 强和美国 500 强相比的差距均比上年有所收窄。2015 中国企业 500 强的人均利润为 1.35 万美元，仍明显落后与世界 500 强和美国 500 强。

表 6-12　　2015 三个 500 强主要利润率指标比较

	营收利润率	资产利润率	权益利润率	人均利润（万美元）
中国	4.33%	1.30%	10.49%	1.35
世界	5.34%	1.35%	10.91%	2.56
美国	7.54%	2.48%	14.33%	3.56

从亏损情况看，2015 中国企业 500 强有 58 家企业亏损，亏损面为 11.60%，在三个 500 强中亏损面最大；其次为世界 500 强，亏损面为 10.80%；再次为美国 500 强，亏损面为 7.60%。从亏损金额看，世界 500 强亏损最多，亏损金额合计 916.81 亿美元；其次为美国 500 强，亏损金额合计为 314.96 亿美元；最后为中国企业 500 强，亏损金额合计为 131.79 亿美元。总体上看，与 2014 中国企业 500 强、世界 500 强、美国 500 强相比，三个 500 强的亏损面都有不同程度扩大，中国企业 500 强和美国 500 强的亏损金额有所增加，世界 500 强的亏损金额则明显减少，如表 6-12所示。

表 6-12　　2015 三个 500 强亏损情况比较

	2014 亏损情况		2015 亏损情况	
	亏损面	亏损额（百万美元）	亏损面	亏损额（百万美元）
中国	8.60%	-11925.3	11.60%	-13137.8
世界	10.00%	-121269	10.80%	-91681.3
美国	7.40%	-26558	7.60%	-31496.1

（三）中国企业 500 强与世界 500 强中制造业企业数量有不同程度增加

2015 中国企业 500 强中有制造业企业 266 家，服务业企业 151 家，其他类企业 83 家。与 2014 中国企业 500 强相比，制造业企业增加了 6 家，服务业企业减少了 6 家，中国企业 500 强呈现出制造业数量占比回升态势。2015 中国企业 500 强中，服务业与制造业的企业数量比为 0.57，服务业企业与制造业企业营业收入比是 0.94，服务业企业与制造业企业净利润比是 3.78，服务业企业与制造业企业资产总额比是 6.90，服务业企业与制造业企业归属母公司权益比是 2.45，服务业企业与制造业企业员工人数比是 1.03。中国企业 500 强虽然在数量上仍然是以制造业为主体，但其盈利却更多来自服务业企业。上述数据也表明，中国企业 500 强中的服务业企业表现出重资产特征，而且与制造业企业相比，服务业企业明显吸纳了更多的就业者（见表 6-13）。2015 中国企业 500 强服务业与制造业之间利润比表明，中国制造业企业的盈利能力相对更低，在 2015 中国企业 500 强中，服务业企业仅占 30.20%，却贡献了全部中国企业 500 强净利润的 70.23%。

2015 美国 500 强现代服务业为主导的特征更加突出，大企业的服务化倾向进一步加强。在 2015 美国 500 强中有服务业企业 268 家，制造业企业 176 家，其他类企业 56 家；其中服务业企业增加了 10 家，制造业企业减少了 6 家，其他企业减少了 4 家。2015 美国 500 强中服务业企业实现的营业收入占全部美国 500 强营业收入的 58.07%，净利润占 53.12%，资产占 80.94%，归属母公司的权益占 61.09%，员工数量占 65.90%；除净利润指标外，服务业其他指标占比都有不同程度上升，服务业在美国 500 强中地位更加突出，大企业的服务化倾向进一步加强。2015 美国 500 强中，服务业与制造业企业数量的比为 1.52，服务业企业与制造业企业营业收入比是 1.61，服务业企业与制造业企业

净利润比是 1.25，服务业企业与制造业企业资产总额比是 5.80，服务业企业与制造业企业归属母公司权益比是 2.05，服务业企业与制造业企业员工人数比是 2.15。与中国企业 500 强相比，美国 500 强中服务业的地位更加突出，服务业吸纳劳动力的能力也显著强于中国服务业企业。

表 6-13　　三个 500 强服务业与制造业结构比

		企业数（家）	营业收入（百万美元）	净利润（百万美元）	资产总额（百万美元）	母公司权益（百万美元）	员工人数（人）
中国	制造业	266	3887581.13	78312.69	3683830.74	950540.16	10699041
	服务业	151	3663385.52	295822.59	25417721.13	2331779.90	11030765
	服务业/制造业	0.57	0.94	3.78	6.90	2.45	1.03
世界	制造业	199	14097889	693933	21898297	5422986	26971305
	服务业	254	14770352	899855	97752829	8657524	33523981
	服务业/制造业	1.28	1.05	1.30	4.46	1.60	1.24
美国	制造业	176	4513088	400977	5320955	1960025	8155836
	服务业	268	7272008	501700	30871406	4027610	17499402
	服务业/制造业	1.52	1.61	1.25	5.80	2.05	2.15

2015 世界 500 强中有制造业企业 199 家，服务业企业 254 家；制造业企业增加了 2 家，服务业企业增加了 3 家，其他企业减少了 5 家。2015 世界 500 强三次产业结构特征仍居于中国企业 500 强和美国 500 强之间，既部分反映了美日欧等发达国家产业结构高级化的特征，也体现了广大发展中国家入围企业的产业结构相对低级化的特征。2015 世界 500 强，服务业占据主导地位，但主导地位显然不如美国 500 强那么突出。在 2015 世界 500 强中，服务业与制造业企业数量的比为 1.28，服务业企业与制造业企业营业收入比是 1.05，服务业企业与制造业企业净利润比是 1.30，服务业企业与制造业企业资产总额比是 4.46，服务业企业与制造业企业归属母公司权益比是 1.60，服务业企业与制造业企业员工人数比是 1.24。

（四）中国企业 500 强收入仍主要来自重化工类企业

表 6-14 列出了 2015 中国企业 500 强、世界 500 强和美国 500 强的前 10 行业分布状况，总体上看，前 10 行业反映出，美国 500 强的服务特征最为突出，中国企业 500 强则重化工特征突出，世界 500 强则表现出居中特征，但服务特征强于重化工特征。

表 6-14 **2015 三个 500 强企业的行业分布情况** （单位：家）

中国		世界		美国	
所属行业	企业数量	所属行业	企业数量	所属行业	企业数量
黑色冶金及压延加工业	50	银行：商业储蓄	47	专业零售商：其他	24
建筑业	49	炼油	38	公用事业：天然气和电力	24
煤炭采掘及采选业	22	车辆与零部件	34	财产与意外保险	22
一般有色冶金及压延加工业	22	采矿、原油生产	25	商业银行	18
银行业	18	人寿与健康保险（股份）	23	人寿与健康保险	18
房地产开发与经营、物业及房屋装饰、修缮、管理等服务业	16	食品店和杂货店	20	车辆与零部件	14
化学原料及化学制品制造业	16	电信	18	食品：消费产品	14
汽车及零配件制造业	16	公用设施	18	化学品	14
电力、电气、输变电等机械、设备、器材、元器件和线缆制造业	13	电子、电气设备	17	炼油	13
综合制造业（以制造业为主，含有服务业）	13	财产与意外保险（股份）	16	采矿、原油生产	13
		金属产品	16		

表 6-14 表明，2015 中国企业 500 强中有多达 235 家企业来自于前 10 行业，其中上榜企业数量最多的是黑色冶金及压延加工业，有 50 家企业上榜，与上年相比减少了 1 家；其次是建筑业，有 49 家企业上榜，与上年相比增加了 2 家；然后是一般有色冶金及压延加工业、煤炭采掘及采选业，分别有 22 家企业上榜，分别减少 4 家和 2 家。2015 世界 500 强前 10 行业合计有 272 家企业上榜，行业数量集中程度高于中国企业 500 强。其中分布最多的是银行：商业储蓄，有 47 家企业上榜，因商业银行单列缘故，比上年减少了 8 家；其次是炼油企业，有 38 家上榜，比上年减少 2 家；然后是车辆与零部件，有 34 家企业上榜，比上年增加 1 家。2015 美国 500 强前 10 行业合计有 174 家企业上榜，在三个榜单中行业数量集中度最低。其中专业零售商：其他、公用事业行业均有 24 家上榜，分居前两位；其次是财产与意外保险，有 22 家企业上榜；然后是商业银行、人寿与健康保险，分别有 18 家企业上榜。

表 6-15 列出了三个 500 强营业收入前 10 的行业，数据表明，中国企业 500 强与世界 500 强、美国 500 强的行业收入来源存在显著差异。中国银行业贡献了 9764.36 亿美元的营业收入，高居行业排行榜第一位；其次是建筑业，贡献了 8484.25 亿美元收入；再次是黑色冶金及压延加工，贡献了 6449.35 亿美元收入；炼油行业的收入贡献排在前 10 以外。2015 世界 500 强中，炼油行业贡献了营业收入 47382.58 亿美元居第一位；其次是银行：商业储蓄，贡献了 28619.67 亿美元收入；再次是车

辆与零部件，贡献了 26495.70 亿美元收入。2015 美国 500 强中，排在第一位的同样是炼油，贡献了 11071.62 亿美元收入；其次是综合商业，贡献了 7004.39 亿美元营业收入；再次是财产与意外保险，贡献了 6345.30 亿美元营业收入。从收入的角度看，中国 500 强同样表现出强重化工特征，世界 500 强与美国 500 强则更多呈现出服务化特征。

表 6-15 2015 三个 500 强企业营业收入行业分布情况

中国		世界		美国	
所属行业	营业收入（百万美元）	所属行业	营业收入（百万美元）	所属行业	营业收入（百万美元）
银行业	976436.30	炼油	4738258	炼油	1107161.5
建筑业	848425.14	银行：商业储蓄	2861967	综合商业	700439.0
黑色冶金及压延加工业	644934.81	车辆与零部件	2649570	财产与意外保险	634530.3
石油、天然气开采及生产业	578649.37	人寿与健康保险（股份）	1479032	商业银行	628926.0
石化产品、炼焦及其他燃料加工业	568549.54	采矿、原油生产	1242094	专业零售商：其他	487951.2
煤炭采掘及采选业	493400.19	电信	1220228	车辆与零部件	474802.1
汽车及零配件制造业	487923.40	食品店和杂货店	1212872	食品店和杂货店	449780.0
电力、热力、燃气等能源供应服务业	465362.36	公用设施	1131746	电信	445222.8
一般有色冶金及压延加工业	342164.94	电子、电气设备	1078215	多元化金融	406581.0
邮电通信业	283617.02	财产与意外保险（股份）	951696	保健：保险和管理医保	398988.4

（五）现代服务业、先进制造业在美国 500 强中盈利能力突出

表 6-16 为 2015 中国企业 500 强、世界 500 强和美国 500 强的利润贡献前 10 行业分布情况。表中数据表明，三个榜单中，银行业的利润贡献均排在第一位，为总体利润做出了突出贡献；其中中国企业 500 强中银行业贡献了 2104.16 亿美元利润，美国 500 强中银行业贡献了 1038.96 亿美元利润，世界 500 强中银行业贡献了 3525.64 亿美元利润。2015 中国企业 500 强中，石油与天然气开采及生产业、邮电通信业分居利润贡献第二位、第三位，分别实现利润 262.18 亿美元和 181.96 亿美元；在全球石油价格大幅下滑的背景下，中国企业 500 强中的石油、天然气开采及生产业营业收入仍然逆势增长了 0.39%；虽然受价格下滑影响净利润减少了 6.10%，但仍然高居利润贡献排行榜第二位。2015 世界 500 强中，炼油、车辆与零部件分列第二位与第三位，分别实现利润 1447.85 亿美元和

1189.01 亿美元；2015 美国 500 强中，制药、炼油分居利润贡献第二位和第三位，分别实现利润 672.64 亿美元和 6635.34 亿美元。

表 6-16　　2015 三个 500 强行业利润前 10 行业

中国		世界		美国	
行业	行业营收利润（百万美元）	行业	行业营收利润（百万美元）	行业	行业营收利润（百万美元）
银行业	210416.08	银行：商业储蓄	352564	商业银行	103895.0
石油、天然气开采及生产业	26218.03	炼油	144785	制药	67264.4
邮电通信业	18196.04	车辆与零部件	118901	炼油	66353.4
建筑业	16612.31	电信	85777	财产与意外保险	53071.3
电力、热力、燃气等能源供应服务业	14295.42	制药	81920	计算机、办公设备	44714.0
汽车及零配件制造业	14259.43	商业银行	79222	多元化金融	42967.9
互联网传媒、商务、娱乐服务业	9637.31	财产与意外保险（股份）	67268	计算机软件	33664.3
房地产开发与经营、物业及房屋装饰、修缮、管理等服务业	9026.42	人寿与健康保险（股份）	54235	电信	31135.6
综合保险业	8560.71	电子、电气设备	49109	公用事业：天然气和电力	27064.3
商务服务业	8278.63	计算机、办公设备	49098	航天与防务	25863.8

2015 中国企业 500 强、世界 500 强和美国 500 强在营业收入利润率上也存在有显著差异。在 2015 中国企业 500 强中，营业收入利润率最高的行业是银行业，行业营业收入利润率为 21.49%；其次是互联网传媒、商务、娱乐服务业，行业营业收入利润率为 18.79%；再次为酿酒制造业，行业营业收入利润率为 10.40%。2015 世界 500 强中，建筑和农业机械行业营业收入利润率高居首位，为 26.40%；其次是纺织，为 25.17%；再次是制药，为 18.03%。2015 美国 500 强中，烟草高居行业营业收入利润率榜首，为 24.98%；其次是计算机软件行业，行业营业收入利润率为 24.54%；再次是制药行业，行业营业收入利润率为 23.10%。在中国企业 500 强中，只有前三个行业的营业收入利润率超过了 10%，而美国 500 强与世界 500 强中，前 10 行业的营业收入利润率均超过了 10%（见表 6-17）。中国企业 500 强中，营业收入利润率前 10 的行业除了银行与互联网传媒、商务、娱乐服务业，其他主要是传统制造业；而美国 500 强中，先进制造业和服务业的营业收入利润率排位居前；世界 500 强中，虽也有传统制造业，但也有先进制造业和现代服务业。

表6-17　　2015三个500强行业营收利润率前10行业

中国		世界		美国	
行业	行业营收利润率	行业	行业营收利润率	行业	行业营收利润率
银行业	21.49%	建筑和农业机械	26.40%	烟草	24.98%
互联网传媒、商务、娱乐服务业	18.79%	纺织	25.17%	计算机软件	24.54%
酿酒制造业	10.40%	制药	18.03%	制药	23.10%
烟草加工业	9.04%	公用事业：天然气和电力	16.00%	证券	20.60%
饮料加工业	8.58%	服装	15.87%	网络、通讯设备	20.26%
乳制品加工业	7.68%	娱乐	15.66%	铁路运输	18.86%
通讯器材及设备、元器件制造业	6.88%	计算机周边产品	15.57%	金融数据服务	18.84%
港口服务业	6.81%	商业银行	15.41%	林产品与纸制品	16.67%
综合保险业	6.79%	专业零售	14.59%	商业银行	16.52%
邮电通信业	6.40%	银行：商业储蓄	12.32%	计算机、办公设备	14.86%

表6-18列出了2015三个500强榜单中企业平均利润排名前10位的行业。在2015中国企业500强中，银行业的企均利润排在首位，平均每家银行实现利润116.90亿美元；石油、天然气开采及生产行业排在第二位，平均每个企业实现利润87.39亿美元；邮电通信业位居第三，平均每个企业实现利润45.49亿美元。2015世界500强中，企业平均利润居于第一位的是建筑和农业机械，每家企业的平均利润为165.16亿美元，高于中国银行业的企均利润；居于第二位的是商业银行，平均每家商业银行实现利润99.03亿美元；然后是服装，企均利润为90.79亿美元。2015美国500强中，计算机、办公设备排在企业利润第一位，平均每家企业实现利润149.05亿美元，低于世界500强的建筑和农业机械行业，但高于中国500强的银行业；居于第二位的是计算机软件，平均每家企业的利润为84.16亿美元；第三位是制药行业，平均每家企业的利润为61.15亿美元。2015美国500强企均利润排在前列的显然都是现代先进制造业，前10行业中，只有炼油与烟草属于典型的传统行业；而在中国企业500强的前10行业中，多数都属于典型传统行业。

表6-18　　三个500强企业的行业企均利润排名前10的行业

中国		世界		美国	
行业	企均利润（百万美元）	行业	企均利润（百万美元）	行业	企均利润（百万美元）
银行业	11689.78	建筑和农业机械	16514.50	计算机、办公设备	14904.67
石油、天然气开采及生产业	8739.34	商业银行	9902.75	计算机软件	8416.00
邮电通信业	4549.01	服装	9078.50	制药	6114.91
综合保险业	2853.57	食品：消费产品	8373.00	商业银行	5771.94

（续表）

中国		世界		美国	
行业	企均利润（百万美元）	行业	企均利润（百万美元）	行业	企均利润（百万美元）
互联网传媒、商务、娱乐服务业	2409.33	制药	8192.00	多元化金融	5371.00
财产保险业	2142.34	银行：商业储蓄	7501.36	炼油	5104.08
通讯器材及设备、元器件制造业	1964.00	纺织	7493.00	烟草	4677.67
电力、热力、燃气等能源供应服务业	1588.38	房地产	7101.50	网络、通讯设备	3437.83
商务服务业	1182.66	计算机、办公设备	7014.00	铁路运输	3035.67
航空、航天、核工业与兵器制造业	1053.65	网络、通讯设备	6567.80	网络服务和零售	2935.14

尽管 2015 中国企业 500 强在营业收入与利润增长的同时，员工数量有一定程度减少，但中国大企业的劳动密集型特征并没有发生明显改善，人均利润仍然远低于 2015 世界 500 强和 2015 美国 500 强。中国企业 500 强与世界 500 强、美国 500 强在行业人均利润率分布上的显著差异也仍然存在。2015 中国企业 500 强人均利润排名前三位的分别是银行、烟草加工和橡胶制品业；2014 中国企业 500 强的前三位分别是互联网、商务、娱乐服务业，银行业与烟草加工业，今年互联网、商务、娱乐服务业退出了前三，橡胶制品业进入了前三。2015 世界 500 强中，人均利润前三的分别是建筑和农业机械、管道运输和制药，与 2014 世界 500 强行业人均利润率排位前三的多元化金融、计算机软件和管道运输相比，有了明显变化。2015 美国 500 强人均利润前三位分别是炼油、制药和烟草，与 2014 美国 500 强排位前三的行业分别是多元化金融、炼油和住宅建筑商，同样有较大变化。从人均利润净值看，中国企业 500 强和世界 500 强、美国 500 强的差距非常明显，中国企业 500 强整体上低于世界 500 强，而世界 500 强则又整体上都于美国 500 强；在中国企业 500 强中居于第一位的银行业，其人均利润还不如美国 500 强中居于第 10 位的住宅建筑商。如表 6-19 所示。

表 6-19　　　　三个 500 强企业的行业人均利润率排名前 10 的行业

中国		世界		美国	
行业	人均利润（万美元）	行业	人均利润（万美元）	行业	人均利润（万美元）
银行业	9.85	建筑和农业机械	13.21	炼油	21.49
烟草加工业	8.88	管道运输	9.78	制药	16.25
橡胶制品业	4.23	制药	9.44	烟草	14.49
金属内外商贸及加工、配送、批发零售业	3.91	服装	9.23	计算机软件	11.73
饮料加工业	2.84	纺织	9.08	多元化金融	10.84
港口服务业	2.83	食品：消费产品	8.41	证券	10.67

（续表）

中国		世界		美国	
行业	人均利润（万美元）	行业	人均利润（万美元）	行业	人均利润（万美元）
房地产开发与经营、物业及房屋装饰、修缮、管理等服务业	2.76	公用事业：天然气和电力	8.32	计算机、办公设备	10.41
综合保险业	2.31	房地产	6.84	管道运输	10.05
酿酒制造业	2.07	商业银行	6.83	林产品与纸制品	9.99
通讯器材及设备、元器件制造业	1.97	雇佣帮助	6.81	住宅建筑商	9.92

（六）2015中国企业500强的利润和营业收入更集中分布在前百强企业

无论是在营业收入分布上，还是在净利润分布上，2015中国企业500强都表现出更高的前端集中度，2015美国500强的集中度居于其次，分布相对均匀化的是2015世界500强。2015美国500强、2015世界500强营业收入与利润的区间分布基本相称，但2015中国企业500强利润区间分布和营业收入区间分布存在差异，与营业收入相比，利润分布的前端集中度显得更为明显。

2015中国企业500强中，多达64.34%的营业收入由排名前100位的企业实现。2015中国企业500强中，中国石油化工集团公司、中国石油天然气集团公司、国家电网公司和中国工商银行的营业收入都已经突破万亿元大关，其中中国石油化工集团公司、中国石油天然气集团公司、国家电网公司营业收入已经超过2万亿元。前4家公司的营业收入为8.74万亿元，占2015中国企业500强的14.70%。与之相比，2015美国500强前100位的营业收入只占全部美国500强的62.48%，占比稍低于中国企业500强；2015世界500强前100位的营业收入总和只占全部世界500强营业收入的45.71%，占比远低于美国500强和中国企业500强，其营业收入的分布均匀度明显好于美国500强和中国企业500强（见表6-20）。2015中国企业500强首末位之间的比是122.39，2015美国500强的首末位比是93.57，2014世界500强的首末位比是20.47。无论是前端集中度，还是首末位比，2015中国500强都明显大于2015美国500强与2015世界500强，二者一致反映了2015中国企业500强内部之间营业收入存在巨大差异。但与上年度相比，中国企业500强和美国500强的营业收入分布的集中程度均有一定程度的缓解。

表6-20　　三个500强营业收入集中度比较

	中国	世界	美国
1~100	64.34%	45.71%	62.48%
101~200	16.44%	20.84%	16.58%
201~300	8.64%	14.08%	9.72%
301~400	6.01%	10.89%	6.50%
401~500	4.57%	8.48%	4.72%

与营业收入相比，2015 中国企业 500 强净利润的前端集中度更加显著。2015 中国企业 500 强中，有 78.85% 的净利润是由营业收入排名前 100 位的企业贡献的，比上年增加了 1.30 个百分点；排名前 100 位的企业所贡献的净利润，已经超过了 2015 中国企业 500 强净利润的 3/4，净利润的前端集中程度高度显著。2015 美国 500 强中，营业收入排名前 100 位的企业，只贡献了净利润的 61.79%；在 2015 世界 500 强中，营业收入排名前 100 位的企业，只贡献了净利润的 46.05%；无论是美国 500 强，还是世界 500 强，其净利润的前端集中程度都显著低于中国企业 500 强（见表 6-21）。与上年相比，中国企业 500 强的利润集中度在上升，而世界 500 强和美国 500 强的利润集中度均有所下降。

表 6-21　　三个 500 强净利润集中度比较

	中国	世界	美国
1 ~ 100	78.85%	46.05%	61.79%
101 ~ 200	10.08%	20.42%	18.71%
201 ~ 300	4.87%	16.79%	10.19%
301 ~ 400	3.22%	8.18%	6.02%
401 ~ 500	2.99%	8.57%	3.28%

（七）中国企业 500 强中金融类企业的地位十分突出

尽管中国企业 500 强中金融企业的数量和世界 500 强、美国 500 强相比，无论是在金融大类上，还是在具体的银行小类上，并不占优势，但在利润贡献占比上，明显超过了世界 500 强和美国 500 强。一直以来，金融类企业在中国企业 500 强中都占有非常重要的特殊地位。2015 中国企业 500 强中共有金融类企业 27 家，比上年增加了 2 家，占全部 500 强的 5.40%；其中银行 18 家，增加了 2 家，占全部 500 强的 3.60%。在 2015 中国企业 500 强中，27 家金融类企业虽然只占企业数量的 5.40%，却贡献了营业收入的 13.44%，贡献了净利润的 53.47%；尤其是对净利润的贡献率，显著高于金融类企业在世界 500 强和美国 500 强的贡献率。中国银行业的利润贡献尤为突出，18 家入围的银行合计贡献了 2015 中国企业 500 强净利润的 49.95%，而 2015 世界 500 强中的 55 家银行，合计也只贡献了全部世界 500 强净利润的 25.90%；全部 18 家入围 2015 美国 500 强的银行，仅仅贡献了美国 500 强净利润的 2.42%（见表 6-22）。受经济不景气和长期超低利率影响，美国银行业的收入和利润在 2014 年度分别大幅下降 39.26% 和 78.94%；而中国银行业似乎并没有受到经济增速下滑的影响，营业收入和利润分别增长了 16.14% 和 6.87%，使得银行业在中国企业 500 强中的地位更加突出。

表 6-22　　三个 500 强中金融类企业主要指标占比分析

		数量	营业收入	净利润	资产总额	股东权益	员工人数
中国	金融类企业	5.40%	13.44%	53.47%	62.86%	34.01%	10.94%
	其中银行	3.60%	10.07%	49.95%	57.75%	31.07%	6.86%
世界	金融类企业	21.80%	20.96%	34.98%	70.30%	38.78%	15.60%
	其中银行	11.00%	10.82%	25.90%	54.71%	28.31%	10.67%
美国	金融类企业	14.20%	16.77%	24.46%	68.62%	38.55%	11.38%
	其中银行	3.60%	3.11%	2.42%	11.33%	4.89%	0.88%

表 6-23 列出了 2015 中国企业 500 强、世界 500 强和美国 500 强中金融类企业、银行和其他非金融企业的营业收入利润率。数据表明，中国金融企业的营业收入利润率达到了 17.23%，尽管与上年相比稍有下降，但仍远高于 2015 世界 500 强中金融企业营业收入利润率（8.92%）和美国 500 强中金融企业营业收入利润率（11.00%）。中国企业 500 强中银行的营业收入利润率（21.49%）要显著高于世界 500 强（12.79%）和美国 500 强（5.86%），而且在中国企业 500 强和世界 500 强中，银行业的营业收入利润率均显著高于金融企业总体的营业收入利润率。2015 美国 500 强中银行业的营业收入利润率明显低于金融大类总体水平，这与上年二者大体持平相比，发生了显著变化。另一个需要高度关注的问题是，尽管 2015 中国企业 500 强中非金融的实体企业营业收入利润率比上年略微提升了 0.06 个百分点，但总体水平只有 2.33%，连续多年处于微利经营状态；尤其是与银行业高达 21.49% 的营业收入利润率相比，实在是低得异乎寻常。中国银行业也许没有在实体经济发展过程中恰当地发挥其应有的为实体经济发展输血造血的功能，而是在一定程度上继续侵蚀实体经济的利润，削弱实体经济长期持续发展的能力。而在世界 500 强与美国 500 强中，实体经济与金融类、银行之间的营业收入利润率的差距，要比中国企业 500 强小得多；尤其是美国 500 强中，银行业的营业收入利润率只有 5.86%，甚至还比实体企业的营业收入利润率低了 0.99 个百分点。

表 6-23　　三个 500 强中金融企业、非金融企业和总体的营业收入利润率

	中国	世界	美国
金融企业合计	17.23%	8.92%	11.00%
银行	21.49%	12.79%	5.86%
其他非金融企业	2.33%	4.39%	6.85%
500 强总体	4.33%	5.34%	7.54%

（八）中国企业 500 强中医疗保健业发展明显滞后

表 6-24 对 2015 中国企业 500 强、世界 500 强和美国 500 强中与医疗保健有关的行业发展情况进行了统计。从数据看，在三个 500 强中，2015 中国企业 500 强的医疗保健业发展水平最差。2015 中

国企业 500 强中只有 12 家企业与医疗保健有关，其中制造业企业 9 家，药品销售企业 3 家；医疗保健业企业数量占 500 强的 2.40%，营业收入仅占 500 强的 1.22%，利润贡献为 0.77%，整个医疗保健业在 500 强的地位十分弱小。2015 世界 500 强中有医疗保健类企业 23 家，上榜数量明显多于中国企业 500 强；其中制药企业 10 家，保健产品批发企业 5 家，其他保健企业 8 家；医疗保健类企业的营业收入占比为 3.84%，利润占比为 6.56%；医疗保健类企业在世界 500 强中的地位明显高于中国企业 500 强。2015 美国 500 强中有医疗保健类企业 38 家，上榜企业数量在三个 500 强中最多；营业收入占比为 7.98%，利润占比为 10.11%，医疗保健类企业在美国 500 强中已经占据了非常重要的地位。而且从数量与营业收入占比看，中国企业 500 强中，医疗保健类企业的平均规模显著小于 500 强的平均水平；而美国 500 强中，医疗保健企业的数量占比与营业收入占比基本相当，其中收入占比甚至略高于上榜企业数量占比，说明美国 500 强中医疗保健企业已经具有较高的发展水平。

表 6-24　　三个 500 强医疗保健业发展数据

		上榜企业数（家）	营业收入（百万美元）	利润（百万美元）	资产（百万美元）	净资产（百万美元）	员工（人）
中国	数量	12	72292174	1974855	54057750	19140666	340523
	百分比	2.40%	1.22%	0.77%	0.27%	0.78%	1.09%
世界	数量	23	1198804	109417	1357393	564016	1988028
	百分比	4.60%	3.84%	6.56%	1.10%	3.69%	3.06%
美国	数量	38	999494	95519	1266146	483475	1828429
	百分比	7.60%	7.98%	10.11%	3.32%	7.33%	6.89%

第七章 2015 中国 500 强与世界 500 强行业领先企业主要经济指标对比

表 7-1　　2015 中国 500 强与世界 500 强金属产品业领先企业对比

	安赛乐米塔尔（1）（卢森堡）	中国五矿集团公司（2）	（2）/（1）（%）
营业收入（百万元）	48849604	32275663	66.07
利润（百万元）	-669139	-198978	29.74
资产（百万元）	61530652	36609914	59.50
所有者权益（百万元）	26110154	3766448	14.43
收入利润率（%）	-1.40	-0.62	44.29
资产利润率（%）	-1.09	-0.54	49.54
净资产利润率（%）	-2.56	-5.28	206.25
劳动生产率（万元/人）	219.72	292.72	133.22
人均利润（万元）	-3.01	-1.80	59.80

表 7-2　　2015 中国 500 强与世界 500 强计算机、办公设备业领先企业对比

	苹果公司（1）（美国）	联想控股股份有限公司（2）	（2）/（1）（%）
营业收入（百万元）	112629139	28947583	25.70
利润（百万元）	24344087	782217	25.70
资产（百万元）	143832916	28900152	20.09
所有者权益（百万元）	69203759	3198586	4.62
收入利润率（%）	21.60	2.70	12.51
资产利润率（%）	16.93	2.71	15.99
净资产利润率（%）	35.18	24.46	69.52
劳动生产率（万元/人）	1，158.74	479.43	41.38
人均利润（万元）	250.45	12.96	5.17

表 7-3　　2015 中国 500 强与世界 500 强工程与建筑业领先企业对比

	万喜集团（1）（法国）	中国建筑股份有限公司（2）	（2）/（1）（%）
营业收入（百万元）	32034871	80002875	249.74
利润（百万元）	2031939	3317681	163.28
资产（百万元）	47312511	91910622	194.26
所有者权益（百万元）	11066633	13901946	125.62
收入利润率（%）	6.30	4.15	65.82
资产利润率（%）	4.29	3.61	84.05
净资产利润率（%）	18.36	23.86	129.98
劳动生产率（万元/人）	172.89	323.02	186.84
人均利润（万元）	10.97	13.40	122.15

表 7-4 2015 中国 500 强与世界 500 强银行业领先企业对比

	法国巴黎银行（1）(法国)	中国工商银行（2）	(2)/(1)(%)
营业收入（百万元）	76607778	102943000	134.38
利润（百万元）	128344	27628600	21526.98
资产（百万元）	1559639070	2060995300	132.15
所有者权益（百万元）	67114314	153085900	228.10
收入利润率（%）	0.20	26.84	13419.37
资产利润率（%）	0.01	1.34	16290.34
净资产利润率（%）	0.19	18.05	9437.63
劳动生产率（万元/人）	426.54	222.68	52.21
人均利润（万元）	0.71	59.77	8363.53

表 7-5 2015 中国 500 强与世界 500 强航天与防务业领先企业对比

	波音公司（1）(美国)	中国兵器工业集团公司（2）	(2)/(1)(%)
营业收入（百万元）	55923006	40428489	72.29
利润（百万元）	3355553	894609	26.66
资产（百万元）	61542439	32614538	53.00
所有者权益（百万元）	5375766	8434429	156.90
收入利润率（%）	6.00	2.21	36.88
资产利润率（%）	5.45	2.74	50.31
净资产利润率（%）	62.42	10.61	16.99
劳动生产率（万元/人）	337.90	161.62	47.83
人均利润（万元）	20.28	3.58	17.64

表 7-6 2015 中国 500 强与世界 500 强公用设施业领先企业对比

	意大利国家电力公司（1）(意大利)	国家电网公司（2）	(2)/(1)(%)
营业收入（百万元）	61947105	209136337	337.60
利润（百万元）	422556	6235752	1475.72
资产（百万元）	125081326	289291369	231.28
所有者权益（百万元）	23649524	123167051	520.80
收入利润率（%）	0.70	2.98	425.95
资产利润率（%）	0.34	2.16	638.06
净资产利润率（%）	1.79	5.06	283.36
劳动生产率（万元/人）	898.29	220.87	24.59
人均利润（万元）	6.13	6.59	107.48

表 7-7　　2015 中国 500 强与世界 500 强电子、办公设备业领先企业对比

	三星电子公司（1）(韩国)	正威国际集团（2）	(2)/(1)(%)
营业收入（百万元）	120670082	26871182	22.27
利润（百万元）	13507672	591073	4.38
资产（百万元）	130076786	11573532	8.90
所有者权益（百万元）	91553731	5425146	5.93
收入利润率（%）	11.20	2.20	19.64
资产利润率（%）	10.38	5.11	49.18
净资产利润率（%）	14.75	10.90	73.85
劳动生产率（万元/人）	393.06	1530.60	389.40
人均利润（万元）	44.00	33.67	76.52

表 7-8　　2015 中国 500 强与世界 500 强采掘业领先企业对比

	墨西哥石油公司（1）（墨西哥）	中国海洋石油总公司（2）	(2)/(1)(%)
营业收入（百万元）	73468925	61159992	83.25
利润（百万元）	-12279500	7917306	-64.48
资产（百万元）	89594818	111937356	124.94
所有者权益（百万元）	-32332146	46137783	-142.70
收入利润率（%）	-16.70	12.95	
资产利润率（%）	-13.71	7.07	
净资产利润率（%）	37.98	17.16	45.18
劳动生产率（万元/人）	506.94	533.81	105.30
人均利润（万元）	-84.73	69.10	

表 7-9　　2015 中国 500 强与世界 500 强化学品制造企业领先企业对比

	巴斯夫公司（1）(德国)	中国化工集团公司（2）	(2)/(1)(%)
营业收入（百万元）	60749741	25763136	42.41
利润（百万元）	4213419	22482	0.53
资产（百万元）	53564592	27207157	50.79
所有者权益（百万元）	20728060	2303157	11.11
收入利润率（%）	6.90	0.09	1.26
资产利润率（%）	7.87	0.08	1.05
净资产利润率（%）	20.33	0.98	4.80
劳动生产率（万元/人）	536.22	259.59	48.41
人均利润（万元）	37.19	0.23	0.61

表7-10 2015中国500强与世界500强建材、玻璃业领先企业对比

	圣戈班集团（1）（法国）	中国建筑材料集团有限公司（2）	(2)/(1)(%)
营业收入（百万元）	33555159	25043047	1.26
利润（百万元）	778937	294396	1.05
资产（百万元）	33631450	40693153	4.80
所有者权益（百万元）	13521184	2480793	48.41
收入利润率（%）	2.30	1.20	52.17
资产利润率（%）	2.32	0.72	31.03
净资产利润率（%）	5.76	11.87	206.08
劳动生产率（万元/人）	184.63	141.60	76.69
人均利润（万元）	4.29	1.66	38.69

表7-11 2015中国500强与世界500强炼油业领先企业对比

	荷兰皇家壳牌石油公司（1）（荷兰）	中国石油化工集团公司（2）	(2)/(1)(%)
营业收入（百万元）	265772606	288993429	108.74
利润（百万元）	9164615	4514854	49.26
资产（百万元）	219073166	222836618	101.72
所有者权益（百万元）	106687706	73556695	68.95
收入利润率（%）	3.40	1.56	45.95
资产利润率（%）	4.18	2.03	48.43
净资产利润率（%）	8.59	6.14	71.45
劳动生产率（万元/人）	2827.37	322.00	11.39
人均利润（万元）	97.50	5.03	5.16

表7-12 2015中国500强与世界500强贸易业领先企业对比

	托克贸易公司（1）（荷兰）	中国中化集团公司（2）	(2)/(1)(%)
营业收入（百万元）	78628503	49682919	63.19
利润（百万元）	640611	696744	108.76
资产（百万元）	24552206	35535391	144.73
所有者权益（百万元）	3260636	7440500	228.19
收入利润率（%）	0.80	1.40	175.30
资产利润率（%）	2.61	1.96	75.15
净资产利润率（%）	19.65	9.36	47.66
劳动生产率（万元/人）	14763.14	897.63	6.08
人均利润（万元）	120.28	12.59	10.47

表 7-13　　2015 中国 500 强与世界 500 强汽车与零部件业领先企业对比

	大众公司（1）(德国)	上海汽车集团股份有限公司（2）	(2)/(1)(%)
营业收入（百万元）	165477311	63000116	38.07
利润（百万元）	8978476	3825077	42.60
资产（百万元）	263629860	41487067	15.74
所有者权益（百万元）	67550393	15766439	23.34
收入利润率（%）	5.40	6.07	112.44
资产利润率（%）	3.41	9.22	270.72
净资产利润率（%）	13.29	24.26	182.53
劳动生产率（万元/人）	279.25	691.13	247.50
人均利润（万元）	15.15	41.96	276.95

表 7-14　　2015 中国 500 强与世界 500 强财产和意外保险业领先企业对比

	伯克希尔-哈撒韦公司（1）(美国)	中国人民保险集团股份有限公司（2）	(2)/(1)(%)
营业收入（百万元）	119947769	35149600	29.30
利润（百万元）	12244133	1871500	15.28
资产（百万元）	326445794	78222100	23.96
所有者权益（百万元）	149001468	9258100	6.21
收入利润率（%）	10.20	5.32	52.20
资产利润率（%）	3.75	2.39	63.79
净资产利润率（%）	8.22	20.21	246.00
劳动生产率（万元/人）	379.58	68.45	18.03
人均利润（万元）	38.75	3.64	9.41

表 7-15　　2015 中国 500 强与世界 500 强电信业领先企业对比

	美国电话电报公司（1）(美国)	中国移动通信集团公司（2）	(2)/(1)(%)
营业收入（百万元）	81607219	66253831	81.19
利润（百万元）	3834918	9411125	245.41
资产（百万元）	181671112	153082975	84.26
所有者权益（百万元）	53583948	84006348	156.78
收入利润率（%）	4.70	14.20	302.23
资产利润率（%）	2.11	6.15	291.24
净资产利润率（%）	7.16	11.20	156.53
劳动生产率（万元/人）	334.98	241.50	72.09
人均利润（万元）	15.74	34.30	217.92

表7-16　　2015中国500强与世界500强邮件、包裹运输业领先企业对比

	德国邮政（1）(德国)	中国邮政集团公司（2）	(2)/(1)(%)
营业收入（百万元）	47933821	40476596	84.44
利润（百万元）	1692687	2862487	169.11
资产（百万元）	27757751	650184445	2342.35
所有者权益（百万元）	7037942	23934106	340.07
收入利润率（%）	3.50	7.07	202.06
资产利润率（%）	6.10	0.44	7.22
净资产利润率（%）	24.05	11.96	49.73
劳动生产率（万元/人）	108.01	43.42	40.20
人均利润（万元）	3.81	3.07	80.50

表7-17　　2015中国500强与世界500强制药业领先企业对比

	强生公司（1）(美国)	中国医药集团（2）	(2)/(1)(%)
营业收入（百万元）	45799046	24710984	53.96
利润（百万元）	10057416	729136	7.25
资产（百万元）	81346228	19919246	24.49
所有者权益（百万元）	43274141	3194444	7.38
收入利润率（%）	22.00	2.95	13.41
资产利润率（%）	12.36	3.66	29.61
净资产利润率（%）	23.24	22.83	98.21
劳动生产率（万元/人）	362.05	268.11	74.05
人均利润（万元）	79.51	7.91	9.95

表7-18　　2015中国500强与世界500强网络通信设备业领先企业对比

	思科公司（1）(美国)	华为投资控股有限公司（2）	(2)/(1)(%)
营业收入（百万元）	29046543	28819700	99.22
利润（百万元）	4838626	2785100	57.56
资产（百万元）	65225134	30977300	47.49
所有者权益（百万元）	35148142	9994000	28.43
收入利润率（%）	16.70	9.66	57.87
资产利润率（%）	7.42	8.99	121.20
净资产利润率（%）	13.77	27.87	202.43
劳动生产率（万元/人）	392.30	180.12	45.91
人均利润（万元）	65.35	17.41	26.64

表 7-19　　2015 中国 500 强与世界 500 强能源业领先企业对比

	嘉能可斯特拉塔（1）（瑞士）	中国华能集团公司（2）	(2)/(1)(%)
营业收入（百万元）	136214129	29206174	21.44
利润（百万元）	1422074	1716408	120.70
资产（百万元）	94427982	92815795	98.29
所有者权益（百万元）	94427982	4815561	5.10
收入利润率（%）	1.00	5.88	587.69
资产利润率（%）	1.51	1.85	122.79
净资产利润率（%）	1.51	35.64	2366.75
劳动生产率（万元/人）	1275.04	214.20	16.80
人均利润（万元）	13.31	12.59	94.57

表 7-20　　2015 中国 500 强与世界 500 强人寿健康保险业领先企业对比

	安盛公司（1）（法国）	中国人寿保险（集团）公司（2）	(2)/(1)(%)
营业收入（百万元）	99306990	53758656	54.13
利润（百万元）	4106332	1039753	25.32
资产（百万元）	630585355	274679494	43.56
所有者权益（百万元）	48955702	9534990	19.48
收入利润率（%）	4.10	1.90	46.34
资产利润率（%）	0.65	0.38	58.13
净资产利润率（%）	8.39	10.90	130.00
劳动生产率（万元/人）	1031.45	354.33	34.35
人均利润（万元）	42.65	6.85	16.07

表 7-21　　2015 中国 500 强与世界 500 强工业机械业领先企业对比

	韩国现代重工集团（1）（韩国）	中国机械工业集团有限公司（2）	(2)/(1)(%)
营业收入（百万元）	30770777	24474888	79.54
利润（百万元）	-1035317	335597	
资产（百万元）	30136178	25313437	84.00
所有者权益（百万元）	8565801	4545513	53.07
收入利润率（%）	-3.40	1.37	
资产利润率（%）	-3.44	1.33	
净资产利润率（%）	-12.09	7.38	
劳动生产率（万元/人）	711.20	196.16	27.58
人均利润（万元）	-23.93	2.69	

表7-22 2015中国500强与世界500强综合商业领先企业对比

	沃尔玛（1）(美国)	华润股份有限公司（2）	(2)/(1)(%)
营业收入（百万元）	299233864	46141246	15.42
利润（百万元）	10082062	2552510	25.32
资产（百万元）	126379202	93698492	74.14
所有者权益（百万元）	50496838	14227364	28.17
收入利润率（%）	3.40	5.53	162.70
资产利润率（%）	7.98	2.72	34.15
净资产利润率（%）	19.97	17.94	89.86
劳动生产率（万元/人）	136.02	99.88	73.44
人均利润（万元）	4.58	5.53	120.57

表7-23 2015中国500强与世界500强多元化金融业领先企业对比

	通用电气公司（1）(美国)	中国中信集团有限公司（2）	(2)/(1)(%)
营业收入（百万元）	91387984	34088735	37.30
利润（百万元）	9385813	4686590	49.93
资产（百万元）	402235720	473290356	117.66
所有者权益（百万元）	79509844	26758102	33.65
收入利润率（%）	10.30	13.75	133.48
资产利润率（%）	2.33	0.99	42.44
净资产利润率（%）	11.80	17.51	148.37
劳动生产率（万元/人）	299.63	190.13	63.46
人均利润（万元）	30.77	26.14	84.94

表7-24 2015中国500强与世界500强批发商业领先企业对比

	全球燃料服务公司（1）(美国)	中国航空油料集团公司（2）	(2)/(1)(%)
营业收入（百万元）	26732530	22289976	83.38
利润（百万元）	136600	151450	110.87
资产（百万元）	3027552	3872846	127.92
所有者权益（百万元）	1151090	1130166	98.18
收入利润率（%）	0.50	0.68	135.89
资产利润率（%）	4.51	3.91	86.67
净资产利润率（%）	11.87	13.40	112.92
劳动生产率（万元/人）	6615.33	2059.50	31.13
人均利润（万元）	33.80	13.99	41.40

表 7-25　**2015 中国 500 强与世界 500 强船务业领先企业对比**

	马士基集团（1）（丹麦）	中国远洋运输（集团）总公司（2）	（2）/（1）（%）
营业收入（百万元）	31015143	16933575	54. 60
利润（百万元）	3089992	525115	16. 99
资产（百万元）	42710818	35905745	84. 07
所有者权益（百万元）	25772657	11746004	45. 58
收入利润率（%）	10. 00	3. 10	31. 01
资产利润率（%）	7. 23	0. 43	5. 97
净资产利润率（%）	11. 99	3. 99	33. 25
劳动生产率（万元/人）	260. 18	174. 97	67. 25
人均利润（万元）	25. 92	5. 42	20. 90

表 7-26　**2015 中国 500 强与世界 500 强航空业领先企业对比**

	美国航空集团（1）（美国）	海航集团（2）	（2）/（1）（%）
营业收入（百万元）	26278798	15801958	60. 13
利润（百万元）	1775744	448039	25. 23
资产（百万元）	27155528	49520370	182. 36
所有者权益（百万元）	1253828	2249698	179. 43
收入利润率（%）	6. 80	2. 84	41. 70
资产利润率（%）	6. 54	0. 90	13. 84
净资产利润率（%）	141. 63	19. 92	14. 06
劳动生产率（万元/人）	231. 94	139. 73	60. 24
人均利润（万元）	15. 67	3. 96	25. 28

注：本章中外企数据的美元与人民币换算汇率：平均汇率 1：6. 1615；年底汇率 1：6. 2040。

第八章
2015 中国企业 500 强数据

表 8-1　　　　**2015 中国企业 500 强**

上年名次	名次	企业名称	地区	营业收入（万元）	净利润（万元）	资产（万元）	所有者权益（万元）	从业人数
1	1	中国石油化工集团公司	北京	288993429	3189818	222836618	73556695	897488
2	2	中国石油天然气集团公司	北京	272995616	10079825	383837071	197836495	1636532
3	3	国家电网公司	北京	209136337	6035861	289291369	123167051	946871
4	4	中国工商银行股份有限公司	北京	102943000	27581100	2060995300	153085900	462282
5	5	中国建设银行股份有限公司	北京	86218900	22783000	1674413000	124217900	372321
7	6	中国建筑股份有限公司	北京	80002875	2256997	91910622	13901946	247672
6	7	中国农业银行股份有限公司	北京	79801600	17946100	1597415200	103106600	493583
9	8	中国银行股份有限公司	北京	74520700	16915900	1525138200	114085900	308128
8	9	中国移动通信集团公司	北京	66253831	6439467	153082975	84006348	274347
12	10	上海汽车集团股份有限公司	上海	63000116	2797344	41487067	15766439	91155
13	11	中国铁路工程总公司	北京	61329911	591418	68537453	5978606	297216
10	12	中国海洋石油总公司	北京	61159992	5294284	111937356	46137783	114573
11	13	中国铁道建筑总公司	北京	59393519	711184	63009579	5701133	297035
19	14	国家开发银行股份有限公司	北京	55555825	9757891	1031703038	66760920	11005
14	15	中国人寿保险（集团）公司	北京	53758346	1039776	274679520	9535009	151719
15	16	中国中化集团公司	北京	49682919	346684	35535391	7440500	55349
16	17	中国第一汽车集团公司	吉林	49411547	2617575	32871046	14108745	135599
17	18	东风汽车公司	湖北	48662393	986081	33626567	6265595	197192
18	19	中国南方电网有限责任公司	广东	47234994	1049453	61696665	21951722	306572
20	20	中国平安保险（集团）股份有限公司	广东	46288200	3927900	400591000	28956400	235999
22	21	华润股份有限公司	广东	46141246	1553150	93698492	14227364	461944
28	22	中国邮政集团公司	北京	40476596	2859590	650184445	23934106	932283
23	23	中国兵器工业集团公司	北京	40428489	448217	32614538	8434429	250138
31	24	天津物产集团有限公司	天津	40234822	109960	16912918	2020745	19373
27	25	太平洋建设集团有限公司	江苏	39044629	1643802	22708943	9632927	312785
30	26	中国航空工业集团公司	北京	38638266	468321	79961590	16833168	562038
24	27	中国电信集团公司	北京	38291973	1255471	70031825	37546269	454292
32	28	中国交通建设集团有限公司	北京	37042234	903938	66194392	8591543	150727
33	29	中国人民保险集团股份有限公司	北京	35149600	1310900	78222100	9258100	513535
25	30	中国中信集团有限公司	北京	34088735	2905149	473290356	26758102	179288
36	31	交通银行股份有限公司	上海	33444493	6584974	626829898	47105551	93428
26	32	神华集团有限责任公司	北京	32490059	2696257	92864733	35210303	259868
21	33	中国五矿集团公司	北京	32275663	-230495	36609914	3766448	110261

上年名次	名次	企业名称	地区	营业收入（万元）	净利润（万元）	资产（万元）	所有者权益（万元）	从业人数
40	34	北京汽车集团有限公司	北京	31156065	505175	26618149	4050993	112159
35	35	宝钢集团有限公司	上海	29774301	587134	53470594	24418241	133069
37	36	中国华能集团公司	北京	29206174	261166	92815795	4815561	136349
34	37	中国联合网络通信集团有限公司	北京	28965300	579629	59168674	16771346	283458
45	38	联想控股股份有限公司	北京	28947583	416039	28900152	3198586	60379
48	39	华为技术有限公司	广东	28819700	2785100	30977300	9994000	160000
38	40	苏宁控股集团	江苏	28294180	76188	16764098	2960924	180000
47	41	山东魏桥创业集团有限公司	山东	28193071	708745	14517917	5765828	123517
66	42	招商银行股份有限公司	广东	28104943	5591100	473182900	31440400	75109
43	43	河北钢铁集团有限公司	河北	28061555	-114989	32428661	4978697	142217
39	44	中国铝业公司	北京	28000752	-1083278	48644865	733518	158096
50	45	正威国际集团有限公司	广东	26871182	590079	11573532	5425146	17556
57	46	中国电力建设集团有限公司	北京	26500259	660394	41318025	5483305	201066
42	47	绿地控股集团有限公司	上海	26195510	556979	50895866	4648449	9300
49	48	山西焦煤集团有限责任公司	山西	25773258	41510	2413494	1951871	232418
44	49	中国化工集团公司	北京	25763136	-114561	27207157	2303157	99247
41	50	中国建筑材料集团有限公司	北京	25042872	294380	40693127	2480767	176854
62	51	兴业银行股份有限公司	福建	25012300	4713800	440639900	25793400	49338
84	52	中粮集团有限公司	北京	24969028	76224	43979378	5247180	120674
54	53	江苏沙钢集团有限公司	江苏	24851875	175064	16809650	3301821	40037
68	54	中国医药集团总公司	北京	24710984	270494	19919246	3194444	92168
61	55	中国民生银行股份有限公司	北京	24643900	4454600	401513600	24014200	59659
46	56	中国机械工业集团有限公司	北京	24474888	375016	25313437	4545513	124768
87	57	大连万达集团股份有限公司	辽宁	24248000	1255099	73205403	9519967	113161
76	58	上海浦东发展银行	上海	23798800	4702600	419592400	26016900	42532
59	59	渤海钢铁集团有限公司	天津	23406168	22455	28494715	4368081	67151
52	60	冀中能源集团有限责任公司	河北	22921232	-216550	18993189	1697621	103978
58	61	中国航空油料集团公司	北京	22289976	58030	3872846	1130166	10823
67	62	中国冶金科工集团有限公司	北京	22062626	172867	33875495	2345192	154032
77	63	中国太平洋保险（集团）股份有限公司	上海	21977800	1104900	82510000	11713100	90829
63	64	浙江省物产集团公司	浙江	21448400	88839	6176166	1103098	17055
65	65	中国华信能源有限公司	上海	21399476	345650	5206589	1846293	21568
72	66	大同煤矿集团有限责任公司	山西	21382993	-278738	22100057	2144361	167030
51	67	中国国电集团公司	北京	21335549	300985	78714754	4780534	128299

上年名次	名次	企业名称	地区	营业收入（万元）	净利润（万元）	资产（万元）	所有者权益（万元）	从业人数
69	68	新兴际华集团有限公司	北京	21255731	270519	11752471	2589455	67897
71	69	中国华电集团公司	北京	21249477	665877	72656262	4353483	110300
88	70	陕西延长石油（集团）有限责任公司	陕西	20822635	668701	26725395	9196640	141085
74	71	江西铜业集团公司	江西	20812305	32515	11259499	2017293	27627
73	72	山西潞安矿业（集团）有限责任公司	山西	20511761	-91781	17159999	1720289	98110
70	73	广州汽车工业集团有限公司	广东	20479107	175100	16302314	2059150	63405
60	74	河南能源化工集团有限责任公司	河南	20433687	-258647	27481813	2202983	245320
75	75	中国电子信息产业集团有限公司	北京	20385155	140915	23431716	2872698	129330
85	76	中国船舶重工集团公司	北京	20168087	669890	41273308	10654133	163000
90	77	海尔集团公司	山东	20071067	1178083	25004319	4573215	60962
53	78	山东能源集团有限公司	山东	20056727	-105146	22750586	4752682	220676
89	79	金川集团股份有限公司	甘肃	20041403	76879	13382655	4056525	32680
78	80	山西晋城无烟煤矿业集团有限责任公司	山西	19411655	63284	21018524	2430056	145646
55	81	晋能集团有限公司	山西	19296321	-1399	24465977	3764063	109408
83	82	中国有色矿业集团有限公司	北京	18765549	-7588	12013353	1185636	56691
95	83	中国能源建设集团有限公司	北京	18682856	239698	22802032	3144955	174755
82	84	中国大唐集团公司	北京	18587307	7209	72036324	4131400	100082
81	85	开滦（集团）有限责任公司	河北	18316390	-294638	7415260	1268353	61539
64	86	首钢总公司	北京	18290392	2012	41386460	9315096	139422
80	87	中国电力投资集团公司	北京	18228613	144177	68038830	4443877	127611
79	88	阳泉煤业（集团）有限责任公司	山西	18113176	-6183	18283255	1342137	155566
99	89	陕西煤业化工集团有限责任公司	陕西	17662201	-185458	40204099	3708046	130463
101	90	中国农业发展银行	北京	17576500	1430400	314221000	7824000	52776
106	91	中国光大集团股份有限公司	北京	17347800	908900	295756700	8227600	54000
97	92	中国通用技术（集团）控股有限责任公司	北京	17049315	293098	13272278	3437168	40450
100	93	大商集团有限公司	辽宁	17023317	144031	2342480	823979	221803
92	94	中国远洋运输（集团）总公司	北京	16933575	333725	35905745	11746004	75675
	95	中国航天科技集团公司	北京	16753254	882078	32892427	11541149	158067
105	96	恒力集团有限公司	江苏	16352809	292750	8388159	3293732	63425
98	97	鞍钢集团公司	辽宁	16150972	-799549	31723100	6156251	218900
108	98	中国保利集团公司	北京	16048517	628800	55090859	4544041	61726
120	99	海航集团有限公司	海南	15801958	127480	49520370	2249698	113089
103	100	中国航天科工集团公司	北京	15742805	780291	19880438	7657508	137939
86	101	天津中环电子信息集团有限公司	天津	15460530	556864	7327265	3742517	64116

上年名次	名次	企业名称	地区	营业收入（万元）	净利润（万元）	资产（万元）	所有者权益（万元）	从业人数
96	102	浙江吉利控股集团有限公司	浙江	15395264	169724	13013336	1280068	42968
112	103	华晨汽车集团控股有限公司	辽宁	15066410	107082	11110120	520937	49152
56	104	武汉钢铁（集团）公司	湖北	14615513	33588	21370944	5004958	94596
104	105	中国平煤神马能源化工集团有限责任公司	河南	14580101	-88564	14215302	1520973	163467
107	106	国美电器有限公司	北京	14348266	347228	5662110	1765661	58903
111	107	新华人寿保险股份有限公司	北京	14318700	640600	64370900	4835900	56487
116	108	美的集团股份有限公司	广东	14231097	1050222	12029208	3947049	108120
114	109	酒泉钢铁（集团）有限责任公司	甘肃	13842849	-84907	13451091	3070444	37898
115	110	铜陵有色金属集团控股有限公司	安徽	13636199	-12542	7818192	1060216	28158
109	111	黑龙江北大荒农垦集团总公司	黑龙江	13587686	-23445	18803467	2246865	544779
93	112	百联集团有限公司	上海	13435613	55422	9178732	1901544	78701
133	113	海亮集团有限公司	浙江	13003081	79261	5626368	1249524	14173
119	114	万向集团公司	浙江	12878896	60613	8004431	1691773	26989
151	115	潍柴控股集团有限公司	山东	12665954	42276	13606332	406057	77239
128	116	厦门建发集团有限公司	福建	12393562	147894	11087461	1363936	16893
237	117	天津百利机械装备集团有限公司	天津	12301000	490000	8024000	3427000	79073
121	118	中国黄金集团公司	北京	12133863	-54894	8872929	1271480	51196
134	119	中国南车集团公司	北京	12132061	261319	15678157	2398672	112329
122	120	上海烟草集团有限责任公司	上海	12121020	1976767	13363557	12052725	14315
94	121	光明食品（集团）有限公司	上海	12092831	208802	17355202	3405315	136405
117	122	山东钢铁集团有限公司	山东	11599587	-234569	20008544	1406680	99635
182	123	京东商城电子商务有限公司	北京	11500231	-499635	6649317	3749806	
130	124	上海建工集团股份有限公司	上海	11366168	177180	11706580	1795832	28789
137	125	国家开发投资公司	北京	11262010	410590	46172597	6223324	81107
131	126	兖矿集团有限公司	山东	11239819	5165	19977212	1121719	91060
147	127	安徽海螺集团有限责任公司	安徽	11154817	401315	10836213	2383961	54518
153	128	山东大王集团有限公司	山东	11143928	337131	6891404	2417342	26339
145	129	恒大地产集团有限公司	广东	11139811	1276129	47446209	5111979	77057
132	130	江苏悦达集团有限公司	江苏	11114521	-64949	8017806	674850	31169
123	131	本钢集团有限公司	辽宁	11100659	10569	14295077	3681714	78833
136	132	中国南方航空集团公司	广东	10918040	161981	19675190	2060053	95361
143	133	上海东浩兰生国际服务贸易（集团）有限公司	上海	10833334	96557	2970054	888694	5469
135	134	中国航空集团公司	北京	10720489	217014	22189803	3602128	78560
138	135	中国北方机车车辆工业集团公司	北京	10570383	268274	15748272	2990364	88296

上年名次	名次	企业名称	地区	营业收入（万元）	净利润（万元）	资产（万元）	所有者权益（万元）	从业人数
142	136	陕西有色金属控股集团有限责任公司	陕西	10544213	13341	12003143	2937277	45262
127	137	中天钢铁集团有限公司	江苏	10520502	38486	4685200	1509570	15141
158	138	华夏银行股份有限公司	北京	10403472	1798091	185162778	10145868	27835
113	139	山西煤炭进出口集团有限公司	山西	10263596	-221531	7658365	1301136	16124
141	140	红塔烟草（集团）有限责任公司	云南	10226128	665258	11459062	7430782	22580
129	141	杭州钢铁集团公司	浙江	10115083	115902	6767740	1352614	18606
154	142	TCL 集团股份有限公司	广东	10102868	318321	9287689	1819435	73485
125	143	新疆广汇实业投资（集团）有限责任公司	新疆	10082004	231731	14113268	2287010	68705
179	144	天津渤海化工集团有限责任公司	天津	10012353	24602	15456895	4938217	38692
152	145	广厦控股集团有限公司	浙江	9868116	102308	3725361	781696	122688
156	146	泰康人寿保险股份有限公司	北京	9838871	676299	52739653	3194712	45335
146	147	海信集团有限公司	山东	9804851	475430	9759782	3255027	53930
157	148	大冶有色金属集团控股有限公司	湖北	9585434	7425	3281091	645915	15059
126	149	中国中煤能源集团有限公司	北京	9502254	-44307	30964326	6211791	117156
144	150	上海电气（集团）总公司	上海	9501369	106373	18970074	2761874	45836
150	151	中国东方航空集团公司	上海	9454194	186055	17919027	1819101	54018
149	152	四川长虹电子集团有限公司	四川	9315491	-21168	7358847	248884	71001
166	153	上海医药集团股份有限公司	上海	9239889	259113	6434056	2782213	39891
140	154	中国外运长航集团有限公司	北京	9145576	-274277	10912186	3018517	62003
179	155	天津渤海轻工投资集团有限公司	天津	9037212	131378	5352547	1935010	30299
208	156	中国太平保险集团有限责任公司	北京	8863151	205496	35314379	1836318	43939
124	157	广东物资集团公司	广东	8800625	10353	3463650	637838	10386
161	158	厦门国贸控股有限公司	福建	8706317	18945	5360546	293304	17502
155	159	红云红河烟草（集团）有限责任公司	云南	8650528	706457	7741846	5831806	12891
188	160	三胞集团有限公司	江苏	8506805	136007	8000988	1130203	85146
162	161	南山集团有限公司	山东	8462315	709297	9920733	5059664	46538
	162	西安迈科金属国际集团有限公司	陕西	8379831	20900	1460492	355113	276
184	163	中国海运（集团）总公司	上海	8306535	92924	21058504	5553182	40598
173	164	中兴通讯股份有限公司	广东	8147128	263357	10621420	2487857	75609
148	165	徐州工程机械集团有限公司	江苏	8081463	35843	7654964	1496466	26293
163	166	湖北宜化集团有限责任公司	湖北	8050815	45637	6584475	90640	42587
174	167	山东省商业集团有限公司	山东	8050638	29048	7845220	431085	200000
190	168	绿城房地产集团有限公司	浙江	7940000	207172	12714388	2364007	5050
196	169	北京银行	北京	7923955	1562332	152443673	9590281	10401

上年名次	名次	企业名称	地区	营业收入（万元）	净利润（万元）	资产（万元）	所有者权益（万元）	从业人数
167	170	浙江恒逸集团有限公司	浙江	7911115	15662	3580089	573234	7942
204	171	腾讯控股有限公司	广东	7893200	2381000	17116600	8001300	
91	172	中国铁路物资股份有限公司	北京	7879149	13294	5993425	572190	10611
168	173	新希望集团有限公司	四川	7820574	176158	6693637	1661226	78360
175	174	中国中材集团有限公司	北京	7756556	-27076	11613970	969046	74242
159	175	湖南华菱钢铁集团有限责任公司	湖南	7756043	106357	11605789	1478439	43987
181	176	珠海振戎公司	北京	7702673	12664	618784	198026	122
197	177	山东黄金集团有限公司	山东	7601782	2066	7450202	750381	24056
198	178	山东东明石化集团有限公司	山东	7581776	49480	2416281	439755	5695
202	179	陕西东岭工贸集团股份有限公司	陕西	7578723	15476	2839949	539349	11481
176	180	北京建龙重工集团有限公司	北京	7524027	51200	8070948	1445465	44051
177	181	三一集团有限公司	湖南	7436785	325500	11168650	3454779	37000
230	182	盛虹控股集团有限公司	江苏	7384208	78963	7497862	3016143	30376
180	183	浙江省兴合集团有限责任公司	浙江	7289006	23640	3529397	308807	18619
165	184	杭州娃哈哈集团有限公司	浙江	7204254	697551	3780259	2642786	28268
191	185	浙江荣盛控股集团有限公司	浙江	7185218	13623	5062305	1180189	8856
207	186	浙江中烟工业有限责任公司	浙江	7153703	284195	3761544	3056976	3580
169	187	浙江省能源集团有限公司	浙江	7117063	652535	18261760	6229365	18825
	188	阿里巴巴集团控股有限公司	浙江	7081000	2697000	26999300	13710100	
194	189	云天化集团有限责任公司	云南	7077201	-187634	9457697	780361	32203
211	190	中国国际海运集装箱（集团）股份有限公司	广东	7007100	247800	8777618		61309
183	191	广东省广新控股集团有限公司	广东	7004680	12541	4114325	396277	24944
200	192	中国化学工程股份有限公司	北京	6925569	316605	8140032	2364822	46662
160	193	马钢（集团）控股有限公司	安徽	6915216	10079	8971610	1654673	48452
199	194	中国重型汽车集团有限公司	山东	6831274	121879	10152821	2787919	43454
170	195	中国诚通控股集团有限公司	北京	6820624	39296	6720933	1332670	26648
186	196	河北新华联合冶金控股集团有限公司	河北	6691696	175337	4605194	2069476	14430
339	197	北京能源集团有限责任公司	北京	6638375	316606	22269804	6235666	43296
215	198	超威电源有限公司	浙江	6564987	22282	881397	275982	21514
225	199	广西投资集团有限公司	广西	6532425	51848	9186211	1064569	19891
233	200	青山控股集团有限公司	浙江	6503250	114159	2557532	562011	20000
219	201	广州医药集团有限公司	广东	6462118	61953	2795468	376228	16725
189	202	湖北中烟工业有限责任公司	湖北	6445589	553644	4107978	2583738	9750
203	203	上海华谊（集团）公司	上海	6392687	57991	5906462	1557063	26325

上年名次	名次	企业名称	地区	营业收入（万元）	净利润（万元）	资产（万元）	所有者权益（万元）	从业人数
171	204	中联重科股份有限公司	湖南	6370001	59407	9375795	4083079	20314
195	205	四川省宜宾五粮液集团有限公司	四川	6309671	646699	7487779	5528555	44734
220	206	广西建工集团有限责任公司	广西	6260024	38070	3320016	375143	20453
214	207	长城汽车股份有限公司	河北	6259910	804154	6134525	3345186	71575
234	208	河北津西钢铁集团股份有限公司	河北	6237595	52688	3231786	824058	13694
206	209	淮北矿业（集团）有限责任公司	安徽	6192296	-77999	9113389	1126148	87793
164	210	大印集团有限公司	海南	6080396	21381	1303801	459526	2011
	211	天能电池集团有限公司	浙江	6057873	16461	862579	241941	18269
231	212	陕西建工集团总公司	陕西	6052375	40311	3010001	384712	23058
192	213	庞大汽贸集团股份有限公司	河北	6031453	14151	6774578	1213236	33777
	214	广西柳州钢铁（集团）公司	广西	6025656	29923	4355041	1089995	14970
221	215	雅戈尔集团股份有限公司	浙江	5897962	304578	5891150	1656116	45852
244	216	江苏南通三建集团有限公司	江苏	5892663	210888	1896609	966776	95675
222	217	北京控股集团有限公司	北京	5857191	80053	19761509	2741903	77311
209	218	杭州汽轮动力集团有限公司	浙江	5823202	37076	2812077	523218	5371
205	219	内蒙古电力（集团）有限责任公司	内蒙古	5820652	159757	5704927	2602256	30248
224	220	比亚迪股份有限公司	广东	5819588	77987	9400886	2536559	177797
217	221	无锡产业发展集团有限公司	江苏	5724130	155044	4134612	1968571	24086
232	222	浙江省国际贸易集团有限公司	浙江	5714723	64635	4798245	866099	16042
218	223	南京钢铁集团有限公司	江苏	5713979	47947	4127272	834425	11792
264	224	新华联集团有限公司	北京	5698917	231558	6845299	1420098	43089
238	225	河北敬业企业集团有限责任公司	河北	5666900	54676	2254535	897669	20500
178	226	淮南矿业（集团）有限责任公司	安徽	5651109	-497776	14447081	1866626	95971
241	227	中天发展控股集团有限公司	浙江	5633289	146642	3974918	872614	6953
251	228	奥克斯集团有限公司	浙江	5521610	165514	3741170	994834	20138
210	229	河北省物流产业集团有限公司	河北	5500203	2743	1322295	131704	1185
228	230	上海城建（集团）公司	上海	5494996	61556	8281423	943309	22013
227	231	中升集团控股有限公司	辽宁	5478666	75091	3890825	1111880	15825
229	232	上海复星高科技（集团）有限公司	上海	5426059	234777	18520643	2898455	989
253	233	内蒙古伊利实业集团股份有限公司	内蒙古	5395930	414428	3949430	1863392	59178
245	234	山东晨鸣纸业集团股份有限公司	山东	5366076	50520	5682203	1391734	12833
280	235	银亿集团有限公司	浙江	5358317	109503	6036020	693114	9169
187	236	玖隆钢铁物流有限公司	江苏	5306031	6350	420309	137681	210
252	237	浙江省建设投资集团有限公司	浙江	5284079	33849	3638664	258368	201463

上年名次	名次	企业名称	地区	营业收入（万元）	净利润（万元）	资产（万元）	所有者权益（万元）	从业人数
277	238	海澜集团有限公司	江苏	5230881	332328	4028841	2499436	29000
301	239	厦门象屿集团有限公司	福建	5217263	30129	4141156	460477	7000
246	240	四川华西集团有限公司	四川	5173162	57218	3820930	696959	34152
236	241	重庆商社（集团）有限公司	重庆	5145104	15242	2225624	249482	99136
	242	深圳市大生农业集团有限公司	广东	5119342	18538	1210497	171394	519
323	243	山东大海集团有限公司	山东	5118357	234279	924734	668719	5800
268	244	浪潮集团有限公司	山东	5103479	109402	1563290	694339	19561
216	245	广东省粤电集团有限公司	广东	5078951	320836	13096616	6427926	14867
212	246	中国港中旅集团公司	北京	5068000		10090000		45000
357	247	万达控股集团有限公司	山东	5064961	111356	3856435	695139	13905
260	248	通威集团有限公司	四川	5062104	112708	1571188	716544	22817
240	249	隆基泰和实业有限公司	河北	5057996	238257	4482698	1367279	22766
288	250	江铃汽车集团公司	江西	5042092	94038	3645540	650715	32531
272	251	盾安控股集团有限公司	浙江	5031944	85859	4625981	971107	19000
	252	修正药业集团股份有限公司	吉林	5009115	261612	1703671	1363418	67885
239	253	天津荣程祥泰投资控股集团有限公司	天津	5003413	17951	1277853	595569	7486
298	254	湖南省建筑工程集团总公司	湖南	4967094	29003	1330511	329173	41809
303	255	重庆龙湖企业拓展有限公司	重庆	4958879	807375	12899377	3612333	14697
285	256	深圳市神州通投资集团有限公司	广东	4933128	-2717	1379538	300079	10625
362	257	百度股份有限公司	北京	4905232	1318707	9966151	5152563	
299	258	中国盐业总公司	北京	4899682	-22140	4758859	693694	34268
274	259	中南控股集团有限公司	江苏	4882433	191135	8270661	764827	50000
269	260	广西北部湾国际港务集团有限公司	广西	4860513	98882	6127597	1129429	12250
284	261	北京城建集团有限责任公司	北京	4833900	75548	9863677	842834	19898
294	262	深圳市爱施德股份有限公司	广东	4832057	2914	892622	429837	2754
287	263	浙江桐昆控股集团有限公司	浙江	4828991	7129	1595515	318823	16050
283	264	江苏三房巷集团有限公司	江苏	4814552	20712	2482895	896526	
255	265	江苏华西集团公司	江苏	4804974	47560	4828086	1379746	20510
257	266	河南省漯河市双汇实业集团有限责任公司	河南	4802613	428861	2322256	1436262	72742
226	267	北京金隅集团有限责任公司	北京	4784987	148300	12040680	1550358	34693
273	268	红豆集团有限公司	江苏	4712826	107691	2597102	842974	20172
261	269	青建集团股份公司	山东	4685183	23301	3109531	314742	12048
279	270	云南冶金集团股份有限公司	云南	4656058	-140022	8401710	917535	34687
267	271	中国恒天集团有限公司	北京	4639003	67309	5983281	370755	54922

上年名次	名次	企业名称	地区	营业收入（万元）	净利润（万元）	资产（万元）	所有者权益（万元）	从业人数
290	272	天津一商集团有限公司	天津	4630440	8805	929280	78531	4193
341	273	白银有色集团股份有限公司	甘肃	4626898	12093	3403179	1157300	16778
266	274	科创控股集团有限公司	四川	4620000	335700	5034000	3730000	25800
	275	临沂新程金锣肉制品集团有限公司	山东	4612881	151747	1815582	1360506	33028
314	276	唐山瑞丰钢铁（集团）有限公司	河北	4608705	65471	1541075	613461	13936
289	277	安阳钢铁集团有限责任公司	河南	4604147	1608	4324289	412691	26050
242	278	重庆建工投资控股有限责任公司	重庆	4593415	15918	6659508	416598	14957
343	279	腾邦投资控股有限公司	广东	4578531	29077	854244	149982	6822
265	280	远大物产集团有限公司	浙江	4563731	47598	755538	102040	578
291	281	中国国际技术智力合作公司	北京	4552396	45536	658575	244787	3719
328	282	中国广核集团有限公司	广东	4517432	619853	38885224	7414335	32879
286	283	江阴澄星实业集团有限公司	江苏	4503512	110323	2520917	1123402	4809
247	284	华盛江泉集团有限公司	山东	4501664	77423	2637703	1098785	25160
315	285	广州钢铁企业集团有限公司	广东	4487645	92935	3014597	389768	4549
270	286	山东招金集团有限公司	山东	4455862	6805	3681378	48291	15129
327	287	新疆特变电工集团有限公司	新疆	4453073	161048	7606677	2628030	21400
308	288	江苏南通二建集团有限公司	江苏	4423509	204881	1872589	882031	100949
	289	冀南钢铁集团有限公司	河北	4411388	41709	2136067	585917	10046
404	290	天津港（集团）有限公司	天津	4405846	50923	13338793	2575091	17052
326	291	山东京博控股股份有限公司	山东	4363306	44292	2101862	374898	8115
282	292	山东高速集团有限公司	山东	4350349	13207	31172744	3379820	24863
374	293	山东海科化工集团有限公司	山东	4342433	66978	1429340	113437	2908
297	294	中太建设集团股份有限公司	河北	4317537	128515	1206165	593634	128367
275	295	上海纺织（集团）有限公司	上海	4314295	41944	2481652	791940	13009
305	296	山东如意科技集团有限公司	山东	4306943	244945	2328305	1130947	24673
350	297	上海永达控股（集团）有限公司	上海	4304104	79788	1837886	484273	8854
321	298	正邦集团有限公司	江西	4303866	13976	862357	94906	39000
281	299	吉林亚泰（集团）股份有限公司	吉林	4300519	18359	5341205	815612	32478
300	300	广东省丝绸纺织集团有限公司	广东	4281278	19891	1526162	187322	5469
313	301	昆明钢铁控股有限公司	云南	4251221	228	5648892	1363396	19315
263	302	中国东方电气集团有限公司	四川	4242714	25339	9901303	1157585	26574
256	303	江苏新长江实业集团有限公司	江苏	4224963	65437	2802824	761238	9423
296	304	广东省广晟资产经营有限公司	广东	4223059	30408	10026908	2097754	38359
295	305	云南建工集团有限公司	云南	4206833	88197	8255716	2712934	18407

上年名次	名次	企业名称	地区	营业收入（万元）	净利润（万元）	资产（万元）	所有者权益（万元）	从业人数
372	306	利华益集团股份有限公司	山东	4202161	115449	2499512	776473	4012
311	307	江苏国泰国际集团有限公司	江苏	4200722	7076	1483285	167493	11500
349	308	华勤橡胶工业集团有限公司	山东	4175362	81160	1628343	505956	7852
292	309	广州市建筑集团有限公司	广东	4113761	18737	2109810	236017	14713
347	310	九州通医药集团股份有限公司	湖北	4106840	56071	2412504	780055	10319
293	311	四川宏达（集团）有限公司	四川	4092407	95877	3612674	1384719	21665
331	312	山东太阳控股集团有限公司	山东	4091833	51395	2549393	555572	11267
271	313	日照钢铁控股集团有限公司	山东	4059318	95273	7716181	1385846	16084
332	314	江苏省苏中建设集团股份有限公司	江苏	4038725	68250	1822294	213810	89748
360	315	亚邦投资控股集团有限公司	江苏	4012780	71381	2756393	1032162	18086
278	316	广西玉柴机器集团有限公司	广西	4012402	108447	3644525	1176294	21006
342	317	陕西汽车控股集团有限公司	陕西	4001126	21260	3836726	340280	32552
304	318	安徽江淮汽车集团有限公司	安徽	3965848	18592	3768523	298574	32248
355	319	德力西集团有限公司	浙江	3963010	85132	1538680	447470	21588
254	320	四川省川威集团有限公司	四川	3956964	-209832	4189700	384579	15104
235	321	包头钢铁（集团）有限责任公司	内蒙古	3938082	-147555	15666110	1565629	55357
335	322	宁波金田投资控股有限公司	浙江	3923939	4203	695834	120906	5148
324	323	阳光保险集团股份有限公司	北京	3918158	91596	12891647	1655848	114264
348	324	天津市医药集团有限公司	天津	3900073	200203	6444557	3010683	21732
334	325	大连西太平洋石油化工有限公司	辽宁	3898310	-146511	903577	-580453	981
391	326	渤海银行股份有限公司	天津	3884177	503127	66714754	2949629	6036
419	327	徐州矿务集团有限公司	江苏	3860057	1621	4737801	1497082	52354
369	328	亨通集团有限公司	江苏	3833693	42447	3014596	631653	11000
359	329	甘肃省建设投资（控股）集团总公司	甘肃	3832884	2220	2902578	498705	40653
223	330	江苏西城三联控股集团有限公司	江苏	3832688	-22594	1340226	136590	3801
302	331	北京首都旅游集团有限责任公司	北京	3832341	39401	4591164	902420	50000
330	332	广东温氏食品集团股份有限公司	广东	3804023	266398	2533693	1454752	39500
329	333	合肥百货大楼集团股份有限公司	安徽	3780000	36602	794972	325384	8213
390	334	广东省交通集团有限公司	广东	3703498	87306	28702009	6041579	51092
310	335	双胞胎（集团）股份有限公司	江西	3702789	94156	793832	128394	8300
262	336	浙江省商业集团有限公司	浙江	3682317	9946	6176874	291308	14943
	337	京东方科技集团股份有限公司	北京	3681632	256213	13624028	7615507	34165
367	338	北京外企服务集团有限责任公司	北京	3680482	8813	519255	109498	25684
333	339	四川科伦实业集团有限公司	四川	3680434	139534	2346013	1104905	22610

上年名次	名次	企业名称	地区	营业收入（万元）	净利润（万元）	资产（万元）	所有者权益（万元）	从业人数
379	340	永辉超市股份有限公司	福建	3672680	85156	1547957	643814	73085
322	341	重庆化医控股（集团）公司	重庆	3671498	-70776	6400005	677286	35484
427	342	杭州锦江集团有限公司	浙江	3667906	53134	4607287	1075577	10900
317	343	内蒙古伊泰集团有限公司	内蒙古	3627026	66587	9515477	1751404	7561
	344	广东圣丰集团有限公司	广东	3627023	197907	2131763	1231258	14692
385	345	宝塔石化集团有限公司	北京	3612466	48565	5244347	1710141	9000
358	346	浙江中成控股集团有限公司	浙江	3577368	67210	1420998	578503	53025
382	347	天瑞集团股份有限公司	河南	3560101	156151	5428690	2613316	17647
316	348	江苏申特钢铁有限公司	江苏	3533520	-25378	1372226	20769	4234
448	349	云南省能源投资集团有限公司	云南	3532995	172726	5669179	1876134	3532
352	350	贵州中烟工业有限责任公司	贵州	3531047	312132	2340361	1620616	9336
337	351	中国贵州茅台酒厂（集团）有限责任公司	贵州	3515398	1066511	8423523	5201875	24228
351	352	正泰集团股份有限公司	浙江	3511777	106449	3738345	812828	26761
406	353	广州轻工工贸集团有限公司	广东	3502268	38688	1491398	510673	6306
	354	上海均和集团有限公司	上海	3484075	3438	668570	207302	1200
345	355	江苏阳光集团有限公司	江苏	3475281	185039	2086155	999566	17145
366	356	山西省国新能源发展集团有限公司	山西	3445676	5580	2423370	99770	3130
470	357	稻花香集团	湖北	3444574	13882	2146288	95373	16713
338	358	重庆市能源投资集团有限公司	重庆	3411240	-3614	9210389	2030238	68816
373	359	安徽建工集团有限公司	安徽	3403831	28978	3198295	198577	12192
319	360	新余钢铁集团有限公司	江西	3400641	10046	3384222	715001	26657
395	361	天音通信有限公司	广东	3400167	-100327	975682	161150	5500
	362	武汉武商集团股份有限公司	湖北	3400003	65969	1565085	355593	15304
	363	安徽中烟工业有限责任公司	安徽	3363096	224249	2614468	1880706	10244
393	364	山西建筑工程（集团）总公司	山西	3362917	8060	2842732	72075	24917
344	365	北京建工集团有限责任公司	北京	3361206	36912	4719871	634418	20555
336	366	唐山港陆钢铁有限公司	河北	3314887	41731	1639607	775860	9858
421	367	中基宁波集团股份有限公司	浙江	3310568	5680	831108	50098	1577
370	368	北京市政路桥集团有限公司	北京	3300380	34079	3932065	385325	16820
413	369	浙江省交通投资集团有限公司	浙江	3295151	175616	17003352	3186215	20166
403	370	山东金岭集团有限公司	山东	3292511	156331	1061054	604549	4120
356	371	老凤祥股份有限公司	上海	3283502	93990	1157178	394604	3829
383	372	重庆市金科投资控股（集团）有限责任公司	重庆	3268670	82130	9683765	510853	10393
387	373	江苏扬子江船业集团公司	江苏	3266661	314581	6006933	1909360	20383

上年名次	名次	企业名称	地区	营业收入（万元）	净利润（万元）	资产（万元）	所有者权益（万元）	从业人数
414	374	山东胜通集团股份有限公司	山东	3264179	373038	1604570	703086	7300
258	375	宁夏天元锰业有限公司	宁夏	3262678	66649	3360481	955649	20000
368	376	山东时风（集团）有限责任公司	山东	3244211	112261	841668	640534	21021
312	377	山东泰山钢铁集团有限公司	山东	3242667	13613	1333787	233882	8753
408	378	长春欧亚集团股份有限公司	吉林	3232232	29875	1326223	159019	7561
	379	中百控股集团股份有限公司	湖北	3221803	18625	885534	302319	37727
380	380	天狮集团有限公司	天津	3219568	369124	1220968	958023	4101
389	381	人民电器集团有限公司	浙江	3217181	120051	851942	545821	23600
	382	四川德胜集团钒钛有限公司	四川	3215038	−23701	2940793	898810	13636
386	383	石家庄北国人百集团有限责任公司	河北	3213628	38565	970532	231620	46046
411	384	杉杉控股有限公司	浙江	3212784	45071	2824782	447732	12647
	385	深圳市飞马国际供应链股份有限公司	广东	3211906	14779	1705674	80457	342
447	386	山东天信集团有限公司	山东	3211589	134859	745329	398226	4670
444	387	山东科达集团有限公司	山东	3208371	98920	1197769	721595	8352
418	388	江苏金辉铜业集团有限公司	江苏	3183959	30256	641643	335006	650
431	389	滨化集团公司	山东	3172018	42371	1427428	668856	5178
424	390	天津能源投资集团有限公司	天津	3169725	71446	7157975	2979879	10698
490	391	天津纺织集团（控股）有限公司	天津	3165922	13513	1893127	404681	9975
430	392	西王集团有限公司	山东	3094686	95977	3668959	1276258	16000
364	393	申能（集团）有限公司	上海	3082414	234543	13556268	7269524	11812
433	394	郑州宇通集团有限公司	河南	3071976	253640	4749232	862882	20394
453	395	重庆力帆控股有限公司	重庆	3062012	46572	3661431	720869	12966
381	396	山东金诚石化集团有限公司	山东	3051258	11883	435485	367634	1700
377	397	重庆机电控股（集团）公司	重庆	3045733	112842	3968022	872339	33704
309	398	安徽省皖北煤电集团有限责任公司	安徽	3039895	−100200	5186966	472475	46358
471	399	江西省建工集团有限责任公司	江西	3039240	43591	1494500	161306	2780
483	400	天津友发钢管集团股份有限公司	天津	3038187	16011	531214	174520	7213
410	401	湖南博长控股集团有限公司	湖南	3036469	10395	1274969	153551	7695
	402	创维集团有限公司	广东	3036034	78317	2679890	613573	29800
450	403	河北建设集团有限公司	河北	3031979	44186	1229020	205046	5534
	404	波司登股份有限公司	江苏	3026981	266374	2319994	1365881	24806
378	405	福建省三钢（集团）有限责任公司	福建	3020433	−1251	2410762	647468	18376
398	406	天津住宅建设发展集团有限公司	天津	3018376	96514	5134513	1194591	5801
467	407	浙江龙盛控股有限公司	浙江	3016131	256700	2475576	1155191	10261

上年名次	名次	企业名称	地区	营业收入（万元）	净利润（万元）	资产（万元）	所有者权益（万元）	从业人数
417	408	隆鑫控股有限公司	重庆	3012838	68946	5470351	1194527	14561
401	409	浙江昆仑控股集团有限公司	浙江	3012720	77392	1549226	409625	33891
416	410	沂州集团有限公司	山东	2988457	50668	1149219	333622	5550
432	411	奇瑞汽车股份有限公司	安徽	2984943	58035	6697160	1615246	17773
405	412	河北建工集团有限责任公司	河北	2979876	8525	905948	106593	8241
394	413	西部矿业集团有限公司	青海	2978535	-30103	4169352	329608	10016
400	414	双良集团有限公司	江苏	2968756	19087	2412663	674273	5081
436	415	浙江八达建设集团有限公司	浙江	2965417	87916	640885	235390	52176
458	416	山河建设集团有限公司	湖北	2965321	98638	735717	403332	59680
439	417	东营方圆有色金属有限公司	山东	2951659	93243	1510912	708135	1000
423	418	河北普阳钢铁有限公司	河北	2944826	128230	1469108	784924	9200
441	419	安徽国贸集团控股有限公司	安徽	2936110	14942	2989651	348142	5993
363	420	成都建筑工程集团总公司	四川	2926709	23604	4248120	670499	134765
459	421	武安市裕华钢铁有限公司	河北	2926625	122014	1567795	797521	10800
396	422	大汉控股集团有限公司	湖南	2925116	68795	1287648	347682	2412
353	423	江西萍钢实业股份有限公司	江西	2912994	20984	2769833	828269	17767
498	424	新奥能源控股有限公司	河北	2908700	296800	4303500	1209800	27931
407	425	青岛啤酒股份有限公司	山东	2904932	199010	2700391	1538756	44016
409	426	福佳集团有限公司	辽宁	2903489	90053	5095051	2419129	3246
402	427	福建中烟工业有限责任公司	福建	2895508	194336	2765851	1846821	7844
	428	广东格兰仕集团有限公司	广东	2895450	75	1768124	485692	37096
456	429	河北新金钢铁有限公司	河北	2883973	30365	1038327	452127	5771
365	430	青岛钢铁控股集团有限责任公司	山东	2880997	1373	1862267	272528	9687
412	431	上海国际港务（集团）股份有限公司	上海	2877870	676655	9427950	5456276	18442
438	432	山东玉皇化工有限公司	山东	2874614	83840	1881846	542981	5650
371	433	世纪金源投资集团有限公司	北京	2866880	186551	9765140	2622437	19550
492	434	太极集团有限公司	重庆	2861280	4639	1148511	184284	12083
468	435	宁波富邦控股集团有限公司	浙江	2856847	38571	3617208	494204	9068
422	436	弘阳集团有限公司	江苏	2836606	133389	2649970	998440	2340
496	437	广州万宝集团有限公司	广东	2825729	18023	1427349	256762	16899
442	438	东营鲁方金属材料有限公司	山东	2821623	175390	968716	321203	1600
307	439	泸州老窖集团有限责任公司	四川	2817621	49797	11614672	649925	26626
415	440	辽宁日林实业集团有限公司	辽宁	2815842	104921	5982888	907328	24508
306	441	黑龙江龙煤矿业控股集团有限责任公司	黑龙江	2815801	-376246	7279036	981045	215536

上年名次	名次	企业名称	地区	营业收入（万元）	净利润（万元）	资产（万元）	所有者权益（万元）	从业人数
	442	天津领先控股集团有限公司	天津	2804979	105378	1605395	979838	4696
462	443	浙江宝业建设集团有限公司	浙江	2803563	34784	531417	194741	3690
488	444	卓尔控股有限公司	湖北	2802565	188127	4351794	3210791	1866
482	445	三河汇福粮油集团有限公司	河北	2797241	49079	1356075	277405	3000
	446	龙信建设集团有限公司	江苏	2795091	58443	718878	189807	32125
461	447	广东省建筑工程集团有限公司	广东	2785951	73902	1940093	599368	25928
486	448	宝胜集团有限公司	江苏	2768323	16384	1269168	336368	10578
	449	河南豫光金铅集团有限责任公司	河南	2764616	-5962	1531433	67180	6397
481	450	福建省能源集团有限责任公司	福建	2747908	84542	5367101	1119112	34252
434	451	金东纸业（江苏）股份有限公司	江苏	2742765	90850	6491610	1783208	11276
449	452	山东渤海实业股份有限公司	山东	2736420	4710	1314352	252188	3991
451	453	维维集团股份有限公司	江苏	2725608	154641	1879064	1879064	20760
494	454	凌源钢铁集团有限责任公司	辽宁	2721848	-40627	2710122	530278	11851
452	455	华芳集团有限公司	江苏	2707181	89228	975147	491284	15078
469	456	江苏法尔胜泓昇集团有限公司	江苏	2706947	66653	1498585	598088	8984
392	457	郑州煤炭工业（集团）有限责任公司	河南	2703075	-71260	3760217	365824	42294
	458	盛京银行股份有限公司	辽宁	2682186	540493	50337051	3569955	3791
445	459	四川公路桥梁建设集团有限公司	四川	2676668	93667	5040657	647794	8620
	460	天元建设集团有限公司	山东	2673414	51647	1325792	431016	61172
	461	洪业化工集团股份有限公司	山东	2670486	150784	1785803	671452	9800
	462	晶龙实业集团有限公司	河北	2665613	125489	3008733	1287945	27500
485	463	北京住总集团有限责任公司	北京	2664508	22565	4687594	378338	10936
473	464	逸盛大化石化有限公司	辽宁	2655961	-50083	1417507	467096	621
	465	澳洋集团有限公司	江苏	2653303	40289	1323121	244853	11025
487	466	哈尔滨电气集团公司	黑龙江	2651703	-11942	6827442	1008278	27783
	467	新疆生产建设兵团建设工程（集团）有限责任公司	新疆	2627551	48781	2709192	533773	16288
465	468	天津市建工集团（控股）有限公司	天津	2616551	11560	1141477	228801	6949
	469	同方股份有限公司	北京	2599372	75564	4972501	1154290	21023
	470	天津银行股份有限公司	天津	2597985	441723	47885908	2867217	5416
	471	武安市明芳钢铁有限公司	河北	2589942	51520	532443	384526	8100
	472	山东华兴机械股份有限公司	山东	2560183	16783	709562	219246	2558
	473	广州农村商业银行股份有限公司	广东	2544079	537469	46660762	3066061	7873
484	474	远东控股集团有限公司	江苏	2542515	22542	2161335	273689	8670

上年名次	名次	企业名称	地区	营业收入（万元）	净利润（万元）	资产（万元）	所有者权益（万元）	从业人数
443	475	旭阳控股有限公司	北京	2516644	16316	2816348	417368	6165
477	476	冀东发展集团有限责任公司	河北	2498839	-10339	6219458	335177	28700
493	477	广西交通投资集团有限公司	广西	2493578	59982	17377667	5089019	11292
	478	杭州华东医药集团有限公司	浙江	2492062	40358	1654486	83118	9351
478	479	传化集团有限公司	浙江	2481600	50745	2359311	195467	9524
463	480	重庆轻纺控股（集团）公司	重庆	2469003	36465	2951939	569999	27720
	481	广州越秀集团有限公司	广东	2467798	144211	27763530	2244796	15066
	482	深圳市中金岭南有色金属股份有限公司	广东	2460871	47013	1421579	603069	10221
	483	山东汇丰石化集团有限公司	山东	2459961	5116	668019	208308	2070
475	484	苏州创元投资发展（集团）有限公司	江苏	2433807	98137	2160871	718737	17987
495	485	万基控股集团有限公司	河南	2431201	-117890	2448953	143673	12278
	486	红狮控股集团有限公司	浙江	2417965	233584	2326764	818319	11784
	487	威高集团有限公司	山东	2404400	239800	2559843	1551480	17263
	488	天津房地产集团有限公司	天津	2404035	-46127	12862616	486669	3223
	489	武安市烘熔钢铁有限公司	河北	2401853	504	1002645	5904	5092
	490	浙江前程石化股份有限公司	浙江	2398081	1977	385409	50663	370
426	491	河南神火煤电股份有限公司	河南	2396711	-36653	5113555	686473	
474	492	新疆天业（集团）有限公司	新疆	2395521	-20888	3943310	400366	22123
491	493	江苏新华发集团有限公司	江苏	2393589	3626	1037205	66404	1000
	494	精功集团有限公司	浙江	2380513	41830	2657684	487314	14936
	495	天津塑力线缆集团有限公司	天津	2380179	110508	1453996	750987	4020
499	496	北京首都创业集团有限公司	北京	2378289	28309	18510768	1115355	21071
	497	宜昌兴发集团有限责任公司	湖北	2370823	13036	2479955	282875	8046
	498	北京二商集团有限责任公司	北京	2366679	21048	1526041	409241	15101
	499	巨化集团公司	浙江	2363172	18243	1730182	439554	14843
	500	山东万通石油化工集团有限公司	山东	2361182	82375	1763956	488353	3180
		合计		5947962252	257741956	19759773573	2458158533	31146601

说　明

1. 2015 中国企业 500 强是中国企业联合会、中国企业家协会参照国际惯例，组织企业自愿申报，并经专家审定确认后产生的。申报企业包括在中国境内注册、2014 年实现营业收入达到 200 亿元的企业（不包括行政性公司和资产经营公司，不包括在华外资、港澳台独资、控股企业，也不包括行政性公司、政企合一的单位以及各类资产经营公司，但包括在境外注册、投资主体为中国自然人或法人、主要业务在境内，属于我国银监会、保监会和各级国资委监管的企业），都有资格申报参加排序。属于集团公司的控股子公司或相对控股子公司，由于其财务报表最后能被合并到集团母公司的

财务会计报表中去，因此只允许其母公司申报。

2. 表中所列数据由企业自愿申报或属于上市公司公开数据、并经会计师事务所或审计师事务所等单位认可。

3. 营业收入是2014年不含增值税的收入，包括企业的所有收入，即主营业务和非主营业务、境内和境外的收入。商业银行的营业收入为2014年利息收入和非利息营业收入之和（不减掉对应的支出）。保险公司的营业收入是2014年保险费和年金收入扣除储蓄的资本收益或损失。净利润是2014年上交所得税的净利润扣除少数股东权益后的归属母公司所有者的净利润。资产是2014年度末的资产总额。归属母公司所有者权益是2014年末所有者权益总额扣除少数股东权益后的母公司所有者权益。研究开发费用是2014年企业投入研究开发的所有费用。从业人数是2014年度的平均人数（含所有被合并报表企业的人数）。

4. 行业分类参照了国家统计局的分类方法，依据其主营业务收入所在行业来划分；地区分类是按企业总部所在地划分。

表 8-2　　2015 中国企业 500 强新上榜企业名单

名次	企业名称	地区	营业收入（万元）	净利润（万元）	资产（万元）	所有者权益（万元）	从业人数
95	中国航天科技集团公司	北京	16753254	882078	32892427	11541149	158067
162	西安迈科金属国际集团有限公司	陕西	8379831	20900	1460492	355113	276
188	阿里巴巴集团控股有限公司	浙江	7081000	2697000	26999300	13710100	
211	天能电池集团有限公司	浙江	6057873	16461	862579	241941	18269
214	广西柳州钢铁（集团）公司	广西	6025656	29923	4355041	1089995	14970
242	深圳市大生农业集团有限公司	广东	5119342	18538	1210497	171394	519
252	修正药业集团股份有限公司	吉林	5009115	261612	1703671	1363418	67885
275	临沂新程金锣肉制品集团有限公司	山东	4612881	151747	1815582	1360506	33028
289	冀南钢铁集团有限公司	河北	4411388	41709	2136067	585917	10046
337	京东方科技集团股份有限公司	北京	3681632	256213	13624028	7615507	34165
344	广东圣丰集团有限公司	广东	3627023	197907	2131763	1231258	14692
354	上海均和集团有限公司	上海	3484075	3438	668570	207302	1200
362	武汉武商集团股份有限公司	湖北	3400003	65969	1565085	355593	15304
363	安徽中烟工业有限责任公司	安徽	3363096	224249	2614468	1880706	10244
379	中百控股集团股份有限公司	湖北	3221803	18625	885534	302319	37727
382	四川德胜集团钒钛有限公司	四川	3215038	-23701	2940793	898810	13636
385	深圳市飞马国际供应链股份有限公司	广东	3211906	14779	1705674	80457	342
402	创维集团有限公司	广东	3036034	78317	2679890	613573	29800
404	波司登股份有限公司	江苏	3026981	266374	2319994	1365881	24806
428	广东格兰仕集团有限公司	广东	2895450	75	1768124	485692	37096
442	天津领先控股集团有限公司	天津	2804979	105378	1605395	979838	4696
446	龙信建设集团有限公司	江苏	2795091	58443	718878	189807	32125
449	河南豫光金铅集团有限责任公司	河南	2764616	-5962	1531433	67180	6397
458	盛京银行股份有限公司	辽宁	2682186	540493	50337051	3569955	3791
460	天元建设集团有限公司	山东	2673414	51647	1325792	431016	61172
461	洪业化工集团股份有限公司	山东	2670486	150784	1785803	671452	9800

名次	企业名称	地区	营业收入（万元）	净利润（万元）	资产（万元）	所有者权益（万元）	从业人数
462	晶龙实业集团有限公司	河北	2665613	125489	3008733	1287945	27500
465	澳洋集团有限公司	江苏	2653303	40289	1323121	244853	11025
467	新疆生产建设兵团建设工程（集团）有限责任公司	新疆	2627551	48781	2709192	533773	16288
469	同方股份有限公司	北京	2599372	75564	4972501	1154290	21023
470	天津银行股份有限公司	天津	2597985	441723	47885908	2867217	5416
471	武安市明芳钢铁有限公司	河北	2589942	51520	532443	384526	8100
472	山东华兴机械股份有限公司	山东	2560183	16783	709562	219246	2558
473	广州农村商业银行股份有限公司	广东	2544079	537469	46660762	3066061	7873
478	杭州华东医药集团有限公司	浙江	2492062	40358	1654486	83118	9351
481	广州越秀集团有限公司	广东	2467798	144211	27763530	2244796	15066
482	深圳市中金岭南有色金属股份有限公司	广东	2460871	47013	1421579	603069	10221
483	山东汇丰石化集团有限公司	山东	2459961	5116	668019	208308	2070
486	红狮控股集团有限公司	浙江	2417965	233584	2326764	818319	11784
487	威高集团有限公司	山东	2404400	239800	2559843	1551480	17263
488	天津房地产集团有限公司	天津	2404035	-46127	12862616	486669	3223
489	武安市烘熔钢铁有限公司	河北	2401853	504	1002645	5904	5092
490	浙江前程石化股份有限公司	浙江	2398081	1977	385409	50663	370
494	精功集团有限公司	浙江	2380513	41830	2657684	487314	14936
495	天津塑力线缆集团有限公司	天津	2380179	110508	1453996	750987	4020
497	宜昌兴发集团有限责任公司	湖北	2370823	13036	2479955	282875	8046
498	北京二商集团有限责任公司	北京	2366679	21048	1526041	409241	15101
499	巨化集团公司	浙江	2363172	18243	1730182	439554	14843
500	山东万通石油化工集团有限公司	山东	2361182	82375	1763956	488353	3180

表 8-3　　2015 中国企业 500 强各行业企业分布

排名	企业名称	总排名	营业收入（万元）
农业、渔业、畜牧业及林业			
1	黑龙江北大荒农垦集团总公司	111	13587686
	合计		13587686
煤炭采掘及采选业			
1	神华集团有限责任公司	32	32490059
2	山西焦煤集团有限责任公司	48	25773258
3	冀中能源集团有限责任公司	60	22921232
4	大同煤矿集团有限责任公司	66	21382993
5	山西潞安矿业（集团）有限责任公司	72	20511761
6	河南能源化工集团有限责任公司	74	20433687
7	山东能源集团有限公司	78	20056727
8	山西晋城无烟煤矿业集团有限责任公司	80	19411655
9	开滦（集团）有限责任公司	85	18316390
10	阳泉煤业（集团）有限责任公司	88	18113176
11	陕西煤业化工集团有限责任公司	89	17662201
12	中国平煤神马能源化工集团有限责任公司	105	14580101
13	兖矿集团有限公司	126	11239819
14	中国中煤能源集团有限公司	149	9502254
15	淮北矿业（集团）有限责任公司	209	6192296
16	淮南矿业（集团）有限责任公司	226	5651109
17	徐州矿务集团有限公司	327	3860057
18	内蒙古伊泰集团有限公司	343	3627026
19	安徽省皖北煤电集团有限责任公司	398	3039895
20	黑龙江龙煤矿业控股集团有限责任公司	441	2815801
21	郑州煤炭工业（集团）有限责任公司	457	2703075
22	河南神火煤电股份有限公司	491	2396711
	合计		302681283
石油、天然气开采及生产业			
1	中国石油天然气集团公司	2	272995616
2	中国海洋石油总公司	12	61159992
3	陕西延长石油（集团）有限责任公司	70	20822635
	合计		354978243
建筑业			
1	中国建筑股份有限公司	6	80002875
2	中国铁路工程总公司	11	61329911
3	中国铁道建筑总公司	13	59393519
4	太平洋建设集团有限公司	25	39044629
5	中国交通建设集团有限公司	28	37042234
6	中国电力建设集团有限公司	46	26500259
7	中国冶金科工集团有限公司	62	22062626
8	中国能源建设集团有限公司	83	18682856
9	上海建工集团股份有限公司	124	11366168
10	广厦控股集团有限公司	145	9868116
11	中国化学工程股份有限公司	192	6925569
12	广西建工集团有限责任公司	206	6260024
13	陕西建工集团总公司	212	6052375
14	江苏南通三建集团有限公司	216	5892663
15	中天发展控股集团有限公司	227	5633289
16	上海城建（集团）公司	230	5494996
17	浙江省建设投资集团有限公司	237	5284079
18	四川华西集团有限公司	240	5173162
19	湖南省建筑工程集团总公司	254	4967094
20	中南控股集团有限公司	259	4882433
21	北京城建集团有限责任公司	261	4833900
22	青建集团股份公司	269	4685183
23	重庆建工投资控股有限责任公司	278	4593415
24	江苏南通二建集团有限公司	288	4423509
25	中太建设集团股份有限公司	294	4317537
26	云南建工集团有限公司	305	4206833
27	广州市建筑集团有限公司	309	4113761
28	江苏省苏中建设集团股份有限公司	314	4038725
29	甘肃省建设投资（控股）集团总公司	329	3832884
30	浙江中成控股集团有限公司	346	3577368
31	安徽建工集团有限公司	359	3403831
32	山西建筑工程（集团）总公司	364	3362917
33	北京建工集团有限责任公司	365	3361206
34	北京市政路桥集团有限公司	368	3300380
35	江西省建工集团有限责任公司	399	3039240
36	河北建设集团有限公司	403	3031979
37	浙江昆仑控股集团有限公司	409	3012720
38	河北建工集团有限责任公司	412	2979876
39	浙江八达建设集团有限公司	415	2965417
40	山河建设集团有限公司	416	2965321
41	成都建筑工程集团总公司	420	2926709
42	浙江宝业建设集团有限公司	443	2803563
43	龙信建设集团有限公司	446	2795091
44	广东省建筑工程集团有限公司	447	2785951
45	四川公路桥梁建设集团有限公司	459	2676668
46	天元建设集团有限公司	460	2673414
47	北京住总集团有限责任公司	463	2664508
48	新疆生产建设兵团建设工程（集团）有限责任公司	467	2627551
49	天津市建工集团（控股）有限公司	468	2616551

排名	企业名称	总排名	营业收入（万元）
	合计		520474885
电力生产业			
1	中国华能集团公司	36	29206174
2	中国国电集团公司	67	21335549
3	中国华电集团公司	69	21249477
4	中国大唐集团公司	84	18587307
5	中国电力投资集团公司	87	18228613
6	内蒙古电力（集团）有限责任公司	219	5820652
7	广东省粤电集团有限公司	245	5078951
8	中国广核集团有限公司	282	4517432
	合计		124024155
农副食品及农产品加工业			
1	新希望集团有限公司	173	7820574
2	通威集团有限公司	248	5062104
3	正邦集团有限公司	298	4303866
4	广东温氏食品集团股份有限公司	332	3804023
5	双胞胎（集团）股份有限公司	335	3702789
6	西王集团有限公司	392	3094686
7	三河汇福粮油集团有限公司	445	2797241
8	山东渤海实业股份有限公司	452	2736420
	合计		33321703
食品加工制造业			
1	光明食品（集团）有限公司	121	12092831
2	中国盐业总公司	258	4899682
3	天狮集团有限公司	380	3219568
4	北京二商集团有限责任公司	498	2366679
	合计		22578760
乳制品加工业			
1	内蒙古伊利实业集团股份有限公司	233	5395930
	合计		5395930
饮料加工业			
1	杭州娃哈哈集团有限公司	184	7204254
2	维维集团股份有限公司	453	2725608
	合计		9929862
酿酒制造业			
1	四川省宜宾五粮液集团有限公司	205	6309671
2	中国贵州茅台酒厂（集团）有限责任公司	351	3515398
3	稻花香集团	357	3444574
4	青岛啤酒股份有限公司	425	2904932
5	泸州老窖集团有限责任公司	439	2817621
	合计		18992196
烟草加工业			
1	上海烟草集团有限责任公司	120	12121020
2	红塔烟草（集团）有限责任公司	140	10226128
3	红云红河烟草（集团）有限责任公司	159	8650528
4	浙江中烟工业有限责任公司	186	7153703
5	湖北中烟工业有限责任公司	202	6445589
6	贵州中烟工业有限责任公司	350	3531047
7	安徽中烟工业有限责任公司	363	3363096
8	福建中烟工业有限责任公司	427	2895508
	合计		54386619
纺织、印染业			
1	山东魏桥创业集团有限公司	41	28193071
2	山东大海集团有限公司	243	5118357
3	山东如意科技集团有限公司	296	4306943
4	江苏阳光集团有限公司	355	3475281
5	天津纺织集团（控股）有限公司	391	3165922
6	华芳集团有限公司	455	2707181
7	澳洋集团有限公司	465	2653303
	合计		49620058
纺织品、服装、鞋帽、服饰加工业			
1	雅戈尔集团股份有限公司	215	5897962
2	海澜集团有限公司	238	5230881
3	红豆集团有限公司	268	4712826
4	杉杉控股有限公司	384	3212784
5	波司登股份有限公司	404	3026981
	合计		22081434
肉食品加工业			
1	河南省漯河市双汇实业集团有限责任公司	266	4802613
2	临沂新程金锣肉制品集团有限公司	275	4612881
	合计		9415494
造纸及纸制品加工业			
1	山东大王集团有限公司	128	11143928
2	山东晨鸣纸业集团股份有限公司	234	5366076
3	山东太阳控股集团有限公司	312	4091833
4	金东纸业（江苏）股份有限公司	451	2742765
	合计		23344602
生活用品（含文体、玩具、工艺品、珠宝）等轻工产品加工制造业			

排名	企业名称	总排名	营业收入（万元）
1	天津渤海轻工投资集团有限公司	155	9037212
2	老凤祥股份有限公司	371	3283502
3	重庆轻纺控股（集团）公司	480	2469003
	合计		14789717
石化产品、炼焦及其他燃料生产加工业			
1	中国石油化工集团公司	1	288993429
2	中国华信能源有限公司	65	21399476
3	山东东明石化集团有限公司	178	7581776
4	山东京博控股股份有限公司	291	4363306
5	山东海科化工集团有限公司	293	4342433
6	利华益集团股份有限公司	306	4202161
7	大连西太平洋石油化工有限公司	325	3898310
8	宝塔石化集团有限公司	345	3612466
9	山东金诚石化集团有限公司	396	3051258
10	旭阳控股有限公司	475	2516644
11	山东汇丰石化集团有限公司	483	2459961
12	山东万通石油化工集团有限公司	500	2361182
	合计		348782402
化学原料及化学制品制造业			
1	中国化工集团公司	49	25763136
2	天津渤海化工集团有限责任公司	144	10012353
3	湖北宜化集团有限责任公司	166	8050815
4	云天化集团有限责任公司	189	7077201
5	上海华谊（集团）公司	203	6392687
6	江阴澄星实业集团有限公司	283	4503512
7	亚邦投资控股集团有限公司	315	4012780
8	山东金岭集团有限公司	370	3292511
9	滨化集团公司	389	3172018
10	浙江龙盛控股有限公司	407	3016131
11	洪业化工集团股份有限公司	461	2670486
12	逸盛大化石化有限公司	464	2655961
13	传化集团有限公司	479	2481600
14	新疆天业（集团）有限公司	492	2395521
15	宜昌兴发集团有限责任公司	497	2370823
16	巨化集团公司	499	2363172
	合计		90230707
医药、医疗设备制造业			
1	上海医药集团股份有限公司	153	9239889
2	广州医药集团有限公司	201	6462118
3	修正药业集团股份有限公司	252	5009115
4	科创控股集团有限公司	274	4620000
5	天津市医药集团有限公司	324	3900073
6	四川科伦实业集团有限公司	339	3680434
7	太极集团有限公司	434	2861280
8	杭州华东医药集团有限公司	478	2492062
9	威高集团有限公司	487	2404400
	合计		40669371
化学纤维制造业			
1	恒力集团有限公司	96	16352809
2	浙江恒逸集团有限公司	170	7911115
3	盛虹控股集团有限公司	182	7384208
4	浙江荣盛控股集团有限公司	185	7185218
5	浙江桐昆控股集团有限公司	263	4828991
6	江苏三房巷集团有限公司	264	4814552
	合计		48476893
橡胶制品业			
1	华勤橡胶工业集团有限公司	308	4175362
2	山东胜通集团股份有限公司	374	3264179
3	山东玉皇化工有限公司	432	2874614
	合计		10314155
建筑材料及玻璃等制造业			
1	中国建筑材料集团有限公司	50	25042872
2	安徽海螺集团有限责任公司	127	11154817
3	中国中材集团有限公司	174	7756556
4	北京金隅集团有限责任公司	267	4784987
5	吉林亚泰（集团）股份有限公司	299	4300519
6	天瑞集团股份有限公司	347	3560101
7	沂州集团有限公司	410	2988457
8	冀东发展集团有限责任公司	476	2498839
9	红狮控股集团有限公司	486	2417965
	合计		64505113
黑色冶金及压延加工业			
1	宝钢集团有限公司	35	29774301
2	河北钢铁集团有限公司	43	28061555
3	江苏沙钢集团有限公司	53	24851875
4	渤海钢铁集团有限公司	59	23406168
5	新兴际华集团有限公司	68	21255731
6	首钢总公司	86	18290392
7	鞍钢集团公司	97	16150972
8	武汉钢铁（集团）公司	104	14615513
9	酒泉钢铁（集团）有限责任公司	109	13842849
10	山东钢铁集团有限公司	122	11599587
11	本钢集团有限公司	131	11100659

排名	企业名称	总排名	营业收入（万元）
12	中天钢铁集团有限公司	137	10520502
13	杭州钢铁集团公司	141	10115083
14	湖南华菱钢铁集团有限责任公司	175	7756043
15	陕西东岭工贸集团股份有限公司	179	7578723
16	北京建龙重工集团有限公司	180	7524027
17	马钢（集团）控股有限公司	193	6915216
18	河北新华联合冶金控股集团有限公司	196	6691696
19	青山控股集团有限公司	200	6503250
20	河北津西钢铁集团股份有限公司	208	6237595
21	广西柳州钢铁（集团）公司	214	6025656
22	南京钢铁集团有限公司	223	5713979
23	河北敬业企业集团有限责任公司	225	5666900
24	天津荣程祥泰投资控股集团有限公司	253	5003413
25	唐山瑞丰钢铁（集团）有限公司	276	4608705
26	安阳钢铁集团有限责任公司	277	4604147
27	广州钢铁企业集团有限公司	285	4487645
28	冀南钢铁集团有限公司	289	4411388
29	昆明钢铁控股有限公司	301	4251221
30	江苏新长江实业集团有限公司	303	4224963
31	日照钢铁控股集团有限公司	313	4059318
32	四川省川威集团有限公司	320	3956964
33	包头钢铁（集团）有限责任公司	321	3938082
34	江苏西城三联控股集团有限公司	330	3832688
35	江苏申特钢铁有限公司	348	3533520
36	新余钢铁集团有限公司	360	3400641
37	唐山港陆钢铁有限公司	366	3314887
38	山东泰山钢铁集团有限公司	377	3242667
39	四川德胜集团钒钛有限公司	382	3215038
40	天津友发钢管集团股份有限公司	400	3038187
41	湖南博长控股集团有限公司	401	3036469
42	福建省三钢（集团）有限责任公司	405	3020433
43	河北普阳钢铁有限公司	418	2944826
44	武安市裕华钢铁有限公司	421	2926625
45	江西萍钢实业股份有限公司	423	2912994
46	河北新金钢铁有限公司	429	2883973
47	青岛钢铁控股集团有限责任公司	430	2880997
48	凌源钢铁集团有限责任公司	454	2721848
49	武安市明芳钢铁有限公司	471	2589942
50	武安市烘熔钢铁有限公司	489	2401853
	合计		395641706
一般有色冶金及压延加工业			
1	中国铝业公司	44	28000752
2	正威国际集团有限公司	45	26871182
3	江西铜业集团公司	71	20812305
4	金川集团股份有限公司	79	20041403
5	中国有色矿业集团有限公司	82	18765549
6	铜陵有色金属集团控股有限公司	110	13636199
7	海亮集团有限公司	113	13003081
8	陕西有色金属控股集团有限责任公司	136	10544213
9	大冶有色金属集团控股有限公司	148	9585434
10	南山集团有限公司	161	8462315
11	云南冶金集团股份有限公司	270	4656058
12	白银有色集团股份有限公司	273	4626898
13	四川宏达（集团）有限公司	311	4092407
14	宁波金田投资控股有限公司	322	3923939
15	宁夏天元锰业有限公司	375	3262678
16	山东天信集团有限公司	386	3211589
17	西部矿业集团有限公司	413	2978535
18	东营方圆有色金属有限公司	417	2951659
19	东营鲁方金属材料有限公司	438	2821623
20	河南豫光金铅集团有限责任公司	449	2764616
21	深圳市中金岭南有色金属股份有限公司	482	2460871
22	万基控股集团有限公司	485	2431201
	合计		209904507
金属制品、加工工具、工业辅助产品加工制造业			
1	江苏法尔胜泓昇集团有限公司	456	2706947
2	江苏新华发集团有限公司	493	2393589
3	精功集团有限公司	494	2380513
	合计		7481049
工程机械、设备及零配件制造业			
1	徐州工程机械集团有限公司	165	8081463
2	三一集团有限公司	181	7436785
3	中联重科股份有限公司	204	6370001
	合计		21888249
工业机械、设备及零配件制造业			
1	盾安控股集团有限公司	251	5031944
2	中国恒天集团有限公司	271	4639003
	合计		9670947
农林机械、设备及零配件制造业			
1	山东时风（集团）有限责任公司	376	3244211
	合计		3244211
电力、电气等设备、机械、元器件及光伏、电池、线缆制造业			
1	天津百利机械装备集团有限公司	117	12301000
2	超威电源有限公司	198	6564987

排名	企业名称	总排名	营业收入（万元）
3	天能电池集团有限公司	211	6057873
4	新疆特变电工集团有限公司	287	4453073
5	德力西集团有限公司	319	3963010
6	亨通集团有限公司	328	3833693
7	正泰集团股份有限公司	352	3511777
8	人民电器集团有限公司	381	3217181
9	江苏金辉铜业集团有限公司	388	3183959
10	宁波富邦控股集团有限公司	435	2856847
11	宝胜集团有限公司	448	2768323
12	远东控股集团有限公司	474	2542515
13	天津塑力线缆集团有限公司	495	2380179
	合计		57634417
电梯及运输、仓储设备与设施制造业			
1	中国国际海运集装箱（集团）股份有限公司	190	7007100
	合计		7007100
轨道交通设备及零部件制造业			
1	中国南车集团公司	119	12132061
2	中国北方机车车辆工业集团公司	135	10570383
	合计		22702444
家用电器及零配件制造业			
1	海尔集团公司	77	20071067
2	美的集团股份有限公司	108	14231097
3	TCL 集团股份有限公司	142	10102868
4	海信集团有限公司	147	9804851
5	四川长虹电子集团有限公司	152	9315491
6	奥克斯集团有限公司	228	5521610
7	创维集团有限公司	402	3036034
8	双良集团有限公司	414	2968756
9	广东格兰仕集团有限公司	428	2895450
10	广州万宝集团有限公司	437	2825729
	合计		80772953
黄金冶炼及压延加工业			
1	中国黄金集团公司	118	12133863
2	山东黄金集团有限公司	177	7601782
3	山东招金集团有限公司	286	4455862
	合计		24191507
电子元器件与仪器仪表、自动化控制设备制造业			
1	中国电子信息产业集团有限公司	75	20385155
2	山东科达集团有限公司	387	3208371
3	晶龙实业集团有限公司	462	2665613

排名	企业名称	总排名	营业收入（万元）
	合计		26259139
计算机及零部件制造业			
1	联想控股股份有限公司	38	28947583
2	京东方科技集团股份有限公司	337	3681632
3	同方股份有限公司	469	2599372
	合计		35228587
通信器材及设备、元器件制造业			
1	华为技术有限公司	39	28819700
2	天津中环电子信息集团有限公司	101	15460530
3	中兴通讯股份有限公司	164	8147128
	合计		52427358
汽车及零配件制造业			
1	上海汽车集团股份有限公司	10	63000116
2	中国第一汽车集团公司	17	49411547
3	东风汽车公司	18	48662393
4	北京汽车集团有限公司	34	31156065
5	广州汽车工业集团有限公司	73	20479107
6	浙江吉利控股集团有限公司	102	15395264
7	华晨汽车集团控股有限公司	103	15066410
8	万向集团公司	114	12878896
9	江苏悦达集团有限公司	130	11114521
10	中国重型汽车集团有限公司	194	6831274
11	长城汽车股份有限公司	207	6259910
12	江铃汽车集团公司	250	5042092
13	陕西汽车控股集团有限公司	317	4001126
14	安徽江淮汽车集团有限公司	318	3965848
15	郑州宇通集团有限公司	394	3071976
16	奇瑞汽车股份有限公司	411	2984943
	合计		299321488
摩托车及零配件制造业			
1	重庆力帆控股有限公司	395	3062012
2	隆鑫控股有限公司	408	3012838
	合计		6074850
航空航天及国防军工业			
1	中国兵器工业集团公司	23	40428489
2	中国航空工业集团公司	26	38638266
3	中国航天科技集团公司	95	16753254
4	中国航天科工集团公司	100	15742805
	合计		111562814

排名	企业名称	总排名	营业收入（万元）
动力、电力生产等装备、设备制造业			
1	潍柴控股集团有限公司	115	12665954
2	上海电气（集团）总公司	150	9501369
3	杭州汽轮动力集团有限公司	218	5823202
4	中国东方电气集团有限公司	302	4242714
5	广西玉柴机器集团有限公司	316	4012402
6	哈尔滨电气集团公司	466	2651703
	合计		38897344
综合制造业（以制造业为主，含有服务业）			
1	中国五矿集团公司	33	32275663
2	比亚迪股份有限公司	220	5819588
3	无锡产业发展集团有限公司	221	5724130
4	新华联集团有限公司	224	5698917
5	上海复星高科技（集团）有限公司	232	5426059
6	万达控股集团有限公司	247	5064961
7	江苏华西集团公司	265	4804974
8	华盛江泉集团有限公司	284	4501664
9	重庆化医控股（集团）公司	341	3671498
10	杭州锦江集团有限公司	342	3667906
11	重庆机电控股（集团）公司	397	3045733
12	山东华兴机械股份有限公司	472	2560183
13	苏州创元投资发展（集团）有限公司	484	2433807
	合计		84695083
船舶工业			
1	中国船舶重工集团公司	76	20168087
2	江苏扬子江船业集团公司	373	3266661
	合计		23434748
能源(含电力、热力、燃气等)供应、开发、减排及再生循环服务业			
1	国家电网公司	3	209136337
2	中国南方电网有限责任公司	19	47234994
3	浙江省能源集团有限公司	187	7117063
4	北京能源集团有限责任公司	197	6638375
5	山西省国新能源发展集团有限公司	356	3445676
6	天津能源投资集团有限公司	390	3169725
7	申能（集团）有限公司	393	3082414
8	新奥能源控股有限公司	424	2908700
9	福建省能源集团有限责任公司	450	2747908
	合计		285481192
铁路运输及辅助服务业			
1	中国铁路物资股份有限公司	172	7879149
	合计		7879149

排名	企业名称	总排名	营业收入（万元）
水上运输业			
1	中国远洋运输（集团）总公司	94	16933575
2	中国海运（集团）总公司	163	8306535
	合计		25240110
陆路运输、城市公交、道路及交通辅助等服务业			
1	山东高速集团有限公司	292	4350349
2	广东省交通集团有限公司	334	3703498
3	浙江省交通投资集团有限公司	369	3295151
	合计		11348998
港口服务业			
1	广西北部湾国际港务集团有限公司	260	4860513
2	天津港（集团）有限公司	290	4405846
3	上海国际港务（集团）股份有限公司	431	2877870
	合计		12144229
航空运输业			
1	海航集团有限公司	99	15801958
2	中国南方航空集团公司	132	10918040
3	中国航空集团公司	134	10720489
4	中国东方航空集团公司	151	9454194
	合计		46894681
电信、邮寄、速递等服务业			
1	中国移动通信集团公司	9	66253831
2	中国邮政集团公司	22	40476596
3	中国电信集团公司	27	38291973
4	中国联合网络通信集团有限公司	37	28965300
	合计		173987700
软件、程序、计算机应用、网络工程等计算机、微电子服务业			
1	三胞集团有限公司	160	8506805
2	浪潮集团有限公司	244	5103479
	合计		13610284
物流、仓储、运输、配送服务业			
1	厦门建发集团有限公司	116	12393562
2	中国外运长航集团有限公司	154	9145576
3	中国诚通控股集团有限公司	195	6820624
4	河北省物流产业集团有限公司	229	5500203
5	玖隆钢铁物流有限公司	236	5306031
6	厦门象屿集团有限公司	239	5217263
7	腾邦投资控股有限公司	279	4578531

排名	企业名称	总排名	营业收入（万元）
8	深圳市飞马国际供应链股份有限公司	385	3211906
9	广西交通投资集团有限公司	477	2493578
	合计		54667274
	矿产、能源内外商贸及批发业		
1	中国航空油料集团公司	61	22289976
2	晋能集团有限公司	81	19296321
3	山西煤炭进出口集团有限公司	139	10263596
4	珠海振戎公司	176	7702673
5	浙江前程石化股份有限公司	490	2398081
	合计		61950647
	化工产品内外贸批发业		
1	中国中化集团公司	16	49682919
	合计		49682919
	机电、电子批发及内外商贸业		
1	中国通用技术（集团）控股有限责任公司	92	17049315
2	广东省广新控股集团有限公司	191	7004680
	合计		24053995
	生活消费商品（含家居、文体、玩具、工艺品、珠宝等）内外批发及商贸业		
1	浙江省国际贸易集团有限公司	222	5714723
2	广东省丝绸纺织集团有限公司	300	4281278
3	江苏国泰国际集团有限公司	307	4200722
4	广州轻工工贸集团有限公司	353	3502268
5	安徽国贸集团控股有限公司	419	2936110
	合计		20635101
	粮油食品及农林、土畜、果蔬、水产品等内外批发商贸业		
1	中粮集团有限公司	52	24969028
2	深圳市大生农业集团有限公司	242	5119342
	合计		30088370
	生产资料批发及内外商贸业		
1	天津物产集团有限公司	24	40234822
2	浙江省物产集团公司	64	21448400
3	广东物资集团公司	157	8800625
	合计		70483847
	金属内外商贸及加工、配送、批发零售业		
1	西安迈科金属国际集团有限公司	162	8379831
2	上海均和集团有限公司	354	3484075
3	大汉控股集团有限公司	422	2925116

排名	企业名称	总排名	营业收入（万元）
	合计		14789022
	综合性内外商贸及批发业、零售业		
1	厦门国贸控股有限公司	158	8706317
2	浙江省兴合集团有限责任公司	183	7289006
3	远大物产集团有限公司	280	4563731
4	上海纺织（集团）有限公司	295	4314295
5	中基宁波集团股份有限公司	367	3310568
	合计		28183917
	汽车及摩托车商贸、维修保养及租赁业		
1	庞大汽贸集团股份有限公司	213	6031453
2	中升集团控股有限公司	231	5478666
3	上海永达控股（集团）有限公司	297	4304104
	合计		15814223
	电器商贸批发业、零售业		
1	苏宁控股集团	40	28294180
2	国美电器有限公司	106	14348266
3	深圳市爱施德股份有限公司	262	4832057
4	天音通信有限公司	361	3400167
	合计		50874670
	医药专营批发业、零售业		
1	中国医药集团总公司	54	24710984
2	九州通医药集团股份有限公司	310	4106840
3	天津领先控股集团有限公司	442	2804979
	合计		31622803
	商业零售业、连锁超市		
1	大商集团有限公司	93	17023317
2	百联集团有限公司	112	13435613
3	山东省商业集团有限公司	167	8050638
4	重庆商社（集团）有限公司	241	5145104
5	天津一商集团有限公司	272	4630440
6	合肥百货大楼集团股份有限公司	333	3780000
7	浙江省商业集团有限公司	336	3682317
8	永辉超市股份有限公司	340	3672680
9	武汉武商集团股份有限公司	362	3400003
10	长春欧亚集团股份有限公司	378	3232232
11	中百控股集团股份有限公司	379	3221803
12	石家庄北国人百集团有限责任公司	383	3213628
	合计		72487775
	银行业		

排名	企业名称	总排名	营业收入（万元）
1	中国工商银行股份有限公司	4	102943000
2	中国建设银行股份有限公司	5	86218900
3	中国农业银行股份有限公司	7	79801600
4	中国银行股份有限公司	8	74520700
5	国家开发银行股份有限公司	14	55555825
6	交通银行股份有限公司	31	33444493
7	招商银行股份有限公司	42	28104943
8	兴业银行股份有限公司	51	25012300
9	中国民生银行股份有限公司	55	24643900
10	上海浦东发展银行	58	23798800
11	中国农业发展银行	90	17576500
12	中国光大集团股份有限公司	91	17347800
13	华夏银行股份有限公司	138	10403472
14	北京银行	169	7923955
15	渤海银行股份有限公司	326	3884177
16	盛京银行股份有限公司	458	2682186
17	天津银行股份有限公司	470	2597985
18	广州农村商业银行股份有限公司	473	2544079
	合计		599004615

人寿保险业

排名	企业名称	总排名	营业收入（万元）
1	中国人寿保险（集团）公司	15	53758346
2	新华人寿保险股份有限公司	107	14318700
3	泰康人寿保险股份有限公司	146	9838871
4	阳光保险集团股份有限公司	323	3918158
	合计		81834075

财产保险业

排名	企业名称	总排名	营业收入（万元）
1	中国人民保险集团股份有限公司	29	35149600
	合计		35149600

其他金融服务业

排名	企业名称	总排名	营业收入（万元）
1	广西投资集团有限公司	199	6532425
	合计		6532425

多元化投资控股、商务服务业

排名	企业名称	总排名	营业收入（万元）
1	华润股份有限公司	21	46141246
2	中国中信集团有限公司	30	34088735
3	国家开发投资公司	125	11262010
4	深圳市神州通投资集团有限公司	256	4933128
5	广东省广晟资产经营有限公司	304	4223059
6	云南省能源投资集团有限公司	349	3532995
7	重庆市能源投资集团有限公司	358	3411240
	合计		107592413

房地产开发与经营、物业及房屋装饰、修缮、管理等服务业

排名	企业名称	总排名	营业收入（万元）
1	绿地控股集团有限公司	47	26195510
2	大连万达集团股份有限公司	57	24248000
3	恒大地产集团有限公司	129	11139811
4	绿城房地产集团有限公司	168	7940000
5	银亿集团有限公司	235	5358317
6	隆基泰和实业有限公司	249	5057996
7	重庆龙湖企业拓展有限公司	255	4958879
8	广东圣丰集团有限公司	344	3627023
9	重庆市金科投资控股（集团）有限责任公司	372	3268670
10	天津住宅建设发展集团有限公司	406	3018376
11	福佳集团有限公司	426	2903489
12	世纪金源投资集团有限公司	433	2866880
13	弘阳集团有限公司	436	2836606
14	卓尔控股有限公司	444	2802565
15	广州越秀集团有限公司	481	2467798
16	天津房地产集团有限公司	488	2404035
	合计		111093955

旅游、宾馆及娱乐服务业

排名	企业名称	总排名	营业收入（万元）
1	中国港中旅集团公司	246	5068000
2	北京首都旅游集团有限责任公司	331	3832341
	合计		8900341

公用事业、市政、水务、航道、港口等公共设施的投资、经营与管理业

排名	企业名称	总排名	营业收入（万元）
1	北京控股集团有限公司	217	5857191
2	辽宁日林实业集团有限公司	440	2815842
3	北京首都创业集团有限公司	496	2378289
	合计		11051322

人力资源、会展博览、国内外经济合作等社会综合服务业

排名	企业名称	总排名	营业收入（万元）
1	中国国际技术智力合作公司	281	4552396
2	北京外企服务集团有限责任公司	338	3680482
	合计		8232878

信息、传媒、电子商务、网购、网络娱乐等互联网服务业

排名	企业名称	总排名	营业收入（万元）
1	京东商城电子商务有限公司	123	11500231
2	腾讯控股有限公司	171	7893200
3	阿里巴巴集团控股有限公司	188	7081000
4	百度股份有限公司	257	4905232
	合计		31379663

综合服务业（以服务业为主，含有制造业）

排名	企业名称	总排名	营业收入（万元）
1	中国机械工业集团有限公司	56	24474888

排名	企业名称	总排名	营业收入（万元）	排名	企业名称	总排名	营业收入（万元）
2	中国保利集团公司	98	16048517				
3	上海东浩兰生国际服务贸易（集团）有限公司	133	10833334	综合保险业			
				1	中国平安保险（集团）股份有限公司	20	46288200
4	新疆广汇实业投资（集团）有限责任公司	143	10082004	2	中国太平洋保险（集团）股份有限公司	63	21977800
5	大印集团有限公司	210	6080396	3	中国太平保险集团有限责任公司	156	8863151
	合计		67519139		合计		77129151

表 8-4　　**2015 中国企业 500 强各地区分布**

排名	企业名称	营业收入（万元）	排名	企业名称	营业收入（万元）
北京			43	中国船舶重工集团公司	20168087
1	中国石油化工集团公司	288993429	44	中国有色矿业集团有限公司	18765549
2	中国石油天然气集团公司	272995616	45	中国能源建设集团有限公司	18682856
3	国家电网公司	209136337	46	中国大唐集团公司	18587307
4	中国工商银行股份有限公司	102943000	47	首钢总公司	18290392
5	中国建设银行股份有限公司	86218900	48	中国电力投资集团公司	18228613
6	中国建筑股份有限公司	80002875	49	中国农业发展银行	17576500
7	中国农业银行股份有限公司	79801600	50	中国光大集团股份有限公司	17347800
8	中国银行股份有限公司	74520700	51	中国通用技术（集团）控股有限责任公司	17049315
9	中国移动通信集团公司	66253831	52	中国远洋运输（集团）总公司	16933575
10	中国铁路工程总公司	61329911	53	中国航天科技集团公司	16753254
11	中国海洋石油总公司	61159992	54	中国保利集团公司	16048517
12	中国铁道建筑总公司	59393519	55	中国航天科工集团公司	15742805
13	国家开发银行股份有限公司	55555825	56	国美电器有限公司	14348266
14	中国人寿保险（集团）公司	53758346	57	新华人寿保险股份有限公司	14318700
15	中国中化集团公司	49682919	58	中国黄金集团公司	12133863
16	中国邮政集团公司	40476596	59	中国南车集团公司	12132061
17	中国兵器工业集团公司	40428489	60	京东商城电子商务有限公司	11500231
18	中国航空工业集团公司	38638266	61	国家开发投资公司	11262010
19	中国电信集团公司	38291973	62	中国航空集团公司	10720489
20	中国交通建设集团有限公司	37042234	63	中国北方机车车辆工业集团公司	10570383
21	中国人民保险集团股份有限公司	35149600	64	华夏银行股份有限公司	10403472
22	中国中信集团有限公司	34088735	65	泰康人寿保险股份有限公司	9838871
23	神华集团有限责任公司	32490059	66	中国中煤能源集团有限公司	9502254
24	中国五矿集团公司	32275663	67	中国外运长航集团有限公司	9145576
25	北京汽车集团有限公司	31156065	68	中国太平保险集团有限责任公司	8863151
26	中国华能集团公司	29206174	69	北京银行	7923955
27	中国联合网络通信集团有限公司	28965300	70	中国铁路物资股份有限公司	7879149
28	联想控股股份有限公司	28947583	71	中国中材集团有限公司	7756556
29	中国铝业公司	28000752	72	珠海振戎公司	7702673
30	中国电力建设集团有限公司	26500259	73	北京建龙重工集团有限公司	7524027
31	中国化工集团公司	25763136	74	中国化学工程股份有限公司	6925569
32	中国建筑材料集团有限公司	25042872	75	中国诚通控股集团有限公司	6820624
33	中粮集团有限公司	24969028	76	北京能源集团有限责任公司	6638375
34	中国医药集团总公司	24710984	77	北京控股集团有限公司	5857191
35	中国民生银行股份有限公司	24643900	78	新华联集团有限公司	5698917
36	中国机械工业集团有限公司	24474888	79	中国港中旅集团公司	5068000
37	中国航空油料集团公司	22289976	80	百度股份有限公司	4905232
38	中国冶金科工集团有限公司	22062626	81	中国盐业总公司	4899682
39	中国国电集团公司	21335549	82	北京城建集团有限责任公司	4833900
40	新兴际华集团有限公司	21255731	83	北京金隅集团有限责任公司	4784987
41	中国华电集团公司	21249477	84	中国恒天集团有限公司	4639003
42	中国电子信息产业集团有限公司	20385155	85	中国国际技术智力合作公司	4552396

排名	企业名称	营业收入（万元）
86	阳光保险集团股份有限公司	3918158
87	北京首都旅游集团有限责任公司	3832341
88	京东方科技集团股份有限公司	3681632
89	北京外企服务集团有限责任公司	3680482
90	宝塔石化集团有限公司	3612466
91	北京建工集团有限责任公司	3361206
92	北京市政路桥集团有限公司	3300380
93	世纪金源投资集团有限公司	2866880
94	北京住总集团有限责任公司	2664508
95	同方股份有限公司	2599372
96	旭阳控股有限公司	2516644
97	北京首都创业集团有限公司	2378289
98	北京二商集团有限责任公司	2366679
	合计	2901691040
天津		
1	天津物产集团有限公司	40234822
2	渤海钢铁集团有限公司	23406168
3	天津中环电子信息集团有限公司	15460530
4	天津百利机械装备集团有限公司	12301000
5	天津渤海化工集团有限责任公司	10012353
6	天津渤海轻工投资集团有限公司	9037212
7	天津荣程祥泰投资控股集团有限公司	5003413
8	天津一商集团有限公司	4630440
9	天津港（集团）有限公司	4405846
10	天津市医药集团有限公司	3900073
11	渤海银行股份有限公司	3884177
12	天狮集团有限公司	3219568
13	天津能源投资集团有限公司	3169725
14	天津纺织集团（控股）有限公司	3165922
15	天津友发钢管集团股份有限公司	3038187
16	天津住宅建设发展集团有限公司	3018376
17	天津领先控股集团有限公司	2804979
18	天津市建工集团（控股）有限公司	2616551
19	天津银行股份有限公司	2597985
20	天津房地产集团有限公司	2404035
21	天津塑力线缆集团有限公司	2380179
	合计	160691541
上海		
1	上海汽车集团股份有限公司	63000116
2	交通银行股份有限公司	33444493
3	宝钢集团有限公司	29774301
4	绿地控股集团有限公司	26195510
5	上海浦东发展银行	23798800
6	中国太平洋保险（集团）股份有限公司	21977800
7	中国华信能源有限公司	21399476
8	百联集团有限公司	13435613
9	上海烟草集团有限责任公司	12121020
10	光明食品（集团）有限公司	12092831
11	上海建工集团股份有限公司	11366168
12	上海东浩兰生国际服务贸易（集团）有限公司	10833334
13	上海电气（集团）总公司	9501369
14	中国东方航空集团公司	9454194
15	上海医药集团股份有限公司	9239889
16	中国海运（集团）总公司	8306535
17	上海华谊（集团）公司	6392687
18	上海城建（集团）公司	5494996
19	上海复星高科技（集团）有限公司	5426059
20	上海纺织（集团）有限公司	4314295
21	上海永达控股（集团）有限公司	4304104
22	上海均和集团有限公司	3484075
23	老凤祥股份有限公司	3283502
24	申能（集团）有限公司	3082414
25	上海国际港务（集团）股份有限公司	2877870
	合计	354601451
重庆		
1	重庆商社（集团）有限公司	5145104
2	重庆龙湖企业拓展有限公司	4958879
3	重庆建工投资控股有限责任公司	4593415
4	重庆化医控股（集团）公司	3671498
5	重庆市能源投资集团有限公司	3411240
6	重庆市金科投资控股（集团）有限责任公司	3268670
7	重庆力帆控股有限公司	3062012
8	重庆机电控股（集团）公司	3045733
9	隆鑫控股有限公司	3012838
10	太极集团有限公司	2861280
11	重庆轻纺控股（集团）公司	2469003
	合计	39499672
黑龙江		
1	黑龙江北大荒农垦集团总公司	13587686
2	黑龙江龙煤矿业控股集团有限责任公司	2815801
3	哈尔滨电气集团公司	2651703
	合计	19055190
吉林		
1	中国第一汽车集团公司	49411547
2	修正药业集团股份有限公司	5009115

排名	企业名称	营业收入（万元）
3	吉林亚泰（集团）股份有限公司	4300519
4	长春欧亚集团股份有限公司	3232232
	合计	61953413
辽宁		
1	大连万达集团股份有限公司	24248000
2	大商集团有限公司	17023317
3	鞍钢集团公司	16150972
4	华晨汽车集团控股有限公司	15066410
5	本钢集团有限公司	11100659
6	中升集团控股有限公司	5478666
7	大连西太平洋石油化工有限公司	3898310
8	福佳集团有限公司	2903489
9	辽宁日林实业集团有限公司	2815842
10	凌源钢铁集团有限责任公司	2721848
11	盛京银行股份有限公司	2682186
12	逸盛大化石化有限公司	2655961
	合计	106745660
河北		
1	河北钢铁集团有限公司	28061555
2	冀中能源集团有限责任公司	22921232
3	开滦（集团）有限责任公司	18316390
4	河北新华联合冶金控股集团有限公司	6691696
5	长城汽车股份有限公司	6259910
6	河北津西钢铁集团股份有限公司	6237595
7	庞大汽贸集团股份有限公司	6031453
8	河北敬业企业集团有限责任公司	5666900
9	河北省物流产业集团有限公司	5500203
10	隆基泰和实业有限公司	5057996
11	唐山瑞丰钢铁（集团）有限公司	4608705
12	冀南钢铁集团有限公司	4411388
13	中太建设集团股份有限公司	4317537
14	唐山港陆钢铁有限公司	3314887
15	石家庄北国人百集团有限责任公司	3213628
16	河北建设集团有限公司	3031979
17	河北建工集团有限责任公司	2979876
18	河北普阳钢铁有限公司	2944826
19	武安市裕华钢铁有限公司	2926625
20	新奥能源控股有限公司	2908700
21	河北新金钢铁有限公司	2883973
22	三河汇福粮油集团有限公司	2797241
23	晶龙实业集团有限公司	2665613
24	武安市明芳钢铁有限公司	2589942
25	冀东发展集团有限责任公司	2498839
26	武安市烘熔钢铁有限公司	2401853
	合计	161240542
河南		
1	河南能源化工集团有限责任公司	20433687
2	中国平煤神马能源化工集团有限责任公司	14580101
3	河南省漯河市双汇实业集团有限责任公司	4802613
4	安阳钢铁集团有限责任公司	4604147
5	天瑞集团股份有限公司	3560101
6	郑州宇通集团有限公司	3071976
7	河南豫光金铅集团有限责任公司	2764616
8	郑州煤炭工业（集团）有限责任公司	2703075
9	万基控股集团有限公司	2431201
10	河南神火煤电股份有限公司	2396711
	合计	61348228
山东		
1	山东魏桥创业集团有限公司	28193071
2	海尔集团公司	20071067
3	山东能源集团有限公司	20056727
4	潍柴控股集团有限公司	12665954
5	山东钢铁集团有限公司	11599587
6	兖矿集团有限公司	11239819
7	山东大王集团有限公司	11143928
8	海信集团有限公司	9804851
9	南山集团有限公司	8462315
10	山东省商业集团有限公司	8050638
11	山东黄金集团有限公司	7601782
12	山东东明石化集团有限公司	7581776
13	中国重型汽车集团有限公司	6831274
14	山东晨鸣纸业集团股份有限公司	5366076
15	山东大海集团有限公司	5118357
16	浪潮集团有限公司	5103479
17	万达控股集团有限公司	5064961
18	青建集团股份公司	4685183
19	临沂新程金锣肉制品集团有限公司	4612881
20	华盛江泉集团有限公司	4501664
21	山东招金集团有限公司	4455862
22	山东京博控股股份有限公司	4363306
23	山东高速集团有限公司	4350349
24	山东海科化工集团有限公司	4342433
25	山东如意科技集团有限公司	4306943
26	利华益集团股份有限公司	4202161
27	华勤橡胶工业集团有限公司	4175362
28	山东太阳控股集团有限公司	4091833

排名	企业名称	营业收入（万元）
29	日照钢铁控股集团有限公司	4059318
30	山东金岭集团有限公司	3292511
31	山东胜通集团股份有限公司	3264179
32	山东时风（集团）有限责任公司	3244211
33	山东泰山钢铁集团有限公司	3242667
34	山东天信集团有限公司	3211589
35	山东科达集团有限公司	3208371
36	滨化集团公司	3172018
37	西王集团有限公司	3094686
38	山东金诚石化集团有限公司	3051258
39	沂州集团有限公司	2988457
40	东营方圆有色金属有限公司	2951659
41	青岛啤酒股份有限公司	2904932
42	青岛钢铁控股集团有限责任公司	2880997
43	山东玉皇化工有限公司	2874614
44	东营鲁方金属材料有限公司	2821623
45	山东渤海实业股份有限公司	2736420
46	天元建设集团有限公司	2673414
47	洪业化工集团股份有限公司	2670486
48	山东华兴机械股份有限公司	2560183
49	山东汇丰石化集团有限公司	2459961
50	威高集团有限公司	2404400
51	山东万通石油化工集团有限公司	2361182
	合计	300172775
山西		
1	山西焦煤集团有限责任公司	25773258
2	大同煤矿集团有限责任公司	21382993
3	山西潞安矿业（集团）有限责任公司	20511761
4	山西晋城无烟煤矿业集团有限责任公司	19411655
5	晋能集团有限公司	19296321
6	阳泉煤业（集团）有限责任公司	18113176
7	山西煤炭进出口集团有限公司	10263596
8	山西省国新能源发展集团有限公司	3445676
9	山西建筑工程（集团）总公司	3362917
	合计	141561353
陕西		
1	陕西延长石油（集团）有限责任公司	20822635
2	陕西煤业化工集团有限责任公司	17662201
3	陕西有色金属控股集团有限责任公司	10544213
4	西安迈科金属国际集团有限公司	8379831
5	陕西东岭工贸集团股份有限公司	7578723
6	陕西建工集团总公司	6052375
7	陕西汽车控股集团有限公司	4001126

排名	企业名称	营业收入（万元）
	合计	75041104
安徽		
1	铜陵有色金属集团控股有限公司	13636199
2	安徽海螺集团有限责任公司	11154817
3	马钢（集团）控股有限公司	6915216
4	淮北矿业（集团）有限责任公司	6192296
5	淮南矿业（集团）有限责任公司	5651109
6	安徽江淮汽车集团有限公司	3965848
7	合肥百货大楼集团股份有限公司	3780000
8	安徽建工集团有限公司	3403831
9	安徽中烟工业有限责任公司	3363096
10	安徽省皖北煤电集团有限责任公司	3039895
11	奇瑞汽车股份有限公司	2984943
12	安徽国贸集团控股有限公司	2936110
	合计	67023360
江苏		
1	太平洋建设集团有限公司	39044629
2	苏宁控股集团	28294180
3	江苏沙钢集团有限公司	24851875
4	恒力集团有限公司	16352809
5	江苏悦达集团有限公司	11114521
6	中天钢铁集团有限公司	10520502
7	三胞集团有限公司	8506805
8	徐州工程机械集团有限公司	8081463
9	盛虹控股集团有限公司	7384208
10	江苏南通三建集团有限公司	5892663
11	无锡产业发展集团有限公司	5724130
12	南京钢铁集团有限公司	5713979
13	玖隆钢铁物流有限公司	5306031
14	海澜集团有限公司	5230881
15	中南控股集团有限公司	4882433
16	江苏三房巷集团有限公司	4814552
17	江苏华西集团公司	4804974
18	红豆集团有限公司	4712826
19	江阴澄星实业集团有限公司	4503512
20	江苏南通二建集团有限公司	4423509
21	江苏新长江实业集团有限公司	4224963
22	江苏国泰国际集团有限公司	4200722
23	江苏省苏中建设集团股份有限公司	4038725
24	亚邦投资控股集团有限公司	4012780
25	徐州矿务集团有限公司	3860057
26	亨通集团有限公司	3833693
27	江苏西城三联控股集团有限公司	3832688

排名	企业名称	营业收入（万元）
28	江苏申特钢铁有限公司	3533520
29	江苏阳光集团有限公司	3475281
30	江苏扬子江船业集团公司	3266661
31	江苏金辉铜业集团有限公司	3183959
32	波司登股份有限公司	3026981
33	双良集团有限公司	2968756
34	弘阳集团有限公司	2836606
35	龙信建设集团有限公司	2795091
36	宝胜集团有限公司	2768323
37	金东纸业（江苏）股份有限公司	2742765
38	维维集团股份有限公司	2725608
39	华芳集团有限公司	2707181
40	江苏法尔胜泓昇集团有限公司	2706947
41	澳洋集团有限公司	2653303
42	远东控股集团有限公司	2542515
43	苏州创元投资发展（集团）有限公司	2433807
44	江苏新华发集团有限公司	2393589
	合计	286925003
湖南		
1	湖南华菱钢铁集团有限责任公司	7756043
2	三一集团有限公司	7436785
3	中联重科股份有限公司	6370001
4	湖南省建筑工程集团总公司	4967094
5	湖南博长控股集团有限公司	3036469
6	大汉控股集团有限公司	2925116
	合计	32491508
湖北		
1	东风汽车公司	48662393
2	武汉钢铁（集团）公司	14615513
3	大冶有色金属集团控股有限公司	9585434
4	湖北宜化集团有限责任公司	8050815
5	湖北中烟工业有限责任公司	6445589
6	九州通医药集团股份有限公司	4106840
7	稻花香集团	3444574
8	武汉武商集团股份有限公司	3400003
9	中百控股集团股份有限公司	3221803
10	山河建设集团有限公司	2965321
11	卓尔控股有限公司	2802565
12	宜昌兴发集团有限责任公司	2370823
	合计	109671673
江西		
1	江西铜业集团公司	20812305
2	江铃汽车集团公司	5042092
3	正邦集团有限公司	4303866
4	双胞胎（集团）股份有限公司	3702789
5	新余钢铁集团有限公司	3400641
6	江西省建工集团有限责任公司	3039240
7	江西萍钢实业股份有限公司	2912994
	合计	43213927
浙江		
1	浙江省物产集团公司	21448400
2	浙江吉利控股集团有限公司	15395264
3	海亮集团有限公司	13003081
4	万向集团公司	12878896
5	杭州钢铁集团公司	10115083
6	广厦控股集团有限公司	9868116
7	绿城房地产集团有限公司	7940000
8	浙江恒逸集团有限公司	7911115
9	浙江省兴合集团有限责任公司	7289006
10	杭州娃哈哈集团有限公司	7204254
11	浙江荣盛控股集团有限公司	7185218
12	浙江中烟工业有限责任公司	7153703
13	浙江省能源集团有限公司	7117063
14	阿里巴巴集团控股有限公司	7081000
15	超威电源有限公司	6564987
16	青山控股集团有限公司	6503250
17	天能电池集团有限公司	6057873
18	雅戈尔集团股份有限公司	5897962
19	杭州汽轮动力集团有限公司	5823202
20	浙江省国际贸易集团有限公司	5714723
21	中天发展控股集团有限公司	5633289
22	奥克斯集团有限公司	5521610
23	银亿集团有限公司	5358317
24	浙江省建设投资集团有限公司	5284079
25	盾安控股集团有限公司	5031944
26	浙江桐昆控股集团有限公司	4828991
27	远大物产集团有限公司	4563731
28	德力西集团有限公司	3963010
29	宁波金田投资控股有限公司	3923939
30	浙江省商业集团有限公司	3682317
31	杭州锦江集团有限公司	3667906
32	浙江中成控股集团有限公司	3577368
33	正泰集团股份有限公司	3511777
34	中基宁波集团股份有限公司	3310568
35	浙江省交通投资集团有限公司	3295151
36	人民电器集团有限公司	3217181

排名	企业名称	营业收入（万元）
37	杉杉控股有限公司	3212784
38	浙江龙盛控股有限公司	3016131
39	浙江昆仑控股集团有限公司	3012720
40	浙江八达建设集团有限公司	2965417
41	宁波富邦控股集团有限公司	2856847
42	浙江宝业建设集团有限公司	2803563
43	杭州华东医药集团有限公司	2492062
44	传化集团有限公司	2481600
45	红狮控股集团有限公司	2417965
46	浙江前程石化股份有限公司	2398081
47	精功集团有限公司	2380513
48	巨化集团公司	2363172
	合计	278924229

广东

排名	企业名称	营业收入（万元）
1	中国南方电网有限责任公司	47234994
2	中国平安保险（集团）股份有限公司	46288200
3	华润股份有限公司	46141246
4	华为技术有限公司	28819700
5	招商银行股份有限公司	28104943
6	正威国际集团有限公司	26871182
7	广州汽车工业集团有限公司	20479107
8	美的集团股份有限公司	14231097
9	恒大地产集团有限公司	11139811
10	中国南方航空集团公司	10918040
11	TCL 集团股份有限公司	10102868
12	广东物资集团公司	8800625
13	中兴通讯股份有限公司	8147128
14	腾讯控股有限公司	7893200
15	中国国际海运集装箱（集团）股份有限公司	7007100
16	广东省广新控股集团有限公司	7004680
17	广州医药集团有限公司	6462118
18	比亚迪股份有限公司	5819588
19	深圳市大生农业集团有限公司	5119342
20	广东省粤电集团有限公司	5078951
21	深圳市神州通投资集团有限公司	4933128
22	深圳市爱施德股份有限公司	4832057
23	腾邦投资控股有限公司	4578531
24	中国广核集团有限公司	4517432
25	广州钢铁企业集团有限公司	4487645
26	广东省丝绸纺织集团有限公司	4281278
27	广东省广晟资产经营有限公司	4223059
28	广州市建筑集团有限公司	4113761
29	广东温氏食品集团股份有限公司	3804023
30	广东省交通集团有限公司	3703498
31	广东圣丰集团有限公司	3627023
32	广州轻工工贸集团有限公司	3502268
33	天音通信有限公司	3400167
34	深圳市飞马国际供应链股份有限公司	3211906
35	创维集团有限公司	3036034
36	广东格兰仕集团有限公司	2895450
37	广州万宝集团有限公司	2825729
38	广东省建筑工程集团有限公司	2785951
39	广州农村商业银行股份有限公司	2544079
40	广州越秀集团有限公司	2467798
41	深圳市中金岭南有色金属股份有限公司	2460871
	合计	427895608

四川

排名	企业名称	营业收入（万元）
1	四川长虹电子集团有限公司	9315491
2	新希望集团有限公司	7820574
3	四川省宜宾五粮液集团有限公司	6309671
4	四川华西集团有限公司	5173162
5	通威集团有限公司	5062104
6	科创控股集团有限公司	4620000
7	中国东方电气集团有限公司	4242714
8	四川宏达（集团）有限公司	4092407
9	四川省川威集团有限公司	3956964
10	四川科伦实业集团有限公司	3680434
11	四川德胜集团钒钛有限公司	3215038
12	成都建筑工程集团总公司	2926709
13	泸州老窖集团有限责任公司	2817621
14	四川公路桥梁建设集团有限公司	2676668
	合计	65909557

福建

排名	企业名称	营业收入（万元）
1	兴业银行股份有限公司	25012300
2	厦门建发集团有限公司	12393562
3	厦门国贸控股有限公司	8706317
4	厦门象屿集团有限公司	5217263
5	永辉超市股份有限公司	3672680
6	福建省三钢（集团）有限责任公司	3020433
7	福建中烟工业有限责任公司	2895508
8	福建省能源集团有限责任公司	2747908
	合计	63665971

广西

排名	企业名称	营业收入（万元）
1	广西投资集团有限公司	6532425
2	广西建工集团有限责任公司	6260024
3	广西柳州钢铁（集团）公司	6025656

排名	企业名称	营业收入（万元）
4	广西北部湾国际港务集团有限公司	4860513
5	广西玉柴机器集团有限公司	4012402
6	广西交通投资集团有限公司	2493578
	合计	30184598
贵州		
1	贵州中烟工业有限责任公司	3531047
2	中国贵州茅台酒厂（集团）有限责任公司	3515398
	合计	7046445
云南		
1	红塔烟草（集团）有限责任公司	10226128
2	红云红河烟草（集团）有限责任公司	8650528
3	云天化集团有限责任公司	7077201
4	云南冶金集团股份有限公司	4656058
5	昆明钢铁控股有限公司	4251221
6	云南建工集团有限公司	4206833
7	云南省能源投资集团有限公司	3532995
	合计	42600964
甘肃		
1	金川集团股份有限公司	20041403
2	酒泉钢铁（集团）有限责任公司	13842849
3	白银有色集团股份有限公司	4626898
4	甘肃省建设投资（控股）集团总公司	3832884
	合计	42344034
青海		
1	西部矿业集团有限公司	2978535
	合计	2978535
宁夏		
1	宁夏天元锰业有限公司	3262678
	合计	3262678
新疆		
1	新疆广汇实业投资（集团）有限责任公司	10082004
2	新疆特变电工集团有限公司	4453073
3	新疆生产建设兵团建设工程（集团）有限责任公司	2627551
4	新疆天业（集团）有限公司	2395521
	合计	19558149
内蒙古		
1	内蒙古电力（集团）有限责任公司	5820652
2	内蒙古伊利实业集团股份有限公司	5395930
3	包头钢铁（集团）有限责任公司	3938082
4	内蒙古伊泰集团有限公司	3627026
	合计	18781690
海南		
1	海航集团有限公司	15801958
2	大印集团有限公司	6080396
	合计	21882354

表 8-5 2015 中国企业 500 强净利润排序前 100 名企业

排名	公司名称	净利润（万元）	排名	公司名称	净利润（万元）
1	中国工商银行股份有限公司	27581100	51	南山集团有限公司	709297
2	中国建设银行股份有限公司	22783000	52	山东魏桥创业集团有限公司	708745
3	中国农业银行股份有限公司	17946100	53	红云红河烟草（集团）有限责任公司	706457
4	中国银行股份有限公司	16915900	54	杭州娃哈哈集团有限公司	697551
5	中国石油天然气集团公司	10079825	55	上海国际港务（集团）股份有限公司	676655
6	国家开发银行股份有限公司	9757891	56	泰康人寿保险股份有限公司	676299
7	交通银行股份有限公司	6584974	57	中国船舶重工集团公司	669890
8	中国移动通信集团公司	6439467	58	陕西延长石油（集团）有限责任公司	668701
9	国家电网公司	6035861	59	中国华电集团公司	665877
10	招商银行股份有限公司	5591100	60	红塔烟草（集团）有限责任公司	665258
11	中国海洋石油总公司	5294284	61	中国电力建设集团有限公司	660394
12	兴业银行股份有限公司	4713800	62	浙江省能源集团有限公司	652535
13	上海浦东发展银行	4702600	63	四川省宜宾五粮液集团有限公司	646699
14	中国民生银行股份有限公司	4454600	64	新华人寿保险股份有限公司	640600
15	中国平安保险（集团）股份有限公司	3927900	65	中国保利集团公司	628800
16	中国石油化工集团公司	3189818	66	中国广核集团有限公司	619853
17	中国中信集团有限公司	2905149	67	中国铁路工程总公司	591418
18	中国邮政集团公司	2859590	68	正威国际集团有限公司	590079
19	上海汽车集团股份有限公司	2797344	69	宝钢集团有限公司	587134
20	华为技术有限公司	2785100	70	中国联合网络通信集团有限公司	579629
21	阿里巴巴集团控股有限公司	2697000	71	绿地控股集团有限公司	556979
22	神华集团有限责任公司	2696257	72	天津中环电子信息集团有限公司	556864
23	中国第一汽车集团公司	2617575	73	湖北中烟工业有限责任公司	553644
24	腾讯控股有限公司	2381000	74	盛京银行股份有限公司	540493
25	中国建筑股份有限公司	2256997	75	广州农村商业银行股份有限公司	537469
26	上海烟草集团有限责任公司	1976767	76	北京汽车集团有限公司	505175
27	华夏银行股份有限公司	1798091	77	渤海银行股份有限公司	503127
28	太平洋建设集团有限公司	1643802	78	海信集团有限公司	475430
29	北京银行	1562332	79	中国航空工业集团公司	468321
30	华润股份有限公司	1553150	80	中国兵器工业集团公司	448217
31	中国农业发展银行	1430400	81	天津银行股份有限公司	441723
32	百度股份有限公司	1318707	82	河南省漯河市双汇实业集团有限责任公司	428861
33	中国人民保险集团股份有限公司	1310900	83	联想控股股份有限公司	416039
34	恒大地产集团有限公司	1276129	84	内蒙古伊利实业集团股份有限公司	414428
35	中国电信集团公司	1255471	85	国家开发投资公司	410590
36	大连万达集团股份有限公司	1255099	86	安徽海螺集团有限责任公司	401315
37	海尔集团公司	1178083	87	中国机械工业集团有限公司	375016
38	中国太平洋保险（集团）股份有限公司	1104900	88	山东胜通集团股份有限公司	373038
39	中国贵州茅台酒厂（集团）有限责任公司	1066511	89	天狮集团有限公司	369124
40	美的集团股份有限公司	1050222	90	国美电器有限公司	347228
41	中国南方电网有限责任公司	1049453	91	中国中化集团公司	346684
42	中国人寿保险（集团）公司	1039776	92	中国华信能源有限公司	345650
43	东风汽车公司	986081	93	山东大王集团有限公司	337131
44	中国光大集团股份有限公司	908900	94	科创控股集团有限公司	335700
45	中国交通建设集团有限公司	903938	95	中国远洋运输（集团）总公司	333725
46	中国航天科技集团公司	882078	96	海澜集团有限公司	332328
47	重庆龙湖企业拓展有限公司	807375	97	三一集团有限公司	325500
48	长城汽车股份有限公司	804154	98	广东省粤电集团有限公司	320836
49	中国航天科工集团公司	780291	99	TCL 集团股份有限公司	318321
50	中国铁道建筑总公司	711184	100	北京能源集团有限责任公司	316606
				中国企业 500 强平均数	517345

表 8-6　　2015 中国企业 500 强资产排序前 100 名企业

排名	公司名称	资产（万元）	排名	公司名称	资产（万元）
1	中国工商银行股份有限公司	2060995300	51	天津银行股份有限公司	47885908
2	中国建设银行股份有限公司	1674413000	52	恒大地产集团有限公司	47446209
3	中国农业银行股份有限公司	1597415200	53	广州农村商业银行股份有限公司	46660762
4	中国银行股份有限公司	1525138200	54	国家开发投资公司	46172597
5	国家开发银行股份有限公司	1031703038	55	中粮集团有限公司	43979378
6	中国邮政集团公司	650184445	56	上海汽车集团股份有限公司	41487067
7	交通银行股份有限公司	626829898	57	首钢总公司	41386460
8	中国中信集团有限公司	473290356	58	中国电力建设集团有限公司	41318025
9	招商银行股份有限公司	473182900	59	中国船舶重工集团公司	41273308
10	兴业银行股份有限公司	440639900	60	中国建筑材料集团有限公司	40693127
11	上海浦东发展银行	419592400	61	陕西煤业化工集团有限责任公司	40204099
12	中国民生银行股份有限公司	401513600	62	中国广核集团有限公司	38885224
13	中国平安保险（集团）股份有限公司	400591000	63	中国五矿集团公司	36609914
14	中国石油天然气集团公司	383837071	64	中国远洋运输（集团）总公司	35905745
15	中国农业发展银行	314221000	65	中国中化集团公司	35535391
16	中国光大集团股份有限公司	295756700	66	中国太平保险集团有限责任公司	35314379
17	国家电网公司	289291369	67	中国冶金科工集团有限公司	33875495
18	中国人寿保险（集团）公司	274679520	68	东风汽车公司	33626567
19	中国石油化工集团公司	222836618	69	中国航天科技集团公司	32892427
20	华夏银行股份有限公司	185162778	70	中国第一汽车集团公司	32871046
21	中国移动通信集团公司	153082975	71	中国兵器工业集团公司	32614538
22	北京银行	152443673	72	河北钢铁集团有限公司	32428661
23	中国海洋石油总公司	111937356	73	鞍钢集团公司	31723100
24	华润股份有限公司	93698492	74	山东高速集团有限公司	31172744
25	神华集团有限责任公司	92864733	75	华为技术有限公司	30977300
26	中国华能集团公司	92815795	76	中国中煤能源集团有限公司	30964326
27	中国建筑股份有限公司	91910622	77	联想控股股份有限公司	28900152
28	中国太平洋保险（集团）股份有限公司	82510000	78	广东省交通集团有限公司	28702009
29	中国航空工业集团公司	79961590	79	渤海钢铁集团有限公司	28494715
30	中国国电集团公司	78714754	80	广州越秀集团有限公司	27763530
31	中国人民保险集团股份有限公司	78222100	81	河南能源化工集团有限责任公司	27481813
32	大连万达集团股份有限公司	73205403	82	中国化工集团公司	27207157
33	中国华电集团公司	72656262	83	阿里巴巴集团控股有限公司	26999300
34	中国大唐集团公司	72036324	84	陕西延长石油（集团）有限责任公司	26725395
35	中国电信集团公司	70031825	85	北京汽车集团有限公司	26618149
36	中国铁路工程总公司	68537453	86	中国机械工业集团有限公司	25313437
37	中国电力投资集团公司	68038830	87	海尔集团公司	25004319
38	渤海银行股份有限公司	66714754	88	晋能集团有限公司	24465977
39	中国交通建设集团有限公司	66194392	89	中国电子信息产业集团有限公司	23431716
40	新华人寿保险股份有限公司	64370900	90	中国能源建设集团有限公司	22802032
41	中国铁道建筑总公司	63009579	91	山东能源集团有限公司	22750586
42	中国南方电网有限责任公司	61696665	92	太平洋建设集团有限公司	22708943
43	中国联合网络通信集团有限公司	59168674	93	北京能源集团有限责任公司	22269804
44	中国保利集团公司	55090859	94	中国航空集团公司	22189803
45	宝钢集团有限公司	53470594	95	大同煤矿集团有限责任公司	22100057
46	泰康人寿保险股份有限公司	52739653	96	武汉钢铁（集团）公司	21370944
47	绿地控股集团有限公司	50895866	97	中国海运（集团）总公司	21058504
48	盛京银行股份有限公司	50337051	98	山西晋城无烟煤矿业集团有限责任公司	21018524
49	海航集团有限公司	49520370	99	山东钢铁集团有限公司	20008544
50	中国铝业公司	48644865	100	兖矿集团有限公司	19977212
				中国企业 500 强平均数	39651400

表 8-7　　2015 中国企业 500 强从业人数排序前 100 名企业

排名	公司名称	从业人数	排名	公司名称	从业人数
1	中国石油天然气集团公司	1636532	51	陕西延长石油（集团）有限责任公司	141085
2	国家电网公司	946871	52	首钢总公司	139422
3	中国邮政集团公司	932283	53	中国航天科工集团公司	137939
4	中国石油化工集团公司	897488	54	光明食品（集团）有限公司	136405
5	中国航空工业集团公司	562038	55	中国华能集团公司	136349
6	黑龙江北大荒农垦集团总公司	544779	56	中国第一汽车集团公司	135599
7	中国人民保险集团股份有限公司	513535	57	成都建筑工程集团总公司	134765
8	中国农业银行股份有限公司	493583	58	宝钢集团有限公司	133069
9	中国工商银行股份有限公司	462282	59	陕西煤业化工集团有限责任公司	130463
10	华润股份有限公司	461944	60	中国电子信息产业集团有限公司	129330
11	中国电信集团公司	454292	61	中太建设集团股份有限公司	128367
12	中国建设银行股份有限公司	372321	62	中国国电集团公司	128299
13	太平洋建设集团有限公司	312785	63	中国电力投资集团公司	127611
14	中国银行股份有限公司	308128	64	中国机械工业集团有限公司	124768
15	中国南方电网有限责任公司	306572	65	山东魏桥创业集团有限公司	123517
16	中国铁路工程总公司	297216	66	广厦控股集团有限公司	122688
17	中国铁道建筑总公司	297035	67	中粮集团有限公司	120674
18	中国联合网络通信集团有限公司	283458	68	中国中煤能源集团有限公司	117156
19	中国移动通信集团公司	274347	69	中国海洋石油总公司	114573
20	神华集团有限责任公司	259868	70	阳光保险集团股份有限公司	114264
21	中国兵器工业集团公司	250138	71	大连万达集团股份有限公司	113161
22	中国建筑股份有限公司	247672	72	海航集团有限公司	113089
23	河南能源化工集团有限责任公司	245320	73	中国南车集团公司	112329
24	中国平安保险（集团）股份有限公司	235999	74	北京汽车集团有限公司	112159
25	山西焦煤集团有限责任公司	232418	75	中国华电集团公司	110300
26	大商集团有限公司	221803	76	中国五矿集团公司	110261
27	山东能源集团有限公司	220676	77	晋能集团有限公司	109408
28	鞍钢集团公司	218900	78	美的集团股份有限公司	108120
29	黑龙江龙煤矿业控股集团有限责任公司	215536	79	冀中能源集团有限责任公司	103978
30	浙江省建设投资集团有限公司	201463	80	江苏南通二建集团有限公司	100949
31	中国电力建设集团有限公司	201066	81	中国大唐集团公司	100082
32	山东省商业集团有限公司	200000	82	山东钢铁集团有限公司	99635
33	东风汽车公司	197192	83	中国化工集团公司	99247
34	苏宁控股集团	180000	84	重庆商社（集团）有限公司	99136
35	中国中信集团有限公司	179288	85	山西潞安矿业（集团）有限责任公司	98110
36	比亚迪股份有限公司	177797	86	淮南矿业（集团）有限责任公司	95971
37	中国建筑材料集团有限公司	176854	87	江苏南通三建集团有限公司	95675
38	中国能源建设集团有限公司	174755	88	中国南方航空集团公司	95361
39	大同煤矿集团有限责任公司	167030	89	武汉钢铁（集团）公司	94596
40	中国平煤神马能源化工集团有限责任公司	163467	90	交通银行股份有限公司	93428
41	中国船舶重工集团公司	163000	91	中国医药集团总公司	92168
42	华为技术有限公司	160000	92	上海汽车集团股份有限公司	91155
43	中国铝业公司	158096	93	兖矿集团有限公司	91060
44	中国航天科技集团公司	158067	94	中国太平洋保险（集团）股份有限公司	90829
45	阳泉煤业（集团）有限责任公司	155566	95	江苏省苏中建设集团股份有限公司	89748
46	中国冶金科工集团有限公司	154032	96	中国北方机车车辆工业集团公司	88296
47	中国人寿保险（集团）公司	151719	97	淮北矿业（集团）有限责任公司	87793
48	中国交通建设集团有限公司	150727	98	三胞集团有限公司	85146
49	山西晋城无烟煤矿业集团有限责任公司	145646	99	国家开发投资公司	81107
50	河北钢铁集团有限公司	142217	100	天津百利机械装备集团有限公司	79073
				中国企业 500 强平均数	63049

表 8-8 2015 中国企业 500 强研发费用排序前 100 名企业

排名	公司名称	研发费用（万元）	排名	公司名称	研发费用（万元）
1	华为技术有限公司	4084500	51	中国机械工业集团有限公司	300828
2	中国石油天然气集团公司	2678689	52	中国能源建设集团有限公司	298746
3	中国航空工业集团公司	2343476	53	江西铜业集团公司	284415
4	中国移动通信集团公司	1854825	54	河北钢铁集团有限公司	283086
5	中国航天科工集团公司	1817893	55	华晨汽车集团控股有限公司	271313
6	中国第一汽车集团公司	1188576	56	中国有色矿业集团有限公司	265111
7	中国船舶重工集团公司	1075907	57	新希望集团有限公司	263212
8	海尔集团公司	1056103	58	河南能源化工集团有限责任公司	261558
9	中国兵器工业集团公司	1051669	59	浪潮集团有限公司	260277
10	山东魏桥创业集团有限公司	1029047	60	大冶有色金属集团控股有限公司	258421
11	中国电信集团公司	996806	61	长城汽车股份有限公司	257158
12	中国铁路工程总公司	970987	62	江苏沙钢集团有限公司	256068
13	浙江吉利控股集团有限公司	923434	63	四川长虹电子集团有限公司	244476
14	中兴通讯股份有限公司	900854	64	京东方科技集团股份有限公司	239865
15	中国石油化工集团公司	870050	65	神华集团有限责任公司	233878
16	东风汽车公司	847891	66	南山集团有限公司	229544
17	陕西延长石油（集团）有限责任公司	844844	67	中国中煤能源集团有限公司	220940
18	国家电网公司	707986	68	兖矿集团有限公司	218500
19	上海汽车集团股份有限公司	686451	69	百度股份有限公司	213600
20	中国工商银行股份有限公司	666578	70	三一集团有限公司	213354
21	中国平煤神马能源化工集团有限责任公司	656000	71	利华益集团股份有限公司	212150
22	中国电子信息产业集团有限公司	641765	72	江铃汽车集团公司	204112
23	联想控股股份有限公司	603191	73	潍柴控股集团有限公司	200497
24	中国建筑材料集团有限公司	577234	74	中联重科股份有限公司	199859
25	宝钢集团有限公司	567365	75	中国重型汽车集团有限公司	199472
26	中国电力建设集团有限公司	564547	76	中国铝业公司	190895
27	中国南车集团公司	552086	77	天津渤海轻工投资集团有限公司	189825
28	武汉钢铁（集团）公司	544662	78	大同煤矿集团有限责任公司	189358
29	美的集团股份有限公司	540781	79	中国化工集团公司	188487
30	中国铁道建筑总公司	508323	80	比亚迪股份有限公司	186470
31	北京汽车集团有限公司	496525	81	广州汽车工业集团有限公司	184133
32	阳泉煤业（集团）有限责任公司	488684	82	湖南华菱钢铁集团有限责任公司	181147
33	鞍钢集团公司	478906	83	天津百利机械装备集团有限公司	178704
34	酒泉钢铁（集团）有限责任公司	462200	84	新疆特变电工集团有限公司	177743
35	中国交通建设集团有限公司	450254	85	中国国电集团公司	174973
36	山西晋城无烟煤矿业集团有限责任公司	441093	86	哈尔滨电气集团公司	172406
37	渤海钢铁集团有限公司	425307	87	天津中环电子信息集团有限公司	170066
38	铜陵有色金属集团控股有限公司	422700	88	山东胜通集团股份有限公司	169785
39	首钢总公司	409900	89	安徽江淮汽车集团有限公司	167178
40	陕西煤业化工集团有限责任公司	407400	90	徐州工程机械集团有限公司	164973
41	TCL 集团股份有限公司	396350	91	日照钢铁控股集团有限公司	162372
42	海信集团有限公司	395236	92	山东能源集团有限公司	161000
43	中国冶金科工集团有限公司	370745	93	河北敬业企业集团有限责任公司	152000
44	山东钢铁集团有限公司	351488	94	中国中信集团有限公司	151242
45	上海电气（集团）总公司	332752	95	中国中化集团公司	148963
46	中国海洋石油总公司	330404	96	湖北宜化集团有限责任公司	147971
47	中国北方机车车辆工业集团公司	321216	97	中国东方电气集团有限公司	147130
48	山西潞安矿业（集团）有限责任公司	320100	98	山东天信集团有限公司	144675
49	阿里巴巴集团控股有限公司	308300	99	万向集团公司	143044
50	恒力集团有限公司	305241	100	陕西汽车控股集团有限公司	143021
				中国企业 500 强平均数	145496

表 8-9　　2015 中国企业 500 强研发费用所占比例排序前 100 名企业

排名	公司名称	研发费所占比例（%）	排名	公司名称	研发费所占比例（%）
1	华为技术有限公司	14.17	51	中国北方机车车辆工业集团公司	3.04
2	中国航天科工集团公司	11.55	52	亨通集团有限公司	3.04
3	中兴通讯股份有限公司	11.06	53	山东钢铁集团有限公司	3.03
4	京东方科技集团股份有限公司	6.52	54	山东渤海实业股份有限公司	3.02
5	哈尔滨电气集团公司	6.50	55	山东金岭集团有限公司	3.02
6	中国航空工业集团公司	6.07	56	维维集团股份有限公司	3.01
7	浙江吉利控股集团有限公司	6.00	57	晶龙实业集团有限公司	3.00
8	中国船舶重工集团公司	5.33	58	山东如意科技集团有限公司	3.00
9	海尔集团公司	5.26	59	东营方圆有色金属有限公司	3.00
10	山东胜通集团股份有限公司	5.20	60	华勤橡胶工业集团有限公司	3.00
11	浪潮集团有限公司	5.10	61	鞍钢集团公司	2.97
12	利华益集团股份有限公司	5.05	62	正泰集团股份有限公司	2.96
13	同方股份有限公司	4.96	63	青岛啤酒股份有限公司	2.96
14	中国南车集团公司	4.55	64	逸盛大化石化有限公司	2.94
15	中国平煤神马能源化工集团有限责任公司	4.50	65	中国重型汽车集团有限公司	2.92
16	山东天信集团有限公司	4.50	66	三一集团有限公司	2.87
17	奇瑞汽车股份有限公司	4.46	67	中国移动通信集团公司	2.80
18	百度股份有限公司	4.35	68	双良集团有限公司	2.77
19	阿里巴巴集团控股有限公司	4.35	69	山东科达集团有限公司	2.72
20	重庆力帆控股有限公司	4.33	70	南山集团有限公司	2.71
21	山东华兴机械股份有限公司	4.28	71	阳泉煤业（集团）有限责任公司	2.70
22	安徽江淮汽车集团有限公司	4.22	72	大冶有色金属集团控股有限公司	2.70
23	长城汽车股份有限公司	4.11	73	河北敬业企业集团有限责任公司	2.68
24	陕西延长石油（集团）有限责任公司	4.06	74	四川长虹电子集团有限公司	2.62
25	江铃汽车集团公司	4.05	75	中国电信集团公司	2.60
26	海信集团有限公司	4.03	76	中国兵器工业集团公司	2.60
27	日照钢铁控股集团有限公司	4.00	77	苏州创元投资发展（集团）有限公司	2.60
28	新疆特变电工集团有限公司	3.99	78	郑州煤炭工业（集团）有限责任公司	2.56
29	TCL 集团股份有限公司	3.92	79	精功集团有限公司	2.55
30	美的集团股份有限公司	3.80	80	中国第一汽车集团公司	2.41
31	武汉钢铁（集团）公司	3.73	81	天狮集团有限公司	2.35
32	郑州宇通集团有限公司	3.71	82	湖南华菱钢铁集团有限责任公司	2.34
33	山东魏桥创业集团有限公司	3.65	83	中国中煤能源集团有限公司	2.33
34	陕西汽车控股集团有限公司	3.57	84	陕西煤业化工集团有限责任公司	2.31
35	上海电气（集团）总公司	3.50	85	中国建筑材料集团有限公司	2.30
36	中国东方电气集团有限公司	3.47	86	山西晋城无烟煤矿业集团有限责任公司	2.27
37	中国贵州茅台酒厂（集团）有限责任公司	3.46	87	福建省三钢（集团）有限责任公司	2.25
38	新希望集团有限公司	3.37	88	首钢总公司	2.24
39	酒泉钢铁（集团）有限责任公司	3.34	89	江苏法尔胜泓昇集团有限公司	2.23
40	西部矿业集团有限公司	3.27	90	四川省宜宾五粮液集团有限公司	2.19
41	比亚迪股份有限公司	3.20	91	盾安控股集团有限公司	2.13
42	中国广核集团有限公司	3.16	92	广东圣丰集团有限公司	2.13
43	中国电子信息产业集团有限公司	3.15	93	中国电力建设集团有限公司	2.13
44	人民电器集团有限公司	3.15	94	天津渤海轻工投资集团有限公司	2.10
45	中联重科股份有限公司	3.14	95	联想控股股份有限公司	2.08
46	创维集团有限公司	3.10	96	威高集团有限公司	2.05
47	铜陵有色金属集团控股有限公司	3.10	97	徐州工程机械集团有限公司	2.04
48	波司登股份有限公司	3.09	98	新疆天业（集团）有限公司	2.00
49	包头钢铁（集团）有限责任公司	3.08	99	四川科伦实业集团有限公司	2.00
50	东营鲁方金属材料有限公司	3.05	100	浙江龙盛控股有限公司	1.96
				中国企业 500 强平均数	1.28

表 8-10　　2015 中国企业 500 强净资产利润率排序前 100 名企业

排名	公司名称	净资产利润率（%）	排名	公司名称	净资产利润率（%）
1	双胞胎（集团）股份有限公司	73.33	51	波司登股份有限公司	19.50
2	山东海科化工集团有限公司	59.04	52	腾邦投资控股有限公司	19.39
3	东营鲁方金属材料有限公司	54.60	53	贵州中烟工业有限责任公司	19.26
4	山东胜通集团股份有限公司	53.06	54	修正药业集团股份有限公司	19.19
5	湖北宜化集团有限责任公司	50.35	55	德力西集团有限公司	19.03
6	杭州华东医药集团有限公司	48.56	56	浙江昆仑控股集团有限公司	18.89
7	远大物产集团有限公司	46.65	57	长春欧亚集团股份有限公司	18.79
8	天狮集团有限公司	38.53	58	中国华信能源有限公司	18.72
9	浙江八达建设集团有限公司	37.35	59	中国国际技术智力合作公司	18.60
10	山东大海集团有限公司	35.03	60	中国第一汽车集团公司	18.55
11	山东天信集团有限公司	33.86	61	武汉武商集团股份有限公司	18.55
12	江苏省苏中建设集团股份有限公司	31.92	62	中国民生银行股份有限公司	18.55
13	龙信建设集团有限公司	30.79	63	江苏阳光集团有限公司	18.51
14	河南省漯河市双汇实业集团有限责任公司	29.86	64	雅戈尔集团股份有限公司	18.39
15	腾讯控股有限公司	29.76	65	深圳市飞马国际供应链股份有限公司	18.37
16	郑州宇通集团有限公司	29.39	66	中国建设银行股份有限公司	18.34
17	红狮控股集团有限公司	28.54	67	广东温氏食品集团股份有限公司	18.31
18	华为技术有限公司	27.87	68	中国农业发展银行	18.28
19	江西省建工集团有限责任公司	27.02	69	兴业银行股份有限公司	18.28
20	美的集团股份有限公司	26.61	70	华芳集团有限公司	18.16
21	杭州娃哈哈集团有限公司	26.39	71	中国恒天集团有限公司	18.15
22	传化集团有限公司	25.96	72	上海浦东发展银行	18.08
23	山东金岭集团有限公司	25.86	73	中国工商银行股份有限公司	18.02
24	海尔集团公司	25.76	74	浙江宝业建设集团有限公司	17.86
25	百度股份有限公司	25.59	75	招商银行股份有限公司	17.78
26	中南控股集团有限公司	24.99	76	上海汽车集团股份有限公司	17.74
27	恒大地产集团有限公司	24.96	77	华夏银行股份有限公司	17.72
28	新奥能源控股有限公司	24.53	78	三河汇福粮油集团有限公司	17.69
29	山河建设集团有限公司	24.46	79	山东时风（集团）有限责任公司	17.53
30	长城汽车股份有限公司	24.04	80	广州农村商业银行股份有限公司	17.53
31	广州钢铁企业集团有限公司	23.84	81	TCL 集团股份有限公司	17.50
32	老凤祥股份有限公司	23.82	82	大商集团有限公司	17.48
33	江苏南通二建集团有限公司	23.23	83	隆基泰和实业有限公司	17.43
34	洪业化工集团股份有限公司	22.46	84	中国农业银行股份有限公司	17.41
35	重庆龙湖企业拓展有限公司	22.35	85	渤海银行股份有限公司	17.06
36	内蒙古伊利实业集团股份有限公司	22.24	86	太平洋建设集团有限公司	17.06
37	浙江龙盛控股有限公司	22.22	87	山东万通石油化工集团有限公司	16.87
38	人民电器集团有限公司	21.99	88	安徽海螺集团有限责任公司	16.83
39	江苏南通三建集团有限公司	21.81	89	中天发展控股集团有限公司	16.80
40	山东如意科技集团有限公司	21.66	90	石家庄北国人百集团有限责任公司	16.65
41	中太建设集团股份有限公司	21.65	91	奥克斯集团有限公司	16.64
42	河北建设集团有限公司	21.55	92	江苏扬子江船业集团公司	16.48
43	湖北中烟工业有限责任公司	21.43	93	上海永达控股（集团）有限公司	16.48
44	泰康人寿保险股份有限公司	21.17	94	广州医药集团有限公司	16.47
45	华晨汽车集团控股有限公司	20.56	95	澳洋集团有限公司	16.45
46	中国贵州茅台酒厂（集团）有限责任公司	20.50	96	上海烟草集团有限责任公司	16.40
47	青山控股集团有限公司	20.31	97	河北普阳钢铁有限公司	16.34
48	大汉控股集团有限公司	19.79	98	新华联集团有限公司	16.31
49	阿里巴巴集团控股有限公司	19.67	99	北京银行	16.29
50	国美电器有限公司	19.67	100	中国建筑股份有限公司	16.24
				中国企业 500 强平均数	10.48

表 8-11　　2015 中国企业 500 强资产利润率排序前 100 名企业

排名	公司名称	资产利润率（%）	排名	公司名称	资产利润率（%）
1	天狮集团有限公司	30.23	51	武安市裕华钢铁有限公司	7.78
2	山东大海集团有限公司	25.33	52	天津塑力线缆集团有限公司	7.60
3	山东胜通集团股份有限公司	23.25	53	天津中环电子信息集团有限公司	7.60
4	河南省漯河市双汇实业集团有限责任公司	18.47	54	浙江中烟工业有限责任公司	7.56
5	杭州娃哈哈集团有限公司	18.45	55	青岛啤酒股份有限公司	7.37
6	东营鲁方金属材料有限公司	18.11	56	太平洋建设集团有限公司	7.24
7	山东天信集团有限公司	18.09	57	上海国际港务（集团）股份有限公司	7.18
8	修正药业集团股份有限公司	15.36	58	通威集团有限公司	7.17
9	上海烟草集团有限责任公司	14.79	59	南山集团有限公司	7.15
10	山东金岭集团有限公司	14.73	60	福建中烟工业有限责任公司	7.03
11	人民电器集团有限公司	14.09	61	浪潮集团有限公司	7.00
12	腾讯控股有限公司	13.91	62	中国国际技术智力合作公司	6.91
13	浙江八达建设集团有限公司	13.72	63	新奥能源控股有限公司	6.90
14	湖北中烟工业有限责任公司	13.48	64	上海汽车集团股份有限公司	6.74
15	山河建设集团有限公司	13.41	65	科创控股集团有限公司	6.67
16	贵州中烟工业有限责任公司	13.34	66	中国华信能源有限公司	6.64
17	山东时风（集团）有限责任公司	13.34	67	天津领先控股集团有限公司	6.56
18	百度股份有限公司	13.23	68	浙江宝业建设集团有限公司	6.55
19	长城汽车股份有限公司	13.11	69	远大物产集团有限公司	6.30
20	中国贵州茅台酒厂（集团）有限责任公司	12.66	70	重庆龙湖企业拓展有限公司	6.26
21	双胞胎（集团）股份有限公司	11.86	71	东营方圆有色金属有限公司	6.17
22	波司登股份有限公司	11.48	72	大商集团有限公司	6.15
23	江苏南通三建集团有限公司	11.12	73	国美电器有限公司	6.13
24	江苏南通二建集团有限公司	10.94	74	天津百利机械装备集团有限公司	6.11
25	中太建设集团股份有限公司	10.65	75	四川科伦实业集团有限公司	5.95
26	山东如意科技集团有限公司	10.52	76	红塔烟草（集团）有限责任公司	5.81
27	广东温氏食品集团股份有限公司	10.51	77	德力西集团有限公司	5.53
28	内蒙古伊利实业集团股份有限公司	10.49	78	永辉超市股份有限公司	5.50
29	浙江龙盛控股有限公司	10.37	79	大汉控股集团有限公司	5.34
30	红狮控股集团有限公司	10.04	80	郑州宇通集团有限公司	5.34
31	阿里巴巴集团控股有限公司	9.99	81	隆基泰和实业有限公司	5.32
32	武安市明芳钢铁有限公司	9.68	82	江苏扬子江船业集团公司	5.24
33	威高集团有限公司	9.37	83	雅戈尔集团股份有限公司	5.17
34	广东圣丰集团有限公司	9.28	84	正威国际集团有限公司	5.10
35	华芳集团有限公司	9.15	85	弘阳集团有限公司	5.03
36	红云红河烟草（集团）有限责任公司	9.13	86	浙江昆仑控股集团有限公司	5.00
37	华为技术有限公司	8.99	87	华勤橡胶工业集团有限公司	4.98
38	江苏阳光集团有限公司	8.87	88	山东大王集团有限公司	4.89
39	河北普阳钢铁有限公司	8.73	89	山东魏桥创业集团有限公司	4.88
40	美的集团股份有限公司	8.73	90	海信集团有限公司	4.87
41	四川省宜宾五粮液集团有限公司	8.64	91	浙江中成控股集团有限公司	4.73
42	安徽中烟工业有限责任公司	8.58	92	中国海洋石油总公司	4.73
43	洪业化工集团股份有限公司	8.44	93	江苏金辉铜业集团有限公司	4.72
44	临沂新程金锣肉制品集团有限公司	8.36	94	海尔集团公司	4.71
45	山东科达集团有限公司	8.26	95	山东海科化工集团有限公司	4.69
46	海澜集团有限公司	8.25	96	山东万通石油化工集团有限公司	4.67
47	维维集团股份有限公司	8.23	97	利华益集团股份有限公司	4.62
48	龙信建设集团有限公司	8.13	98	合肥百货大楼集团股份有限公司	4.60
49	老凤祥股份有限公司	8.12	99	苏州创元投资发展（集团）有限公司	4.54
50	中国第一汽车集团公司	7.96	100	山东玉皇化工有限公司	4.46
				中国企业 500 强平均数	1.31

表8-12　　2015中国企业500强收入利润率排序前100名企业

排名	公司名称	收入利润率（%）	排名	公司名称	收入利润率（%）
1	阿里巴巴集团控股有限公司	38.09	51	内蒙古伊利实业集团股份有限公司	7.68
2	中国贵州茅台酒厂（集团）有限责任公司	30.34	52	申能（集团）有限公司	7.61
3	腾讯控股有限公司	30.17	53	美的集团股份有限公司	7.38
4	百度股份有限公司	26.88	54	科创控股集团有限公司	7.27
5	中国工商银行股份有限公司	26.79	55	中国邮政集团公司	7.06
6	中国建设银行股份有限公司	26.42	56	广东温氏食品集团股份有限公司	7.00
7	上海国际港务（集团）股份有限公司	23.51	57	京东方科技集团股份有限公司	6.96
8	中国银行股份有限公司	22.70	58	泰康人寿保险股份有限公司	6.87
9	中国农业银行股份有限公司	22.49	59	青岛啤酒股份有限公司	6.85
10	广州农村商业银行股份有限公司	21.13	60	卓尔控股有限公司	6.71
11	盛京银行股份有限公司	20.15	61	福建中烟工业有限责任公司	6.71
12	招商银行股份有限公司	19.89	62	安徽中烟工业有限责任公司	6.67
13	上海浦东发展银行	19.76	63	世纪金源投资集团有限公司	6.51
14	北京银行	19.72	64	红塔烟草（集团）有限责任公司	6.51
15	交通银行股份有限公司	19.69	65	海澜集团有限公司	6.35
16	兴业银行股份有限公司	18.85	66	广东省粤电集团有限公司	6.32
17	中国民生银行股份有限公司	18.08	67	东营鲁方金属材料有限公司	6.22
18	国家开发银行股份有限公司	17.56	68	海尔集团公司	5.87
19	华夏银行股份有限公司	17.28	69	广州越秀集团有限公司	5.84
20	天津银行股份有限公司	17.00	70	山东如意科技集团有限公司	5.69
21	上海烟草集团有限责任公司	16.31	71	维维集团股份有限公司	5.67
22	重庆龙湖企业拓展有限公司	16.28	72	洪业化工集团股份有限公司	5.65
23	中国广核集团有限公司	13.72	73	广东圣丰集团有限公司	5.46
24	渤海银行股份有限公司	12.95	74	浙江省交通投资集团有限公司	5.33
25	长城汽车股份有限公司	12.85	75	江苏阳光集团有限公司	5.32
26	天狮集团有限公司	11.47	76	中国第一汽车集团公司	5.30
27	恒大地产集团有限公司	11.46	77	中国航天科技集团公司	5.27
28	山东胜通集团股份有限公司	11.43	78	中国光大集团股份有限公司	5.24
29	四川省宜宾五粮液集团有限公司	10.25	79	修正药业集团股份有限公司	5.22
30	新奥能源控股有限公司	10.20	80	大连万达集团股份有限公司	5.18
31	威高集团有限公司	9.97	81	雅戈尔集团股份有限公司	5.16
32	中国移动通信集团公司	9.72	82	天津市医药集团有限公司	5.13
33	杭州娃哈哈集团有限公司	9.68	83	中国太平洋保险（集团）股份有限公司	5.03
34	华为技术有限公司	9.66	84	中国航天科工集团公司	4.96
35	红狮控股集团有限公司	9.66	85	云南省能源投资集团有限公司	4.89
36	江苏扬子江船业集团公司	9.63	86	海信集团有限公司	4.85
37	浙江省能源集团有限公司	9.17	87	北京能源集团有限责任公司	4.77
38	河南省漯河市双汇实业集团有限责任公司	8.93	88	山东金岭集团有限公司	4.75
39	贵州中烟工业有限责任公司	8.84	89	隆基泰和实业有限公司	4.71
40	波司登股份有限公司	8.80	90	晶龙实业集团有限公司	4.71
41	中国海洋石油总公司	8.66	91	弘阳集团有限公司	4.70
42	湖北中烟工业有限责任公司	8.59	92	天津塑力线缆集团有限公司	4.64
43	中国中信集团有限公司	8.52	93	江苏南通二建集团有限公司	4.63
44	浙江龙盛控股有限公司	8.51	94	山东大海集团有限公司	4.58
45	中国平安保险（集团）股份有限公司	8.49	95	中国化学工程股份有限公司	4.57
46	南山集团有限公司	8.38	96	新华人寿保险股份有限公司	4.47
47	神华集团有限责任公司	8.30	97	上海汽车集团股份有限公司	4.44
48	郑州宇通集团有限公司	8.26	98	天瑞集团股份有限公司	4.39
49	红云红河烟草（集团）有限责任公司	8.17	99	三一集团有限公司	4.38
50	中国农业发展银行	8.14	100	河北普阳钢铁有限公司	4.35
				中国企业500强平均数	4.34

表 8-13　　2015 中国企业 500 强人均营业收入排序前 100 名企业

排名	公司名称	人均收入（万元）	排名	公司名称	人均收入（万元）
1	珠海振戎公司	63136.66	51	中国中化集团公司	897.63
2	西安迈科金属国际集团有限公司	30361.71	52	福佳集团有限公司	894.48
3	玖隆钢铁物流有限公司	25266.81	53	山东大海集团有限公司	882.48
4	深圳市大生农业集团有限公司	9863.86	54	老凤祥股份有限公司	857.54
5	深圳市飞马国际供应链股份有限公司	9391.54	55	广东物资集团公司	847.35
6	远大物产集团有限公司	7895.73	56	上海烟草集团有限责任公司	846.74
7	浙江前程石化股份有限公司	6481.30	57	江苏申特钢铁有限公司	834.56
8	上海复星高科技（集团）有限公司	5486.41	58	浙江荣盛控股集团有限公司	811.34
9	国家开发银行股份有限公司	5048.23	59	中天发展控股集团有限公司	810.20
10	江苏金辉铜业集团有限公司	4898.40	60	山东金岭集团有限公司	799.15
11	河北省物流产业集团有限公司	4641.52	61	天狮集团有限公司	785.07
12	逸盛大化石化有限公司	4276.91	62	广东省丝绸纺织集团有限公司	782.83
13	大连西太平洋石油化工有限公司	3973.81	63	宁波金田投资控股有限公司	762.23
14	大印集团有限公司	3023.57	64	北京银行	761.85
15	东营方圆有色金属有限公司	2951.66	65	浙江宝业建设集团有限公司	759.77
16	上海均和集团有限公司	2903.40	66	江西铜业集团公司	753.33
17	绿地控股集团有限公司	2816.72	67	天津房地产集团有限公司	745.90
18	江苏新华发集团有限公司	2393.59	68	厦门象屿集团有限公司	745.32
19	中基宁波集团股份有限公司	2099.28	69	中国铁路物资股份有限公司	742.55
20	天津物产集团有限公司	2076.85	70	山东万通石油化工集团有限公司	742.51
21	中国航空油料集团公司	2059.50	71	厦门建发集团有限公司	733.65
22	浙江中烟工业有限责任公司	1998.24	72	盛京银行股份有限公司	707.51
23	上海东浩兰生国际服务贸易（集团）有限公司	1980.86	73	中天钢铁集团有限公司	694.84
24	山东金诚石化集团有限公司	1794.86	74	上海汽车集团股份有限公司	691.13
25	东营鲁方金属材料有限公司	1763.51	75	山东天信集团有限公司	687.71
26	深圳市爱施德股份有限公司	1754.56	76	山东渤海实业股份有限公司	685.65
27	绿城房地产集团有限公司	1572.28	77	腾邦投资控股有限公司	671.14
28	正威国际集团有限公司	1530.60	78	红云红河烟草（集团）有限责任公司	671.05
29	卓尔控股有限公司	1501.91	79	天津荣程祥泰投资控股集团有限公司	668.37
30	山东海科化工集团有限公司	1493.27	80	湖北中烟工业有限责任公司	661.09
31	山东东明石化集团有限公司	1331.30	81	陕西东岭工贸集团股份有限公司	660.11
32	浙江省物产集团公司	1257.60	82	渤海银行股份有限公司	643.50
33	中国国际技术智力合作公司	1224.09	83	山西煤炭进出口集团有限公司	636.54
34	大汉控股集团有限公司	1212.73	84	大冶有色金属集团控股有限公司	636.53
35	弘阳集团有限公司	1212.22	85	江苏沙钢集团有限公司	620.72
36	山东汇丰石化集团有限公司	1188.39	86	天音通信有限公司	618.21
37	天津一商集团有限公司	1104.33	87	金川集团股份有限公司	613.26
38	山西省国新能源发展集团有限公司	1100.85	88	滨化集团公司	612.60
39	江西省建工集团有限责任公司	1093.25	89	天津领先控股集团有限公司	597.31
40	杭州汽轮动力集团有限公司	1084.19	90	天津塑力线缆集团有限公司	592.08
41	利华益集团股份有限公司	1047.40	91	银亿集团有限公司	584.39
42	江苏西城三联控股集团有限公司	1008.34	92	双良集团有限公司	584.29
43	山东华兴机械股份有限公司	1000.85	93	上海浦东发展银行	559.55
44	云南省能源投资集团有限公司	1000.28	94	广州轻工工贸集团有限公司	555.39
45	浙江恒逸集团有限公司	996.11	95	河北建设集团有限公司	547.88
46	中国华信能源有限公司	992.19	96	杭州钢铁集团公司	543.65
47	广州钢铁企业集团有限公司	986.51	97	沂州集团有限公司	538.46
48	江阴澄星实业集团有限公司	936.48	98	山东京博控股股份有限公司	537.68
49	三河汇福粮油集团有限公司	932.41	99	中国海洋石油总公司	533.81
50	海亮集团有限公司	917.45	100	华勤橡胶工业集团有限公司	531.76
				中国企业 500 强平均数	189.73

表 8-14　　2015 中国企业 500 强人均净利润排序前 100 名企业

排名	公司名称	人均净利润（万元）	排名	公司名称	人均净利润（万元）
1	国家开发银行股份有限公司	886.68	51	大汉控股集团有限公司	28.52
2	上海复星高科技（集团）有限公司	237.39	52	福佳集团有限公司	27.74
3	北京银行	150.21	53	天津塑力线缆集团有限公司	27.49
4	盛京银行股份有限公司	142.57	54	中国农业发展银行	27.10
5	上海烟草集团有限责任公司	138.09	55	山东万通石油化工集团有限公司	25.90
6	上海浦东发展银行	110.57	56	浙江龙盛控股有限公司	25.02
7	东营鲁方金属材料有限公司	109.62	57	福建中烟工业有限责任公司	24.78
8	珠海振戎公司	103.80	58	杭州娃哈哈集团有限公司	24.68
9	卓尔控股有限公司	100.82	59	老凤祥股份有限公司	24.55
10	兴业银行股份有限公司	95.54	60	中国移动通信集团公司	23.47
11	东营方圆有色金属有限公司	93.24	61	山东海科化工集团有限公司	23.03
12	天狮集团有限公司	90.01	62	江阴澄星实业集团有限公司	22.94
13	渤海银行股份有限公司	83.35	63	天津领先控股集团有限公司	22.44
14	远大物产集团有限公司	82.35	64	安徽中烟工业有限责任公司	21.89
15	天津银行股份有限公司	81.56	65	广东省粤电集团有限公司	21.58
16	浙江中烟工业有限责任公司	79.38	66	中天发展控股集团有限公司	21.09
17	西安迈科金属国际集团有限公司	75.72	67	广州钢铁企业集团有限公司	20.43
18	中国民生银行股份有限公司	74.67	68	申能（集团）有限公司	19.86
19	招商银行股份有限公司	74.44	69	红狮控股集团有限公司	19.82
20	交通银行股份有限公司	70.48	70	海尔集团公司	19.32
21	广州农村商业银行股份有限公司	68.27	71	中国第一汽车集团公司	19.30
22	华夏银行股份有限公司	64.60	72	中国广核集团有限公司	18.85
23	中国建设银行股份有限公司	61.19	73	上海东浩兰生国际服务贸易（集团）有限公司	17.66
24	绿地控股集团有限公司	59.89	74	华为技术有限公司	17.41
25	中国工商银行股份有限公司	59.66	75	中国光大集团股份有限公司	16.83
26	弘阳集团有限公司	57.00	76	天津住宅建设发展集团有限公司	16.64
27	湖北中烟工业有限责任公司	56.78	77	中国平安保险（集团）股份有限公司	16.64
28	重庆龙湖企业拓展有限公司	54.93	78	恒大地产集团有限公司	16.56
29	中国银行股份有限公司	54.90	79	三河汇福粮油集团有限公司	16.36
30	红云红河烟草（集团）有限责任公司	54.80	80	中国中信集团有限公司	16.20
31	山东胜通集团股份有限公司	51.10	81	中国华信能源有限公司	16.03
32	云南省能源投资集团有限公司	48.90	82	江西省建工集团有限责任公司	15.68
33	江苏金辉铜业集团有限公司	46.55	83	江苏扬子江船业集团公司	15.43
34	中国海洋石油总公司	46.21	84	洪业化工集团股份有限公司	15.39
35	中国贵州茅台酒厂（集团）有限责任公司	44.02	85	南山集团有限公司	15.24
36	深圳市飞马国际供应链股份有限公司	43.21	86	泰康人寿保险股份有限公司	14.92
37	绿城房地产集团有限公司	41.02	87	山东玉皇化工有限公司	14.84
38	山东大海集团有限公司	40.39	88	四川省宜宾五粮液集团有限公司	14.46
39	山东金岭集团有限公司	37.94	89	河北普阳钢铁有限公司	13.94
40	上海国际港务（集团）股份有限公司	36.69	90	威高集团有限公司	13.89
41	中国农业银行股份有限公司	36.36	91	广东圣丰集团有限公司	13.47
42	深圳市大生农业集团有限公司	35.72	92	科创控股集团有限公司	13.01
43	浙江省能源集团有限公司	34.66	93	山东大王集团有限公司	12.80
44	正威国际集团有限公司	33.61	94	郑州宇通集团有限公司	12.44
45	贵州中烟工业有限责任公司	33.43	95	中国国际技术智力合作公司	12.24
46	上海汽车集团股份有限公司	30.69	96	中国太平洋保险（集团）股份有限公司	12.16
47	玖隆钢铁物流有限公司	30.24	97	河北新华联合冶金控股集团有限公司	12.15
48	红塔烟草（集团）有限责任公司	29.46	98	银亿集团有限公司	11.94
49	山东天信集团有限公司	28.88	99	山东科达集团有限公司	11.84
50	利华益集团股份有限公司	28.78	100	海澜集团有限公司	11.46
				中国企业 500 强平均数	8.10

表 8-15　　2015 中国企业 500 强人均资产排序前 100 名企业

排名	公司名称	人均资产（万元）	排名	公司名称	人均资产（万元）
1	国家开发银行股份有限公司	93748.57	51	中国海洋石油总公司	977.00
2	上海复星高科技（集团）有限公司	18726.64	52	浙江省能源集团有限公司	970.08
3	北京银行	14656.64	53	上海烟草集团有限责任公司	933.54
4	盛京银行股份有限公司	13278.04	54	重庆市金科投资控股（集团）有限责任公司	931.76
5	渤海银行股份有限公司	11052.81	55	大连西太平洋石油化工有限公司	921.08
6	上海浦东发展银行	9865.33	56	中国太平洋保险（集团）股份有限公司	908.41
7	兴业银行股份有限公司	8931.05	57	中国保利集团公司	892.51
8	天津银行股份有限公司	8841.56	58	天津住宅建设发展集团有限公司	885.11
9	中国民生银行股份有限公司	6730.14	59	广东省粤电集团有限公司	880.92
10	交通银行股份有限公司	6709.23	60	北京首都创业集团有限公司	878.49
11	华夏银行股份有限公司	6652.16	61	重庆龙湖企业拓展有限公司	877.69
12	招商银行股份有限公司	6299.95	62	天津物产集团有限公司	873.01
13	中国农业发展银行	5953.86	63	浙江省交通投资集团有限公司	843.17
14	广州农村商业银行股份有限公司	5926.68	64	中国太平保险集团有限责任公司	803.71
15	中国光大集团股份有限公司	5476.98	65	天津港（集团）有限公司	782.24
16	绿地控股集团有限公司	5472.67	66	山西省国新能源发展集团有限公司	774.24
17	西安迈科金属国际集团有限公司	5291.64	67	中国大唐集团公司	719.77
18	珠海振戎公司	5072.00	68	中国邮政集团公司	697.41
19	深圳市飞马国际供应链股份有限公司	4987.35	69	中国华能集团公司	680.72
20	中国银行股份有限公司	4949.69	70	天津能源投资集团有限公司	669.09
21	中国建设银行股份有限公司	4497.23	71	广州钢铁企业集团有限公司	662.69
22	中国工商银行股份有限公司	4458.31	72	正威国际集团有限公司	659.24
23	天津房地产集团有限公司	3990.88	73	中国华电集团公司	658.71
24	中国农业银行股份有限公司	3236.37	74	银亿集团有限公司	658.31
25	中国中信集团有限公司	2639.83	75	厦门建发集团有限公司	656.33
26	绿城房地产集团有限公司	2517.70	76	大印集团有限公司	648.33
27	深圳市大生农业集团有限公司	2332.36	77	大连万达集团股份有限公司	646.91
28	卓尔控股有限公司	2332.15	78	中国中化集团公司	642.02
29	逸盛大化石化有限公司	2282.62	79	利华益集团股份有限公司	623.01
30	玖隆钢铁物流有限公司	2001.47	80	恒大地产集团有限公司	615.73
31	广州越秀集团有限公司	1842.79	81	中国国电集团公司	613.53
32	中国人寿保险（集团）公司	1810.45	82	东营鲁方金属材料有限公司	605.45
33	中国平安保险（集团）股份有限公司	1697.43	83	红云红河烟草（集团）有限责任公司	600.56
34	云南省能源投资集团有限公司	1605.09	84	厦门象屿集团有限公司	591.59
35	福佳集团有限公司	1569.64	85	四川公路桥梁建设集团有限公司	584.76
36	广西交通投资集团有限公司	1538.94	86	宝塔石化集团有限公司	582.71
37	东营方圆有色金属有限公司	1510.91	87	金东纸业（江苏）股份有限公司	575.70
38	远大物产集团有限公司	1307.16	88	中天发展控股集团有限公司	571.68
39	内蒙古伊泰集团有限公司	1258.49	89	浙江荣盛控股集团有限公司	571.62
40	山东高速集团有限公司	1253.78	90	国家开发投资公司	569.28
41	中国广核集团有限公司	1182.68	91	中国铁路物资股份有限公司	564.83
42	泰康人寿保险股份有限公司	1163.33	92	广东省交通集团有限公司	561.77
43	申能（集团）有限公司	1147.67	93	中国移动通信集团公司	557.99
44	新华人寿保险股份有限公司	1139.57	94	上海均和集团有限公司	557.14
45	弘阳集团有限公司	1132.47	95	山东万通石油化工集团有限公司	554.70
46	河北省物流产业集团有限公司	1115.86	96	上海东浩兰生国际服务贸易（集团）有限公司	543.07
47	浙江中烟工业有限责任公司	1050.71	97	江西省建工集团有限责任公司	537.59
48	浙江前程石化股份有限公司	1041.65	98	大汉控股集团有限公司	533.85
49	江苏新华发集团有限公司	1037.20	99	中国电力投资集团公司	533.17
50	江苏金辉铜业集团有限公司	987.14	100	中基宁波集团股份有限公司	527.02
				中国企业 500 强平均数	632.81

表 8-16　　2015 中国企业 500 强收入增长率排序前 100 名企业

排名	公司名称	收入增长率（%）	排名	公司名称	收入增长率（%）
1	深圳市大生农业集团有限公司	127.21	51	新华联集团有限公司	25.92
2	阿里巴巴集团控股有限公司	105.15	52	国家开发银行股份有限公司	25.87
3	广东圣丰集团有限公司	83.06	53	华勤橡胶工业集团有限公司	25.49
4	上海均和集团有限公司	74.13	54	天津银行股份有限公司	25.49
5	洪业化工集团股份有限公司	68.79	55	亚邦投资控股集团有限公司	25.20
6	京东商城电子商务有限公司	65.85	56	修正药业集团股份有限公司	25.17
7	天津港（集团）有限公司	55.45	57	华夏银行股份有限公司	25.16
8	万达控股集团有限公司	54.38	58	唐山瑞丰钢铁（集团）有限公司	25.10
9	百度股份有限公司	53.56	59	陕西东岭工贸集团股份有限公司	24.57
10	天津房地产集团有限公司	46.26	60	江铃汽车集团公司	24.54
11	盛虹控股集团有限公司	43.81	61	广东省交通集团有限公司	24.40
12	山东大海集团有限公司	42.16	62	湖南省建筑工程集团总公司	24.03
13	天津渤海化工集团有限责任公司	40.98	63	广州轻工工贸集团有限公司	23.74
14	山东海科化工集团有限公司	40.13	64	广西投资集团有限公司	23.67
15	徐州矿务集团有限公司	39.59	65	天元建设集团有限公司	23.63
16	稻花香集团	38.55	66	山东京博控股股份有限公司	23.25
17	海航集团有限公司	36.74	67	上海浦东发展银行	23.11
18	利华益集团股份有限公司	35.53	68	中国盐业总公司	23.03
19	白银有色集团股份有限公司	35.42	69	广州农村商业银行股份有限公司	22.97
20	腾邦投资控股有限公司	34.92	70	亨通集团有限公司	22.83
21	杭州锦江集团有限公司	34.36	71	九州通医药集团股份有限公司	22.82
22	招商银行股份有限公司	34.24	72	河北津西钢铁集团股份有限公司	22.81
23	云南省能源投资集团有限公司	33.89	73	江西省建工集团有限责任公司	22.47
24	武安市烘熔钢铁有限公司	33.04	74	山东黄金集团有限公司	22.36
25	厦门象屿集团有限公司	32.93	75	广州万宝集团有限公司	22.17
26	天津纺织集团（控股）有限公司	32.64	76	山东东明石化集团有限公司	22.16
27	中粮集团有限公司	32.08	77	绿城房地产集团有限公司	21.97
28	盛京银行股份有限公司	31.80	78	广州钢铁企业集团有限公司	21.94
29	渤海银行股份有限公司	31.39	79	中国保利集团公司	21.76
30	腾讯控股有限公司	30.60	80	海澜集团有限公司	21.63
31	三胞集团有限公司	29.95	81	山东天信集团有限公司	21.45
32	山东高速集团有限公司	29.94	82	中国海运（集团）总公司	21.40
33	大连万达集团股份有限公司	29.92	83	中国国际海运集装箱（集团）股份有限公司	21.07
34	山东大王集团有限公司	29.91	84	河南豫光金铅集团有限责任公司	21.05
35	海亮集团有限公司	29.46	85	山东科达集团有限公司	20.98
36	上海永达控股（集团）有限公司	29.40	86	恒力集团有限公司	20.82
37	红狮控股集团有限公司	28.97	87	中国南车集团公司	20.81
38	中国太平保险集团有限责任公司	28.39	88	中国医药集团总公司	20.80
39	青山控股集团有限公司	27.98	89	华为技术有限公司	20.57
40	中国广核集团有限公司	27.86	90	永辉超市股份有限公司	20.25
41	中国平安保险（集团）股份有限公司	27.65	91	浙江龙盛控股有限公司	20.16
42	银亿集团有限公司	27.26	92	深圳市神州通投资集团有限公司	20.02
43	重庆龙湖企业拓展有限公司	26.69	93	太极集团有限公司	20.00
44	新奥能源控股有限公司	26.65	94	中基宁波集团股份有限公司	19.98
45	晶龙实业集团有限公司	26.43	95	中国光大集团股份有限公司	19.95
46	潍柴控股集团有限公司	26.40	96	宝塔石化集团有限公司	19.69
47	北京银行	26.21	97	安徽海螺集团有限责任公司	19.63
48	山东华兴机械股份有限公司	26.21	98	深圳市爱施德股份有限公司	19.58
49	天津友发钢管集团股份有限公司	26.15	99	德力西集团有限公司	19.53
50	新疆特变电工集团有限公司	26.04	100	澳洋集团有限公司	19.44
				中国企业 500 强平均数	6.59

表 8-17　　2015 中国企业 500 强净利润增长率排序前 100 名企业

排名	公司名称	净利润增长率（%）	排名	公司名称	净利润增长率（%）
1	天津一商集团有限公司	1315.59	51	广西柳州钢铁（集团）公司	65.35
2	晶龙实业集团有限公司	832.66	52	江苏沙钢集团有限公司	64.66
3	阳光保险集团股份有限公司	765.50	53	上海东浩兰生国际服务贸易（集团）有限公司	64.58
4	上海均和集团有限公司	439.72	54	浙江桐昆控股集团有限公司	62.84
5	远大物产集团有限公司	395.45	55	中国华信能源有限公司	62.73
6	中国光大集团股份有限公司	393.16	56	陕西建工集团总公司	61.55
7	广东温氏食品集团股份有限公司	381.73	57	中国人民保险集团股份有限公司	61.42
8	武安市裕华钢铁有限公司	380.98	58	广西建工集团有限责任公司	59.78
9	武汉钢铁（集团）公司	348.14	59	广州医药集团有限公司	57.42
10	北京建龙重工集团有限公司	341.91	60	江苏扬子江船业集团公司	55.95
11	陕西汽车控股集团有限公司	312.50	61	洪业化工集团股份有限公司	54.94
12	河北普阳钢铁有限公司	273.98	62	山东泰山钢铁集团有限公司	54.32
13	西王集团有限公司	218.73	63	腾讯控股有限公司	53.59
14	华芳集团有限公司	211.19	64	万达控股集团有限公司	53.35
15	新余钢铁集团有限公司	202.04	65	中国能源建设集团有限公司	52.06
16	中粮集团有限公司	197.98	66	雅戈尔集团股份有限公司	51.65
17	中国人寿保险（集团）公司	184.34	67	TCL 集团股份有限公司	50.93
18	深圳市大生农业集团有限公司	178.64	68	大连万达集团股份有限公司	49.46
19	中国机械工业集团有限公司	161.36	69	山东省商业集团有限公司	48.75
20	广东省交通集团有限公司	158.42	70	山东大海集团有限公司	47.95
21	传化集团有限公司	157.42	71	苏州创元投资发展（集团）有限公司	47.80
22	浙江省物产集团公司	144.16	72	唐山瑞丰钢铁（集团）有限公司	45.65
23	苏宁控股集团	142.53	73	北京能源集团有限责任公司	45.28
24	华晨汽车集团控股有限公司	137.10	74	重庆龙湖企业拓展有限公司	45.23
25	新奥能源控股有限公司	137.06	75	广东圣丰集团有限公司	45.22
26	浙江吉利控股集团有限公司	133.65	76	新华人寿保险股份有限公司	44.87
27	河北新金钢铁有限公司	132.66	77	武汉武商集团股份有限公司	41.83
28	唐山港陆钢铁有限公司	124.35	78	湖南省建筑工程集团总公司	41.19
29	云南省能源投资集团有限公司	123.70	79	江阴澄星实业集团有限公司	40.68
30	江西萍钢实业股份有限公司	119.82	80	亚邦投资控股集团有限公司	40.57
31	广东省建筑工程集团有限公司	117.15	81	河北省物流产业集团有限公司	40.02
32	日照钢铁控股集团有限公司	110.60	82	天津港（集团）有限公司	39.67
33	山西建筑工程（集团）总公司	105.98	83	中国电力建设集团有限公司	39.51
34	美的集团股份有限公司	97.50	84	中国平安保险（集团）股份有限公司	39.51
35	浙江龙盛控股有限公司	94.47	85	天津市医药集团有限公司	39.34
36	中兴通讯股份有限公司	93.98	86	华勤橡胶工业集团有限公司	39.13
37	青山控股集团有限公司	93.37	87	山东天信集团有限公司	38.89
38	郑州宇通集团有限公司	91.81	88	河北敬业企业集团有限责任公司	37.92
39	中国太平保险集团有限责任公司	88.91	89	中国华电集团公司	37.01
40	新华联集团有限公司	87.80	90	广州汽车工业集团有限公司	36.96
41	江铃汽车集团公司	86.36	91	上海永达控股（集团）有限公司	36.56
42	河北津西钢铁集团股份有限公司	82.82	92	江西省建工集团有限责任公司	36.47
43	泰康人寿保险股份有限公司	80.61	93	中国重型汽车集团有限公司	35.95
44	浙江省交通投资集团有限公司	80.38	94	隆鑫控股有限公司	35.48
45	国美电器有限公司	74.49	95	湖北中烟工业有限责任公司	34.47
46	杭州钢铁集团公司	72.51	96	深圳市飞马国际供应链股份有限公司	33.47
47	广州万宝集团有限公司	70.58	97	海尔集团公司	33.37
48	盛虹控股集团有限公司	69.73	98	华为技术有限公司	33.14
49	四川公路桥梁建设集团有限公司	69.08	99	天元建设集团有限公司	32.96
50	江苏华西集团公司	66.40	100	北京外企服务集团有限责任公司	32.47
				中国企业 500 强平均数	6.26

表8-18 2015中国企业500强资产增长率排序前100名企业

排名	公司名称	资产增长率（%）	排名	公司名称	资产增长率（%）
1	上海均和集团有限公司	194.80	51	华为技术有限公司	33.79
2	京东商城电子商务有限公司	155.64	52	青岛钢铁控股集团有限责任公司	33.74
3	阿里巴巴集团控股有限公司	152.19	53	晋能集团有限公司	33.32
4	云南建工集团有限公司	92.40	54	山西建筑工程（集团）总公司	33.17
5	万达控股集团有限公司	87.20	55	联想控股股份有限公司	32.90
6	广州越秀集团有限公司	84.63	56	恒力集团有限公司	32.40
7	大连万达集团股份有限公司	84.33	57	中国华信能源有限公司	31.67
8	隆鑫控股有限公司	67.60	58	中国电子信息产业集团有限公司	30.02
9	盛虹控股集团有限公司	61.97	59	上海永达控股（集团）有限公司	29.96
10	腾讯控股有限公司	59.62	60	广西投资集团有限公司	29.92
11	河北省物流产业集团有限公司	58.58	61	九州通医药集团股份有限公司	29.73
12	三胞集团有限公司	58.03	62	山东海科化工集团有限公司	29.61
13	海澜集团有限公司	57.66	63	银亿集团有限公司	29.50
14	天津市医药集团有限公司	57.28	64	中南控股集团有限公司	28.30
15	中粮集团有限公司	54.68	65	宜昌兴发集团有限责任公司	27.60
16	腾邦投资控股有限公司	52.93	66	新疆天业（集团）有限公司	27.54
17	杭州钢铁集团公司	51.54	67	申能（集团）有限公司	27.29
18	江苏法尔胜泓昇集团有限公司	51.19	68	双胞胎（集团）股份有限公司	27.01
19	宝塔石化集团有限公司	51.06	69	广东圣丰集团有限公司	26.79
20	远大物产集团有限公司	48.84	70	郑州宇通集团有限公司	26.47
21	天津物产集团有限公司	47.63	71	新疆生产建设兵团建设工程(集团)有限责任公司	26.45
22	厦门象屿集团有限公司	47.56	72	威高集团有限公司	26.43
23	京东方科技集团股份有限公司	47.23	73	北京住总集团有限责任公司	25.93
24	中太建设集团股份有限公司	46.29	74	国家开发银行股份有限公司	25.86
25	潍柴控股集团有限公司	45.24	75	修正药业集团股份有限公司	25.77
26	深圳市大生农业集团有限公司	43.53	76	陕西建工集团总公司	25.76
27	北京首都创业集团有限公司	42.99	77	山东万通石油化工集团有限公司	25.45
28	珠海振戎公司	42.47	78	浙江省国际贸易集团有限公司	25.39
29	武安市烘熔钢铁有限公司	42.04	79	阳光保险集团股份有限公司	25.29
30	中国港中旅集团公司	41.97	80	河北敬业企业集团有限责任公司	25.24
31	泸州老窖集团有限责任公司	41.88	81	广西北部湾国际港务集团有限公司	24.97
32	盛京银行股份有限公司	41.62	82	浪潮集团有限公司	24.96
33	奥克斯集团有限公司	41.37	83	光明食品（集团）有限公司	24.67
34	江西省建工集团有限责任公司	41.08	84	广东省交通集团有限公司	24.55
35	百度股份有限公司	40.40	85	中国五矿集团公司	24.49
36	长春欧亚集团股份有限公司	39.94	86	中国民生银行股份有限公司	24.45
37	海尔集团公司	39.53	87	北京汽车集团有限公司	24.43
38	中国太平保险集团有限责任公司	39.12	88	太平洋建设集团有限公司	24.40
39	绿地控股集团有限公司	38.43	89	天津房地产集团有限公司	24.39
40	山河建设集团有限公司	37.15	90	美的集团股份有限公司	24.08
41	恒大地产集团有限公司	36.28	91	老凤祥股份有限公司	23.93
42	江苏西城三联控股集团有限公司	36.26	92	武汉武商集团股份有限公司	23.88
43	北京城建集团有限责任公司	36.18	93	利华益集团股份有限公司	23.41
44	广东省建筑工程集团有限公司	35.90	94	北京控股集团有限公司	23.29
45	唐山瑞丰钢铁（集团）有限公司	35.53	95	山东玉皇化工有限公司	23.24
46	江苏金辉铜业集团有限公司	35.51	96	中国广核集团有限公司	23.20
47	国家开发投资公司	35.08	97	广州农村商业银行股份有限公司	22.96
48	深圳市飞马国际供应链股份有限公司	34.96	98	中国交通建设集团有限公司	22.95
49	新华联集团有限公司	34.52	99	中国北方机车车辆工业集团公司	22.88
50	云南省能源投资集团有限公司	34.14	100	四川公路桥梁建设集团有限公司	22.82
				中国企业500强平均数	12.60

表 8-19　　2015 中国企业 500 强研发费用增长率排序前 100 名企业

排名	公司名称	研发费增长率（%）	排名	公司名称	研发费增长率（%）
1	中国铁路物资股份有限公司	858.21	51	天津友发钢管集团股份有限公司	46.44
2	广厦控股集团有限公司	596.81	52	中国建筑股份有限公司	46.05
3	四川华西集团有限公司	455.57	53	比亚迪股份有限公司	45.80
4	晶龙实业集团有限公司	354.36	54	修正药业集团股份有限公司	45.25
5	天津能源投资集团有限公司	327.30	55	广东圣丰集团有限公司	45.01
6	安徽建工集团有限公司	263.67	56	福建省能源集团有限责任公司	44.54
7	成都建筑工程集团总公司	241.90	57	广州万宝集团有限公司	43.62
8	万基控股集团有限公司	222.33	58	江西萍钢实业股份有限公司	43.51
9	山西煤炭进出口集团有限公司	206.45	59	云南省能源投资集团有限公司	43.27
10	安徽国贸集团控股有限公司	193.98	60	中国第一汽车集团公司	41.80
11	深圳市爱施德股份有限公司	190.41	61	中国国际技术智力合作公司	41.76
12	天津住宅建设发展集团有限公司	186.47	62	中国航空集团公司	41.17
13	内蒙古伊泰集团有限公司	185.62	63	安阳钢铁集团有限责任公司	39.20
14	广西投资集团有限公司	163.40	64	中国中信集团有限公司	38.52
15	中国保利集团公司	133.82	65	江阴澄星实业集团有限公司	38.05
16	京东商城电子商务有限公司	124.28	66	山东大王集团有限公司	36.86
17	山东玉皇化工有限公司	116.38	67	中国航空油料集团公司	35.94
18	天津房地产集团有限公司	114.12	68	河北敬业企业集团有限责任公司	35.71
19	厦门国贸控股有限公司	102.48	69	利华益集团股份有限公司	35.53
20	天津一商集团有限公司	100.00	70	联想控股股份有限公司	35.07
21	江苏悦达集团有限公司	99.78	71	上海电气（集团）总公司	34.89
22	大冶有色金属集团控股有限公司	96.22	72	临沂新程金锣肉制品集团有限公司	34.28
23	上海建工集团股份有限公司	91.10	73	江苏南通三建集团有限公司	33.89
24	大连西太平洋石油化工有限公司	88.92	74	甘肃省建设投资（控股）集团总公司	33.71
25	天津市建工集团（控股）有限公司	85.97	75	国家开发投资公司	33.61
26	阿里巴巴集团控股有限公司	80.61	76	中国交通建设集团有限公司	33.09
27	宜昌兴发集团有限责任公司	78.51	77	东风汽车公司	32.54
28	北京汽车集团有限公司	76.96	78	同方股份有限公司	32.19
29	浪潮集团有限公司	74.42	79	华盛江泉集团有限公司	31.89
30	中国盐业总公司	72.08	80	中国邮政集团公司	31.42
31	交通银行股份有限公司	70.93	81	江苏扬子江船业集团公司	31.28
32	广东省交通集团有限公司	69.97	82	浙江龙盛控股有限公司	30.90
33	中国中化集团公司	69.69	83	安徽江淮汽车集团有限公司	30.65
34	百度股份有限公司	68.99	84	北京城建集团有限责任公司	30.17
35	中国电力投资集团公司	68.26	85	龙信建设集团有限公司	30.15
36	吉林亚泰（集团）股份有限公司	65.70	86	苏宁控股集团	29.93
37	重庆市能源投资集团有限公司	62.64	87	亚邦投资控股集团有限公司	29.85
38	正邦集团有限公司	61.84	88	黑龙江龙煤矿业控股集团有限责任公司	29.79
39	山东天信集团有限公司	60.90	89	中国五矿集团公司	29.59
40	晋能集团有限公司	59.32	90	华为技术有限公司	29.41
41	重庆机电控股（集团）公司	56.15	91	中国广核集团有限公司	29.28
42	北京首都旅游集团有限责任公司	53.33	92	武安市烘熔钢铁有限公司	28.57
43	山河建设集团有限公司	53.32	93	天元建设集团有限公司	28.14
44	洪业化工集团股份有限公司	52.41	94	中国恒天集团有限公司	28.12
45	广州汽车工业集团有限公司	51.95	95	华润股份有限公司	28.04
46	长城汽车股份有限公司	51.91	96	武安市裕华钢铁有限公司	27.35
47	中国平煤神马能源化工集团有限责任公司	50.67	97	重庆市金科投资控股（集团）有限责任公司	27.00
48	山东海科化工集团有限公司	50.17	98	唐山瑞丰钢铁（集团）有限公司	26.72
49	冀南钢铁集团有限公司	50.04	99	京东方科技集团股份有限公司	25.95
50	新疆生产建设兵团建设工程（集团）有限责任公司	47.16	100	天津港（集团）有限公司	25.94
				中国企业 500 强平均数	8.72

第九章
2015 中国制造业企业 500 强数据

表 9-1　　2015 中国制造业企业 500 强

名次	企业名称	地区	营业收入（万元）	净利润（万元）	资产（万元）	所有者权益（万元）	从业人数（人）
1	中国石油化工集团公司	北京	288993429	3189818	222836618	73556695	897488
2	上海汽车集团股份有限公司	上海	63000116	2797344	41487067	15766439	91155
3	中国第一汽车集团公司	吉林	49411547	2617575	32871046	14108745	135599
4	东风汽车公司	湖北	48662393	986081	33626567	6265595	197192
5	中国兵器工业集团公司	北京	40428489	448217	32614538	8434429	250138
6	中国航空工业集团公司	北京	38638266	468321	79961590	16833168	562038
7	中国五矿集团公司	北京	32275663	-230495	36609914	3766448	110261
8	北京汽车集团有限公司	北京	31156065	505175	26618149	4050993	112159
9	宝钢集团有限公司	上海	29774301	587134	53470594	24418241	133069
10	联想控股股份有限公司	北京	28947583	416039	28900152	3198586	60379
11	华为技术有限公司	广东	28819700	2785100	30977300	9994000	160000
12	山东魏桥创业集团有限公司	山东	28193071	708745	14517917	5765828	123517
13	河北钢铁集团有限公司	河北	28061555	-114989	32428661	4978697	142217
14	中国铝业公司	北京	28000752	-1083278	48644865	733518	158096
15	正威国际集团有限公司	广东	26871182	590079	11573532	5425146	17556
16	中国化工集团公司	北京	25763136	-114561	27207157	2303157	99247
17	中国建筑材料集团有限公司	北京	25042872	294380	40693127	2480767	176854
18	江苏沙钢集团有限公司	江苏	24851875	175064	16809650	3301821	40037
19	渤海钢铁集团有限公司	天津	23406168	22455	28494715	4368081	67151
20	中国华信能源有限公司	上海	21399476	345650	5206589	1846293	21568
21	新兴际华集团有限公司	北京	21255731	270519	11752471	2589455	67897
22	江西铜业集团公司	江西	20812305	32515	11259499	2017293	27627
23	广州汽车工业集团有限公司	广东	20479107	175100	16302314	2059150	63405
24	中国电子信息产业集团有限公司	北京	20385155	140915	23431716	2872698	129330
25	中国船舶重工集团公司	北京	20168087	669890	41273308	10654133	163000
26	海尔集团公司	山东	20071067	1178083	25004319	4573215	60962
27	金川集团股份有限公司	甘肃	20041403	76879	13382655	4056525	32680
28	中国有色矿业集团有限公司	北京	18765549	-7588	12013353	1185636	56691
29	首钢总公司	北京	18290392	2012	41386460	9315096	139422
30	中国航天科技集团公司	北京	16753254	882078	32892427	11541149	158067
31	恒力集团有限公司	江苏	16352809	292750	8388159	3293732	63425
32	鞍钢集团公司	辽宁	16150972	-799549	31723100	6156251	218900
33	中国航天科工集团公司	北京	15742805	780291	19880438	7657508	137939
34	天津中环电子信息集团有限公司	天津	15460530	556864	7327265	3742517	64116

名次	企业名称	地区	营业收入（万元）	净利润（万元）	资产（万元）	所有者权益（万元）	从业人数（人）
35	浙江吉利控股集团有限公司	浙江	15395264	169724	13013336	1280068	42968
36	华晨汽车集团控股有限公司	辽宁	15066410	107082	11110120	520937	49152
37	武汉钢铁（集团）公司	湖北	14615513	33588	21370944	5004958	94596
38	美的集团股份有限公司	广东	14231097	1050222	12029208	3947049	108120
39	酒泉钢铁（集团）有限责任公司	甘肃	13842849	-84907	13451091	3070444	37898
40	铜陵有色金属集团控股有限公司	安徽	13636199	-12542	7818192	1060216	28158
41	海亮集团有限公司	浙江	13003081	79261	5626368	1249524	14173
42	万向集团公司	浙江	12878896	60613	8004431	1691773	26989
43	潍柴控股集团有限公司	山东	12665954	42276	13606332	406057	77239
44	天津百利机械装备集团有限公司	天津	12301000	490000	8024000	3427000	79073
45	中国黄金集团公司	北京	12133863	-54894	8872929	1271480	51196
46	中国南车集团公司	北京	12132061	261319	15678157	2398672	112329
47	上海烟草集团有限责任公司	上海	12121020	1976767	13363557	12052725	14315
48	光明食品（集团）有限公司	上海	12092831	208802	17355202	3405315	136405
49	山东钢铁集团有限公司	山东	11599587	-234569	20008544	1406680	99635
50	安徽海螺集团有限责任公司	安徽	11154817	401315	10836213	2383961	54518
51	山东大王集团有限公司	山东	11143928	337131	6891404	2417342	26339
52	江苏悦达集团有限公司	江苏	11114521	-64949	8017806	674850	31169
53	本钢集团有限公司	辽宁	11100659	10569	14295077	3681714	78833
54	中国北方机车车辆工业集团公司	北京	10570383	268274	15748272	2990364	88296
55	陕西有色金属控股集团有限责任公司	陕西	10544213	13341	12003143	2937277	45262
56	中天钢铁集团有限公司	江苏	10520502	38486	4685200	1509570	15141
57	红塔烟草（集团）有限责任公司	云南	10226128	665258	11459062	7430782	22580
58	杭州钢铁集团公司	浙江	10115083	115902	6767740	1352614	18606
59	TCL集团股份有限公司	广东	10102868	318321	9287689	1819435	73485
60	天津渤海化工集团有限责任公司	天津	10012353	24602	15456895	4938217	38692
61	海信集团有限公司	山东	9804851	475430	9759782	3255027	53930
62	大冶有色金属集团控股有限公司	湖北	9585434	7425	3281091	645915	15059
63	上海电气（集团）总公司	上海	9501369	106373	18970074	2761874	45836
64	四川长虹电子集团有限公司	四川	9315491	-21168	7358847	248884	71001
65	上海医药集团股份有限公司	上海	9239889	259113	6434056	2782213	39891
66	天津渤海轻工投资集团有限公司	天津	9037212	131378	5352547	1935010	30299
67	红云红河烟草（集团）有限责任公司	云南	8650528	706457	7741846	5831806	12891
68	南山集团有限公司	山东	8462315	709297	9920733	5059664	46538
69	中兴通讯股份有限公司	广东	8147128	263357	10621420	2487857	75609

名次	企业名称	地区	营业收入（万元）	净利润（万元）	资产（万元）	所有者权益（万元）	从业人数（人）
70	徐州工程机械集团有限公司	江苏	8081463	35843	7654964	1496466	26293
71	湖北宜化集团有限责任公司	湖北	8050815	45637	6584475	90640	42587
72	浙江恒逸集团有限公司	浙江	7911115	15662	3580089	573234	7942
73	新希望集团有限公司	四川	7820574	176158	6693637	1661226	78360
74	中国中材集团有限公司	北京	7756556	-27076	11613970	969046	74242
75	湖南华菱钢铁集团有限责任公司	湖南	7756043	106357	11605789	1478439	43987
76	山东黄金集团有限公司	山东	7601782	2066	7450202	750381	24056
77	山东东明石化集团有限公司	山东	7581776	49480	2416281	439755	5695
78	陕西东岭工贸集团股份有限公司	陕西	7578723	15476	2839949	539349	11481
79	北京建龙重工集团有限公司	北京	7524027	51200	8070948	1445465	44051
80	三一集团有限公司	湖南	7436785	325500	11168650	3454779	37000
81	盛虹控股集团有限公司	江苏	7384208	78963	7497862	3016143	30376
82	杭州娃哈哈集团有限公司	浙江	7204254	697551	3780259	2642786	28268
83	浙江荣盛控股集团有限公司	浙江	7185218	13623	5062305	1180189	8856
84	浙江中烟工业有限责任公司	浙江	7153703	284195	3761544	3056976	3580
85	云天化集团有限责任公司	云南	7077201	-187634	9457697	780361	32203
86	中国国际海运集装箱（集团）股份有限公司	广东	7007100	247800	8777618		61309
87	马钢（集团）控股有限公司	安徽	6915216	10079	8971610	1654673	48452
88	中国重型汽车集团有限公司	山东	6831274	121879	10152821	2787919	43454
89	河北新华联合冶金控股集团有限公司	河北	6691696	175337	4605194	2069476	14430
90	超威电源有限公司	浙江	6564987	22282	881397	275982	21514
91	青山控股集团有限公司	浙江	6503250	114159	2557532	562011	20000
92	广州医药集团有限公司	广东	6462118	61953	2795468	376228	16725
93	湖北中烟工业有限责任公司	湖北	6445589	553644	4107978	2583738	9750
94	上海华谊（集团）公司	上海	6392687	57991	5906462	1557063	26325
95	中联重科股份有限公司	湖南	6370001	59407	9375795	4083079	20314
96	四川省宜宾五粮液集团有限公司	四川	6309671	646699	7487779	5528555	44734
97	长城汽车股份有限公司	河北	6259910	804154	6134525	3345186	71575
98	河北津西钢铁集团股份有限公司	河北	6237595	52688	3231786	824058	13694
99	天能电池集团有限公司	浙江	6057873	16461	862579	241941	18269
100	广西柳州钢铁（集团）公司	广西	6025656	29923	4355041	1089995	14970
101	雅戈尔集团股份有限公司	浙江	5897962	304578	5891150	1656116	45852
102	杭州汽轮动力集团有限公司	浙江	5823202	37076	2812077	523218	5371
103	比亚迪股份有限公司	广东	5819588	77987	9400886	2536559	177797
104	无锡产业发展集团有限公司	江苏	5724130	155044	4134612	1968571	24086

名次	企业名称	地区	营业收入（万元）	净利润（万元）	资产（万元）	所有者权益（万元）	从业人数（人）
105	南京钢铁集团有限公司	江苏	5713979	47947	4127272	834425	11792
106	新华联集团有限公司	北京	5698917	231558	6845299	1420098	43089
107	河北敬业企业集团有限责任公司	河北	5666900	54676	2254535	897669	20500
108	奥克斯集团有限公司	浙江	5521610	165514	3741170	994834	20138
109	上海复星高科技（集团）有限公司	上海	5426059	234777	18520643	2898455	989
110	内蒙古伊利实业集团股份有限公司	内蒙古	5395930	414428	3949430	1863392	59178
111	山东晨鸣纸业集团股份有限公司	山东	5366076	50520	5682203	1391734	12833
112	海澜集团有限公司	江苏	5230881	332328	4028841	2499436	29000
113	山东大海集团有限公司	山东	5118357	234279	924734	668719	5800
114	万达控股集团有限公司	山东	5064961	111356	3856435	695139	13905
115	通威集团有限公司	四川	5062104	112708	1571188	716544	22817
116	江铃汽车集团公司	江西	5042092	94038	3645540	650715	32531
117	盾安控股集团有限公司	浙江	5031944	85859	4625981	971107	19000
118	修正药业集团股份有限公司	吉林	5009115	261612	1703671	1363418	67885
119	天津荣程祥泰投资控股集团有限公司	天津	5003413	17951	1277853	595569	7486
120	中国盐业总公司	北京	4899682	-22140	4758859	693694	34268
121	浙江桐昆控股集团有限公司	浙江	4828991	7129	1595515	318823	16050
122	江苏三房巷集团有限公司	江苏	4814552	20712	2482895	896526	
123	江苏华西集团公司	江苏	4804974	47560	4828086	1379746	20510
124	河南省漯河市双汇实业集团有限责任公司	河南	4802613	428861	2322256	1436262	72742
125	北京金隅集团有限责任公司	北京	4784987	148300	12040680	1550358	34693
126	红豆集团有限公司	江苏	4712826	107691	2597102	842974	20172
127	云南冶金集团股份有限公司	云南	4656058	-140022	8401710	917535	34687
128	中国恒天集团有限公司	北京	4639003	67309	5983281	370755	54922
129	白银有色集团股份有限公司	甘肃	4626898	12093	3403179	1157300	16778
130	科创控股集团有限公司	四川	4620000	335700	5034000	3730000	25800
131	临沂新程金锣肉制品集团有限公司	山东	4612881	151747	1815582	1360506	33028
132	唐山瑞丰钢铁（集团）有限公司	河北	4608705	65471	1541075	613461	13936
133	安阳钢铁集团有限责任公司	河南	4604147	1608	4324289	412691	26050
134	江阴澄星实业集团有限公司	江苏	4503512	110323	2520917	1123402	4809
135	华盛江泉集团有限公司	山东	4501664	77423	2637703	1098785	25160
136	广州钢铁企业集团有限公司	广东	4487645	92935	3014597	389768	4549
137	山东招金集团有限公司	山东	4455862	6805	3681378	48291	15129
138	新疆特变电工集团有限公司	新疆	4453073	161048	7606677	2628030	21400
139	冀南钢铁集团有限公司	河北	4411388	41709	2136067	585917	10046

名次	企业名称	地区	营业收入（万元）	净利润（万元）	资产（万元）	所有者权益（万元）	从业人数（人）
140	山东京博控股股份有限公司	山东	4363306	44292	2101862	374898	8115
141	山东海科化工集团有限公司	山东	4342433	66978	1429340	113437	2908
142	山东如意科技集团有限公司	山东	4306943	244945	2328305	1130947	24673
143	正邦集团有限公司	江西	4303866	13976	862357	94906	39000
144	吉林亚泰（集团）股份有限公司	吉林	4300519	18359	5341205	815612	32478
145	昆明钢铁控股有限公司	云南	4251221	228	5648892	1363396	19315
146	中国东方电气集团有限公司	四川	4242714	25339	9901303	1157585	26574
147	江苏新长江实业集团有限公司	江苏	4224963	65437	2802824	761238	9423
148	利华益集团股份有限公司	山东	4202161	115449	2499512	776473	4012
149	华勤橡胶工业集团有限公司	山东	4175362	81160	1628343	505956	7852
150	四川宏达（集团）有限公司	四川	4092407	95877	3612674	1384719	21665
151	山东太阳控股集团有限公司	山东	4091833	51395	2549393	555572	11267
152	日照钢铁控股集团有限公司	山东	4059318	95273	7716181	1385846	16084
153	亚邦投资控股集团有限公司	江苏	4012780	71381	2756393	1032162	18086
154	广西玉柴机器集团有限公司	广西	4012402	108447	3644525	1176294	21006
155	陕西汽车控股集团有限公司	陕西	4001126	21260	3836726	340280	32552
156	安徽江淮汽车集团有限公司	安徽	3965848	18592	3768523	298574	32248
157	德力西集团有限公司	浙江	3963010	85132	1538680	447470	21588
158	四川省川威集团有限公司	四川	3956964	-209832	4189700	384579	15104
159	包头钢铁（集团）有限责任公司	内蒙古	3938082	-147555	15666110	1565629	55357
160	宁波金田投资控股有限公司	浙江	3923939	4203	695834	120906	5148
161	天津市医药集团有限公司	天津	3900073	200203	6444557	3010683	21732
162	大连西太平洋石油化工有限公司	辽宁	3898310	-146511	903577	-580453	981
163	亨通集团有限公司	江苏	3833693	42447	3014596	631653	11000
164	江苏西城三联控股集团有限公司	江苏	3832688	-22594	1340226	136590	3801
165	广东温氏食品集团股份有限公司	广东	3804023	266398	2533693	1454752	39500
166	双胞胎（集团）股份有限公司	江西	3702789	94156	793832	128394	8300
167	京东方科技集团股份有限公司	北京	3681632	256213	13624028	7615507	34165
168	四川科伦实业集团有限公司	四川	3680434	139534	2346013	1104905	22610
169	重庆化医控股（集团）公司	重庆	3671498	-70776	6400005	677286	35484
170	杭州锦江集团有限公司	浙江	3667906	53134	4607287	1075577	10900
171	宝塔石化集团有限公司	北京	3612466	48565	5244347	1710141	9000
172	天瑞集团股份有限公司	河南	3560101	156151	5428690	2613316	17647
173	江苏申特钢铁有限公司	江苏	3533520	-25378	1372226	20769	4234
174	贵州中烟工业有限责任公司	贵州	3531047	312132	2340361	1620616	9336

名次	企业名称	地区	营业收入（万元）	净利润（万元）	资产（万元）	所有者权益（万元）	从业人数（人）
175	中国贵州茅台酒厂（集团）有限责任公司	贵州	3515398	1066511	8423523	5201875	24228
176	正泰集团股份有限公司	浙江	3511777	106449	3738345	812828	26761
177	江苏阳光集团有限公司	江苏	3475281	185039	2086155	999566	17145
178	稻花香集团	湖北	3444574	13882	2146288	95373	16713
179	新余钢铁集团有限公司	江西	3400641	10046	3384222	715001	26657
180	安徽中烟工业有限责任公司	安徽	3363096	224249	2614468	1880706	10244
181	唐山港陆钢铁有限公司	河北	3314887	41731	1639607	775860	9858
182	山东金岭集团有限公司	山东	3292511	156331	1061054	604549	4120
183	老凤祥股份有限公司	上海	3283502	93990	1157178	394604	3829
184	江苏扬子江船业集团公司	江苏	3266661	314581	6006933	1909360	20383
185	山东胜通集团股份有限公司	山东	3264179	373038	1604570	703086	7300
186	宁夏天元锰业有限公司	宁夏	3262678	66649	3360481	955649	20000
187	山东时风（集团）有限责任公司	山东	3244211	112261	841668	640534	21021
188	山东泰山钢铁集团有限公司	山东	3242667	13613	1333787	233882	8753
189	天狮集团有限公司	天津	3219568	369124	1220968	958023	4101
190	人民电器集团有限公司	浙江	3217181	120051	851942	545821	23600
191	四川德胜集团钒钛有限公司	四川	3215038	-23701	2940793	898810	13636
192	杉杉控股有限公司	浙江	3212784	45071	2824782	447732	12647
193	山东天信集团有限公司	山东	3211589	134859	745329	398226	4670
194	山东科达集团有限公司	山东	3208371	98920	1197769	721595	8352
195	江苏金辉铜业集团有限公司	江苏	3183959	30256	641643	335006	650
196	滨化集团公司	山东	3172018	42371	1427428	668856	5178
197	天津纺织集团（控股）有限公司	天津	3165922	13513	1893127	404681	9975
198	西王集团有限公司	山东	3094686	95977	3668959	1276258	16000
199	郑州宇通集团有限公司	河南	3071976	253640	4749232	862882	20394
200	重庆力帆控股有限公司	重庆	3062012	46572	3661431	720869	12966
201	山东金诚石化集团有限公司	山东	3051258	11883	435485	367634	1700
202	重庆机电控股（集团）公司	重庆	3045733	112842	3968022	872339	33704
203	天津友发钢管集团股份有限公司	天津	3038187	16011	531214	174520	7213
204	湖南博长控股集团有限公司	湖南	3036469	10395	1274969	153551	7695
205	创维集团有限公司	广东	3036034	78317	2679890	613573	29800
206	波司登股份有限公司	江苏	3026981	266374	2319994	1365881	24806
207	福建省三钢（集团）有限责任公司	福建	3020433	-1251	2410762	647468	18376
208	浙江龙盛控股有限公司	浙江	3016131	256700	2475576	1155191	10261
209	隆鑫控股有限公司	重庆	3012838	68946	5470351	1194527	14561

名次	企业名称	地区	营业收入（万元）	净利润（万元）	资产（万元）	所有者权益（万元）	从业人数（人）
210	沂州集团有限公司	山东	2988457	50668	1149219	333622	5550
211	奇瑞汽车股份有限公司	安徽	2984943	58035	6697160	1615246	17773
212	西部矿业集团有限公司	青海	2978535	-30103	4169352	329608	10016
213	双良集团有限公司	江苏	2968756	19087	2412663	674273	5081
214	东营方圆有色金属有限公司	山东	2951659	93243	1510912	708135	1000
215	河北普阳钢铁有限公司	河北	2944826	128230	1469108	784924	9200
216	武安市裕华钢铁有限公司	河北	2926625	122014	1567795	797521	10800
217	江西萍钢实业股份有限公司	江西	2912994	20984	2769833	828269	17767
218	青岛啤酒股份有限公司	山东	2904932	199010	2700391	1538756	44016
219	福建中烟工业有限责任公司	福建	2895508	194336	2765851	1846821	7844
220	广东格兰仕集团有限公司	广东	2895450	75	1768124	485692	37096
221	河北新金钢铁有限公司	河北	2883973	30365	1038327	452127	5771
222	青岛钢铁控股集团有限责任公司	山东	2880997	1373	1862267	272528	9687
223	山东玉皇化工有限公司	山东	2874614	83840	1881846	542981	5650
224	太极集团有限公司	重庆	2861280	4639	1148511	184284	12083
225	宁波富邦控股集团有限公司	浙江	2856847	38571	3617208	494204	9068
226	广州万宝集团有限公司	广东	2825729	18023	1427349	256762	16899
227	东营鲁方金属材料有限公司	山东	2821623	175390	968716	321203	1600
228	泸州老窖集团有限责任公司	四川	2817621	49797	11614672	649925	26626
229	三河汇福粮油集团有限公司	河北	2797241	49079	1356075	277405	3000
230	宝胜集团有限公司	江苏	2768323	16384	1269168	336368	10578
231	河南豫光金铅集团有限责任公司	河南	2764616	-5962	1531433	67180	6397
232	金东纸业（江苏）股份有限公司	江苏	2742765	90850	6491610	1783208	11276
233	山东渤海实业股份有限公司	山东	2736420	4710	1314352	252188	3991
234	维维集团股份有限公司	江苏	2725608	154641	1879064	1879064	20760
235	凌源钢铁集团有限责任公司	辽宁	2721848	-40627	2710122	530278	11851
236	华芳集团有限公司	江苏	2707181	89228	975147	491284	15078
237	江苏法尔胜泓昇集团有限公司	江苏	2706947	66653	1498585	598088	8984
238	洪业化工集团股份有限公司	山东	2670486	150784	1785803	671452	9800
239	晶龙实业集团有限公司	河北	2665613	125489	3008733	1287945	27500
240	逸盛大化石化有限公司	辽宁	2655961	-50083	1417507	467096	621
241	澳洋集团有限公司	江苏	2653303	40289	1323121	244853	11025
242	哈尔滨电气集团公司	黑龙江	2651703	-11942	6827442	1008278	27783
243	同方股份有限公司	北京	2599372	75564	4972501	1154290	21023
244	武安市明芳钢铁有限公司	河北	2589942	51520	532443	384526	8100

名次	企业名称	地区	营业收入（万元）	净利润（万元）	资产（万元）	所有者权益（万元）	从业人数（人）
245	山东华兴机械股份有限公司	山东	2560183	16783	709562	219246	2558
246	远东控股集团有限公司	江苏	2542515	22542	2161335	273689	8670
247	旭阳控股有限公司	北京	2516644	16316	2816348	417368	6165
248	冀东发展集团有限责任公司	河北	2498839	-10339	6219458	335177	28700
249	杭州华东医药集团有限公司	浙江	2492062	40358	1654486	83118	9351
250	传化集团有限公司	浙江	2481600	50745	2359311	195467	9524
251	重庆轻纺控股（集团）公司	重庆	2469003	36465	2951939	569999	27720
252	深圳市中金岭南有色金属股份有限公司	广东	2460871	47013	1421579	603069	10221
253	山东汇丰石化集团有限公司	山东	2459961	5116	668019	208308	2070
254	苏州创元投资发展（集团）有限公司	江苏	2433807	98137	2160871	718737	17987
255	万基控股集团有限公司	河南	2431201	-117890	2448953	143673	12278
256	红狮控股集团有限公司	浙江	2417965	233584	2326764	818319	11784
257	威高集团有限公司	山东	2404400	239800	2559843	1551480	17263
258	武安市烘熔钢铁有限公司	河北	2401853	504	1002645	5904	5092
259	新疆天业（集团）有限公司	新疆	2395521	-20888	3943310	400366	22123
260	江苏新华发集团有限公司	江苏	2393589	3626	1037205	66404	1000
261	精功集团有限公司	浙江	2380513	41830	2657684	487314	14936
262	天津塑力线缆集团有限公司	天津	2380179	110508	1453996	750987	4020
263	宜昌兴发集团有限责任公司	湖北	2370823	13036	2479955	282875	8046
264	北京二商集团有限责任公司	北京	2366679	21048	1526041	409241	15101
265	巨化集团公司	浙江	2363172	18243	1730182	439554	14843
266	山东万通石油化工集团有限公司	山东	2361182	82375	1763956	488353	3180
267	中策橡胶集团有限公司	浙江	2330193	88482	2269306	668422	24341
268	西子联合控股有限公司	浙江	2327219	138638	3195452	843435	12015
269	河南豫联能源集团有限责任公司	河南	2326200	-37590	2505277	110372	11000
270	卧龙控股集团有限公司	浙江	2312521	91709	2028147	539181	13140
271	太原重型机械集团有限公司	山西	2301976	-4439	4089305	285580	14083
272	云南煤化工集团有限公司	云南	2297842	-226903	7643277	-227823	39893
273	江苏三木集团有限公司	江苏	2250778	81261	1378803	568404	6145
274	天士力控股集团有限公司	天津	2250317	176801	3435633	1372023	17662
275	上海良友（集团）有限公司	上海	2237595	8907	1557022	509592	5452
276	五得利面粉集团有限公司	河北	2203432	54152	465327	353640	5000
277	东辰控股集团有限公司	山东	2202348	168595	1154073	625172	1610
278	福田雷沃国际重工股份有限公司	山东	2198058	16790	1320972	396058	15332
279	广西盛隆冶金有限公司	广西	2191966	35198	1291345	491766	7350

名次	企业名称	地区	营业收入（万元）	净利润（万元）	资产（万元）	所有者权益（万元）	从业人数（人）
280	正和集团股份有限公司	山东	2161712	38110	668179	267968	2020
281	广西中烟工业有限责任公司	广西	2158495	193032	1569640	1306059	3368
282	山东垦利石化集团有限公司	山东	2145177	11304	1321591	138836	3126
283	厦门金龙汽车集团股份有限公司	福建	2143103	24854	1842954	243531	16058
284	四川省达州钢铁集团有限责任公司	四川	2130050	7780	1046254	319974	6887
285	广西农垦集团有限责任公司	广西	2128481	50307	3913964	1124122	59358
286	海南省农垦集团有限公司	海南	2128390	77496	2115818	1010468	72410
287	广西有色金属集团有限公司	广西	2113615	-165339	3001862	-15854	17111
288	广东海大集团股份有限公司	广东	2109041	53846	766578	433212	10670
289	江西钨业集团有限公司	江西	2093313	-34045	634752	77446	12438
290	沈阳远大企业集团	辽宁	2073530	23814	2048183	629891	14324
291	富通集团有限公司	浙江	2066286	90018	1905009	980464	5912
292	四平红嘴集团总公司	吉林	2061864	20537	887385	392117	8519
293	万丰奥特控股集团有限公司	浙江	2019088	116018	1354990	589867	10160
294	攀枝花钢城集团有限公司	四川	2018677	6909	1044283	249665	11817
295	四川九洲电器集团有限责任公司	四川	2012106	62594	1839675	446913	13729
296	浙江富冶集团有限公司	浙江	2011965	14021	673291	226235	2456
297	武汉邮电科学研究院	湖北	2010182	19158	2741550	673128	23614
298	武安市文安钢铁有限公司	河北	2002000	29814	652795	475858	6200
299	江苏大明金属制品有限公司	江苏	1965999	15784	595464	139757	2689
300	香驰控股有限公司	山东	1927057	32545	692250	180138	3078
301	浙江大东南集团有限公司	浙江	1897552	77950	521496	309472	2620
302	重庆钢铁（集团）有限责任公司	重庆	1895400	40116	7172940	1409901	19324
303	三角集团有限公司	山东	1870036	78094	1040528	367158	9563
304	维科控股集团股份有限公司	浙江	1853081	10108	1580496	62083	8635
305	福星集团控股有限公司	湖北	1836368	68021	3532749	364275	7912
306	浙江元立金属制品集团有限公司	浙江	1824397	4032	1205710	142761	16000
307	山东淄博傅山企业集团有限公司	山东	1803747	6951	642941	28116	8601
308	森马集团有限公司	浙江	1803592	110428	1432631	747969	3071
309	新疆金风科技股份有限公司	新疆	1770422	182968	4577733	1476779	4855
310	大全集团有限公司	江苏	1767776	94235	1594133	761791	9100
311	广州立白企业集团有限公司	广东	1761263	109643	1028166	781685	11150
312	三环集团公司	湖北	1747250	12131	1892976	545944	22930
313	天津聚龙嘉华投资集团有限公司	天津	1743425	19930	1064434	183339	10748
314	四川省宜宾普什集团有限公司	四川	1737704	33771	1804139	765384	10370

名次	企业名称	地区	营业收入（万元）	净利润（万元）	资产（万元）	所有者权益（万元）	从业人数（人）
315	升华集团控股有限公司	浙江	1735688	18768	1275312	179997	5295
316	武安市鑫汇冶金工业有限公司	河北	1726185	4919	1187829	567926	3200
317	宗申产业集团有限公司	重庆	1720215	28567	1467049	265488	15996
318	华仪电器集团有限公司	浙江	1708087	47371	1405697	300273	8223
319	上海外高桥造船有限公司	上海	1705351	36071	3361445	856849	7921
320	奥康集团有限公司	浙江	1704005	75981	624497	290033	16074
321	华鲁控股集团有限公司	山东	1696521	22706	2447362	372011	17497
322	哈药集团有限公司	黑龙江	1681893	13531	1902757	606745	25933
323	纳爱斯集团有限公司	浙江	1678783	110295	1345946	1151134	13134
324	唐山三友集团有限公司	河北	1678757	735	2280449	313825	17065
325	中国西电集团公司	陕西	1671463	37776	3587249	1194313	23114
326	河北安丰钢铁有限公司	河北	1667012	36827	518035	220948	10750
327	天津农垦集团有限公司	天津	1659539	23074	2476532	670074	7463
328	华峰集团有限公司	浙江	1653366	49914	2196510	548655	8938
329	大连机床集团有限责任公司	辽宁	1651452	51859	2005829	453841	5847
330	沪东中华造船（集团）有限公司	上海	1641900	3598	3011871	366033	12250
331	宜华企业（集团）有限公司	广东	1616950	141910	3501470	2018703	13800
332	金发科技股份有限公司	广东	1609362	49835	1373811	798640	4982
333	江西中烟工业有限责任公司	江西	1604767	126262	1279450	1001255	4757
334	华新水泥股份有限公司	湖北	1599615	122156	2605670	978050	14056
335	康美药业股份有限公司	广东	1594919	228588	2787931	1671597	7061
336	武安市广耀铸业有限公司	河北	1572536	14390	203641	164633	4125
337	山东创新金属科技股份有限公司	山东	1571984	11593	672180	71396	2100
338	河北诚信有限责任公司	河北	1556604	100618	713088	499503	6542
339	三花控股集团有限公司	浙江	1552377	66784	1420329	568804	8096
340	永鼎集团有限公司	江苏	1552275	12073	1276806	103527	3140
341	中条山有色金属集团有限公司	山西	1544150	-1726	1196485	364579	12261
342	晶科能源有限公司	江西	1533932	54655	1095803	328292	7500
343	上海胜华电缆（集团）有限公司	上海	1532300	14600	512300	134000	4700
344	兴达投资集团有限公司	江苏	1529273	48669	662388	367039	945
345	广西汽车集团有限公司	广西	1521663	26733	1619312	423130	10842
346	沈阳机床（集团）有限责任公司	辽宁	1515180	3654	3098173	165753	19612
347	山东金茂纺织化工集团有限公司	山东	1511520	162321	1407869	527857	1800
348	河北天柱钢铁集团有限公司	河北	1496492	25991	647760	171359	6150
349	河南济源钢铁（集团）有限公司	河南	1487054	4757	1015760	278158	6457

名次	企业名称	地区	营业收入（万元）	净利润（万元）	资产（万元）	所有者权益（万元）	从业人数（人）
350	天津华北集团有限公司	天津	1486448	495016	821519	492016	740
351	天津市建筑材料集团（控股）有限公司	天津	1477392	2331	1446016	274796	6003
352	新凤鸣集团股份有限公司	浙江	1475538	29139	711262	212833	6566
353	华立集团股份有限公司	浙江	1464770	73472	1421108	262485	10287
354	兴乐集团有限公司	浙江	1420646	23444	289427	179316	3129
355	浙江翔盛集团有限公司	浙江	1413949	46209	973256	229222	4278
356	山东恒源石油化工股份有限公司	山东	1403063	11620	369306	170039	1802
357	江苏华宏实业集团有限公司	江苏	1398109	13240	732534	255978	3950
358	重庆市博赛矿业（集团）有限公司	重庆	1386618	9336	660410	376727	6360
359	浙江东南网架集团有限公司	浙江	1379466	26836	2006762	479443	9535
360	万华化学（宁波）有限公司	浙江	1374645	188451	1298701	517886	1217
361	广西柳工集团有限公司	广西	1371682	-11823	2949289	390681	18317
362	兴惠化纤集团有限公司	浙江	1359050	39061	586492	236682	2812
363	花园集团有限公司	浙江	1355125	57833	1162620	512733	14320
364	安徽淮海实业发展集团有限公司	安徽	1351355	1545	826219	272402	12242
365	重庆小康控股有限公司	重庆	1341779	9867	1417737	163268	11756
366	祐康食品集团有限公司	浙江	1341386	82450	968077	413495	10020
367	利时集团股份有限公司	浙江	1326455	48656	1038225	392254	6582
368	人本集团有限公司	浙江	1324367	29534	854565	154519	20266
369	精工控股集团有限公司	浙江	1305767	2863	2245013	166302	10800
370	骆驼集团股份有限公司	湖北	1295624	67124	593304	402174	5232
371	浙江富春江通信集团有限公司	浙江	1295065	20714	958227	291937	3386
372	红太阳集团有限公司	江苏	1292198	11913	1697642	283240	6656
373	湘电集团有限公司	湖南	1289628	-36672	3016266	139161	12043
374	北方重工集团有限公司	辽宁	1286986	6013	1749273	303655	8912
375	金猴集团有限公司	山东	1270893	28963	404969	163098	4020
376	邯郸市正大制管有限公司	河北	1265838	29675	196881	81911	2450
377	天洁集团有限公司	浙江	1261719	53651	555466	360179	1638
378	海马汽车集团股份有限公司	海南	1235198		1610910		9492
379	西林钢铁集团有限公司	黑龙江	1221266	-167399	2148345	-310366	10911
380	新疆中泰（集团）有限责任公司	新疆	1215670	4478	3441413	173254	13085
381	山东中海化工集团有限公司	山东	1213646	8322	480735	144745	1574
382	杭州诺贝尔集团有限公司	浙江	1211651	31027	1609429	351005	9050
383	中芯国际集成电路制造有限公司	上海	1201679	93311	3519322	1798533	11385
384	浙江协和集团有限公司	浙江	1197826	17315	458755	64220	1299

名次	企业名称	地区	营业收入（万元）	净利润（万元）	资产（万元）	所有者权益（万元）	从业人数（人）
385	河北文丰实业集团有限公司	河北	1197714	-1527	1243222	229322	4018
386	天津市恒兴钢业有限公司	天津	1187096	48681	691231	386622	700
387	春风实业集团有限责任公司	河北	1186349	4834	258384	77672	13380
388	庆铃汽车（集团）有限公司	重庆	1173184	24371	1359653	596597	4027
389	宁波博洋控股集团有限公司	浙江	1170025	22584	434931	62548	5088
390	华通机电集团有限公司	浙江	1163096	60675	325095	118365	5078
391	华翔集团股份有限公司	浙江	1156442	52800	1607284	265199	9500
392	湖北枝江酒业集团	湖北	1155132	17835	249803	54729	8464
393	杭州金鱼电器集团有限公司	浙江	1155012	12419	612152	44184	8464
394	方大特钢科技股份有限公司	江西	1150930	56929	928745	298239	8500
395	春和集团有限公司	浙江	1146365	13740	2009906	207260	25000
396	浙江栋梁新材股份有限公司	浙江	1145169	10753	155103	128574	1250
397	海天塑机集团有限公司	浙江	1141118	159863	1804777	853981	7488
398	得力集团有限公司	浙江	1133565	43880	902110	145391	7260
399	瑞星集团股份有限公司	山东	1124259	49780	1579418	324944	3678
400	湖北三宁化工股份有限公司	湖北	1123762	69135	705784	260804	5137
401	大连冰山集团有限公司	辽宁	1123561	44660	960773	449792	12584
402	深圳华强集团有限公司	广东	1122362	131084	4341576	1236380	23000
403	桂林力源粮油食品集团有限公司	广西	1117994	28872	276987	67681	3610
404	宁波申洲针织有限公司	浙江	1113153	206671	1594387	1179641	58900
405	沈阳鼓风机集团股份有限公司	辽宁	1098337	21237	1761463	355214	7022
406	胜达集团有限公司	浙江	1092267	65073	815789	410241	4916
407	江苏上上电缆集团有限公司	江苏	1084742	26637	458319	296904	2943
408	合肥美菱股份有限公司	安徽	1076481	29451	900901	342275	14352
409	景德镇市焦化工业集团有限责任公司	江西	1072607	-6871	1648912	253105	10428
410	振石控股集团有限公司	浙江	1068952	25676	1267391	359905	3780
411	上海奥盛投资控股（集团）有限公司	上海	1062768	24580	605791	379788	1398
412	山西建邦集团有限公司	山西	1062595	30144	726117	318897	3436
413	河北立中有色金属集团	河北	1057071	24441	654919	182556	7341
414	致达控股集团有限公司	上海	1054932	17006	1287693	269942	5462
415	沈阳化工集团有限公司	辽宁	1054550	3134	781333	72352	3389
416	农夫山泉股份有限公司	浙江	1054205	138395	796976	483726	9048
417	青海盐湖工业股份有限公司	青海	1047436	130226	6789931	1768542	19568
418	湖南金龙国际集团	湖南	1043477	3100	118712	23262	510
419	杭叉集团股份有限公司	浙江	1037927	40036	326178	171336	2412

名次	企业名称	地区	营业收入（万元）	净利润（万元）	资产（万元）	所有者权益（万元）	从业人数（人）
420	北京顺鑫控股集团有限公司	北京	1036227	1803	2145939	202046	8110
421	富丽达集团控股有限公司	浙江	1030833	13761	1645473	211136	6522
422	厦门银鹭集团有限公司	福建	1030679	30118	977098	322275	11250
423	安徽中鼎控股（集团）股份有限公司	安徽	1025286	38373	887459	314904	13226
424	广博集团	浙江	1023546	979	1392610	89850	4051
425	即发集团有限公司	山东	1023309	29764	602833	312147	21312
426	河南金利金铅有限公司	河南	1018430	2410	58366	100912	2265
427	浙江航民实业集团有限公司	浙江	1016938	12536	678407	109296	9602
428	厦门钨业股份有限公司	福建	1014273	44112	1731820	743651	11244
429	浙江海正药业股份有限公司	浙江	1009675	30790	1729830	702394	8854
430	浙江古纤道新材料股份有限公司	浙江	1007237	30654	795666	284605	2050
431	宏胜饮料集团有限公司	浙江	1001148	171937	919231	848567	5415
432	辛集市澳森钢铁有限公司	河北	1000270	42988	622721	408983	7100
433	河北前进钢铁集团有限公司	河北	991166	13550	639376	273962	4801
434	澳柯玛股份有限公司	山东	984568	7147	564235	99105	6830
435	金洲集团有限公司	浙江	967148	8866	578995	89039	3800
436	湖北东圣化工集团有限公司	湖北	960125	58809	277087	40873	2500
437	崇利制钢有限公司	河北	956272	1916	648947	225834	2735
438	大化集团有限责任公司	辽宁	947315	-25518	1560152	188894	4853
439	中国吉林森林工业集团有限责任公司	吉林	940648	31570	3099026	187241	67000
440	北京君诚实业投资集团有限公司	北京	935303	737	217199	23134	1620
441	铜陵精达铜材（集团）有限责任公司	安徽	926998	1333	554090	42239	2855
442	富智康精密电子（廊坊）有限公司	河北	918526	68398	1247007	338880	38403
443	北京纺织控股有限责任公司	北京	915810	26056	1621960	636566	9129
444	广西洋浦南华糖业集团股份有限公司	广西	912572	10601	1560027	467812	19989
445	宁波宝新不锈钢有限公司	浙江	912510	18337	510342	341429	901
446	上海斐讯数据通信技术有限公司	上海	906494	61325	943484	302579	3665
447	兴源轮胎集团有限公司	山东	903860	60257	776560	365596	5600
448	云南南磷集团股份有限公司	云南	902869	15650	596747	246828	3471
449	黑龙江烟草工业有限责任公司	黑龙江	899492	57909	820864	679143	4496
450	无锡市凌峰铜业有限公司	江苏	898107	4273	413421	39171	140
451	邢台钢铁有限责任公司	河北	894319	10116	994024	253691	6048
452	江苏海达科技集团有限公司	江苏	892811	23787	773793		4087
453	浙江富陵控股集团有限公司	浙江	890209	19270	957344	191554	1287
454	兰溪自立铜业有限公司	浙江	880599	10234	494697	42329	1493

名次	企业名称	地区	营业收入（万元）	净利润（万元）	资产（万元）	所有者权益（万元）	从业人数（人）
455	唐山东华钢铁企业集团有限公司	河北	873638	18343	452699	184800	3500
456	孚日控股集团股份有限公司	山东	855216		741424		17588
457	舜宇集团有限公司	浙江	843385	57521	557647	327336	14877
458	中国四联仪器仪表集团有限公司	重庆	835964	11457	1287483	124295	11232
459	湖北新洋丰肥业股份有限公司	湖北	835223	57109	518612	273329	5960
460	卫华集团有限公司	河南	826544	23642	518397	14609	5668
461	大连重工·起重集团有限公司	辽宁	823754	2671	2047840	554286	5853
462	安徽楚江投资集团有限公司	安徽	822481	6132	292505	57467	4568
463	广东新明珠陶瓷集团有限公司	广东	822000	141702	863429	787342	16459
464	潍坊特钢集团有限公司	山东	819348	13055	741016	471145	5862
465	秦皇岛宏兴钢铁有限公司	河北	809589	14697	272041	190310	5560
466	河北鑫海化工集团有限公司	河北	800771	955	246808	77492	880
467	江苏隆力奇集团有限公司	江苏	799897	21421	519790	205142	4996
468	张家口卷烟厂有限责任公司	河北	797078	21714	353709	218199	2648
469	石家庄常山纺织集团有限责任公司	河北	790741	1191	731962	220867	8480
470	江西博能实业集团有限公司	江西	786483	15255	903706	391472	2200
471	杭州制氧机集团有限公司	浙江	778999	13410	1140693	323023	5448
472	安徽山鹰纸业股份有限公司	安徽	773539	10995	1849975	595041	8949
473	浙江新安化工集团股份有限公司	浙江	771583	4971	797356	429979	5696
474	龙大食品集团有限公司	山东	770415	11069	466207	152194	6370
475	河北新启元能源技术开发股份有限公司	河北	761055	19464	209971	66899	677
476	青岛九联集团股份有限公司	山东	758547	-2116	308486	124122	11903
477	森赫电梯股份有限公司	浙江	756611	40424	96515	47003	3900
478	湖南安石企业（集团）有限公司	湖南	737383	16240	474362	205969	2230
479	开氏集团有限公司	浙江	735072	25595	615798	335697	3000
480	浙江大华技术股份有限公司	浙江	733188	114268	798997	476708	6175
481	中国第一重型机械集团公司	黑龙江	732044	-15523	4146181	1227386	11644
482	西宁特殊钢集团有限责任公司	青海	731489	3874	2413160	351293	1628
483	山推工程机械股份有限公司	山东	726945	4643	1121077	407376	7762
484	北汽银翔汽车有限公司	重庆	720436	23227	779439	81333	7996
485	侨兴集团有限公司	广东	714901	70743	1909914	1231006	5456
486	宁波均胜电子股份有限公司	浙江	707709	34688	625920	242034	6389
487	新光控股集团有限公司	浙江	707305	324295	3548782	930845	6571
488	人福医药集团股份有限公司	湖北	705163	45177	1216713	472285	8934
489	山东鲁北企业集团总公司	山东	704448	54567	650397	149053	2550

名次	企业名称	地区	营业收入（万元）	净利润（万元）	资产（万元）	所有者权益（万元）	从业人数（人）
490	罗蒙集团股份有限公司	浙江	703206	42999	634962	302305	5350
491	广东众和化塑有限公司	广东	700758	2666	80553	52932	3608
492	浙江南方控股集团有限公司	浙江	700457	996	209843	48783	1727
493	华意压缩机股份有限公司	江西	700291	18718	660454	205695	6679
494	浙江奥鑫控股集团有限公司	浙江	689974	66326	473467	196660	1828
495	恒威集团有限公司	浙江	687926	23039	552086	132607	1572
496	安徽叉车集团有限责任公司	安徽	687161	26942	647274	195497	8448
497	重庆润通控股（集团）有限公司	重庆	687043	22857	482224	155191	11771
498	浙江中财管道科技股份有限公司	浙江	684568	46277	444969	210841	4600
499	劲牌有限公司	湖北	684466	167093	1630907	773497	5869
500	浙江日月首饰集团有限公司	浙江	680639	12585	754501	195992	1609
	合计		2693399413	57373970	2566090406	672222012	12823133

说　明

1. 2015 中国制造业企业 500 强是中国企业联合会、中国企业家协会参照国际惯例，组织企业自愿申报，并经专家审定确认后产生的。申报企业包括在中国境内注册、2014 年实现营业收入达到 55 亿元的企业（不包括行政性公司和资产经营公司，不包括在华外资、港澳台独资、控股企业；但包括在境外注册、投资主体为中国自然人或法人、主要业务在境内的企业，属于我国银监会、保监会和各级国资委监管的企业）。为了避免重复，属于集团公司控股的企业，如果其财务报表最后能被合并到母公司的财务会计报表中去，则只允许其母公司申报。

2. 表中所列数据由企业自愿申报或属于上市公司公开数据、并经会计师事务所或审计师事务所等单位认可。

3. 营业收入是 2014 年不含增值税的收入，包括企业的所有收入，即主营业务和非主营业务、境内和境外的收入。净利润是 2014 年上交所得税后的净利润扣除少数股权收益后归属母公司所有者的净利润。资产是 2014 年度末的资产总额。归属母公司所有者权益是 2014 年末所有者权益总额扣除少数股东权益后的母公司所有者权益。研究开发费用是 2014 年企业投入研究开发的所有费用。从业人数是 2014 年度的平均人数（含所有被合并报表企业的人数）。

4. 行业分类参照了国家统计局的分类方法，依据其主营业务收入所在行业来划分；地区分类是按企业总部所在地划分。

表9-2　　2015中国制造业企业500强各行业企业分布

排名	企业名称	营业收入（万元）
农副食品及农产品加工业		
1	新希望集团有限公司	7820574
2	通威集团有限公司	5062104
3	正邦集团有限公司	4303866
4	广东温氏食品集团股份有限公司	3804023
5	双胞胎（集团）股份有限公司	3702789
6	西王集团有限公司	3094686
7	三河汇福粮油集团有限公司	2797241
8	山东渤海实业股份有限公司	2736420
9	五得利面粉集团有限公司	2203432
10	广西农垦集团有限责任公司	2128481
11	海南省农垦集团有限公司	2128390
12	广东海大集团股份有限公司	2109041
13	天津农垦集团有限公司	1659539
14	桂林力源粮油食品集团有限公司	1117994
15	青岛九联集团股份有限公司	758547
	合计	45427127
食品加工制造业		
1	光明食品（集团）有限公司	12092831
2	中国盐业总公司	4899682
3	天狮集团有限公司	3219568
4	北京二商集团有限责任公司	2366679
5	上海良友（集团）有限公司	2237595
6	香驰控股有限公司	1927057
7	天津聚龙嘉华投资集团有限公司	1743425
8	祐康食品集团有限公司	1341386
9	厦门银鹭集团有限公司	1030679
10	广西洋浦南华糖业集团股份有限公司	912572
11	龙大食品集团有限公司	770415
	合计	32541889
乳制品加工业		
1	内蒙古伊利实业集团股份有限公司	5395930
	合计	5395930
饮料加工业		
1	杭州娃哈哈集团有限公司	7204254
2	维维集团股份有限公司	2725608
3	农夫山泉股份有限公司	1054205
4	宏胜饮料集团有限公司	1001148
	合计	11985215
酿酒制造业		
1	四川省宜宾五粮液集团有限公司	6309671
2	中国贵州茅台酒厂（集团）有限责任公司	3515398
3	稻花香集团	3444574
4	青岛啤酒股份有限公司	2904932
5	泸州老窖集团有限责任公司	2817621
6	湖北枝江酒业集团	1155132
7	劲牌有限公司	684466
	合计	20831794
烟草加工业		
1	上海烟草集团有限责任公司	12121020
2	红塔烟草（集团）有限责任公司	10226128
3	红云红河烟草（集团）有限责任公司	8650528
4	浙江中烟工业有限责任公司	7153703
5	湖北中烟工业有限责任公司	6445589
6	贵州中烟工业有限责任公司	3531047
7	安徽中烟工业有限责任公司	3363096
8	福建中烟工业有限责任公司	2895508
9	广西中烟工业有限责任公司	2158495
10	江西中烟工业有限责任公司	1604767
11	黑龙江烟草工业有限责任公司	899492
12	张家口卷烟厂有限责任公司	797078
	合计	59846451
纺织、印染业		
1	山东魏桥创业集团有限公司	28193071
2	山东大海集团有限公司	5118357
3	山东如意科技集团有限公司	4306943
4	江苏阳光集团有限公司	3475281
5	天津纺织集团（控股）有限公司	3165922
6	华芳集团有限公司	2707181
7	澳洋集团有限公司	2653303
8	山东金茂纺织化工集团有限公司	1511520
9	兴惠化纤集团有限公司	1359050
10	富丽达集团控股有限公司	1030833
11	北京纺织控股有限责任公司	915810
12	石家庄常山纺织集团有限责任公司	790741
	合计	55228012
纺织品、服装、鞋帽、服饰加工业		
1	雅戈尔集团股份有限公司	5897962
2	海澜集团有限公司	5230881

排名	企业名称	营业收入（万元）
3	红豆集团有限公司	4712826
4	杉杉控股有限公司	3212784
5	波司登股份有限公司	3026981
6	维科控股集团股份有限公司	1853081
7	森马集团有限公司	1803592
8	奥康集团有限公司	1704005
9	金猴集团有限公司	1270893
10	宁波博洋控股集团有限公司	1170025
11	宁波申洲针织有限公司	1113153
12	即发集团有限公司	1023309
13	孚日控股集团股份有限公司	855216
14	罗蒙集团股份有限公司	703206
	合计	33577914

肉食品加工业

排名	企业名称	营业收入（万元）
1	河南省漯河市双汇实业集团有限责任公司	4802613
2	临沂新程金锣肉制品集团有限公司	4612881
3	北京顺鑫控股集团有限公司	1036227
	合计	10451721

木材、藤、竹、家具等加工及木制品、纸制品等印刷、包装业

排名	企业名称	营业收入（万元）
1	宜华企业（集团）有限公司	1616950
2	中国吉林森林工业集团有限责任公司	940648
	合计	2557598

造纸及纸制品加工业

排名	企业名称	营业收入（万元）
1	山东大王集团有限公司	11143928
2	山东晨鸣纸业集团股份有限公司	5366076
3	山东太阳控股集团有限公司	4091833
4	金东纸业（江苏）股份有限公司	2742765
5	胜达集团有限公司	1092267
6	安徽山鹰纸业股份有限公司	773539
	合计	25210408

生活用品（含文体、玩具、工艺品、珠宝）等轻工产品加工制造业

排名	企业名称	营业收入（万元）
1	天津渤海轻工投资集团有限公司	9037212
2	老凤祥股份有限公司	3283502
3	重庆轻纺控股（集团）公司	2469003
4	广博集团	1023546
5	新光控股集团有限公司	707305
	合计	16520568

石化产品、炼焦及其他燃料生产加工业

排名	企业名称	营业收入（万元）
1	中国石油化工集团公司	288993429
2	中国华信能源有限公司	21399476
3	山东东明石化集团有限公司	7581776
4	山东京博控股股份有限公司	4363306
5	山东海科化工集团	4342433
6	利华益集团股份有限公司	4202161
7	大连西太平洋石油化工有限公司	3898310
8	宝塔石化集团有限公司	3612466
9	山东金诚石化集团有限公司	3051258
10	旭阳控股有限公司	2516644
11	山东汇丰石化集团有限公司	2459961
12	山东万通石油化工集团有限公司	2361182
13	云南煤化工集团有限公司	2297842
14	正和集团股份有限公司	2161712
15	山东垦利石化集团有限公司	2145177
16	山东恒源石油化工股份有限公司	1403063
17	景德镇市焦化工业集团有限责任公司	1072607
18	河北鑫海化工集团有限公司	800771
19	河北新启元能源技术开发股份有限公司	761055
20	湖南安石企业（集团）有限公司	737383
	合计	360162012

化学原料及化学制品制造业

排名	企业名称	营业收入（万元）
1	中国化工集团公司	25763136
2	天津渤海化工集团有限责任公司	10012353
3	湖北宜化集团有限责任公司	8050815
4	云天化集团有限责任公司	7077201
5	上海华谊（集团）公司	6392687
6	江阴澄星实业集团有限公司	4503512
7	亚邦投资控股集团有限公司	4012780
8	山东金岭集团有限公司	3292511
9	滨化集团公司	3172018
10	浙江龙盛控股有限公司	3016131
11	洪业化工集团股份有限公司	2670486
12	逸盛大化石化有限公司	2655961
13	传化集团有限公司	2481600
14	新疆天业（集团）有限公司	2395521
15	宜昌兴发集团有限责任公司	2370823
16	巨化集团公司	2363172
17	江苏三木集团有限公司	2250778
18	东辰控股集团有限公司	2202348
19	广州立白企业集团有限公司	1761263
20	升华集团控股有限公司	1735688
21	纳爱斯集团有限公司	1678783
22	唐山三友集团有限公司	1678757
23	河北诚信有限责任公司	1556604
24	万华化学（宁波）有限公司	1374645

排名	企业名称	营业收入（万元）
25	红太阳集团有限公司	1292198
26	新疆中泰（集团）有限责任公司	1215670
27	山东中海化工集团有限公司	1213646
28	瑞星集团股份有限公司	1124259
29	湖北三宁化工股份有限公司	1123762
30	沈阳化工集团有限公司	1054550
31	青海盐湖工业股份有限公司	1047436
32	湖北东圣化工集团有限公司	960125
33	大化集团有限责任公司	947315
34	云南南磷集团股份有限公司	902869
35	湖北新洋丰肥业股份有限公司	835223
36	江苏隆力奇集团有限公司	799897
37	浙江新安化工集团股份有限公司	771583
38	山东鲁北企业集团总公司	704448
39	广东众和化塑有限公司	700758
40	浙江南方控股集团有限公司	700457
41	浙江奥鑫控股集团有限公司	689974
	合计	120553743
医药、医疗设备制造业		
1	上海医药集团股份有限公司	9239889
2	广州医药集团有限公司	6462118
3	修正药业集团	5009115
4	科创控股集团有限公司	4620000
5	天津市医药集团有限公司	3900073
6	四川科伦实业集团有限公司	3680434
7	太极集团有限公司	2861280
8	杭州华东医药集团有限公司	2492062
9	威高集团有限公司	2404400
10	天士力控股集团有限公司	2250317
11	华鲁控股集团有限公司	1696521
12	哈药集团有限公司	1681893
13	康美药业股份有限公司	1594919
14	浙江海正药业股份有限公司	1009675
15	人福医药集团股份有限公司	705163
	合计	49607859
化学纤维制造业		
1	恒力集团有限公司	16352809
2	浙江恒逸集团有限公司	7911115
3	盛虹控股集团有限公司	7384208
4	浙江荣盛控股集团有限公司	7185218
5	浙江桐昆控股集团有限公司	4828991
6	江苏三房巷集团有限公司	4814552
7	华峰集团有限公司	1653366
8	兴达投资集团有限公司	1529273
9	新凤鸣集团股份有限公司	1475538
10	浙江翔盛集团有限公司	1413949
11	江苏华宏实业集团有限公司	1398109
12	浙江古纤道新材料股份有限公司	1007237
13	开氏集团有限公司	735072
	合计	57689437
橡胶制品业		
1	华勤橡胶工业集团有限公司	4175362
2	山东胜通集团股份有限公司	3264179
3	山东玉皇化工有限公司	2874614
4	中策橡胶集团有限公司	2330193
5	三角集团有限公司	1870036
6	兴源轮胎集团有限公司	903860
	合计	15418244
塑料制品业		
1	浙江大东南集团有限公司	1897552
2	金发科技股份有限公司	1609362
3	浙江富陵控股集团有限公司	890209
4	浙江中财管道科技股份有限公司	684568
	合计	5081691
建筑材料及玻璃等制造业		
1	中国建筑材料集团有限公司	25042872
2	安徽海螺集团有限责任公司	11154817
3	中国中材集团有限公司	7756556
4	北京金隅集团有限责任公司	4784987
5	吉林亚泰（集团）股份有限公司	4300519
6	天瑞集团股份有限公司	3560101
7	沂州集团有限公司	2988457
8	冀东发展集团有限责任公司	2498839
9	红狮控股集团有限公司	2417965
10	沈阳远大企业集团	2073530
11	华新水泥股份有限公司	1599615
12	天津市建筑材料集团（控股）有限公司	1477392
13	杭州诺贝尔集团有限公司	1211651
14	上海奥盛投资控股（集团）有限公司	1062768
15	广东新明珠陶瓷集团有限公司	822000
	合计	72752069
黑色冶金及压延加工业		
1	宝钢集团有限公司	29774301
2	河北钢铁集团有限公司	28061555

排名	企业名称	营业收入（万元）
3	江苏沙钢集团有限公司	24851875
4	渤海钢铁集团有限公司	23406168
5	新兴际华集团有限公司	21255731
6	首钢总公司	18290392
7	鞍钢集团公司	16150972
8	武汉钢铁（集团）公司	14615513
9	酒泉钢铁（集团）有限责任公司	13842849
10	山东钢铁集团有限公司	11599587
11	本钢集团有限公司	11100659
12	中天钢铁集团有限公司	10520502
13	杭州钢铁集团公司	10115083
14	湖南华菱钢铁集团有限责任公司	7756043
15	陕西东岭工贸集团股份有限公司	7578723
16	北京建龙重工集团有限公司	7524027
17	马钢（集团）控股有限公司	6915216
18	河北新华联合冶金控股集团有限公司	6691696
19	青山控股集团有限公司	6503250
20	河北津西钢铁集团股份有限公司	6237595
21	广西柳州钢铁（集团）公司	6025656
22	南京钢铁集团有限公司	5713979
23	河北敬业集团	5666900
24	天津荣程祥泰投资控股集团有限公司	5003413
25	唐山瑞丰钢铁（集团）有限公司	4608705
26	安阳钢铁集团有限责任公司	4604147
27	广州钢铁企业集团有限公司	4487645
28	冀南钢铁集团有限公司	4411388
29	昆明钢铁控股有限公司	4251221
30	江苏新长江实业集团有限公司	4224963
31	日照钢铁控股集团有限公司	4059318
32	四川省川威集团有限公司	3956964
33	包头钢铁（集团）有限责任公司	3938082
34	江苏西城三联控股集团有限公司	3832688
35	江苏申特钢铁有限公司	3533520
36	新余钢铁集团有限公司	3400641
37	唐山港陆钢铁有限公司	3314887
38	山东泰山钢铁集团有限公司	3242667
39	四川德胜集团钒钛有限公司	3215038
40	天津友发钢管集团股份有限公司	3038187
41	湖南博长控股集团有限公司	3036469
42	福建省三钢（集团）有限责任公司	3020433
43	河北普阳钢铁有限公司	2944826
44	武安市裕华钢铁有限公司	2926625
45	江西萍钢实业股份有限公司	2912994
46	河北新金钢铁有限公司	2883973
47	青岛钢铁控股集团有限责任公司	2880997
48	凌源钢铁集团有限责任公司	2721848
49	武安市明芳钢铁有限公司	2589942
50	武安市烘熔钢铁有限公司	2401853
51	广西盛隆冶金有限公司	2191966
52	四川省达州钢铁集团有限责任公司	2130050
53	四平红嘴集团总公司	2061864
54	武安市文安钢铁有限公司	2002000
55	重庆钢铁（集团）有限责任公司	1895400
56	山东淄博傅山企业集团有限公司	1803747
57	武安市鑫汇冶金工业有限公司	1726185
58	河北安丰钢铁有限公司	1667012
59	武安市广耀铸业有限公司	1572536
60	河北天柱钢铁集团有限公司	1496492
61	河南济源钢铁（集团）有限公司	1487054
62	西林钢铁集团有限公司	1221266
63	浙江协和集团有限公司	1197826
64	河北文丰实业集团有限公司	1197714
65	天津市恒兴钢业有限公司	1187096
66	方大特钢科技股份有限公司	1150930
67	振石控股集团有限公司	1068952
68	山西建邦集团有限公司	1062595
69	辛集市澳森钢铁有限公司	1000270
70	河北前进钢铁集团有限公司	991166
71	崇利制钢有限公司	956272
72	宁波宝新不锈钢有限公司	912510
73	邢台钢铁有限责任公司	894319
74	唐山东华钢铁企业集团有限公司	873638
75	潍坊特钢集团有限公司	819348
76	秦皇岛宏兴钢铁有限公司	809589
77	西宁特殊钢集团有限责任公司	731489
	合计	431750992

一般有色冶金及压延加工业

排名	企业名称	营业收入（万元）
1	中国铝业公司	28000752
2	正威国际集团有限公司	26871182
3	江西铜业集团公司	20812305
4	金川集团股份有限公司	20041403
5	中国有色矿业集团有限公司	18765549
6	铜陵有色金属集团控股有限公司	13636199
7	海亮集团有限公司	13003081
8	陕西有色金属控股集团有限责任公司	10544213
9	大冶有色金属集团控股有限公司	9585434
10	南山集团有限公司	8462315
11	云南冶金集团股份有限公司	4656058
12	白银有色集团股份有限公司	4626898

排名	企业名称	营业收入（万元）
13	四川宏达（集团）有限公司	4092407
14	宁波金田投资控股有限公司	3923939
15	宁夏天元锰业有限公司	3262678
16	山东天信集团有限公司	3211589
17	西部矿业集团有限公司	2978535
18	东营方圆有色金属有限公司	2951659
19	东营鲁方金属材料有限公司	2821623
20	河南豫光金铅集团有限责任公司	2764616
21	深圳市中金岭南有色金属股份有限公司	2460871
22	万基控股集团有限公司	2431201
23	河南豫联能源集团有限责任公司	2326200
24	广西有色金属集团有限公司	2113615
25	江西钨业集团有限公司	2093313
26	浙江富冶集团有限公司	2011965
27	山东创新金属科技股份有限公司	1571984
28	中条山有色金属集团有限公司	1544150
29	天津华北集团有限公司	1486448
30	人本集团有限公司	1324367
31	河北立中有色金属集团	1057071
32	河南金利金铅有限公司	1018430
33	厦门钨业股份有限公司	1014273
34	无锡市凌峰铜业有限公司	898107
35	兰溪自立铜业有限公司	880599
36	安徽楚江投资集团有限公司	822481
	合计	230067510

金属制品、加工工具、工业辅助产品加工制造业

排名	企业名称	营业收入（万元）
1	江苏法尔胜泓昇集团有限公司	2706947
2	江苏新华发集团有限公司	2393589
3	精功集团有限公司	2380513
4	江苏大明金属制品有限公司	1965999
5	福星集团控股有限公司	1836368
6	浙江元立金属制品集团有限公司	1824397
7	浙江东南网架集团有限公司	1379466
8	精工控股集团有限公司	1305767
9	邯郸市正大制管有限公司	1265838
10	春风实业集团有限责任公司	1186349
11	浙江栋梁新材股份有限公司	1145169
12	湖南金龙国际集团	1043477
13	金洲集团有限公司	967148
14	北京君诚实业投资集团有限公司	935303
15	江苏海达科技集团有限公司	892811
	合计	23229141

工程机械、设备及零配件制造业

排名	企业名称	营业收入（万元）
1	徐州工程机械集团有限公司	8081463
2	三一集团有限公司	7436785
3	中联重科股份有限公司	6370001
4	太原重型机械集团有限公司	2301976
5	四川省宜宾普什集团有限公司	1737704
6	大连机床集团有限责任公司	1651452
7	广西柳工集团有限公司	1371682
8	杭叉集团股份有限公司	1037927
9	卫华集团有限公司	826544
10	大连重工·起重集团有限公司	823754
11	中国第一重型机械集团公司	732044
12	山推工程机械股份有限公司	726945
13	安徽叉车集团有限责任公司	687161
	合计	33785438

工业机械、设备及零配件制造业

排名	企业名称	营业收入（万元）
1	盾安控股集团有限公司	5031944
2	中国恒天集团有限公司	4639003
3	沈阳机床（集团）有限责任公司	1515180
4	北方重工集团有限公司	1286986
5	天洁集团有限公司	1261719
6	海天塑机集团有限公司	1141118
7	大连冰山集团有限公司	1123561
8	沈阳鼓风机集团股份有限公司	1098337
9	江西博能实业集团有限公司	786483
10	杭州制氧机集团有限公司	778999
	合计	18663330

农林机械、设备及零配件制造业

排名	企业名称	营业收入（万元）
1	山东时风（集团）有限责任公司	3244211
2	福田雷沃国际重工股份有限公司	2198058
	合计	5442269

电力、电气等设备、机械、元器件及光伏、电池、线缆制造业

排名	企业名称	营业收入（万元）
1	天津百利机械装备集团有限公司	12301000
2	超威集团	6564987
3	天能集团	6057873
4	新疆特变电工集团有限公司	4453073
5	德力西集团有限公司	3963010
6	亨通集团有限公司	3833693
7	正泰集团股份有限公司	3511777
8	人民电器集团有限公司	3217181
9	江苏金辉铜业集团有限公司	3183959
10	宁波富邦控股集团有限公司	2856847
11	宝胜集团有限公司	2768323

排名	企业名称	营业收入（万元）
12	远东控股集团有限公司	2542515
13	天津塑力线缆集团有限公司	2380179
14	富通集团有限公司	2066286
15	华仪电器集团有限公司	1708087
16	中国西电集团公司	1671463
17	永鼎集团有限公司	1552275
18	晶科能源有限公司	1533932
19	上海胜华电缆（集团）有限公司	1532300
20	兴乐集团有限公司	1420646
21	浙江富春江通信集团有限公司	1295065
22	湘电集团有限公司	1289628
23	华通机电集团有限公司	1163096
24	江苏上上电缆集团有限公司	1084742
25	铜陵精达铜材（集团）有限责任公司	926998
	合计	74878935

电梯及运输、仓储设备与设施制造业

排名	企业名称	营业收入（万元）
1	中国国际海运集装箱（集团）股份有限公司	7007100
2	西子联合控股有限公司	2327219
3	森赫电梯股份有限公司	756611
	合计	10090930

轨道交通设备及零部件制造业

排名	企业名称	营业收入（万元）
1	中国南车集团公司	12132061
2	中国北方机车车辆工业集团公司	10570383
	合计	22702444

家用电器及零配件制造业

排名	企业名称	营业收入（万元）
1	海尔集团公司	20071067
2	美的集团股份有限公司	14231097
3	TCL 集团股份有限公司	10102868
4	海信集团有限公司	9804851
5	四川长虹电子集团有限公司	9315491
6	奥克斯集团有限公司	5521610
7	创维集团有限公司	3036034
8	双良集团有限公司	2968756
9	广东格兰仕集团有限公司	2895450
10	广州万宝集团有限公司	2825729
11	杭州金鱼电器集团有限公司	1155012
12	合肥美菱股份有限公司	1076481
13	澳柯玛股份有限公司	984568
14	华意压缩机股份有限公司	700291
	合计	84689305

黄金冶炼及压延加工业

排名	企业名称	营业收入（万元）
1	中国黄金集团公司	12133863
2	山东黄金集团有限公司	7601782
3	山东招金集团有限公司	4455862
4	浙江日月首饰集团有限公司	680639
	合计	24872146

电子元器件与仪器仪表、自动化控制设备制造业

排名	企业名称	营业收入（万元）
1	中国电子信息产业集团有限公司	20385155
2	山东科达集团有限公司	3208371
3	晶龙实业集团有限公司	2665613
4	新疆金风科技股份有限公司	1770422
5	大全集团有限公司	1767776
6	三花控股集团有限公司	1552377
7	中芯国际集成电路制造有限公司	1201679
8	富智康精密电子（廊坊）有限公司	918526
9	上海斐讯数据通信技术有限公司	906494
10	中国四联仪器仪表集团有限公司	835964
	合计	35212377

计算机及零部件制造业

排名	企业名称	营业收入（万元）
1	联想控股股份有限公司	28947583
2	京东方科技集团股份有限公司	3681632
3	同方股份有限公司	2599372
4	浙江大华技术股份有限公司	733188
	合计	35961775

通讯器材及设备、元器件制造业

排名	企业名称	营业收入（万元）
1	华为技术有限公司	28819700
2	天津中环电子信息集团有限公司	15460530
3	中兴通讯股份有限公司	8147128
4	四川九洲电器集团有限责任公司	2012106
5	武汉邮电科学研究院	2010182
6	侨兴集团有限公司	714901
	合计	57164547

办公、影像等电子设备、元器件制造业

排名	企业名称	营业收入（万元）
1	得力集团有限公司	1133565
2	深圳华强集团有限公司	1122362
3	舜宇集团有限公司	843385
	合计	3099312

汽车及零配件制造业

排名	企业名称	营业收入（万元）
1	上海汽车集团股份有限公司	63000116
2	中国第一汽车集团公司	49411547

排名	企业名称	营业收入（万元）
3	东风汽车公司	48662393
4	北京汽车集团有限公司	31156065
5	广州汽车工业集团有限公司	20479107
6	浙江吉利控股集团有限公司	15395264
7	华晨汽车集团控股有限公司	15066410
8	万向集团公司	12878896
9	江苏悦达集团有限公司	11114521
10	中国重型汽车集团有限公司	6831274
11	长城汽车股份有限公司	6259910
12	江铃汽车集团公司	5042092
13	陕西汽车控股集团有限公司	4001126
14	安徽江淮汽车集团有限公司	3965848
15	郑州宇通集团有限公司	3071976
16	奇瑞汽车股份有限公司	2984943
17	厦门金龙汽车集团股份有限公司	2143103
18	万丰奥特控股集团有限公司	2019088
19	三环集团公司	1747250
20	广西汽车集团有限公司	1521663
21	重庆小康控股有限公司	1341779
22	骆驼集团股份有限公司	1295624
23	海马汽车集团股份有限公司	1235198
24	庆铃汽车（集团）有限公司	1173184
25	华翔集团股份有限公司	1156442
26	安徽中鼎控股（集团）股份有限公司	1025286
27	北汽银翔汽车有限公司	720436
28	宁波均胜电子股份有限公司	707709
29	恒威集团有限公司	687926
	合计	316096176
摩托车及零配件制造业		
1	重庆力帆控股有限公司	3062012
2	隆鑫控股有限公司	3012838
3	宗申产业集团有限公司	1720215
4	重庆润通控股（集团）有限公司	687043
	合计	8482108
航空航天及国防军工业		
1	中国兵器工业集团公司	40428489
2	中国航空工业集团公司	38638266
3	中国航天科技集团公司	16753254
4	中国航天科工集团公司	15742805
	合计	111562814
动力、电力生产等装备、设备制造业		
1	潍柴控股集团有限公司	12665954
2	上海电气（集团）总公司	9501369
3	杭州汽轮动力集团有限公司	5823202
4	中国东方电气集团有限公司	4242714
5	广西玉柴机器集团有限公司	4012402
6	哈尔滨电气集团公司	2651703
7	卧龙控股集团有限公司	2312521
	合计	41209865
综合制造业（以制造业为主，含有服务业）		
1	中国五矿集团公司	32275663
2	比亚迪股份有限公司	5819588
3	无锡产业发展集团有限公司	5724130
4	新华联集团有限公司	5698917
5	上海复星高科技（集团）有限公司	5426059
6	万达控股集团有限公司	5064961
7	江苏华西集团公司	4804974
8	华盛江泉集团有限公司	4501664
9	重庆化医控股（集团）公司	3671498
10	杭州锦江集团有限公司	3667906
11	重庆机电控股（集团）公司	3045733
12	山东华兴机械股份有限公司	2560183
13	苏州创元投资发展（集团）有限公司	2433807
14	攀枝花钢城集团有限公司	2018677
15	华立集团股份有限公司	1464770
16	重庆市博赛矿业（集团）有限公司	1386618
17	花园集团有限公司	1355125
18	安徽淮海实业发展集团有限公司	1351355
19	利时集团股份有限公司	1326455
20	致达控股集团有限公司	1054932
21	浙江航民实业集团有限公司	1016938
	合计	95669953
船舶工业		
1	中国船舶重工集团公司	20168087
2	江苏扬子江船业集团公司	3266661
3	上海外高桥造船有限公司	1705351
4	沪东中华造船（集团）有限公司	1641900
5	春和集团有限公司	1146365
	合计	27928364

表 9-3　　2015 中国制造业企业 500 强各地区企业分布

排名	企业名称	营业收入（万元）
北京		
1	中国石油化工集团公司	288993429
2	中国兵器工业集团公司	40428489
3	中国航空工业集团公司	38638266
4	中国五矿集团公司	32275663
5	北京汽车集团有限公司	31156065
6	联想控股股份有限公司	28947583
7	中国铝业公司	28000752
8	中国化工集团公司	25763136
9	中国建筑材料集团有限公司	25042872
10	新兴际华集团有限公司	21255731
11	中国电子信息产业集团有限公司	20385155
12	中国船舶重工集团公司	20168087
13	中国有色矿业集团有限公司	18765549
14	首钢总公司	18290392
15	中国航天科技集团公司	16753254
16	中国航天科工集团公司	15742805
17	中国黄金集团公司	12133863
18	中国南车集团公司	12132061
19	中国北方机车车辆工业集团公司	10570383
20	中国中材集团有限公司	7756556
21	北京建龙重工集团有限公司	7524027
22	新华联集团有限公司	5698917
23	中国盐业总公司	4899682
24	北京金隅集团有限责任公司	4784987
25	中国恒天集团有限公司	4639003
26	京东方科技集团股份有限公司	3681632
27	宝塔石化集团有限公司	3612466
28	同方股份有限公司	2599372
29	旭阳控股有限公司	2516644
30	北京二商集团有限责任公司	2366679
31	北京顺鑫控股集团有限公司	1036227
32	北京君诚实业投资集团有限公司	935303
33	北京纺织控股有限责任公司	915810
	合计	758410840
上海		
1	上海汽车集团股份有限公司	63000116
2	宝钢集团有限公司	29774301
3	中国华信能源有限公司	21399476
4	上海烟草集团有限责任公司	12121020
5	光明食品（集团）有限公司	12092831
6	上海电气（集团）总公司	9501369
7	上海医药集团股份有限公司	9239889
8	上海华谊（集团）公司	6392687
9	上海复星高科技（集团）有限公司	5426059
10	老凤祥股份有限公司	3283502
11	上海良友（集团）有限公司	2237595
12	上海外高桥造船有限公司	1705351
13	沪东中华造船（集团）有限公司	1641900
14	上海胜华电缆（集团）有限公司	1532300
15	中芯国际集成电路制造有限公司	1201679
16	上海奥盛投资控股（集团）有限公司	1062768
17	致达控股集团有限公司	1054932
18	上海斐讯数据通信技术有限公司	906494
	合计	183574269
天津		
1	渤海钢铁集团有限公司	23406168
2	天津中环电子信息集团有限公司	15460530
3	天津百利机械装备集团有限公司	12301000
4	天津渤海化工集团有限责任公司	10012353
5	天津渤海轻工投资集团有限公司	9037212
6	天津荣程祥泰投资控股集团有限公司	5003413
7	天津市医药集团有限公司	3900073
8	天狮集团有限公司	3219568
9	天津纺织集团（控股）有限公司	3165922
10	天津友发钢管集团股份有限公司	3038187
11	天津塑力线缆集团有限公司	2380179
12	天士力控股集团有限公司	2250317
13	天津聚龙嘉华投资集团有限公司	1743425
14	天津农垦集团有限公司	1659539
15	天津华北集团有限公司	1486448
16	天津市建筑材料集团（控股）有限公司	1477392
17	天津市恒兴钢业有限公司	1187096
	合计	100728822
重庆		
1	重庆化医控股（集团）公司	3671498
2	重庆力帆控股有限公司	3062012
3	重庆机电控股（集团）公司	3045733
4	隆鑫控股有限公司	3012838
5	太极集团有限公司	2861280
6	重庆轻纺控股（集团）公司	2469003
7	重庆钢铁（集团）有限责任公司	1895400
8	宗申产业集团有限公司	1720215

排名	企业名称	营业收入（万元）
9	重庆市博赛矿业（集团）有限公司	1386618
10	重庆小康控股有限公司	1341779
11	庆铃汽车（集团）有限公司	1173184
12	中国四联仪器仪表集团有限公司	835964
13	北汽银翔汽车有限公司	720436
14	重庆润通控股（集团）有限公司	687043
	合计	27883003
黑龙江		
1	哈尔滨电气集团公司	2651703
2	哈药集团有限公司	1681893
3	西林钢铁集团有限公司	1221266
4	黑龙江烟草工业有限责任公司	899492
5	中国第一重型机械集团公司	732044
	合计	7186398
吉林		
1	中国第一汽车集团公司	49411547
2	修正药业集团股份有限公司	5009115
3	吉林亚泰（集团）股份有限公司	4300519
4	四平红嘴集团总公司	2061864
5	中国吉林森林工业集团有限责任公司	940648
	合计	61723693
辽宁		
1	鞍钢集团公司	16150972
2	华晨汽车集团控股有限公司	15066410
3	本钢集团有限公司	11100659
4	大连西太平洋石油化工有限公司	3898310
5	凌源钢铁集团有限责任公司	2721848
6	逸盛大化石化有限公司	2655961
7	沈阳远大企业集团	2073530
8	大连机床集团有限责任公司	1651452
9	沈阳机床（集团）有限责任公司	1515180
10	北方重工集团有限公司	1286986
11	大连冰山集团有限公司	1123561
12	沈阳鼓风机集团股份有限公司	1098337
13	沈阳化工集团有限公司	1054550
14	大化集团有限责任公司	947315
15	大连重工·起重集团有限公司	823754
	合计	63168825
河北		
1	河北钢铁集团有限公司	28061555
2	河北新华联合冶金控股集团有限公司	6691696

排名	企业名称	营业收入（万元）
3	长城汽车股份有限公司	6259910
4	河北津西钢铁集团股份有限公司	6237595
5	河北敬业集团	5666900
6	唐山瑞丰钢铁（集团）有限公司	4608705
7	冀南钢铁集团有限公司	4411388
8	唐山港陆钢铁有限公司	3314887
9	河北普阳钢铁有限公司	2944826
10	武安市裕华钢铁有限公司	2926625
11	河北新金钢铁有限公司	2883973
12	三河汇福粮油集团有限公司	2797241
13	晶龙实业集团有限公司	2665613
14	武安市明芳钢铁有限公司	2589942
15	冀东发展集团有限责任公司	2498839
16	武安市烘熔钢铁有限公司	2401853
17	五得利面粉集团有限公司	2203432
18	武安市文安钢铁有限公司	2002000
19	武安市鑫汇冶金工业有限公司	1726185
20	唐山三友集团有限公司	1678757
21	河北安丰钢铁有限公司	1667012
22	武安市广耀铸业有限公司	1572536
23	河北诚信有限责任公司	1556604
24	河北天柱钢铁集团有限公司	1496492
25	邯郸市正大制管有限公司	1265838
26	河北文丰实业集团有限公司	1197714
27	春风实业集团有限责任公司	1186349
28	河北立中有色金属集团	1057071
29	辛集市澳森钢铁有限公司	1000270
30	河北前进钢铁集团有限公司	991166
31	崇利制钢有限公司	956272
32	富智康精密电子（廊坊）有限公司	918526
33	邢台钢铁有限责任公司	894319
34	唐山东华钢铁企业集团有限公司	873638
35	秦皇岛宏兴钢铁有限公司	809589
36	河北鑫海化工集团有限公司	800771
37	张家口卷烟厂有限责任公司	797078
38	石家庄常山纺织集团有限责任公司	790741
39	河北新启元能源技术开发股份有限公司	761055
	合计	115164963
河南		
1	河南省漯河市双汇实业集团有限责任公司	4802613
2	安阳钢铁集团有限责任公司	4604147
3	天瑞集团股份有限公司	3560101
4	郑州宇通集团有限公司	3071976
5	河南豫光金铅集团有限责任公司	2764616

排名	企业名称	营业收入（万元）
6	万基控股集团有限公司	2431201
7	河南豫联能源集团有限责任公司	2326200
8	河南济源钢铁（集团）有限公司	1487054
9	河南金利金铅有限公司	1018430
10	卫华集团有限公司	826544
	合计	26892882
山东		
1	山东魏桥创业集团有限公司	28193071
2	海尔集团公司	20071067
3	潍柴控股集团有限公司	12665954
4	山东钢铁集团有限公司	11599587
5	山东大王集团有限公司	11143928
6	海信集团有限公司	9804851
7	南山集团有限公司	8462315
8	山东黄金集团有限公司	7601782
9	山东东明石化集团有限公司	7581776
10	中国重型汽车集团有限公司	6831274
11	山东晨鸣纸业集团股份有限公司	5366076
12	山东大海集团有限公司	5118357
13	万达控股集团有限公司	5064961
14	临沂新程金锣肉制品集团有限公司	4612881
15	华盛江泉集团有限公司	4501664
16	山东招金集团有限公司	4455862
17	山东京博控股股份有限公司	4363306
18	山东海科化工集团	4342433
19	山东如意科技集团有限公司	4306943
20	利华益集团股份有限公司	4202161
21	华勤橡胶工业集团有限公司	4175362
22	山东太阳控股集团有限公司	4091833
23	日照钢铁控股集团有限公司	4059318
24	山东金岭集团有限公司	3292511
25	山东胜通集团股份有限公司	3264179
26	山东时风（集团）有限责任公司	3244211
27	山东泰山钢铁集团有限公司	3242667
28	山东天信集团有限公司	3211589
29	山东科达集团有限公司	3208371
30	滨化集团公司	3172018
31	西王集团有限公司	3094686
32	山东金诚石化集团有限公司	3051258
33	沂州集团有限公司	2988457
34	东营方圆有色金属有限公司	2951659
35	青岛啤酒股份有限公司	2904932
36	青岛钢铁控股集团有限责任公司	2880997
37	山东玉皇化工有限公司	2874614
38	东营鲁方金属材料有限公司	2821623
39	山东渤海实业股份有限公司	2736420
40	洪业化工集团股份有限公司	2670486
41	山东华兴机械股份有限公司	2560183
42	山东汇丰石化集团有限公司	2459961
43	威高集团有限公司	2404400
44	山东万通石油化工集团有限公司	2361182
45	东辰控股集团有限公司	2202348
46	福田雷沃国际重工股份有限公司	2198058
47	正和集团股份有限公司	2161712
48	山东垦利石化集团有限公司	2145177
49	香驰控股有限公司	1927057
50	三角集团有限公司	1870036
51	山东淄博傅山企业集团有限公司	1803747
52	华鲁控股集团有限公司	1696521
53	山东创新金属科技股份有限公司	1571984
54	山东金茂纺织化工集团有限公司	1511520
55	山东恒源石油化工股份有限公司	1403063
56	金猴集团有限公司	1270893
57	山东中海化工集团有限公司	1213646
58	瑞星集团股份有限公司	1124259
59	即发集团有限公司	1023309
60	澳柯玛股份有限公司	984568
61	兴源轮胎集团有限公司	903860
62	孚日控股集团股份有限公司	855216
63	潍坊特钢集团有限公司	819348
64	龙大食品集团有限公司	770415
65	青岛九联集团股份有限公司	758547
66	山推工程机械股份有限公司	726945
67	山东鲁北企业集团总公司	704448
	合计	275659843
山西		
1	太原重型机械集团有限公司	2301976
2	中条山有色金属集团有限公司	1544150
3	山西建邦集团有限公司	1062595
	合计	4908721
陕西		
1	陕西有色金属控股集团有限责任公司	10544213
2	陕西东岭工贸集团股份有限公司	7578723
3	陕西汽车控股集团有限公司	4001126
4	中国西电集团公司	1671463
	合计	23795525

排名	企业名称	营业收入（万元）
安徽		
1	铜陵有色金属集团控股有限公司	13636199
2	安徽海螺集团有限责任公司	11154817
3	马钢（集团）控股有限公司	6915216
4	安徽江淮汽车集团有限公司	3965848
5	安徽中烟工业有限责任公司	3363096
6	奇瑞汽车股份有限公司	2984943
7	安徽淮海实业发展集团有限公司	1351355
8	合肥美菱股份有限公司	1076481
9	安徽中鼎控股（集团）股份有限公司	1025286
10	铜陵精达铜材（集团）有限责任公司	926998
11	安徽楚江投资集团有限公司	822481
12	安徽山鹰纸业股份有限公司	773539
13	安徽叉车集团有限责任公司	687161
	合计	48683420
江苏		
1	江苏沙钢集团有限公司	24851875
2	恒力集团有限公司	16352809
3	江苏悦达集团有限公司	11114521
4	中天钢铁集团有限公司	10520502
5	徐州工程机械集团有限公司	8081463
6	盛虹控股集团有限公司	7384208
7	无锡产业发展集团有限公司	5724130
8	南京钢铁集团有限公司	5713979
9	海澜集团有限公司	5230881
10	江苏三房巷集团有限公司	4814552
11	江苏华西集团公司	4804974
12	红豆集团有限公司	4712826
13	江阴澄星实业集团有限公司	4503512
14	江苏新长江实业集团有限公司	4224963
15	亚邦投资控股集团有限公司	4012780
16	亨通集团有限公司	3833693
17	江苏西城三联控股集团有限公司	3832688
18	江苏申特钢铁有限公司	3533520
19	江苏阳光集团有限公司	3475281
20	江苏扬子江船业集团公司	3266661
21	江苏金辉铜业集团有限公司	3183959
22	波司登股份有限公司	3026981
23	双良集团有限公司	2968756
24	宝胜集团有限公司	2768323
25	金东纸业（江苏）股份有限公司	2742765
26	维维集团股份有限公司	2725608
27	华芳集团有限公司	2707181
28	江苏法尔胜泓昇集团有限公司	2706947
29	澳洋集团有限公司	2653303
30	远东控股集团有限公司	2542515
31	苏州创元投资发展（集团）有限公司	2433807
32	江苏新华发集团有限公司	2393589
33	江苏三木集团有限公司	2250778
34	江苏大明金属制品有限公司	1965999
35	大全集团有限公司	1767776
36	永鼎集团有限公司	1552275
37	兴达投资集团有限公司	1529273
38	江苏华宏实业集团有限公司	1398109
39	红太阳集团有限公司	1292198
40	江苏上上电缆集团有限公司	1084742
41	无锡市凌峰铜业有限公司	898107
42	江苏海达科技集团有限公司	892811
43	江苏隆力奇集团有限公司	799897
	合计	188275517
湖南		
1	湖南华菱钢铁集团有限责任公司	7756043
2	三一集团有限公司	7436785
3	中联重科股份有限公司	6370001
4	湖南博长控股集团有限公司	3036469
5	湘电集团有限公司	1289628
6	湖南金龙国际集团	1043477
7	湖南安石企业（集团）有限公司	737383
	合计	27669786
湖北		
1	东风汽车公司	48662393
2	武汉钢铁（集团）公司	14615513
3	大冶有色金属集团控股有限公司	9585434
4	湖北宜化集团有限责任公司	8050815
5	湖北中烟工业有限责任公司	6445589
6	稻花香集团	3444574
7	宜昌兴发集团有限责任公司	2370823
8	武汉邮电科学研究院	2010182
9	福星集团控股有限公司	1836368
10	三环集团公司	1747250
11	华新水泥股份有限公司	1599615
12	骆驼集团股份有限公司	1295624
13	湖北枝江酒业集团	1155132
14	湖北三宁化工股份有限公司	1123762
15	湖北东圣化工集团有限公司	960125
16	湖北新洋丰肥业股份有限公司	835223
17	人福医药集团股份有限公司	705163

排名	企业名称	营业收入（万元）	排名	企业名称	营业收入（万元）
18	劲牌有限公司	684466	26	传化集团有限公司	2481600
	合计	107128051	27	红狮控股集团有限公司	2417965
			28	精功集团有限公司	2380513
江西			29	巨化集团公司	2363172
1	江西铜业集团公司	20812305	30	中策橡胶集团有限公司	2330193
2	江铃汽车集团公司	5042092	31	西子联合控股有限公司	2327219
3	正邦集团有限公司	4303866	32	卧龙控股集团有限公司	2312521
4	双胞胎（集团）股份有限公司	3702789	33	富通集团有限公司	2066286
5	新余钢铁集团有限公司	3400641	34	万丰奥特控股集团有限公司	2019088
6	江西萍钢实业股份有限公司	2912994	35	浙江富冶集团有限公司	2011965
7	江西钨业集团有限公司	2093313	36	浙江大东南集团有限公司	1897552
8	江西中烟工业有限责任公司	1604767	37	维科控股集团股份有限公司	1853081
9	晶科能源有限公司	1533932	38	浙江元立金属制品集团有限公司	1824397
10	方大特钢科技股份有限公司	1150930	39	森马集团有限公司	1803592
11	景德镇市焦化工业集团有限责任公司	1072607	40	升华集团控股有限公司	1735688
12	江西博能实业集团有限公司	786483	41	华仪电器集团有限公司	1708087
13	华意压缩机股份有限公司	700291	42	奥康集团有限公司	1704005
	合计	49117010	43	纳爱斯集团有限公司	1678783
			44	华峰集团有限公司	1653366
浙江			45	三花控股集团有限公司	1552377
1	浙江吉利控股集团有限公司	15395264	46	新凤鸣集团股份有限公司	1475538
2	海亮集团有限公司	13003081	47	华立集团股份有限公司	1464770
3	万向集团公司	12878896	48	兴乐集团有限公司	1420646
4	杭州钢铁集团公司	10115083	49	浙江翔盛集团有限公司	1413949
5	浙江恒逸集团有限公司	7911115	50	浙江东南网架集团有限公司	1379466
6	杭州娃哈哈集团有限公司	7204254	51	万华化学（宁波）有限公司	1374645
7	浙江荣盛控股集团有限公司	7185218	52	兴惠化纤集团有限公司	1359050
8	浙江中烟工业有限责任公司	7153703	53	花园集团有限公司	1355125
9	超威集团	6564987	54	祐康食品集团有限公司	1341386
10	青山控股集团有限公司	6503250	55	利时集团股份有限公司	1326455
11	天能集团	6057873	56	人本集团有限公司	1324367
12	雅戈尔集团股份有限公司	5897962	57	精工控股集团有限公司	1305767
13	杭州汽轮动力集团有限公司	5823202	58	浙江富春江通信集团有限公司	1295065
14	奥克斯集团有限公司	5521610	59	天洁集团有限公司	1261719
15	盾安控股集团有限公司	5031944	60	杭州诺贝尔集团有限公司	1211651
16	浙江桐昆控股集团有限公司	4828991	61	浙江协和集团有限公司	1197826
17	德力西集团有限公司	3963010	62	宁波博洋控股集团有限公司	1170025
18	宁波金田投资控股有限公司	3923939	63	华通机电集团有限公司	1163096
19	杭州锦江集团有限公司	3667906	64	华翔集团股份有限公司	1156442
20	正泰集团股份有限公司	3511777	65	杭州金鱼电器集团有限公司	1155012
21	人民电器集团有限公司	3217181	66	春和集团有限公司	1146365
22	杉杉控股有限公司	3212784	67	浙江栋梁新材股份有限公司	1145169
23	浙江龙盛控股有限公司	3016131	68	海天塑机集团有限公司	1141118
24	宁波富邦控股集团有限公司	2856847	69	得力集团有限公司	1133565
25	杭州华东医药集团有限公司	2492062	70	宁波申洲针织有限公司	1113153

排名	企业名称	营业收入（万元）
71	胜达集团有限公司	1092267
72	振石控股集团有限公司	1068952
73	农夫山泉股份有限公司	1054205
74	杭叉集团股份有限公司	1037927
75	富丽达集团控股有限公司	1030833
76	广博集团	1023546
77	浙江航民实业集团有限公司	1016938
78	浙江海正药业股份有限公司	1009675
79	浙江古纤道新材料股份有限公司	1007237
80	宏胜饮料集团有限公司	1001148
81	金洲集团有限公司	967148
82	宁波宝新不锈钢有限公司	912510
83	浙江富陵控股集团有限公司	890209
84	兰溪自立铜业有限公司	880599
85	舜宇集团有限公司	843385
86	杭州制氧机集团有限公司	778999
87	浙江新安化工集团股份有限公司	771583
88	森赫电梯股份有限公司	756611
89	开氏集团有限公司	735072
90	浙江大华技术股份有限公司	733188
91	宁波均胜电子股份有限公司	707709
92	新光控股集团有限公司	707305
93	罗蒙集团股份有限公司	703206
94	浙江南方控股集团有限公司	700457
95	浙江奥鑫控股集团有限公司	689974
96	恒威集团有限公司	687926
97	浙江中财管道科技股份有限公司	684568
98	浙江日月首饰集团有限公司	680639
	合计	253064706
广东		
1	华为技术有限公司	28819700
2	正威国际集团有限公司	26871182
3	广州汽车工业集团有限公司	20479107
4	美的集团股份有限公司	14231097
5	TCL 集团股份有限公司	10102868
6	中兴通讯股份有限公司	8147128
7	中国国际海运集装箱（集团）股份有限公司	7007100
8	广州医药集团有限公司	6462118
9	比亚迪股份有限公司	5819588
10	广州钢铁企业集团有限公司	4487645
11	广东温氏食品集团股份有限公司	3804023
12	创维集团有限公司	3036034
13	广东格兰仕集团有限公司	2895450
14	广州万宝集团有限公司	2825729

排名	企业名称	营业收入（万元）
15	深圳市中金岭南有色金属股份有限公司	2460871
16	广东海大集团股份有限公司	2109041
17	广州立白企业集团有限公司	1761263
18	宜华企业（集团）有限公司	1616950
19	金发科技股份有限公司	1609362
20	康美药业股份有限公司	1594919
21	深圳华强集团有限公司	1122362
22	广东新明珠陶瓷集团有限公司	822000
23	侨兴集团有限公司	714901
24	广东众和化塑有限公司	700758
	合计	159501196
四川		
1	四川长虹电子集团有限公司	9315491
2	新希望集团有限公司	7820574
3	四川省宜宾五粮液集团有限公司	6309671
4	通威集团有限公司	5062104
5	科创控股集团有限公司	4620000
6	中国东方电气集团有限公司	4242714
7	四川宏达（集团）有限公司	4092407
8	四川省川威集团有限公司	3956964
9	四川科伦实业集团有限公司	3680434
10	四川德胜集团钒钛有限公司	3215038
11	泸州老窖集团有限责任公司	2817621
12	四川省达州钢铁集团有限责任公司	2130050
13	攀枝花钢城集团有限公司	2018677
14	四川九洲电器集团有限责任公司	2012106
15	四川省宜宾普什集团有限公司	1737704
	合计	63031555
福建		
1	福建省三钢（集团）有限责任公司	3020433
2	福建中烟工业有限责任公司	2895508
3	厦门金龙汽车集团股份有限公司	2143103
4	厦门银鹭集团有限公司	1030679
5	厦门钨业股份有限公司	1014273
	合计	10103996
广西		
1	广西柳州钢铁（集团）公司	6025656
2	广西玉柴机器集团有限公司	4012402
3	广西盛隆冶金有限公司	2191966
4	广西中烟工业有限责任公司	2158495
5	广西农垦集团有限责任公司	2128481
6	广西有色金属集团有限公司	2113615

排名	企业名称	营业收入（万元）
7	广西汽车集团有限公司	1521663
8	广西柳工集团有限公司	1371682
9	桂林力源粮油食品集团有限公司	1117994
10	广西洋浦南华糖业集团股份有限公司	912572
	合计	23554526
贵州		
1	贵州中烟工业有限责任公司	3531047
2	中国贵州茅台酒厂（集团）有限责任公司	3515398
	合计	7046445
云南		
1	红塔烟草（集团）有限责任公司	10226128
2	红云红河烟草（集团）有限责任公司	8650528
3	云天化集团有限责任公司	7077201
4	云南冶金集团股份有限公司	4656058
5	昆明钢铁控股有限公司	4251221
6	云南煤化工集团有限公司	2297842
7	云南南磷集团股份有限公司	902869
	合计	38061847
甘肃		
1	金川集团股份有限公司	20041403
2	酒泉钢铁（集团）有限责任公司	13842849
3	白银有色集团股份有限公司	4626898
	合计	38511150

排名	企业名称	营业收入（万元）
青海		
1	西部矿业集团有限公司	2978535
2	青海盐湖工业股份有限公司	1047436
3	西宁特殊钢集团有限责任公司	731489
	合计	4757460
宁夏		
1	宁夏天元锰业有限公司	3262678
	合计	3262678
新疆		
1	新疆特变电工集团有限公司	4453073
2	新疆天业（集团）有限公司	2395521
3	新疆金风科技股份有限公司	1770422
4	新疆中泰（集团）有限责任公司	1215670
	合计	9834686
内蒙古		
1	内蒙古伊利实业集团股份有限公司	5395930
2	包头钢铁（集团）有限责任公司	3938082
	合计	9334012
海南		
1	海南省农垦集团有限公司	2128390
2	海马汽车集团股份有限公司	1235198
	合计	3363588

表 9-4　　2015 中国制造业企业 500 强净利润排序前 100 名企业

排名	公司名称	净利润（万元）	排名	公司名称	净利润（万元）
1	中国石油化工集团公司	3189818	51	波司登股份有限公司	266374
2	上海汽车集团股份有限公司	2797344	52	中兴通讯股份有限公司	263357
3	华为技术有限公司	2785100	53	修正药业集团股份有限公司	261612
4	中国第一汽车集团公司	2617575	54	中国南车集团公司	261319
5	上海烟草集团有限责任公司	1976767	55	上海医药集团股份有限公司	259113
6	海尔集团公司	1178083	56	浙江龙盛控股有限公司	256700
7	中国贵州茅台酒厂（集团）有限责任公司	1066511	57	京东方科技集团股份有限公司	256213
8	美的集团股份有限公司	1050222	58	郑州宇通集团有限公司	253640
9	东风汽车公司	986081	59	中国国际海运集装箱（集团）股份有限公司	247800
10	中国航天科技集团公司	882078	60	山东如意科技集团有限公司	244945
11	长城汽车股份有限公司	804154	61	威高集团有限公司	239800
12	中国航天科工集团公司	780291	62	上海复星高科技（集团）有限公司	234777
13	南山集团有限公司	709297	63	山东大海集团有限公司	234279
14	山东魏桥创业集团有限公司	708745	64	红狮控股集团有限公司	233584
15	红云红河烟草（集团）有限责任公司	706457	65	新华联集团有限公司	231558
16	杭州娃哈哈集团有限公司	697551	66	康美药业股份有限公司	228588
17	中国船舶重工集团公司	669890	67	安徽中烟工业有限责任公司	224249
18	红塔烟草（集团）有限责任公司	665258	68	光明食品（集团）有限公司	208802
19	四川省宜宾五粮液集团有限公司	646699	69	宁波申洲针织有限公司	206671
20	正威国际集团有限公司	590079	70	天津市医药集团有限公司	200203
21	宝钢集团有限公司	587134	71	青岛啤酒股份有限公司	199010
22	天津中环电子信息集团有限公司	556864	72	福建中烟工业有限责任公司	194336
23	湖北中烟工业有限责任公司	553644	73	广西中烟工业有限责任公司	193032
24	北京汽车集团有限公司	505175	74	万华化学（宁波）有限公司	188451
25	天津华北集团有限公司	495016	75	江苏阳光集团有限公司	185039
26	海信集团有限公司	475430	76	新疆金风科技股份有限公司	182968
27	中国航空工业集团公司	468321	77	天士力控股集团有限公司	176801
28	中国兵器工业集团公司	448217	78	新希望集团有限公司	176158
29	河南省漯河市双汇实业集团有限责任公司	428861	79	东营鲁方金属材料有限公司	175390
30	联想控股股份有限公司	416039	80	河北新华联合冶金控股集团有限公司	175337
31	内蒙古伊利实业集团股份有限公司	414428	81	广州汽车工业集团有限公司	175100
32	安徽海螺集团有限责任公司	401315	82	江苏沙钢集团有限公司	175064
33	山东胜通集团股份有限公司	373038	83	宏胜饮料集团有限公司	171937
34	天狮集团有限公司	369124	84	浙江吉利控股集团有限公司	169724
35	中国华信能源有限公司	345650	85	东辰控股集团有限公司	168595
36	山东大王集团有限公司	337131	86	劲牌有限公司	167093
37	科创控股集团有限公司	335700	87	奥克斯集团有限公司	165514
38	海澜集团有限公司	332328	88	山东金茂纺织化工集团有限公司	162321
39	三一集团有限公司	325500	89	新疆特变电工集团有限公司	161048
40	新光控股集团有限公司	324295	90	海天塑机集团有限公司	159863
41	TCL 集团股份有限公司	318321	91	山东金岭集团有限公司	156331
42	江苏扬子江船业集团公司	314581	92	天瑞集团股份有限公司	156151
43	贵州中烟工业有限责任公司	312132	93	无锡产业发展集团有限公司	155044
44	雅戈尔集团股份有限公司	304578	94	维维集团股份有限公司	154641
45	中国建筑材料集团有限公司	294380	95	临沂新程金锣肉制品集团有限公司	151747
46	恒力集团有限公司	292750	96	洪业化工集团股份有限公司	150784
47	浙江中烟工业有限责任公司	284195	97	北京金隅集团有限责任公司	148300
48	新兴际华集团有限公司	270519	98	宜华企业（集团）有限公司	141910
49	中国北方机车车辆工业集团公司	268274	99	广东新明珠陶瓷集团有限公司	141702
50	广东温氏食品集团股份有限公司	266398	100	中国电子信息产业集团有限公司	140915
				中国制造业企业 500 强平均数	114605

表 9-5　　2015 中国制造业企业 500 强资产排序前 100 名企业

排名	公司名称	资产（万元）	排名	公司名称	资产（万元）
1	中国石油化工集团公司	222836618	51	正威国际集团有限公司	11573532
2	中国航空工业集团公司	79961590	52	红塔烟草（集团）有限责任公司	11459062
3	宝钢集团有限公司	53470594	53	江西铜业集团公司	11259499
4	中国铝业公司	48644865	54	三一集团有限公司	11168650
5	上海汽车集团股份有限公司	41487067	55	华晨汽车集团控股有限公司	11110120
6	首钢总公司	41386460	56	安徽海螺集团有限责任公司	10836213
7	中国船舶重工集团公司	41273308	57	中兴通讯股份有限公司	10621420
8	中国建筑材料集团有限公司	40693127	58	中国重型汽车集团有限公司	10152821
9	中国五矿集团公司	36609914	59	南山集团有限公司	9920733
10	东风汽车公司	33626567	60	中国东方电气集团有限公司	9901303
11	中国航天科技集团公司	32892427	61	海信集团有限公司	9759782
12	中国第一汽车集团公司	32871046	62	云天化集团有限责任公司	9457697
13	中国兵器工业集团公司	32614538	63	比亚迪股份有限公司	9400886
14	河北钢铁集团有限公司	32428661	64	中联重科股份有限公司	9375795
15	鞍钢集团公司	31723100	65	TCL 集团股份有限公司	9287689
16	华为技术有限公司	30977300	66	马钢（集团）控股有限公司	8971610
17	联想控股股份有限公司	28900152	67	中国黄金集团公司	8872929
18	渤海钢铁集团有限公司	28494715	68	中国国际海运集装箱（集团）股份有限公司	8777618
19	中国化工集团公司	27207157	69	中国贵州茅台酒厂（集团）有限责任公司	8423523
20	北京汽车集团有限公司	26618149	70	云南冶金集团股份有限公司	8401710
21	海尔集团公司	25004319	71	恒力集团有限公司	8388159
22	中国电子信息产业集团有限公司	23431716	72	北京建龙重工集团有限公司	8070948
23	武汉钢铁（集团）公司	21370944	73	江苏悦达集团有限公司	8017806
24	山东钢铁集团有限公司	20008544	74	万向集团公司	8004431
25	中国航天科工集团公司	19880438	75	铜陵有色金属集团控股有限公司	7818192
26	上海电气（集团）总公司	18970074	76	红云红河烟草（集团）有限责任公司	7741846
27	上海复星高科技（集团）有限公司	18520643	77	日照钢铁控股集团有限公司	7716181
28	光明食品（集团）有限公司	17355202	78	徐州工程机械集团有限公司	7654964
29	江苏沙钢集团有限公司	16809650	79	云南煤化工集团有限公司	7643277
30	广州汽车工业集团有限公司	16302314	80	新疆特变电工集团有限公司	7606677
31	中国北方机车车辆工业集团公司	15748272	81	盛虹控股集团有限公司	7497862
32	中国南车集团公司	15678157	82	四川省宜宾五粮液集团有限公司	7487779
33	包头钢铁（集团）有限责任公司	15666110	83	山东黄金集团有限公司	7450202
34	天津渤海化工集团有限责任公司	15456895	84	四川长虹电子集团有限公司	7358847
35	山东魏桥创业集团有限公司	14517917	85	天津中环电子信息集团有限公司	7327265
36	本钢集团有限公司	14295077	86	重庆钢铁（集团）有限责任公司	7172940
37	京东方科技集团股份有限公司	13624028	87	山东大王集团有限公司	6891404
38	潍柴控股集团有限公司	13606332	88	新华联集团有限公司	6845299
39	酒泉钢铁（集团）有限责任公司	13451091	89	哈尔滨电气集团公司	6827442
40	金川集团股份有限公司	13382655	90	青海盐湖工业股份有限公司	6789931
41	上海烟草集团有限责任公司	13363557	91	杭州钢铁集团公司	6767740
42	浙江吉利控股集团有限公司	13013336	92	奇瑞汽车股份有限公司	6697160
43	北京金隅集团有限责任公司	12040680	93	新希望集团有限公司	6693637
44	美的集团股份有限公司	12029208	94	湖北宜化集团有限责任公司	6584475
45	中国有色矿业集团有限公司	12013353	95	金东纸业（江苏）股份有限公司	6491610
46	陕西有色金属控股集团有限责任公司	12003143	96	天津市医药集团有限公司	6444557
47	新兴际华集团有限公司	11752471	97	上海医药集团股份有限公司	6434056
48	泸州老窖集团有限责任公司	11614672	98	重庆化医控股（集团）公司	6400005
49	中国中材集团有限公司	11613970	99	冀东发展集团有限责任公司	6219458
50	湖南华菱钢铁集团有限责任公司	11605789	100	长城汽车股份有限公司	6134525
				中国制造业企业 500 强平均数	5125931

表9-6 2015中国制造业企业500强从业人数排序前100名企业

排名	公司名称	从业人数	排名	公司名称	从业人数
1	中国石油化工集团公司	897488	51	内蒙古伊利实业集团股份有限公司	59178
2	中国航空工业集团公司	562038	52	宁波申洲针织有限公司	58900
3	中国兵器工业集团公司	250138	53	中国有色矿业集团有限公司	56691
4	鞍钢集团公司	218900	54	包头钢铁（集团）有限责任公司	55357
5	东风汽车公司	197192	55	中国恒天集团有限公司	54922
6	比亚迪股份有限公司	177797	56	安徽海螺集团有限责任公司	54518
7	中国建筑材料集团有限公司	176854	57	海信集团有限公司	53930
8	中国船舶重工集团公司	163000	58	中国黄金集团公司	51196
9	华为技术有限公司	160000	59	华晨汽车集团控股有限公司	49152
10	中国铝业公司	158096	60	马钢（集团）控股有限公司	48452
11	中国航天科技集团公司	158067	61	南山集团有限公司	46538
12	河北钢铁集团有限公司	142217	62	雅戈尔集团股份有限公司	45852
13	首钢总公司	139422	63	上海电气（集团）总公司	45836
14	中国航天科工集团公司	137939	64	陕西有色金属控股集团有限责任公司	45262
15	光明食品（集团）有限公司	136405	65	四川省宜宾五粮液集团有限公司	44734
16	中国第一汽车集团公司	135599	66	北京建龙重工集团有限公司	44051
17	宝钢集团有限公司	133069	67	青岛啤酒股份有限公司	44016
18	中国电子信息产业集团有限公司	129330	68	湖南华菱钢铁集团有限责任公司	43987
19	山东魏桥创业集团有限公司	123517	69	中国重型汽车集团有限公司	43454
20	中国南车集团公司	112329	70	新华联集团有限公司	43089
21	北京汽车集团有限公司	112159	71	浙江吉利控股集团有限公司	42968
22	中国五矿集团公司	110261	72	湖北宜化集团有限责任公司	42587
23	美的集团股份有限公司	108120	73	江苏沙钢集团有限公司	40037
24	山东钢铁集团有限公司	99635	74	云南煤化工集团有限公司	39893
25	中国化工集团公司	99247	75	上海医药集团股份有限公司	39891
26	武汉钢铁（集团）公司	94596	76	广东温氏食品集团股份有限公司	39500
27	上海汽车集团股份有限公司	91155	77	正邦集团有限公司	39000
28	中国北方机车车辆工业集团公司	88296	78	天津渤海化工集团有限责任公司	38692
29	天津百利机械装备集团有限公司	79073	79	富智康精密电子（廊坊）有限公司	38403
30	本钢集团有限公司	78833	80	酒泉钢铁（集团）有限责任公司	37898
31	新希望集团有限公司	78360	81	广东格兰仕集团有限公司	37096
32	潍柴控股集团有限公司	77239	82	三一集团有限公司	37000
33	中兴通讯股份有限公司	75609	83	重庆化医控股（集团）公司	35484
34	中国中材集团有限公司	74242	84	北京金隅集团有限责任公司	34693
35	TCL集团股份有限公司	73485	85	云南冶金集团股份有限公司	34687
36	河南省漯河市双汇实业集团有限责任公司	72742	86	中国盐业总公司	34268
37	海南省农垦集团有限公司	72410	87	京东方科技集团股份有限公司	34165
38	长城汽车股份有限公司	71575	88	重庆机电控股（集团）公司	33704
39	四川长虹电子集团有限公司	71001	89	临沂新程金锣肉制品集团有限公司	33028
40	新兴际华集团有限公司	67897	90	金川集团股份有限公司	32680
41	修正药业集团股份有限公司	67885	91	陕西汽车控股集团有限公司	32552
42	渤海钢铁集团有限公司	67151	92	江铃汽车集团公司	32531
43	中国吉林森林工业集团有限责任公司	67000	93	吉林亚泰（集团）股份有限公司	32478
44	天津中环电子信息集团有限公司	64116	94	安徽江淮汽车集团有限公司	32248
45	恒力集团有限公司	63425	95	云天化集团有限责任公司	32203
46	广州汽车工业集团有限公司	63405	96	江苏悦达集团有限公司	31169
47	中国国际海运集装箱（集团）股份有限公司	61309	97	盛虹控股集团有限公司	30376
48	海尔集团公司	60962	98	天津渤海轻工投资集团有限公司	30299
49	联想控股股份有限公司	60379	99	创维集团有限公司	29800
50	广西农垦集团有限责任公司	59358	100	海澜集团有限公司	29000
				中国制造业企业500强平均数	25697

表9-7　　2015中国制造业企业500强研发费用排序前100名企业

排名	公司名称	研发费用（万元）	排名	公司名称	研发费用（万元）
1	华为技术有限公司	4084500	51	天津渤海轻工投资集团有限公司	189825
2	中国航空工业集团公司	2343476	52	中国化工集团公司	188487
3	中国航天科工集团公司	1817893	53	比亚迪股份有限公司	186470
4	中国第一汽车集团公司	1188576	54	广州汽车工业集团有限公司	184133
5	中国船舶重工集团公司	1075907	55	湖南华菱钢铁集团有限责任公司	181147
6	海尔集团公司	1056103	56	天津百利机械装备集团有限公司	178704
7	中国兵器工业集团公司	1051669	57	新疆特变电工集团有限公司	177743
8	山东魏桥创业集团有限公司	1029047	58	武汉邮电科学研究院	177083
9	浙江吉利控股集团有限公司	923434	59	哈尔滨电气集团公司	172406
10	中兴通讯股份有限公司	900854	60	天津中环电子信息集团有限公司	170066
11	中国石油化工集团公司	870050	61	山东胜通集团股份有限公司	169785
12	东风汽车公司	847891	62	安徽江淮汽车集团有限公司	167178
13	上海汽车集团股份有限公司	686451	63	徐州工程机械集团有限公司	164973
14	中国电子信息产业集团有限公司	641765	64	日照钢铁控股集团有限公司	162372
15	联想控股股份有限公司	603191	65	河北敬业企业集团有限责任公司	152000
16	中国建筑材料集团有限公司	577234	66	湖北宜化集团有限责任公司	147971
17	宝钢集团有限公司	567365	67	中国东方电气集团有限公司	147130
18	中国南车集团公司	552086	68	山东天信集团有限公司	144675
19	武汉钢铁（集团）公司	544662	69	万向集团公司	143044
20	美的集团股份有限公司	540781	70	陕西汽车控股集团有限公司	143021
21	北京汽车集团有限公司	496525	71	四川省宜宾五粮液集团有限公司	138090
22	鞍钢集团公司	478906	72	中国中材集团有限公司	136685
23	酒泉钢铁（集团）有限责任公司	462200	73	奇瑞汽车股份有限公司	133086
24	渤海钢铁集团有限公司	425307	74	重庆力帆控股有限公司	132577
25	铜陵有色金属集团控股有限公司	422700	75	金发科技股份有限公司	130823
26	首钢总公司	409900	76	山东如意科技集团有限公司	129208
27	TCL集团股份有限公司	396350	77	同方股份有限公司	128960
28	海信集团有限公司	395236	78	天津渤海化工集团有限责任公司	128282
29	山东钢铁集团有限公司	351488	79	华勤橡胶工业集团有限公司	125261
30	上海电气（集团）总公司	332752	80	中国贵州茅台酒厂（集团）有限责任公司	121531
31	中国北方机车车辆工业集团公司	321216	81	包头钢铁（集团）有限责任公司	121300
32	恒力集团有限公司	305241	82	上海华谊（集团）公司	119682
33	江西铜业集团公司	284415	83	亨通集团有限公司	116732
34	河北钢铁集团有限公司	283086	84	中芯国际集成电路制造有限公司	115737
35	华晨汽车集团控股有限公司	271313	85	新疆金风科技股份有限公司	114383
36	中国有色矿业集团有限公司	265111	86	郑州宇通集团有限公司	113831
37	新希望集团有限公司	263212	87	东辰控股集团有限公司	112783
38	大冶有色金属集团控股有限公司	258421	88	山东华兴机械股份有限公司	109671
39	长城汽车股份有限公司	257158	89	盾安控股集团有限公司	106987
40	江苏沙钢集团有限公司	256068	90	四川九洲电器集团有限责任公司	104123
41	四川长虹电子集团有限公司	244476	91	正泰集团股份有限公司	103950
42	京东方科技集团股份有限公司	239865	92	人民电器集团有限公司	101188
43	南山集团有限公司	229544	93	山东金岭集团有限公司	99587
44	三一集团有限公司	213354	94	西部矿业集团有限公司	97500
45	利华益集团股份有限公司	212150	95	安徽海螺集团有限责任公司	96405
46	江铃汽车集团公司	204112	96	中策橡胶集团有限公司	95800
47	潍柴控股集团有限公司	200497	97	河北津西钢铁集团股份有限公司	95754
48	中联重科股份有限公司	199859	98	创维集团有限公司	94117
49	中国重型汽车集团有限公司	199472	99	波司登股份有限公司	93493
50	中国铝业公司	190895	100	东营方圆有色金属有限公司	88549
				中国制造业企业500强平均数	101789

表 9-8 2015 中国制造业企业 500 强研发费所占比例前 100 名企业

排名	公司名称	研发费所占比例（%）	排名	公司名称	研发费所占比例（%）
1	华为技术有限公司	14.17	51	新疆特变电工集团有限公司	3.99
2	中国航天科工集团公司	11.55	52	TCL 集团股份有限公司	3.92
3	中兴通讯股份有限公司	11.06	53	沈阳机床（集团）有限责任公司	3.84
4	浙江大华技术股份有限公司	10.64	54	美的集团股份有限公司	3.80
5	中芯国际集成电路制造有限公司	9.63	55	武汉钢铁（集团）公司	3.73
6	武汉邮电科学研究院	8.81	56	海天塑机集团有限公司	3.72
7	金发科技股份有限公司	8.13	57	沪东中华造船（集团）有限公司	3.72
8	京东方科技集团股份有限公司	6.52	58	郑州宇通集团有限公司	3.71
9	哈尔滨电气集团公司	6.50	59	山东魏桥创业集团有限公司	3.65
10	新疆金风科技股份有限公司	6.46	60	中国西电集团公司	3.63
11	中国航空工业集团公司	6.07	61	即发集团有限公司	3.61
12	浙江吉利控股集团有限公司	6.00	62	山推工程机械股份有限公司	3.58
13	海马汽车集团股份有限公司	5.49	63	陕西汽车控股集团有限公司	3.57
14	中国船舶重工集团公司	5.33	64	太原重型机械集团有限公司	3.57
15	海尔集团公司	5.26	65	青海盐湖工业股份有限公司	3.54
16	邢台钢铁有限责任公司	5.21	66	三环集团公司	3.50
17	山东胜通集团股份有限公司	5.20	67	唐山三友集团有限公司	3.50
18	四川九洲电器集团有限责任公司	5.17	68	上海电气（集团）总公司	3.50
19	东辰控股集团有限公司	5.12	69	上海外高桥造船有限公司	3.50
20	北方重工集团有限公司	5.08	70	中国东方电气集团有限公司	3.47
21	宁波均胜电子股份有限公司	5.05	71	中国贵州茅台酒厂（集团）有限责任公司	3.46
22	利华益集团股份有限公司	5.05	72	方大特钢科技股份有限公司	3.45
23	云南南磷集团股份有限公司	5.03	73	福田雷沃国际重工股份有限公司	3.42
24	澳柯玛股份有限公司	5.00	74	中国第一重型机械集团公司	3.40
25	大连重工·起重集团有限公司	4.96	75	华鲁控股集团有限公司	3.39
26	同方股份有限公司	4.96	76	新希望集团有限公司	3.37
27	深圳华强集团有限公司	4.95	77	合肥美菱股份有限公司	3.36
28	春风实业集团有限责任公司	4.92	78	酒泉钢铁（集团）有限责任公司	3.34
29	湘电集团有限公司	4.81	79	河北新启元能源技术开发股份有限公司	3.30
30	广东新明珠陶瓷集团有限公司	4.74	80	四川省达州钢铁集团有限责任公司	3.28
31	人福医药集团股份有限公司	4.73	81	西部矿业集团有限公司	3.27
32	广西柳工集团有限公司	4.65	82	河北立中有色金属集团	3.25
33	舜宇集团有限公司	4.61	83	安徽中鼎控股（集团）股份有限公司	3.21
34	中国南车集团公司	4.55	84	比亚迪股份有限公司	3.20
35	山东天信集团有限公司	4.50	85	中国电子信息产业集团有限公司	3.15
36	奇瑞汽车股份有限公司	4.46	86	人民电器集团有限公司	3.15
37	北汽银翔汽车有限公司	4.44	87	中联重科股份有限公司	3.14
38	沈阳鼓风机集团股份有限公司	4.40	88	创维集团有限公司	3.10
39	重庆力帆控股有限公司	4.33	89	铜陵有色金属集团控股有限公司	3.10
40	山东华兴机械股份有限公司	4.28	90	致达控股集团有限公司	3.10
41	安徽江淮汽车集团有限公司	4.22	91	波司登股份有限公司	3.09
42	卫华集团有限公司	4.21	92	包头钢铁（集团）有限责任公司	3.08
43	浙江海正药业股份有限公司	4.14	93	安徽山鹰纸业股份有限公司	3.06
44	中策橡胶集团有限公司	4.11	94	东营鲁方金属材料有限公司	3.05
45	长城汽车股份有限公司	4.11	95	厦门银鹭集团有限公司	3.05
46	江铃汽车集团公司	4.05	96	康美药业股份有限公司	3.05
47	海信集团有限公司	4.03	97	中国北方机车车辆工业集团公司	3.04
48	万丰奥特控股集团有限公司	4.03	98	亨通集团有限公司	3.04
49	日照钢铁控股集团有限公司	4.00	99	上海斐讯数据通信技术有限公司	3.03
50	大全集团有限公司	4.00	100	华意压缩机股份有限公司	3.03
				中国制造业企业 500 强平均数	1.86

表 9-9　　2015 中国制造业企业 500 强净资产利润率排序前 100 名企业

排名	公司名称	净资产利润率（万元）	排名	公司名称	净资产利润率（万元）
1	卫华集团有限公司	161.83	51	洪业化工集团股份有限公司	22.46
2	湖北东圣化工集团有限公司	143.88	52	内蒙古伊利实业集团股份有限公司	22.24
3	天津华北集团有限公司	100.61	53	浙江龙盛控股有限公司	22.22
4	森赫电梯股份有限公司	86.00	54	人民电器集团有限公司	21.99
5	双胞胎（集团）股份有限公司	73.33	55	浙江中财管道科技股份有限公司	21.95
6	山东海科化工集团有限公司	59.04	56	山东如意科技集团有限公司	21.66
7	东营鲁方金属材料有限公司	54.60	57	劲牌有限公司	21.60
8	山东胜通集团股份有限公司	53.06	58	湖北中烟工业有限责任公司	21.43
9	华通机电集团有限公司	51.26	59	三角集团有限公司	21.27
10	湖北宜化集团有限责任公司	50.35	60	湖北新洋丰肥业股份有限公司	20.89
11	杭州华东医药集团有限公司	48.56	61	华晨汽车集团控股有限公司	20.56
12	桂林力源粮油食品集团有限公司	42.66	62	中国贵州茅台酒厂（集团）有限责任公司	20.50
13	天狮集团有限公司	38.53	63	青山控股集团有限公司	20.31
14	山东鲁北企业集团总公司	36.61	64	上海斐讯数据通信技术有限公司	20.27
15	万华化学（宁波）有限公司	36.39	65	宏胜饮料集团有限公司	20.26
16	邯郸市正大制管有限公司	36.23	66	富智康精密电子（廊坊）有限公司	20.18
17	宁波博洋控股集团有限公司	36.11	67	浙江翔盛集团有限公司	20.16
18	山东大海集团有限公司	35.03	68	河北诚信有限责任公司	20.14
19	新光控股集团有限公司	34.84	69	祐康食品集团有限公司	19.94
20	山东天信集团有限公司	33.86	70	华翔集团股份有限公司	19.91
21	浙江奥鑫控股集团有限公司	33.73	71	万丰奥特控股集团有限公司	19.67
22	湖北枝江酒业集团	32.59	72	波司登股份有限公司	19.50
23	山东金茂纺织化工集团有限公司	30.75	73	贵州中烟工业有限责任公司	19.26
24	得力集团有限公司	30.18	74	修正药业集团股份有限公司	19.19
25	河南省漯河市双汇实业集团有限责任公司	29.86	75	人本集团有限公司	19.11
26	郑州宇通集团有限公司	29.39	76	方大特钢科技股份有限公司	19.09
27	河北新启元能源技术开发股份有限公司	29.09	77	德力西集团有限公司	19.03
28	农夫山泉股份有限公司	28.61	78	海天塑机集团有限公司	18.72
29	北汽银翔汽车有限公司	28.56	79	中国华信能源有限公司	18.72
30	红狮控股集团有限公司	28.54	80	福星集团控股有限公司	18.67
31	杭州金鱼电器集团有限公司	28.11	81	中国第一汽车集团公司	18.55
32	华立集团股份有限公司	27.99	82	江苏阳光集团有限公司	18.51
33	华为技术有限公司	27.87	83	雅戈尔集团股份有限公司	18.39
34	东辰控股集团有限公司	26.97	84	广东温氏食品集团股份有限公司	18.31
35	浙江协和集团有限公司	26.96	85	华芳集团有限公司	18.16
36	美的集团股份有限公司	26.61	86	中国恒天集团有限公司	18.15
37	湖北三宁化工股份有限公司	26.51	87	香驰控股有限公司	18.07
38	杭州娃哈哈集团有限公司	26.39	88	广东新明珠陶瓷集团有限公司	18.00
39	奥康集团有限公司	26.20	89	金猴集团有限公司	17.76
40	传化集团有限公司	25.96	90	上海汽车集团股份有限公司	17.74
41	山东金岭集团有限公司	25.86	91	三河汇福粮油集团有限公司	17.69
42	海尔集团公司	25.76	92	舜宇集团有限公司	17.57
43	浙江大东南集团有限公司	25.19	93	山东时风（集团）有限责任公司	17.53
44	山东淄博傅山企业集团有限公司	24.72	94	宁波申洲针织有限公司	17.52
45	兰溪自立铜业有限公司	24.18	95	TCL 集团股份有限公司	17.50
46	长城汽车股份有限公司	24.04	96	恒威集团有限公司	17.37
47	浙江大华技术股份有限公司	23.97	97	卧龙控股集团有限公司	17.01
48	广州钢铁企业集团有限公司	23.84	98	山东万通石油化工集团有限公司	16.87
49	老凤祥股份有限公司	23.82	99	中国吉林森林工业集团有限责任公司	16.86
50	杭叉集团股份有限公司	23.37	100	安徽海螺集团有限责任公司	16.83
				中国制造业企业 500 强平均数	8.59

表9-10 2015中国制造业企业500强资产利润率排序前100名企业

排名	公司名称	资产利润率（%）	排名	公司名称	资产利润率（%）
1	天津华北集团有限公司	60.26	51	江西中烟工业有限责任公司	9.87
2	森赫电梯股份有限公司	41.88	52	湖北三宁化工股份有限公司	9.80
3	天狮集团有限公司	30.23	53	武安市明芳钢铁有限公司	9.68
4	山东大海集团有限公司	25.33	54	天洁集团有限公司	9.66
5	山东胜通集团股份有限公司	23.25	55	威高集团有限公司	9.37
6	湖北东圣化工集团有限公司	21.22	56	河北新启元能源技术开发股份有限公司	9.27
7	宏胜饮料集团有限公司	18.70	57	华芳集团有限公司	9.15
8	华通机电集团有限公司	18.66	58	新光控股集团有限公司	9.14
9	河南省漯河市双汇实业集团有限责任公司	18.47	59	红云红河烟草（集团）有限责任公司	9.13
10	杭州娃哈哈集团有限公司	18.45	60	华为技术有限公司	8.99
11	东营鲁方金属材料有限公司	18.11	61	江苏阳光集团有限公司	8.87
12	山东天信集团有限公司	18.09	62	海天塑机集团有限公司	8.86
13	农夫山泉股份有限公司	17.37	63	美的集团股份有限公司	8.73
14	广东新明珠陶瓷集团有限公司	16.41	64	河北普阳钢铁有限公司	8.73
15	修正药业集团股份有限公司	15.36	65	四川省宜宾五粮液集团有限公司	8.64
16	邯郸市正大制管有限公司	15.07	66	安徽中烟工业有限责任公司	8.58
17	浙江大东南集团有限公司	14.95	67	万丰奥特控股集团有限公司	8.56
18	上海烟草集团有限责任公司	14.79	68	祐康食品集团有限公司	8.52
19	山东金岭集团有限公司	14.73	69	洪业化工集团股份有限公司	8.44
20	东辰控股集团有限公司	14.61	70	山东鲁北企业集团总公司	8.39
21	万华化学（宁波）有限公司	14.51	71	临沂新程金锣肉制品集团有限公司	8.36
22	浙江大华技术股份有限公司	14.30	72	山东科达集团有限公司	8.26
23	河北诚信有限责任公司	14.11	73	海澜集团有限公司	8.25
24	人民电器集团有限公司	14.09	74	维维集团股份有限公司	8.23
25	浙江奥鑫控股集团有限公司	14.01	75	康美药业股份有限公司	8.20
26	湖北中烟工业有限责任公司	13.48	76	纳爱斯集团有限公司	8.19
27	山东时风（集团）有限责任公司	13.34	77	老凤祥股份有限公司	8.12
28	贵州中烟工业有限责任公司	13.34	78	兴乐集团有限公司	8.10
29	长城汽车股份有限公司	13.11	79	胜达集团有限公司	7.98
30	宁波申洲针织有限公司	12.96	80	中国第一汽车集团公司	7.96
31	中国贵州茅台酒厂（集团）有限责任公司	12.66	81	武安市裕华钢铁有限公司	7.78
32	广西中烟工业有限责任公司	12.30	82	兴源轮胎集团有限公司	7.76
33	杭叉集团股份有限公司	12.27	83	森马集团有限公司	7.71
34	奥康集团有限公司	12.17	84	天津塑力线缆集团有限公司	7.60
35	双胞胎（集团）股份有限公司	11.86	85	天津中环电子信息集团有限公司	7.60
36	五得利面粉集团有限公司	11.64	86	浙江中烟工业有限责任公司	7.56
37	山东金茂纺织化工集团有限公司	11.53	87	三角集团有限公司	7.51
38	波司登股份有限公司	11.48	88	青岛啤酒股份有限公司	7.37
39	骆驼集团股份有限公司	11.31	89	兴达投资集团有限公司	7.35
40	湖北新洋丰肥业股份有限公司	11.01	90	通威集团有限公司	7.17
41	广州立白企业集团有限公司	10.66	91	南山集团有限公司	7.15
42	山东如意科技集团有限公司	10.52	92	金猴集团有限公司	7.15
43	广东温氏食品集团股份有限公司	10.51	93	湖北枝江酒业集团	7.14
44	内蒙古伊利实业集团股份有限公司	10.49	94	河北安丰钢铁有限公司	7.11
45	桂林力源粮油食品集团有限公司	10.42	95	武安市广耀铸业有限公司	7.07
46	浙江中财管道科技股份有限公司	10.40	96	黑龙江烟草工业有限责任公司	7.05
47	浙江龙盛控股有限公司	10.37	97	天津市恒兴钢业有限公司	7.04
48	舜宇集团有限公司	10.31	98	福建中烟工业有限责任公司	7.03
49	劲牌有限公司	10.25	99	广东海大集团股份有限公司	7.02
50	红狮控股集团有限公司	10.04	100	浙江栋梁新材股份有限公司	6.93
				中国制造业企业500强平均数	2.24

表 9-11　　2015 中国制造业企业 500 强收入利润率排序前 100 名企业

排名	公司名称	收入利润率（%）	排名	公司名称	收入利润率（%）
1	新光控股集团有限公司	45.85	51	青岛啤酒股份有限公司	6.85
2	天津华北集团有限公司	33.30	52	湖北新洋丰肥业股份有限公司	6.84
3	中国贵州茅台酒厂（集团）有限责任公司	30.34	53	舜宇集团有限公司	6.82
4	劲牌有限公司	24.41	54	上海斐讯数据通信技术有限公司	6.77
5	宁波申洲针织有限公司	18.57	55	浙江中财管道科技股份有限公司	6.76
6	广东新明珠陶瓷集团有限公司	17.24	56	福建中烟工业有限责任公司	6.71
7	宏胜饮料集团有限公司	17.17	57	安徽中烟工业有限责任公司	6.67
8	上海烟草集团有限责任公司	16.31	58	兴源轮胎集团有限公司	6.67
9	浙江大华技术股份有限公司	15.59	59	纳爱斯集团有限公司	6.57
10	康美药业股份有限公司	14.33	60	红塔烟草（集团）有限责任公司	6.51
11	海天塑机集团有限公司	14.01	61	河北诚信有限责任公司	6.46
12	万华化学（宁波）有限公司	13.71	62	黑龙江烟草工业有限责任公司	6.44
13	农夫山泉股份有限公司	13.13	63	人福医药集团股份有限公司	6.41
14	长城汽车股份有限公司	12.85	64	海澜集团有限公司	6.35
15	青海盐湖工业股份有限公司	12.43	65	广州立白企业集团有限公司	6.23
16	深圳华强集团有限公司	11.68	66	东营鲁方金属材料有限公司	6.22
17	天狮集团有限公司	11.47	67	湖北三宁化工股份有限公司	6.15
18	山东胜通集团股份有限公司	11.43	68	祐康食品集团有限公司	6.15
19	山东金茂纺织化工集团有限公司	10.74	69	湖北东圣化工集团有限公司	6.13
20	新疆金风科技股份有限公司	10.33	70	森马集团有限公司	6.12
21	四川省宜宾五粮液集团有限公司	10.25	71	罗蒙集团股份有限公司	6.11
22	威高集团有限公司	9.97	72	西子联合控股有限公司	5.96
23	侨兴集团有限公司	9.90	73	胜达集团有限公司	5.96
24	杭州娃哈哈集团有限公司	9.68	74	海尔集团公司	5.87
25	华为技术有限公司	9.66	75	万丰奥特控股集团有限公司	5.75
26	红狮控股集团有限公司	9.66	76	山东如意科技集团有限公司	5.69
27	江苏扬子江船业集团公司	9.63	77	维维集团股份有限公司	5.67
28	浙江奥鑫控股集团有限公司	9.61	78	洪业化工集团股份有限公司	5.65
29	广西中烟工业有限责任公司	8.94	79	森赫电梯股份有限公司	5.34
30	河南省漯河市双汇实业集团有限责任公司	8.93	80	大全集团有限公司	5.33
31	贵州中烟工业有限责任公司	8.84	81	江苏阳光集团有限公司	5.32
32	波司登股份有限公司	8.80	82	中国第一汽车集团公司	5.30
33	宜华企业（集团）有限公司	8.78	83	中国航天科技集团公司	5.27
34	湖北中烟工业有限责任公司	8.59	84	修正药业集团股份有限公司	5.22
35	浙江龙盛控股有限公司	8.51	85	华通机电集团有限公司	5.22
36	南山集团有限公司	8.38	86	骆驼集团股份有限公司	5.18
37	郑州宇通集团有限公司	8.26	87	雅戈尔集团股份有限公司	5.16
38	红云红河烟草（集团）有限责任公司	8.17	88	天津市医药集团有限公司	5.13
39	江西中烟工业有限责任公司	7.87	89	华立集团股份有限公司	5.02
40	天士力控股集团有限公司	7.86	90	中国航天科工集团公司	4.96
41	中芯国际集成电路制造有限公司	7.77	91	方大特钢科技股份有限公司	4.95
42	山东鲁北企业集团总公司	7.75	92	宁波均胜电子股份有限公司	4.90
43	内蒙古伊利实业集团股份有限公司	7.68	93	海信集团有限公司	4.85
44	东辰控股集团有限公司	7.66	94	山东金岭集团有限公司	4.75
45	华新水泥股份有限公司	7.64	95	晶龙实业集团有限公司	4.71
46	富智康精密电子（廊坊）有限公司	7.45	96	天津塑力线缆集团有限公司	4.64
47	美的集团股份有限公司	7.38	97	山东大海集团有限公司	4.58
48	科创控股集团有限公司	7.27	98	华翔集团股份有限公司	4.57
49	广东温氏食品集团股份有限公司	7.00	99	奥康集团有限公司	4.46
50	京东方科技集团股份有限公司	6.96	100	上海汽车集团股份有限公司	4.44
				中国制造业企业 500 强平均数	2.13

表9-12　　2015中国制造业企业500强人均营业收入排序前100名企业

排名	公司名称	人均收入（万元）	排名	公司名称	人均收入（万元）
1	无锡市凌峰铜业有限公司	6415	51	江西铜业集团公司	753
2	上海复星高科技（集团）有限公司	5486	52	山东创新金属科技股份有限公司	749
3	江苏金辉铜业集团有限公司	4898	53	山东万通石油化工集团有限公司	743
4	逸盛大化石化有限公司	4277	54	江苏大明金属制品有限公司	731
5	大连西太平洋石油化工有限公司	3974	55	浙江大东南集团有限公司	724
6	东营方圆有色金属有限公司	2952	56	中天钢铁集团有限公司	695
7	江苏新华发集团有限公司	2394	57	浙江富陵控股集团有限公司	692
8	湖南金龙国际集团	2046	58	上海汽车集团股份有限公司	691
9	天津华北集团有限公司	2009	59	山东天信集团有限公司	688
10	浙江中烟工业有限责任公司	1998	60	山东垦利石化集团有限公司	686
11	山东金诚石化集团有限公司	1795	61	山东渤海实业股份有限公司	686
12	东营鲁方金属材料有限公司	1764	62	红云红河烟草（集团）有限责任公司	671
13	天津市恒兴钢业有限公司	1696	63	天津荣程祥泰投资控股集团有限公司	668
14	兴达投资集团有限公司	1618	64	湖北中烟工业有限责任公司	661
15	正威国际集团有限公司	1531	65	陕西东岭工贸集团股份有限公司	660
16	山东海科化工集团有限公司	1493	66	广西中烟工业有限责任公司	641
17	东辰控股集团有限公司	1368	67	大冶有色金属集团控股有限公司	637
18	山东东明石化集团有限公司	1331	68	香驰控股有限公司	626
19	山东汇丰石化集团有限公司	1188	69	江苏沙钢集团有限公司	621
20	万华化学（宁波）有限公司	1130	70	金川集团股份有限公司	613
21	河北新启元能源技术开发股份有限公司	1124	71	滨化集团公司	613
22	杭州汽轮动力集团有限公司	1084	72	天津塑力线缆集团有限公司	592
23	正和集团股份有限公司	1070	73	兰溪自立铜业有限公司	590
24	利华益集团股份有限公司	1047	74	森马集团有限公司	587
25	宁波宝新不锈钢有限公司	1013	75	双良集团有限公司	584
26	江苏西城三联控股集团有限公司	1008	76	北京君诚实业投资集团有限公司	577
27	山东华兴机械股份有限公司	1001	77	杭州钢铁集团公司	544
28	浙江恒逸集团有限公司	996	78	武安市鑫汇冶金工业有限公司	539
29	中国华信能源有限公司	992	79	沂州集团有限公司	538
30	广州钢铁企业集团有限公司	987	80	山东京博控股股份有限公司	538
31	江阴澄星实业集团有限公司	936	81	华勤橡胶工业集团有限公司	532
32	三河汇福粮油集团有限公司	932	82	邯郸市正大制管有限公司	517
33	浙江协和集团有限公司	922	83	山东玉皇化工有限公司	509
34	海亮集团有限公司	917	84	河北新金钢铁有限公司	500
35	浙江栋梁新材股份有限公司	916	85	永鼎集团有限公司	494
36	河北鑫海化工集团有限公司	910	86	浙江古纤道新材料股份有限公司	491
37	山东大海集团有限公司	882	87	南京钢铁集团有限公司	485
38	老凤祥股份有限公司	858	88	铜陵有色金属集团控股有限公司	484
39	上海烟草集团有限责任公司	847	89	兴惠化纤集团有限公司	483
40	山东金茂纺织化工集团有限公司	840	90	联想控股股份有限公司	479
41	江苏申特钢铁有限公司	835	91	万向集团公司	477
42	浙江富冶集团有限公司	819	92	武安市烘熔钢铁有限公司	472
43	浙江荣盛控股集团有限公司	811	93	河北新华联合冶金控股集团有限公司	464
44	山东金岭集团有限公司	799	94	河北津西钢铁集团股份有限公司	456
45	天狮集团有限公司	785	95	兴乐集团有限公司	454
46	山东恒源石油化工股份有限公司	779	96	红塔烟草（集团）有限责任公司	453
47	山东中海化工集团有限公司	771	97	河南金利金铅有限公司	450
48	天洁集团有限公司	770	98	西宁特殊钢集团有限责任公司	449
49	宁波金田投资控股有限公司	762	99	江苏新长江实业集团有限公司	448
50	上海奥盛投资控股（集团）有限公司	760	100	山东胜通集团股份有限公司	447
				中国制造业企业500强平均数	210

表9-13　2015中国制造业企业500强人均净利润排序前100名企业

排名	公司名称	人均净利润（万元）	排名	公司名称	人均净利润（万元）
1	天津华北集团有限公司	668.94	51	广州钢铁企业集团有限公司	20.43
2	上海复星高科技（集团）有限公司	237.39	52	宁波宝新不锈钢有限公司	20.35
3	万华化学（宁波）有限公司	154.85	53	红狮控股集团有限公司	19.82
4	上海烟草集团有限责任公司	138.09	54	海尔集团公司	19.32
5	东营鲁方金属材料有限公司	109.62	55	中国第一汽车集团公司	19.30
6	东辰控股集团有限公司	104.72	56	正和集团股份有限公司	18.87
7	东营方圆有色金属有限公司	93.24	57	浙江大华技术股份有限公司	18.50
8	山东金茂纺织化工集团有限公司	90.18	58	上海奥盛投资控股（集团）有限公司	17.58
9	天狮集团有限公司	90.01	59	华为技术有限公司	17.41
10	浙江中烟工业有限责任公司	79.38	60	上海斐讯数据通信技术有限公司	16.73
11	天津市恒兴钢业有限公司	69.54	61	杭叉集团股份有限公司	16.60
12	广西中烟工业有限责任公司	57.31	62	三河汇福粮油集团有限公司	16.36
13	湖北中烟工业有限责任公司	56.78	63	中国华信能源有限公司	16.03
14	红云红河烟草（集团）有限责任公司	54.80	64	江苏扬子江船业集团公司	15.43
15	兴达投资集团有限公司	51.50	65	洪业化工集团股份有限公司	15.39
16	山东胜通集团股份有限公司	51.10	66	河北诚信有限责任公司	15.38
17	新光控股集团有限公司	49.35	67	农夫山泉股份有限公司	15.30
18	江苏金辉铜业集团有限公司	46.55	68	南山集团有限公司	15.24
19	中国贵州茅台酒厂（集团）有限责任公司	44.02	69	富通集团有限公司	15.23
20	山东大海集团有限公司	40.39	70	浙江富陵控股集团有限公司	14.97
21	山东金岭集团有限公司	37.94	71	浙江古纤道新材料股份有限公司	14.95
22	新疆金风科技股份有限公司	37.69	72	山东玉皇化工有限公司	14.84
23	浙江奥鑫控股集团有限公司	36.28	73	恒威集团有限公司	14.66
24	森马集团有限公司	35.96	74	四川省宜宾五粮液集团有限公司	14.46
25	正威国际集团有限公司	33.61	75	河北普阳钢铁有限公司	13.94
26	贵州中烟工业有限责任公司	33.43	76	兴惠化纤集团有限公司	13.89
27	天洁集团有限公司	32.75	77	威高集团有限公司	13.89
28	康美药业股份有限公司	32.37	78	瑞星集团股份有限公司	13.53
29	宏胜饮料集团有限公司	31.75	79	湖北三宁化工股份有限公司	13.46
30	上海汽车集团股份有限公司	30.69	80	浙江协和集团有限公司	13.33
31	无锡市凌峰铜业有限公司	30.52	81	胜达集团有限公司	13.24
32	浙江大东南集团有限公司	29.75	82	江苏三木集团有限公司	13.22
33	红塔烟草（集团）有限责任公司	29.46	83	科创控股集团有限公司	13.01
34	山东天信集团有限公司	28.88	84	侨兴集团有限公司	12.97
35	利华益集团股份有限公司	28.78	85	黑龙江烟草工业有限责任公司	12.88
36	河北新启元能源技术开发股份有限公司	28.75	86	骆驼集团股份有限公司	12.83
37	劲牌有限公司	28.47	87	山东大王集团有限公司	12.80
38	天津塑力线缆集团有限公司	27.49	88	郑州宇通集团有限公司	12.44
39	江西中烟工业有限责任公司	26.54	89	河北新华联合冶金控股集团有限公司	12.15
40	山东万通石油化工集团有限公司	25.90	90	邯郸市正大制管有限公司	12.11
41	浙江龙盛控股有限公司	25.02	91	华通机电集团有限公司	11.95
42	福建中烟工业有限责任公司	24.78	92	山东科达集团有限公司	11.84
43	杭州娃哈哈集团有限公司	24.68	93	西子联合控股有限公司	11.54
44	老凤祥股份有限公司	24.55	94	海澜集团有限公司	11.46
45	湖北东圣化工集团有限公司	23.52	95	万丰奥特控股集团有限公司	11.42
46	山东海科化工集团有限公司	23.03	96	双胞胎（集团）股份有限公司	11.34
47	江阴澄星实业集团有限公司	22.94	97	武安市裕华钢铁有限公司	11.30
48	安徽中烟工业有限责任公司	21.89	98	长城汽车股份有限公司	11.24
49	山东鲁北企业集团总公司	21.40	99	五得利面粉集团有限公司	10.83
50	海天塑机集团有限公司	21.35	100	浙江翔盛集团有限公司	10.80
				中国制造业企业500强平均数	4.48

表 9-14　　2015 中国制造业企业 500 强人均资产排序前 100 名企业

排名	公司名称	人均资产（万元）	排名	公司名称	人均资产（万元）
1	上海复星高科技（集团）有限公司	18726.64	51	渤海钢铁集团有限公司	424.34
2	无锡市凌峰铜业有限公司	2953.01	52	山东东明石化集团有限公司	424.28
3	逸盛大化石化有限公司	2282.62	53	山东垦利石化集团有限公司	422.77
4	东营方圆有色金属有限公司	1510.91	54	杭州锦江集团有限公司	422.69
5	西宁特殊钢集团有限责任公司	1482.29	55	湖北中烟工业有限责任公司	421.33
6	天津华北集团有限公司	1110.16	56	江苏沙钢集团有限公司	419.85
7	万华化学（宁波）有限公司	1067.13	57	西部矿业集团有限公司	416.27
8	浙江中烟工业有限责任公司	1050.71	58	上海电气（集团）总公司	413.87
9	江苏新华发集团有限公司	1037.20	59	江西博能实业集团有限公司	410.78
10	天津市恒兴钢业有限公司	987.47	60	海尔集团公司	410.16
11	江苏金辉铜业集团有限公司	987.14	61	金川集团股份有限公司	409.51
12	新疆金风科技股份有限公司	942.89	62	江西铜业集团公司	407.55
13	上海烟草集团有限责任公司	933.54	63	永鼎集团有限公司	406.63
14	大连西太平洋石油化工有限公司	921.08	64	宝钢集团有限公司	401.83
15	山东金茂纺织化工集团有限公司	782.15	65	天津渤海化工集团有限责任公司	399.49
16	浙江富陵控股集团有限公司	743.86	66	宁波富邦控股集团有限公司	398.90
17	东辰控股集团有限公司	716.82	67	京东方科技集团股份有限公司	398.77
18	兴达投资集团有限公司	700.94	68	海亮集团有限公司	396.98
19	广州钢铁企业集团有限公司	662.69	69	康美药业股份有限公司	394.84
20	正威国际集团有限公司	659.24	70	浙江古纤道新材料股份有限公司	388.13
21	利华益集团股份有限公司	623.01	71	奇瑞汽车股份有限公司	376.82
22	东营鲁方金属材料有限公司	605.45	72	隆鑫控股有限公司	375.69
23	红云红河烟草（集团）有限责任公司	600.56	73	中国东方电气集团有限公司	372.59
24	宝塔石化集团有限公司	582.71	74	武安市鑫汇冶金工业有限公司	371.20
25	金东纸业（江苏）股份有限公司	575.70	75	重庆钢铁（集团）有限责任公司	371.19
26	浙江荣盛控股集团有限公司	571.62	76	杭州钢铁集团公司	363.74
27	宁波宝新不锈钢有限公司	566.42	77	天津塑力线缆集团有限公司	361.69
28	山东万通石油化工集团有限公司	554.70	78	中国第一重型机械集团公司	356.08
29	新光控股集团有限公司	540.07	79	新疆特变电工集团有限公司	355.45
30	江阴澄星实业集团有限公司	524.21	80	酒泉钢铁（集团）有限责任公司	354.93
31	杭州汽轮动力集团有限公司	523.57	81	浙江协和集团有限公司	353.16
32	红塔烟草（集团）有限责任公司	507.49	82	福建中烟工业有限责任公司	352.61
33	山东海科化工集团有限公司	491.52	83	江苏西城三联控股集团有限公司	352.60
34	日照钢铁控股集团有限公司	479.74	84	恒威集团有限公司	351.20
35	联想控股股份有限公司	478.65	85	侨兴集团有限公司	350.06
36	双良集团有限公司	474.84	86	南京钢铁集团有限公司	350.01
37	浙江日月首饰集团有限公司	468.93	87	大连重工·起重集团有限公司	349.88
38	森马集团有限公司	466.50	88	中国贵州茅台酒厂（集团）有限责任公司	347.68
39	广西中烟工业有限责任公司	466.05	89	北京金隅集团有限责任公司	347.06
40	中联重科股份有限公司	461.54	90	青海盐湖工业股份有限公司	346.99
41	旭阳控股有限公司	456.83	91	广博集团	343.77
42	上海汽车集团股份有限公司	455.13	92	大连机床集团有限责任公司	343.05
43	三河汇福粮油集团有限公司	452.02	93	天洁集团有限公司	339.11
44	浙江恒逸集团有限公司	450.78	94	庆铃汽车（集团）有限公司	337.63
45	福星集团控股有限公司	446.51	95	振石控股集团有限公司	335.29
46	山东晨鸣纸业集团股份有限公司	442.78	96	山东玉皇化工有限公司	333.07
47	泸州老窖集团有限责任公司	436.22	97	中国五矿集团公司	332.03
48	上海奥盛投资控股（集团）有限公司	433.33	98	天津农垦集团有限公司	331.84
49	瑞星集团股份有限公司	429.42	99	兰溪自立铜业有限公司	331.34
50	上海外高桥造船有限公司	424.37	100	正和集团股份有限公司	330.78
				中国制造业企业500强平均数	200.16

表 9-15　　2015 中国制造业企业 500 强收入增长率排序前 100 名

排名	公司名称	收入增长率（%）	排名	公司名称	收入增长率（%）
1	北汽银翔汽车有限公司	375.17	51	亚邦投资控股集团有限公司	25.20
2	河北文丰实业集团有限公司	224.56	52	修正药业集团股份有限公司	25.17
3	上海斐讯数据通信技术有限公司	93.26	53	唐山瑞丰钢铁（集团）有限公司	25.10
4	洪业化工集团股份有限公司	68.79	54	陕西东岭工贸集团股份有限公司	24.57
5	广东众和化塑有限公司	68.23	55	江铃汽车集团公司	24.54
6	新光控股集团有限公司	65.15	56	卫华集团有限公司	24.50
7	万丰奥特控股集团有限公司	54.65	57	天津市恒兴钢业有限公司	24.29
8	万达控股集团有限公司	54.38	58	山东京博控股股份有限公司	23.25
9	天洁集团有限公司	46.03	59	中国盐业总公司	23.03
10	舜宇集团有限公司	44.19	60	亨通集团有限公司	22.83
11	新疆金风科技股份有限公司	43.84	61	河北津西钢铁集团股份有限公司	22.81
12	盛虹控股集团有限公司	43.81	62	山东黄金集团有限公司	22.36
13	山东大海集团有限公司	42.16	63	祐康食品集团有限公司	22.23
14	天津渤海化工集团有限责任公司	40.98	64	山东中海化工集团有限公司	22.22
15	浙江古纤道新材料股份有限公司	40.91	65	广州万宝集团有限公司	22.17
16	兴惠化纤集团有限公司	40.75	66	山东东明石化集团有限公司	22.16
17	山东海科化工集团有限公司	40.13	67	广州钢铁企业集团有限公司	21.94
18	富通集团有限公司	40.12	68	香驰控股有限公司	21.77
19	稻花香集团	38.55	69	海澜集团有限公司	21.63
20	东辰控股集团有限公司	37.06	70	河北安丰钢铁有限公司	21.49
21	华仪电器集团有限公司	35.62	71	山东天信集团有限公司	21.45
22	利华益集团股份有限公司	35.53	72	湖北新洋丰肥业股份有限公司	21.24
23	浙江大华技术股份有限公司	35.52	73	邯郸市正大制管有限公司	21.17
24	白银有色集团股份有限公司	35.42	74	中国国际海运集装箱（集团）股份有限公司	21.07
25	河北诚信有限责任公司	35.32	75	河南豫光金铅集团有限责任公司	21.05
26	广西盛隆冶金有限公司	34.68	76	山东科达集团有限公司	20.98
27	杭州锦江集团有限公司	34.36	77	恒力集团有限公司	20.82
28	武安市烘熔钢铁有限公司	33.04	78	中国南车集团公司	20.81
29	森马集团有限公司	32.69	79	江西博能实业集团有限公司	20.81
30	天津纺织集团（控股）有限公司	32.64	80	海马汽车集团股份有限公司	20.68
31	山东垦利石化集团有限公司	30.87	81	卧龙控股集团有限公司	20.64
32	山东大王集团有限公司	29.91	82	华为技术有限公司	20.57
33	江苏大明金属制品有限公司	29.82	83	上海外高桥造船有限公司	20.53
34	海亮集团有限公司	29.46	84	浙江龙盛控股有限公司	20.16
35	青海盐湖工业股份有限公司	29.40	85	太极集团有限公司	20.00
36	红狮控股集团有限公司	28.97	86	秦皇岛宏兴钢铁有限公司	19.89
37	致达控股集团有限公司	28.55	87	宝塔石化集团有限公司	19.69
38	青山控股集团有限公司	27.98	88	安徽海螺集团有限责任公司	19.63
39	北京君诚实业投资集团有限公司	27.80	89	北京纺织控股有限责任公司	19.60
40	宗申产业集团有限公司	27.22	90	德力西集团有限公司	19.53
41	晶龙实业集团有限公司	26.43	91	澳洋集团有限公司	19.44
42	潍柴控股集团有限公司	26.40	92	正邦集团有限公司	19.40
43	山东华兴机械股份有限公司	26.21	93	康美药业股份有限公司	19.39
44	天津友发钢管集团股份有限公司	26.15	94	浙江中烟工业有限责任公司	19.19
45	五得利面粉集团有限公司	26.07	95	威高集团有限公司	18.99
46	新疆特变电工集团有限公司	26.04	96	兴乐集团有限公司	18.76
47	新华联集团有限公司	25.92	97	联想控股股份有限公司	18.66
48	华勤橡胶工业集团有限公司	25.49	98	浙江桐昆控股集团有限公司	18.63
49	安徽中鼎控股（集团）股份有限公司	25.43	99	广州医药集团有限公司	18.56
50	中条山有色金属集团有限公司	25.30	100	TCL 集团股份有限公司	18.41
				中国制造业企业 500 强平均数	5.91

表9-16 2015中国制造业企业500强净利润增长率排序前100名企业

排名	公司名称	净利润增长率（%）	排名	公司名称	净利润增长率（%）
1	浙江翔盛集团有限公司	4033.18	51	新华联集团有限公司	87.80
2	海南省农垦集团有限公司	3691.39	52	广西农垦集团有限责任公司	87.44
3	广西盛隆冶金有限公司	1118.77	53	江铃汽车集团公司	86.36
4	中国吉林森林工业集团有限责任公司	1083.28	54	崇利制钢有限公司	86.02
5	晶龙实业集团有限公司	832.66	55	河北津西钢铁集团股份有限公司	82.82
6	新凤鸣集团股份有限公司	699.42	56	沈阳鼓风机集团股份有限公司	80.01
7	攀枝花钢城集团有限公司	660.90	57	万丰奥特控股集团有限公司	78.24
8	华立集团股份有限公司	618.62	58	金洲集团有限公司	73.91
9	新光控股集团有限公司	608.30	59	上海斐讯数据通信技术有限公司	73.51
10	兰溪自立铜业有限公司	581.36	60	杭州钢铁集团公司	72.51
11	河南金利金铅有限公司	530.89	61	浙江富冶集团有限公司	70.68
12	浙江东南网架集团有限公司	452.75	62	广州万宝集团有限公司	70.58
13	沈阳机床（集团）有限责任公司	442.14	63	盛虹控股集团有限公司	69.73
14	广东温氏食品集团股份有限公司	381.73	64	开氏集团有限公司	69.17
15	武安市裕华钢铁有限公司	380.98	65	秦皇岛宏兴钢铁有限公司	67.45
16	武汉钢铁（集团）公司	348.14	66	河北立中有色金属集团	66.95
17	北京建龙重工集团有限公司	341.91	67	江苏华西集团公司	66.40
18	新疆金风科技股份有限公司	327.85	68	五得利面粉集团有限公司	65.87
19	兴惠化纤集团有限公司	316.43	69	广西柳州钢铁（集团）公司	65.35
20	陕西汽车控股集团有限公司	312.50	70	江苏沙钢集团有限公司	64.66
21	浙江协和集团有限公司	278.80	71	浙江桐昆控股集团有限公司	62.84
22	桂林力源粮油食品集团有限公司	275.40	72	中国华信能源有限公司	62.73
23	河北普阳钢铁有限公司	273.98	73	江苏大明金属制品有限公司	60.23
24	浙江古纤道新材料股份有限公司	227.08	74	广东海大集团股份有限公司	58.20
25	西王集团有限公司	218.73	75	河北前进钢铁集团有限公司	57.74
26	华芳集团有限公司	211.19	76	广州医药集团有限公司	57.42
27	邯郸市正大制管有限公司	208.38	77	江苏扬子江船业集团公司	55.95
28	春和集团有限公司	202.78	78	洪业化工集团股份有限公司	54.94
29	新余钢铁集团有限公司	202.04	79	山东泰山钢铁集团有限公司	54.32
30	铜陵精达铜材（集团）有限责任公司	165.01	80	致达控股集团有限公司	53.76
31	辛集市澳森钢铁有限公司	162.47	81	万达控股集团有限公司	53.35
32	传化集团有限公司	157.42	82	雅戈尔集团股份有限公司	51.65
33	上海外高桥造船有限公司	145.97	83	TCL集团股份有限公司	50.93
34	沈阳远大企业集团	138.38	84	浙江奥鑫控股集团有限公司	50.53
35	华晨汽车集团控股有限公司	137.10	85	山东大海集团有限公司	47.95
36	浙江吉利控股集团有限公司	133.65	86	苏州创元投资发展（集团）有限公司	47.80
37	河北新金钢铁有限公司	132.66	87	劲牌有限公司	46.41
38	河北安丰钢铁有限公司	128.67	88	唐山瑞丰钢铁（集团）有限公司	45.65
39	唐山港陆钢铁有限公司	124.35	89	石家庄常山纺织集团有限责任公司	42.12
40	江西萍钢实业股份有限公司	119.82	90	江阴澄星实业集团有限公司	40.68
41	中国西电集团公司	116.23	91	亚邦投资控股集团有限公司	40.57
42	日照钢铁控股集团有限公司	110.60	92	天津市医药集团有限公司	39.34
43	富通集团有限公司	98.06	93	华勤橡胶工业集团有限公司	39.13
44	美的集团股份有限公司	97.50	94	山东天信集团有限公司	38.89
45	浙江龙盛控股有限公司	94.47	95	哈药集团有限公司	37.94
46	中兴通讯股份有限公司	93.98	96	河北敬业企业集团有限责任公司	37.92
47	人本集团有限公司	93.69	97	华仪电器集团有限公司	37.53
48	青山控股集团有限公司	93.37	98	武安市文安钢铁有限公司	37.37
49	郑州宇通集团有限公司	91.81	99	广州汽车工业集团有限公司	36.96
50	精工控股集团有限公司	90.36	100	华翔集团股份有限公司	35.97
				中国制造业企业500强平均数	2.28

表 9-17　　2015 中国制造业企业 500 强资产增长率排序前 100 名企业

排名	公司名称	资产增长率（%）	排名	公司名称	资产增长率（%）
1	北汽银翔汽车有限公司	118.94	51	中芯国际集成电路制造有限公司	27.55
2	江西博能实业集团有限公司	105.73	52	新疆天业（集团）有限公司	27.54
3	万达控股集团有限公司	87.20	53	双胞胎（集团）股份有限公司	27.01
4	隆鑫控股有限公司	67.60	54	天津市恒兴钢业有限公司	27.00
5	上海斐讯数据通信技术有限公司	66.33	55	郑州宇通集团有限公司	26.47
6	盛虹控股集团有限公司	61.97	56	威高集团有限公司	26.43
7	河北文丰实业集团有限公司	58.81	57	兰溪自立铜业有限公司	26.29
8	海澜集团有限公司	57.66	58	香驰控股有限公司	26.23
9	富通集团有限公司	57.29	59	修正药业集团股份有限公司	25.77
10	天津市医药集团有限公司	57.28	60	山东万通石油化工集团有限公司	25.45
11	富智康精密电子（廊坊）有限公司	56.85	61	人福医药集团股份有限公司	25.34
12	邯郸市正大制管有限公司	54.04	62	康美药业股份有限公司	25.29
13	杭州钢铁集团公司	51.54	63	河北敬业企业集团有限责任公司	25.24
14	江苏法尔胜泓昇集团有限公司	51.19	64	五得利面粉集团有限公司	25.20
15	宝塔石化集团有限公司	51.06	65	光明食品（集团）有限公司	24.67
16	万丰奥特控股集团有限公司	49.47	66	山东创新金属科技股份有限公司	24.50
17	桂林力源粮油食品集团有限公司	49.29	67	中国五矿集团公司	24.49
18	东辰控股集团有限公司	48.36	68	北京汽车集团有限公司	24.43
19	晶科能源有限公司	48.35	69	美的集团股份有限公司	24.08
20	山东垦利石化集团有限公司	48.25	70	老凤祥股份有限公司	23.93
21	天津聚龙嘉华投资集团有限公司	47.77	71	浙江海正药业股份有限公司	23.81
22	京东方科技集团股份有限公司	47.23	72	中国四联仪器仪表集团有限公司	23.56
23	潍柴控股集团有限公司	45.24	73	中国吉林森林工业集团有限责任公司	23.50
24	山东金茂纺织化工集团有限公司	44.68	74	利华益集团股份有限公司	23.41
25	武安市烘熔钢铁有限公司	42.04	75	山东玉皇化工有限公司	23.24
26	泸州老窖集团有限责任公司	41.88	76	北京顺鑫控股集团有限公司	22.98
27	奥克斯集团有限公司	41.37	77	西宁特殊钢集团有限责任公司	22.93
28	宁波申洲针织有限公司	40.88	78	中国北方机车车辆工业集团公司	22.88
29	海尔集团公司	39.53	79	新疆中泰（集团）有限责任公司	22.79
30	江苏西城三联控股集团有限公司	36.26	80	祐康食品集团有限公司	22.70
31	唐山瑞丰钢铁（集团）有限公司	35.53	81	万华化学（宁波）有限公司	22.49
32	江苏金辉铜业集团有限公司	35.51	82	中国南车集团公司	22.28
33	新华联集团有限公司	34.52	83	青海盐湖工业股份有限公司	22.10
34	新光控股集团有限公司	34.30	84	日照钢铁控股集团有限公司	21.89
35	华为技术有限公司	33.79	85	华盛江泉集团有限公司	21.80
36	青岛钢铁控股集团有限责任公司	33.74	86	万向集团公司	21.71
37	新疆金风科技股份有限公司	33.19	87	渤海钢铁集团有限公司	21.68
38	联想控股股份有限公司	32.90	88	重庆力帆控股有限公司	21.49
39	天洁集团有限公司	32.84	89	河北新金钢铁有限公司	21.42
40	浙江大华技术股份有限公司	32.56	90	重庆市博赛矿业（集团）有限公司	21.41
41	恒力集团有限公司	32.40	91	山东胜通集团股份有限公司	21.31
42	花园集团有限公司	32.02	92	胜达集团有限公司	21.17
43	华仪电器集团有限公司	31.68	93	三角集团有限公司	20.99
44	中国华信能源有限公司	31.67	94	中国国际海运集装箱（集团）股份有限公司	20.89
45	天士力控股集团有限公司	31.42	95	亚邦投资控股集团有限公司	20.83
46	中国电子信息产业集团有限公司	30.02	96	比亚迪股份有限公司	20.50
47	山东海科化工集团有限公司	29.61	97	晶龙实业集团有限公司	20.45
48	安徽中鼎控股（集团）股份有限公司	29.60	98	亨通集团有限公司	20.31
49	精工控股集团有限公司	28.05	99	深圳华强集团有限公司	20.23
50	宜昌兴发集团有限责任公司	27.60	100	瑞星集团股份有限公司	20.21
				中国制造业企业 500 强平均数	10.95

表9-18　　　2015中国制造业企业500强研发费增长率前100名企业

排名	公司名称	研发费增长率（%）	排名	公司名称	研发费增长率（%）
1	新疆中泰（集团）有限责任公司	4569.30	51	广州万宝集团有限公司	43.62
2	云南南磷集团股份有限公司	764.07	52	江西萍钢实业股份有限公司	43.51
3	北汽银翔汽车有限公司	376.69	53	中国第一汽车集团公司	41.80
4	晶龙实业集团有限公司	354.36	54	宁波均胜电子股份有限公司	40.66
5	万基控股集团有限公司	222.33	55	安阳钢铁集团有限责任公司	39.20
6	精工控股集团有限公司	208.56	56	宏胜饮料集团有限公司	38.83
7	广西农垦集团有限责任公司	156.60	57	浙江大东南集团有限公司	38.82
8	瑞星集团股份有限公司	152.33	58	森马集团有限公司	38.77
9	中条山有色金属集团有限公司	125.55	59	江阴澄星实业集团有限公司	38.05
10	致达控股集团有限公司	121.88	60	华仪电器集团有限公司	37.48
11	山东玉皇化工有限公司	116.38	61	东辰控股集团有限公司	37.27
12	得力集团有限公司	111.77	62	山东大王集团有限公司	36.86
13	上海外高桥造船有限公司	110.72	63	杭州诺贝尔集团有限公司	36.85
14	江苏悦达集团有限公司	99.78	64	万丰奥特控股集团有限公司	36.42
15	大冶有色金属集团控股有限公司	96.22	65	骆驼集团股份有限公司	36.38
16	大连西太平洋石油化工有限公司	88.92	66	河北敬业企业集团有限责任公司	35.71
17	唐山东华钢铁企业集团有限公司	87.02	67	利华益集团股份有限公司	35.53
18	宜昌兴发集团有限责任公司	78.51	68	河北诚信有限责任公司	35.33
19	北京汽车集团有限公司	76.96	69	联想控股股份有限公司	35.07
20	中国盐业总公司	72.08	70	景德镇市焦化工业集团有限责任公司	35.03
21	邯郸市正大制管有限公司	71.66	71	上海电气（集团）总公司	34.89
22	辛集市澳森钢铁有限公司	71.43	72	广西盛隆冶金有限公司	34.78
23	晶科能源有限公司	70.61	73	华新水泥股份有限公司	34.48
24	广东众和化塑有限公司	67.14	74	临沂新程金锣肉制品集团有限公司	34.28
25	劲牌有限公司	66.16	75	海马汽车集团股份有限公司	34.20
26	吉林亚泰（集团）股份有限公司	65.70	76	北京顺鑫控股集团有限公司	33.80
27	正邦集团有限公司	61.84	77	东风汽车公司	32.54
28	山东天信集团有限公司	60.90	78	同方股份有限公司	32.19
29	重庆机电控股（集团）公司	56.15	79	华盛江泉集团有限公司	31.89
30	舜宇集团有限公司	56.07	80	湖北三宁化工股份有限公司	31.63
31	浙江大华技术股份有限公司	56.06	81	五得利面粉集团有限公司	31.56
32	天津农垦集团有限公司	55.87	82	广西中烟工业有限责任公司	31.29
33	洪业化工集团股份有限公司	52.41	83	江苏扬子江船业集团公司	31.28
34	上海斐讯数据通信技术有限公司	52.38	84	浙江龙盛控股有限公司	30.90
35	广州汽车工业集团有限公司	51.95	85	安徽江淮汽车集团有限公司	30.65
36	长城汽车股份有限公司	51.91	86	中芯国际集成电路制造有限公司	30.57
37	山东创新金属科技股份有限公司	51.79	87	亚邦投资控股集团有限公司	29.85
38	山东海科化工集团有限公司	50.17	88	中国五矿集团公司	29.59
39	冀南钢铁集团有限公司	50.04	89	华为技术有限公司	29.41
40	武安市文安钢铁有限公司	50.00	90	广西汽车集团有限公司	28.70
41	恒威集团有限公司	49.75	91	武安市烘熔钢铁有限公司	28.57
42	富智康精密电子（廊坊）有限公司	47.90	92	中国恒天集团有限公司	28.12
43	富通集团有限公司	47.47	93	北京君诚实业投资集团有限公司	27.73
44	新疆金风科技股份有限公司	46.81	94	武安市裕华钢铁有限公司	27.35
45	香驰控股有限公司	46.72	95	唐山瑞丰钢铁（集团）有限公司	26.72
46	天津友发钢管集团股份有限公司	46.44	96	山东金茂纺织化工集团有限公司	26.32
47	金发科技股份有限公司	46.29	97	京东方科技集团股份有限公司	25.95
48	比亚迪股份有限公司	45.80	98	浙江翔盛集团有限公司	25.94
49	修正药业集团股份有限公司	45.25	99	华勤橡胶工业集团有限公司	25.49
50	人福医药集团股份有限公司	44.88	100	大连冰山集团有限公司	25.40
				中国制造业企业500强平均数	10.75

表 9-19　　2015 中国制造业企业 500 强行业平均净利润

排名	公司名称	平均净利润（万元）	排名	公司名称	平均净利润（万元）
1	航空航天及国防军工业	644726.75	23	电子元器件与仪器仪表、自动化控制设备制造业	94380.20
2	通讯器材及设备、元器件制造业	626302.67			
3	烟草加工业	442996.25	24	木材、藤、竹、家具等加工及木制品、纸制品等印刷、包装业	86740.00
4	乳制品加工业	414428.00			
5	汽车及零配件制造业	342352.48	25	食品加工制造业	79459.40
6	酿酒制造业	308689.57	26	农副食品及农产品加工业	78636.36
7	饮料加工业	290631.00	27	办公、影像等电子设备、元器件制造业	77495.00
8	轨道交通设备及零部件制造业	264796.50	28	综合制造业（以制造业为主，含有服务业）	75994.42
9	家用电器及零配件制造业	259292.85	29	电力、电气等设备、机械、元器件及光伏、电池、线缆制造业	68809.46
10	石化产品、炼焦及其他燃料生产加工业	239624.41			
11	计算机及零部件制造业	215521.00	30	动力、电力生产等装备、设备制造业	68536.67
12	船舶工业	207576.00	31	化学原料及化学制品制造业	64889.25
13	肉食品加工业	194137.00	32	农林机械、设备及零配件制造业	64525.50
14	纺织、印染业	146535.67	33	工程机械、设备及零配件制造业	60431.40
15	电梯及运输、仓储设备与设施制造业	142287.33	34	化学纤维制造业	51712.23
16	医药、医疗设备制造业	137367.00	35	黑色冶金及压延加工业	51310.47
17	橡胶制品业	127478.50	36	塑料制品业	48333.00
18	建筑材料及玻璃等制造业	126797.46	37	工业机械、设备及零配件制造业	47091.10
19	纺织品、服装、鞋帽、服饰加工业	121810.77	38	摩托车及零配件制造业	41735.50
20	生活用品（含文体、玩具、工艺品、珠宝）等轻工产品加工制造业	117421.40	39	金属制品、加工工具、工业辅助产品加工制造业	20759.80
21	一般有色冶金及压延加工业	111195.60	40	黄金冶炼及压延加工业	7152.00
22	造纸及纸制品加工业	100994.00			

表 9-20　　2015 中国制造业企业 500 强行业平均营业收入

排名	公司名称	平均营业收入（万元）	排名	公司名称	平均营业收入（万元）
1	航空航天及国防军工业	27890703.50	23	医药、医疗设备制造业	3307190.60
2	石化产品、炼焦及其他燃料生产加工业	18008100.60	24	生活用品（含文体、玩具、工艺品、珠宝）等轻工产品加工制造业	3304113.60
3	轨道交通设备及零部件制造业	11351222.00			
4	汽车及零配件制造业	10899868.14	25	农副食品及农产品加工业	3028475.13
5	通讯器材及设备、元器件制造业	9527424.50	26	饮料加工业	2996303.75
6	计算机及零部件制造业	8990443.75	27	电力、电气等设备、机械、元器件及光伏、电池、线缆制造业	2995157.40
7	一般有色冶金及压延加工业	6390764.17			
8	黄金冶炼及压延加工业	6218036.50	28	酿酒制造业	2975970.57
9	家用电器及零配件制造业	6049236.07	29	食品加工制造业	2958353.55
10	动力、电力生产等装备、设备制造业	5887123.57	30	化学原料及化学制品制造业	2940335.20
11	黑色冶金及压延加工业	5607155.74	31	农林机械、设备及零配件制造业	2721134.50
12	船舶工业	5585672.80	32	工程机械、设备及零配件制造业	2598879.85
13	乳制品加工业	5395930.00	33	橡胶制品业	2569707.33
14	烟草加工业	4987204.25	34	纺织品、服装、鞋帽、服饰加工业	2398422.43
15	建筑材料及玻璃等制造业	4850137.93	35	摩托车及零配件制造业	2120527.00
16	纺织、印染业	4602334.33	36	工业机械、设备及零配件制造业	1866333.00
17	综合制造业（以制造业为主，含有服务业）	4555712.05	37	金属制品、加工工具、工业辅助产品加工制造业	1548609.40
18	化学纤维制造业	4437649.00			
19	造纸及纸制品加工业	4201734.67	38	木材、藤、竹、家具等加工及木制品、纸制品等印刷、包装业	1278799.00
20	电子元器件与仪器仪表、自动化控制设备制造业	3521237.70			
			39	塑料制品业	1270422.75
21	肉食品加工业	3483907.00	40	办公、影像等电子设备、元器件制造业	1033104.00
22	电梯及运输、仓储设备与设施制造业	3363643.33			

表 9-21 2015 中国制造业企业500强行业平均资产

排名	公司名称	平均资产（万元）	排名	公司名称	平均资产（万元）
1	航空航天及国防军工业	41337248.25	23	化学原料及化学制品制造业	2931827.32
2	轨道交通设备及零部件制造业	15713214.50	24	食品加工制造业	2922380.45
3	石化产品、炼焦及其他燃料生产加工业	13045217.00	25	医药、医疗设备制造业	2909388.73
4	计算机及零部件制造业	12073919.50	26	生活用品（含文体、玩具、工艺品、珠宝）等轻工产品加工制造业	2880611.20
5	船舶工业	11132692.60			
6	通讯器材及设备、元器件制造业	9236187.33	27	摩托车及零配件制造业	2770263.75
7	汽车及零配件制造业	8488944.38	28	化学纤维制造业	2714941.46
8	动力、电力生产等装备、设备制造业	8255700.00	29	纺织、印染业	2503521.83
9	建筑材料及玻璃等制造业	6988522.93	30	工业机械、设备及零配件制造业	2258358.60
10	黑色冶金及压延加工业	5932294.21	31	肉食品加工业	2094592.33
11	家用电器及零配件制造业	5586198.79	32	电力、电气等设备、机械、元器件及光伏、电池、线缆制造业	2041834.16
12	综合制造业（以制造业为主，含有服务业）	5371347.14			
13	黄金冶炼及压延加工业	5189752.50	33	农副食品及农产品加工业	1941185.67
14	一般有色冶金及压延加工业	5049978.94	34	办公、影像等电子设备、元器件制造业	1933777.67
15	酿酒制造业	4893337.57	35	饮料加工业	1843882.50
16	烟草加工业	4348194.17	36	纺织品、服装、鞋帽、服饰加工业	1836642.79
17	电子元器件与仪器仪表、自动化控制设备制造业	4222770.90	37	橡胶制品业	1533525.50
18	造纸及纸制品加工业	4046729.00	38	金属制品、加工工具、工业辅助产品加工制造业	1138549.27
19	电梯及运输、仓储设备与设施制造业	4023195.00			
20	乳制品加工业	3949430.00	39	农林机械、设备及零配件制造业	1081320.00
21	工程机械、设备及零配件制造业	3681147.54	40	塑料制品业	824405.00
22	木材、藤、竹、家具等加工及木制品、纸制品等印刷、包装业	3300248.00			

表9-22　　2015中国制造业企业500强行业平均纳税总额

排名	公司名称	平均纳税总额（万元）	排名	公司名称	平均纳税总额（万元）
1	烟草加工业	3174642.83	23	食品加工制造业	105124.73
2	石化产品、炼焦及其他燃料生产加工业	1754435.35	24	电梯及运输、仓储设备与设施制造业	101237.67
3	汽车及零配件制造业	1165544.39	25	纺织、印染业	99169.08
4	航空航天及国防军工业	822463.75	26	纺织品、服装、鞋帽、服饰加工业	96814.07
5	轨道交通设备及零部件制造业	701586.50	27	电力、电气等设备、机械、元器件及光伏、电池、线缆制造业	93068.08
6	酿酒制造业	505297.86	28	化学原料及化学制品制造业	88265.44
7	计算机及零部件制造业	441757.50	29	木材、藤、竹、家具等加工及木制品、纸制品等印刷、包装业	83041.00
8	通讯器材及设备、元器件制造业	435195.00	30	工程机械、设备及零配件制造业	80165.08
9	建筑材料及玻璃等制造业	353783.47	31	橡胶制品业	78650.33
10	家用电器及零配件制造业	318473.00	32	化学纤维制造业	74936.62
11	乳制品加工业	273984.00	33	工业机械、设备及零配件制造业	73407.30
12	饮料加工业	244842.25	34	办公、影像等电子设备、元器件制造业	68531.67
13	肉食品加工业	213314.67	35	生活用品（含文体、玩具、工艺品、珠宝）等轻工产品加工制造业	65781.80
14	综合制造业（以制造业为主，含有服务业）	187715.90	36	摩托车及零配件制造业	59868.25
15	动力、电力生产等装备、设备制造业	186953.17	37	农副食品及农产品加工业	56184.93
16	船舶工业	158378.00	38	农林机械、设备及零配件制造业	36176.50
17	黄金冶炼及压延加工业	138574.75	39	金属制品、加工工具、工业辅助产品加工制造业	32856.67
18	造纸及纸制品加工业	133525.83	40	塑料制品业	25416.50
19	医药、医疗设备制造业	133077.93			
20	黑色冶金及压延加工业	132686.42			
21	电子元器件与仪器仪表、自动化控制设备制造业	113744.60			
22	一般有色冶金及压延加工业	110976.57			

表 9-23　　**2015 中国制造业企业500强行业平均研发费用**

排名	公司名称	平均研发费用（万元）	排名	公司名称	平均研发费用（万元）
1	航空航天及国防军工业	1737679.33	22	电力、电气等设备、机械、元器件及光伏、电池、线缆制造业	51505.96
2	通讯器材及设备、元器件制造业	906734.33			
3	轨道交通设备及零部件制造业	436651.00	23	生活用品（含文体、玩具、工艺品、珠宝）等轻工产品加工制造业	45383.20
4	计算机及零部件制造业	262515.25			
5	船舶工业	254092.40	24	摩托车及零配件制造业	44345.25
6	汽车及零配件制造业	224852.34	25	工业机械、设备及零配件制造业	42730.90
7	家用电器及零配件制造业	219013.86	26	综合制造业（以制造业为主，含有服务业）	42441.95
8	动力、电力生产等装备、设备制造业	143234.29	27	医药、医疗设备制造业	42264.93
9	电子元器件与仪器仪表、自动化控制设备制造业	119871.40	28	化学原料及化学制品制造业	41637.46
			29	农副食品及农产品加工业	40449.87
10	纺织、印染业	107516.00	30	办公、影像等电子设备、元器件制造业	36589.67
11	橡胶制品业	89573.60	31	造纸及纸制品加工业	35377.17
12	黑色冶金及压延加工业	85466.30	32	电梯及运输、仓储设备与设施制造业	32815.67
13	乳制品加工业	82751.00	33	饮料加工业	32609.00
14	建筑材料及玻璃等制造业	81437.50	34	纺织品、服装、鞋帽、服饰加工业	25436.07
15	一般有色冶金及压延加工业	79555.03	35	食品加工制造业	25158.70
16	石化产品、炼焦及其他燃料生产加工业	77782.12	36	肉食品加工业	24048.00
17	工程机械、设备及零配件制造业	72805.69	37	金属制品、加工工具、工业辅助产品加工制造业	22370.64
18	农林机械、设备及零配件制造业	66346.00	38	黄金冶炼及压延加工业	21912.75
19	酿酒制造业	58982.29	39	烟草加工业	17729.00
20	化学纤维制造业	54650.33	40	木材、藤、竹、家具等加工及木制品、纸制品等印刷、包装业	3162.50
21	塑料制品业	52501.75			

表9-24　　2015中国制造业企业500强行业人均净利润

排名	公司名称	人均净利润（万元）
1	烟草加工业	50.24
2	饮料加工业	18.31
3	塑料制品业	14.33
4	橡胶制品业	12.68
5	酿酒制造业	12.66
6	通讯器材及设备、元器件制造业	10.97
7	汽车及零配件制造业	8.49
8	一般有色冶金及压延加工业	8.36
9	生活用品（含文体、玩具、工艺品、珠宝）等轻工产品加工制造业	8.10
10	造纸及纸制品加工业	8.02
11	家用电器及零配件制造业	7.63
12	纺织、印染业	7.45
13	计算机及零部件制造业	7.08
14	乳制品加工业	7.00
15	化学原料及化学制品制造业	6.87
16	医药、医疗设备制造业	6.45
17	纺织品、服装、鞋帽、服饰加工业	6.21
18	电梯及运输、仓储设备与设施制造业	5.53
19	办公、影像等电子设备、元器件制造业	5.15
20	肉食品加工业	5.11
21	电力、电气等设备、机械、元器件及光伏、电池、线缆制造业	5.06
22	工程机械、设备及零配件制造业	4.65
23	船舶工业	4.54
24	石化产品、炼焦及其他燃料生产加工业	4.19
25	建筑材料及玻璃等制造业	4.18
26	化学纤维制造业	4.17
27	电子元器件与仪器仪表、自动化控制设备制造业	3.75
28	食品加工制造业	3.57
29	农林机械、设备及零配件制造业	3.55
30	工业机械、设备及零配件制造业	3.39
31	综合制造业（以制造业为主，含有服务业）	3.23
32	金属制品、加工工具、工业辅助产品加工制造业	3.15
33	摩托车及零配件制造业	3.02
34	农副食品及农产品加工业	2.98
35	轨道交通设备及零部件制造业	2.64
36	黑色冶金及压延加工业	2.58
37	航空航天及国防军工业	2.33
38	动力、电力生产等装备、设备制造业	2.17
39	木材、藤、竹、家具等加工及木制品、纸制品等印刷、包装业	2.15
40	黄金冶炼及压延加工业	0.53

表 9-25　　2015 中国制造业企业 500 强行业人均营业收入

排名	公司名称	人均营业收入（万元）	排名	公司名称	人均营业收入（万元）
1	烟草加工业	565.61	20	通讯器材及设备、元器件制造业	166.89
2	塑料制品业	376.73	21	家用电器及零配件制造业	165.14
3	石化产品、炼焦及其他燃料生产加工业	351.74	22	综合制造业（以制造业为主，含有服务业）	161.30
4	化学纤维制造业	338.13	23	医药、医疗设备制造业	155.37
5	造纸及纸制品加工业	333.56	24	摩托车及零配件制造业	153.40
6	一般有色冶金及压延加工业	332.60	25	农林机械、设备及零配件制造业	149.71
7	计算机及零部件制造业	295.39	26	建筑材料及玻璃等制造业	146.16
8	汽车及零配件制造业	279.86	27	电子元器件与仪器仪表、自动化控制设备制造业	139.78
9	黄金冶炼及压延加工业	270.38	28	工业机械、设备及零配件制造业	134.44
10	橡胶制品业	255.67	29	电梯及运输、仓储设备与设施制造业	130.67
11	化学原料及化学制品制造业	241.64	30	食品加工制造业	126.73
12	金属制品、加工工具、工业辅助产品加工制造业	234.75	31	纺织品、服装、鞋帽、服饰加工业	123.21
			32	船舶工业	122.20
13	纺织、印染业	234.06	33	酿酒制造业	122.07
14	生活用品（含文体、玩具、工艺品、珠宝）等轻工产品加工制造业	227.96	34	农副食品及农产品加工业	119.11
			35	轨道交通设备及零部件制造业	113.16
15	黑色冶金及压延加工业	225.94	36	航空航天及国防军工业	100.67
16	电力、电气等设备、机械、元器件及光伏、电池、线缆制造业	221.40	37	肉食品加工业	91.78
			38	乳制品加工业	91.18
17	工程机械、设备及零配件制造业	194.16	39	办公、影像等电子设备、元器件制造业	68.66
18	动力、电力生产等装备、设备制造业	189.95	40	木材、藤、竹、家具等加工及木制品、纸制品等印刷、包装业	31.65
19	饮料加工业	188.77			

表9-26 2015中国制造业企业500强行业人均资产

排名	公司名称	人均资产（万元）	排名	公司名称	人均资产（万元）
1	烟草加工业	493.14	21	电子元器件与仪器仪表、自动化控制设备制造业	167.62
2	计算机及零部件制造业	396.71	22	工业机械、设备及零配件制造业	162.68
3	造纸及纸制品加工业	321.25	23	通讯器材及设备、元器件制造业	161.79
4	工程机械、设备及零配件制造业	275.01	24	轨道交通设备及零部件制造业	156.64
5	动力、电力生产等装备、设备制造业	266.38	25	电梯及运输、仓储设备与设施制造业	156.29
6	一般有色冶金及压延加工业	262.82	26	橡胶制品业	152.57
7	石化产品、炼焦及其他燃料生产加工业	254.80	27	家用电器及零配件制造业	152.50
8	塑料制品业	244.47	28	电力、电气等设备、机械、元器件及光伏、电池、线缆制造业	150.93
9	船舶工业	243.55			
10	化学原料及化学制品制造业	240.94	29	航空航天及国防军工业	149.21
11	黑色冶金及压延加工业	239.04	30	医药、医疗设备制造业	136.68
12	黄金冶炼及压延加工业	225.67	31	办公、影像等电子设备、元器件制造业	128.53
13	汽车及零配件制造业	217.96	32	纺织、印染业	127.32
14	建筑材料及玻璃等制造业	210.60	33	食品加工制造业	125.19
15	化学纤维制造业	209.82	34	饮料加工业	116.17
16	酿酒制造业	200.72	35	纺织品、服装、鞋帽、服饰加工业	94.35
17	摩托车及零配件制造业	200.40	36	木材、藤、竹、家具等加工及木制品、纸制品等印刷、包装业	81.69
18	生活用品（含文体、玩具、工艺品、珠宝）等轻工产品加工制造业	198.75	37	农副食品及农产品加工业	76.35
19	综合制造业（以制造业为主，含有服务业）	190.18	38	乳制品加工业	66.74
20	金属制品、加工工具、工业辅助产品加工制造业	172.59	39	农林机械、设备及零配件制造业	59.49
			40	肉食品加工业	55.18

表 9-27 2015 中国制造业企业500强行业人均纳税总额

排名	公司名称	人均纳税总额（万元）	排名	公司名称	人均纳税总额（万元）
1	烟草加工业	360.04	23	肉食品加工业	5.62
2	石化产品、炼焦及其他燃料生产加工业	34.27	24	黑色冶金及压延加工业	5.35
3	汽车及零配件制造业	29.14	25	工业机械、设备及零配件制造业	5.29
4	酿酒制造业	20.73	26	纺织、印染业	5.04
5	饮料加工业	15.43	27	金属制品、加工工具、工业辅助产品加工制造业	4.98
6	计算机及零部件制造业	14.51			
7	通讯器材及设备、元器件制造业	11.92	28	纺织品、服装、鞋帽、服饰加工业	4.97
8	建筑材料及玻璃等制造业	10.66	29	乳制品加工业	4.63
9	造纸及纸制品加工业	10.60	30	办公、影像等电子设备、元器件制造业	4.55
10	家用电器及零配件制造业	8.69	31	生活用品（含文体、玩具、工艺品、珠宝）等轻工产品加工制造业	4.54
11	橡胶制品业	7.83			
12	塑料制品业	7.54	32	电子元器件与仪器仪表、自动化控制设备制造业	4.52
13	化学原料及化学制品制造业	7.25			
14	轨道交通设备及零部件制造业	6.99	33	食品加工制造业	4.50
15	电力、电气等设备、机械、元器件及光伏、电池、线缆制造业	6.88	34	摩托车及零配件制造业	4.33
			35	电梯及运输、仓储设备与设施制造业	3.93
16	综合制造业（以制造业为主，含有服务业）	6.65	36	船舶工业	3.46
17	动力、电力生产等装备、设备制造业	6.56	37	航空航天及国防军工业	2.97
18	医药、医疗设备制造业	6.25	38	农副食品及农产品加工业	2.21
19	化学纤维制造业	6.10	39	木材、藤、竹、家具等加工及木制品、纸制品等印刷、包装业	2.06
20	黄金冶炼及压延加工业	6.03			
21	一般有色冶金及压延加工业	6.02	40	农林机械、设备及零配件制造业	1.99
22	工程机械、设备及零配件制造业	5.99			

表 9-28　　2015中国制造业企业500强行业人均研发费用

排名	公司名称	人均研发费用（万元）	排名	公司名称	人均研发费用（万元）
1	通讯器材及设备、元器件制造业	15.88	21	黑色冶金及压延加工业	3.19
2	塑料制品业	15.57	22	生活用品（含文体、玩具、工艺品、珠宝）等轻工产品加工制造业	3.13
3	计算机及零部件制造业	8.63			
4	橡胶制品业	8.19	23	工业机械、设备及零配件制造业	3.08
5	家用电器及零配件制造业	5.98	24	造纸及纸制品加工业	2.81
6	汽车及零配件制造业	5.77	25	办公、影像等电子设备、元器件制造业	2.43
7	船舶工业	5.56	26	酿酒制造业	2.42
8	航空航天及国防军工业	5.49	27	建筑材料及玻璃等制造业	2.35
9	纺织、印染业	5.47	28	饮料加工业	2.05
10	工程机械、设备及零配件制造业	5.44	29	烟草加工业	2.01
11	电子元器件与仪器仪表、自动化控制设备制造业	4.76	30	医药、医疗设备制造业	1.99
			31	农副食品及农产品加工业	1.59
12	动力、电力生产等装备、设备制造业	4.62	32	综合制造业（以制造业为主，含有服务业）	1.43
13	轨道交通设备及零部件制造业	4.35	33	乳制品加工业	1.40
14	化学纤维制造业	4.15	34	纺织品、服装、鞋帽、服饰加工业	1.31
15	电力、电气等设备、机械、元器件及光伏、电池、线缆制造业	3.81	35	石化产品、炼焦及其他燃料生产加工业	1.30
			36	电梯及运输、仓储设备与设施制造业	1.27
16	一般有色冶金及压延加工业	3.79	37	食品加工制造业	1.06
17	农林机械、设备及零配件制造业	3.65	38	黄金冶炼及压延加工业	0.95
18	化学原料及化学制品制造业	3.30	39	肉食品加工业	0.63
19	摩托车及零配件制造业	3.21	40	木材、藤、竹、家具等加工及木制品、纸制品等印刷、包装业	0.08
20	金属制品、加工工具、工业辅助产品加工制造业	3.20			

表 9-29　　2015 中国制造业企业 500 强行业平均资产利润率

排名	公司名称	平均资产利润率（%）	排名	公司名称	平均资产利润率（%）
1	饮料加工业	15.76	21	造纸及纸制品加工业	2.50
2	乳制品加工业	10.49	22	食品加工制造业	2.40
3	烟草加工业	10.19	23	电子元器件与仪器仪表、自动化控制设备制造业	2.24
4	肉食品加工业	9.27	24	工业机械、设备及零配件制造业	2.09
5	橡胶制品业	8.31	25	化学纤维制造业	1.90
6	通讯器材及设备、元器件制造业	6.78	26	船舶工业	1.86
7	纺织品、服装、鞋帽、服饰加工业	6.34	27	金属制品、加工工具、工业辅助产品加工制造业	1.82
8	酿酒制造业	6.31	28	计算机及零部件制造业	1.79
9	农林机械、设备及零配件制造业	5.97	29	轨道交通设备及零部件制造业	1.69
10	塑料制品业	5.86	30	化学原料及化学制品制造业	1.61
11	纺织、印染业	5.85	31	航空航天及国防军工业	1.56
12	医药、医疗设备制造业	4.72	32	建筑材料及玻璃等制造业	1.54
13	家用电器及零配件制造业	4.28	33	摩托车及零配件制造业	1.51
14	生活用品（含文体、玩具、工艺品、珠宝）等轻工产品加工制造业	4.08	34	石化产品、炼焦及其他燃料生产加工业	1.42
15	办公、影像等电子设备、元器件制造业	4.01	35	工程机械、设备及零配件制造业	1.20
16	农副食品及农产品加工业	3.77	36	综合制造业（以制造业为主，含有服务业）	1.01
17	汽车及零配件制造业	3.75	37	动力、电力生产等装备、设备制造业	0.69
18	电梯及运输、仓储设备与设施制造业	3.54	38	一般有色冶金及压延加工业	0.63
19	电力、电气等设备、机械、元器件及光伏、电池、线缆制造业	3.16	39	黑色冶金及压延加工业	0.31
20	木材、藤、竹、家具等加工及木制品、纸制品等印刷、包装业	2.63	40	黄金冶炼及压延加工业	-0.16

第十章
2015中国服务业企业500强数据

表 10-1　　**2015 中国服务业企业 500 强**

名次	企业名称	地区	营业收入（万元）	净利润（万元）	资产（万元）	所有者权益（万元）	从业人数
1	国家电网公司	北京	209136337	6035861	289291369	123167051	946871
2	中国工商银行股份有限公司	北京	102943000	27581100	2060995300	153085900	462282
3	中国建设银行股份有限公司	北京	86218900	22783000	1674413000	124217900	372321
4	中国农业银行股份有限公司	北京	79801600	17946100	1597415200	103106600	493583
5	中国银行股份有限公司	北京	74520700	16915900	1525138200	114085900	308128
6	中国移动通信集团公司	北京	66253831	6439467	153082975	84006348	274347
7	国家开发银行股份有限公司	北京	55555825	9757891	1031703038	66760920	11005
8	中国人寿保险（集团）公司	北京	53758346	1039776	274679520	9535009	151719
9	中国中化集团公司	北京	49682919	346684	35535391	7440500	55349
10	中国南方电网有限责任公司	广东	47234994	1049453	61696665	21951722	306572
11	中国平安保险（集团）股份有限公司	广东	46288200	3927900	400591000	28956400	235999
12	华润股份有限公司	广东	46141246	1553150	93698492	14227364	461944
13	中国邮政集团公司	北京	40476596	2859590	650184445	23934106	932283
14	天津物产集团有限公司	天津	40234822	109960	16912918	2020745	19373
15	中国电信集团公司	北京	38291973	1255471	70031825	37546269	454292
16	中国人民保险集团股份有限公司	北京	35149600	1310900	78222100	9258100	513535
17	中国中信集团有限公司	北京	34088735	2905149	473290356	26758102	179288
18	交通银行股份有限公司	上海	33444493	6584974	626829898	47105551	93428
19	中国联合网络通信集团有限公司	北京	28965300	579629	59168674	16771346	283458
20	苏宁控股集团	江苏	28294180	76188	16764098	2960924	180000
21	招商银行股份有限公司	广东	28104943	5591100	473182900	31440400	75109
22	绿地控股集团有限公司	上海	26195510	556979	50895866	4648449	9300
23	兴业银行股份有限公司	福建	25012300	4713800	440639900	25793400	49338
24	中粮集团有限公司	北京	24969028	76224	43979378	5247180	120674
25	中国医药集团总公司	北京	24710984	270494	19919246	3194444	92168
26	中国民生银行股份有限公司	北京	24643900	4454600	401513600	24014200	59659
27	中国机械工业集团有限公司	北京	24474888	375016	25313437	4545513	124768
28	大连万达集团股份有限公司	辽宁	24248000	1255099	73205403	9519967	113161
29	上海浦东发展银行	上海	23798800	4702600	419592400	26016900	42532
30	中国航空油料集团公司	北京	22289976	58030	3872846	1130166	10823
31	中国太平洋保险（集团）股份有限公司	上海	21977800	1104900	82510000	11713100	90829
32	浙江省物产集团公司	浙江	21448400	88839	6176166	1103098	17055
33	晋能集团有限公司	山西	19296321	-1399	24465977	3764063	109408
34	中国农业发展银行	北京	17576500	1430400	314221000	7824000	52776

名次	企业名称	地区	营业收入（万元）	净利润（万元）	资产（万元）	所有者权益（万元）	从业人数
35	中国光大集团股份有限公司	北京	17347800	908900	295756700	8227600	54000
36	中国通用技术（集团）控股有限责任公司	北京	17049315	293098	13272278	3437168	40450
37	大商集团有限公司	辽宁	17023317	144031	2342480	823979	221803
38	中国远洋运输（集团）总公司	北京	16933575	333725	35905745	11746004	75675
39	中国保利集团公司	北京	16048517	628800	55090859	4544041	61726
40	海航集团有限公司	海南	15801958	127480	49520370	2249698	113089
41	国美电器有限公司	北京	14348266	347228	5662110	1765661	58903
42	新华人寿保险股份有限公司	北京	14318700	640600	64370900	4835900	56487
43	百联集团有限公司	上海	13435613	55422	9178732	1901544	78701
44	厦门建发集团有限公司	福建	12393562	147894	11087461	1363936	16893
45	京东商城电子商务有限公司	北京	11500231	-499635	6649317	3749806	
46	国家开发投资公司	北京	11262010	410590	46172597	6223324	81107
47	恒大地产集团有限公司	广东	11139811	1276129	47446209	5111979	77057
48	中国南方航空集团公司	广东	10918040	161981	19675190	2060053	95361
49	上海东浩兰生国际服务贸易（集团）有限公司	上海	10833334	96557	2970054	888694	5469
50	中国航空集团公司	北京	10720489	217014	22189803	3602128	78560
51	华夏银行股份有限公司	北京	10403472	1798091	185162778	10145868	27835
52	山西煤炭进出口集团有限公司	山西	10263596	-221531	7658365	1301136	16124
53	新疆广汇实业投资（集团）有限责任公司	新疆	10082004	231731	14113268	2287010	68705
54	泰康人寿保险股份有限公司	北京	9838871	676299	52739653	3194712	45335
55	中国东方航空集团公司	上海	9454194	186055	17919027	1819101	54018
56	中国外运长航集团有限公司	北京	9145576	-274277	10912186	3018517	62003
57	中国太平保险集团有限责任公司	北京	8863151	205496	35314379	1836318	43939
58	广东物资集团公司	广东	8800625	10353	3463650	637838	10386
59	厦门国贸控股有限公司	福建	8706317	18945	5360546	293304	17502
60	三胞集团有限公司	江苏	8506805	136007	8000988	1130203	85146
61	西安迈科金属国际集团有限公司	陕西	8379831	20900	1460492	355113	276
62	中国海运（集团）总公司	上海	8306535	92924	21058504	5553182	40598
63	山东省商业集团有限公司	山东	8050638	29048	7845220	431085	200000
64	绿城房地产集团有限公司	浙江	7940000	207172	12714388	2364007	5050
65	北京银行	北京	7923955	1562332	152443673	9590281	10401
66	腾讯控股有限公司	广东	7893200	2381000	17116600	8001300	
67	中国铁路物资股份有限公司	北京	7879149	13294	5993425	572190	10611
68	珠海振戎公司	北京	7702673	12664	618784	198026	122
69	浙江省兴合集团有限责任公司	浙江	7289006	23640	3529397	308807	18619

名次	企业名称	地区	营业收入（万元）	净利润（万元）	资产（万元）	所有者权益（万元）	从业人数
70	浙江省能源集团有限公司	浙江	7117063	652535	18261760	6229365	18825
71	阿里巴巴集团控股有限公司	浙江	7081000	2697000	26999300	13710100	
72	广东省广新控股集团有限公司	广东	7004680	12541	4114325	396277	24944
73	中国诚通控股集团有限公司	北京	6820624	39296	6720933	1332670	26648
74	北京能源集团有限责任公司	北京	6638375	316606	22269804	6235666	43296
75	广西投资集团有限公司	广西	6532425	51848	9186211	1064569	19891
76	大印集团有限公司	海南	6080396	21381	1303801	459526	2011
77	庞大汽贸集团股份有限公司	河北	6031453	14151	6774578	1213236	33777
78	北京控股集团有限公司	北京	5857191	80053	19761509	2741903	77311
79	浙江省国际贸易集团有限公司	浙江	5714723	64635	4798245	866099	16042
80	河北省物流产业集团有限公司	河北	5500203	2743	1322295	131704	1185
81	中升集团控股有限公司	辽宁	5478666	75091	3890825	1111880	15825
82	银亿集团有限公司	浙江	5358317	109503	6036020	693114	9169
83	玖隆钢铁物流有限公司	江苏	5306031	6350	420309	137681	210
84	厦门象屿集团有限公司	福建	5217263	30129	4141156	460477	7000
85	重庆商社（集团）有限公司	重庆	5145104	15242	2225624	249482	99136
86	深圳市大生农业集团有限公司	广东	5119342	18538	1210497	171394	519
87	浪潮集团有限公司	山东	5103479	109402	1563290	694339	19561
88	中国港中旅集团公司	北京	5068000		10090000		45000
89	隆基泰和实业有限公司	河北	5057996	238257	4482698	1367279	22766
90	重庆龙湖企业拓展有限公司	重庆	4958879	807375	12899377	3612333	14697
91	深圳市神州通投资集团有限公司	广东	4933128	-2717	1379538	300079	10625
92	百度股份有限公司	北京	4905232	1318707	9966151	5152563	
93	广西北部湾国际港务集团有限公司	广西	4860513	98882	6127597	1129429	12250
94	深圳市爱施德股份有限公司	广东	4832057	2914	892622	429837	2754
95	天津一商集团有限公司	天津	4630440	8805	929280	78531	4193
96	腾邦投资控股有限公司	广东	4578531	29077	854244	149982	6822
97	远大物产集团有限公司	浙江	4563731	47598	755538	102040	578
98	中国国际技术智力合作公司	北京	4552396	45536	658575	244787	3719
99	天津港（集团）有限公司	天津	4405846	50923	13338793	2575091	17052
100	山东高速集团有限公司	山东	4350349	13207	31172744	3379820	24863
101	上海纺织（集团）有限公司	上海	4314295	41944	2481652	791940	13009
102	上海永达控股（集团）有限公司	上海	4304104	79788	1837886	484273	8854
103	广东省丝绸纺织集团有限公司	广东	4281278	19891	1526162	187322	5469
104	广东省广晟资产经营有限公司	广东	4223059	30408	10026908	2097754	38359

名次	企业名称	地区	营业收入（万元）	净利润（万元）	资产（万元）	所有者权益（万元）	从业人数
105	江苏国泰国际集团有限公司	江苏	4200722	7076	1483285	167493	11500
106	九州通医药集团股份有限公司	湖北	4106840	56071	2412504	780055	10319
107	阳光保险集团股份有限公司	北京	3918158	91596	12891647	1655848	114264
108	渤海银行股份有限公司	天津	3884177	503127	66714754	2949629	6036
109	北京首都旅游集团有限责任公司	北京	3832341	39401	4591164	902420	50000
110	合肥百货大楼集团股份有限公司	安徽	3780000	36602	794972	325384	8213
111	广东省交通集团有限公司	广东	3703498	87306	28702009	6041579	51092
112	浙江省商业集团有限公司	浙江	3682317	9946	6176874	291308	14943
113	北京外企服务集团有限责任公司	北京	3680482	8813	519255	109498	25684
114	永辉超市股份有限公司	福建	3672680	85156	1547957	643814	73085
115	广东圣丰集团有限公司	广东	3627023	197907	2131763	1231258	14692
116	云南省能源投资集团有限公司	云南	3532995	172726	5669179	1876134	3532
117	广州轻工工贸集团有限公司	广东	3502268	38688	1491398	510673	6306
118	上海均和集团有限公司	上海	3484075	3438	668570	207302	1200
119	山西省国新能源发展集团有限公司	山西	3445676	5580	2423370	99770	3130
120	重庆市能源投资集团有限公司	重庆	3411240	-3614	9210389	2030238	68816
121	天音通信有限公司	广东	3400167	-100327	975682	161150	5500
122	武汉武商集团股份有限公司	湖北	3400003	65969	1565085	355593	15304
123	中基宁波集团股份有限公司	浙江	3310568	5680	831108	50098	1577
124	浙江省交通投资集团有限公司	浙江	3295151	175616	17003352	3186215	20166
125	重庆市金科投资控股（集团）有限责任公司	重庆	3268670	82130	9683765	510853	10393
126	长春欧亚集团股份有限公司	吉林	3232232	29875	1326223	159019	7561
127	中百控股集团股份有限公司	湖北	3221803	18625	885534	302319	37727
128	石家庄北国人百集团有限责任公司	河北	3213628	38565	970532	231620	46046
129	深圳市飞马国际供应链股份有限公司	广东	3211906	14779	1705674	80457	342
130	天津能源投资集团有限公司	天津	3169725	71446	7157975	2979879	10698
131	申能（集团）有限公司	上海	3082414	234543	13556268	7269524	11812
132	天津住宅建设发展集团有限公司	天津	3018376	96514	5134513	1194591	5801
133	安徽国贸集团控股有限公司	安徽	2936110	14942	2989651	348142	5993
134	大汉控股集团有限公司	湖南	2925116	68795	1287648	347682	2412
135	新奥能源控股有限公司	河北	2908700	296800	4303500	1209800	27931
136	福佳集团有限公司	辽宁	2903489	90053	5095051	2419129	3246
137	上海国际港务（集团）股份有限公司	上海	2877870	676655	9427950	5456276	18442
138	世纪金源投资集团有限公司	北京	2866880	186551	9765140	2622437	19550
139	弘阳集团有限公司	江苏	2836606	133389	2649970	998440	2340

名次	企业名称	地区	营业收入（万元）	净利润（万元）	资产（万元）	所有者权益（万元）	从业人数
140	辽宁日林实业集团有限公司	辽宁	2815842	104921	5982888	907328	24508
141	天津领先控股集团有限公司	天津	2804979	105378	1605395	979838	4696
142	卓尔控股有限公司	湖北	2802565	188127	4351794	3210791	1866
143	福建省能源集团有限责任公司	福建	2747908	84542	5367101	1119112	34252
144	盛京银行股份有限公司	辽宁	2682186	540493	50337051	3569955	3791
145	天津银行股份有限公司	天津	2597985	441723	47885908	2867217	5416
146	广州农村商业银行股份有限公司	广东	2544079	537469	46660762	3066061	7873
147	广西交通投资集团有限公司	广西	2493578	59982	17377667	5089019	11292
148	广州越秀集团有限公司	广东	2467798	144211	27763530	2244796	15066
149	天津房地产集团有限公司	天津	2404035	-46127	12862616	486669	3223
150	浙江前程石化股份有限公司	浙江	2398081	1977	385409	50663	370
151	北京首都创业集团有限公司	北京	2378289	28309	18510768	1115355	21071
152	安徽出版集团有限责任公司	安徽	2319035	52801	1543671	442516	4895
153	中国煤炭科工集团有限公司	北京	2313204	149480	3986227	1450500	35962
154	唯品会（中国）有限公司	广东	2296354	133349	1339788	320510	16224
155	利群集团股份有限公司	山东	2276518	42180	1628588	623132	10089
156	广州元亨能源有限公司	广东	2250875	3768	545821	74132	42
157	香江集团有限公司	广东	2248818	201646	4809213	2519500	12372
158	张家港保税区旭江贸易有限公司	江苏	2233267	54866	98249	-89299	37
159	山西能源交通投资有限公司	山西	2220194	20341	7015911	1587579	22747
160	江苏省苏豪控股集团有限公司	江苏	2169761	38392	3235426	994307	8100
161	日照港集团有限公司	山东	2157907	-3372	4869521	756181	8873
162	苏州金螳螂企业（集团）有限公司	江苏	2107111	41711	2318974	274631	14745
163	南通化工轻工股份有限公司	江苏	2095194	7526	193655	78008	142
164	东方国际（集团）有限公司	上海	2085255	28834	1518316	706418	5542
165	兴华财富集团有限公司	河北	2050994	78058	780300	530651	4025
166	重庆农村商业银行股份有限公司	重庆	1980243	682845	61888899	4142595	17808
167	广西物资集团有限责任公司	广西	1942298	7196	716960	101098	2420
168	重庆医药（集团）股份有限公司	重庆	1927872	32951	1238955	224919	10211
169	银泰商业（集团）有限公司	浙江	1863992	112148	2779418	1069498	8897
170	安徽新华发行（集团）控股有限公司	安徽	1843622	51079	1440848	504381	4498
171	宁波君安控股有限公司	浙江	1819932	4714	247061	41118	84
172	华南物资集团有限公司	重庆	1714058	7874	466102	52121	668
173	安徽省高速公路控股集团有限公司	安徽	1706541	108194	11848667	3241693	8913
174	四川航空股份有限公司	四川	1704942	32459	2162304	259890	9750

名次	企业名称	地区	营业收入（万元）	净利润（万元）	资产（万元）	所有者权益（万元）	从业人数
175	福建省交通运输集团有限责任公司	福建	1701587	18352	2629928	595941	28796
176	广东粤合资产经营有限公司	广东	1679341	4310	817608	84804	2535
177	上海均瑶（集团）有限公司	上海	1672541	41975	2180156	420170	9912
178	宁波神化化学品经营有限责任公司	浙江	1670962	4752	164515	38865	120
179	中国江苏国际经济技术合作集团有限公司	江苏	1660265	18937	1536583	188334	9776
180	新华锦集团	山东	1636726	14013	532594	85406	9200
181	重庆粮食集团有限责任公司	重庆	1631608	2764	2120545	464400	4683
182	重庆对外经贸（集团）有限公司	重庆	1624748	20657	1612103	365934	6421
183	淄博商厦股份有限公司	山东	1606965	15969	545706	212263	8750
184	安徽安粮控股股份有限公司	安徽	1566402	34252	1803810	121501	2409
185	南方石化集团有限公司	广东	1557882	-67120	1489081	185366	986
186	安徽省能源集团有限公司	安徽	1547266	141804	3643051	1247472	5648
187	大连金玛商城企业集团有限公司	辽宁	1519585	205728	2018971	841371	6500
188	山东远通汽车贸易集团有限公司	山东	1519214	31814	475183	211539	6799
189	武汉中商集团股份有限公司	湖北	1492240	2611	288427	84598	7233
190	新疆生产建设兵团棉麻公司	新疆	1470505	9587	342904	22116	512
191	安徽辉隆农资集团	安徽	1462053	32150	1332546	411474	1345
192	河北港口集团有限公司	河北	1454142	86368	5740346	2449646	16172
193	广东粤海控股集团有限公司	广东	1444585	149744	7762171	2723109	10659
194	万友汽车投资有限公司	重庆	1435301	5607	836530	43629	6362
195	浙江英特药业有限责任公司	浙江	1407846	10786	519458	120064	2430
196	中国万向控股有限公司	上海	1396203	30415	7444697	577891	12988
197	宁波港集团有限公司	浙江	1376255	161894	5560048	3212755	11627
198	杭州联华华商集团有限公司	浙江	1370984	30994	837214	65688	18099
199	太平鸟集团有限公司	浙江	1370536	43914	750734	223196	8628
200	宁波华东物资城市场建设开发有限公司	浙江	1363700	6615	43900	15863	3087
201	上海际大投资控股集团有限公司	上海	1358654	29325	160561	69714	630
202	浙江宝利德股份有限公司	浙江	1355186	17683	673353	112571	2296
203	南昌市政公用投资控股有限责任公司	江西	1346838	44579	5679652	2255525	
204	广发证券股份有限公司	广东	1339497	502257	24009978	3961088	9276
205	东华能源股份有限公司	江苏	1331426	13747	1129914	288087	960
206	广州无线电集团有限公司	广东	1328643	76434	3688672	401269	23296
207	黑龙江倍丰农业生产资料集团有限公司	黑龙江	1307931	10256	1199123	77387	522
208	广州岭南国际企业集团有限公司	广东	1294612	35868	1209196	487214	15970
209	湖北省交通投资集团有限公司	湖北	1290926	54056	27386944	7999018	5300

名次	企业名称	地区	营业收入（万元）	净利润（万元）	资产（万元）	所有者权益（万元）	从业人数
210	北方国际集团有限公司	天津	1290221	2071	702738	31051	1986
211	青海省投资集团有限公司	青海	1289503	1594	4279607	651478	15054
212	湖南九龙经贸集团有限公司	湖南	1264509	21253	502848	213127	3800
213	天津城市基础设施建设投资集团有限公司	天津	1264410	164283	65786702	17684561	11572
214	天津农村商业银行股份有限公司	天津	1262646	234162	22152570	1705639	6207
215	武汉经济发展投资（集团）有限公司	湖北	1259896	29853	3453617	544401	3542
216	润华集团股份有限公司	山东	1257453	76330	1108151	492842	8000
217	大华（集团）有限公司	上海	1255900	152067	4139784	1076697	1532
218	深圳能源集团股份有限公司	广东	1250604		3844139	1771122	3722
219	西安高科（集团）公司	陕西	1232353	68034	4458193	475564	11039
220	月星集团有限公司	上海	1210395	59737	2936832	807654	9414
221	利泰集团有限公司	广东	1210210	5476	435053	118503	5607
222	厦门路桥工程物资有限公司	福建	1209050	10268	568034	97916	435
223	山东航空集团有限公司	山东	1200655	16974	1329436	198039	
224	广州百货企业集团有限公司	广东	1195501	15928	1100887	334359	5383
225	天津现代集团有限公司	天津	1182035	42914	1496725	548241	395
226	四川省能源投资集团有限责任公司	四川	1170431	63167	5346151	1218005	14134
227	上海春秋国际旅行社（集团）有限公司	上海	1162641	76294	1246324	323331	6738
228	网易公司	北京	1155124	469100	2993589	2306764	
229	大连港集团有限公司	辽宁	1143963	64670	7638358	2162702	8020
230	重庆交通运输控股（集团）有限公司	重庆	1132270	29990	1456660	554703	24824
231	张家港百维物贸有限公司	江苏	1125539	8303	84473	27320	14
232	深圳粤通国际投资有限公司	广东	1118438	10288	102729	71757	480
233	浙江建华集团有限公司	浙江	1117981	4512	281363	62601	3102
234	上海机场（集团）有限公司	上海	1064439	153447	6386064	4175071	17207
235	中青旅控股股份有限公司	北京	1060723	36372	887824	441754	7504
236	锦联控股集团有限公司	辽宁	1058848	100554	1524552	642156	5180
237	营口港务集团有限公司	辽宁	1058799	131721	10598491	2831998	23760
238	重庆中节能实业有限责任公司	重庆	1033643	40794	2201507	187270	6582
239	浙江康桥汽车工贸集团股份有限公司	浙江	1032473	-2107	418711	33783	7000
240	搜狐网络有限责任公司	北京	1023756	-101977	1754323	735296	
241	无锡市国联发展（集团）有限公司	江苏	1015177	91447	6748191	1634624	8018
242	武汉市城市建设投资开发集团有限公司	湖北	1008223	68314	21462406	4778324	15558
243	唐山百货大楼集团有限责任公司	河北	1002447	12174	491892	148187	17688
244	广东鸿粤汽车销售集团有限公司	广东	989429	-10030	577866	1104	2761

名次	企业名称	地区	营业收入（万元）	净利润（万元）	资产（万元）	所有者权益（万元）	从业人数
245	江苏五星电器有限公司	江苏	987567	-398	548885	196590	7372
246	佛山市顺德区乐从供销集团有限公司	广东	955357	12061	438962	88492	3949
247	广西水利电业集团有限公司	广西	954415	101	3624703	554954	25843
248	深圳市燃气集团股份有限公司	广东	953087	73223	1326168	597659	5910
249	河北怀特集团股份有限公司	河北	950800	62835	1671450	912671	11424
250	汉口银行股份有限公司	湖北	946963	147237	16908963	1456915	2954
251	湖南省新华书店有限责任公司	湖南	941844	82796	609161	266199	7618
252	广东珠江投资股份有限公司	广东	938629	827491	8616584	2371166	2085
253	广州纺织工贸企业集团有限公司	广东	926873	-28180	698874	288819	1335
254	青岛农村商业银行股份有限公司	山东	920730	170318	14565621	1183326	5156
255	武汉农村商业银行股份有限公司	湖北	903962	230994	15406551	1406770	3973
256	浙江出版联合集团有限公司	浙江	900311	87450	1527149	912020	7997
257	上海交运集团股份有限公司	上海	893549	32071	724690	347285	7206
258	深圳市朗华供应链服务有限公司	广东	893522	1372	681390	20519	459
259	深圳广田装饰集团股份有限公司	广东	889510	54967	1132722	428325	3200
260	中国农业机械华北集团有限公司	天津	886111	7328	299063	110408	705
261	华融湘江银行股份有限公司	湖南	883250	203710	16530889	1102054	4385
262	宁波市慈溪进出口股份有限公司	浙江	883212	1167	953330	99002	1078
263	厦门翔业集团有限公司	福建	880156	45315	1813394	467127	12451
264	广西北部湾投资集团有限公司	广西	879917	48866	3597258	1498043	2718
265	安徽省交通投资集团有限责任公司	安徽	879346	48262	7193488	2251347	15039
266	滨海投资集团股份有限公司	天津	872428	1052	871830	51337	1142
267	云南物流产业集团有限公司	云南	859541	296	747497	153873	1823
268	无锡商业大厦大东方股份有限公司	江苏	855367	14706	456859	145250	3902
269	厦门海沧投资集团有限公司	福建	853234	53117	2204911	377916	3742
270	北京奇虎科技有限公司	北京	853114	136660	2038588	629400	
271	天津市交通（集团）有限公司	天津	848397	13193	498703	175393	13939
272	上海新世界（集团）有限公司	上海	846006	47350	1790359	542366	9584
273	重庆协信控股（集团）有限公司	重庆	842295	258807	5229290	1207213	4096
274	青岛银行股份有限公司	山东	837121	149535	15616594	978465	2655
275	新疆友好（集团）股份有限公司	新疆	827654	9189	784513	171782	22352
276	重庆港务物流集团有限公司	重庆	824995	5494	2237846	520222	5039
277	广州轻出集团股份有限公司	广东	814517	3893	189794	40005	422
278	天津金元宝商厦集团有限公司	天津	810192	1854	141006	24997	1252
279	四川富临实业集团有限公司	四川	805987	4725	1081029	258033	10215

名次	企业名称	地区	营业收入（万元）	净利润（万元）	资产（万元）	所有者权益（万元）	从业人数
280	西安曲江文化产业投资（集团）有限公司	陕西	803748	7353	4287610	598350	8457
281	宁波轿辰集团股份有限公司	浙江	796895	2410	317485	75798	3500
282	苏州国信集团有限公司	江苏	790910	11031	597758	29086	315
283	天津立业钢铁集团有限公司	天津	787605	2956	266021	144393	800
284	中国免税品（集团）有限责任公司	北京	787161	143129	885105	693846	5428
285	庆丰农业生产资料集团有限责任公司	黑龙江	784725	4928	627868	48527	300
286	厦门禹洲集团股份有限公司	福建	783663	125438	3907501	817332	2654
287	湖南粮食集团有限责任公司	湖南	779795	3975	1110956	155315	3809
288	东软集团股份有限公司	辽宁	779633	25569	962214	541482	17343
289	浙江省农村发展集团有限公司	浙江	774517	12674	976080	91898	1920
290	安徽亚夏实业股份有限公司	安徽	769909	9316	464791	120598	4286
291	宁波滕头集团有限公司	浙江	768415	20950	332308	63665	12796
292	浙江华瑞集团有限公司	浙江	766877	15364	918526	204789	550
293	天津市长芦盐业总公司	天津	763330	6636	571387	216913	320
294	上海闽路润贸易有限公司	上海	750686	3042	303564	16914	112
295	重庆银行股份有限公司	重庆	748311	282714	27453115	1590302	3581
296	安徽省盐业总公司	安徽	735961	21319	789537	183900	4426
297	携程旅行网	上海	734692	24274	3129092	952918	
298	广州港集团有限公司	广东	733791	80990	2746738	964607	10386
299	湖北能源集团股份有限公司	湖北	727015	114351	3367382	1450193	3646
300	厦门夏商集团有限公司	福建	720844	22584	984491	250170	7454
301	中国天津国际经济技术合作集团公司	天津	718591	7132	343550	-13693	743
302	重庆华宇物业（集团）有限公司	重庆	716949	142569	2851184	1295366	6680
303	桂林银行股份有限公司	广西	708426	102278	11348467	633269	3124
304	上海东方电视购物有限公司	上海	701707	38992	228103	135771	1961
305	联发集团有限公司	福建	701082	85875	2434879	565058	2040
306	山西大昌汽车集团有限公司	山西	689999	12919	257324	149894	2239
307	广州市地下铁道总公司	广东	683655	691	17366935	9032459	21949
308	银川新华百货商业集团股份有限公司	宁夏	681754	19392	395835	171893	19447
309	江阴长三角钢铁集团有限公司	江苏	680128	1914	113125	27344	315
310	银江科技集团有限公司	浙江	677396	7913	834126	36586	2068
311	湖南友谊阿波罗控股股份有限公司	湖南	668607	31423	1093393	156564	3976
312	新疆农资（集团）有限责任公司	新疆	667816	2948	443605	119124	
313	重庆百事达汽车有限公司	重庆	667332	4030	130043	29914	2300
314	温州开元集团有限公司	浙江	663026	9738	357258	146772	1531

名次	企业名称	地区	营业收入（万元）	净利润（万元）	资产（万元）	所有者权益（万元）	从业人数
315	山西美特好连锁超市股份有限公司	山西	656037	-5148	382095	38528	12290
316	华茂集团股份有限公司	浙江	654548	42643	1083260	444120	2688
317	天津恒运能源股份有限公司	天津	646735	13876	274935	106906	1000
318	长沙银行股份有限公司	湖南	641609	243092	21607330	1293235	3728
319	武汉商贸国有控股集团有限公司	湖北	640212	8935	1019578	134390	2454
320	日出实业集团有限公司	浙江	640112	2489	148058	20587	205
321	开元旅业集团有限公司	浙江	637315	20758	2089051	370456	22023
322	湖北银丰实业集团有限责任公司	湖北	635422	3794	573493	111447	1830
323	天津市政建设集团有限公司	天津	630077	-18184	6394603	385133	1917
324	鹭燕（福建）药业股份有限公司	福建	629980	10933	331401	64227	2133
325	上海申华控股股份有限公司	上海	629965	-19895	803565	187396	1672
326	广西北部湾银行股份有限公司	广西	629872	11514	8559541	903117	2478
327	广州中大控股有限公司	广东	629069	5692	499741	57632	2465
328	广西西江开发投资集团有限公司	广西	621685	16068	2306363	675862	2421
329	四川省开元集团有限公司	四川	615602	3721	321705	71259	
330	上海临港经济发展（集团）有限公司	上海	614963	4500	5732157	801028	1942
331	邯郸市阳光百货集团总公司	河北	611000	4475	267176	20900	22000
332	南京大地建设集团有限责任公司	江苏	607088	6540	247277	80543	1140
333	佛山市公用事业控股有限公司	广东	599833	59920	1721834	41973	5848
334	内蒙古高等级公路建设开发有限责任公司	内蒙古	598922	-87798	9552408	1917600	9739
335	荣安集团股份有限公司	浙江	589290	38871	967987	543647	691
336	宁夏银行股份有限公司	宁夏	587659	139028	10382323	864429	2558
337	龙江银行股份有限公司	黑龙江	571162	82355	14248532	1140520	5206
338	祥生实业集团有限公司	浙江	567360	44566	1931936	540202	1941
339	泰德煤网股份有限公司	辽宁	566422	4591	271916	67990	205
340	广西柳州医药股份有限公司	广西	565535	16980	373562	115565	1530
341	湖南兰天集团有限公司	湖南	563094	714	224368	39704	2300
342	浙江万丰企业集团公司	浙江	559882	4509	293324	68077	2281
343	武汉工贸有限公司	湖北	558406	25403	338714	93942	3141
344	上海尚友实业集团有限公司	上海	557381	3143	27183	25334	87
345	四川新华发行集团有限公司	四川	556992	36138	1248655	486896	9188
346	浙江凯喜雅国际股份有限公司	浙江	554457	3825	390976	67411	236
347	广州市水务投资集团有限公司	广东	554374	-11137	7809439	3028477	8149
348	万合集团股份有限公司	河北	549289	10898	357600	50594	7380
349	河北省农业生产资料有限公司	河北	546272	5271	317270	65533	511

名次	企业名称	地区	营业收入（万元）	净利润（万元）	资产（万元）	所有者权益（万元）	从业人数
350	江苏恒大置业投资发展有限公司	江苏	546000				
351	柏年康成健康管理集团有限公司	浙江	540569	63223	338275	57065	420
352	新疆棉花产业集团有限公司	新疆	540002	-1843	626625	37702	3197
353	万事利集团有限公司	浙江	539836	13779	497344	117501	1935
354	重庆长安民生物流股份有限公司	重庆	534435	22196	353538	152364	8433
355	宁波富达股份有限公司	浙江	528692	11185	1870964	376150	2164
356	上海龙宇燃油股份有限公司	上海	527881	740	170634	78727	219
357	万向三农集团有限公司	浙江	527463	135235	1409684	535265	2298
358	青岛利客来集团股份有限公司	山东	525839	2613	218953	62976	1888
359	云南出版集团有限责任公司	云南	523789	42710	549617	326453	5504
360	广州佳都集团有限公司	广东	522846	24965	532945	75227	2851
361	江苏省粮食集团有限责任公司	江苏	515016	4999	346367	129259	1150
362	四川华油集团有限责任公司	四川	514324	35794	519455	171278	3670
363	厦门市嘉晟对外贸易有限公司	福建	514105	3746	762164	25037	205
364	唐山港集团股份有限公司	河北	512663	108899	1524726	693504	2539
365	厦门恒兴集团有限公司	福建	511729	11625	976813	366343	187
366	宁波伟立投资集团有限公司	浙江	507581	9456	167100	87826	510
367	湖北省农业生产资料集团有限公司	湖北	507322	7363	287361	25978	630
368	宁波海田控股集团有限公司	浙江	501110	1239	147203	8672	187
369	江苏张家港农村商业银行股份有限公司	江苏	500224	73100	7197023	634009	1294
370	广州南菱汽车股份有限公司	广东	500220	1651	247115	42947	2924
371	张家口市商业银行股份有限公司	河北	493636	108206	10521299	465566	1889
372	方正证券股份有限公司	湖南	489970	179610	8692386	3033543	4500
373	武汉市汉商集团股份有限公司	湖北	486776	1957	164702	55941	1505
374	无锡农村商业银行股份有限公司	江苏	480256	92562	10446309	641314	1313
375	张家港保税区荣德贸易有限公司	江苏	478034	5390	72810	58936	103
376	新浪公司	北京	471285	108460	2266068	1312997	
377	安徽国祯集团股份有限公司	安徽	471209	1626	648161	110148	3063
378	浙大网新科技股份有限公司	浙江	470447	-15701	462810	154460	5617
379	赛鼎工程有限公司	山西	469204	41527	536429	159573	1742
380	青岛维客集团股份有限公司	山东	468475	2241	245707	46465	2336
381	广西金融投资集团有限公司	广西	468106	68992	3352105	789448	2568
382	广东天河城（集团）股份有限公司	广东	466331	69381	924392	720786	
383	上海外经集团控股有限公司	上海	465505	2184	482461	40104	1313
384	苏州汽车客运集团有限公司	江苏	465428	48800	944253	305870	21544

名次	企业名称	地区	营业收入（万元）	净利润（万元）	资产（万元）	所有者权益（万元）	从业人数
385	畅游有限公司	北京	463328	-2073	947197	544830	
386	宁波医药股份有限公司	浙江	463320	6246	178714	50635	278
387	天津海泰控股集团有限公司	天津	460238	-16530	3405372	488423	2876
388	上海强生控股股份有限公司	上海	455568	18711	621673	310467	29633
389	常州市化工轻工材料总公司	江苏	455464	963	108583	6081	151
390	嘉兴良友进出口集团股份有限公司	浙江	451944	1144	469505	23652	537
391	宁波市绿顺集团股份有限公司	浙江	450065	2158	75884	28163	312
392	福建省福农农资集团有限公司	福建	449759	2765	270252	41671	398
393	中国对外贸易中心（集团）	广东	449755	230849	3032620	1975139	1990
394	柳州银行股份有限公司	广西	446145	92460	7551221	740030	1927
395	齐商银行股份有限公司	山东	445886	76252	7073399	626570	2673
396	宁波联合集团股份有限公司	浙江	444256	11430	767367	185883	651
397	无锡市交通产业集团有限公司	江苏	443505	121094	3044934	1367902	11522
398	雄风集团有限公司	浙江	438795	3954	252617	71501	6200
399	当当网信息技术（天津）有限公司	天津	438680	4947	331328	-5224	925
400	江苏江阴农村商业银行股份有限公司	江苏	437733	81846	8358700	626025	1094
401	广州广之旅国际旅行社股份有限公司	广东	435372	5004	139718	16095	1581
402	长沙通程控股股份有限公司	湖南	434963	14315	377962	186215	18168
403	厦门住宅建设集团有限公司	福建	434391	34994	1997084	449845	3046
404	武汉市燃气热力集团有限公司	湖北	434065	12804	787697	175236	4493
405	海越控股集团有限公司	浙江	433900	11205	924007	118738	997
406	现代投资股份有限公司	湖南	433100	41000	1732100	649300	2700
407	搜房控股有限公司	北京	431189	155340	1067300	386721	
408	上海金开利集团有限公司	上海	427652	93061	342771	222098	3000
409	上海丝绸集团股份有限公司	上海	427625	10541	165938	57867	3500
410	重庆市盐业（集团）有限公司	重庆	421317	3143	402616	93711	3273
411	四川安吉物流集团有限公司	四川	420311	4629	143338	116738	1265
412	青海省物资产业集团总公司	青海	420061	1311	264371	88223	1721
413	宁波明港液化气有限公司	浙江	418796	753	17262	12898	33
414	山西宝力金属材料集团有限公司	山西	417550	8764	293072	251838	785
415	厦门海澳集团有限公司	福建	416747	3280	120206	33170	170
416	黄冈市黄商贸易股份有限公司	湖北	412948	8695	51359	14803	11320
417	浙江省医药工业有限公司	浙江	410843	3599	127545	41917	261
418	潮州华丰集团股份有限公司	广东	409703	3110	209641	31693	326
419	长江勘测规划设计研究院	湖北	409496	9354	681196	95457	2935

名次	企业名称	地区	营业收入（万元）	净利润（万元）	资产（万元）	所有者权益（万元）	从业人数
420	江西赣粤高速公路股份有限公司	江西	408051	69548	3082073	1234625	
421	深圳市粮食集团有限公司	广东	404769	11497	193185	88147	507
422	重庆华轻商业有限公司	重庆	404107	1800	88547	30168	354
423	新疆前海集团公司	新疆	403483	2377	551857	9762	802
424	广东省广播电视网络股份有限公司	广东	399840	39440	1509806	1117198	7972
425	老百姓大药房连锁股份有限公司	湖南	394288	20238	252968	96792	9787
426	青海银行股份有限公司	青海	392099	95960	5333448	508136	1456
427	宁波宁兴控股股份有限公司	浙江	391109	4015	219038	32769	550
428	吉峰农机连锁股份有限公司	四川	389749	-38708	236771	76481	1978
429	聚美优品	北京	388271	40439	454838	336704	
430	张家港福洛瑞物贸有限公司	江苏	384901	-388	61903	30490	30
431	完美世界（北京）网络技术有限公司	北京	384322	47139	712953	483273	
432	广州华多网络科技有限公司	广东	383181	59743	275684	41873	1682
433	天津渤海润德钢铁集团有限公司	天津	381852	2723	116474	40280	78
434	中国大连国际经济技术合作集团有限公司	辽宁	380135	5987	1060441	66889	2198
435	广东省航运集团有限公司	广东	376332	20889	1007189	372538	6104
436	赣州银行股份有限公司	江西	374809	97414	7331841	529191	2290
437	厦门经济特区房地产开发集团有限公司	福建	373828	80422	2040147	534736	8680
438	重庆河东控股（集团）有限公司	重庆	373315	12471	186100	63828	275
439	盛大游戏有限公司	北京	371737	104047	364746	161392	
440	厦门嘉联恒进出口有限公司	福建	369325	276	139193	1865	70
441	欢聚时代	广东	367837	106447	686279	309016	
442	东冠集团有限公司	浙江	367202	11284	739798	200767	1922
443	江苏吴江农村商业银行股份有限公司	江苏	366875	76774	6194550	601068	1153
444	上海恒升企业（集团）有限公司	上海	365918	2758	237501	57527	98
445	广西云星集团有限公司	广西	365035	33564	1109370	340943	830
446	广东省肇庆土产进出口有限公司	广东	364091	855	159397	2857	185
447	中国电力工程顾问集团中南电力设计院有限公司	四川	363100	22828	346914	115394	1648
448	国宏电气集团股份有限公司	浙江	359736	5029	44595	17085	651
449	九禾股份有限公司	重庆	356237	577	229679	18332	756
450	途牛旅游网	江苏	353494	-44786	264502	140872	
451	湖南新长海发展集团有限公司	湖南	351693	51308	451933	336174	2863
452	重庆市新大兴实业（集团）有限公司	重庆	351549	1459	169336	27385	3956
453	交运集团公司	山东	350592	636	397994	99975	15389
454	宁波宁兴房地产开发集团有限公司	浙江	348745	10607	789955	136271	113

名次	企业名称	地区	营业收入（万元）	净利润（万元）	资产（万元）	所有者权益（万元）	从业人数
455	上海金桥（集团）有限公司	上海	347795	26861	1933280	423290	2776
456	深圳市联合利丰供应链管理有限公司	广东	346566	356	167237	15367	183
457	苏州港口张家港保税区现代物流有限公司	江苏	342767	7925	267726	38493	55
458	常熟市交电家电有限责任公司	江苏	342700	2496	122662	21423	345
459	青岛能源集团有限公司	山东	342319	-39752	1154616	343971	4105
460	广州友谊集团股份有限公司	广东	336262	26269	344506	217374	1659
461	上海亚东国际货运有限公司	上海	334840	1613	98091	20701	1525
462	武汉地产开发投资集团有限公司	湖北	331712	39056	6394912	2072584	2553
463	浙江供销超市有限公司	浙江	330031	3097	76647	18759	1901
464	天津贻成集团有限公司	天津	329640	5228	2496693	786124	2459
465	中宁化集团有限公司	浙江	329405	18098	200920	61968	1529
466	上海宝华企业集团有限公司	上海	328846	416	1654816	257125	900
467	浙江华联商厦有限公司	浙江	327500	3133	139107	25293	5339
468	鑫东森集团有限公司	福建	326628	330	210295	55069	46
469	宁波萌恒工贸有限公司	浙江	323443	2808	206537	66955	3380
470	厦门盛元集团有限公司	福建	322853	2070	116649	29761	1196
471	全洲药业集团有限公司	湖南	321639	4888	178048	27094	610
472	中铁集装箱运输有限责任公司	北京	321308	35324	1063510	977580	927
473	上海福然德部件加工有限公司	上海	319970	2061	45558	14397	242
474	湖州市浙北大厦有限责任公司	浙江	317822	6803	637241	161695	2424
475	厦门华融集团有限公司	福建	317248	-643	381374	72781	120
476	安徽文峰置业有限公司	安徽	316617	29467	550726	173138	418
477	心连心集团有限公司	湖南	314799	4952	136743	37082	7500
478	天津二商集团有限公司	天津	314244	2862	357355	65817	3710
479	中兴-沈阳商业大厦（集团）股份有限公司	辽宁	313435	8369	223176	109822	2961
480	武汉市水务集团有限公司	湖北	312163	1867	1586775	404510	5854
481	厦门轨道物资有限公司	福建	311357	3613	128042	15069	87
482	杭州市燃气集团有限公司	浙江	310658	14739	554987	143789	1797
483	重庆三峡银行股份有限公司	重庆	310030	132272	10089158	614124	1758
484	国元农业保险股份有限公司	安徽	307322	31638	555384	265908	1635
485	天津三和众诚石油制品销售有限公司	天津	305113	1540	77571	19570	106
486	重庆市黔龙实业（集团）有限责任公司	重庆	304926	19773	493496	115982	2017
487	天津市公共交通集团（控股）有限公司	天津	303576	-87929	816991	208039	19011
488	安徽广电传媒产业集团	安徽	303241	10298	554091	65954	5117
489	好易购家庭购物有限公司	浙江	303013	5827	43720	15337	935

名次	企业名称	地区	营业收入（万元）	净利润（万元）	资产（万元）	所有者权益（万元）	从业人数
490	四川省物流产业股份有限公司	四川	302400	1634	236781	72948	783
491	新疆银隆农业国际合作股份有限公司	新疆	299758	11747	257522	53183	838
492	四川信托有限公司	四川	297946	116452	1458883	427475	1467
493	湖南省轻工盐业集团有限公司	湖南	293224	22078	838582	268484	5862
494	上海埃圣玛金属科技集团有限公司	上海	291831	1013	124319	19628	320
495	加贝物流股份有限公司	浙江	286725	4956	78538	33931	4980
496	厦门育哲进出口有限公司	福建	284602	-2028		38374	
497	上海百营钢铁集团有限公司	上海	283398	1906	97510	36095	147
498	武汉国裕物流产业集团有限公司	湖北	282039	-22333	670607	84178	1026
499	广州华新集团有限公司	广东	281089	34259	465216	172766	6850
500	新疆生产建设兵团第一师棉麻有限责任公司	新疆	280540	1804	464595	9256	51
	合计		2524751566	195649623	16488124795	1624396145	12667167

说　明

1. 2015 中国服务业企业 500 强是中国企业联合会、中国企业家协会参照国际惯例，组织企业自愿申报，并经专家审定确认后产生的。申报企业包括在中国境内注册、2014 年实现营业收入达到 20 亿元的企业（不包括行政性公司和资产经营公司，不包括在华外资、港澳台独资、控股企业；也不包括行政性公司、政企合一的单位（如铁路局）以及各类资产经营公司，但包括在境外注册、投资主体为中国自然人或法人、主要业务在境内，属于我国银监会、保监会和各级国资委监管的企业），都有资格申报参加排序。属于集团公司的控股子公司或相对控股子公司，由于其财务报表最后能被合并到集团母公司的财务会计报表中去，因此只允许其母公司申报。

2. 表中所列数据由企业自愿申报或属于上市公司公开数据、并经会计师事务所或审计师事务所等单位认可。

3. 营业收入是 2014 年不含增值税的收入，包括企业的所有收入，即主营业务和非主营业务、境内和境外的收入。商业银行的营业收入为 2014 年利息收入和非利息营业收入之和（不减掉对应的支出）。保险公司的营业收入是 2014 年保险费和年金收入扣除储蓄的资本收益或损失。净利润是 2014 年上交所得税的净利润扣除少数股东权益后的归属母公司所有者的净利润。资产是 2014 年度末的资产总额。归属母公司所有者权益是 2014 年末所有者权益总额扣除少数股东权益后的母公司所有者权益。研究开发费用是 2014 年企业投入研究开发的所有费用。从业人数是 2014 年度的平均人数（含所有被合并报表企业的人数）。

4. 行业分类参照了国家统计局的分类方法，依据其主营业务收入所在行业来划分；地区分类是按企业总部所在地划分。

表 10-2　　2015 中国服务业企业 500 强各行业企业分布

排名	企业名称	营业收入（万元）
能源（电、热、燃气等能）供应、开发、减排及再循环服务业		
1	国家电网公司	209136337
2	中国南方电网有限责任公司	47234994
3	浙江省能源集团有限公司	7117063
4	北京能源集团有限责任公司	6638375
5	山西省国新能源发展集团有限公司	3445676
6	天津能源投资集团有限公司	3169725
7	申能（集团）有限公司	3082414
8	新奥能源控股有限公司	2908700
9	福建省能源集团有限责任公司	2747908
10	安徽省能源集团有限公司	1547266
11	东华能源股份有限公司	1331426
12	深圳能源集团股份有限公司	1250604
13	四川省能源投资集团有限责任公司	1170431
14	重庆中节能实业有限责任公司	1033643
15	无锡市国联发展（集团）有限公司	1015177
16	广西水利电业集团有限公司	954415
17	深圳市燃气集团股份有限公司	953087
18	四川华油集团有限责任公司	514324
19	安徽国祯集团股份有限公司	471209
20	武汉市燃气热力集团有限公司	434065
21	海越控股集团有限公司	433900
22	潮州华丰集团股份有限公司	409703
23	青岛能源集团有限公司	342319
24	杭州市燃气集团有限公司	310658
	合计	297653419
铁路运输及辅助服务业		
1	中国铁路物资股份有限公司	7879149
2	中铁集装箱运输有限责任公司	321308
	合计	8200457
陆路运输、城市公交、道路及交通辅助等服务业		
1	山东高速集团有限公司	4350349
2	广东省交通集团有限公司	3703498
3	浙江省交通投资集团有限公司	3295151
4	安徽省高速公路控股集团有限公司	1706541
5	重庆交通运输控股（集团）有限公司	1132270
6	上海交运集团股份有限公司	893549
7	安徽省交通投资集团有限责任公司	879346
8	天津市交通（集团）有限公司	848397
9	广州市地下铁道总公司	683655
10	内蒙古高等级公路建设开发有限责任公司	598922

排名	企业名称	营业收入（万元）
11	万合集团股份有限公司	549289
12	苏州汽车客运集团有限公司	465428
13	上海强生控股股份有限公司	455568
14	现代投资股份有限公司	433100
15	江西赣粤高速公路股份有限公司	408051
16	交运集团公司	350592
17	天津市公共交通集团（控股）有限公司	303576
	合计	21057282
水上运输业		
1	中国远洋运输（集团）总公司	16933575
2	中国海运（集团）总公司	8306535
3	广东省航运集团有限公司	376332
	合计	25616442
港口服务业		
1	广西北部湾国际港务集团有限公司	4860513
2	天津港（集团）有限公司	4405846
3	上海国际港务（集团）股份有限公司	2877870
4	日照港集团有限公司	2157907
5	河北港口集团有限公司	1454142
6	宁波港集团有限公司	1376255
7	大连港集团有限公司	1143963
8	营口港务集团有限公司	1058799
9	广州港集团有限公司	733791
10	唐山港集团股份有限公司	512663
	合计	20581749
航空运输及相关服务业		
1	海航集团有限公司	15801958
2	中国南方航空集团公司	10918040
3	中国航空集团公司	10720489
4	中国东方航空集团公司	9454194
5	四川航空股份有限公司	1704942
6	山东航空集团有限公司	1200655
	合计	49800278
航空港及相关服务业		
1	上海机场（集团）有限公司	1064439
2	厦门翔业集团有限公司	880156
	合计	1944595
电信、邮寄、速递等服务业		

排名	企业名称	营业收入（万元）
1	中国移动通信集团公司	66253831
2	中国邮政集团公司	40476596
3	中国电信集团公司	38291973
4	中国联合网络通信集团有限公司	28965300
	合计	173987700

软件、程序、计算机应用、网络工程等计算机、微电子服务业

排名	企业名称	营业收入（万元）
1	三胞集团有限公司	8506805
2	浪潮集团有限公司	5103479
3	广州无线电集团有限公司	1328643
4	东软集团股份有限公司	779633
5	浙大网新科技股份有限公司	470447
	合计	16189007

物流、仓储、运输、配送服务业

排名	企业名称	营业收入（万元）
1	厦门建发集团有限公司	12393562
2	中国外运长航集团有限公司	9145576
3	中国诚通控股集团有限公司	6820624
4	河北省物流产业集团有限公司	5500203
5	玖隆钢铁物流有限公司	5306031
6	厦门象屿集团有限公司	5217263
7	腾邦投资控股有限公司	4578531
8	深圳市飞马国际供应链股份有限公司	3211906
9	广西交通投资集团有限公司	2493578
10	山西能源交通投资有限公司	2220194
11	福建省交通运输集团有限责任公司	1701587
12	云南物流产业集团有限公司	859541
13	重庆港务物流集团有限公司	824995
14	武汉商贸国有控股集团有限公司	640212
15	新疆棉花产业集团有限公司	540002
16	重庆长安民生物流股份有限公司	534435
17	四川安吉物流集团有限公司	420311
18	青海省物资产业集团总公司	420061
19	深圳市联合利丰供应链管理有限公司	346566
20	苏州港口张家港保税区现代物流有限公司	342767
21	上海亚东国际货运有限公司	334840
22	四川省物流产业股份有限公司	302400
23	武汉国裕物流产业集团有限公司	282039
24	广州华新集团有限公司	281089
	合计	64718313

矿产、能源内外商贸批发业

排名	企业名称	营业收入（万元）
1	中国航空油料集团公司	22289976
2	晋能集团有限公司	19296321
3	山西煤炭进出口集团有限公司	10263596
4	珠海振戎公司	7702673
5	浙江前程石化股份有限公司	2398081
6	广州元亨能源有限公司	2250875
7	南方石化集团有限公司	1557882
8	上海际大投资控股集团有限公司	1358654
9	天津恒运能源股份有限公司	646735
10	泰德煤网股份有限公司	566422
11	上海龙宇燃油股份有限公司	527881
12	宁波明港液化气有限公司	418796
13	厦门海澳集团有限公司	416747
14	天津三和众诚石油制品销售有限公司	305113
	合计	69999752

化工产品及医药内外商贸批发业

排名	企业名称	营业收入（万元）
1	中国中化集团公司	49682919
2	南通化工轻工股份有限公司	2095194
3	宁波神化化学品经营有限责任公司	1670962
4	日出实业集团有限公司	640112
5	中宁化集团有限公司	329405
6	湖南省轻工盐业集团有限公司	293224
	合计	54711816

机电、电子产品内外商贸及批发业

排名	企业名称	营业收入（万元）
1	中国通用技术（集团）控股有限责任公司	17049315
2	广东省广新控股集团有限公司	7004680
3	宁波市慈溪进出口股份有限公司	883212
4	广州佳都集团有限公司	522846
5	上海金开利集团有限公司	427652
6	厦门嘉联恒进出口有限公司	369325
7	国宏电气集团股份有限公司	359736
	合计	26616766

生活消费品(家用、文体、玩具、工艺品、珠宝等)内外批发及商贸业

排名	企业名称	营业收入（万元）
1	浙江省国际贸易集团有限公司	5714723
2	广东省丝绸纺织集团有限公司	4281278
3	江苏国泰国际集团有限公司	4200722
4	广州轻工工贸集团有限公司	3502268
5	安徽国贸集团控股有限公司	2936110
6	江苏省苏豪控股集团有限公司	2169761
7	新华锦集团	1636726
8	太平鸟集团有限公司	1370536
9	深圳粤通国际投资有限公司	1118438
10	广州纺织工贸企业集团有限公司	926873
11	中国免税品（集团）有限责任公司	787161
12	浙江华瑞集团有限公司	766877

排名	企业名称	营业收入（万元）
13	湖北银丰实业集团有限责任公司	635422
14	浙江凯喜雅国际股份有限公司	554457
15	万事利集团有限公司	539836
16	厦门市嘉晟对外贸易有限公司	514105
17	上海丝绸集团股份有限公司	427625
18	鑫东森集团有限公司	326628
19	厦门华融集团有限公司	317248
	合计	32726794

粮油食品及农林、土畜、果蔬、水产品等内外商贸批发、零售业

排名	企业名称	营业收入（万元）
1	中粮集团有限公司	24969028
2	深圳市大生农业集团有限公司	5119342
3	重庆粮食集团有限责任公司	1631608
4	安徽安粮控股股份有限公司	1566402
5	新疆生产建设兵团棉麻公司	1470505
6	湖南粮食集团有限责任公司	779795
7	浙江省农村发展集团有限公司	774517
8	天津市长芦盐业总公司	763330
9	安徽省盐业总公司	735961
10	厦门夏商集团有限公司	720844
11	万向三农集团有限公司	527463
12	江苏省粮食集团有限责任公司	515016
13	宁波市绿顺集团股份有限公司	450065
14	重庆市盐业（集团）有限公司	421317
15	深圳市粮食集团有限公司	404769
16	新疆前海集团公司	403483
17	广东省肇庆土产进出口有限公司	364091
18	新疆银隆农业国际合作股份有限公司	299758
19	新疆生产建设兵团第一师棉麻有限责任公司	280540
	合计	42197834

生产资料内外贸易批发、零售业

排名	企业名称	营业收入（万元）
1	天津物产集团有限公司	40234822
2	浙江省物产集团公司	21448400
3	广东物资集团公司	8800625
4	重庆对外经贸（集团）有限公司	1624748
5	安徽辉隆农资集团	1462053
6	黑龙江倍丰农业生产资料集团有限公司	1307931
7	厦门路桥工程物资有限公司	1209050
8	张家港百维物贸有限公司	1125539
9	浙江建华集团有限公司	1117981
10	佛山市顺德区乐从供销集团有限公司	955357
11	庆丰农业生产资料集团有限责任公司	784725
12	中国天津国际经济技术合作集团公司	718591
13	新疆农资（集团）有限责任公司	667816

排名	企业名称	营业收入（万元）
14	河北省农业生产资料有限公司	546272
15	厦门恒兴集团有限公司	511729
16	湖北省农业生产资料集团有限公司	507322
17	常州市化工轻工材料总公司	455464
18	福建省福农农资集团有限公司	449759
19	吉峰农机连锁股份有限公司	389749
20	九禾股份有限公司	356237
21	厦门育哲进出口有限公司	284602
	合计	84958772

金属内外贸易及加工、配送、批发零售业

排名	企业名称	营业收入（万元）
1	西安迈科金属国际集团有限公司	8379831
2	上海均和集团有限公司	3484075
3	大汉控股集团有限公司	2925116
4	张家港保税区旭江贸易有限公司	2233267
5	华南物资集团有限公司	1714058
6	天津立业钢铁集团有限公司	787605
7	上海闽路润贸易有限公司	750686
8	江阴长三角钢铁集团有限公司	680128
9	上海尚友实业集团有限公司	557381
10	张家港保税区荣德贸易有限公司	478034
11	山西宝力金属材料集团有限公司	417550
12	张家港福洛瑞物贸有限公司	384901
13	天津渤海润德钢铁集团有限公司	381852
14	重庆河东控股（集团）有限公司	373315
15	上海福然德部件加工有限公司	319970
16	厦门轨道物资有限公司	311357
17	上海埃圣玛金属科技集团有限公司	291831
18	上海百营钢铁集团有限公司	283398
	合计	24754355

综合性内外商贸及批发、零售业

排名	企业名称	营业收入（万元）
1	厦门国贸控股有限公司	8706317
2	浙江省兴合集团有限责任公司	7289006
3	远大物产集团有限公司	4563731
4	上海纺织（集团）有限公司	4314295
5	中基宁波集团股份有限公司	3310568
6	东方国际（集团）有限公司	2085255
7	广西物资集团有限责任公司	1942298
8	宁波君安控股有限公司	1819932
9	武汉中商集团股份有限公司	1492240
10	北方国际集团有限公司	1290221
11	广州轻出集团股份有限公司	814517
12	浙江万丰企业集团公司	559882
13	宁波海田控股集团有限公司	501110

排名	企业名称	营业收入（万元）
14	上海外经集团控股有限公司	465505
15	嘉兴良友进出口集团股份有限公司	451944
16	宁波萌恒工贸有限公司	323443
	合计	39930264

汽车和摩托车商贸、维修保养及租赁业

排名	企业名称	营业收入（万元）
1	庞大汽贸集团股份有限公司	6031453
2	中升集团控股有限公司	5478666
3	上海永达控股（集团）有限公司	4304104
4	山东远通汽车贸易集团有限公司	1519214
5	万友汽车投资有限公司	1435301
6	润华集团股份有限公司	1257453
7	利泰集团有限公司	1210210
8	浙江康桥汽车工贸集团股份有限公司	1032473
9	广东鸿粤汽车销售集团有限公司	989429
10	中国农业机械华北集团有限公司	886111
11	宁波轿辰集团股份有限公司	796895
12	安徽亚夏实业股份有限公司	769909
13	山西大昌汽车集团有限公司	689999
14	重庆百事达汽车有限公司	667332
15	温州开元集团有限公司	663026
16	上海申华控股股份有限公司	629965
17	湖南兰天集团有限公司	563094
18	广州南菱汽车股份有限公司	500220
	合计	29424854

电器商贸批发、零售业

排名	企业名称	营业收入（万元）
1	苏宁控股集团	28294180
2	国美电器有限公司	14348266
3	深圳市爱施德股份有限公司	4832057
4	天音通信有限公司	3400167
5	江苏五星电器有限公司	987567
6	武汉工贸有限公司	558406
7	常熟市交电家电有限责任公司	342700
8	厦门盛元集团有限公司	322853
	合计	53086196

医药专营批发、零售业

排名	企业名称	营业收入（万元）
1	中国医药集团总公司	24710984
2	九州通医药集团股份有限公司	4106840
3	天津领先控股集团有限公司	2804979
4	重庆医药（集团）股份有限公司	1927872
5	浙江英特药业有限责任公司	1407846
6	鹭燕（福建）药业股份有限公司	629980
7	广西柳州医药股份有限公司	565535
8	宁波医药股份有限公司	463320
9	浙江省医药工业有限公司	410843
10	老百姓大药房连锁股份有限公司	394288
11	全洲药业集团有限公司	321639
	合计	37744126

商业零售业及连锁超市

排名	企业名称	营业收入（万元）
1	大商集团有限公司	17023317
2	百联集团有限公司	13435613
3	山东省商业集团有限公司	8050638
4	重庆商社（集团）有限公司	5145104
5	天津一商集团有限公司	4630440
6	合肥百货大楼集团股份有限公司	3780000
7	浙江省商业集团有限公司	3682317
8	永辉超市股份有限公司	3672680
9	武汉武商集团股份有限公司	3400003
10	长春欧亚集团股份有限公司	3232232
11	中百控股集团股份有限公司	3221803
12	石家庄北国人百集团有限责任公司	3213628
13	利群集团股份有限公司	2276518
14	银泰商业（集团）有限公司	1863992
15	淄博商厦股份有限公司	1606965
16	大连金玛商城企业集团有限公司	1519585
17	杭州联华华商集团有限公司	1370984
18	浙江宝利德股份有限公司	1355186
19	月星集团有限公司	1210395
20	广州百货企业集团有限公司	1195501
21	唐山百货大楼集团有限责任公司	1002447
22	河北怀特集团股份有限公司	950800
23	无锡商业大厦大东方股份有限公司	855367
24	上海新世界（集团）有限公司	846006
25	新疆友好（集团）股份有限公司	827654
26	天津金元宝商厦集团有限公司	810192
27	银川新华百货商业集团股份有限公司	681754
28	湖南友谊阿波罗控股股份有限公司	668607
29	山西美特好连锁超市股份有限公司	656037
30	邯郸市阳光百货集团总公司	611000
31	江苏恒大置业投资发展有限公司	546000
32	青岛利客来集团股份有限公司	525839
33	武汉市汉商集团股份有限公司	486776
34	青岛维客集团股份有限公司	468475
35	广东天河城（集团）股份有限公司	466331
36	雄风集团有限公司	438795
37	长沙通程控股股份有限公司	434963
38	黄冈市黄商贸易股份有限公司	412948

排名	企业名称	营业收入（万元）
39	重庆华轻商业有限公司	404107
40	重庆市新大兴实业（集团）有限公司	351549
41	广州友谊集团股份有限公司	336262
42	浙江供销超市有限公司	330031
43	浙江华联商厦有限公司	327500
44	湖州市浙北大厦有限责任公司	317822
45	心连心集团有限公司	314799
46	天津二商集团有限公司	314244
47	中兴-沈阳商业大厦（集团）股份有限公司	313435
48	加贝物流股份有限公司	286725
	合计	99873366
银行业		
1	中国工商银行股份有限公司	102943000
2	中国建设银行股份有限公司	86218900
3	中国农业银行股份有限公司	79801600
4	中国银行股份有限公司	74520700
5	国家开发银行股份有限公司	55555825
6	交通银行股份有限公司	33444493
7	招商银行股份有限公司	28104943
8	兴业银行股份有限公司	25012300
9	中国民生银行股份有限公司	24643900
10	上海浦东发展银行	23798800
11	中国农业发展银行	17576500
12	中国光大集团股份有限公司	17347800
13	华夏银行股份有限公司	10403472
14	北京银行	7923955
15	渤海银行股份有限公司	3884177
16	盛京银行股份有限公司	2682186
17	天津银行股份有限公司	2597985
18	广州农村商业银行股份有限公司	2544079
19	重庆农村商业银行股份有限公司	1980243
20	天津农村商业银行股份有限公司	1262646
21	汉口银行股份有限公司	946963
22	青岛农村商业银行股份有限公司	920730
23	武汉农村商业银行股份有限公司	903962
24	华融湘江银行股份有限公司	883250
25	青岛银行股份有限公司	837121
26	重庆银行股份有限公司	748311
27	桂林银行股份有限公司	708426
28	长沙银行股份有限公司	641609
29	广西北部湾银行股份有限公司	629872
30	宁夏银行股份有限公司	587659
31	龙江银行股份有限公司	571162
32	江苏张家港农村商业银行股份有限公司	500224
33	张家口市商业银行股份有限公司	493636
34	无锡农村商业银行股份有限公司	480256
35	柳州银行股份有限公司	446145
36	齐商银行股份有限公司	445886
37	江苏江阴农村商业银行股份有限公司	437733
38	青海银行股份有限公司	392099
39	赣州银行股份有限公司	374809
40	江苏吴江农村商业银行股份有限公司	366875
41	重庆三峡银行股份有限公司	310030
	合计	614874262
人寿保险业		
1	中国人寿保险（集团）公司	53758346
2	新华人寿保险股份有限公司	14318700
3	泰康人寿保险股份有限公司	9838871
4	阳光保险集团股份有限公司	3918158
	合计	81834075
证券业		
1	广发证券股份有限公司	1339497
2	方正证券股份有限公司	489970
	合计	1829467
财产保险业		
1	中国人民保险集团股份有限公司	35149600
2	国元农业保险股份有限公司	307322
	合计	35456922
其他金融服务业		
1	广西投资集团有限公司	6532425
2	兴华财富集团有限公司	2050994
3	四川信托有限公司	297946
	合计	8881365
多元化投资控股、商务服务业		
1	华润股份有限公司	46141246
2	中国中信集团有限公司	34088735
3	国家开发投资公司	11262010
4	深圳市神州通投资集团有限公司	4933128
5	广东省广晟资产经营有限公司	4223059
6	云南省能源投资集团有限公司	3532995
7	重庆市能源投资集团有限公司	3411240
8	广东粤合资产经营有限公司	1679341
9	广东粤海控股集团有限公司	1444585
10	中国万向控股有限公司	1396203

排名	企业名称	营业收入（万元）
11	青海省投资集团有限公司	1289503
12	武汉经济发展投资（集团）有限公司	1259896
13	厦门海沧投资集团有限公司	853234
14	湖北能源集团股份有限公司	727015
15	广州中大控股有限公司	629069
16	广西西江开发投资集团有限公司	621685
17	四川省开元集团有限公司	615602
18	广西金融投资集团有限公司	468106
19	无锡市交通产业集团有限公司	443505
20	中国电力工程顾问集团中南电力设计院有限公司	363100
21	上海宝华企业集团有限公司	328846
	合计	119712103

房地产开发与经营、物业及房屋装饰、修缮、管理等服务业

排名	企业名称	营业收入（万元）
1	绿地控股集团有限公司	26195510
2	大连万达集团股份有限公司	24248000
3	恒大地产集团有限公司	11139811
4	绿城房地产集团有限公司	7940000
5	银亿集团有限公司	5358317
6	隆基泰和实业有限公司	5057996
7	重庆龙湖企业拓展有限公司	4958879
8	广东圣丰集团有限公司	3627023
9	重庆市金科投资控股（集团）有限责任公司	3268670
10	天津住宅建设发展集团有限公司	3018376
11	福佳集团有限公司	2903489
12	世纪金源投资集团有限公司	2866880
13	弘阳集团有限公司	2836606
14	卓尔控股有限公司	2802565
15	广州越秀集团有限公司	2467798
16	天津房地产集团有限公司	2404035
17	香江集团有限公司	2248818
18	苏州金螳螂企业（集团）有限公司	2107111
19	大华（集团）有限公司	1255900
20	西安高科（集团）公司	1232353
21	天津现代集团有限公司	1182035
22	锦联控股集团有限公司	1058848
23	广东珠江投资股份有限公司	938629
24	深圳广田装饰集团股份有限公司	889510
25	滨海投资集团股份有限公司	872428
26	重庆协信控股（集团）有限公司	842295
27	四川富临实业集团有限公司	805987
28	厦门禹洲集团股份有限公司	783663
29	重庆华宇物业（集团）有限公司	716949
30	联发集团有限公司	701082
31	荣安集团股份有限公司	589290
32	祥生实业集团有限公司	567360
33	宁波富达股份有限公司	528692
34	宁波伟立投资集团有限公司	507581
35	天津海泰控股集团有限公司	460238
36	宁波联合集团股份有限公司	444256
37	厦门住宅建设集团有限公司	434391
38	宁波宁兴控股股份有限公司	391109
39	厦门经济特区房地产开发集团有限公司	373828
40	东冠集团有限公司	367202
41	广西云星集团有限公司	365035
42	宁波宁兴房地产开发集团有限公司	348745
43	上海金桥（集团）有限公司	347795
44	武汉地产开发投资集团有限公司	331712
45	天津贻成集团有限公司	329640
46	安徽文峰置业有限公司	316617
47	重庆市黔龙实业（集团）有限责任公司	304926
	合计	133737980

旅游、旅馆及娱乐服务业

排名	企业名称	营业收入（万元）
1	中国港中旅集团公司	5068000
2	北京首都旅游集团有限责任公司	3832341
3	上海春秋国际旅行社（集团）有限公司	1162641
4	中青旅控股股份有限公司	1060723
5	开元旅业集团有限公司	637315
6	广州广之旅国际旅行社股份有限公司	435372
	合计	12196392

公用事业、市政、水务、航道等公共设施投资、经营与管理业

排名	企业名称	营业收入（万元）
1	北京控股集团有限公司	5857191
2	辽宁日林实业集团有限公司	2815842
3	北京首都创业集团有限公司	2378289
4	宁波华东物资城市场建设开发有限公司	1363700
5	南昌市政公用投资控股有限责任公司	1346838
6	湖北省交通投资集团有限公司	1290926
7	天津城市基础设施建设投资集团有限公司	1264410
8	武汉市城市建设投资开发集团有限公司	1008223
9	广西北部湾投资集团有限公司	879917
10	天津市政建设集团有限公司	630077
11	上海临港经济发展（集团）有限公司	614963
12	南京大地建设集团有限责任公司	607088
13	佛山市公用事业控股有限公司	599833
14	广州市水务投资集团有限公司	554374
15	武汉市水务集团有限公司	312163
	合计	21523834

排名	企业名称	营业收入（万元）
人力资源、会展博览、国内外经合作等社会综合服务业		
1	中国国际技术智力合作公司	4552396
2	北京外企服务集团有限责任公司	3680482
3	中国江苏国际经济技术合作集团有限公司	1660265
4	中国对外贸易中心（集团）	449755
5	中国大连国际经济技术合作集团有限公司	380135
	合计	10723033
科技研发、推广及地勘、规划、设计、评估、咨询、认证等承包服务业		
1	中国煤炭科工集团有限公司	2313204
2	银江科技集团有限公司	677396
3	柏年康成健康管理集团有限公司	540569
4	赛鼎工程有限公司	469204
5	长江勘测规划设计研究院	409496
	合计	4409869
文化产业（书刊出版、印刷、发行与销售及影视、音像、文体、演艺等）		
1	安徽出版集团有限责任公司	2319035
2	安徽新华发行（集团）控股有限公司	1843622
3	湖南省新华书店有限责任公司	941844
4	浙江出版联合集团有限公司	900311
5	西安曲江文化产业投资（集团）有限公司	803748
6	四川新华发行集团有限公司	556992
7	云南出版集团有限责任公司	523789
8	安徽广电传媒产业集团	303241
	合计	8192582
信息、传媒、电子商务、网购、娱乐等互联网服务业		
1	京东商城电子商务有限公司	11500231
2	腾讯控股有限公司	7893200
3	阿里巴巴集团控股有限公司	7081000
4	百度股份有限公司	4905232
5	唯品会（中国）有限公司	2296354
6	网易公司	1155124
7	搜狐网络有限责任公司	1023756
8	深圳市朗华供应链服务有限公司	893522
9	北京奇虎科技有限公司	853114
10	携程旅行网	734692
11	上海东方电视购物有限公司	701707
12	新浪公司	471285
13	畅游有限公司	463328
14	当当网信息技术（天津）有限公司	438680
15	搜房控股有限公司	431189
16	广东省广播电视网络股份有限公司	399840
17	聚美优品	388271
18	完美世界（北京）网络技术有限公司	384322
19	广州华多网络科技有限公司	383181
20	盛大游戏有限公司	371737
21	欢聚时代	367837
22	途牛旅游网	353494
23	湖南新长海发展集团有限公司	351693
24	好易购家庭购物有限公司	303013
	合计	44145802
综合服务业（以服务业为主，含有制造业）		
1	中国机械工业集团有限公司	24474888
2	中国保利集团公司	16048517
3	上海东浩兰生国际服务贸易（集团）有限公司	10833334
4	新疆广汇实业投资（集团）有限责任公司	10082004
5	大印集团有限公司	6080396
6	上海均瑶（集团）有限公司	1672541
7	广州岭南国际企业集团有限公司	1294612
8	湖南九龙经贸集团有限公司	1264509
9	苏州国信集团有限公司	790910
10	宁波滕头集团有限公司	768415
11	华茂集团股份有限公司	654548
12	上海恒升企业（集团）有限公司	365918
	合计	74330592
综合保险业		
1	中国平安保险（集团）股份有限公司	46288200
2	中国太平洋保险（集团）股份有限公司	21977800
3	中国太平保险集团有限责任公司	8863151
	合计	77129151

表 10-3　　**2015 中国服务业企业 500 强各地区企业分布**

排名	企业名称	营业收入（万元）
北京		
1	国家电网公司	209136337
2	中国工商银行股份有限公司	102943000
3	中国建设银行股份有限公司	86218900
4	中国农业银行股份有限公司	79801600
5	中国银行股份有限公司	74520700
6	中国移动通信集团公司	66253831
7	国家开发银行股份有限公司	55555825
8	中国人寿保险（集团）公司	53758346
9	中国中化集团公司	49682919
10	中国邮政集团公司	40476596
11	中国电信集团公司	38291973
12	中国人民保险集团股份有限公司	35149600
13	中国中信集团有限公司	34088735
14	中国联合网络通信集团有限公司	28965300
15	中粮集团有限公司	24969028
16	中国医药集团总公司	24710984
17	中国民生银行股份有限公司	24643900
18	中国机械工业集团有限公司	24474888
19	中国航空油料集团公司	22289976
20	中国农业发展银行	17576500
21	中国光大集团股份有限公司	17347800
22	中国通用技术（集团）控股有限责任公司	17049315
23	中国远洋运输（集团）总公司	16933575
24	中国保利集团公司	16048517
25	国美电器有限公司	14348266
26	新华人寿保险股份有限公司	14318700
27	京东商城电子商务有限公司	11500231
28	国家开发投资公司	11262010
29	中国航空集团公司	10720489
30	华夏银行股份有限公司	10403472
31	泰康人寿保险股份有限公司	9838871
32	中国外运长航集团有限公司	9145576
33	中国太平保险集团有限责任公司	8863151
34	北京银行	7923955
35	中国铁路物资股份有限公司	7879149
36	珠海振戎公司	7702673
37	中国诚通控股集团有限公司	6820624
38	北京能源集团有限责任公司	6638375
39	北京控股集团有限公司	5857191
40	中国港中旅集团公司	5068000
41	百度股份有限公司	4905232
42	中国国际技术智力合作公司	4552396
43	阳光保险集团股份有限公司	3918158
44	北京首都旅游集团有限责任公司	3832341
45	北京外企服务集团有限责任公司	3680482
46	世纪金源投资集团有限公司	2866880
47	北京首都创业集团有限公司	2378289
48	中国煤炭科工集团有限公司	2313204
49	网易公司	1155124
50	中青旅控股股份有限公司	1060723
51	搜狐网络有限责任公司	1023756
52	北京奇虎科技有限公司	853114
53	中国免税品（集团）有限责任公司	787161
54	新浪公司	471285
55	畅游有限公司	463328
56	搜房控股有限公司	431189
57	聚美优品	388271
58	完美世界（北京）网络技术有限公司	384322
59	盛大游戏有限公司	371737
60	中铁集装箱运输有限责任公司	321308
	合计	1345337178
上海		
1	交通银行股份有限公司	33444493
2	绿地控股集团有限公司	26195510
3	上海浦东发展银行	23798800
4	中国太平洋保险（集团）股份有限公司	21977800
5	百联集团有限公司	13435613
6	上海东浩兰生国际服务贸易（集团）有限公司	10833334
7	中国东方航空集团公司	9454194
8	中国海运（集团）总公司	8306535
9	上海纺织（集团）有限公司	4314295
10	上海永达控股（集团）有限公司	4304104
11	上海均和集团有限公司	3484075
12	申能（集团）有限公司	3082414
13	上海国际港务（集团）股份有限公司	2877870
14	东方国际（集团）有限公司	2085255
15	上海均瑶（集团）有限公司	1672541
16	中国万向控股有限公司	1396203
17	上海际大投资控股集团有限公司	1358654
18	大华（集团）有限公司	1255900
19	月星集团有限公司	1210395
20	上海春秋国际旅行社（集团）有限公司	1162641
21	上海机场（集团）有限公司	1064439
22	上海交运集团股份有限公司	893549

排名	企业名称	营业收入（万元）
23	上海新世界（集团）有限公司	846006
24	上海闽路润贸易有限公司	750686
25	携程旅行网	734692
26	上海东方电视购物有限公司	701707
27	上海申华控股股份有限公司	629965
28	上海临港经济发展（集团）有限公司	614963
29	上海尚友实业集团有限公司	557381
30	上海龙宇燃油股份有限公司	527881
31	上海外经集团控股有限公司	465505
32	上海强生控股股份有限公司	455568
33	上海金开利集团有限公司	427652
34	上海丝绸集团股份有限公司	427625
35	上海恒升企业（集团）有限公司	365918
36	上海金桥（集团）有限公司	347795
37	上海亚东国际货运有限公司	334840
38	上海宝华企业集团有限公司	328846
39	上海福然德部件加工有限公司	319970
40	上海埃圣玛金属科技集团有限公司	291831
41	上海百营钢铁集团有限公司	283398
	合计	187020843
天津		
1	天津物产集团有限公司	40234822
2	天津一商集团有限公司	4630440
3	天津港（集团）有限公司	4405846
4	渤海银行股份有限公司	3884177
5	天津能源投资集团有限公司	3169725
6	天津住宅建设发展集团有限公司	3018376
7	天津领先控股集团有限公司	2804979
8	天津银行股份有限公司	2597985
9	天津房地产集团有限公司	2404035
10	北方国际集团有限公司	1290221
11	天津城市基础设施建设投资集团有限公司	1264410
12	天津农村商业银行股份有限公司	1262646
13	天津现代集团有限公司	1182035
14	中国农业机械华北集团有限公司	886111
15	滨海投资集团股份有限公司	872428
16	天津市交通（集团）有限公司	848397
17	天津金元宝商厦集团有限公司	810192
18	天津立业钢铁集团有限公司	787605
19	天津市长芦盐业总公司	763330
20	中国天津国际经济技术合作集团公司	718591
21	天津恒运能源股份有限公司	646735
22	天津市政建设集团有限公司	630077
23	天津海泰控股集团有限公司	460238

排名	企业名称	营业收入（万元）
24	当当网信息技术（天津）有限公司	438680
25	天津渤海润德钢铁集团有限公司	381852
26	天津贻成集团有限公司	329640
27	天津二商集团有限公司	314244
28	天津三和众诚石油制品销售有限公司	305113
29	天津市公共交通集团（控股）有限公司	303576
	合计	81646506
重庆		
1	重庆商社（集团）有限公司	5145104
2	重庆龙湖企业拓展有限公司	4958879
3	重庆市能源投资集团有限公司	3411240
4	重庆市金科投资控股（集团）有限责任公司	3268670
5	重庆农村商业银行股份有限公司	1980243
6	重庆医药（集团）股份有限公司	1927872
7	华南物资集团有限公司	1714058
8	重庆粮食集团有限责任公司	1631608
9	重庆对外经贸（集团）有限公司	1624748
10	万友汽车投资有限公司	1435301
11	重庆交通运输控股（集团）有限公司	1132270
12	重庆中节能实业有限责任公司	1033643
13	重庆协信控股（集团）有限公司	842295
14	重庆港务物流集团有限公司	824995
15	重庆银行股份有限公司	748311
16	重庆华宇物业（集团）有限公司	716949
17	重庆百事达汽车有限公司	667332
18	重庆长安民生物流股份有限公司	534435
19	重庆市盐业（集团）有限公司	421317
20	重庆华轻商业有限公司	404107
21	重庆河东控股（集团）有限公司	373315
22	九禾股份有限公司	356237
23	重庆市新大兴实业（集团）有限公司	351549
24	重庆三峡银行股份有限公司	310030
25	重庆市黔龙实业（集团）有限责任公司	304926
	合计	36119434
黑龙江		
1	黑龙江倍丰农业生产资料集团有限公司	1307931
2	庆丰农业生产资料集团有限责任公司	784725
3	龙江银行股份有限公司	571162
	合计	2663818
吉林		
1	长春欧亚集团股份有限公司	3232232
	合计	3232232

排名	企业名称	营业收入（万元）
	辽宁	
1	大连万达集团股份有限公司	24248000
2	大商集团有限公司	17023317
3	中升集团控股有限公司	5478666
4	福佳集团有限公司	2903489
5	辽宁日林实业集团有限公司	2815842
6	盛京银行股份有限公司	2682186
7	大连金玛商城企业集团有限公司	1519585
8	大连港集团有限公司	1143963
9	锦联控股集团有限公司	1058848
10	营口港务集团有限公司	1058799
11	东软集团股份有限公司	779633
12	泰德煤网股份有限公司	566422
13	中国大连国际经济技术合作集团有限公司	380135
14	中兴-沈阳商业大厦（集团）股份有限公司	313435
	合计	61972320
	河北	
1	庞大汽贸集团股份有限公司	6031453
2	河北省物流产业集团有限公司	5500203
3	隆基泰和实业有限公司	5057996
4	石家庄北国人百集团有限责任公司	3213628
5	新奥能源控股有限公司	2908700
6	兴华财富集团有限公司	2050994
7	河北港口集团有限公司	1454142
8	唐山百货大楼集团有限责任公司	1002447
9	河北怀特集团股份有限公司	950800
10	邯郸市阳光百货集团总公司	611000
11	万合集团股份有限公司	549289
12	河北省农业生产资料有限公司	546272
13	唐山港集团股份有限公司	512663
14	张家口市商业银行股份有限公司	493636
	合计	30883223
	山东	
1	山东省商业集团有限公司	8050638
2	浪潮集团有限公司	5103479
3	山东高速集团有限公司	4350349
4	利群集团股份有限公司	2276518
5	日照港集团有限公司	2157907
6	新华锦集团	1636726
7	淄博商厦股份有限公司	1606965
8	山东远通汽车贸易集团有限公司	1519214
9	润华集团股份有限公司	1257453
10	山东航空集团有限公司	1200655
11	青岛农村商业银行股份有限公司	920730
12	青岛银行股份有限公司	837121
13	青岛利客来集团股份有限公司	525839
14	青岛维客集团股份有限公司	468475
15	齐商银行股份有限公司	445886
16	交运集团公司	350592
17	青岛能源集团有限公司	342319
	合计	33050866
	山西	
1	晋能集团有限公司	19296321
2	山西煤炭进出口集团有限公司	10263596
3	山西省国新能源发展集团有限公司	3445676
4	山西能源交通投资有限公司	2220194
5	山西大昌汽车集团有限公司	689999
6	山西美特好连锁超市股份有限公司	656037
7	赛鼎工程有限公司	469204
8	山西宝力金属材料集团有限公司	417550
	合计	37458577
	陕西	
1	西安迈科金属国际集团有限公司	8379831
2	西安高科（集团）公司	1232353
3	西安曲江文化产业投资（集团）有限公司	803748
	合计	10415932
	安徽	
1	合肥百货大楼集团股份有限公司	3780000
2	安徽国贸集团控股有限公司	2936110
3	安徽出版集团有限责任公司	2319035
4	安徽新华发行（集团）控股有限公司	1843622
5	安徽省高速公路控股集团有限公司	1706541
6	安徽安粮控股股份有限公司	1566402
7	安徽省能源集团有限公司	1547266
8	安徽辉隆农资集团	1462053
9	安徽省交通投资集团有限责任公司	879346
10	安徽亚夏实业股份有限公司	769909
11	安徽省盐业总公司	735961
12	安徽国祯集团股份有限公司	471209
13	安徽文峰置业有限公司	316617
14	国元农业保险股份有限公司	307322
15	安徽广电传媒产业集团	303241
	合计	20944634

排名	企业名称	营业收入（万元）
江苏		
1	苏宁控股集团	28294180
2	三胞集团有限公司	8506805
3	玖隆钢铁物流有限公司	5306031
4	江苏国泰国际集团有限公司	4200722
5	弘阳集团有限公司	2836606
6	张家港保税区旭江贸易有限公司	2233267
7	江苏省苏豪控股集团有限公司	2169761
8	苏州金螳螂企业（集团）有限公司	2107111
9	南通化工轻工股份有限公司	2095194
10	中国江苏国际经济技术合作集团有限公司	1660265
11	东华能源股份有限公司	1331426
12	张家港百维物贸有限公司	1125539
13	无锡市国联发展（集团）有限公司	1015177
14	江苏五星电器有限公司	987567
15	无锡商业大厦大东方股份有限公司	855367
16	苏州国信集团有限公司	790910
17	江阴长三角钢铁集团有限公司	680128
18	南京大地建设集团有限责任公司	607088
19	江苏恒大置业投资发展有限公司	546000
20	江苏省粮食集团有限责任公司	515016
21	江苏张家港农村商业银行股份有限公司	500224
22	无锡农村商业银行股份有限公司	480256
23	张家港保税区荣德贸易有限公司	478034
24	苏州汽车客运集团有限公司	465428
25	常州市化工轻工材料总公司	455464
26	无锡市交通产业集团有限公司	443505
27	江苏江阴农村商业银行股份有限公司	437733
28	张家港福洛瑞物贸有限公司	384901
29	江苏吴江农村商业银行股份有限公司	366875
30	途牛旅游网	353494
31	苏州港口张家港保税区现代物流有限公司	342767
32	常熟市交电家电有限责任公司	342700
	合计	72915541
湖南		
1	大汉控股集团有限公司	2925116
2	湖南九龙经贸集团有限公司	1264509
3	湖南省新华书店有限责任公司	941844
4	华融湘江银行股份有限公司	883250
5	湖南粮食集团有限责任公司	779795
6	湖南友谊阿波罗控股股份有限公司	668607
7	长沙银行股份有限公司	641609
8	湖南兰天集团有限公司	563094
9	方正证券股份有限公司	489970
10	长沙通程控股股份有限公司	434963
11	现代投资股份有限公司	433100
12	老百姓大药房连锁股份有限公司	394288
13	湖南新长海发展集团有限公司	351693
14	全洲药业集团有限公司	321639
15	心连心集团有限公司	314799
16	湖南省轻工盐业集团有限公司	293224
	合计	11701500
湖北		
1	九州通医药集团股份有限公司	4106840
2	武汉武商集团股份有限公司	3400003
3	中百控股集团股份有限公司	3221803
4	卓尔控股有限公司	2802565
5	武汉中商集团股份有限公司	1492240
6	湖北省交通投资集团有限公司	1290926
7	武汉经济发展投资（集团）有限公司	1259896
8	武汉市城市建设投资开发集团有限公司	1008223
9	汉口银行股份有限公司	946963
10	武汉农村商业银行股份有限公司	903962
11	湖北能源集团股份有限公司	727015
12	武汉商贸国有控股集团有限公司	640212
13	湖北银丰实业集团有限责任公司	635422
14	武汉工贸有限公司	558406
15	湖北省农业生产资料集团有限公司	507322
16	武汉市汉商集团股份有限公司	486776
17	武汉市燃气热力集团有限公司	434065
18	黄冈市黄商贸易股份有限公司	412948
19	长江勘测规划设计研究院	409496
20	武汉地产开发投资集团有限公司	331712
21	武汉市水务集团有限公司	312163
22	武汉国裕物流产业集团有限公司	282039
	合计	26170997
江西		
1	南昌市政公用投资控股有限责任公司	1346838
2	江西赣粤高速公路股份有限公司	408051
3	赣州银行股份有限公司	374809
	合计	2129698
浙江		
1	浙江省物产集团公司	21448400
2	绿城房地产集团有限公司	7940000
3	浙江省兴合集团有限责任公司	7289006
4	浙江省能源集团有限公司	7117063

排名	企业名称	营业收入（万元）
5	阿里巴巴集团控股有限公司	7081000
6	浙江省国际贸易集团有限公司	5714723
7	银亿集团有限公司	5358317
8	远大物产集团有限公司	4563731
9	浙江省商业集团有限公司	3682317
10	中基宁波集团股份有限公司	3310568
11	浙江省交通投资集团有限公司	3295151
12	浙江前程石化股份有限公司	2398081
13	银泰商业（集团）有限公司	1863992
14	宁波君安控股有限公司	1819932
15	宁波神化化学品经营有限责任公司	1670962
16	浙江英特药业有限责任公司	1407846
17	宁波港集团有限公司	1376255
18	杭州联华华商集团有限公司	1370984
19	太平鸟集团有限公司	1370536
20	宁波华东物资城市场建设开发有限公司	1363700
21	浙江宝利德股份有限公司	1355186
22	浙江建华集团有限公司	1117981
23	浙江康桥汽车工贸集团股份有限公司	1032473
24	浙江出版联合集团有限公司	900311
25	宁波市慈溪进出口股份有限公司	883212
26	宁波轿辰集团股份有限公司	796895
27	浙江省农村发展集团有限公司	774517
28	宁波滕头集团有限公司	768415
29	浙江华瑞集团有限公司	766877
30	银江科技集团有限公司	677396
31	温州开元集团有限公司	663026
32	华茂集团股份有限公司	654548
33	日出实业集团有限公司	640112
34	开元旅业集团有限公司	637315
35	荣安集团股份有限公司	589290
36	祥生实业集团有限公司	567360
37	浙江万丰企业集团公司	559882
38	浙江凯喜雅国际股份有限公司	554457
39	柏年康成健康管理集团有限公司	540569
40	万事利集团有限公司	539836
41	宁波富达股份有限公司	528692
42	万向三农集团有限公司	527463
43	宁波伟立投资集团有限公司	507581
44	宁波海田控股集团有限公司	501110
45	浙大网新科技股份有限公司	470447
46	宁波医药股份有限公司	463320
47	嘉兴良友进出口集团股份有限公司	451944
48	宁波市绿顺集团股份有限公司	450065
49	宁波联合集团股份有限公司	444256
50	雄风集团有限公司	438795
51	海越控股集团有限公司	433900
52	宁波明港液化气有限公司	418796
53	浙江省医药工业有限公司	410843
54	宁波宁兴控股股份有限公司	391109
55	东冠集团有限公司	367202
56	国宏电气集团股份有限公司	359736
57	宁波宁兴房地产开发集团有限公司	348745
58	浙江供销超市有限公司	330031
59	中宁化集团有限公司	329405
60	浙江华联商厦有限公司	327500
61	宁波萌恒工贸有限公司	323443
62	湖州市浙北大厦有限责任公司	317822
63	杭州市燃气集团有限公司	310658
64	好易购家庭购物有限公司	303013
65	加贝物流股份有限公司	286725
	合计	116504823
广东		
1	中国南方电网有限责任公司	47234994
2	中国平安保险（集团）股份有限公司	46288200
3	华润股份有限公司	46141246
4	招商银行股份有限公司	28104943
5	恒大地产集团有限公司	11139811
6	中国南方航空集团公司	10918040
7	广东物资集团公司	8800625
8	腾讯控股有限公司	7893200
9	广东省广新控股集团有限公司	7004680
10	深圳市大生农业集团有限公司	5119342
11	深圳市神州通投资集团有限公司	4933128
12	深圳市爱施德股份有限公司	4832057
13	腾邦投资控股有限公司	4578531
14	广东省丝绸纺织集团有限公司	4281278
15	广东省广晟资产经营有限公司	4223059
16	广东省交通集团有限公司	3703498
17	广东圣丰集团有限公司	3627023
18	广州轻工工贸集团有限公司	3502268
19	天音通信有限公司	3400167
20	深圳市飞马国际供应链股份有限公司	3211906
21	广州农村商业银行股份有限公司	2544079
22	广州越秀集团有限公司	2467798
23	唯品会（中国）有限公司	2296354
24	广州元亨能源有限公司	2250875
25	香江集团有限公司	2248818
26	广东粤合资产经营有限公司	1679341

排名	企业名称	营业收入（万元）
27	南方石化集团有限公司	1557882
28	广东粤海控股集团有限公司	1444585
29	广发证券股份有限公司	1339497
30	广州无线电集团有限公司	1328643
31	广州岭南国际企业集团有限公司	1294612
32	深圳能源集团股份有限公司	1250604
33	利泰集团有限公司	1210210
34	广州百货企业集团有限公司	1195501
35	深圳粤通国际投资有限公司	1118438
36	广东鸿粤汽车销售集团有限公司	989429
37	佛山市顺德区乐从供销集团有限公司	955357
38	深圳市燃气集团股份有限公司	953087
39	广东珠江投资股份有限公司	938629
40	广州纺织工贸企业集团有限公司	926873
41	深圳市朗华供应链服务有限公司	893522
42	深圳广田装饰集团股份有限公司	889510
43	广州轻出集团股份有限公司	814517
44	广州港集团有限公司	733791
45	广州市地下铁道总公司	683655
46	广州中大控股有限公司	629069
47	佛山市公用事业控股有限公司	599833
48	广州市水务投资集团有限公司	554374
49	广州佳都集团有限公司	522846
50	广州南菱汽车股份有限公司	500220
51	广东天河城（集团）股份有限公司	466331
52	中国对外贸易中心（集团）	449755
53	广州广之旅国际旅行社股份有限公司	435372
54	潮州华丰集团股份有限公司	409703
55	深圳市粮食集团有限公司	404769
56	广东省广播电视网络股份有限公司	399840
57	广州华多网络科技有限公司	383181
58	广东省航运集团有限公司	376332
59	欢聚时代	367837
60	广东省肇庆土产进出口有限公司	364091
61	深圳市联合利丰供应链管理有限公司	346566
62	广州友谊集团股份有限公司	336262
63	广州华新集团有限公司	281089
	合计	300771073
四川		
1	四川航空股份有限公司	1704942
2	四川省能源投资集团有限责任公司	1170431
3	四川富临实业集团有限公司	805987
4	四川省开元集团有限公司	615602
5	四川新华发行集团有限公司	556992
6	四川华油集团有限责任公司	514324
7	四川安吉物流集团有限公司	420311
8	吉峰农机连锁股份有限公司	389749
9	中国电力工程顾问集团中南电力设计院有限公司	363100
10	四川省物流产业股份有限公司	302400
11	四川信托有限公司	297946
	合计	7141784
福建		
1	兴业银行股份有限公司	25012300
2	厦门建发集团有限公司	12393562
3	厦门国贸控股有限公司	8706317
4	厦门象屿集团有限公司	5217263
5	永辉超市股份有限公司	3672680
6	福建省能源集团有限责任公司	2747908
7	福建省交通运输集团有限责任公司	1701587
8	厦门路桥工程物资有限公司	1209050
9	厦门翔业集团有限公司	880156
10	厦门海沧投资集团有限公司	853234
11	厦门禹洲集团股份有限公司	783663
12	厦门夏商集团有限公司	720844
13	联发集团有限公司	701082
14	鹭燕（福建）药业股份有限公司	629980
15	厦门市嘉晟对外贸易有限公司	514105
16	厦门恒兴集团有限公司	511729
17	福建省福农农资集团有限公司	449759
18	厦门住宅建设集团有限公司	434391
19	厦门海澳集团有限公司	416747
20	厦门经济特区房地产开发集团有限公司	373828
21	厦门嘉联恒进出口有限公司	369325
22	鑫东森集团有限公司	326628
23	厦门盛元集团有限公司	322853
24	厦门华融集团有限公司	317248
25	厦门轨道物资有限公司	311357
26	厦门育哲进出口有限公司	284602
	合计	69862198
广西		
1	广西投资集团有限公司	6532425
2	广西北部湾国际港务集团有限公司	4860513
3	广西交通投资集团有限公司	2493578
4	广西物资集团有限责任公司	1942298
5	广西水利电业集团有限公司	954415
6	广西北部湾投资集团有限公司	879917
7	桂林银行股份有限公司	708426

排名	企业名称	营业收入（万元）
8	广西北部湾银行股份有限公司	629872
9	广西西江开发投资集团有限公司	621685
10	广西柳州医药股份有限公司	565535
11	广西金融投资集团有限公司	468106
12	柳州银行股份有限公司	446145
13	广西云星集团有限公司	365035
	合计	21467950
云南		
1	云南省能源投资集团有限公司	3532995
2	云南物流产业集团有限公司	859541
3	云南出版集团有限责任公司	523789
	合计	4916325
青海		
1	青海省投资集团有限公司	1289503
2	青海省物资产业集团总公司	420061
3	青海银行股份有限公司	392099
	合计	2101663
宁夏		
1	银川新华百货商业集团股份有限公司	681754
2	宁夏银行股份有限公司	587659
	合计	1269413
新疆		
1	新疆广汇实业投资（集团）有限责任公司	10082004
2	新疆生产建设兵团棉麻公司	1470505
3	新疆友好（集团）股份有限公司	827654
4	新疆农资（集团）有限责任公司	667816
5	新疆棉花产业集团有限公司	540002
6	新疆前海集团公司	403483
7	新疆银隆农业国际合作股份有限公司	299758
8	新疆生产建设兵团第一师棉麻有限责任公司	280540
	合计	14571762
内蒙古		
1	内蒙古高等级公路建设开发有限责任公司	598922
	合计	598922
海南		
1	海航集团有限公司	15801958
2	大印集团有限公司	6080396
	合计	21882354

表10-4 2015中国服务业企业500强净利润排序前100名企业

排名	公司名称	净利润（万元）	排名	公司名称	净利润（万元）
1	中国工商银行股份有限公司	27581100	51	中国远洋运输（集团）总公司	333725
2	中国建设银行股份有限公司	22783000	52	北京能源集团有限责任公司	316606
3	中国农业银行股份有限公司	17946100	53	新奥能源控股有限公司	296800
4	中国银行股份有限公司	16915900	54	中国通用技术（集团）控股有限责任公司	293098
5	国家开发银行股份有限公司	9757891	55	重庆银行股份有限公司	282714
6	交通银行股份有限公司	6584974	56	中国医药集团总公司	270494
7	中国移动通信集团公司	6439467	57	重庆协信控股（集团）有限公司	258807
8	国家电网公司	6035861	58	长沙银行股份有限公司	243092
9	招商银行股份有限公司	5591100	59	隆基泰和实业有限公司	238257
10	兴业银行股份有限公司	4713800	60	申能（集团）有限公司	234543
11	上海浦东发展银行	4702600	61	天津农村商业银行股份有限公司	234162
12	中国民生银行股份有限公司	4454600	62	新疆广汇实业投资（集团）有限责任公司	231731
13	中国平安保险（集团）股份有限公司	3927900	63	武汉农村商业银行股份有限公司	230994
14	中国中信集团有限公司	2905149	64	中国对外贸易中心（集团）	230849
15	中国邮政集团公司	2859590	65	中国航空集团公司	217014
16	阿里巴巴集团控股有限公司	2697000	66	绿城房地产集团有限公司	207172
17	腾讯控股有限公司	2381000	67	大连金玛商城企业集团有限公司	205728
18	华夏银行股份有限公司	1798091	68	中国太平保险集团有限责任公司	205496
19	北京银行	1562332	69	华融湘江银行股份有限公司	203710
20	华润股份有限公司	1553150	70	香江集团有限公司	201646
21	中国农业发展银行	1430400	71	广东圣丰集团有限公司	197907
22	百度股份有限公司	1318707	72	卓尔控股有限公司	188127
23	中国人民保险集团股份有限公司	1310900	73	世纪金源投资集团有限公司	186551
24	恒大地产集团有限公司	1276129	74	中国东方航空集团公司	186055
25	中国电信集团公司	1255471	75	方正证券股份有限公司	179610
26	大连万达集团股份有限公司	1255099	76	浙江省交通投资集团有限公司	175616
27	中国太平洋保险（集团）股份有限公司	1104900	77	云南省能源投资集团有限公司	172726
28	中国南方电网有限责任公司	1049453	78	青岛农村商业银行股份有限公司	170318
29	中国人寿保险（集团）公司	1039776	79	天津城市基础设施建设投资集团有限公司	164283
30	中国光大集团股份有限公司	908900	80	中国南方航空集团公司	161981
31	广东珠江投资股份有限公司	827491	81	宁波港集团有限公司	161894
32	重庆龙湖企业拓展有限公司	807375	82	搜房控股有限公司	155340
33	重庆农村商业银行股份有限公司	682845	83	上海机场（集团）有限公司	153447
34	上海国际港务（集团）股份有限公司	676655	84	大华（集团）有限公司	152067
35	泰康人寿保险股份有限公司	676299	85	广东粤海控股集团有限公司	149744
36	浙江省能源集团有限公司	652535	86	青岛银行股份有限公司	149535
37	新华人寿保险股份有限公司	640600	87	中国煤炭科工集团有限公司	149480
38	中国保利集团公司	628800	88	厦门建发集团有限公司	147894
39	中国联合网络通信集团有限公司	579629	89	汉口银行股份有限公司	147237
40	绿地控股集团有限公司	556979	90	广州越秀集团有限公司	144211
41	盛京银行股份有限公司	540493	91	大商集团有限公司	144031
42	广州农村商业银行股份有限公司	537469	92	中国免税品（集团）有限责任公司	143129
43	渤海银行股份有限公司	503127	93	重庆华宇物业（集团）有限公司	142569
44	广发证券股份有限公司	502257	94	安徽省能源集团有限公司	141804
45	网易公司	469100	95	宁夏银行股份有限公司	139028
46	天津银行股份有限公司	441723	96	北京奇虎科技有限公司	136660
47	国家开发投资公司	410590	97	三胞集团有限公司	136007
48	中国机械工业集团有限公司	375016	98	万向三农集团有限公司	135235
49	国美电器有限公司	347228	99	弘阳集团有限公司	133389
50	中国中化集团公司	346684	100	唯品会（中国）有限公司	133349
				中国服务业企业500强平均数	393661

表 10-5 2015 中国服务业企业 500 强资产排序前 100 名企业

排名	公司名称	资产（万元）	排名	公司名称	资产（万元）
1	中国工商银行股份有限公司	2060995300	51	中国机械工业集团有限公司	25313437
2	中国建设银行股份有限公司	1674413000	52	晋能集团有限公司	24465977
3	中国农业银行股份有限公司	1597415200	53	广发证券股份有限公司	24009978
4	中国银行股份有限公司	1525138200	54	北京能源集团有限责任公司	22269804
5	国家开发银行股份有限公司	1031703038	55	中国航空集团公司	22189803
6	中国邮政集团公司	650184445	56	天津农村商业银行股份有限公司	22152570
7	交通银行股份有限公司	626829898	57	长沙银行股份有限公司	21607330
8	中国中信集团有限公司	473290356	58	武汉市城市建设投资开发集团有限公司	21462406
9	招商银行股份有限公司	473182900	59	中国海运（集团）总公司	21058504
10	兴业银行股份有限公司	440639900	60	中国医药集团总公司	19919246
11	上海浦东发展银行	419592400	61	北京控股集团有限公司	19761509
12	中国民生银行股份有限公司	401513600	62	中国南方航空集团公司	19675190
13	中国平安保险（集团）股份有限公司	400591000	63	北京首都创业集团有限公司	18510768
14	中国农业发展银行	314221000	64	浙江省能源集团有限公司	18261760
15	中国光大集团股份有限公司	295756700	65	中国东方航空集团公司	17919027
16	国家电网公司	289291369	66	广西交通投资集团有限公司	17377667
17	中国人寿保险（集团）公司	274679520	67	广州市地下铁道总公司	17366935
18	华夏银行股份有限公司	185162778	68	腾讯控股有限公司	17116600
19	中国移动通信集团公司	153082975	69	浙江省交通投资集团有限公司	17003352
20	北京银行	152443673	70	天津物产集团有限公司	16912918
21	华润股份有限公司	93698492	71	汉口银行股份有限公司	16908963
22	中国太平洋保险（集团）股份有限公司	82510000	72	苏宁控股集团	16764098
23	中国人民保险集团股份有限公司	78222100	73	华融湘江银行股份有限公司	16530889
24	大连万达集团股份有限公司	73205403	74	青岛银行股份有限公司	15616594
25	中国电信集团公司	70031825	75	武汉农村商业银行股份有限公司	15406551
26	渤海银行股份有限公司	66714754	76	青岛农村商业银行股份有限公司	14565621
27	天津城市基础设施建设投资集团有限公司	65786702	77	龙江银行股份有限公司	14248532
28	新华人寿保险股份有限公司	64370900	78	新疆广汇实业投资（集团）有限责任公司	14113268
29	重庆农村商业银行股份有限公司	61888899	79	申能（集团）有限公司	13556268
30	中国南方电网有限责任公司	61696665	80	天津港（集团）有限公司	13338793
31	中国联合网络通信集团有限公司	59168674	81	中国通用技术（集团）控股有限责任公司	13272278
32	中国保利集团公司	55090859	82	重庆龙湖企业拓展有限公司	12899377
33	泰康人寿保险股份有限公司	52739653	83	阳光保险集团股份有限公司	12891647
34	绿地控股集团有限公司	50895866	84	天津房地产集团有限公司	12862616
35	盛京银行股份有限公司	50337051	85	绿城房地产集团有限公司	12714388
36	海航集团有限公司	49520370	86	安徽省高速公路控股集团有限公司	11848667
37	天津银行股份有限公司	47885908	87	桂林银行股份有限公司	11348467
38	恒大地产集团有限公司	47446209	88	厦门建发集团有限公司	11087461
39	广州农村商业银行股份有限公司	46660762	89	中国外运长航集团有限公司	10912186
40	国家开发投资公司	46172597	90	营口港务集团有限公司	10598491
41	中粮集团有限公司	43979378	91	张家口市商业银行股份有限公司	10521299
42	中国远洋运输（集团）总公司	35905745	92	无锡农村商业银行股份有限公司	10446309
43	中国中化集团公司	35535391	93	宁夏银行股份有限公司	10382323
44	中国太平保险集团有限责任公司	35314379	94	中国港中旅集团公司	10090000
45	山东高速集团有限公司	31172744	95	重庆三峡银行股份有限公司	10089158
46	广东省交通集团有限公司	28702009	96	广东省广晟资产经营有限公司	10026908
47	广州越秀集团有限公司	27763530	97	百度股份有限公司	9966151
48	重庆银行股份有限公司	27453115	98	世纪金源投资集团有限公司	9765140
49	湖北省交通投资集团有限公司	27386944	99	重庆市金科投资控股（集团）有限责任公司	9683765
50	阿里巴巴集团控股有限公司	26999300	100	内蒙古高等级公路建设开发有限责任公司	9552408
				中国服务业企业 500 强平均数	33108684

表10-6 2015中国服务业企业500强从业人数排序前100名企业

排名	公司名称	从业人数	排名	公司名称	从业人数
1	国家电网公司	946871	51	北京首都旅游集团有限责任公司	50000
2	中国邮政集团公司	932283	52	兴业银行股份有限公司	49338
3	中国人民保险集团股份有限公司	513535	53	石家庄北国人百集团有限责任公司	46046
4	中国农业银行股份有限公司	493583	54	泰康人寿保险股份有限公司	45335
5	中国工商银行股份有限公司	462282	55	中国港中旅集团公司	45000
6	华润股份有限公司	461944	56	中国太平保险集团有限责任公司	43939
7	中国电信集团公司	454292	57	北京能源集团有限责任公司	43296
8	中国建设银行股份有限公司	372321	58	上海浦东发展银行	42532
9	中国银行股份有限公司	308128	59	中国海运（集团）总公司	40598
10	中国南方电网有限责任公司	306572	60	中国通用技术（集团）控股有限责任公司	40450
11	中国联合网络通信集团有限公司	283458	61	广东省广晟资产经营有限公司	38359
12	中国移动通信集团公司	274347	62	中百控股集团股份有限公司	37727
13	中国平安保险（集团）股份有限公司	235999	63	中国煤炭科工集团有限公司	35962
14	大商集团有限公司	221803	64	福建省能源集团有限责任公司	34252
15	山东省商业集团有限公司	200000	65	庞大汽贸集团股份有限公司	33777
16	苏宁控股集团	180000	66	上海强生控股股份有限公司	29633
17	中国中信集团有限公司	179288	67	福建省交通运输集团有限责任公司	28796
18	中国人寿保险（集团）公司	151719	68	新奥能源控股有限公司	27931
19	中国机械工业集团有限公司	124768	69	华夏银行股份有限公司	27835
20	中粮集团有限公司	120674	70	中国诚通控股集团有限公司	26648
21	阳光保险集团股份有限公司	114264	71	广西水利电业集团有限公司	25843
22	大连万达集团股份有限公司	113161	72	北京外企服务集团有限责任公司	25684
23	海航集团有限公司	113089	73	广东省广新控股集团有限公司	24944
24	晋能集团有限公司	109408	74	山东高速集团有限公司	24863
25	重庆商社（集团）有限公司	99136	75	重庆交通运输控股（集团）有限公司	24824
26	中国南方航空集团公司	95361	76	辽宁日林实业集团有限公司	24508
27	交通银行股份有限公司	93428	77	营口港务集团有限公司	23760
28	中国医药集团总公司	92168	78	广州无线电集团有限公司	23296
29	中国太平洋保险（集团）股份有限公司	90829	79	隆基泰和实业有限公司	22766
30	三胞集团有限公司	85146	80	山西能源交通投资有限公司	22747
31	国家开发投资公司	81107	81	新疆友好（集团）股份有限公司	22352
32	百联集团有限公司	78701	82	开元旅业集团有限公司	22023
33	中国航空集团公司	78560	83	邯郸市阳光百货集团总公司	22000
34	北京控股集团有限公司	77311	84	广州市地下铁道总公司	21949
35	恒大地产集团有限公司	77057	85	苏州汽车客运集团有限公司	21544
36	中国远洋运输（集团）总公司	75675	86	北京首都创业集团有限公司	21071
37	招商银行股份有限公司	75109	87	浙江省交通投资集团有限公司	20166
38	永辉超市股份有限公司	73085	88	广西投资集团有限公司	19891
39	重庆市能源投资集团有限公司	68816	89	浪潮集团有限公司	19561
40	新疆广汇实业投资（集团）有限责任公司	68705	90	世纪金源投资集团有限公司	19550
41	中国外运长航集团有限公司	62003	91	银川新华百货商业集团股份有限公司	19447
42	中国保利集团公司	61726	92	天津物产集团有限公司	19373
43	中国民生银行股份有限公司	59659	93	天津市公共交通集团（控股）有限公司	19011
44	国美电器有限公司	58903	94	浙江省能源集团有限公司	18825
45	新华人寿保险股份有限公司	56487	95	浙江省兴合集团有限责任公司	18619
46	中国中化集团公司	55349	96	上海国际港务（集团）股份有限公司	18442
47	中国东方航空集团公司	54018	97	长沙通程控股股份有限公司	18168
48	中国光大集团股份有限公司	54000	98	杭州联华华商集团有限公司	18099
49	中国农业发展银行	52776	99	重庆农村商业银行股份有限公司	17808
50	广东省交通集团有限公司	51092	100	唐山百货大楼集团有限责任公司	17688
				中国服务业企业500强平均数	26611

表 10-7　　2015 中国服务业企业 500 强研发费用排序前 100 名企业

排名	公司名称	研发费用（万元）	排名	公司名称	研发费用（万元）
1	中国移动通信集团公司	1854825	51	中国万向控股有限公司	17959
2	中国电信集团公司	996806	52	赛鼎工程有限公司	17014
3	国家电网公司	707986	53	西安曲江文化产业投资（集团）有限公司	16000
4	中国工商银行股份有限公司	666578	54	青海省投资集团有限公司	15987
5	阿里巴巴集团控股有限公司	308300	55	中国外运长航集团有限公司	15672
6	中国机械工业集团有限公司	300828	56	上海纺织（集团）有限公司	15100
7	浪潮集团有限公司	260277	57	泰康人寿保险股份有限公司	14675
8	百度股份有限公司	213600	58	广东省广新控股集团有限公司	13747
9	中国中信集团有限公司	151242	59	浙江省能源集团有限公司	13670
10	中国中化集团公司	148963	60	中国电力工程顾问集团中南电力设计院有限公司	12887
11	中国南方电网有限责任公司	123021	61	万事利集团有限公司	11631
12	华润股份有限公司	105166	62	广州岭南国际企业集团有限公司	11562
13	中国远洋运输（集团）总公司	95493	63	银江科技集团有限公司	11356
14	中国医药集团总公司	91365	64	宁夏银行股份有限公司	10994
15	海航集团有限公司	80832	65	中国海运（集团）总公司	10734
16	交通银行股份有限公司	80448	66	上海交运集团股份有限公司	10562
17	银亿集团有限公司	80375	67	广州中大控股有限公司	10045
18	广东省广晟资产经营有限公司	80012	68	重庆市金科投资控股（集团）有限责任公司	9557
19	广东圣丰集团有限公司	77296	69	北京银行	9498
20	中国煤炭科工集团有限公司	74698	70	申能（集团）有限公司	9044
21	东软集团股份有限公司	72613	71	中国邮政集团公司	8666
22	苏州金螳螂企业（集团）有限公司	65513	72	天音通信有限公司	8653
23	京东商城电子商务有限公司	61900	73	天津能源投资集团有限公司	8482
24	苏宁控股集团	60814	74	浙江省交通投资集团有限公司	8397
25	广州无线电集团有限公司	60264	75	中国南方航空集团公司	8353
26	隆基泰和实业有限公司	51283	76	浙大网新科技股份有限公司	8298
27	安徽出版集团有限责任公司	48624	77	浙江省物产集团公司	8237
28	中国通用技术（集团）控股有限责任公司	45241	78	搜狐网络有限责任公司	8100
29	天津住宅建设发展集团有限公司	43237	79	全洲药业集团有限公司	8000
30	重庆龙湖企业拓展有限公司	41307	80	东冠集团有限公司	7898
31	山西煤炭进出口集团有限公司	39201	81	江苏国泰国际集团有限公司	7601
32	网易公司	39200	82	心连心集团有限公司	7500
33	天津港（集团）有限公司	36737	83	兴华财富集团有限公司	7500
34	山西省国新能源发展集团有限公司	34634	84	天津银行股份有限公司	7334
35	北京控股集团有限公司	32106	85	万向三农集团有限公司	6914
36	新疆广汇实业投资（集团）有限责任公司	31263	86	西安高科（集团）公司	6859
37	深圳广田装饰集团股份有限公司	31168	87	广西北部湾国际港务集团有限公司	6800
38	重庆市能源投资集团有限公司	30195	88	无锡市国联发展（集团）有限公司	6446
39	广东省交通集团有限公司	29193	89	阳光保险集团股份有限公司	6435
40	广州华多网络科技有限公司	27833	90	腾邦投资控股有限公司	6123
41	北京能源集团有限责任公司	26996	91	广东粤海控股集团有限公司	5965
42	国家开发投资公司	26052	92	广西投资集团有限公司	5729
43	广州轻工工贸集团有限公司	23538	93	福建省能源集团有限责任公司	5702
44	中国联合网络通信集团有限公司	23410	94	中国国际技术智力合作公司	5061
45	中国诚通控股集团有限公司	23172	95	佛山市公用事业控股有限公司	5018
46	重庆中节能实业有限责任公司	21621	96	唐山港集团股份有限公司	4875
47	四川富临实业集团有限公司	21436	97	重庆华宇物业（集团）有限公司	4715
48	广州农村商业银行股份有限公司	21295	98	厦门国贸控股有限公司	4568
49	广西北部湾银行股份有限公司	20291	99	深圳市爱施德股份有限公司	4513
50	长江勘测规划设计研究院	18291	100	天津房地产集团有限公司	4490
				中国服务业企业 500 强平均数	34301

表10-8 2015中国服务业企业500强研发费用所占比例排序前100名企业

排名	公司名称	研发费所占比例（%）	排名	公司名称	研发费所占比例（%）
1	东软集团股份有限公司	9.31	51	广州广之旅国际旅行社股份有限公司	0.83
2	广州华多网络科技有限公司	7.26	52	天津港（集团）有限公司	0.83
3	浪潮集团有限公司	5.10	53	广东省交通集团有限公司	0.79
4	广州无线电集团有限公司	4.54	54	搜狐网络有限责任公司	0.79
5	长江勘测规划设计研究院	4.47	55	中宁化集团有限公司	0.71
6	阿里巴巴集团控股有限公司	4.35	56	广州佳都集团有限公司	0.69
7	百度股份有限公司	4.35	57	广州轻工工贸集团有限公司	0.67
8	赛鼎工程有限公司	3.63	58	青海省物资产业集团总公司	0.67
9	中国电力工程顾问集团中南电力设计院有限公司	3.55	59	重庆华宇物业（集团）有限公司	0.66
10	深圳广田装饰集团股份有限公司	3.50	60	中国工商银行股份有限公司	0.65
11	网易公司	3.39	61	广州市水务投资集团有限公司	0.64
12	中国煤炭科工集团有限公司	3.23	62	无锡市国联发展（集团）有限公司	0.63
13	广西北部湾银行股份有限公司	3.22	63	广州港集团有限公司	0.59
14	苏州金螳螂企业（集团）有限公司	3.11	64	桂林银行股份有限公司	0.58
15	中国移动通信集团公司	2.80	65	西安高科（集团）公司	0.56
16	四川富临实业集团有限公司	2.66	66	中国远洋运输（集团）总公司	0.56
17	中国电信集团公司	2.60	67	北京控股集团有限公司	0.55
18	全洲药业集团有限公司	2.49	68	京东商城电子商务有限公司	0.54
19	心连心集团有限公司	2.38	69	江苏吴江农村商业银行股份有限公司	0.53
20	万事利集团有限公司	2.15	70	海航集团有限公司	0.51
21	东冠集团有限公司	2.15	71	浙江凯喜雅国际股份有限公司	0.49
22	广东圣丰集团有限公司	2.13	72	重庆三峡银行股份有限公司	0.47
23	安徽出版集团有限责任公司	2.10	73	广州市地下铁道总公司	0.47
24	重庆中节能实业有限责任公司	2.09	74	重庆市黔龙实业（集团）有限责任公司	0.46
25	西安曲江文化产业投资（集团）有限公司	1.99	75	上海金桥（集团）有限公司	0.44
26	广东省广晟资产经营有限公司	1.89	76	中国中信集团有限公司	0.44
27	宁夏银行股份有限公司	1.87	77	广东粤海控股集团有限公司	0.41
28	浙大网新科技股份有限公司	1.76	78	北京能源集团有限责任公司	0.41
29	银江科技集团有限公司	1.68	79	深圳市联合利丰供应链管理有限公司	0.39
30	广州中大控股有限公司	1.60	80	国元农业保险股份有限公司	0.39
31	银亿集团有限公司	1.50	81	汉口银行股份有限公司	0.38
32	天津住宅建设发展集团有限公司	1.43	82	山西煤炭进出口集团有限公司	0.38
33	安徽广电传媒产业集团	1.39	83	中国医药集团总公司	0.37
34	万向三农集团有限公司	1.31	84	兴华财富集团有限公司	0.37
35	中国万向控股有限公司	1.29	85	湖北能源集团股份有限公司	0.36
36	湖南省轻工盐业集团有限公司	1.25	86	上海纺织（集团）有限公司	0.35
37	青海省投资集团有限公司	1.24	87	中国诚通控股集团有限公司	0.34
38	中国机械工业集团有限公司	1.23	88	国家电网公司	0.34
39	上海交运集团股份有限公司	1.18	89	天津二商集团有限公司	0.33
40	山西省国新能源发展集团有限公司	1.01	90	重庆市盐业（集团）有限公司	0.33
41	隆基泰和实业有限公司	1.01	91	重庆长安民生物流股份有限公司	0.32
42	天津贻成集团有限公司	0.96	92	上海丝绸集团股份有限公司	0.31
43	唐山港集团股份有限公司	0.95	93	新疆广汇实业投资（集团）有限责任公司	0.31
44	江苏江阴农村商业银行股份有限公司	0.94	94	安徽国祯集团股份有限公司	0.30
45	广州岭南国际企业集团有限公司	0.89	95	中国中化集团公司	0.30
46	重庆市能源投资集团有限公司	0.89	96	申能（集团）有限公司	0.29
47	方正证券股份有限公司	0.84	97	江苏张家港农村商业银行股份有限公司	0.29
48	广州农村商业银行股份有限公司	0.84	98	太平鸟集团有限公司	0.29
49	佛山市公用事业控股有限公司	0.84	99	长沙银行股份有限公司	0.29
50	重庆龙湖企业拓展有限公司	0.83	100	重庆市金科投资控股（集团）有限责任公司	0.29
				中国服务业企业500强平均数	0.59

表 10-9　　2015 中国服务业企业 500 强净资产利润率排序前 100 名企业

排名	公司名称	净资产利润率（%）	排名	公司名称	净资产利润率（%）
1	佛山市公用事业控股有限公司	142.76	51	泰康人寿保险股份有限公司	21.17
2	广州华多网络科技有限公司	142.68	52	老百姓大药房连锁股份有限公司	20.91
3	柏年康成健康管理集团有限公司	110.79	53	四川华油集团有限责任公司	20.9
4	盛大游戏有限公司	64.47	54	中国免税品（集团）有限责任公司	20.63
5	黄冈市黄商贸易股份有限公司	58.74	55	苏州港口张家港保税区现代物流有限公司	20.59
6	杭州联华华商集团有限公司	47.18	56	网易公司	20.34
7	远大物产集团有限公司	46.65	57	湖南友谊阿波罗控股股份有限公司	20.07
8	新疆生产建设兵团棉麻公司	43.35	58	广州华新集团有限公司	19.83
9	上海际大投资控股集团有限公司	42.06	59	大汉控股集团有限公司	19.79
10	上海金开利集团有限公司	41.9	60	中国电力工程顾问集团中南电力设计院有限公司	19.78
11	宁波华东物资城市场建设开发有限公司	41.7	61	太平鸟集团有限公司	19.68
12	唯品会（中国）有限公司	41.61	62	国美电器有限公司	19.67
13	搜房控股有限公司	40.17	63	阿里巴巴集团控股有限公司	19.67
14	好易购家庭购物有限公司	37.99	64	重庆河东控股（集团）有限公司	19.54
15	苏州国信集团有限公司	37.93	65	新疆生产建设兵团第一师棉麻有限责任公司	19.49
16	广东珠江投资股份有限公司	34.9	66	腾邦投资控股有限公司	19.39
17	欢聚时代	34.45	67	广州无线电集团有限公司	19.05
18	广州佳都集团有限公司	33.19	68	青海银行股份有限公司	18.88
19	宁波滕头集团有限公司	32.91	69	长沙银行股份有限公司	18.8
20	湖南省新华书店有限责任公司	31.1	70	长春欧亚集团股份有限公司	18.79
21	广州广之旅国际旅行社股份有限公司	31.09	71	中国国际技术智力合作公司	18.6
22	张家港百维物贸有限公司	30.39	72	中国民生银行股份有限公司	18.55
23	广东省肇庆土产进出口有限公司	29.93	73	武汉武商集团股份有限公司	18.55
24	腾讯控股有限公司	29.76	74	华融湘江银行股份有限公司	18.48
25	国宏电气集团股份有限公司	29.44	75	赣州银行股份有限公司	18.41
26	中宁化集团有限公司	29.21	76	深圳市飞马国际供应链股份有限公司	18.37
27	上海东方电视购物有限公司	28.72	77	中国建设银行股份有限公司	18.34
28	湖北省农业生产资料集团有限公司	28.34	78	兴业银行股份有限公司	18.28
29	安徽安粮控股股份有限公司	28.19	79	中国农业发展银行	18.28
30	四川信托有限公司	27.24	80	上海丝绸集团股份有限公司	18.22
31	武汉工贸有限公司	27.04	81	上海浦东发展银行	18.08
32	赛鼎工程有限公司	26.02	82	全洲药业集团有限公司	18.04
33	百度股份有限公司	25.59	83	中国工商银行股份有限公司	18.02
34	万向三农集团有限公司	25.27	84	上海闽路润贸易有限公司	17.99
35	恒大地产集团有限公司	24.96	85	招商银行股份有限公司	17.78
36	新奥能源控股有限公司	24.53	86	重庆银行股份有限公司	17.78
37	大连金玛商城企业集团有限公司	24.45	87	华夏银行股份有限公司	17.72
38	新疆前海集团公司	24.35	88	广州农村商业银行股份有限公司	17.53
39	厦门轨道物资有限公司	23.98	89	大商集团有限公司	17.48
40	上海春秋国际旅行社（集团）有限公司	23.6	90	隆基泰和实业有限公司	17.43
41	张家口市商业银行股份有限公司	23.24	91	中国农业银行股份有限公司	17.41
42	重庆龙湖企业拓展有限公司	22.35	92	渤海银行股份有限公司	17.06
43	新疆银隆农业国际合作股份有限公司	22.09	93	重庆市黔龙实业（集团）有限责任公司	17.05
44	重庆中节能实业有限责任公司	21.78	94	安徽文峰置业有限公司	17.02
45	北京奇虎科技有限公司	21.71	95	鹭燕（福建）药业股份有限公司	17.02
46	银江科技集团有限公司	21.63	96	石家庄北国人百集团有限责任公司	16.65
47	重庆三峡银行股份有限公司	21.54	97	浙江供销超市有限公司	16.51
48	万合集团股份有限公司	21.54	98	重庆农村商业银行股份有限公司	16.48
49	重庆协信控股（集团）有限公司	21.44	99	上海永达控股（集团）有限公司	16.48
50	邯郸市阳光百货集团总公司	21.41	100	武汉农村商业银行股份有限公司	16.42
				中国服务业企业 500 强平均数	12.05

表 10-10　　2015 中国服务业企业 500 强资产利润率排序前 100 名企业

排名	公司名称	资产利润率（%）	排名	公司名称	资产利润率（%）
1	张家港保税区旭江贸易有限公司	55.84	51	山东远通汽车贸易集团有限公司	6.70
2	盛大游戏有限公司	28.53	52	完美世界（北京）网络技术有限公司	6.61
3	上海金开利集团有限公司	27.15	53	锦联控股集团有限公司	6.60
4	广州华多网络科技有限公司	21.67	54	中国电力工程顾问集团中南电力设计院有限公司	6.58
5	柏年康成健康管理集团有限公司	18.69	55	天津领先控股集团有限公司	6.56
6	上海际大投资控股集团有限公司	18.26	56	上海丝绸集团股份有限公司	6.35
7	上海东方电视购物有限公司	17.09	57	加贝物流股份有限公司	6.31
8	黄冈市黄商贸易股份有限公司	16.93	58	宁波滕头集团有限公司	6.30
9	中国免税品（集团）有限责任公司	16.17	59	远大物产集团有限公司	6.30
10	网易公司	15.67	60	重庆长安民生物流股份有限公司	6.28
11	欢聚时代	15.51	61	重庆龙湖企业拓展有限公司	6.26
12	宁波华东物资城市场建设开发有限公司	15.07	62	大商集团有限公司	6.15
13	搜房控股有限公司	14.55	63	国美电器有限公司	6.13
14	腾讯控股有限公司	13.91	64	上海春秋国际旅行社（集团）有限公司	6.12
15	湖南省新华书店有限责任公司	13.59	65	深圳市粮食集团有限公司	5.95
16	好易购家庭购物有限公司	13.33	66	太平鸟集团有限公司	5.85
17	百度股份有限公司	13.23	67	浙江出版联合集团有限公司	5.73
18	上海尚友实业集团有限公司	11.56	68	国元农业保险股份有限公司	5.70
19	湖南新长海发展集团有限公司	11.35	69	宁波伟立投资集团有限公司	5.66
20	国宏电气集团股份有限公司	11.28	70	深圳市燃气集团股份有限公司	5.52
21	大连金玛商城企业集团有限公司	10.19	71	永辉超市股份有限公司	5.50
22	深圳粤通国际投资有限公司	10.01	72	安徽文峰置业有限公司	5.35
23	兴华财富集团有限公司	10.00	73	大汉控股集团有限公司	5.34
24	阿里巴巴集团控股有限公司	9.99	74	隆基泰和实业有限公司	5.32
25	唯品会（中国）有限公司	9.95	75	苏州汽车客运集团有限公司	5.17
26	张家港百维物贸有限公司	9.83	76	天津恒运能源股份有限公司	5.05
27	广东珠江投资股份有限公司	9.60	77	弘阳集团有限公司	5.03
28	万向三农集团有限公司	9.59	78	山西大昌汽车集团有限公司	5.02
29	广东圣丰集团有限公司	9.28	79	重庆华宇物业（集团）有限公司	5.00
30	中宁化集团有限公司	9.01	80	重庆协信控股（集团）有限公司	4.95
31	聚美优品	8.89	81	银川新华百货商业集团股份有限公司	4.90
32	老百姓大药房连锁股份有限公司	8.00	82	深圳广田装饰集团股份有限公司	4.85
33	四川信托有限公司	7.98	83	新浪公司	4.79
34	云南出版集团有限责任公司	7.77	84	广州佳都集团有限公司	4.68
35	赛鼎工程有限公司	7.74	85	合肥百货大楼集团股份有限公司	4.60
36	广州友谊集团股份有限公司	7.63	86	新疆银隆农业国际合作股份有限公司	4.56
37	中国对外贸易中心（集团）	7.61	87	广西柳州医药股份有限公司	4.55
38	广东天河城（集团）股份有限公司	7.51	88	上海福然德部件加工有限公司	4.52
39	武汉工贸有限公司	7.50	89	上海交运集团股份有限公司	4.43
40	张家港保税区荣德贸易有限公司	7.40	90	宁波明港液化气有限公司	4.36
41	广州华新集团有限公司	7.36	91	上海永达控股（集团）有限公司	4.34
42	上海国际港务（集团）股份有限公司	7.18	92	卓尔控股有限公司	4.32
43	唐山港集团股份有限公司	7.14	93	湖南九龙经贸集团有限公司	4.23
44	浪潮集团有限公司	7.00	94	武汉武商集团股份有限公司	4.22
45	中国国际技术智力合作公司	6.91	95	中国移动通信集团公司	4.21
46	新奥能源控股有限公司	6.90	96	香江集团有限公司	4.19
47	四川华油集团有限责任公司	6.89	97	中青旅控股股份有限公司	4.10
48	润华集团股份有限公司	6.89	98	浙江供销超市有限公司	4.04
49	北京奇虎科技有限公司	6.70	99	银泰商业（集团）有限公司	4.03
50	重庆河东控股（集团）有限公司	6.70	100	荣安集团股份有限公司	4.02
				中国服务业企业 500 强平均数	1.19

表 10-11　　2015 中国服务业企业 500 强收入利润率排序前 100 名企业

排名	公司名称	收入利润率（%）	排名	公司名称	收入利润率（%）
1	广东珠江投资股份有限公司	88.16	51	青岛银行股份有限公司	17.86
2	中国对外贸易中心（集团）	51.33	52	国家开发银行股份有限公司	17.56
3	重庆三峡银行股份有限公司	42.66	53	华夏银行股份有限公司	17.28
4	网易公司	40.61	54	齐商银行股份有限公司	17.10
5	四川信托有限公司	39.08	55	江西赣粤高速公路股份有限公司	17.04
6	阿里巴巴集团控股有限公司	38.09	56	天津银行股份有限公司	17.00
7	长沙银行股份有限公司	37.89	57	重庆龙湖企业拓展有限公司	16.28
8	重庆银行股份有限公司	37.78	58	北京奇虎科技有限公司	16.02
9	广发证券股份有限公司	37.50	59	厦门禹洲集团股份有限公司	16.01
10	方正证券股份有限公司	36.66	60	湖北能源集团股份有限公司	15.73
11	搜房控股有限公司	36.03	61	广州华多网络科技有限公司	15.59
12	重庆农村商业银行股份有限公司	34.48	62	汉口银行股份有限公司	15.55
13	重庆协信控股（集团）有限公司	30.73	63	广东天河城（集团）股份有限公司	14.88
14	腾讯控股有限公司	30.17	64	广西金融投资集团有限公司	14.74
15	欢聚时代	28.94	65	江苏张家港农村商业银行股份有限公司	14.61
16	盛大游戏有限公司	27.99	66	湖南新长海发展集团有限公司	14.59
17	无锡市交通产业集团有限公司	27.30	67	桂林银行股份有限公司	14.44
18	百度股份有限公司	26.88	68	龙江银行股份有限公司	14.42
19	中国工商银行股份有限公司	26.79	69	上海机场（集团）有限公司	14.42
20	中国建设银行股份有限公司	26.42	70	大连金玛商城企业集团有限公司	13.54
21	赣州银行股份有限公司	25.99	71	天津城市基础设施建设投资集团有限公司	12.99
22	万向三农集团有限公司	25.64	72	渤海银行股份有限公司	12.95
23	武汉农村商业银行股份有限公司	25.55	73	营口港务集团有限公司	12.44
24	青海银行股份有限公司	24.47	74	完美世界（北京）网络技术有限公司	12.27
25	宁夏银行股份有限公司	23.66	75	联发集团有限公司	12.25
26	上海国际港务（集团）股份有限公司	23.51	76	广州华新集团有限公司	12.19
27	华融湘江银行股份有限公司	23.06	77	大华（集团）有限公司	12.11
28	新浪公司	23.01	78	武汉地产开发投资集团有限公司	11.77
29	中国银行股份有限公司	22.70	79	宁波港集团有限公司	11.76
30	中国农业银行股份有限公司	22.49	80	柏年康成健康管理集团有限公司	11.70
31	张家口市商业银行股份有限公司	21.92	81	恒大地产集团有限公司	11.46
32	上海金开利集团有限公司	21.76	82	广州港集团有限公司	11.04
33	厦门经济特区房地产开发集团有限公司	21.51	83	中铁集装箱运输有限责任公司	10.99
34	唐山港集团股份有限公司	21.24	84	苏州汽车客运集团有限公司	10.48
35	广州农村商业银行股份有限公司	21.13	85	聚美优品	10.42
36	江苏吴江农村商业银行股份有限公司	20.93	86	广东粤海控股集团有限公司	10.37
37	柳州银行股份有限公司	20.72	87	国元农业保险股份有限公司	10.29
38	盛京银行股份有限公司	20.15	88	新奥能源控股有限公司	10.20
39	招商银行股份有限公司	19.89	89	佛山市公用事业控股有限公司	9.99
40	重庆华宇物业（集团）有限公司	19.89	90	广东省广播电视网络股份有限公司	9.86
41	上海浦东发展银行	19.76	91	中国移动通信集团公司	9.72
42	北京银行	19.72	92	浙江出版联合集团有限公司	9.71
43	交通银行股份有限公司	19.69	93	锦联控股集团有限公司	9.50
44	无锡农村商业银行股份有限公司	19.27	94	现代投资股份有限公司	9.47
45	兴业银行股份有限公司	18.85	95	安徽文峰置业有限公司	9.31
46	江苏江阴农村商业银行股份有限公司	18.70	96	广西云星集团有限公司	9.19
47	天津农村商业银行股份有限公司	18.55	97	浙江省能源集团有限公司	9.17
48	青岛农村商业银行股份有限公司	18.50	98	安徽省能源集团有限公司	9.16
49	中国免税品（集团）有限责任公司	18.18	99	无锡市国联发展（集团）有限公司	9.01
50	中国民生银行股份有限公司	18.08	100	香江集团有限公司	8.97
				中国服务业企业500强平均数	7.77

表10-12　　2015中国服务业企业500强人均净利润排序前100名企业

排名	公司名称	人均净利润（万元）	排名	公司名称	人均净利润（万元）
1	张家港保税区旭江贸易有限公司	1482.86	51	宁夏银行股份有限公司	54.35
2	国家开发银行股份有限公司	886.68	52	广发证券股份有限公司	54.15
3	张家港百维物贸有限公司	593.07	53	南通化工轻工股份有限公司	53.00
4	广东珠江投资股份有限公司	396.88	54	张家港保税区荣德贸易有限公司	52.33
5	柏年康成健康管理集团有限公司	150.53	55	汉口银行股份有限公司	49.84
6	北京银行	150.21	56	云南省能源投资集团有限公司	48.90
7	苏州港口张家港保税区现代物流有限公司	144.09	57	柳州银行股份有限公司	47.98
8	盛京银行股份有限公司	142.57	58	厦门禹洲集团股份有限公司	47.26
9	中国对外贸易中心（集团）	116.00	59	上海际大投资控股集团有限公司	46.55
10	上海浦东发展银行	110.57	60	华融湘江银行股份有限公司	46.46
11	天津现代集团有限公司	108.64	61	重庆河东控股（集团）有限公司	45.35
12	珠海振戎公司	103.80	62	深圳市飞马国际供应链股份有限公司	43.21
13	卓尔控股有限公司	100.82	63	唐山港集团股份有限公司	42.89
14	大华（集团）有限公司	99.26	64	赣州银行股份有限公司	42.54
15	兴业银行股份有限公司	95.54	65	联发集团有限公司	42.10
16	宁波宁兴房地产开发集团有限公司	93.87	66	厦门轨道物资有限公司	41.53
17	广州元亨能源有限公司	89.71	67	绿城房地产集团有限公司	41.02
18	渤海银行股份有限公司	83.35	68	广西云星集团有限公司	40.44
19	远大物产集团有限公司	82.35	69	方正证券股份有限公司	39.91
20	天津银行股份有限公司	81.56	70	宁波神化化学品经营有限责任公司	39.60
21	四川信托有限公司	79.38	71	重庆农村商业银行股份有限公司	38.34
22	重庆银行股份有限公司	78.95	72	中铁集装箱运输有限责任公司	38.11
23	西安迈科金属国际集团有限公司	75.72	73	天津农村商业银行股份有限公司	37.73
24	重庆三峡银行股份有限公司	75.24	74	上海国际港务（集团）股份有限公司	36.69
25	江苏江阴农村商业银行股份有限公司	74.81	75	中国农业银行股份有限公司	36.36
26	中国民生银行股份有限公司	74.67	76	上海尚友实业集团有限公司	36.13
27	招商银行股份有限公司	74.44	77	深圳市大生农业集团有限公司	35.72
28	安徽文峰置业有限公司	70.50	78	广州华多网络科技有限公司	35.52
29	无锡农村商业银行股份有限公司	70.50	79	新疆生产建设兵团第一师棉麻有限责任公司	35.37
30	交通银行股份有限公司	70.48	80	苏州国信集团有限公司	35.02
31	广州农村商业银行股份有限公司	68.27	81	天津渤海润德钢铁集团有限公司	34.91
32	江苏吴江农村商业银行股份有限公司	66.59	82	浙江省能源集团有限公司	34.66
33	青海银行股份有限公司	65.91	83	青岛农村商业银行股份有限公司	33.03
34	长沙银行股份有限公司	65.21	84	桂林银行股份有限公司	32.74
35	华夏银行股份有限公司	64.60	85	大连金玛商城企业集团有限公司	31.65
36	重庆协信控股（集团）有限公司	63.19	86	湖北能源集团股份有限公司	31.36
37	厦门恒兴集团有限公司	62.17	87	上海金开利集团有限公司	31.02
38	中国建设银行股份有限公司	61.19	88	玖隆钢铁物流有限公司	30.24
39	绿地控股集团有限公司	59.89	89	齐商银行股份有限公司	28.53
40	中国工商银行股份有限公司	59.66	90	大汉控股集团有限公司	28.52
41	万向三农集团有限公司	58.85	91	上海恒升企业（集团）有限公司	28.14
42	武汉农村商业银行股份有限公司	58.14	92	浙江华瑞集团有限公司	27.93
43	张家口市商业银行股份有限公司	57.28	93	福佳集团有限公司	27.74
44	弘阳集团有限公司	57.00	94	上海闽路润贸易有限公司	27.16
45	江苏张家港农村商业银行股份有限公司	56.49	95	中国农业发展银行	27.10
46	青岛银行股份有限公司	56.32	96	广西金融投资集团有限公司	26.87
47	荣安集团股份有限公司	56.25	97	中国免税品（集团）有限责任公司	26.37
48	宁波君安控股有限公司	56.12	98	安徽省能源集团有限公司	25.11
49	重庆龙湖企业拓展有限公司	54.93	99	安徽辉隆农资集团	23.90
50	中国银行股份有限公司	54.90	100	赛鼎工程有限公司	23.84
				中国服务业企业500强平均数	14.94

表 10-13　　2015 中国服务业企业 500 强人均营业收入排序前 100 名企业

排名	公司名称	人均收入（万元）	排名	公司名称	人均收入（万元）
1	张家港百维物贸有限公司	80396	51	深圳粤通国际投资有限公司	2330
2	珠海振戎公司	63137	52	江阴长三角钢铁集团有限公司	2159
3	张家港保税区旭江贸易有限公司	60359	53	上海际大投资控股集团有限公司	2157
4	广州元亨能源有限公司	53592	54	中基宁波集团股份有限公司	2099
5	西安迈科金属国际集团有限公司	30362	55	天津物产集团有限公司	2077
6	玖隆钢铁物流有限公司	25267	56	中国航空油料集团公司	2060
7	宁波君安控股有限公司	21666	57	上海东浩兰生国际服务贸易（集团）有限公司	1981
8	南通化工轻工股份有限公司	14755	58	广东省肇庆土产进出口有限公司	1968
9	宁波神化化学品经营有限责任公司	13925	59	深圳市朗华供应链服务有限公司	1947
10	张家港福洛瑞物贸有限公司	12830	60	广州轻出集团股份有限公司	1930
11	宁波明港液化气有限公司	12691	61	上海百营钢铁集团有限公司	1928
12	深圳市大生农业集团有限公司	9864	62	深圳市联合利丰供应链管理有限公司	1894
13	深圳市飞马国际供应链股份有限公司	9392	63	深圳市爱施德股份有限公司	1755
14	远大物产集团有限公司	7896	64	宁波医药股份有限公司	1667
15	鑫东森集团有限公司	7101	65	南方石化集团有限公司	1580
16	上海闽路润贸易有限公司	6703	66	浙江省医药工业有限公司	1574
17	浙江前程石化股份有限公司	6481	67	绿城房地产集团有限公司	1572
18	上海尚友实业集团有限公司	6407	68	卓尔控股有限公司	1502
19	苏州港口张家港保税区现代物流有限公司	6232	69	宁波市绿顺集团股份有限公司	1443
20	新疆生产建设兵团第一师棉麻有限责任公司	5501	70	浙江华瑞集团有限公司	1394
21	厦门嘉联恒进出口有限公司	5276	71	东华能源股份有限公司	1387
22	国家开发银行股份有限公司	5048	72	重庆河东控股（集团）有限公司	1358
23	天津渤海润德钢铁集团有限公司	4896	73	上海福然德部件加工有限公司	1322
24	河北省物流产业集团有限公司	4642	74	柏年康成健康管理集团有限公司	1287
25	张家港保税区荣德贸易有限公司	4641	75	浙江省物产集团公司	1258
26	上海恒升企业（集团）有限公司	3734	76	中国农业机械华北集团有限公司	1257
27	厦门轨道物资有限公司	3579	77	潮州华丰集团股份有限公司	1257
28	日出实业集团有限公司	3123	78	中国国际技术智力合作公司	1224
29	宁波宁兴房地产开发集团有限公司	3086	79	大汉控股集团有限公司	1213
30	大印集团有限公司	3024	80	弘阳集团有限公司	1212
31	常州市化工轻工材料总公司	3016	81	重庆华轻商业有限公司	1142
32	天津现代集团有限公司	2992	82	福建省福农农资集团有限公司	1130
33	上海均和集团有限公司	2903	83	天津一商集团有限公司	1104
34	天津三和众诚石油制品销售有限公司	2878	84	山西省国新能源发展集团有限公司	1101
35	新疆生产建设兵团棉麻公司	2872	85	安徽辉隆农资集团	1087
36	绿地控股集团有限公司	2817	86	河北省农业生产资料有限公司	1069
37	厦门路桥工程物资有限公司	2779	87	云南省能源投资集团有限公司	1000
38	泰德煤网股份有限公司	2763	88	宁波伟立投资集团有限公司	995
39	厦门恒兴集团有限公司	2737	89	常熟市交电家电有限责任公司	993
40	宁波海田控股集团有限公司	2680	90	天津立业钢铁集团有限公司	985
41	厦门华融集团有限公司	2644	91	中国天津国际经济技术合作集团公司	967
42	庆丰农业生产资料集团有限责任公司	2616	92	上海埃圣玛金属科技集团有限公司	912
43	华南物资集团有限公司	2566	93	中国中化集团公司	898
44	苏州国信集团有限公司	2511	94	福佳集团有限公司	894
45	厦门市嘉晟对外贸易有限公司	2508	95	荣安集团股份有限公司	853
46	黑龙江倍丰农业生产资料集团有限公司	2506	96	广东物资集团公司	847
47	厦门海澳集团有限公司	2451	97	嘉兴良友进出口集团股份有限公司	842
48	上海龙宇燃油股份有限公司	2410	98	大华（集团）有限公司	820
49	天津市长芦盐业总公司	2385	99	宁波市慈溪进出口股份有限公司	819
50	浙江凯喜雅国际股份有限公司	2349	100	湖北省农业生产资料集团有限公司	805
				中国服务业企业 500 强平均数	196

表10-14　　2015中国服务业企业500强人均资产排序前100名企业

排名	公司名称	人均资产（万元）	排名	公司名称	人均资产（万元）
1	国家开发银行股份有限公司	93749	51	天津农村商业银行股份有限公司	3569
2	北京银行	14657	52	重庆农村商业银行股份有限公司	3475
3	盛京银行股份有限公司	13278	53	广西北部湾银行股份有限公司	3454
4	广州元亨能源有限公司	12996	54	天津市政建设集团有限公司	3336
5	渤海银行股份有限公司	11053	55	中国农业银行股份有限公司	3236
6	上海浦东发展银行	9865	56	赣州银行股份有限公司	3202
7	新疆生产建设兵团第一师棉麻有限责任公司	9110	57	厦门华融集团有限公司	3178
8	兴业银行股份有限公司	8931	58	上海临港经济发展（集团）有限公司	2952
9	天津银行股份有限公司	8842	59	宁波君安控股有限公司	2941
10	无锡农村商业银行股份有限公司	7956	60	青岛农村商业银行股份有限公司	2825
11	重庆银行股份有限公司	7666	61	龙江银行股份有限公司	2737
12	江苏江阴农村商业银行股份有限公司	7640	62	上海闽路润贸易有限公司	2710
13	宁波宁兴房地产开发集团有限公司	6991	63	大华（集团）有限公司	2702
14	中国民生银行股份有限公司	6730	64	张家港保税区旭江贸易有限公司	2655
15	交通银行股份有限公司	6709	65	齐商银行股份有限公司	2646
16	华夏银行股份有限公司	6652	66	中国中信集团有限公司	2640
17	招商银行股份有限公司	6300	67	广发证券股份有限公司	2588
18	张家港百维物贸有限公司	6034	68	绿城房地产集团有限公司	2518
19	中国农业发展银行	5954	69	武汉地产开发投资集团有限公司	2505
20	广州农村商业银行股份有限公司	5927	70	上海恒升企业（集团）有限公司	2423
21	青岛银行股份有限公司	5882	71	深圳市大生农业集团有限公司	2332
22	长沙银行股份有限公司	5796	72	卓尔控股有限公司	2332
23	重庆三峡银行股份有限公司	5739	73	黑龙江倍丰农业生产资料集团有限公司	2297
24	汉口银行股份有限公司	5724	74	庆丰农业生产资料集团有限责任公司	2093
25	天津城市基础设施建设投资集团有限公司	5685	75	张家港福洛瑞物贸有限公司	2063
26	张家口市商业银行股份有限公司	5570	76	玖隆钢铁物流有限公司	2001
27	江苏张家港农村商业银行股份有限公司	5562	77	厦门嘉联恒进出口有限公司	1988
28	中国光大集团股份有限公司	5477	78	方正证券股份有限公司	1932
29	绿地控股集团有限公司	5473	79	苏州国信集团有限公司	1898
30	江苏吴江农村商业银行股份有限公司	5373	80	广州越秀集团有限公司	1843
31	西安迈科金属国际集团有限公司	5292	81	上海宝华企业集团有限公司	1839
32	厦门恒兴集团有限公司	5224	82	中国人寿保险（集团）公司	1810
33	湖北省交通投资集团有限公司	5167	83	天津市长芦盐业总公司	1786
34	珠海振戎公司	5072	84	中国平安保险（集团）股份有限公司	1697
35	深圳市飞马国际供应链股份有限公司	4987	85	浙江华瑞集团有限公司	1670
36	中国银行股份有限公司	4950	86	浙江凯喜雅国际股份有限公司	1657
37	苏州港口张家港保税区现代物流有限公司	4868	87	云南省能源投资集团有限公司	1605
38	鑫东森集团有限公司	4572	88	福佳集团有限公司	1570
39	中国建设银行股份有限公司	4497	89	广西交通投资集团有限公司	1539
40	中国工商银行股份有限公司	4458	90	中国对外贸易中心（集团）	1524
41	广东珠江投资股份有限公司	4133	91	南方石化集团有限公司	1510
42	宁夏银行股份有限公司	4059	92	天津渤海润德钢铁集团有限公司	1493
43	天津房地产集团有限公司	3991	93	深圳市朗华供应链服务有限公司	1485
44	柳州银行股份有限公司	3919	94	厦门禹洲集团股份有限公司	1472
45	武汉农村商业银行股份有限公司	3878	95	厦门轨道物资有限公司	1472
46	天津现代集团有限公司	3789	96	荣安集团股份有限公司	1401
47	华融湘江银行股份有限公司	3770	97	武汉市城市建设投资开发集团有限公司	1380
48	厦门市嘉晟对外贸易有限公司	3718	98	宁波神化化学品经营有限责任公司	1371
49	青海银行股份有限公司	3663	99	南通化工轻工股份有限公司	1364
50	桂林银行股份有限公司	3633	100	广西云星集团有限公司	1337
				中国服务业企业500强平均数	1298.5

表 10-15　　2014 中国服务业企业 500 强收入增长率排序前 100 名企业

排名	公司名称	收入增长率（%）	排名	公司名称	收入增长率（%）
1	广州纺织工贸企业集团有限公司	575.23	51	北方国际集团有限公司	37.03
2	苏州港口张家港保税区现代物流有限公司	483.61	52	海航集团有限公司	36.74
3	深圳粤通国际投资有限公司	327.89	53	桂林银行股份有限公司	36.47
4	大连金玛商城企业集团有限公司	230.40	54	携程旅行网	36.39
5	上海福然德部件加工有限公司	186.94	55	张家口市商业银行股份有限公司	34.96
6	现代投资股份有限公司	146.90	56	腾邦投资控股有限公司	34.92
7	湖南粮食集团有限责任公司	144.87	57	国宏电气集团股份有限公司	34.86
8	深圳市大生农业集团有限公司	127.21	58	招商银行股份有限公司	34.24
9	柏年康成健康管理集团有限公司	119.97	59	云南省能源投资集团有限公司	33.89
10	四川省能源投资集团有限责任公司	114.34	60	重庆百事达汽车有限公司	33.57
11	唯品会（中国）有限公司	109.29	61	厦门象屿集团有限公司	32.93
12	北京奇虎科技有限公司	105.83	62	厦门海澳集团有限公司	32.65
13	阿里巴巴集团控股有限公司	105.15	63	中粮集团有限公司	32.08
14	欢聚时代	101.72	64	青海银行股份有限公司	31.95
15	广州华多网络科技有限公司	88.38	65	广州市地下铁道总公司	31.90
16	广东圣丰集团有限公司	83.06	66	盛京银行股份有限公司	31.80
17	武汉经济发展投资（集团）有限公司	82.43	67	广州无线电集团有限公司	31.69
18	途牛旅游网	81.31	68	渤海银行股份有限公司	31.39
19	厦门轨道物资有限公司	77.07	69	武汉农村商业银行股份有限公司	31.16
20	上海均和集团有限公司	74.13	70	银江科技集团有限公司	31.08
21	好易购家庭购物有限公司	71.94	71	腾讯控股有限公司	30.60
22	京东商城电子商务有限公司	65.85	72	聚美优品	30.15
23	华茂集团股份有限公司	65.36	73	三胞集团有限公司	29.95
24	安徽出版集团有限责任公司	63.92	74	山东高速集团有限公司	29.94
25	广发证券股份有限公司	63.20	75	大连万达集团股份有限公司	29.92
26	宁波君安控股有限公司	61.31	76	太平鸟集团有限公司	29.64
27	广西云星集团有限公司	58.45	77	杭州市燃气集团有限公司	29.49
28	厦门育哲进出口有限公司	58.14	78	上海际大投资控股集团有限公司	29.42
29	宁波联合集团股份有限公司	57.34	79	上海永达控股（集团）有限公司	29.40
30	天津港（集团）有限公司	55.45	80	广州元亨能源有限公司	28.43
31	广西金融投资集团有限公司	54.60	81	中国太平保险集团有限责任公司	28.39
32	百度股份有限公司	53.56	82	广西物资集团有限责任公司	28.03
33	上海金桥（集团）有限公司	53.05	83	重庆对外经贸（集团）有限公司	27.80
34	深圳市联合利丰供应链管理有限公司	52.28	84	中国平安保险（集团）股份有限公司	27.65
35	深圳市粮食集团有限公司	51.09	85	厦门翔业集团有限公司	27.49
36	利泰集团有限公司	49.82	86	宁夏银行股份有限公司	27.43
37	广东省肇庆土产进出口有限公司	49.42	87	重庆银行股份有限公司	27.38
38	天津房地产集团有限公司	46.26	88	银亿集团有限公司	27.26
39	上海闽路润贸易有限公司	45.95	89	青岛银行股份有限公司	27.07
40	中国天津国际经济技术合作集团公司	45.78	90	厦门路桥工程物资有限公司	26.75
41	厦门住宅建设集团有限公司	45.60	91	重庆龙湖企业拓展有限公司	26.69
42	当当网信息技术（天津）有限公司	45.58	92	新奥能源控股有限公司	26.65
43	广东鸿粤汽车销售集团有限公司	45.24	93	武汉商贸国有控股集团有限公司	26.46
44	广州南菱汽车股份有限公司	42.67	94	北京银行	26.21
45	重庆三峡银行股份有限公司	41.90	95	浙江出版联合集团有限公司	25.95
46	方正证券股份有限公司	41.89	96	完美世界（北京）网络技术有限公司	25.90
47	东华能源股份有限公司	41.68	97	国家开发银行股份有限公司	25.87
48	广西西江开发投资集团有限公司	41.47	98	网易公司	25.61
49	四川省物流产业股份有限公司	38.26	99	天津银行股份有限公司	25.49
50	国元农业保险股份有限公司	37.41	100	安徽国祯集团股份有限公司	25.25
				中国服务业企业500强平均数	9.23

表10-16 2015中国服务业企业500强净利润增长率排序前100名企业

排名	公司名称	净利润增长率（%）	排名	公司名称	净利润增长率（%）
1	青海省投资集团有限公司	1494.00	51	中国太平保险集团有限责任公司	88.91
2	天津一商集团有限公司	1315.59	52	香江集团有限公司	86.73
3	苏州港口张家港保税区现代物流有限公司	1295.25	53	宁波宁兴控股股份有限公司	82.50
4	上海恒升企业（集团）有限公司	1114.98	54	泰康人寿保险股份有限公司	80.61
5	营口港务集团有限公司	870.25	55	浙江省交通投资集团有限公司	80.38
6	阳光保险集团股份有限公司	765.50	56	海越控股集团有限公司	79.97
7	宁波伟立投资集团有限公司	733.86	57	中宁化集团有限公司	78.66
8	广东珠江投资股份有限公司	729.41	58	广发证券股份有限公司	78.58
9	大连金玛商城企业集团有限公司	591.41	59	国美电器有限公司	74.49
10	上海均和集团有限公司	439.72	60	四川省物流产业股份有限公司	72.54
11	上海亚东国际货运有限公司	397.84	61	中兴-沈阳商业大厦（集团）股份有限公司	65.92
12	远大物产集团有限公司	395.45	62	上海东浩兰生国际服务贸易（集团）有限公司	64.58
13	中国光大集团股份有限公司	393.16	63	云南出版集团有限责任公司	62.41
14	宁波轿辰集团股份有限公司	338.98	64	方正证券股份有限公司	61.49
15	广州华新集团有限公司	297.67	65	中国人民保险集团股份有限公司	61.42
16	新浪公司	289.12	66	重庆交通运输控股（集团）有限公司	60.77
17	湖南粮食集团有限责任公司	230.70	67	江苏省苏豪控股集团有限公司	60.47
18	常州市化工轻工材料总公司	227.55	68	广州无线电集团有限公司	54.84
19	湖北省农业生产资料集团有限公司	215.20	69	腾讯控股有限公司	53.59
20	中粮集团有限公司	197.98	70	湖南友谊阿波罗控股股份有限公司	53.21
21	中国人寿保险（集团）公司	184.34	71	天津恒运能源股份有限公司	52.48
22	国元农业保险股份有限公司	183.77	72	天津市交通（集团）有限公司	50.54
23	深圳市大生农业集团有限公司	178.64	73	深圳市联合利丰供应链管理有限公司	50.21
24	厦门轨道物资有限公司	175.59	74	大连万达集团股份有限公司	49.46
25	华茂集团股份有限公司	171.66	75	中青旅控股股份有限公司	48.85
26	聚美优品	161.89	76	山东省商业集团有限公司	48.75
27	中国机械工业集团有限公司	161.36	77	深圳市粮食集团有限公司	48.50
28	广州华多网络科技有限公司	161.00	78	上海际大投资控股集团有限公司	47.92
29	新疆生产建设兵团棉麻公司	159.04	79	北京能源集团有限责任公司	45.28
30	广东省交通集团有限公司	158.42	80	重庆龙湖企业拓展有限公司	45.23
31	润华集团股份有限公司	151.53	81	广东圣丰集团有限公司	45.22
32	深圳粤通国际投资有限公司	148.14	82	新华人寿保险股份有限公司	44.87
33	浙江省物产集团公司	144.16	83	武汉武商集团股份有限公司	41.83
34	唯品会（中国）有限公司	142.53	84	河北省物流产业集团有限公司	40.02
35	苏宁控股集团	142.53	85	天津港（集团）有限公司	39.67
36	广西金融投资集团有限公司	137.62	86	安徽广电传媒产业集团	39.65
37	新奥能源控股有限公司	137.06	87	中国平安保险（集团）股份有限公司	39.51
38	全洲药业集团有限公司	130.57	88	上海金桥（集团）有限公司	37.85
39	重庆中节能实业有限责任公司	123.80	89	湖南省新华书店有限责任公司	37.61
40	云南省能源投资集团有限公司	123.70	90	安徽省高速公路控股集团有限公司	36.94
41	欢聚时代	122.82	91	上海永达控股（集团）有限公司	36.56
42	北京奇虎科技有限公司	122.04	92	重庆市黔龙实业（集团）有限责任公司	36.13
43	锦联控股集团有限公司	117.78	93	国宏电气集团股份有限公司	34.83
44	张家港保税区旭江贸易有限公司	116.41	94	好易购家庭购物有限公司	33.77
45	厦门经济特区房地产开发集团有限公司	115.38	95	深圳市飞马国际供应链股份有限公司	33.47
46	重庆港务物流集团有限公司	112.86	96	华融湘江银行股份有限公司	33.47
47	万友汽车投资有限公司	106.52	97	无锡市交通产业集团有限公司	33.27
48	厦门恒兴集团有限公司	100.74	98	天津二商集团有限公司	32.75
49	四川省能源投资集团有限责任公司	97.11	99	中国万向控股有限公司	32.72
50	宁波联合集团股份有限公司	90.40	100	武汉经济发展投资（集团）有限公司	32.72
				中国服务业企业500强平均数	8.19

表 10-17　　2015 中国服务业 500 强资产增长率排序前 100 名企业

排名	公司名称	资产增长率（%）	排名	公司名称	资产增长率（%）
1	大连金玛商城企业集团有限公司	333.17	51	北京首都创业集团有限公司	42.99
2	苏州港口张家港保税区现代物流有限公司	291.95	52	厦门禹洲集团股份有限公司	42.81
3	嘉兴良友进出口集团股份有限公司	288.76	53	珠海振戎公司	42.47
4	聚美优品	281.96	54	广西西江开发投资集团有限公司	42.13
5	上海均和集团有限公司	194.80	55	中国港中旅集团公司	41.97
6	欢聚时代	164.16	56	盛京银行股份有限公司	41.62
7	京东商城电子商务有限公司	155.64	57	百度股份有限公司	40.40
8	阿里巴巴集团控股有限公司	152.19	58	江苏省苏豪控股集团有限公司	40.29
9	重庆市新大兴实业（集团）有限公司	146.68	59	上海龙宇燃油股份有限公司	40.16
10	途牛旅游网	145.96	60	长春欧亚集团股份有限公司	39.94
11	月星集团有限公司	137.46	61	中国太平保险集团有限责任公司	39.12
12	方正证券股份有限公司	134.90	62	广西柳州医药股份有限公司	38.47
13	北京奇虎科技有限公司	113.12	63	绿地控股集团有限公司	38.43
14	唯品会（中国）有限公司	108.46	64	利泰集团有限公司	36.47
15	柏年康成健康管理集团有限公司	104.71	65	上海闽路润贸易有限公司	36.43
16	广发证券股份有限公司	104.60	66	恒大地产集团有限公司	36.28
17	四川信托有限公司	97.97	67	银江科技集团有限公司	35.44
18	广州华多网络科技有限公司	94.06	68	新疆生产建设兵团棉麻公司	35.13
19	广州越秀集团有限公司	84.63	69	国家开发投资公司	35.08
20	大连万达集团股份有限公司	84.33	70	深圳市飞马国际供应链股份有限公司	34.96
21	当当网信息技术（天津）有限公司	83.55	71	中国对外贸易中心（集团）	34.29
22	天津恒运能源股份有限公司	83.29	72	云南省能源投资集团有限公司	34.14
23	广西云星集团有限公司	79.23	73	厦门经济特区房地产开发集团有限公司	34.09
24	宁波海田控股集团有限公司	74.79	74	安徽出版集团有限责任公司	33.92
25	国元农业保险股份有限公司	73.21	75	晋能集团有限公司	33.32
26	常州市化工轻工材料总公司	67.40	76	天津市公共交通集团（控股）有限公司	32.97
27	湖南九龙经贸集团有限公司	62.21	77	重庆银行股份有限公司	32.76
28	湖南省轻工盐业集团有限公司	60.28	78	重庆三峡银行股份有限公司	31.44
29	腾讯控股有限公司	59.62	79	安徽国祯集团股份有限公司	31.19
30	河北省物流产业集团有限公司	58.58	80	四川省能源投资集团有限责任公司	30.44
31	好易购家庭购物有限公司	58.46	81	宁夏银行股份有限公司	30.30
32	三胞集团有限公司	58.03	82	上海金开利集团有限公司	30.09
33	张家口市商业银行股份有限公司	57.89	83	安徽省盐业总公司	30.02
34	中粮集团有限公司	54.68	84	上海永达控股（集团）有限公司	29.96
35	湖南粮食集团有限责任公司	54.00	85	广西投资集团有限公司	29.92
36	腾邦投资控股有限公司	52.93	86	九州通医药集团股份有限公司	29.73
37	海越控股集团有限公司	51.86	87	广东鸿粤汽车销售集团有限公司	29.51
38	无锡市国联发展（集团）有限公司	51.26	88	银亿集团有限公司	29.50
39	携程旅行网	50.30	89	湖南新长海发展集团有限公司	29.11
40	厦门夏商集团有限公司	49.06	90	天津市政建设集团有限公司	28.49
41	远大物产集团有限公司	48.84	91	新浪公司	28.26
42	湖南兰天集团有限公司	48.33	92	深圳广田装饰集团股份有限公司	28.18
43	天津物产集团有限公司	47.63	93	黑龙江倍丰农业生产资料集团有限公司	28.15
44	厦门象屿集团有限公司	47.56	94	广东省航运集团有限公司	27.91
45	东华能源股份有限公司	46.81	95	广西金融投资集团有限公司	27.52
46	浙江宝利德股份有限公司	45.75	96	申能（集团）有限公司	27.29
47	广东珠江投资股份有限公司	45.24	97	四川省开元集团有限公司	26.98
48	万友汽车投资有限公司	45.14	98	广东圣丰集团有限公司	26.79
49	深圳市大生农业集团有限公司	43.53	99	中国农业机械华北集团有限公司	26.71
50	上海春秋国际旅行社（集团）有限公司	43.34	100	安徽广电传媒产业集团	26.70
				中国服务业企业 500 强平均数	13.72

表 10-18　　2015 中国服务业 500 强研发费用增长率排序前 100 名企业

排名	公司名称	研发费增长率（%）	排名	公司名称	研发费增长率（%）
1	湖南粮食集团有限责任公司	9100	51	晋能集团有限公司	59.32
2	广州华多网络科技有限公司	1691.06	52	广西西江开发投资集团有限公司	58.71
3	中国铁路物资股份有限公司	858.21	53	银江科技集团有限公司	56.07
4	中国万向控股有限公司	518.85	54	北京首都旅游集团有限责任公司	53.33
5	青海省投资集团有限公司	346.69	55	大连港集团有限公司	52.95
6	天津能源投资集团有限公司	327.3	56	长沙银行股份有限公司	52.89
7	广州岭南国际企业集团有限公司	314.26	57	天津二商集团有限公司	51.4
8	嘉兴良友进出口集团股份有限公司	277.14	58	兴华财富集团有限公司	50
9	深圳粤通国际投资有限公司	275	59	杭州市燃气集团有限公司	50
10	柳州银行股份有限公司	244.44	60	天津三和众诚石油制品销售有限公司	50
11	山西煤炭进出口集团有限公司	206.45	61	广西云星集团有限公司	50
12	广东省航运集团有限公司	206.38	62	厦门翔业集团有限公司	45.71
13	安徽辉隆农资集团	196.31	63	广东圣丰集团有限公司	45.01
14	安徽国贸集团控股有限公司	193.98	64	广州中大控股有限公司	44.89
15	深圳市爱施德股份有限公司	190.41	65	福建省能源集团有限责任公司	44.54
16	天津住宅建设发展集团有限公司	186.47	66	云南省能源投资集团有限公司	43.27
17	海越控股集团有限公司	183.33	67	重庆市盐业（集团）有限公司	42.58
18	广州广之旅国际旅行社股份有限公司	172.33	68	中国国际技术智力合作公司	41.76
19	广西投资集团有限公司	163.4	69	中国航空集团公司	41.17
20	方正证券股份有限公司	147.2	70	青岛能源集团有限公司	39.28
21	上海金桥（集团）有限公司	142.97	71	日出实业集团有限公司	38.83
22	中国保利集团公司	133.82	72	中国中信集团有限公司	38.52
23	京东商城电子商务有限公司	124.28	73	心连心集团有限公司	37.44
24	四川信托有限公司	115	74	中国航空油料集团公司	35.94
25	天津房地产集团有限公司	114.12	75	重庆长安民生物流股份有限公司	34.94
26	重庆三峡银行股份有限公司	103.6	76	国家开发投资公司	33.61
27	厦门国贸控股有限公司	102.48	77	中国邮政集团公司	31.42
28	天津一商集团有限公司	100	78	宁夏银行股份有限公司	30.25
29	安徽省高速公路控股集团有限公司	97.35	79	唐山港集团股份有限公司	30.03
30	四川富临实业集团有限公司	95.41	80	苏宁控股集团	29.93
31	安徽出版集团有限责任公司	94.5	81	湖南省轻工盐业集团有限公司	29.14
32	重庆医药（集团）股份有限公司	88.73	82	广州纺织工贸企业集团有限公司	28.38
33	河北港口集团有限公司	85.14	83	华润股份有限公司	28.04
34	四川新华发行集团有限公司	83.24	84	重庆市金科投资控股（集团）有限责任公司	27
35	阿里巴巴集团控股有限公司	80.61	85	广州无线电集团有限公司	26.26
36	天津市长芦盐业总公司	79.37	86	天津港（集团）有限公司	25.94
37	浪潮集团有限公司	74.42	87	东方国际（集团）有限公司	24.87
38	交通银行股份有限公司	70.93	88	江苏江阴农村商业银行股份有限公司	24.55
39	黄冈市黄商贸易股份有限公司	69.98	89	国家电网公司	22.34
40	广东省交通集团有限公司	69.97	90	中国远洋运输（集团）总公司	22.33
41	中国中化集团公司	69.69	91	武汉商贸国有控股集团有限公司	21.67
42	上海际大投资控股集团有限公司	69.35	92	汉口银行股份有限公司	21.47
43	百度股份有限公司	68.99	93	安徽广电传媒产业集团	20.57
44	湖南友谊阿波罗控股股份有限公司	64	94	宁波港集团有限公司	20.46
45	重庆市能源投资集团有限公司	62.64	95	东软集团股份有限公司	20.21
46	网易公司	61.32	96	长江勘测规划设计研究院	20.05
47	全洲药业集团有限公司	60	97	广州市水务投资集团有限公司	19.64
48	重庆华宇物业（集团）有限公司	59.83	98	安徽省交通投资集团有限责任公司	18.26
49	佛山市公用事业控股有限公司	59.61	99	深圳市朗华供应链服务有限公司	17.65
50	上海机场（集团）有限公司	59.56	100	浙江凯喜雅国际股份有限公司	16.97
				中国服务业企业 500 强平均数	11.38

表 10-19　　2015 中国服务业企业 500 强行业平均净利润

名次	行业名称	平均净利润（万元）	名次	行业名称	平均净利润（万元）
1	银行业	3228298	21	机电、电子产品内外商贸及批发业	61448
2	电信、邮寄、速递等服务业	2783539	22	科技研发、推广及地勘、规划、设计、评估、咨询、认证等承包服务业	54299
3	综合保险业	1746099			
4	财产保险业	671269	23	公用事业、市政、水务、航道等公共设施投资、经营与管理业	51756
5	人寿保险业	612068			
6	能源（电、热、燃气等）供应、开发、减排及再循环服务业	420497	24	医药专营批发、零售业	48960
7	信息、传媒、电子商务、网购、娱乐等互联网服务业	396180	25	陆路运输、城市公交、道路及交通辅助等服务业	46542
8	证券业	340934	26	文化产业（书刊出版、印刷、发行与销售及影视、音像、文体、演艺等）	46328
9	多元化投资控股、商务服务业	299696			
10	房地产开发与经营、物业及房屋装饰、修缮、管理等服务业	179734	27	旅游、旅馆及娱乐服务业	35566
			28	商业零售业及连锁超市	30607
11	港口服务业	162334	29	生活消费品（家用、文体、玩具、工艺品、珠宝等）内外批发及商贸业	26256
12	水上运输业	149179			
13	综合服务业（以服务业为主，含有制造业）	127497	30	铁路运输及辅助服务业	24309
14	航空运输及相关服务业	123661	31	汽车和摩托车商贸、维修保养及租赁业	22424
15	航空港及相关服务业	99381	32	物流、仓储、运输、配送服务业	21790
16	软件、程序、计算机应用、网络工程等计算机、微电子服务业	86853	33	粮油食品及农林、土畜、果蔬、水产品等内外商贸批发、零售业	20125
17	其他金融服务业	82119	34	生产资料内外贸易批发、零售业	18470
18	电器商贸批发、零售业	76050	35	综合性内外商贸及批发、零售业	12438
19	化工产品及医药内外商贸批发业	66938	36	金属内外贸易及加工、配送、批发零售业	12051
20	人力资源、会展博览、国内外经合作等社会综合服务业	62024	37	矿产、能源内外商贸批发业	11868

表 10-20　　2015 中国服务业企业 500 强行业平均营业收入

名次	行业名称	平均营业收入（万元）	名次	行业名称	平均营业收入（万元）
1	电信、邮寄、速递等服务业	43496925	22	综合性内外商贸及批发、零售业	2495642
2	综合保险业	25709717	23	粮油食品及农林、土畜、果蔬、水产品等内外商贸批发、零售业	2220939
3	人寿保险业	20458519			
4	财产保险业	17728461	24	人力资源、会展博览、国内外经合作等社会综合服务业	2144607
5	银行业	14996933			
6	能源（电、热、燃气等能）供应、开发、减排及再循环服务业	12402226	25	商业零售业及连锁超市	2080695
			26	港口服务业	2058175
7	化工产品及医药内外商贸批发业	9118636	27	旅游、旅馆及娱乐服务业	2032732
8	水上运输业	8538814	28	信息、传媒、电子商务、网购、娱乐等互联网服务业	1839408
9	航空运输及相关服务业	8300046			
10	电器商贸批发、零售业	6635775	29	生活消费品（家用、文体、玩具、工艺品、珠宝等）内外批发及商贸业	1722463
11	综合服务业（以服务业为主，含有制造业）	6194216			
12	多元化投资控股、商务服务业	5700576	30	汽车和摩托车商贸、维修保养及租赁业	1634714
13	矿产、能源内外商贸批发业	4999982	31	公用事业、市政、水务、航道等公共设施投资、经营与管理业	1434922
14	铁路运输及辅助服务业	4100229			
15	生产资料内外贸易批发、零售业	4045656	32	金属内外贸易及加工、配送、批发零售业	1375242
16	机电、电子产品内外商贸及批发业	3802395	33	陆路运输、城市公交、道路及交通辅助等服务业	1238664
17	医药专营批发、零售业	3431284			
18	软件、程序、计算机应用、网络工程等计算机、微电子服务业	3237801	34	文化产业（书刊出版、印刷、发行与销售及影视、音像、文体、演艺等）	1024073
19	其他金融服务业	2960455	35	航空港及相关服务业	972298
20	房地产开发与经营、物业及房屋装饰、修缮、管理等服务业	2845489	36	证券业	914734
			37	科技研发、推广及地勘、规划、设计、评估、咨询、认证等承包服务业	881974
21	物流、仓储、运输、配送服务业	2696596			

表 10-21　　2015 中国服务业企业 500 强行业平均资产

名次	行业名称	平均资产（万元）	名次	行业名称	平均资产（万元）
1	银行业	286521278	21	电器商贸批发、零售业	3177678
2	电信、邮寄、速递等服务业	233116980	22	旅游、旅馆及娱乐服务业	3174014
3	综合保险业	172805126	23	粮油食品及农林、土畜、果蔬、水产品等内外商贸批发、零售业	3039510
4	人寿保险业	101170430			
5	财产保险业	39388742	24	物流、仓储、运输、配送服务业	2978592
6	多元化投资控股、商务服务业	32395430	25	软件、程序、计算机应用、网络工程等计算机、微电子服务业	2935595
7	水上运输业	19323813			
8	能源（电、热、燃气等）供应、开发、减排及再循环服务业	19041258	26	矿产、能源内外商贸批发业	2866383
			27	机电、电子产品内外商贸及批发业	2771348
9	航空运输及相关服务业	18799355	28	医药专营批发、零售业	2467072
10	证券业	16351182	29	生产资料内外贸易批发、零售业	1795555
11	公用事业、市政、水务、航道等公共设施投资、经营与管理业	12780274	30	文化产业（书刊出版、印刷、发行与销售及影视、音像、文体、演艺等）	1470100
12	综合服务业（以服务业为主，含有制造业）	8744537	31	人力资源、会展博览、国内外经合作等社会综合服务业	1361495
13	陆路运输、城市公交、道路及交通辅助等服务业	7851314			
14	房地产开发与经营、物业及房屋装饰、修缮、管理等服务业	7656719	32	商业零售业及连锁超市	1282361
15	港口服务业	6757257	33	科技研发、推广及地勘、规划、设计、评估、咨询、认证等承包服务业	1275251
16	化工产品及医药内外商贸批发业	6180187	34	生活消费品（家用、文体、玩具、工艺品、珠宝等）内外批发及商贸业	1178648
17	航空港及相关服务业	4099729			
18	其他金融服务业	3808465	35	综合性内外商贸及批发、零售业	1138785
19	铁路运输及辅助服务业	3528468	36	汽车和摩托车商贸、维修保养及租赁业	1080878
20	信息、传媒、电子商务、网购、娱乐等互联网服务业	3428025	37	金属内外贸易及加工、配送、批发零售业	323152

表 10-22 **2015 中国服务业企业500强行业平均纳税总额**

名次	行业名称	平均纳税总额（万元）	名次	行业名称	平均纳税总额（万元）
1	电信、邮寄、速递等服务业	3272935	21	航空港及相关服务业	89086
2	综合保险业	1591162	22	陆路运输、城市公交、道路及交通辅助等服务业	88781
3	银行业	1449794	23	医药专营批发、零售业	88748
4	财产保险业	1058094	24	物流、仓储、运输、配送服务业	80817
5	能源（电、热、燃气等）供应、开发、减排及再循环服务业	839614	25	旅游、旅馆及娱乐服务业	74683
6	人寿保险业	535594	26	科技研发、推广及地勘、规划、设计、评估、咨询、认证等承包服务业	70898
7	多元化投资控股、商务服务业	466147	27	人力资源、会展博览、国内外经合作等社会综合服务业	66982
8	航空运输及相关服务业	429818	28	商业零售业及连锁超市	57165
9	综合服务业（以服务业为主，含有制造业）	345188	29	粮油食品及农林、土畜、果蔬、水产品等内外商贸批发、零售业	56804
10	房地产开发与经营、物业及房屋装饰、修缮、管理等服务业	266735	30	铁路运输及辅助服务业	54854
11	化工产品及医药内外商贸批发业	242479	31	生产资料内外贸易批发、零售业	43140
12	水上运输业	192034	32	文化产业（书刊出版、印刷、发行与销售及影视、音像、文体、演艺等）	42868
13	证券业	141026	33	综合性内外商贸及批发、零售业	36402
14	机电、电子产品内外商贸及批发业	131339	34	生活消费品（家用、文体、玩具、工艺品、珠宝等）内外批发及商贸业	33777
15	公用事业、市政、水务、航道等公共设施投资、经营与管理业	111999	35	信息、传媒、电子商务、网购、娱乐等互联网服务业	30502
16	港口服务业	107411	36	汽车和摩托车商贸、维修保养及租赁业	23011
17	电器商贸批发、零售业	102878	37	金属内外贸易及加工、配送、批发零售业	11220
18	矿产、能源内外商贸批发业	101768			
19	软件、程序、计算机应用、网络工程等计算机、微电子服务业	95984			
20	其他金融服务业	92915			

表 10-23　　2015 中国服务业企业 500 强行业平均研发费用

名次	行业名称	平均研发费用（万元）	名次	行业名称	平均研发费用（万元）
1	电信、邮寄、速递等服务业	720927	19	港口服务业	7379
2	软件、程序、计算机应用、网络工程等计算机、微电子服务业	100363	20	陆路运输、城市公交、道路及交通辅助等服务业	7206
3	信息、传媒、电子商务、网购、娱乐等互联网服务业	94276	21	公用事业、市政、水务、航道等公共设施投资、经营与管理业	5751
4	能源（电、热、燃气等）供应、开发、减排及再循环服务业	48177	22	物流、仓储、运输、配送服务业	4982
			23	其他金融服务业	4438
5	银行业	44175	24	生活消费品（家用、文体、玩具、工艺品、珠宝等）内外批发及商贸业	4184
6	综合服务业（以服务业为主，含有制造业）	39658			
7	化工产品及医药内外商贸批发业	38816	25	证券业	4106
8	水上运输业	35745	26	综合性内外商贸及批发、零售业	3548
9	多元化投资控股、商务服务业	30772	27	人力资源、会展博览、国内外经合作等社会综合服务业	2752
10	科技研发、推广及地勘、规划、设计、评估、咨询、认证等承包服务业	30340	28	生产资料内外贸易批发、零售业	1858
11	电器商贸批发、零售业	24660	29	旅游、旅馆及娱乐服务业	1834
12	航空运输及相关服务业	23981	30	航空港及相关服务业	1689
13	医药专营批发、零售业	20855	31	商业零售业及连锁超市	1525
14	房地产开发与经营、物业及房屋装饰、修缮、管理等服务业	19076	32	粮油食品及农林、土畜、果蔬、水产品等内外商贸批发、零售业	1512
15	文化产业（书刊出版、印刷、发行与销售及影视、音像、文体、演艺等）	17295	33	财产保险业	1202
			34	金属内外贸易及加工、配送、批发零售业	1083
16	机电、电子产品内外商贸及批发业	15950	35	铁路运输及辅助服务业	642
17	人寿保险业	10555	36	汽车和摩托车商贸、维修保养及租赁业	594
18	矿产、能源内外商贸批发业	7571			

表 10-24　　2015 中国服务业企业 500 强行业平均人均净利润

名次	行业名称	人均净利润（万元）	名次	行业名称	人均净利润（万元）
1	银行业	59.72	19	电信、邮寄、速递等服务业	5.73
2	证券业	49.50	20	生产资料内外贸易批发、零售业	5.25
3	金属内外贸易及加工、配送、批发零售业	25.79	21	生活消费品（家用、文体、玩具、工艺品、珠宝等）内外批发及商贸业	5.22
4	房地产开发与经营、物业及房屋装饰、修缮、管理等服务业	18.69	22	综合服务业（以服务业为主，含有制造业）	4.96
5	综合保险业	14.13	23	铁路运输及辅助服务业	4.21
6	港口服务业	12.15	24	医药专营批发、零售业	4.01
7	信息、传媒、电子商务、网购、娱乐等互联网服务业	10.14	25	水上运输业	3.66
8	其他金融服务业	9.71	26	公用事业、市政、水务、航道等公共设施投资、经营与管理业	3.57
9	矿产、能源内外商贸批发业	9.51	27	汽车和摩托车商贸、维修保养及租赁业	3.20
10	人力资源、会展博览、国内外经合作等社会综合服务业	7.15	28	物流、仓储、运输、配送服务业	3.01
			29	财产保险业	2.61
11	文化产业（书刊出版、印刷、发行与销售及影视、音像、文体、演艺等）	6.96	30	综合性内外商贸及批发、零售业	2.60
12	多元化投资控股、商务服务业	6.79	31	粮油食品及农林、土畜、果蔬、水产品等内外商贸批发、零售业	2.45
13	航空港及相关服务业	6.70	32	软件、程序、计算机应用、网络工程等计算机、微电子服务业	2.39
14	人寿保险业	6.66			
15	化工产品及医药内外商贸批发业	6.35	33	陆路运输、城市公交、道路及交通辅助等服务业	2.38
16	科技研发、推广及地勘、规划、设计、评估、咨询、认证等承包服务业	6.30	34	航空运输及相关服务业	2.07
17	能源（电、热、燃气等）供应、开发、减排及再循环服务业	6.23	35	旅游、旅馆及娱乐服务业	2.02
			36	电器商贸批发、零售业	1.85
18	机电、电子产品内外商贸及批发业	5.89	37	商业零售业及连锁超市	1.26

表 10-25　　2015 中国服务业企业 500 强行业平均人均营业收入

名次	行业名称	人均营业收入（万元）	名次	行业名称	人均营业收入（万元）
1	金属内外贸易及加工、配送、批发零售业	3104.38	21	电器商贸批发、零售业	204.80
2	生产资料内外贸易批发、零售业	1230.75	22	能源（电、热、燃气等）供应、开发、减排及再循环服务业	199.41
3	化工产品及医药内外商贸批发业	865.60	23	信息、传媒、电子商务、网购、娱乐等互联网服务业	174.68
4	铁路运输及辅助服务业	710.73	24	港口服务业	159.40
5	综合性内外商贸及批发、零售业	520.81	25	文化产业（书刊出版、印刷、发行与销售及影视、音像、文体、演艺等）	153.78
6	矿产、能源内外商贸批发业	499.15	26	航空运输及相关服务业	138.55
7	生活消费品（家用、文体、玩具、工艺品、珠宝等）内外批发及商贸业	376.59	27	证券业	132.80
8	机电、电子产品内外商贸及批发业	364.39	28	多元化投资控股、商务服务业	129.83
9	其他金融服务业	349.89	29	公用事业、市政、水务、航道等公共设施投资、经营与管理业	108.49
10	房地产开发与经营、物业及房屋装饰、修缮、管理等服务业	304.68	30	软件、程序、计算机应用、网络工程等计算机、微电子服务业	107.24
11	物流、仓储、运输、配送服务业	296.48	31	科技研发、推广及地勘、规划、设计、评估、咨询、认证等承包服务业	102.25
12	医药专营批发、零售业	280.79	32	商业零售业及连锁超市	91.86
13	银行业	277.45	33	旅游、旅馆及娱乐服务业	91.81
14	粮油食品及农林、土畜、果蔬、水产品等内外商贸批发、零售业	270.25	34	电信、邮寄、速递等服务业	89.48
15	汽车和摩托车商贸、维修保养及租赁业	252.70	35	陆路运输、城市公交、道路及交通辅助等服务业	70.38
16	人力资源、会展博览、国内外经合作等社会综合服务业	247.26	36	财产保险业	68.83
17	综合服务业（以服务业为主，含有制造业）	241.13	37	航空港及相关服务业	65.57
18	人寿保险业	222.49			
19	水上运输业	209.32			
20	综合保险业	208.03			

表 10-26　　2015 中国服务业企业 500 强行业平均人均资产

名次	行业名称	人均资产（万元）	名次	行业名称	人均资产（万元）
1	银行业	5300.75	21	能源（电、热、燃气等）供应、开发、减排及再循环服务业	306.16
2	证券业	2373.86			
3	综合保险业	1398.22	22	矿产、能源内外商贸批发业	286.15
4	人寿保险业	1100.26	23	航空港及相关服务业	276.47
5	公用事业、市政、水务、航道等公共设施投资、经营与管理业	1000.27	24	机电、电子产品内外商贸及批发业	265.59
			25	生活消费品（家用、文体、玩具、工艺品、珠宝等）内外批发及商贸业	257.69
6	房地产开发与经营、物业及房屋装饰、修缮、管理等服务业	819.84			
			26	综合性内外商贸及批发、零售业	237.65
7	多元化投资控股、商务服务业	741.24	27	文化产业（书刊出版、印刷、发行与销售及影视、音像、文体、演艺等）	220.76
8	金属内外贸易及加工、配送、批发零售业	729.46			
9	铁路运输及辅助服务业	611.63	28	医药专营批发、零售业	201.88
10	化工产品及医药内外商贸批发业	586.66	29	汽车和摩托车商贸、维修保养及租赁业	167.09
11	港口服务业	523.33	30	人力资源、会展博览、国内外经合作等社会综合服务业	156.97
12	生产资料内外贸易批发、零售业	519.62			
13	电信、邮寄、速递等服务业	479.57	31	财产保险业	152.92
14	水上运输业	473.71	32	科技研发、推广及地勘、规划、设计、评估、咨询、认证等承包服务业	147.85
15	其他金融服务业	450.12			
16	陆路运输、城市公交、道路及交通辅助等服务业	444.43	33	信息、传媒、电子商务、网购、娱乐等互联网服务业	147.23
17	粮油食品及农林、土畜、果蔬、水产品等内外商贸批发、零售业	369.86	34	旅游、旅馆及娱乐服务业	143.35
			35	电器商贸批发、零售业	98.07
18	综合服务业（以服务业为主，含有制造业）	340.41	36	软件、程序、计算机应用、网络工程等计算机、微电子服务业	97.23
19	物流、仓储、运输、配送服务业	327.48			
20	航空运输及相关服务业	317.77	37	商业零售业及连锁超市	55.14

表 10-27　　2015 中国服务业企业 500 强行业平均人均纳税总额

名次	行业名称	人均纳税总额（万元）	名次	行业名称	人均纳税总额（万元）
1	银行业	31.45	20	综合性内外商贸及批发、零售业	7.60
2	房地产开发与经营、物业及房屋装饰、修缮、管理等服务业	28.56	21	信息、传媒、电子商务、网购、娱乐等互联网服务业	7.39
3	金属内外贸易及加工、配送、批发零售业	25.33	22	生活消费品（家用、文体、玩具、工艺品、珠宝等）内外批发及商贸业	7.38
4	化工产品及医药内外商贸批发业	23.02			
5	证券业	20.47	23	医药专营批发、零售业	7.26
6	能源（电、热、燃气等）供应、开发、减排及再循环服务业	13.50	24	航空运输及相关服务业	7.09
			25	粮油食品及农林、土畜、果蔬、水产品等内外商贸批发、零售业	6.91
7	综合服务业（以服务业为主，含有制造业）	13.44			
8	生产资料内外贸易批发、零售业	13.23	26	电信、邮寄、速递等服务业	6.73
9	机电、电子产品内外商贸及批发业	12.59	27	文化产业（书刊出版、印刷、发行与销售及影视、音像、文体、演艺等）	6.44
10	综合保险业	11.37			
11	其他金融服务业	10.98	28	航空港及相关服务业	6.01
12	多元化投资控股、商务服务业	10.67	29	人寿保险业	5.82
13	矿产、能源内外商贸批发业	10.16	30	陆路运输、城市公交、道路及交通辅助等服务业	4.96
14	铁路运输及辅助服务业	9.51			
15	物流、仓储、运输、配送服务业	8.89	31	水上运输业	4.71
16	公用事业、市政、水务、航道等公共设施投资、经营与管理业	8.43	32	旅游、旅馆及娱乐服务业	4.25
			33	财产保险业	4.11
17	港口服务业	8.32	34	汽车和摩托车商贸、维修保养及租赁业	3.56
18	科技研发、推广及地勘、规划、设计、评估、咨询、认证等承包服务业	8.22	35	电器商贸批发、零售业	3.18
			36	软件、程序、计算机应用、网络工程等计算机、微电子服务业	3.18
19	人力资源、会展博览、国内外经合作等社会综合服务业	7.72	37	商业零售业及连锁超市	2.44

表10-28 2015中国服务业企业500强行业平均人均研发费用

名次	行业名称	人均研发费用（万元）	名次	行业名称	人均研发费用（万元）
1	信息、传媒、电子商务、网购、娱乐等互联网服务业	13.47	18	能源（电、热、燃气等）供应、开发、减排及再循环服务业	0.66
2	软件、程序、计算机应用、网络工程等计算机、微电子服务业	6.10	19	港口服务业	0.61
			20	综合性内外商贸及批发、零售业	0.60
3	科技研发、推广及地勘、规划、设计、评估、咨询、认证等承包服务业	2.84	21	其他金融服务业	0.52
			22	多元化投资控股、商务服务业	0.52
4	房地产开发与经营、物业及房屋装饰、修缮、管理等服务业	2.69	23	人力资源、会展博览、国内外经合作等社会综合服务业	0.41
5	文化产业（书刊出版、印刷、发行与销售及影视、音像、文体、演艺等）	2.50	24	汽车和摩托车商贸、维修保养及租赁业	0.39
			25	电器商贸批发、零售业	0.39
6	化工产品及医药内外商贸批发业	2.47	26	物流、仓储、运输、配送服务业	0.35
7	电信、邮寄、速递等服务业	1.48	27	生产资料内外贸易批发、零售业	0.34
8	银行业	1.30	28	矿产、能源内外商贸批发业	0.33
9	综合服务业（以服务业为主，含有制造业）	1.17	29	陆路运输、城市公交、道路及交通辅助等服务业	0.33
10	机电、电子产品内外商贸及批发业	0.92			
11	证券业	0.91	30	航空运输及相关服务业	0.32
12	水上运输业	0.88	31	公用事业、市政、水务、航道等公共设施投资、经营与管理业	0.30
13	医药专营批发、零售业	0.85			
14	粮油食品及农林、土畜、果蔬、水产品等内外商贸批发、零售业	0.79	32	人寿保险业	0.13
			33	航空港及相关服务业	0.11
15	金属内外贸易及加工、配送、批发零售业	0.79	34	旅游、旅馆及娱乐服务业	0.07
16	生活消费品（家用、文体、玩具、工艺品、珠宝等）内外批发及商贸业	0.77	35	商业零售业及连锁超市	0.07
			36	铁路运输及辅助服务业	0.06
17	财产保险业	0.74			

表 10-29　　2015 中国服务业企业 500 强行业平均资产利润率

名次	行业名称	平均资产利润率（%）	名次	行业名称	平均资产利润率（%）
1	信息、传媒、电子商务、网购、娱乐等互联网服务业	8.84	17	生活消费品（家用、文体、玩具、工艺品、珠宝等）内外批发及商贸业	1.86
2	人力资源、会展博览、国内外经合作等社会综合服务业	4.56	18	财产保险业	1.70
			19	汽车和摩托车商贸、维修保养及租赁业	1.56
3	科技研发、推广及地勘、规划、设计、评估、咨询、认证等承包服务业	4.26	20	综合服务业（以服务业为主，含有制造业）	1.46
			21	电器商贸批发、零售业	1.40
4	金属内外贸易及加工、配送、批发零售业	3.52	22	电信、邮寄、速递等服务业	1.19
5	文化产业（书刊出版、印刷、发行与销售及影视、音像、文体、演艺等）	3.15	23	银行业	1.13
			24	综合性内外商贸及批发、零售业	1.09
6	航空港及相关服务业	2.42	25	化工产品及医药内外商贸批发业	1.08
7	商业零售业及连锁超市	2.33	26	综合保险业	1.01
8	软件、程序、计算机应用、网络工程等计算机、微电子服务业	2.26	27	生产资料内外贸易批发、零售业	0.87
			28	多元化投资控股、商务服务业	0.84
9	房地产开发与经营、物业及房屋装饰、修缮、管理等服务业	2.23	29	水上运输业	0.77
			30	铁路运输及辅助服务业	0.69
10	机电、电子产品内外商贸及批发业	2.22	31	航空运输及相关服务业	0.66
11	港口服务业	2.16	32	粮油食品及农林、土畜、果蔬、水产品等内外商贸批发、零售业	0.66
12	其他金融服务业	2.16			
13	证券业	2.09	33	人寿保险业	0.60
14	能源（电、热、燃气等）供应、开发、减排及再循环服务业	2.03	34	陆路运输、城市公交、道路及交通辅助等服务业	0.39
			35	公用事业、市政、水务、航道等公共设施投资、经营与管理业	0.34
15	旅游、旅馆及娱乐服务业	1.99			
16	医药专营批发、零售业	1.98	36	物流、仓储、运输、配送服务业	0.22
			37	矿产、能源内外商贸批发业	-0.40

第十一章
中国有关地区企业100强数据

表 11-1　　2015 天津企业 100 强

排名	企业名称	营业收入（万元）	排名	企业名称	营业收入（万元）
1	天津物产集团有限公司	40234822	51	天津现代集团有限公司	1182035
2	中国石化销售有限公司华北分公司	28881407	52	中国天辰工程有限公司	1066754
3	渤海钢铁集团有限公司	23406168	53	中国水利水电第十三工程局有限公司	1009182
4	天津中环电子信息集团有限公司	15460530	54	中色（天津）有色金属有限公司	1008741
5	天津百利机械装备集团有限公司	12301000	55	中国农业机械华北集团有限公司	886111
6	中海石油（中国）有限公司天津分公司	10357552	56	天津远大联合汽车贸易集团有限公司	880779
7	天津渤海化工集团有限责任公司	10012353	57	滨海投资集团股份有限公司	872428
8	天津渤海轻工投资集团有限公司	9037212	58	天津市交通（集团）有限公司	848397
9	中国石油化工股份有限公司天津分公司	7346084	59	国药控股天津有限公司	844603
10	天津荣程祥泰投资控股集团有限公司	5003413	60	天津金元宝商厦集团有限公司	810192
11	天津一商集团有限公司	4630440	61	中铁十六局集团第二工程有限公司	796325
12	天津港（集团）有限公司	4405846	62	天津立业钢铁集团有限公司	787605
13	天津一汽丰田汽车有限公司	4334084	63	天津市长芦盐业总公司	763330
14	国网天津市电力公司	4133889	64	天津农村商业银行股份有限公司	727409
15	天津市医药集团有限公司	3900073	65	天津三星 LED 有限公司	725479
16	渤海银行股份有限公司	3884177	66	中国移动通信集团天津有限公司	725055
17	中交第一航务工程局有限公司	3662512	67	中国联合网络通信有限公司天津市分公司	724671
18	天狮集团有限公司	3219568	68	中国天津国际经济技术合作集团公司	718591
19	中铁十八局集团有限公司	3216968	69	中国铁路物资天津有限公司	686837
20	天津能源投资集团有限公司	3169725	70	爱玛科技股份有限公司	680000
21	天津纺织集团（控股）有限公司	3165922	71	天津大桥焊材集团有限公司	671847
22	天津友发钢管集团股份有限公司	3038187	72	天津顶益食品有限公司	669600
23	天津住宅建设发展集团有限公司	3018376	73	中国能源建设集团天津电力建设有限公司	664301
24	中国建筑第六工程局有限公司	2847651	74	天津二十冶建设有限公司	661599
25	天津领先控股集团有限公司	2804979	75	天津市静海县宝来工贸有限公司	659966
26	天津市建工集团（控股）有限公司	2616551	76	天津恒运能源集团股份有限公司	646735
27	天津银行股份有限公司	2597985	77	天津市政建设集团有限公司	630077
28	中沙（天津）石化有限公司	2589181	78	中冀斯巴鲁（天津）汽车销售有限公司	623195
29	融创中国控股有限公司	2507196	79	振华物流集团有限公司	592075
30	天津塑力线缆集团有限公司	2380179	80	中节能（天津）投资集团有限公司	590016
31	中国石油集团渤海钻探工程有限公司	2308691	81	天津市金桥焊材集团有限公司	555399
32	天士力控股集团有限公司	2250317	82	铁道第三勘察设计院集团有限公司	550311
33	中国石油天然气股份有限公司大港石化分公司	2186965	83	天津市自来水集团有限公司	543630
34	中储发展股份有限公司	2147697	84	天津市新宇彩板有限公司	538982
35	天津房地产集团有限公司	2064539	85	上海烟草集团有限责任公司天津卷烟厂	510978
36	中冶天工集团有限公司	2056762	86	九三集团天津大豆科技有限公司	509980
37	中国石油天然气股份有限公司大港油田分公司	1979554	87	中材（天津）国际贸易有限公司	502184
38	天津聚龙嘉华投资集团有限公司	1743425	88	中粮佳悦（天津）有限公司	479914
39	天津农垦集团有限公司	1659539	89	中国平安人寿保险股份有限公司天津分公司	472081
40	伟创力电子制造（天津）有限公司	1641565	90	天津海泰控股集团有限公司	460238
41	天津城建集团有限公司	1502373	91	天津水泥工业设计研究院有限公司	460057
42	天津华北集团有限公司	1486448	92	中石化第四建设有限公司	439991
43	天津市建筑材料集团（控股）有限公司	1477392	93	当当网信息技术（天津）有限公司	438680
44	嘉里粮油（天津）有限公司	1432714	94	中国汽车工业工程有限公司	410785
45	天津亿联投资控股集团有限公司	1380000	95	华润天津医药有限公司	402915
46	中交天津航道局有限公司	1349207	96	中材装备集团有限公司	396342
47	北方国际集团有限公司	1290221	97	天津渤海润德钢铁集团有限公司	381852
48	天津城市基础设施建设投资集团有限公司	1264410	98	邦基正大（天津）粮油有限公司	380762
49	中国石油天然气股份有限公司天津销售分公司	1245934	99	工银金融租赁有限公司	361934
50	天津市恒兴钢业有限公司	1187096	100	天津电装电子有限公司	339627

发布单位：天津市企业联合会、天津市企业家协会

表11-2 **2015重庆企业100强**

排名	企业名称	营业收入（万元）	排名	企业名称	营业收入（万元）
1	重庆长安汽车股份有限公司	21713127	51	重庆市农业投资集团有限公司	564365
2	达丰（重庆）电脑有限公司	6592886	52	重庆万达薄板有限公司	550331
3	重庆商社（集团）有限公司	5145104	53	重庆长安民生物流股份有限公司	534435
4	重庆龙湖企业拓展有限公司	4958879	54	西南铝业（集团）有限责任公司	525915
5	重庆建工投资控股有限责任公司	4593415	55	重庆桐君阁股份有限公司	474877
6	重庆化医控股（集团）公司	3671498	56	重庆鸽牌电线电缆有限公司	469088
7	重庆市能源投资集团有限公司	3411240	57	重庆美心（集团）有限公司	455731
8	重庆市金科投资控股（集团）有限责任公司	3268670	58	重庆市盐业（集团）有限公司	421317
9	重庆力帆控股有限公司	3062012	59	重庆建设摩托车股份有限公司	420174
10	中国烟草总公司重庆市公司	3060728	60	重庆市渝万建设集团有限公司	418239
11	重庆机电控股（集团）公司	3045733	61	重庆华轻商业有限公司	404106
12	隆鑫控股有限公司	3012838	62	重庆青山工业有限责任公司	380265
13	仁宝电脑（重庆）有限公司	2956738	63	重庆宝钢汽车钢材部件有限公司	376243
14	太极集团有限公司	2861280	64	中船重工（重庆）海装风电设备有限公司	375933
15	旭硕科技（重庆）有限公司	2836952	65	重庆红宇精密工业有限责任公司	375211
16	鸿富锦精密电子（重庆）有限公司	2647900	66	重庆河东控股（集团）有限公司	373315
17	英业达（重庆）有限公司	2539417	67	重庆紫光化工股份有限公司	362258
18	重庆轻纺控股（集团）公司	2469003	68	九禾股份有限公司	356236
19	重庆农村商业银行股份有限公司	1980243	69	重庆市新大兴实业（集团）有限公司	351549
20	重庆医药（集团）股份有限公司	1927872	70	重庆建安建设（集团）有限公司	339756
21	重庆钢铁（集团）有限责任公司	1895400	71	北城致远集团有限公司	336230
22	宗申产业集团有限公司	1720215	72	中铁八局集团第一工程有限公司	335513
23	华南物资集团有限公司	1714058	73	重庆一品建设集团有限公司	322510
24	重庆粮食集团有限责任公司	1631608	74	重庆啤酒股份有限公司	316861
25	重庆对外经贸（集团）有限公司	1624747	75	中船重工物资贸易集团重庆有限公司	315113
26	万友汽车投资有限公司	1435301	76	重庆信威通信技术有限责任公司	310504
27	重庆市博赛矿业（集团）有限公司	1386618	77	重庆三峡银行股份有限公司	310029
28	重庆小康控股有限公司	1341778	78	重庆市黔龙实业（集团）有限责任公司	304926
29	西南兵器工业公司	1247504	79	重庆望江工业有限公司	302544
30	庆铃汽车（集团）有限公司	1173184	80	重庆康明斯发动机有限公司	297153
31	重庆长安工业（集团）有限责任公司	1172337	81	重庆金九控股集团有限公司	292451
32	重庆永辉超市有限公司	1137237	82	重庆跨越（集团）股份有限公司	284466
33	重庆交通运输控股（集团）有限公司	1132270	83	重庆群洲实业（集团）有限公司	275353
34	中冶建工集团有限公司	1105146	84	重庆五矿机械进出口有限公司	271041
35	重庆中节能实业有限责任公司	1033643	85	重庆一建建设集团有限公司	270665
36	重庆协信控股（集团）有限公司	842295	86	大川控股（集团）有限公司	269808
37	重庆巨能建设（集团）有限公司	839756	87	重庆悦来投资集团有限公司	262843
38	中国四联仪器仪表集团有限公司	835964	88	中铁五局集团第六工程有限责任公司	260076
39	重庆港务物流集团有限公司	824995	89	民生轮船股份有限公司	257621
40	中冶赛迪集团有限公司	806407	90	重庆涪陵能源实业集团有限公司	254026
41	中交二航局第二工程有限公司	757032	91	重庆市公路工程（集团）股份有限公司	253762
42	重庆银行股份有限公司	748311	92	重庆泰山电缆有限公司	253103
43	北汽银翔汽车有限公司	720436	93	重庆市中大建设集团有限公司	252667
44	重庆华宇物业（集团）有限公司	716949	94	重庆理文造纸有限公司	250032
45	重庆润通控股（集团）有限公司	687043	95	重庆乌江实业（集团）股份有限公司	242910
46	重庆百事达汽车有限公司	667332	96	重庆新华书店集团公司	235420
47	中国石化集团四川维尼纶厂	667266	97	重庆药友制药有限责任公司	230555
48	重庆平伟科技（集团）有限公司	603388	98	重庆市汽车运输（集团）有限责任公司	230400
49	中铁十一局集团第五工程有限公司	596544	99	北大医药股份有限公司	226581
50	重庆中科建设（集团）有限公司	590169	100	重庆中渝物业发展有限公司	226261

发布单位：重庆市企业联合会、重庆市企业家协会

表 11-3

2015 黑龙江企业 100 强

排名	公司名称	营业收入（万元）	排名	公司名称	营业收入（万元）
1	大庆油田有限责任公司	21057983	51	哈尔滨哈飞汽车工业集团有限公司	265465
2	中国石油天然气股份有限公司大庆石化分公司	5641117	52	哈尔滨东安汽车发动机制造有限公司	246699
3	九三粮油工业集团有限公司	4553722	53	哈尔滨万达百货有限公司（区域）	236064
4	黑龙江农垦北大荒商贸集团有限责任公司	4523345	54	中粮生化能源（龙江）有限公司	235102
5	国网黑龙江省电力有限公司	3935122	55	黑龙江远大购物中心有限公司	228339
6	中国石油天然气股份有限公司大庆炼化分公司	3699328	56	中国电信股份有限公司黑龙江分公司	221935
7	黑龙江龙煤矿业控股集团有限责任公司	2815801	57	益海嘉里（哈尔滨）粮油食品工业有限公司	219777
8	哈尔滨电气集团公司	2651703	58	哈尔滨誉衡药业股份有限公司	190582
9	黑龙江省农村信用社联合社	2131211	59	七台河宝泰隆煤化工股份有限公司	189809
10	黑龙江省建设集团有限公司	2017162	60	哈尔滨顶津食品有限公司	184476
11	中国石油天然气股份有限公司哈尔滨石化分公司	1976512	61	东北轻合金有限责任公司	184402
12	哈药集团有限公司	1681893	62	大庆天泰生化开发有限公司	183980
13	中国移动通信集团黑龙江有限公司	1358969	63	大庆联谊石化股份有限公司	183142
14	黑龙江倍丰农业生产资料集团有限公司	1307931	64	黑龙江黑天鹅家电有限公司	171259
15	西林钢铁集团有限公司	1221266	65	望奎双汇北大荒食品有限公司	171002
16	北大荒粮食集团有限公司	1073318	66	黑龙江省首龙再生资源利用有限公司	167265
17	哈尔滨银行股份有限公司	1025277	67	哈尔滨顶益食品有限公司	164062
18	大庆中蓝石化有限公司	1000543	68	哈尔滨第一机械集团有限公司	158911
19	中亚石油有限公司	999384	69	公准肉食品股份有限公司	155035
20	华电能源股份有限公司	982938	70	牡丹江恒丰纸业集团有限责任公司	154949
21	中国联合网络通信有限公司黑龙江省分公司	912298	71	哈尔滨联强商业发展有限公司	153703
22	黑龙江烟草工业有限责任公司	899492	72	黑龙江省火电第一工程公司	152413
23	中航工业哈尔滨飞机工业集团有限责任公司	896617	73	大庆隆兴汰玻璃容器制造有限公司	151695
24	庆丰农业生产资料集团有限责任公司	784725	74	黑龙江贝因美乳业有限公司	148334
25	中国第一重型机械集团公司	732044	75	佳木斯吉庆豆业有限公司	147219
26	东北特钢集团北满特殊钢有限责任公司	708115	76	五常市昌旺米业有限公司	145296
27	黑龙江安瑞佳石油化工有限公司	625999	77	大庆华科股份有限公司	142284
28	大唐黑龙江发电有限公司	607654	78	黑龙江省鸿源油脂有限公司	140052
29	齐齐哈尔轨道交通装备有限责任公司	584945	79	大庆市宝鑫肉联有限公司	138659
30	黑龙江建龙钢铁有限公司	583996	80	黑龙江中盟集团有限公司	133223
31	东方集团股份有限公司	575557	81	佳木斯阳光生化有限公司	133005
32	龙江银行股份有限公司	571162	82	益海（佳木斯）粮油工业有限公司	132056
33	哈尔滨光宇集团股份有限公司	553144	83	中国蓝星哈尔滨石化有限公司	128901
34	黑龙江北大荒农业股份有限公司	510909	84	黑龙江丰源实业集团有限公司	125678
35	黑龙江飞鹤乳业有限公司	501275	85	黑龙江辰能投资集团有限责任公司	121268
36	大庆市鑫珑腾肉业有限公司	484636	86	黑龙江金谷农业科技发展有限公司	121257
37	中石油昆仑燃气有限公司黑龙江分公司	478598	87	桦林佳通轮胎股份有限公司	120745
38	黑龙江省完达山乳业股份有限公司	454775	88	中国石油天然气股份有限公司大庆润滑油二厂	120219
39	黑龙江农垦建工集团有限公司	447263	89	黑龙江正大实业有限公司	119674
40	葵花集团有限公司	418612	90	北大荒马铃薯集团有限公司	118163
41	双城雀巢有限公司	396088	91	黑龙江省农业机械有限责任公司	117345
42	黑龙江鑫达企业集团有限公司	392127	92	鹤岗市三江平原米业集团有限公司	113300
43	汉枫缓释肥料（黑龙江）有限公司	370551	93	黑龙江省万源粮油食品有限公司	111962
44	大庄园实业有限公司	368752	94	黑龙江电信国脉工程股份有限公司	110031
45	中粮生化能源（肇东）有限公司	362391	95	黑龙江黑化股份有限公司	108018
46	华能黑龙江发电有限公司	352666	96	博天糖业有限公司依安分公司	107793
47	中航工业哈尔滨东安发动机（集团）有限公司	342768	97	蒙牛乳业（齐齐哈尔）有限公司	104264
48	大庆展华生化科技有限公司	312823	98	北大荒丰缘集团有限公司	103033
49	大庆龙江风电有限责任公司	310962	99	绿都集团股份有限公司	102725
50	黑龙江龙凤玉米开发有限公司	304056	100	亿阳信通股份有限公司	101691

发布单位：黑龙江省企业联合会、黑龙江省企业家协会

表 11-4

2015 辽宁企业 100 强

排名	企业名称	营业收入（万元）	排名	企业名称	营业收入（万元）
1	大连万达集团股份有限公司	24248000	51	特变电工沈阳变压器集团有限公司	717070
2	大商集团有限公司	17023317	52	沈阳煤业（集团）有限责任公司	687391
3	鞍钢集团公司	16150972	53	辽阳诺信商贸有限公司	679024
4	华晨汽车控股有限公司	15066410	54	丹东黄海汽车有限责任公司	668799
5	本钢集团有限公司	11100658	55	鞍山宝得钢铁有限公司	611668
6	中国石油天然气股份有限公司大连石化分公司	7830598	56	采埃孚伦福德汽车系统（沈阳）有限公司	607197
7	中国石油天然气股份有限公司辽河油田公司	5890000	57	新东北电气集团高压开关有限公司	606043
8	中升集团控股有限公司	5478666	58	大连顺天海川建设集团	604977
9	中国石油天然气股份有限公司抚顺石化公司	5144555	59	九三集团铁岭大豆科技有限公司	601708
10	大连西太平洋石油化工有限公司	3898310	60	瓦房店轴承集团有限责任公司	596968
11	上海通用（沈阳）北盛汽车有限公司	3782200	61	盘锦和运新材料有限公司	588960
12	大连阿尔派电子有限公司	3561544	62	新东北电气集团凯富高压开关有限公司（营口）	578519
13	中国石油天然气股份有限公司辽阳石化公司	3190000	63	后英集团海城市钢铁有限公司	576037
14	福佳集团有限公司	2903489	64	泰德煤网股份有限公司	566422
15	辽宁日林实业集团有限公司	2815842	65	沈阳天和混凝土有限公司	565971
16	凌源钢铁集团有限责任公司	2721848	66	德信无线通讯科技（沈阳）有限公司	548436
17	盛京银行股份有限公司	2682186	67	中纺粮油（沈阳）有限公司	546623
18	逸盛大化石化有限公司	2655961	68	沈阳航天三菱汽车发动机制造有限公司	543390
19	沈阳远大铝业集团有限公司	2655200	69	沈阳市铠龙锻压有限公司	537181
20	大连船舶重工集团有限公司	2366049	70	九三集团大连大豆科技有限公司	527729
21	辽宁忠旺集团有限公司	2201121	71	中国华录集团有限公司	524915
22	中远船务工程集团有限公司	2087826	72	东北制药集团有限责任公司	523891
23	沈阳远大企业集团	2073530	73	嘉里粮油（营口）有限公司	517877
24	大连机床集团有限责任公司	1651452	74	金杯汽车股份有限公司	514654
25	海城市后英经贸集团	1601361	75	沈阳金瀚物资有限公司	497323
26	营口青花耐火材料股份有限公司	1583253	76	锦州华龙铁合金厂	491734
27	盘锦北方沥青燃料有限公司	1551519	77	红塔辽宁烟草有限责任公司营口卷烟厂	489137
28	大连金玛商城企业集团有限公司	1519585	78	锦州新华龙钼业股份有限公司	484209
29	沈阳机床（集团）有限责任公司	1515180	79	大连宜华建设集团有限公司	482675
30	辽宁禾丰牧业股份有限公司	1371500	80	蒙牛乳业（沈阳）有限责任公司	476744
31	五矿营口中板有限责任公司	1328803	81	锦州华宇冶金有限公司	472400
32	中国北车集团大连机车车辆有限公司	1323096	82	大连信孚港务服务有限公司	463674
33	北方重工集团有限公司	1286986	83	沈阳金山能源股份有限公司	461234
34	铁法煤业（集团）有限责任公司	1222959	84	海城市西洋镁矿有限公司	460170
35	大连港集团有限公司	1143963	85	锦州沈宏实业集团有限公司	459589
36	大连冰山集团有限公司	1123561	86	大连固特异轮胎有限公司	459392
37	沈阳鼓风机集团股份有限公司	1098337	87	沈阳北方交通重工集团	454178
38	锦联控股集团有限公司	1058848	88	中国第一重型机械集团大连加氢反应器制造有限公司	450000
39	营口港务集团有限公司	1058799	89	营口钢铁有限公司	448034
40	沈阳化工集团有限公司	1054550	90	阜新矿业（集团）有限责任公司	421600
41	大化集团有限责任公司	947315	91	沈阳鸿祥增塑剂制造有限公司	397500
42	九三集团大连大豆科技有限公司	904389	92	宝钛华神钛业有限公司	386585
43	渤海造船厂集团有限公司	902590	93	中国大连国际经济技术合作集团有限公司	380135
44	抚顺新钢铁有限责任公司	891706	94	丹东帕斯特谷物有限公司	379801
45	金德铝塑复合管有限公司	832483	95	沈阳工业大学科技园有限公司	370000
46	大连重工·起重集团有限公司	823754	96	百胜餐饮（沈阳）有限公司	362045
47	特变电工沈阳变压器集团有限公司	801054	97	新东北电器（沈阳）高压开关有限公司	360917
48	东软集团股份有限公司	779633	98	辽阳市灯塔市佟二堡裘皮皮草有限公司	359513
49	抚顺矿业集团有限责任公司	753037	99	辽宁嘉合精细化工有限公司	357012
50	中国烟草总公司大连市公司	744806	100	沈阳防锈包装材料有限责任公司	352634

发布单位：辽宁省企业联合会、辽宁省企业家协会

表 11-5　　**2015 河北企业 100 强**

排名	企业名称	营业收入（万元）	排名	企业名称	营业收入（万元）
1	河北钢铁集团有限公司	28060081	51	大元建业集团股份有限公司	1261522
2	冀中能源集团有限责任公司	22921232	52	春风实业集团有限责任公司	1186349
3	开滦（集团）有限责任公司	18316390	53	国药乐仁堂医药有限公司	1172377
4	国网河北省电力公司	8622679	54	河北立中集团	1057071
5	河北新华联合冶金控股集团有限公司	6691696	55	唐山百货大楼集团有限责任公司	1002447
6	长城汽车股份有限公司	6259910	56	辛集市奥森钢铁有限公司	1000270
7	河北津西钢铁集团股份有限公司	6237595	57	河北前进钢铁集团有限公司	991166
8	新兴铸管股份有限公司	6079327	58	崇利制钢有限公司	956272
9	庞大汽贸集团股份有限公司	6031453	59	河北怀特集团有限公司	950800
10	唐山钢铁集团有限责任公司	5871784	60	河北白沙烟草有限责任公司	942099
11	河北敬业集团	5666900	61	富智康精密电子（廊坊）有限公司	918526
12	河北省物流产业集团有限公司	5500203	62	中国石油天然气股份有限公司冀东油田分公司	909903
13	隆基泰和实业有限公司	5057996	63	邢台钢铁有限责任公司	894319
14	唐山瑞丰钢铁（集团）有限公司	4608705	64	唐山东华钢铁企业集团有限公司	873638
15	冀南钢铁集团有限公司	4411388	65	邯郸建工集团有限公司	841740
16	中太建设集团股份有限公司	4317537	66	秦皇岛宏兴钢铁有限公司	809589
17	唐山港陆钢铁有限公司	3314887	67	河北鑫海化工集团有限公司	800771
18	石家庄北国人百集团有限责任公司	3213628	68	张家口卷烟厂有限责任公司	797078
19	河北建设集团有限公司	3031979	69	石家庄常山纺织集团有限责任公司	790741
20	河北建工集团有限责任公司	2979876	70	天保建设集团有限公司	790000
21	河北普阳钢铁有限公司	2944826	71	河北新启元能源技术开发股份有限公司	761055
22	武安市裕华钢铁有限公司	2926625	72	天铁第一轧钢有限责任公司	696733
23	河北新金钢铁有限公司	2883973	73	河北龙凤山铸业有限公司	629357
24	三河汇福粮油集团有限公司	2797241	74	邯郸市阳光百货集团总公司	611000
25	中国石油天然气股份有限公司华北油田分公司	2779021	75	承德建龙特殊钢有限公司	597828
26	晶龙实业集团有限公司	2665612	76	文安县新钢钢铁有限公司	585345
27	武安市明芳钢铁有限公司	2589942	77	武安市永诚铸业有限责任公司	584599
28	旭阳控股有限公司	2516644	78	风帆股份有限公司	574802
29	冀东发展集团有限责任公司	2498839	79	万合集团股份有限公司	549289
30	唐山国丰钢铁有限公司	2432121	80	河北省农业生产资料有限公司	546272
31	武安市烘熔钢铁有限公司	2401853	81	河北卓正实业集团有限公司	528459
32	中国石油天然气股份有限公司华北石化分公司	2352189	82	开滦（集团）蔚州矿业有限责任公司	514248
33	五得利面粉集团有限公司	2203432	83	唐山港集团股份有限公司	512663
34	兴华财富集团有限公司	2050994	84	河北国华沧东发电有限责任公司	503648
35	武安市文安钢铁有限公司	2002000	85	张家口市商业银行股份有限公司	493636
36	中国石油化工股份有限公司沧州分公司	1729740	86	秦皇岛中秦兴龙投资控股有限公司	491475
37	武安市鑫汇冶金工业有限公司	1726185	87	大唐国际发电股份有限公司张家口发电厂	483467
38	唐山三友集团有限公司	1678757	88	河北华丰煤化电力有限公司	469816
39	河北安丰钢铁有限公司	1667012	89	中铁山桥集团有限公司	458353
40	华北制药集团有限责任公司	1664872	90	河北长安汽车有限公司	457106
41	武安市广耀铸业有限公司	1572536	91	霸州市东升实业有限公司	454827
42	河北天山实业集团有限公司	1569553	92	中煤建筑安装工程集团有限公司	446259
43	河北诚信有限责任公司	1556604	93	河北国华定洲发电有限责任公司	445057
44	中国石油化工股份有限公司石家庄炼化分公司	1520077	94	河北永洋特钢集团有限公司	400000
45	中信戴卡股份有限公司	1519009	95	廊坊市城市建筑安装工程二公司	388511
46	河北天柱钢铁集团有限公司	1496492	96	唐山建设集团有限责任公司	371065
47	河北港口集团有限公司	1454142	97	河北保百集团有限公司	356099
48	中海石油中捷石化有限公司	1319566	98	五矿邯邢矿业有限公司	346853
49	北方凌云工业集团有限公司	1314078	99	承德盛丰钢铁有限公司	329619
50	邯郸市正大制管有限公司	1265838	100	沧州大化集团有限责任公司	318693

发布单位：河北省工业经济联合会（河北省经济团体联合会）、河北省企业联合会、河北省企业家协会和河北省统计学会

表 11-6 **2015 山东企业 100 强**

排名	公司名称	2014 营业收入（万元）	排名	公司名称	2014 营业收入（万元）
1	山东魏桥创业集团有限公司	28193071	51	沂州集团有限公司	2988457
2	海尔集团	20071067	52	东营方圆有色金属有限公司	2951659
3	山东能源集团有限公司	20056727	53	青岛啤酒股份有限公司	2904932
4	国网山东省电力公司	19136859	54	青岛钢铁控股集团有限责任公司	2880997
5	潍柴控股集团有限公司	12665954	55	山东玉皇化工有限公司	2874614
6	山东钢铁集团有限公司	11599587	56	东营鲁方金属材料有限公司	2821623
7	中石化股份有限公司胜利油田分公司	11793098	57	山东华星石油化工集团有限公司	2801535
8	兖矿集团有限公司	11239819	58	山东渤海实业股份有限公司	2736420
9	山东大王集团有限公司	11143928	59	天元建设集团有限公司	2673414
10	海信集团有限公司	9804851	60	洪业化工集团股份有限公司	2670486
11	南山集团有限公司	8462315	61	山东华兴机械股份有限公司	2560183
12	山东省商业集团有限公司	8050638	62	山东汇丰石化集团有限公司	2459961
13	山东晨曦集团有限公司	7692621	63	威高集团有限公司	2404400
14	山东黄金集团有限公司	7601782	64	中国联合网络通信有限公司山东省分公司	2401916
15	山东东明石化集团有限公司	7581776	65	山东万通石油化工集团有限公司	2361182
16	华电国际电力股份有限公司	6839772	66	利群集团股份有限公司	2276518
17	中国重型汽车集团有限公司	6831274	67	东辰控股集团有限公司	2202348
18	中国石化青岛炼油化工有限责任公司	5487310	68	福田雷沃国际重工股份有限公司	2198058
19	山东晨鸣纸业集团股份有限公司	5366076	69	正和集团股份有限公司	2161712
20	山东大海集团有限公司	5118357	70	日照港集团有限公司	2157907
21	浪潮集团有限公司	5103479	71	山东垦利石化集团有限公司	2145177
22	华泰集团有限公司	5102338	72	山东国有资产投资控股有限公司	2054309
23	万达控股集团有限公司	5064961	73	香驰控股有限公司	1927057
24	山东新希望六和集团有限公司	5024170	74	三角集团有限公司	1870036
25	青建集团股份公司	4685183	75	上汽通用五菱汽车股份有限公司青岛分公司	1869044
26	临沂新程金锣肉制品集团有限公司	4612881	76	山东淄博傅山企业集团有限公司	1803747
27	华盛江泉集团有限公司	4501664	77	华鲁控股集团有限公司	1696521
28	山东招金集团有限公司	4455862	78	国电山东电力有限公司	1686808
29	山东京博控股股份有限公司	4363306	79	山东五征集团	1682906
30	山东高速集团有限公司	4350349	80	新华锦集团有限公司	1636726
31	山东海科化工集团	4342433	81	淄博商厦股份有限公司	1606965
32	山东如意科技集团有限公司	4306943	82	山东创新金属科技股份有限公司	1571984
33	利华益集团股份有限公司	4202161	83	山东山水水泥集团有限公司	1543973
34	华勤橡胶工业集团有限公司	4175362	84	山东远通汽车贸易集团有限公司	1519214
35	山东太阳控股集团有限公司	4091833	85	山东鲁花集团有限公司	1513613
36	日照钢铁控股集团有限公司	4059318	86	山东金茂纺织化工集团有限公司	1511520
37	南车青岛四方机车车辆股份有限公司	3863688	87	山东胜通集团股份有限公司	1469094
38	中国银行股份有限公司山东省分行	3689462	88	山东恒源石油化工股份有限公司	1403063
39	中铁十四局集团有限公司	3607867	89	金猴集团有限公司	1270893
40	中国移动通信集团山东有限公司	3567340	90	润华集团股份有限公司	1257453
41	中铁十局集团有限公司	3302571	91	山东石大胜华化工集团股份有限公司	1218322
42	山东金岭集团有限公司	3292511	92	山东中海化工集团有限公司	1213646
43	山东胜通集团股份有限公司	3264179	93	山东航空集团有限公司	1200655
44	山东时风（集团）有限责任公司	3244211	94	山东科瑞控股集团有限公司	1189981
45	山东泰山钢铁集团有限公司	3242667	95	瑞星集团股份有限公司	1124259
46	山东天信集团有限公司	3211589	96	山东荣信煤化有限公司	1092712
47	山东科达集团有限公司	3208371	97	现代派沃泰自动变速箱（山东）有限公司	1066523
48	滨化集团公司	3172018	98	青岛世纪瑞丰集团有限公司	1046898
49	西王集团有限公司	3094686	99	山东现代威亚汽车发动机有限公司	1040057
50	山东金诚石化集团有限公司	3051258	100	即发集团有限公司	1023309

发布单位：山东省企业联合会、山东省企业家协会

表 11-7　　2015 安徽企业 100 强

排名	企业名称	营业收入（万元）	排名	企业名称	营业收入（万元）
1	铜陵有色金属集团控股有限公司	13636199.00	51	安徽省正大源饲料集团有限公司	618406.00
2	安徽海螺集团有限责任公司	11154817.00	52	安徽湖滨建设集团有限公司	615759.00
3	马钢（集团）控股有限公司	6915216.00	53	华孚色纺股份有限公司	613275.00
4	淮北矿业（集团）有限责任公司	6192296.00	54	安徽古井集团有限责任公司	603142.00
5	淮南矿业（集团）有限责任公司	5651109.00	55	安徽华文国际经贸股份有限公司	601170.00
6	中铁四局集团有限公司	5493736.00	56	安徽丰原集团有限公司	590363.00
7	中石油化工股份公司安庆分公司	4851029.00	57	安徽鑫科新材料股份有限公司	589187.00
8	联宝（合肥）电子科技有限公司	4332213.00	58	安徽华力建设集团有限公司	574841.00
9	中石化销售公司安徽石油分公司	4220408.00	59	合肥晶澳太阴能科技有限公司	558413.00
10	安徽江淮汽车集团有限公司	3965848.00	60	安徽蓝德集团股份有限公司	557225.00
11	合肥百货大楼集团股份有限公司	3780000.00	61	惠而浦（中国）股份有限公司	550483.00
12	安徽建工集团有限公司	3403831.00	62	安徽省安庆环新集团有限公司	545498.00
13	安徽中烟工业有限责任公司	3363096.00	63	南京医药合肥天星有限公司	528702.00
14	安徽省皖北煤电集团有限公司	3039896.00	64	安徽省司尔特肥业股份有限公司	516059.00
15	奇瑞汽车股份有限公司	2984943.00	65	合肥世纪精信机械制造有限公司	500897.00
16	安徽国贸集团控股有限公司	2936110.00	66	安徽水安建设集团股份有限公司	500116.00
17	安徽出版集团有限责任公司	2319035.00	67	华菱星马汽车股份有限公司	499736.00
18	芜湖新兴铸管有限责任公司	2301925.00	68	安徽天大企业（集团）有限公司	482232.00
19	格力电器（合肥）有限公司	1879935.00	69	安徽鸿路钢结构股份有限公司	476261.00
20	美的集团合肥公司	1869252.00	70	安徽迎驾集团股份有限公司	475091.00
21	安徽新华发行控股有限公司	1843622.00	71	安徽国祯集团股份有限公司	471209.00
22	安徽省高速公路控股有限公司	1706541.00	72	安徽康佳电子有限公司	450539.00
23	安徽安粮控股股份有限公司	1566402.00	73	中国移动通信集团合肥分公司	445334.00
24	安徽省能源集团有限公司	1547266.00	74	宝业集团安徽有限公司	443693.00
25	安徽辉隆农资集团	1462053.00	75	黄山永佳（集团）有限公司	438026.00
26	安徽淮海实业发展集团有限公司	1351355.00	76	申洲针织（安徽）有限公司	430015.00
27	安徽华源医药股份有限公司	1234524.00	77	安徽皖维集团有限责任公司	427808.00
28	蚌埠玻璃工业设计研究院	1200440.00	78	合肥华泰集团股份有限公司	420495.00
29	中建四局第六建筑工程有限公司	1169503.00	79	安徽金煌建设集团有限公司	402275.00
30	中国十七冶集团有限公司	1103027.00	80	安徽鸿润（集团）股份有限公司	398621.00
31	合肥联宝电器有限公司	1102656.00	81	安徽昊源化工集团有限公司	392831.00
32	国网安徽省电力公司合础电公司	1100775.00	82	蒙牛乳业（马鞍山）有限公司	386191.00
33	合肥美菱股份有限公司	1076481.00	83	安徽华茂集团有限公司	385646.00
34	安徽中鼎控股股份有限公司	1025286.00	84	安徽省高速石化有限公司	378150.00
35	铜陵化学工业集团有限公司	945981.00	85	安徽省贵航特钢有限公司	377442.00
36	安徽省外经建设有限公司	940188.00	86	合肥华南城有限公司	361690.00
37	铜陵精达铜材有限责任公司	926988.00	87	中联重机股份有限公司	360885.00
38	安徽省交通投资集团有限公司	879346.00	88	安徽省旅游集团有限责任公司	360420.00
39	合肥世纪城置业有限责任公司	833362.00	89	中盐红四方股份有限公司	357032.00
40	合肥建工集团有限公司	827405.00	90	中能建设集团安徽电力一公司	343340.00
41	安徽楚江投资集团有限公司	822481.00	91	华东工程科技股份有限公司	338034.00
42	安徽山鹰纸业股份有限公司	773539.00	92	安徽金种子集团有限公司	336231.00
43	合肥京东方光电科技有限公司	770629.00	93	安徽晋煤中能化工股份有限公司	334883.00
44	安徽亚夏实业股份有限公司	769909.00	94	合肥鑫晟光电科技有限公司	333721.00
45	安徽省盐业总公司	735961.00	95	国药控股安徽有限公司	327590.00
46	格力电器（芜湖）有限公司	712571.00	96	安徽省皖中集团有限责任公司	324479.00
47	安徽叉车集团有限责任公司	687161.00	97	安徽金禾实业股份有限公司	321471.00
48	安徽天康（集团）股份有限公司	678412.00	98	安徽金彩牛实业集团有限公司	321260.00
49	安徽省华鑫铅业集团有限公司	670267.00	99	宿州百大农产品物流有限公司	317629.00
50	国投新集能源股份有限公司	656250.00	100	安徽文峰置业有限公司	316617.00

发布单位：安徽省企业联合会、安徽省企业家联合会

表 11-8 **2015 湖南企业 100 强**

排名	公司名称	营业收入（万元）	排名	公司名称	营业收入（万元）
1	五矿有色金属控股有限公司	12467742	51	湖南省茶业集团股份有限公司	468120
2	湖南华菱钢铁集团有限责任公司	7756043	52	江南工业集团有限公司	450413
3	三一集团有限公司	7436785	53	长沙通程控股股份有限公司	434963
4	中国烟草总公司湖南省公司	7120946	54	现代投资股份有限公司	433142
5	中国建筑第五工程局有限公司	6540138	55	湖南省邮政公司	432005
6	中联重科股份有限公司	6370001	56	郴州市金贵银业股份有限公司	429739
7	国网湖南省电力公司	6208995	57	江麓机电集团有限公司	414193
8	中国石化销售有限公司湖南石油分公司	5254815	58	老百姓大药房连锁股份有限公司	394288
9	湖南省建筑工程集团总公司	4967094	59	湖南望新建设集团股份有限公司	385259
10	湖南博长控股集团有限公司	3036469	60	株洲旗滨集团股份有限公司	371662
11	大汉控股集团有限公司	2925116	61	湖南新长海发展集团有限公司	351693
12	中国建设银行股份有限公司湖南省分行	2590404	62	湖南省沙坪建筑有限公司	348956
13	中国移动通信集团湖南有限公司	2262257	63	中国铁建重工集团有限公司	343966
14	南车株洲电力机车研究所有限公司	2237199	64	华能湖南岳阳发电有限责任公司	339477
15	南车株洲电力机车有限公司	2216823	65	株洲联诚集团有限责任公司	328724
16	物产中拓股份有限公司	2209146	66	全洲药业集团有限公司	321639
17	中国水利水电第八工程局有限公司	1784145	67	金杯电工股份有限公司	317713
18	中国石化集团资产经营管理有限公司巴陵石化分公司	1601779	68	心连心集团有限公司	314799
19	中国石油天然气股份有限公司湖南销售分公司	1456636	69	长丰集团有限责任公司	313688
20	湘电集团有限公司	1289628	70	中华联合财产保险股份有限公司湖南分公司	300215
21	湖南九龙经贸集团有限公司	1264509	71	湖南顺天建设集团有限公司	294220
22	步步高商业连锁股份有限公司	1229679	72	湖南省轻工盐业集团有限公司	293224
23	湖南金龙国际集团	1043477	73	湖南湘江涂料集团有限公司	286703
24	湖南路桥建设集团有限责任公司	1000868	74	湖南对外建设集团有限公司	277529
25	湖南省新华书店有限责任公司	941844	75	快乐购物股份有限公司	273801
26	中国联合网络通信有限公司湖南省分公司	899870	76	华天实业控股集团有限公司	271540
27	华融湘江银行股份有限公司	883250	77	湖南黄花建设集团股份有限公司	252017
28	湖南省煤业集团有限公司	878251	78	长安益阳发电有限公司	249985
29	嘉凯城集团股份有限公司	844884	79	大唐湘潭发电有限责任公司	247559
30	泰格林纸集团股份有限公司	806944	80	爱尔眼科医院集团股份有限公司	240205
31	湖南粮食集团有限责任公司	779795	81	湖南郴电国际发展股份有限公司	226979
32	湖南安石企业（集团）有限公司	737383	82	中冶长天国际工程有限责任公司	226440
33	湖南友谊阿波罗控股股份有限公司	668607	83	益海嘉里（岳阳）粮油工业有限公司	224702
34	中国电子科技集团公司第四十八研究所	654194	84	湖南新天地投资控股集团有限公司	220999
35	湖南高岭建设集团股份有限公司	651698	85	株洲千金药业股份有限公司	219424
36	长沙银行股份有限公司	641609	86	道道全粮油股份有限公司	202840
37	大唐华银电力股份有限公司	621043	87	湖南景峰医药股份有限公司	195743
38	湖南辰州矿业股份有限公司	568062	88	株洲百货股份有限公司	192900
39	湖南兰天集团有限公司	563094	89	湖南东信集团有限公司	189632
40	湖南电广传媒股份有限公司	547388	90	山河智能装备股份有限公司	183957
41	南车株洲电机有限公司	533295	91	湖南福晟集团有限公司	182690
42	中国南方航空工业（集团）有限公司	530550	92	湖南龙骧交通发展集团有限责任公司	182634
43	长沙新振升集团有限公司	529194	93	袁隆平农业高科技股份有限公司	181542
44	泰富重装集团有限公司	527674	94	湖南正虹科技发展股份有限公司	180132
45	国药控股湖南有限公司	503073	95	恩瑞集团有限公司	176055
46	湖南宇腾有色金属股份有限公司	496633	96	长城信息产业股份有限公司	170983
47	方正证券股份有限公司	489970	97	加加食品集团股份有限公司	168475
48	华润电力投资有限公司湖南分公司	488963	98	南车长江车辆有限公司株洲分公司	166600
49	特变电工衡阳变压器有限公司	481962	99	湖南梦洁家纺股份有限公司	156605
50	中国石油化工股份有限公司巴陵分公司	477623	100	克明面业股份有限公司	152710

发布单位：湖南省工业经济联合会、湖南省企业联合会、湖南省企业家协会

表11-9　　2015湖北企业100强

排名	企业名称	营业收入（万元）	排名	企业名称	营业收入（万元）
1	东风汽车公司	48662393	51	武汉东湖高新集团股份有限公司	745120
2	武汉钢铁（集团）公司	14615513	52	湖北能源集团股份有限公司	727015
3	中国建筑第三工程局有限公司	13016287	53	中冶南方工程技术有限公司	725322
4	大冶有色金属集团控股有限公司	9585434	54	武汉建工股份有限公司	707005
5	湖北宜化集团有限责任公司	8050815	55	人福医药集团股份公司	705163
6	中国葛洲坝集团公司	7176028	56	劲牌有限公司	684466
7	湖北中烟工业有限责任公司	6445589	57	武汉商贸国有控股集团有限公司	640212
8	中国石油化工股份有限公司武汉分公司	5138663	58	湖北银丰实业集团有限责任公司	635422
9	中铁十一局集团有限公司	4744393	59	中维世纪建设集团有限公司	632362
10	武汉铁路局	4723534	60	湖北长安建筑股份有限公司	631982
11	九州通医药集团股份有限公司	4106840	61	黄石东贝机电集团有限责任公司	614453
12	中交第二航务工程局有限公司	3613858	62	卓峰建设集团有限公司	612590
13	稻花香集团	3444574	63	中国电建集团湖北工程有限公司	602834
14	武汉武商集团股份有限公司	3400003	64	武汉常阳新力建设工程有限公司	583974
15	中百控股集团股份有限公司	3221803	65	中铁第四勘察设计院集团有限公司	573637
16	山河建设集团有限公司	2965321	66	汉口银行股份有限公司	573267
17	卓尔控股有限公司	2802565	67	武汉市市政建设集团有限公司	571541
18	中铁大桥局集团有限公司	2764024	68	长飞光纤光缆股份有限公司	568410
19	湖北新冶钢有限公司	2415010	69	湖北齐星集团	561657
20	宜昌兴发集团有限责任公司	2370823	70	武汉工贸有限公司	558406
21	中国移动通信集团湖北有限公司	2062221	71	湖北祥云（集团）化工股份有限公司	554808
22	武汉邮电科学研究院	2010182	72	湖北省工业建筑集团有限公司	531341
23	福星集团	1836368	73	湖北省烟草公司恩施州公司	515537
24	新八建设集团有限公司	1830626	74	湖北省农业生产资料集团有限公司	507322
25	三环集团公司	1747250	75	中国五环工程有限公司	490328
26	华新水泥股份有限公司	1599615	76	武汉市汉商集团股份有限公司	486776
27	中国航天三江集团公司	1520766	77	湖北三杰粮油食品集团有限公司	477360
28	中国一冶集团有限公司	1513343	78	湖北立晋钢铁集团有限公司	461057
29	武汉中商集团股份有限公司	1492240	79	湖北白云边酒业股份有限公司	455869
30	新七建设集团有限公司	1452860	80	中国化学工程第六建设有限公司	452084
31	骆驼集团股份有限公司	1295624	81	武汉东方建设集团有限公司	451235
32	湖北省交通投资集团有限公司	1290926	82	武汉顺乐不锈钢有限公司	444951
33	武汉经济发展投资（集团）有限公司	1259896	83	鄂州鸿泰钢铁有限公司	436191
34	宝业湖北建工集团有限公司	1212589	84	武汉市燃气热力集团有限公司	434065
35	湖北省烟草公司武汉市公司	1207946	85	武汉海尔电器股份有限公司	430439
36	中国电信股份有限公司湖北分公司	1184901	86	益海嘉里（武汉）粮油工业有限公司	426393
37	湖北枝江酒业集团	1155132	87	楚源高新科技集团股份有限公司	421891
38	湖北三宁化工股份有限公司	1123762	88	武汉船用机械有限责任公司	421512
39	武昌船舶重工有限责任公司	1105118	89	赤东建设集团有限公司	419800
40	宜城市襄大农牧有限公司	1067675	90	汉江水利水电（集团）有限责任公司	413985
41	中国十五冶金建设集团有限公司	1026878	91	黄冈市黄商贸易股份有限公司	412948
42	武汉城市建设投资开发集团有限公司	1008223	92	湖北景天棉花产业集团有限公司	412720
43	湖北东圣化工集团有限公司	960125	93	黄石新兴管业有限公司	411547
44	武汉农村商业银行股份有限公司	903962	94	奥山集团	411198
45	湖北新洋丰肥业股份有限公司	835223	95	长江勘测规划设计研究院	409496
46	国药控股湖北有限公司	828803	96	中航工业航宇救生装备有限公司	391019
47	中国核工业第二二建设有限公司	803018	97	湖北华电襄阳发电有限公司	380873
48	武汉新十建筑有限公司	785416	98	华能武汉发电有限责任公司	364373
49	中铁武汉电气化局集团有限公司	785203	99	中国电力工程顾问集团中南电力设计院有限公司	363100
50	中国联合网络通信有限公司湖北省分公司	777033	100	湖北西塞山发电有限公司	334076

发布单位：湖北省企业联合会

表 11-10　　2015 浙江企业 100 强

排名	企业名称	营业收入（万元）	排名	企业名称	营业收入（万元）
1	浙江省物产集团公司	21448400	51	中策橡胶集团有限公司	2330193
2	浙江吉利控股集团有限公司	15395264	52	西子联合控股有限公司	2327219
3	海亮集团有限公司	13003081	53	卧龙控股集团有限公司	2312521
4	万向集团公司	12878896	54	中海石油宁波大榭石化有限公司	2284869
5	中国石油化工股份有限公司镇海炼化分公司	12077693	55	富通集团有限公司	2066286
6	中国石化销售有限公司浙江石油分公司	11143581	56	万丰奥特控股集团有限公司	2019088
7	杭州钢铁集团公司	10115083	57	浙江富冶集团有限公司	2011965
8	广厦控股集团有限公司	9868116	58	浙江大东南集团有限公司	1897552
9	绿城房地产集团有限公司	7940000	59	银泰商业（集团）有限公司	1863992
10	浙江恒逸集团有限公司	7911115	60	维科控股集团股份有限公司	1853081
11	浙江省兴合集团有限责任公司	7289006	61	浙江元立金属制品集团有限公司	1824397
12	杭州娃哈哈集团有限公司	7204254	62	宁波君安控股有限公司	1819932
13	浙江荣盛控股集团有限公司	7185218	63	森马集团有限公司	1803592
14	浙江中烟工业有限责任公司	7153703	64	升华集团控股有限公司	1735688
15	浙江省能源集团有限公司	7117063	65	华仪电器集团有限公司	1708087
16	超威集团	6564987	66	奥康集团有限公司	1704005
17	青山控股集团有限公司	6503250	67	纳爱斯集团有限公司	1678783
18	天能集团	6057873	68	宁波神化化学品经营有限责任公司	1670962
19	雅戈尔集团股份有限公司	5897962	69	华峰集团有限公司	1653366
20	杭州汽轮动力集团有限公司	5823202	70	龙元建设集团股份有限公司	1623029
21	浙江省国际贸易集团有限公司	5714723	71	三花控股集团有限公司	1552377
22	中天发展控股集团有限公司	5633289	72	新凤鸣集团股份有限公司	1475538
23	奥克斯集团有限公司	5521610	73	浙江华成控股集团有限公司	1469445
24	银亿集团有限公司	5358317	74	华立集团股份有限公司	1464770
25	浙江省建设投资集团有限公司	5284079	75	兴乐集团有限公司	1420646
26	盾安控股集团有限公司	5031944	76	浙江翔盛集团有限公司	1413949
27	浙江桐昆控股集团有限公司	4828991	77	浙江英特药业有限责任公司	1407846
28	远大物产集团有限公司	4563731	78	浙江东南网架集团有限公司	1379466
29	德力西集团有限公司	3963010	79	宁波港集团有限公司	1376255
30	宁波金田投资控股有限公司	3923939	80	万华化学（宁波）有限公司	1374645
31	浙江省商业集团有限公司	3682317	81	杭州联华华商集团有限公司	1370984
32	杭州锦江集团有限公司	3667906	82	太平鸟集团有限公司	1370536
33	浙江中成控股集团有限公司	3577368	83	宁波建工股份有限公司	1364442
34	正泰集团股份有限公司	3511777	84	宁波华东物资城市场建设开发有限公司	1363700
35	中基宁波集团股份有限公司	3310568	85	中厦建设集团有限公司	1362698
36	浙江省交通投资集团有限公司	3295151	86	兴惠化纤集团有限公司	1359050
37	人民电器集团有限公司	3217181	87	浙江宝利德股份有限公司	1355186
38	杉杉控股有限公司	3212784	88	花园集团有限公司	1355125
39	浙江龙盛控股有限公司	3016131	89	祐康食品集团有限公司	1341386
40	浙江昆仑控股集团有限公司	3012720	90	利时集团股份有限公司	1326455
41	浙江八达建设集团有限公司	2965417	91	人本集团有限公司	1324367
42	宁波富邦控股集团有限公司	2856847	92	中设建工集团有限公司	1315268
43	浙江宝业建设集团有限公司	2803563	93	五洋建设集团股份有限公司	1313075
44	中航国际钢铁贸易有限公司	2710888	94	浙江富春江通信集团有限公司	1295065
45	杭州华东医药集团有限公司	2492062	95	天洁集团有限公司	1261719
46	传化集团有限公司	2481600	96	歌山建设集团有限公司	1238746
47	红狮控股集团有限公司	2417965	97	杭州诺贝尔集团有限公司	1211651
48	浙江前程石化股份有限公司	2398081	98	浙江协和集团有限公司	1197826
49	精功集团有限公司	2380513	99	浙江勤业建工集团有限公司	1192017
50	巨化集团公司	2363172	100	华升建设集团有限公司	1170422

发布单位：浙江省企业联合会、浙江省企业家协会

表 11-11　　2015 广东企业 100 强

排名	公司名称	营业收入（万元）	排名	公司名称	营业收入（万元）
1	中国南方电网有限责任公司	47234994	51	广东电力发展股份有限公司	2904657
2	中国平安保险（集团）股份有限公司	46288200	52	广东格兰仕集团有限公司	2895450
3	华润股份有限公司	46141246	53	广州万宝集团有限公司	2825729
4	华为技术有限公司	28819700	54	广东省建筑工程集团有限公司	2785951
5	招商银行股份有限公司	28054400	55	海信科龙电器股份有限公司	2653442
6	正威国际集团有限公司	26871182	56	中航通用飞机有限责任公司	2641774
7	广州汽车工业集团有限公司	20479107	57	广州越秀集团有限公司	2467798
8	万科企业股份有限公司	14638800	58	深圳市中金岭南有色金属股份有限公司	2460871
9	美的集团股份有限公司	14231097	59	深圳中电投资股份有限公司	2397864
10	珠海格力电器股份有限公司	13775036	60	国药集团一致药业股份有限公司	2395433
11	恒大地产集团有限公司	11139811	61	广东省广业资产经营有限公司	2372840
12	保利房地产（集团）股份有限公司	10905650	62	白云电气集团有限公司	2365614
13	广东物资集团公司	10838240	63	广州晶东贸易有限公司	2344869
14	中国南方航空股份有限公司	10831300	64	广州元亨能源有限公司	2250875
15	广发银行股份有限公司	10153697	65	香江集团有限公司	2248818
16	TCL 集团股份有限公司	10102868	66	深圳市怡亚通供应链股份有限公司	2194986
17	碧桂园控股有限公司	8454880	67	广东海大集团股份有限公司	2109041
18	中兴通讯股份有限公司	8147128	68	宝钢集团广东韶关钢铁有限公司	2095792
19	腾讯控股有限公司	7893200	69	宇龙计算机通信科技（深圳）有限公司	1968297
20	中国长城计算机深圳股份有限公司	7580174	70	深圳欧菲光科技股份有限公司	1948229
21	中国国际海运集装箱（集团）股份有限公司	7007100	71	广州发展集团股份有限公司	1944580
22	广东省广新控股集团有限公司	6941089	72	康佳集团股份有限公司	1942349
23	广州医药集团有限公司	6462118	73	广州唯品会信息科技有限公司	1920781
24	广州铁路（集团）公司	6100530	74	日立电梯（中国）有限公司	1899614
25	比亚迪股份有限公司	5819588	75	广州白云山医药集团股份有限公司	1879988
26	深圳市大生农业集团有限公司	5119342	76	广州立白企业集团有限公司	1761263
27	广东省粤电集团有限公司	5078951	77	天虹商场股份有限公司	1699796
28	华侨城集团公司	5028590	78	广东粤合资产经营有限公司	1679341
29	深圳市神州通投资集团有限公司	4933128	79	深圳长城开发科技股份有限公司	1644416
30	玖龙纸业（控股）有限公司	4670472	80	宜华企业（集团）有限公司	1616950
31	腾邦投资控股有限公司	4578531	81	金发科技股份有限公司	1609363
32	金地（集团）股份有限公司	4563638	82	康美药业股份有限公司	1594919
33	中国广核集团有限公司	4517432	83	南方石化集团有限公司	1557882
34	广州钢铁企业集团有限公司	4387518	84	伯恩光学（惠州）有限公司	1515409
35	招商局地产控股股份有限公司	4338506	85	广深铁路股份有限公司	1480078
36	广东省广晟资产经营有限公司	4223059	86	广东粤海控股集团有限公司	1444585
37	广东省丝绸纺织集团有限公司	4142850	87	华润广东医药有限公司	1413854
38	广州市建筑集团有限公司	4113761	88	广州东凌实业投资集团有限公司	1409659
39	百丽国际控股有限公司	4000810	89	广州农村商业银行股份有限公司	1389305
40	雅居乐地产控股有限公司	3831760	90	深圳控股有限公司	1382711
41	广东温氏食品集团股份有限公司	3804023	91	广发证券股份有限公司	1339497
42	广东省交通集团有限公司	3703498	92	广东广青金属科技有限公司	1336387
43	广东圣丰集团有限公司	3627023	93	广州无线电集团有限公司	1328643
44	广州轻工工贸集团有限公司	3566441	94	广州岭南国际企业集团有限公司	1294612
45	广州富力地产股份有限公司	3470541	95	深圳能源集团股份有限公司	1250604
46	天音通信有限公司	3400167	96	人人乐连锁商业集团股份有限公司	1211738
47	广州金博物流贸易集团有限公司	3320527	97	利泰集团有限公司	1210210
48	深圳市飞马国际供应链股份有限公司	3211906	98	广州百货企业集团有限公司	1195501
49	创维集团有限公司	3036034	99	国信证券股份有限公司	1179232
50	中信证券股份有限公司	2919753	100	广州电气装备集团有限公司	1159401

发布单位：广东省企业联合会

表11-12 **2015广西企业100强**

排名	企业名称	营业收入（万元）	排名	企业名称	营业收入（万元）
1	上汽通用五菱汽车股份有限公司	7328854	51	广西云星集团有限公司	365035
2	广西投资集团有限公司	6532425	52	华润电力（贺州）有限公司	327243
3	广西建工集团有限责任公司	6260024	53	广西凤糖生化股份有限公司	324210
4	广西电网有限责任公司	6187128	54	广西梧州中恒集团股份有限公司	321441
5	广西柳州钢铁（集团）公司	6025656	55	桂林彰泰实业集团有限公司	318624
6	广西北部湾国际港务集团有限公司	4860513	56	百色百矿集团有限公司	306145
7	中国石油天然气股份有限公司广西石化分公司	4384256	57	广西来宾东糖集团有限公司	279413
8	广西玉柴机器集团有限公司	4012402	58	中国邮政集团公司广西壮族自治区分公司	269333
9	广西壮族自治区农村信用社联合社	3293256	59	中信大锰矿业有限责任公司	264810
10	广西交通投资集团有限公司	2493578	60	广西大锰锰业有限公司	258801
11	东风柳州汽车有限公司	2278906	61	中铁二十五局集团第四工程有限公司	250681
12	广西盛隆冶金有限公司	2191966	62	南宁百货大楼股份有限公司	249748
13	广西中烟工业有限责任公司	2158495	63	广西正润发展集团有限公司	248991
14	广西农垦集团有限责任公司	2128481	64	嘉里粮油（防城港）有限公司	235053
15	广西有色金属集团有限公司	2112315	65	广西五鸿建设集团有限公司	223134
16	广西物资集团有限责任公司	1942298	66	广西新华书店集团股份有限公司	221218
17	南宁富桂精密工业有限公司	1862912	67	广西贺州市贵丰金属制品有限公司	212116
18	广西汽车集团有限公司	1521663	68	广西桂东电力股份有限公司	211453
19	广西新发展交通集团有限公司	1428369	69	广西成源矿冶有限公司	208989
20	广西柳工集团有限公司	1371682	70	广西贵港建设集团有限公司	205768
21	桂林力源粮油食品集团有限公司	1117994	71	广西湘桂糖业集团有限公司	199228
22	中国大唐集团公司广西分公司	1030343	72	广西三环企业集团	196198
23	广西水利电业集团有限公司	954415	73	广西泰禾发展集团有限公司	194468
24	广西壮族自治区机电设备有限责任公司	923231	74	南南铝业股份有限公司	193346
25	广西洋浦南华糖业集团股份有限公司	912572	75	广西南宁梦之岛百货有限公司	188697
26	广西北部湾投资集团有限公司	879917	76	广西运德汽车运输集团有限公司	185478
27	中国石化销售有限公司广西南宁石油分公司	852382	77	广西登高集团有限公司	183958
28	大海粮油工业（防城港）有限公司	810425	78	中电广西防城港电力有限公司	181997
29	十一冶建设集团有限责任公司	800464	79	扶绥新宁海螺水泥有限责任公司	178914
30	中国电信股份有限公司广西分公司	778847	80	银河天成集团有限公司	178197
31	广西华南建设集团有限公司	720306	81	广西金源置业集团有限公司	168827
32	中国邮政储蓄银行股份有限公司广西壮族自治区分行	716800	82	华厦建设集团有限公司	159605
33	桂林银行股份有限公司	708426	83	中国有色集团（广西）平桂飞碟股份有限公司	157918
34	广西北部湾银行股份有限公司	629872	84	广西参皇养殖集团有限公司	155142
35	广西西江开发投资集团有限公司	621685	85	广西东正集团有限公司	153279
36	中国铝业股份有限公司广西分公司	614526	86	南宁建宁水务投资集团有限责任公司	152088
37	广西方盛实业股份有限公司	596271	87	广西中鼎世纪投资集团有限责任公司	151195
38	广西贵港钢铁集团有限公司	566735	88	中铝广西有色稀土开发有限公司	151064
39	广西柳州医药股份有限公司	565535	89	桂林建筑安装工程有限公司	150994
40	广西河池市南方有色金属集团有限公司	544462	90	南方黑芝麻集团股份有限公司	149753
41	南宁产业投资集团有限责任公司	529323	91	桂林三金药业股份有限公司	146635
42	广西扬翔股份有限公司	529070	92	广西鱼峰集团水泥有限公司	146425
43	中粮油脂（钦州）有限公司	520334	93	梧州神冠蛋白肠衣有限公司	139220
44	中国联合网络通信集团有限公司广西壮族自治区分公司	502084	94	南宁轨道交通集团有限责任公司	133870
45	广西平铝集团有限公司	492652	95	华蓝集团股份公司	129232
46	广西金融投资集团有限公司	468106	96	兴业葵阳海螺水泥有限责任公司	126053
47	柳州银行股份有限公司	446145	97	广西春茂投资集团有限公司	125726
48	广西桂鑫钢铁集团有限公司	412618	98	广西永凯糖纸集团有限责任公司	124923
49	燕京啤酒（桂林漓泉）股份有限公司	377570	99	南宁市建筑安装工程集团有限公司	123100
50	桂林国际电线电缆集团有限责任公司	372384	100	广西强强碳素股份有限公司	120222

发布单位：广西企业与企业家联合会

表 11-13　　**2015 厦门市企业 100 强**

排名	企业名称	营业收入（亿元）	排名	企业名称	营业收入（亿元）
1	厦门建发股份有限公司	1209.25	51	中铁二十二局集团第三工程有限公司	29.05
2	厦门国贸控股有限公司	870.63	52	厦门船舶重工股份有限公司	28.73
3	厦门象屿集团有限公司	521.73	53	厦门育哲进出口有限公司	28.46
4	戴尔（中国）有限公司	413.47	54	厦门蒙发利科技（集团）股份有限公司	28.11
5	厦门金龙汽车集团股份有限公司	214.31	55	厦门青岛啤酒东南营销有限公司	27.87
6	厦门航空有限公司	172.46	56	厦门航空开发股份有限公司	27.59
7	均和（厦门）控股有限公司	148.43	57	厦门建发旅游集团股份有限公司	27.30
8	厦门华信石油控股有限公司	126.92	58	厦门市明穗粮油贸易有限公司	27.22
9	厦门路桥工程物资有限公司	120.91	59	腾龙特种树脂（厦门）有限公司	26.29
10	厦门中骏集团有限公司	112.08	60	厦门中禾实业有限公司	25.13
11	厦门烟草工业有限责任公司	110.54	61	顺通达集团有限公司	22.86
12	厦门银鹭集团有限公司	103.07	62	厦门 TDK 有限公司	22.82
13	厦门钨业股份有限公司	101.43	63	福建安井食品股份有限公司	22.20
14	厦门正新橡胶工业有限公司	96.34	64	锐珂（厦门）医疗器材有限公司	21.74
15	翔鹭石化股份有限公司	88.84	65	厦门源昌城建集团有限公司	21.45
16	厦门翔业集团有限公司	88.02	66	福建三建工程有限公司	20.09
17	厦门海沧投资集团有限公司	85.32	67	厦门市建安集团有限公司	19.89
18	厦门禹洲集团股份有限公司	78.37	68	鑫泰建设集团有限公司	19.06
19	厦门夏商集团有限公司	72.08	69	厦门市建筑科学研究院集团股份有限公司	17.89
20	联发集团有限公司	70.11	70	厦门公交集团有限公司	17.56
21	中交一公局厦门工程有限公司	65.78	71	厦门建松电器有限公司	17.50
22	鹭燕（福建）药业股份有限公司	62.99	72	厦门中联建设工程有限公司	17.48
23	厦门恒兴集团有限公司	56.01	73	厦门思总建设有限公司	17.07
24	厦门市万科房地产有限公司	54.19	74	厦门中宸集团有限公司	16.09
25	厦门市嘉晟对外贸易有限公司	51.41	75	四三九九网络股份有限公司	15.63
26	百路达（厦门）工业有限公司	51.16	76	贝莱胜电子（厦门）有限公司	15.48
27	厦门华特集团有限公司	49.05	77	厦门太古飞机工程有限公司	15.27
28	厦门轻工集团有限公司	47.92	78	厦门源昌集团有限公司	15.23
29	福建省九龙建设集团有限公司	46.24	79	厦门海润进出口有限公司	15.22
30	厦门厦工机械股份有限公司	45.60	80	东琦（厦门）石化有限公司	14.93
31	厦门住宅建设集团有限公司	43.44	81	厦门森宝集团有限公司	14.87
32	中铁十七局集团第六工程有限公司	42.24	82	厦门东纶股份有限公司	14.40
33	厦门海澳集团有限公司	41.67	83	厦门太古可口可乐饮料有限公司	14.36
34	厦门宏发电声股份有限公司	40.63	84	厦门新立基股份有限公司	14.15
35	福建联美建设集团有限公司	39.66	85	厦门日上车轮集团股份有限公司	13.42
36	厦门经济特区房地产开发集团有限公司	37.38	86	厦门电力工程集团有限公司	13.34
37	厦门嘉联恒进出口有限公司	36.93	87	厦门新景地集团有限公司	13.30
38	明达实业（厦门）有限公司	35.24	88	厦门松霖科技有限公司	12.82
39	厦门中盛粮油集团有限公司	34.68	89	厦门洛矶山石油集团有限公司	12.59
40	厦门银祥集团有限公司	34.42	90	厦门市旺紫洲工贸有限公司	12.33
41	盛屯矿业集团股份有限公司	33.48	91	厦门成易集团有限公司	12.21
42	厦门翔鹭化纤股份有限公司	33.09	92	厦门水务集团有限公司	11.65
43	恒晟集团有限公司	33.02	93	厦门市天虹商场有限公司	11.52
44	鑫东森集团有限公司	32.66	94	福建同发食品集团有限公司	11.13
45	厦门盛元集团	32.29	95	厦门永佳和塑胶有限公司	10.75
46	路达（厦门）工业有限公司	31.97	96	厦门海莱照明有限公司	10.28
47	厦门华融集团有限公司	31.72	97	厦门宝欣企业有限公司	10.18
48	厦门轨道物资有限公司	31.14	98	厦门保沣实业有限公司	10.03
49	林德（中国）叉车有限公司	29.94	99	厦门金华南进出口有限公司	9.73
50	捷太格特转向系统（厦门）有限公司	29.41	100	厦门协力集团有限公司	9.67

发布单位：厦门企业和企业家联合会

表11-14　　2015武汉市企业100强

排名	公司名称	营业收入（万元）	排名	公司名称	营业收入（万元）
1	东风汽车公司	48662393	51	武汉工贸有限公司	558406
2	武汉钢铁（集团）公司	14615513	52	武汉天马微电子有限公司	547161
3	中国建筑第三工程局有限公司	13016287	53	武汉武钢北湖经济开发公司	546140
4	中国葛洲坝集团有限公司	7176029	54	湖北省工业建筑集团有限公司	531341
5	湖北中烟工业有限责任公司	6445589	55	中国电信股份有限公司武汉分公司	526218
6	中国石油化工股份有限公司武汉分公司	5138663	56	湖北省农业生产资料集团有限公司	507322
7	中铁十一局集团有限公司	4744393	57	中国五环工程有限公司	490328
8	武汉铁路局	4723534	58	武汉市汉商集团股份有限公司	486776
9	九州通医药集团股份有限公司	4106840	59	盛隆电气集团有限公司	480445
10	武汉国有资产经营公司	3921835	60	武汉艾德蒙科技股份有限公司	454957
11	中交第二航务工程局有限公司	3613859	61	武汉东方建设集团有限公司	451235
12	武汉武商集团股份有限公司	3400003	62	武汉顺乐不锈钢有限公司	444951
13	中百控股集团股份有限公司	3221803	63	武汉市燃气热力集团有限公司	434065
14	摩托罗拉（武汉）移动技术通信有限公司	3009260	64	武汉市万科房地产有限公司	432001
15	山河建设集团有限公司	2965321	65	武汉海尔电器股份有限公司	430439
16	卓尔控股有限公司	2802565	66	冠捷显示科技（武汉）有限公司	429410
17	中铁大桥局集团有限公司	2764024	67	益海嘉里（武汉）粮油工业有限公司	426393
18	武汉邮电科学研究院	2010182	68	高品建设集团有限公司	425620
19	新八建设集团有限公司	1830626	69	武汉船用机械有限责任公司	421512
20	三环集团公司	1747250	70	奥山集团	411198
21	中国航天三江集团公司	1520766	71	长江勘测规划设计研究院	409496
22	中国一冶集团有限公司	1513343	72	TCL空调器（武汉）有限公司	385148
23	武汉中商集团股份有限公司	1492240	73	华能武汉发电有限责任公司	364373
24	新七建设集团有限公司	1452860	74	中国电力工程顾问集团中南电力设计院有限公司	363100
25	武汉经济发展投资（集团）有限公司	1259896	75	武汉金牛经济发展有限公司	344166
26	宝业湖北建工集团有限公司	1212589	76	武汉地产开发投资集团有限公司	331712
27	湖北省烟草公司武汉市公司	1207947	77	武汉市汉口精武食品工业园有限公司	318009
28	武昌船舶重工集团有限公司	1105118	78	中国人民财产保险股份有限公司武汉分公司	312510
29	武汉市城市建设投资开发集团有限公司	1008223	79	武汉市水务集团有限公司	312163
30	武汉农村商业银行股份有限公司	903962	80	武汉华中通信广场有限责任公司	305525
31	国药控股湖北有限公司	828804	81	航天电工集团有限公司	303356
32	武汉新十建筑集团有限公司	785416	82	武汉力诺投资控股集团有限公司	301938
33	中铁武汉电气化局集团有限公司	785204	83	武汉中东磷业科技有限公司	285768
34	武汉东湖高新集团股份有限公司	745120	84	中国联合网络通信有限公司武汉市分公司	285157
35	湖北能源集团股份有限公司	727015	85	武汉国裕物流产业集团有限公司	282039
36	中冶南方工程技术有限公司	725322	86	广厦湖北第六建设工程有限责任公司	281889
37	武汉建工集团股份有限公司	707005	87	湖北中阳建设集团有限公司	276191
38	人福医药集团股份公司	705163	88	武汉本田贸易有限公司	272221
39	武汉商贸国有控股集团有限公司	640212	89	武汉新建总建设集团有限公司	267382
40	湖北银丰实业集团有限责任公司	635422	90	湖北凌志科技集团	265479
41	中维世纪建设集团有限公司	632362	91	武汉新港建设投资开发集团有限公司	263591
42	武汉钢铁（集团）公司实业公司	618535	92	钰龙集团有限公司	262578
43	卓峰建设集团有限公司	612590	93	湖北顺泰建设有限公司	261356
44	中国移动通信集团湖北有限公司武汉分公司	593611	94	武汉中原电子集团有限公司	251606
45	武汉常阳新力建设工程有限公司	583974	95	中交第二公路勘察设计研究院有限公司	249959
46	中铁第四勘察设计院集团有限公司	573637	96	凌云科技集团有限责任公司	246571
47	汉口银行股份有限公司	573267	97	武汉鸣辰建设集团有限公司	242481
48	武汉市市政建设集团有限公司	571541	98	百胜餐饮（武汉）有限公司	238435
49	长飞光纤光缆股份有限公司	568410	99	湖北省新华书店（集团）有限公司	237502
50	湖北中首投资控股有限公司	560000	100	武汉市公共交通集团有限责任公司	236341

发布单位：武汉企业联合会、企业家协会

第十二章
2015 世界企业 500 强数据

2015世界企业500强

上年排名	排名	公司名称	国家	营业收入（百万美元）	净利润（百万美元）	资产（百万美元）	股东权益（百万美元）	员工人数（人）
1	1	沃尔玛	美国	485651	16363	203706	81394	2200000
3	2	中国石油化工集团公司	中国	446811	5177	359182	118563	897488
2	3	荷兰皇家壳牌石油公司	荷兰	431344	14874	353116	171966	94000
4	4	中国石油天然气集团公司	中国	428620	16360	634812	318885	1636532
5	5	埃克森美孚	美国	382597	32520	349493	174399	83700
6	6	英国石油公司	英国	358678	3780	284305	111441	84500
7	7	国家电网公司	中国	339427	9796	466298	198529	921964
8	8	大众公司	德国	268567	14572	424935	108882	592586
9	9	丰田汽车公司	日本	247703	19767	398047	140006	344109
10	10	嘉能可	瑞士	221073	2308	152205	152205	106831
11	11	道达尔公司	法国	212018	4244	229798	90330	100307
12	12	雪佛龙	美国	203784	19241	266026	155028	64700
13	13	三星电子	韩国	195845	21923	209666	147572	307000
14	14	伯克希尔-哈撒韦公司	美国	194673	19872	526186	240170	316000
15	15	苹果公司	美国	182795	39510	231839	111547	97200
29	16	麦克森公司	美国	181241	1476	53870	8001	70400
20	17	戴姆勒股份公司	德国	172279	9235	229443	52831	279972
25	18	中国工商银行	中国	163175	44764	3322043	246754	462282
24	19	EXOR 集团	意大利	162163	429	182104	9673	318562
16	20	安盛	法国	161173	6665	1016417	78910	96279
21	21	通用汽车公司	美国	155929	3949	177677	35457	216000
18	22	意昂集团	德国	151461	-4192	152075	29746	58503
19	23	菲利普斯 66 公司	美国	149434	4762	48741	21590	14000
27	24	通用电气公司	美国	148321	15233	648349	128159	305000
22	25	埃尼石油公司	意大利	147176	1713	176899	72298	84405
17	26	俄罗斯天然气工业股份公司	俄罗斯	144409	4124	253592	164019	459600
26	27	福特汽车公司	美国	144077	3187	208527	24805	187000
28	28	巴西国家石油公司	巴西	143657	-7367	187000	116272	80908
38	29	中国建设银行	中国	139933	36977	2698925	200222	372321
35	30	CVS Health 公司	美国	139367	4644	74252	37958	177800
32	31	鸿海精密工业股份有限公司	中国台湾	139039	4308	77934	29438	1060000

上年排名	排名	公司名称	国家	营业收入（百万美元）	净利润（百万美元）	资产（百万美元）	股东权益（百万美元）	员工人数（人）
31	32	安联保险集团	德国	136846	8252	974939	73499	147425
34	33	美国电话电报公司	美国	132447	6224	292829	86370	243620
30	34	瓦莱罗能源公司	美国	130844	3630	45550	20677	10065
39	35	联合健康集团	美国	130474	5619	86382	32454	170000
47	36	中国农业银行	中国	130048	29126	2574815	166194	505627
52	37	中国建筑股份有限公司	中国	129887	2079	148915	13179	247672
23	38	日本邮政控股公司	日本	129687	4390	2467265	93018	221000
41	39	委内瑞拉国家石油公司	委内瑞拉	128439	7386	226760	67751	152072
N. A.	40	托克贸易公司	荷兰	127613	1040	39575	5256	5326
42	41	威瑞森电信	美国	127079	9625	232708	12298	177300
40	42	法国巴黎银行	法国	124333	208	2513925	108179	179603
43	43	卢克石油公司	俄罗斯	122803	4746	111800	81130	110300
45	44	本田汽车	日本	121222	4633	153664	59283	204730
59	45	中国银行	中国	120946	27525	2458314	183891	308128
88	46	美源伯根公司	美国	119569	277	21532	1957	13500
36	47	墨西哥石油公司	墨西哥	119239	-19929	144415	-52115	144927
48	48	意大利忠利保险公司	意大利	118872	2215	606555	28075	78333
33	49	法国兴业银行	法国	118232	3571	1582783	66749	153836
37	50	房利美	美国	116461	14208	3248176	3680	7600
46	51	俄罗斯石油公司	俄罗斯	113663	9027	145965	47987	249000
60	52	好市多	美国	112640	2058	33024	12303	153500
50	53	惠普	美国	111454	5013	103206	26731	302000
74	54	克罗格	美国	108465	1728	30556	5412	400000
55	55	中国移动通信集团公司	中国	107529	10451	246749	135407	274347
68	56	宝马集团	德国	106654	7691	187300	45033	116324
64	57	SK 集团	韩国	106248	-507	84620	9204	81667
83	58	法国农业信贷银行	法国	106198	3104	1922657	60572	72567
61	59	日产汽车	日本	103460	4162	142154	42315	149388
85	60	上海汽车集团股份有限公司	中国	102249	4540	66872	25413	92484
57	61	摩根大通	美国	102102	21762	2573126	232065	241359
63	62	乐购	英国	101580	-9321	68316	10926	386086
58	63	西门子	德国	101560	7288	132473	39098	357000

上年排名	排名	公司名称	国家	营业收入（百万美元）	净利润（百万美元）	资产（百万美元）	股东权益（百万美元）	员工人数（人）
65	64	家乐福	法国	101238	1657	55401	11120	381227
53	65	日本电报电话公司	日本	100914	4712	172650	72403	241600
62	66	美国快捷药方控股公司	美国	100887	2008	53799	20054	29500
73	67	西班牙国家银行	西班牙	100706	7715	1532119	110905	185405
69	68	马来西亚国家石油公司	马来西亚	100619	11322	153787	101479	50949
56	69	意大利国家电力公司	意大利	100539	686	201614	38120	68961
72	70	雀巢公司	瑞士	100116	15798	134337	70596	339000
122	71	中国铁路工程总公司	中国	99538	960	110473	9637	276697
79	72	中国海洋石油总公司	中国	99262	8593	180428	74368	114573
44	73	苏伊士集团	法国	99073	3237	200006	59924	152882
95	74	英国保诚集团	英国	98977	3648	575622	18414	18604
54	75	挪威国家石油公司	挪威	98801	3475	131639	50819	22516
75	76	巴斯夫公司	德国	98596	6838	86339	33411	113292
76	77	来宝集团	中国香港	97605	132	20002	5057	1900
70	78	法国电力公司	法国	96670	4910	324246	42578	148024
80	79	中国铁道建筑总公司	中国	96395	1154	101563	9189	297035
66	80	美国银行	美国	95181	4833	2104534	243471	223715
77	81	汇丰银行控股公司	英国	94431	13688	2634139	190447	264767
71	82	国际商业机器公司	美国	94128	12022	117532	11868	412775
81	83	马拉松原油公司	美国	91417	2524	30460	10751	45340
67	84	康德乐	美国	91084	1166	26033	6401	34000
90	85	波音	美国	90762	5446	99198	8665	165500
82	86	花旗集团	美国	90646	7313	1842530	210534	241000
122	87	国家开发银行	中国	89908	15922	1662855	107501	8723
112	88	亚马逊	美国	88988	-241	54505	10741	154100
78	89	日立	日本	88787	2195	103372	24438	333150
89	90	美国富国银行	美国	88372	23057	1687155	184394	264500
49	91	荷兰国际集团	荷兰	87990	1277	1195047	56424	68431
51	92	JX 控股公司	日本	87780	-2521	61908	13564	26415
84	93	泰国国家石油有限公司	泰国	87299	1718	54095	21209	25986
98	94	中国人寿保险（集团）公司	中国	87249	1688	442746	15369	151719
104	95	微软	美国	86833	22074	172384	89784	128000

上年排名	排名	公司名称	国家	营业收入（百万美元）	净利润（百万美元）	资产（百万美元）	股东权益（百万美元）	员工人数（人）
128	96	中国平安保险（集团）股份有限公司	中国	86022	6375	645698	46674	235999
91	97	麦德龙	德国	85505	172	35372	6300	227868
159	98	英国法通保险公司	英国	84805	1622	622939	9398	11038
100	99	现代汽车	韩国	84772	6978	133963	52461	109748
92	100	宝洁公司	美国	84537	11643	144266	69214	118000
102	101	家得宝	美国	83176	6345	39946	9322	371000
99	102	德国电信	德国	83118	3879	156515	30777	228000
93	103	慕尼黑再保险公司	德国	81685	4183	330283	36338	43316
87	104	ADM 公司	美国	81201	2248	44027	19575	33900
107	105	中国中化集团公司	中国	80635	563	57278	11993	54742
103	106	空中客车集团	荷兰	80538	3108	116276	8543	138622
111	107	中国第一汽车集团公司	中国	80195	4248	52984	22741	135599
101	108	安赛乐米塔尔	卢森堡	79282	-1086	99179	42086	222327
113	109	东风汽车集团	中国	78979	1600	54201	10099	197192
135	110	软银集团	日本	78857	6079	175416	23737	66154
110	111	德国邮政	德国	77796	2747	44742	11344	443784
138	112	伊塔乌联合银行控股公司	巴西	76932	9157	424207	37355	93175
115	113	中国南方电网有限责任公司	中国	76662	1703	99447	35383	306572
117	114	沃尔格林联合博姿集团	美国	76392	1932	37182	20457	213000
143	115	中国华润总公司	中国	74887	2451	150653	21356	451503
105	116	索尼	日本	74725	-1146	132052	19324	131700
116	117	塔吉特公司	美国	74520	-1636	41404	13997	347000
121	118	强生	美国	74331	16323	131119	69752	126500
96	119	印度石油公司	印度	74196	803	37353	11000	34806
120	120	Anthem 公司	美国	73874	2570	62065	24251	51500
131	121	大都会人寿	美国	73316	6309	902337	72053	68000
118	122	苏黎世保险集团	瑞士	72569	3895	406529	34735	54551
157	123	英杰华集团	英国	71603	2583	445462	15931	26364
162	124	谷歌	美国	71487	14444	131133	104500	53600
124	125	丸红株式会社	日本	71254	961	63990	12664	38830
125	126	巴西银行	巴西	71185	5035	481009	30779	111628
129	127	州立农业保险公司	美国	71160	4191	239143	79982	73262

上年排名	排名	公司名称	国家	营业收入（百万美元）	净利润（百万美元）	资产（百万美元）	股东权益（百万美元）	员工人数（人）
119	128	标致	法国	71111	-937	74062	11217	189786
149	129	欧尚集团	法国	70908	761	42572	10825	330680
123	130	印尼国家石油公司	印度尼西亚	70648	1505	50328	17833	27429
106	131	松下	日本	70170	1632	49679	15206	254084
108	132	三菱商事株式会社	日本	69755	3643	139891	46456	71994
97	133	房地美	美国	69367	7690	1945539	2651	4982
136	134	法国 BPCE 银行集团	法国	68986	3856	1480094	66897	108565
146	135	美国康卡斯特电信公司	美国	68775	8380	159339	52711	139000
141	136	沃达丰集团	英国	67945	9270	181940	98182	105970
134	137	美国邮政	美国	67830	-5508	22962	-45331	553089
132	138	日本生命保险公司	日本	67396	2802	522464	14946	73610
142	139	必和必拓	澳大利亚	67206	13832	151413	79143	47044
109	140	西班牙电话公司	西班牙	66827	3981	147972	25548	123700
137	141	百事公司	美国	66683	6513	70509	17438	271000
164	142	日本第一生命保险	日本	65960	1296	415622	8587	54090
168	143	中国邮政集团公司	中国	65693	4641	1048009	38579	903357
152	144	中国兵器工业集团公司	中国	65615	728	52570	13595	250138
94	145	英国劳埃德银行集团	英国	65591	2324	1332859	75912	84490
185	146	天津市物资集团总公司	中国	65301	179	27261	3257	19373
148	147	日本永旺集团	日本	65273	388	65756	9218	249966
N. A.	148	Finatis 公司	法国	65223	-11	57550	455	340060
151	149	联合技术公司	美国	65100	6220	91289	31213	211500
155	150	博世公司	德国	64962	3197	74923	34264	290183
150	151	路易达孚	荷兰	64719	648	19433	4919	17615
127	152	美国国际集团	美国	64406	7529	515581	106898	65000
140	153	联合利华	英国/荷兰	64252	6860	58109	16517	173000
130	154	莱茵集团	德国	63912	2404	104436	12212	59784
156	155	美洲电信	墨西哥	63745	3468	58109	16517	173000
166	156	太平洋建设集团	中国	63369	2668	36604	15527	312785
145	157	东芝	日本	63176	——	58191	11899	198741
114	158	信实工业公司	印度	62804	3854	80618	34917	24930
178	159	中国航空工业集团公司	中国	62288	760	128887	27133	535942

上年排名	排名	公司名称	国家	营业收入（百万美元）	净利润（百万美元）	资产（百万美元）	股东权益（百万美元）	员工人数（人）
154	160	中国电信集团公司	中国	62148	2038	112882	60520	454292
139	161	东京电力公司	日本	61870	4107	118528	17119	43330
177	162	韩国浦项制铁公司	韩国	61505	601	78111	37813	37225
147	163	荷兰全球保险集团	荷兰	61469	1003	513572	33617	28602
163	164	德意志银行	德国	61040	2206	2067396	82699	98138
187	165	中国交通建设集团有限公司	中国	60119	1467	106696	13848	113189
175	166	法国国家人寿保险公司	法国	59648	1432	478404	20181	4705
170	167	诺华公司	瑞士	59593	10210	125387	70766	133413
182	168	联合包裹速递服务公司	美国	58232	3032	35471	2141	336150
174	169	陶氏化学	美国	58167	3772	68796	22423	53216
223	170	安泰保险	美国	58003	2041	53402	14483	48800
158	171	西农	澳大利亚	57222	2468	37489	24523	203000
153	172	邦吉公司	美国	57161	515	21432	8446	35000
200	173	意大利联合圣保罗银行	意大利	57070	1660	782126	54063	89486
208	174	中国人民保险集团股份有限公司	中国	57048	2128	126083	14923	120842
194	175	乐金电子	韩国	57039	379	33729	10664	83000
192	176	美国劳氏公司	美国	56223	2698	31827	9968	220500
186	177	俄罗斯联邦储蓄银行	俄罗斯	56186	7579	421066	33678	329566
193	178	拜耳集团	德国	56031	4545	84978	24327	118888
197	179	蒂森克虏伯	德国	56028	285	45529	3765	160745
167	180	康菲石油公司	美国	55997	6869	116539	51911	19100
161	181	澳大利亚伍尔沃斯公司	澳大利亚	55940	2250	22842	9675	198000
195	182	英特尔公司	美国	55870	11704	91956	55865	106700
213	183	Energy Transfer Equity 公司	美国	55691	633	64469	664	27605
176	184	Seven & I 控股公司	日本	55687	1595	43794	18353	54665
203	185	巴西布拉德斯科银行	巴西	55629	6506	350162	30923	81621
160	186	中国中信集团有限公司	中国	55326	4715	762879	43130	179288
181	187	卡特彼勒	美国	55184	3695	84681	16746	114233
126	188	雷普索尔公司	西班牙	54673	2138	62782	33802	23354
196	189	瑞士罗氏公司	瑞士	54495	10198	76144	19716	88509
217	190	交通银行	中国	54464	10687	1010364	75928	95659
190	191	雷诺	法国	54461	2507	98670	29614	117395

上年排名	排名	公司名称	国家	营业收入（百万美元）	净利润（百万美元）	资产（百万美元）	股东权益（百万美元）	员工人数（人）
180	192	圣戈班集团	法国	54459	1264	54209	21794	181742
212	193	韩国电力公司	韩国	54253	2552	148961	48773	40292
264	194	保德信金融集团	美国	54123	1381	766655	41770	48331
171	195	巴克莱	英国	53851	-286	2117097	92870	132300
165	196	神华集团	中国	52731	4376	149685	56754	212233
198	197	德国联邦铁路公司	德国	52700	1281	67614	17401	295763
133	198	中国五矿集团公司	中国	52383	-374	59010	6071	110261
189	199	Orange 公司	法国	52325	1227	106962	35764	156233
188	200	万喜集团	法国	51992	3298	76261	17838	185293
199	201	三菱日联金融集团	日本	51282	9402	2386371	94476	125739
251	202	巴西 JBS 公司	巴西	51176	865	30876	8985	216693
202	203	西班牙 ACS 集团	西班牙	51164	951	47575	3670	146543
184	204	新日铁住金	日本	51024	1949	59694	20696	84447
215	205	南苏格兰电力	英国	50933	874	34579	9026	19965
183	206	日本伊藤忠商事株式会社	日本	50855	2734	71393	20292	110487
248	207	北京汽车集团	中国	50566	820	42905	6530	108000
172	208	马士基集团	丹麦	50337	5015	68844	41542	119207
205	209	沙特基础工业公司	沙特阿拉伯	50155	6225	90625	43317	40000
209	210	韩国现代重工集团	韩国	49940	-1680	48575	13807	43266
191	211	辉瑞制药有限公司	美国	49605	9135	169274	71301	78300
N. A.	212	宏利金融	加拿大	49371	3170	500307	28759	29400
173	213	三井物产株式会社	日本	49159	2788	101767	34191	47118
232	214	华特迪士尼公司	美国	48813	7501	84186	44958	180000
228	215	斯伦贝谢公司	美国	48580	5438	66904	37850	120000
266	216	哈门那公司	美国	48500	1147	23466	9646	57000
263	217	英国森特理克集团	英国	48410	-1666	35379	4264	37530
211	218	宝钢集团有限公司	中国	48323	953	86187	39359	136616
207	219	国际石油投资公司	阿拉伯联合酋长国	48130	1206	66292	13892	19892
220	220	ENTERPRISE PRODUCTS PARTNERS 公司	美国	47951	2787	47101	18063	6900
206	221	西班牙对外银行	西班牙	47698	3473	764600	59405	108770
201	222	力拓集团	英国	47664	6527	107827	46285	59775

上年排名	排名	公司名称	国家	营业收入（百万美元）	净利润（百万美元）	资产（百万美元）	股东权益（百万美元）	员工人数（人）
179	223	奥地利石油天然气集团	奥地利	47640	524	41062	14120	25501
221	224	中国华能集团公司	中国	47401	424	149606	7762	142260
214	225	思科公司	美国	47142	7853	105134	56654	74042
250	226	安海斯-布希英博	比利时	47063	9216	142550	49972	154029
210	227	中国联合网络通信股份有限公司	中国	46835	646	88189	12466	228613
285	228	华为投资控股有限公司	中国	46774	4520	49931	16109	170000
234	229	西斯科公司	美国	46517	932	13168	5267	50300
256	230	美国英格雷姆麦克罗公司	美国	46487	267	12831	4166	21700
286	231	联想集团	中国	46296	829	27081	4084	60000
224	232	可口可乐公司	美国	45998	7098	92023	30320	129200
237	233	德国大陆集团	德国	45773	3151	36589	12912	189168
279	234	山东魏桥创业集团有限公司	中国	45757	1150	23401	9294	123517
350	235	招商银行	中国	45614	9074	762706	50678	75109
240	236	利安德巴塞尔工业公司	荷兰	45609	4174	24283	8314	13100
229	237	洛克希德-马丁	美国	45600	3614	37073	3400	112000
236	238	联邦快递	美国	45567	2097	33070	15277	298099
271	239	河北钢铁集团	中国	45544	-187	52271	8025	132146
227	240	中国铝业公司	中国	45445	-1758	78409	1182	147564
238	241	赛诺菲	法国	45247	5824	117837	67901	113496
246	242	起亚汽车	韩国	44731	2843	37347	20459	48936
225	243	日本三井住友金融集团	日本	44123	6854	1529836	58531	68739
235	244	法国布伊格集团	法国	44101	1071	42188	9503	127470
254	245	江森自控有限公司	美国	43855	1215	32804	11311	168000
204	246	联合信贷集团	意大利	43810	2663	1021437	59760	129021
295	247	正威国际集团	中国	43612	958	18655	8745	17556
247	248	荷兰皇家阿霍德集团	荷兰	43514	788	17106	5861	126000
257	249	Plains GP Holdings 公司	美国	43464	70	23983	1657	5300
262	250	全球燃料服务公司	美国	43386	222	4880	1855	4041
222	251	富士通	日本	43231	1274	27280	6589	158846
239	252	丰益国际	新加坡	43085	1156	43558	15495	92000
313	253	中国电力建设集团有限公司	中国	43010	1072	66599	8838	201066
287	254	印度塔塔汽车公司	印度	42975	2287	38138	8991	75502

上年排名	排名	公司名称	国家	营业收入（百万美元）	净利润（百万美元）	资产（百万美元）	股东权益（百万美元）	员工人数（人）
233	255	CHS 公司	美国	42664	1081	15147	6449	11824
245	256	MS&AD 保险集团控股有限公司	日本	42653	1239	156681	10138	38358
452	257	美国航空集团	美国	42650	2882	43771	2021	113300
268	258	绿地控股集团有限公司	中国	42515	904	82037	7493	32990
241	259	默沙东	美国	42237	11920	98335	48647	70000
303	260	印度国家银行	印度	42075	2779	431483	25790	293459
289	261	迪奥	法国	42031	1933	83725	16386	107012
230	262	百思买	美国	41903	1233	15256	4995	125000
219	263	日本明治安田生命保险公司	日本	41836	2414	305059	10032	40793
290	264	山西焦煤集团有限责任公司	中国	41830	67	39512	3146	222137
276	265	中国化工集团公司	中国	41813	-186	43854	3712	99247
216	266	澳大利亚国民银行	澳大利亚	41711	4871	772792	41899	42853
249	267	日本 KDDI 电信公司	日本	41594	3892	43786	24619	28173
258	268	沃尔沃集团	瑞典	41230	306	48938	10011	98697
226	269	澳洲联邦银行	澳大利亚	40669	7921	746863	46061	44329
267	270	中国建筑材料集团有限公司	中国	40644	478	65592	3999	176854
338	271	兴业银行	中国	40595	7651	710251	41575	50214
401	272	中粮集团有限公司	中国	40525	124	70889	10231	120674
299	273	达美航空	美国	40362	659	54121	8813	79655
308	274	江苏沙钢集团	中国	40334	284	27095	5322	40037
283	275	霍尼韦尔国际公司	美国	40306	4239	45451	17657	127000
357	276	中国医药集团	中国	40106	439	32107	5149	94743
294	277	HCA 公司	美国	40087	1875	31199	-7894	197000
270	278	高盛	美国	40085	8477	856240	82797	34000
280	279	Tesoro 公司	美国	40052	843	16584	4454	5641
242	280	巴拉特石油公司	印度	40019	786	13896	3603	13570
330	281	中国民生银行	中国	39922	7230	647185	38708	59659
277	282	怡和集团	中国香港	39921	1710	66457	19267	43000
244	283	Iberdrola 公司	西班牙	39839	3086	113456	42395	28021
259	284	瑞士 ABB 集团	瑞士	39830	2594	44878	16269	140400
275	285	汉莎集团	德国	39811	73	36871	4801	118781
281	286	美国利宝互助保险集团	美国	39796	1833	124304	20218	50000

上年排名	排名	公司名称	国家	营业收入（百万美元）	净利润（百万美元）	资产（百万美元）	股东权益（百万美元）	员工人数（人）
367	287	加拿大乔治威斯顿公司	加拿大	39769	114	32010	6294	195000
278	288	中国机械工业集团有限公司	中国	39723	-289	40802	7327	120771
272	289	瑞士信贷	瑞士	39670	2049	927584	44251	45800
261	290	东京海上日动火灾保险公司	日本	39364	2251	174211	12483	33786
273	291	三菱电机股份有限公司	日本	39319	2135	33854	15363	129249
302	292	Talanx 公司	德国	39289	1020	178219	9677	19819
269	293	电装公司	日本	39198	2350	44060	27754	146714
291	294	美国联合大陆控股有限公司	美国	38901	1132	37353	2396	84000
326	295	德国中央合作银行	德国	38793	2295	487045	15448	28012
383	296	上海浦东发展银行股份有限公司	中国	38684	7632	676326	41936	43654
324	297	美国纽约人寿保险公司	美国	38680	1602	249664	18606	11563
425	298	加拿大鲍尔集团	加拿大	38602	1202	326208	10345	25500
296	299	加拿大皇家银行	加拿大	38545	8261	834339	46740	73498
306	300	甲骨文公司	美国	38275	10955	90344	46878	122000
293	301	森宝利	英国	38255	-267	24547	8222	107400
260	302	GS 加德士	韩国	38236	-642	17676	7410	4243
255	303	苏格兰皇家银行集团	英国	38054	-4562	1638234	89252	108700
327	304	渤海钢铁集团	中国	37986	39	45917	7041	67151
329	305	Alimentation Couche-Tard 公司	加拿大	37957	811	10545	3962	80000
312	306	摩根士丹利	美国	37953	3467	801510	70900	55802
231	307	日本出光兴产株式会社	日本	37927	-1255	22775	3267	8829
274	308	瑞银集团	瑞士	37884	3943	1069537	50944	60155
265	309	英国葛兰素史克公司	英国	37872	4537	63379	6646	97921
336	310	意大利邮政集团	意大利	37822	281	192328	10185	143003
346	311	泰森食品	美国	37580	864	23956	8890	124000
218	312	巴西淡水河谷公司	巴西	37539	657	116489	55122	76531
311	313	瑞士再保险股份有限公司	瑞士	37347	3500	204461	35930	12224
321	314	德国艾德卡公司	德国	37338	329	7496	1854	336100
304	315	冀中能源集团	中国	37201	-352	30614	2736	147970
300	316	台湾中油股份有限公司	中国台湾	37000	-1114	26383	6127	14787
282	317	森科能源公司	加拿大	36665	2444	68795	35924	13980
337	318	麦格纳国际	加拿大	36641	1882	18139	8659	131225

上年排名	排名	公司名称	国家	营业收入（百万美元）	净利润（百万美元）	资产（百万美元）	股东权益（百万美元）	员工人数（人）
355	319	日本三菱重工业股份有限公司	日本	36309	1004	46038	13449	81845
343	320	美国全国保险公司	美国	36257	432	182575	14869	33672
314	321	中国航空油料集团公司	中国	36178	94	6243	1822	11181
253	322	SNCF Mobilités 公司	法国	36139	803	51055	8171	245763
298	323	迪尔公司	美国	36067	3162	61336	9063	59623
320	324	杜邦公司	美国	36046	3625	49876	13320	63000
333	325	美国运通公司	美国	35999	5885	159103	20673	54000
354	326	中国冶金科工集团有限公司	中国	35808	281	54603	3780	149987
284	327	印度斯坦石油公司	印度	35724	245	13702	2225	10634
384	328	中国太平洋保险（集团）股份有限公司	中国	35670	1793	132995	18880	90829
331	329	韩华集团	韩国	35575	-346	112543	3966	34828
288	330	西太平洋银行	澳大利亚	35550	6956	674402	42394	36373
395	331	Achmea 公司	荷兰	35546	19	112771	11862	16556
340	332	韩国天然气公司	韩国	35412	425	42559	8848	3349
344	333	好事达	美国	35239	2850	108533	22304	39950
292	334	佳能	日本	35215	2407	37209	24843	191889
374	335	英国标准人寿保险公司	英国	35108	828	317429	7284	8335
363	336	和记黄埔有限公司	中国香港	35097	8660	113928	60124	280000
316	337	日本钢铁工程控股公司	日本	35020	1268	38691	14022	58856
371	338	信诺	美国	34914	2102	55896	10774	37200
345	339	浙江物产集团	中国	34811	144	9955	1778	17055
317	340	普利司通	日本	34712	2840	33041	16983	144632
369	341	大同煤矿集团有限责任公司	中国	34704	-452	35622	3456	167030
349	342	中国华信能源有限公司	中国	34699	561	8392	2976	21568
297	343	中国国电集团公司	中国	34627	489	126877	7706	128299
365	344	新兴际华集团	中国	34498	439	18943	4174	67897
368	345	中国华电集团公司	中国	34488	1081	117112	7017	110300
301	346	哥伦比亚国家石油公司	哥伦比亚	34439	3753	59866	28862	11069
388	347	现代摩比斯公司	韩国	34367	3251	35589	21076	22842
332	348	亿滋国际	美国	34244	2184	66815	27750	104000
353	349	美国教师退休基金会	美国	34230	967	526048	33920	12322
362	350	住友商事	日本	34218	-666	75235	20694	75448

上年排名	排名	公司名称	国家	营业收入（百万美元）	净利润（百万美元）	资产（百万美元）	股东权益（百万美元）	员工人数（人）
377	351	Enbridge 公司	加拿大	34089	1272	62911	14494	8882
243	352	国际资产控股公司	美国	34063	19	3040	345	1141
323	353	波兰国营石油公司	波兰	33866	-1842	13161	5287	20305
381	354	江西铜业集团公司	中国	33778	53	18149	3252	27082
375	355	和硕	中国台湾	33653	484	14465	4230	196251
356	356	万通互惠理财	美国	33572	1327	253858	14231	11418
361	357	多伦多道明银行	加拿大	33310	7134	838057	48507	81137
372	358	潞安集团	中国	33290	-149	27660	2773	98110
319	359	意大利电信	意大利	33263	1791	86571	21954	82441
379	360	DirecTV 公司	美国	33260	2756	25459	-5213	30925
334	361	三菱化学控股	日本	33255	554	36052	7294	68263
366	362	广州汽车工业集团	中国	33237	284	26277	3319	63405
335	363	爱立信	瑞典	33221	1686	37520	18444	118443
328	364	河南能源化工集团	中国	33164	-420	44297	3551	239625
351	365	法国航空-荷兰皇家航空集团	法国	33121	-263	28107	-812	94666
382	366	中国电子信息产业集团有限公司	中国	33085	229	37769	4630	125771
387	367	施耐德电气	法国	33082	2575	49798	23874	167124
352	368	澳新银行集团	澳大利亚	32905	6689	675496	43051	50328
412	369	哈里伯顿公司	美国	32870	3500	32240	16267	80000
360	370	西班牙天然气公司	西班牙	32821	1939	60893	17110	21961
403	371	中国船舶重工集团公司	中国	32733	1087	66527	17173	177106
342	372	住友生命保险公司	日本	32585	1140	229261	8688	42115
305	373	山东能源集团有限公司	中国	32552	-171	36671	7661	208829
404	374	埃森哲	爱尔兰	31875	2942	17931	5732	305000
318	375	二十一世纪福克斯	美国	31867	4514	54793	17418	27000
376	376	法国威立雅环境集团	法国	31832	327	42014	10033	160180
399	377	3M 公司	美国	31821	4956	31269	13109	89800
380	378	CFE 公司	墨西哥	31534	-3519	79791	10554	93942
386	379	山西晋城无烟煤矿业集团有限责任公司	中国	31505	103	33879	3917	145646
432	380	陕西延长石油（集团）有限责任公司	中国	31391	1085	43078	14824	141085
341	381	KOC 集团	土耳其	31376	1239	27358	8706	85517
309	382	晋能集团	中国	31318	-2	36212	6067	118171

上年排名	排名	公司名称	国家	营业收入（百万美元）	净利润（百万美元）	资产（百万美元）	股东权益（百万美元）	员工人数（人）
322	383	西尔斯控股	美国	31198	-1682	13209	-951	196000
358	384	关西电力	日本	30979	-1350	64577	8066	33539
370	385	荷兰皇家飞利浦公司	荷兰	30876	551	34304	13148	113678
389	386	通用动力	美国	30852	2533	35355	11829	99500
444	387	费森尤斯集团	德国	30817	1415	11295	11295	216275
418	388	大众超级市场公司	美国	30803	1735	15084	11303	175000
409	389	广达电脑	中国台湾	30570	623	19235	4189	120370
398	390	中国有色矿业集团有限公司	中国	30456	-12	19364	1911	46716
465	391	中国能源建设集团有限公司	中国	30322	389	36754	5069	174755
396	392	中国大唐集团公司	中国	30207	12	116113	6659	100082
385	393	台塑石化股份有限公司	中国台湾	30133	299	14970	7580	6507
347	394	荷兰合作银行	荷兰	29944	822	824061	30120	48254
402	395	欧莱雅	法国	29889	6514	38794	24422	78611
406	396	日本兴亚控股公司	日本	29854	494	85509	6188	36086
423	397	Migros 集团	瑞士	29825	970	61741	16180	74262
390	398	菲利普-莫里斯国际公司	美国	29767	7493	35187	-12629	82500
415	399	曼弗雷集团	西班牙	29733	1121	81345	11074	37053
394	400	开滦集团	中国	29727	-478	11952	2044	61539
419	401	Coop 集团	瑞士	29684	514	514	7716	66125
348	402	首钢集团	中国	29669	3	66709	15015	139422
393	403	中国电力投资集团公司	中国	29585	234	109669	7163	127611
443	404	俄罗斯外贸银行	俄罗斯	29547	106	203689	18678	101072
422	405	PHOENIX PHARMAHANDEL 公司	德国	29526	292	8710	2536	24153
439	406	Unipol 公司	意大利	29520	255	107232	6886	13563
407	407	德尔海兹集团	比利时	29482	118	14673	6590	114373
364	408	法国邮政	法国	29400	681	273883	10996	257890
391	409	山西阳泉煤业（集团）有限责任公司	中国	29398	-10	29470	2163	155566
436	410	TJX 公司	美国	29078	2215	11128	4264	198000
421	411	英国电信集团	英国	28929	3435	40361	1199	88500
416	412	日本瑞穗金融集团	日本	28925	5566	1581893	51131	54784
325	413	法国维旺迪集团	法国	28924	6293	43240	27352	33558
430	414	Ultrapar 控股公司	巴西	28775	527	7331	2897	13973

上年排名	排名	公司名称	国家	营业收入（百万美元）	净利润（百万美元）	资产（百万美元）	股东权益（百万美元）	员工人数（人）
408	415	时代华纳	美国	28774	3827	63259	24476	25600
N. A.	416	陕西煤业化工集团	中国	28666	-301	64804	5977	136198
426	417	加拿大丰业银行	加拿大	28607	6488	714686	42490	86932
437	418	金巴斯集团	英国	28248	1432	14093	2981	514718
428	419	日本中部电力	日本	28228	353	46968	11599	30848
N. A.	420	中国光大集团	中国	28155	1475	476719	13262	54000
434	421	梅西百货	美国	28105	1526	21461	5378	166900
429	422	达能	法国	28048	1484	38411	14151	99927
N. A.	423	仁宝电脑	中国台湾	27909	232	11986	3202	64473
440	424	巴登-符滕堡州能源公司	德国	27860	-598	46355	4162	18524
462	425	耐克公司	美国	27799	2693	18594	10824	56500
469	426	中国通用技术（集团）控股有限责任公司	中国	27671	476	21393	5540	40450
450	427	Tech Data 公司	美国	27671	175	6138	1960	8900
N. A.	428	东燃通用石油株式会社	日本	27655	-132	11480	2279	3512
449	429	马自达汽车株式会社	日本	27594	1444	20626	6234	44035
474	430	安富利公司	美国	27500	546	11256	4890	19000
435	431	威廉莫里森超市连锁公司	英国	27484	-1244	13772	5397	85545
451	432	中国远洋运输（集团）总公司	中国	27483	542	57875	18933	75675
446	433	西北互助人寿保险公司	美国	27465	679	229933	19054	5187
433	434	麦当劳	美国	27441	4758	34281	12853	420000
479	435	Exelon 公司	美国	27429	1623	86814	22608	28993
414	436	铃木汽车	日本	27426	881	27127	11382	57409
N. A.	437	中国航天科技集团公司	中国	27190	1432	53018	18603	158067
457	438	Travelers Cos. 公司	美国	27162	3692	103078	24836	30200
427	439	S-OIL 公司	韩国	27123	-273	9332	4467	2796
413	440	英美资源集团	英国	27073	-2513	66010	26417	95000
460	441	三星 C&T 公司	韩国	27016	257	26848	11979	8663
431	442	爱信精机	日本	26958	703	24437	7592	94748
484	443	国际航空集团	英国	26756	1303	28617	4217	59484
405	444	日本电气公司	日本	26699	521	21855	6254	98882
464	445	乐天百货	韩国	26688	500	36463	15219	27880
461	446	德科集团	瑞士	26531	846	11422	4640	31576

上年排名	排名	公司名称	国家	营业收入（百万美元）	净利润（百万美元）	资产（百万美元）	股东权益（百万美元）	员工人数（人）
473	447	来德爱	美国	26528	2109	8863	57	69865
480	448	高通	美国	26487	7967	48574	39169	31300
424	449	印度石油天然气公司	印度	26311	2998	53962	28837	33185
420	450	国际纸业	美国	26221	555	28684	5115	58000
475	451	鞍钢集团公司	中国	26213	-1298	51133	9923	218900
494	452	富士重工	日本	26175	2382	18344.7	8422	29774
459	453	伟创力	新加坡	26148	601	11666	2361	150000
411	454	Medipal 控股公司	日本	26130	215	12132	2948	14637
468	455	阿斯利康	英国	26095	1233	58595	19627	57500
458	456	三星人寿保险	韩国	26048	1270	195117	20205	5481
N. A.	457	中国保利集团	中国	26047	1021	88799	7324	61726
448	458	米其林公司	法国	25938	1368	27130	11508	106696
467	459	西方石油公司	美国	25898	616	56259	34959	11700
373	460	荷兰 GasTerra 能源公司	荷兰	25868	48	4534	261	179
471	461	住友电工	日本	25674	1089	24400	9932	240798
485	462	杜克能源	美国	25673	1883	120709	40875	28344
463	463	喜力控股公司	荷兰	25668	1008	42142	7411	76136
N. A.	464	海航集团	中国	25646	207	79899	3626	113089
447	465	大和房建	日本	25564	1065	25194	8248	34903
397	466	英国耆卫保险公司	英国	25479	958	222195	11547	61583
N. A.	467	友邦保险	中国香港	25433	3450	166919	30806	20000
455	468	BAE 系统公司	英国	25400	1218	30851	2872	76000
490	469	途易	德国	25386	142	17717	3038	77309
417	470	夏普	日本	25342	-2022	16362	972	49096
N. A.	471	国泰人寿保险股份有限公司	中国台湾	25323	1049	148901	10286	31239
N. A.	472	台积电	中国台湾	25174	8392	47306	32349	43591
481	473	LG DISPLAY 公司	韩国	25126	859	20898	10402	49421
N. A.	474	Greenergy Fuels Holdings 公司	英国	25116	17	2743	207	518
497	475	CRH 公司	爱尔兰	25087	772	26639	12313	75706
445	476	东日本旅客铁道株式会社	日本	25068	1641	63428	18412	86986
466	477	浙江吉利控股集团	中国	24986	276	20976	2063	42968
N. A.	478	Gilead Sciences 公司	美国	24890	12101	34664	15426	7000

上年排名	排名	公司名称	国家	营业收入（百万美元）	净利润（百万美元）	资产（百万美元）	股东权益（百万美元）	员工人数（人）
470	479	渣打银行	英国	24787	2613	725914	46432	90940
477	480	Perusahaan Listrik Negara 公司	印度尼西亚	24687	989	48761	13297	48068
453	481	澳大利亚电信	澳大利亚	24640	3924	37143	13043	31931
441	482	阿尔斯通	法国	24565	-906	35688	4439	90365
N. A.	483	贝克休斯	美国	24551	1719	28827	18625	62000
482	484	艾默生电气	美国	24537	2147	24177	10119	115100
493	485	索迪斯	法国	24512	667	19070	4201	419317
N. A.	486	英国国家电网	英国	24459	3249	81771	17756	24274
N. A.	487	EMC 公司	美国	24440	2714	45885	21896	70000
N. A.	488	采埃孚	德国	24428	860	16198	5275	71402
378	489	德国巴登-符腾堡州银行	德国	24277	576	322117	15958	11117
410	490	Onex 公司	加拿大	24219	-115	28936	806	192000
454	491	Vattenfall 公司	瑞典	24181	-1192	63449	14731	30181
N. A.	492	联合服务汽车协会	美国	24033	3410	130253	26586	27635
N. A.	493	联合太平洋	美国	23988	5180	52716	21189	47201
483	494	美国诺斯洛普格拉曼公司	美国	23979	2069	26572	7235	64300
N. A.	495	美铝公司	美国	23906	268	37399	12306	59000
492	496	第一资本金融公司	美国	23877	4428	308854	45053	46000
488	497	AntarChile 公司	智利	23847	509	22524	6294	24031
489	498	罗尔斯·罗伊斯公司	英国	23785	114	34649	9950	54100
400	499	科斯莫石油	日本	23735	-707	11914	1101	6359
310	500	武汉钢铁（集团）公司	中国	23721	55	34447	8067	103594

第十三章
中国500强企业按照行业分类名单

行业名次	公司名称	通讯地址	邮编	名次（1）
农、林、渔、畜牧业				
1	黑龙江北大荒农垦集团总公司	黑龙江省哈尔滨市南岗区千山路 8 号	150090	111
煤炭采掘及采选业				
1	神华集团有限责任公司	北京市东城区安定门西滨河路 22 号	100011	32
2	山西焦煤集团有限责任公司	山西省太原市新晋祠路一段 1 号	030024	48
3	冀中能源集团有限责任公司	河北省邢台市中兴西大街 191 号	054021	60
4	大同煤矿集团有限责任公司	山西省大同市矿区新平旺东门街区 11 号	037003	66
5	山西潞安矿业（集团）有限责任公司	山西省长治市襄垣县侯堡镇	046204	72
6	河南能源化工集团有限责任公司	河南省郑州市郑东新区 CBD 商务外环 6 号国龙大厦	450046	74
7	山东能源集团有限公司	山东省济南市经十路 10777 号山东能源大厦	250014	78
8	山西晋城无烟煤矿业集团有限责任公司	山西省晋城市城区北石店镇	048006	80
9	开滦（集团）有限责任公司	河北省唐山市新华东道 70 号	063018	85
10	阳泉煤业（集团）有限责任公司	山西省阳泉市北大西街 5 号	045000	88
11	陕西煤业化工集团有限责任公司	陕西省西安市高新区锦业路 1 号都市之门 B 座	710065	89
12	中国平煤神马能源化工集团有限责任公司	河南省平顶山市矿工中路 21 号	467000	105
13	兖矿集团有限公司	山东省邹城市凫山南路 298 号	273500	126
14	中国中煤能源集团有限公司	北京市朝阳区黄寺大街 1 号	100120	149
15	淮北矿业（集团）有限责任公司	安徽省淮北市孟山路 1 号	235006	209
16	淮南矿业（集团）有限责任公司	安徽省淮南市洞山中路 1 号	232001	226
17	徐州矿务集团有限公司	江苏省徐州市淮海西路 235 号	221006	327
18	内蒙古伊泰集团有限公司	内蒙古鄂尔多斯市东胜区天骄北路伊泰集团总经理办公室	017000	343
19	安徽省皖北煤电集团有限责任公司	安徽省宿州市西昌路 157 号	234000	398
20	黑龙江龙煤矿业控股集团有限责任公司	黑龙江省哈尔滨市南岗区（开发区）闽江路 235 号	150090	441
21	郑州煤炭工业（集团）有限责任公司	河南省郑州市中原区中原西路 188 号	450042	457
22	河南神火煤电股份有限公司	河南省永城市光明路中段	476600	491
石油、天然气开采及生产业				
1	中国石油天然气集团公司	北京市东城区东直门北大街九号	100007	2
2	中国海洋石油总公司	北京市东城区朝阳门北大街 25 号	100010	12
3	陕西延长石油（集团）有限责任公司	陕西省西安市高新技术产业开发区科技二路 75 号	710075	70
建筑业				
1	中国建筑股份有限公司	北京市海淀区三里河路 15 号中建大厦	100037	6
2	中国铁路工程总公司	北京市海淀区复兴路 69 号 9 号楼中国中铁大厦	100039	11

注：名次（1）为 2015 中国企业 500 强中的名次

行业名次	公司名称	通讯地址	邮编	名次(1)
3	中国铁道建筑总公司	北京市海淀区复兴路40号	100855	13
4	太平洋建设集团有限公司	江苏省南京市鼓楼区五台山1号	210019	25
5	中国交通建设集团有限公司	北京市西城区德胜门外大街85号	100088	28
6	中国电力建设集团有限公司	北京市海淀区车公庄西路22号海赋国际A座	100048	46
7	中国冶金科工集团有限公司	北京市朝阳区曙光西里28号中冶大厦3521室	100028	62
8	中国能源建设集团有限公司	北京市朝阳区西大望路26号院1号楼	100022	83
9	上海建工集团股份有限公司	上海市虹口区东大名路666号	200080	124
10	广厦控股集团有限公司	浙江省杭州市莫干山路231号广厦锐明大厦17楼	310005	145
11	中国化学工程股份有限公司	北京市东直门内大街2号	100007	192
12	广西建工集团有限责任公司	广西南宁市朝阳路49号	530012	206
13	陕西建工集团总公司	陕西省西安市莲湖区北大街199号	710003	212
14	江苏南通三建集团有限公司	江苏省海门市狮山路131号	226100	216
15	中天发展控股集团有限公司	浙江省杭州市钱江新城城星路69号中天国开大厦	310020	227
16	上海城建（集团）公司	上海市浦东新区福山路500号29楼	200122	230
17	浙江省建设投资集团有限公司	浙江省杭州市文三路20号省建工大厦	310012	237
18	四川华西集团有限公司	四川省成都市解放路二段95号	610081	240
19	湖南省建筑工程集团总公司	湖南省长沙市芙蓉南路一段788号	410004	254
20	中南控股集团有限公司	江苏省海门市上海路899号	226100	259
21	北京城建集团有限责任公司	北京市海淀区北太平庄路18号	100088	261
22	青建集团股份公司	山东省青岛市南海支路5号	266071	269
23	重庆建工投资控股有限责任公司	重庆市北部新区金开大道1596号	401122	278
24	江苏南通二建集团有限公司	江苏省启东市人民中路683号	226200	288
25	中太建设集团股份有限公司	河北省廊坊市广阳道20号	065000	294
26	云南建工集团有限公司	云南省昆明经济技术开发区信息产业基地林溪路188号	650501	305
27	广州市建筑集团有限公司	广东省广州市广卫路4号（建工大厦）	510030	309
28	江苏省苏中建设集团股份有限公司	江苏省南通市海安中坝南路18号	226600	314
29	甘肃省建设投资（控股）集团总公司	甘肃省兰州市七里河区西津东路575号	730050	329
30	浙江中成控股集团有限公司	浙江省绍兴市中兴中路375号	312000	346
31	安徽建工集团有限公司	安徽省合肥市芜湖路325号建工大厦	230000	359
32	山西建筑工程（集团）总公司	山西省太原市新建路9号	030002	364
33	北京建工集团有限责任公司	北京市西城区广莲路1号	100055	365
34	北京市政路桥集团有限公司	北京市西城区南礼士路17号	100045	368
35	江西省建工集团有限责任公司	江西省南昌市北京东路956号	330029	399
36	河北建设集团有限公司	河北省保定市五四西路329号	071000	403
37	浙江昆仑控股集团有限公司	浙江省杭州市体育场路580号昆仑大厦1号楼3楼办公室	310007	409

行业名次	公司名称	通讯地址	邮编	名次（1）
38	河北建工集团有限责任公司	河北省石家庄市友谊北大街 146 号	050051	412
39	浙江八达建设集团有限公司	浙江省诸暨市友谊路 138 号	311800	415
40	山河建设集团有限公司	湖北省武汉市武昌友谊大道山河大厦	430063	416
41	成都建筑工程集团总公司	四川省成都市八宝街 111 号	610031	420
42	浙江宝业建设集团有限公司	浙江省绍兴县杨汛桥镇杨汛路 228 号	312028	443
43	龙信建设集团有限公司	江苏省海门市北京东路 1 号	226103	446
44	广东省建筑工程集团有限公司	广东省广州市天河天润路 87 号广建大厦	510635	447
45	四川公路桥梁建设集团有限公司	四川省成都市高新区九兴大道 12 号	610041	459
46	天元建设集团有限公司	山东省临沂市兰山区银雀山路 63 号	276003	460
47	北京住总集团有限责任公司	北京市朝阳区慧忠里 320 号	100101	463
48	新疆生产建设兵团建设工程（集团）有限责任公司	新疆乌鲁木齐市天山区新民路 113 号兵团建工集团	830002	467
49	天津市建工集团（控股）有限公司	天津市新技术产业园区花园产业区开华道 1 号	300384	468
电力生产业				
1	中国华能集团公司	北京市西城区复兴门内大街 6 号	100031	36
2	中国国电集团公司	北京市西城区阜成门北大街 6-8 号	100034	67
3	中国华电集团公司	北京市西城区宣武门内大街 2 号	100031	69
4	中国大唐集团公司	北京市西城区广宁伯街 1 号	100033	84
5	中国电力投资集团公司	北京市西城区金融大街 28 号 3 号楼	100033	87
6	内蒙古电力（集团）有限责任公司	内蒙古呼和浩特市锡林南路 218 号	010020	219
7	广东省粤电集团有限公司	广东省广州市天河东路 2 号	510630	245
8	中国广核集团有限公司	广东省深圳市福田区上步中路 1001 号科技大厦 2107 室	518031	282

行业名次	公司名称	通讯地址	邮编	名次（1）	名次（2）
农副食品及农产品加工业					
1	新希望集团有限公司	北京市朝阳区望京街10号望京soho塔3B座11层	100000	173	73
2	通威集团有限公司	四川省成都市高新区天府大道中段588号通威国际中心	610093	248	115
3	正邦集团有限公司	江西省南昌市高新技术开发区艾溪湖一路569号	330096	298	143
4	广东温氏食品集团股份有限公司	广东省云浮市新兴县新城镇东堤北路9号温氏集团总部	527400	332	165
5	双胞胎（集团）股份有限公司	江西省南昌市火炬大道999号高新管委会北二楼	330096	335	166
6	西王集团有限公司	山东省邹平县西王工业园	256209	392	198
7	三河汇福粮油集团有限公司	河北省三河市燕郊开发区汇福路8号	065201	445	229
8	山东渤海实业股份有限公司	山东省滨州市博兴县工业园滨河路333号	256500	452	233
9	五得利面粉集团有限公司	河北省邯郸市大名县五得利街	056900		276
10	广西农垦集团有限责任公司	广西南宁市七星路135号	530022		285
11	海南省农垦集团有限公司	海南省滨海大道115号海垦国际金融中心35-42层	570105		286
12	广东海大集团股份有限公司	广东省广州市番禺区番禺大道北555号天安科技创新大厦213号	511400		288
13	天津农垦集团有限公司	天津市河西区气象台路96号	300074		327
14	桂林力源粮油食品集团有限公司	广西桂林市中山北路122号	541001		403
15	青岛九联集团股份有限公司	山东省青岛莱西市上海西路	266611		476
食品加工制造业					
1	光明食品（集团）有限公司	上海市华山路263弄7号	200040	121	48
2	中国盐业总公司	北京市丰台区广外莲花池中盐大厦	100055	258	120
3	天狮集团有限公司	天津市武清开发区新源道北18号	301700	380	189
4	北京二商集团有限责任公司	北京市宣武区槐柏树街2号1号楼202室	100053	498	264
5	上海良友（集团）有限公司	上海市浦东新区张杨路88号	200122		275
6	香驰控股有限公司	山东博兴博城五路172号	256500		300
7	天津聚龙嘉华投资集团有限公司	天津市河西区友谊路50号友谊大厦A座16层	300061		313
8	祐康食品集团有限公司	浙江省杭州市机场路377号	310021		366
9	厦门银鹭集团有限公司	福建省厦门市湖里区钟岭路2号银鹭大厦4楼	361015		422
10	广西洋浦南华糖业集团股份有限公司	广西南宁市民族大道81号气象大厦16楼	530022		444
11	龙大食品集团有限公司	山东省莱阳市龙大工业园	265231		474

注：名次（2）为2015中国制造业企业500强中的名次

行业名次	公司名称	通讯地址	邮编	名次（1）	名次（2）
乳制品加工业					
1	内蒙古伊利实业集团股份有限公司	内蒙古呼和浩特市金川开发区金四道 8 号	010010	233	110
饮料加工业					
1	杭州娃哈哈集团有限公司	浙江省杭州市清泰街 160 号	310009	184	82
2	维维集团股份有限公司	江苏省徐州市维维大道 300 号	221111	453	234
3	农夫山泉股份有限公司	浙江省杭州市西湖区曙光路 148 路	310007		416
4	宏胜饮料集团有限公司	浙江省杭州市萧山经济技术开发区恒盛路 9 号	311215		431
酿酒制造业					
1	四川省宜宾五粮液集团有限公司	四川省宜宾市翠屏区岷江西路 150 号	644007	205	96
2	中国贵州茅台酒厂（集团）有限责任公司	贵州省仁怀市茅台镇	564501	351	175
3	稻花香集团	湖北省宜昌市夷陵区龙泉镇	443112	357	178
4	青岛啤酒股份有限公司	山东省青岛市香港中路五四广场青啤大厦	266071	425	218
5	泸州老窖集团有限责任公司	四川省泸州市龙马潭区南光路 9 号泸州老窖营销大楼	646000	439	228
6	湖北枝江酒业集团	湖北省枝江市迎宾大道 99 号	443200		392
7	劲牌有限公司	湖北省大冶市大冶大道 169 号	435100		499
烟草加工业					
1	上海烟草集团有限责任公司	上海市长阳路 717 号	200082	120	47
2	红塔烟草（集团）有限责任公司	云南省玉溪市红塔区红塔大道 118 号	653100	140	57
3	红云红河烟草（集团）有限责任公司	云南省昆明市五华区红锦路 367 号	650231	159	67
4	浙江中烟工业有限责任公司	浙江省杭州市建国南路 288 号	310009	186	84
5	湖北中烟工业有限责任公司	湖北省武汉市东西湖区金山大道环湖路特 66 号	430040	202	93
6	贵州中烟工业有限责任公司	贵州省贵阳市友谊路 25 号	550001	350	174
7	安徽中烟工业有限责任公司	安徽省合肥市黄山路 606 号	230088	363	180
8	福建中烟工业有限责任公司	福建省厦门市思湖区莲岳路 118 号	361012	427	219
9	广西中烟工业有限责任公司	广西南宁市北湖南路 28 号	530001		281
10	江西中烟工业有限责任公司	江西省南昌市新开发区京东大道 201 号金圣工业科技园	330096		333
11	黑龙江烟草工业有限责任公司	黑龙江省哈尔滨市南岗区一曼街 104 号	150001		449
12	张家口卷烟厂有限责任公司	河北省张家口市桥东区钻石北路 9 号	075000		468
纺织、印染业					
1	山东魏桥创业集团有限公司	山东省邹平经济开发区魏纺路 1 号	256200	41	12
2	山东大海集团有限公司	山东省东营市东城黄河路 38 号生态谷 37 号楼 409 室	257091	243	113
3	山东如意科技集团有限公司	山东省济宁市洸河路 72 号如意大厦	272000	296	142
4	江苏阳光集团有限公司	江苏省江阴市新桥镇陶新路 18 号	214426	355	177

行业名次	公司名称	通讯地址	邮编	名次（1）	名次（2）
5	天津纺织集团（控股）有限公司	天津市空港经济区中心大道东九道6号天纺大厦	300308	391	197
6	华芳集团有限公司	江苏省苏州市张家港市城北路178号华芳国际大厦	215600	455	236
7	澳洋集团有限公司	江苏省张家港市杨舍镇塘市镇中路澳洋国际大厦	215600	465	241
8	山东金茂纺织化工集团有限公司	山东省东营市东城东七路28号	257091		347
9	兴惠化纤集团有限公司	浙江省杭州市萧山区衙前镇吟龙村	311209		362
10	富丽达集团控股有限公司	浙江省杭州市萧山区临江高新技术产业园区长风路3999号	311228		421
11	北京纺织控股有限责任公司	北京市东城区东单三条33号	100005		443
12	石家庄常山纺织集团有限责任公司	河北省石家庄市和平东路260号	050011		469
纺织品、服装、鞋帽（含皮草、毛、绒等）加工业					
1	雅戈尔集团股份有限公司	浙江省宁波市鄞州区鄞县大道西段2号	315153	215	101
2	海澜集团有限公司	江苏省江阴市新桥镇海澜工业园	214426	238	112
3	红豆集团有限公司	江苏省无锡市锡山区东港镇红豆工业城	214199	268	126
4	杉杉控股有限公司	浙江省宁波市 鄞州区日丽中路777号	315100	384	192
5	波司登股份有限公司	江苏省常熟市古里镇波司登工业园	215532	404	206
6	维科控股集团股份有限公司	浙江省宁波市海曙区和义路99号维科大厦	315000		304
7	森马集团有限公司	浙江省温州市瓯海区娄桥工业园南汇路98号	325041		308
8	奥康集团有限公司	浙江省温州市永嘉县瓯北镇千石奥康工业园	325101		320
9	金猴集团有限公司	山东省威海市和平路106号	264200		375
10	宁波博洋控股集团有限公司	浙江省宁波市海曙区启文路157弄6号	315012		389
11	宁波申洲针织有限公司	浙江省宁波市北仑区大港工业城甬江路18号	315800		404
12	即发集团有限公司	山东省青岛即墨市黄河二路386号	266200		425
13	孚日控股集团股份有限公司	山东省高密市孚日街1号	261500		456
14	罗蒙集团股份有限公司	浙江省宁波市奉化县江口街道江宁路47号	315504		490
肉食品加工业					
1	河南省漯河市双汇实业集团有限责任公司	河南省漯河市双汇路1号	462000	266	124
2	临沂新程金锣肉制品集团有限公司	山东省临沂市兰山区金锣科技园	276036	275	131
3	北京顺鑫控股集团有限公司	北京市顺义区站前街1号顺鑫国际商务中心1305	101300		420
木材、藤、竹、家具等加工及木制品、纸制品等印刷、包装业					
1	宜华企业（集团）有限公司	广东省汕头市天山路76号宜华家具体验馆一楼办公区	515041		331
2	中国吉林森林工业集团有限责任公司	吉林省长春市人民大街4036号	130021		439
造纸及纸制品加工业					
1	山东大王集团有限公司	山东省东营市广饶县大王镇	257335	128	51

行业名次	公司名称	通讯地址	邮编	名次（1）	名次（2）
2	山东晨鸣纸业集团股份有限公司	山东省农圣东街2199号	262700	234	111
3	山东太阳控股集团有限公司	山东省兖州市友谊路一号	272100	312	151
4	金东纸业（江苏）股份有限公司	江苏省镇江市大港兴港东路8号	212132	451	232
5	胜达集团有限公司	浙江省杭州市萧山区经济技术开发区北塘路2号	311215		406
6	安徽山鹰纸业股份有限公司	安徽省马鞍山市勤俭路3号	241000		472
生活用品（含文体、玩具、工艺品、珠宝）等轻工产品加工制造业					
1	天津渤海轻工投资集团有限公司	天津市河西区解放南路398号	300200	155	66
2	老凤祥股份有限公司	上海市漕溪路270号	200235	371	183
3	重庆轻纺控股（集团）公司	重庆市北部新区高新园黄山大道中段7号	401121	480	251
4	广博集团	浙江省宁波市鄞州区石碶街道广博工业园	315153		424
5	新光控股集团有限公司	浙江省义乌市青口工业区新光南路3号	322100		487
石化产品、炼焦及其他燃料加工业					
1	中国石油化工集团公司	北京市朝阳区朝阳门北大街22号	100728	1	1
2	中国华信能源有限公司	上海市徐汇区兴国路111号	200031	65	20
3	山东东明石化集团有限公司	山东省东明县石化大道27号	274500	178	77
4	山东京博控股股份有限公司	山东省滨州市博兴县经济开发区	256500	291	140
5	山东海科化工集团有限公司	山东省东营市北一路726号	257088	293	141
6	利华益集团股份有限公司	山东省东营市利津县大桥路86号	257400	306	148
7	大连西太平洋石油化工有限公司	辽宁省大连经济技术开发区海青岛	116600	325	162
8	宝塔石化集团有限公司	北京市朝阳区石佛营东里140号办公楼	100025	345	171
9	山东金诚石化集团有限公司	山东省淄博市桓台县马桥镇	256405	396	201
10	旭阳控股有限公司	北京市丰台区南四环西路188号五区4号楼	100070	475	247
11	山东汇丰石化集团有限公司	山东省桓台经济开发区	256410	483	253
12	山东万通石油化工集团有限公司	山东省东营市东营区郝纯路	257082	500	266
13	云南煤化工集团有限公司	云南省昆明市五华区小康大道580号	650231		272
14	正和集团股份有限公司	山东省东营广饶县石村镇辛桥	257342		280
15	山东垦利石化集团有限公司	山东省东营市垦利县利河路299号	257500		282
16	山东恒源石油化工股份有限公司	山东省德州市临邑县石化路70号	251500		356
17	景德镇市焦化工业集团有限责任公司	江西省景德镇市历尧	333000		409
18	河北鑫海化工集团有限公司	河北省渤海新区黄骅港南疏港路中段	061110		466
19	河北新启元能源技术开发股份有限公司	河北省黄骅市南排河镇	061101		475
20	湖南安石企业（集团）有限公司	湖南省娄底市月塘街安石广场	417000		478
化学原料及化学制品制造业					
1	传化集团有限公司	浙江省杭州市萧山经济技术开发区	311215	479	250
2	新疆天业（集团）有限公司	新疆石河子经济技术开发区北三东路36号	832000	492	259
3	宜昌兴发集团有限责任公司	湖北省兴山县古天镇高阳大道58号	443799	497	263

行业名次	公司名称	通讯地址	邮编	名次（1）	名次（2）
4	巨化集团公司	浙江省衢州市柯城区	324004	499	265
5	江苏三木集团有限公司	江苏省宜兴市官林镇都山村三木路85号	214258		273
6	东辰控股集团有限公司	山东省东营市永莘路98号	257500		277
7	广州立白企业集团有限公司	广州市荔湾区荔湾路97号德兴楼	510170		311
8	升华集团控股有限公司	浙江省德清县武康镇武源街700号	313220		315
9	纳爱斯集团有限公司	浙江省丽水市括苍南路19号	323000		323
10	唐山三友集团有限公司	河北省唐山市南堡开发区	063305		324
11	河北诚信有限责任公司	河北省石家庄市元氏县元赵路南	051130		338
12	万华化学（宁波）有限公司	浙江省宁波市大榭县（区）环岛北路39号万华工业园	315812		360
13	红太阳集团有限公司	江苏省南京市高淳县双高路36号	211300		372
14	新疆中泰（集团）有限责任公司	新疆乌鲁木齐市经济技术开发区维泰南路1号1503室	830026		380
15	山东中海化工集团有限公司	山东省东营市河口区何庆路开元大厦八楼	257200		381
16	瑞星集团股份有限公司	山东省泰安市东平县彭集镇	271509		399
17	湖北三宁化工股份有限公司	湖北省枝江市姚家港沿江路9号	443206		400
18	沈阳化工集团有限公司	辽宁省沈阳市铁西区卫工北街46号	110001		415
19	青海盐湖工业股份有限公司	青海省格尔木市黄河路28号	816000		417
20	湖北东圣化工集团有限公司	湖北省宜昌市远安县荷花工业园	444208		436
21	大化集团有限责任公司	辽宁省大连市甘井子区工兴路10号	116032		438
22	云南南磷集团股份有限公司	云南省昆明市东风西路11号顺城东塔15A楼	650032		448
23	湖北新洋丰肥业股份有限公司	湖北省荆门市东宝区石桥驿镇洋丰大道1号	448150		459
24	江苏隆力奇集团有限公司	江苏省常熟市辛庄镇南隆力奇工业园	215555		467
25	浙江新安化工集团股份有限公司	浙江省建德市新安江江滨中路新安大厦1号	311600		473
26	山东鲁北企业集团总公司	山东省滨州市无棣县埕口镇	251909		489
27	广东众和化塑有限公司	广东省茂名市光华北路28号	525000		491
28	浙江南方控股集团有限公司	浙江省绍兴市柯桥区滨海工业区越北路	312073		492
29	浙江奥鑫控股集团有限公司	浙江省桐庐县迎春南路205号新青年广场B座22楼	311500		494
医药、医疗设备制造业					
1	上海医药集团股份有限公司	上海市太仓路200号医药大厦	200020	153	65
2	广州医药集团有限公司	广东省广州市沙面北街45号	510130	201	92
3	修正药业集团股份有限公司	吉林省通化市修正路36号	134000	252	118
4	科创控股集团有限公司	四川省成都市武侯区武科西二路5号	610041	274	130
5	天津市医药集团有限公司	天津市河西区友谊北路29号	300204	324	161
6	四川科伦实业集团有限公司	四川省成都市青羊区百花西路36号	610072	339	168
7	太极集团有限公司	重庆市渝北区龙塔街道黄龙路38号	401147	434	224

行业名次	公司名称	通讯地址	邮编	名次（1）	名次（2）
8	杭州华东医药集团有限公司	浙江省杭州市拱墅区莫干山路866号	310011	478	249
9	威高集团有限公司	山东省威海市兴山路18号	264210	487	257
10	天士力控股集团有限公司	天津市北辰科技园区普济河东道2号天士力现代中药城	300410		274
11	华鲁控股集团有限公司	山东省济南市榜棚街1号华鲁大厦	250011		321
12	哈药集团有限公司	黑龙江省哈尔滨市道里区群里大道7号	150000		322
13	康美药业股份有限公司	广东省普宁流沙长春路中段	515300		335
14	浙江海正药业股份有限公司	浙江省台州市椒江区外沙路46号	318000		429
15	人福医药集团股份有限公司	湖北省武汉市东湖高新区高新大道666号	430075		488
化学纤维制造业					
1	恒力集团有限公司	江苏省苏州市吴江区盛泽镇南麻经济开发区	215226	96	31
2	浙江恒逸集团有限公司	浙江省杭州市萧山区衙前镇	311209	170	72
3	盛虹控股集团有限公司	江苏省苏州市吴江区盛泽镇纺织科技示范园	215228	182	81
4	浙江荣盛控股集团有限公司	浙江省杭州市萧山区益农镇红阳路98号	311247	185	83
5	浙江桐昆控股集团有限公司	浙江省桐乡市桐乡经济开发区光明路199号	314500	263	121
6	江苏三房巷集团有限公司	江苏省江阴市周庄镇	214423	264	122
7	华峰集团有限公司	浙江省瑞安市莘塍工业园区	325200		328
8	兴达投资集团有限公司	江苏省无锡市锡山区东港镇锡港南路888号	214196		344
9	新凤鸣集团股份有限公司	浙江省桐乡市洲泉镇德胜路888号	314513		352
10	浙江翔盛集团有限公司	浙江省杭州市萧山区瓜沥镇（党山）工业园	311245		355
11	江苏华宏实业集团有限公司	江苏省江阴市周庄镇华宏村	214423		357
12	浙江古纤道新材料股份有限公司	浙江省绍兴袍江工业区越东路	312071		430
13	开氏集团有限公司	浙江省杭州市萧山区衙前镇衙前路432号	311209		479
橡胶制品业					
1	华勤橡胶工业集团有限公司	山东省兖州市华勤工业园	272100	308	149
2	山东胜通集团股份有限公司	山东省东营市垦利县新兴路377号	257500	374	185
3	山东玉皇化工有限公司	山东省东明县武胜桥镇经济开发区	274512	432	223
4	中策橡胶集团有限公司	浙江省杭州市下沙经济技术开发区1号大街1号	310018		267
5	三角集团有限公司	山东省威海市青岛中路56号	264200		303
6	兴源轮胎集团有限公司	山东省东营市广饶县稻庄镇西水工业区	257336		447
塑料制品业					
1	浙江大东南集团有限公司	浙江省诸暨市璜山镇建新路88号	311809		301
2	金发科技股份有限公司	广东省广州市萝岗区科学城科丰路33号	510663		332
3	浙江富陵控股集团有限公司	浙江省绍兴市袍江区新区富陵	312075		453
4	浙江中财管道科技股份有限公司	浙江省新昌县新昌大道东路658号	312500		498
建材及玻璃等制造业					
1	中国建筑材料集团有限公司	北京市海淀区复兴路17号国海广场2号楼	100036	50	17

行业名次	公司名称	通讯地址	邮编	名次（1）	名次（2）
2	安徽海螺集团有限责任公司	安徽省芜湖市文化路39号	240001	127	50
3	中国中材集团有限公司	北京市西城区西直门内北顺城街11号	100035	174	74
4	北京金隅集团有限责任公司	北京市东城区北三环东路36号	100013	267	125
5	吉林亚泰（集团）股份有限公司	吉林省长春市二道区吉林大路1801号	130031	299	144
6	天瑞集团股份有限公司	河南省汝州市广成东路63号	467599	347	172
7	沂州集团有限公司	山东省临沂市罗庄区付庄办事处	276018	410	210
8	冀东发展集团有限责任公司	河北省唐山市丰润区林荫路233号	064000	476	248
9	红狮控股集团有限公司	浙江省兰溪市东郊上郭	321100	486	256
10	沈阳远大企业集团	辽宁省沈阳市经济技术开发区十六号街6号	110027		290
11	华新水泥股份有限公司	湖北省武汉市洪山区关山二路特一号国际企业中心一期5号楼	430070		334
12	天津市建筑材料集团（控股）有限公司	天津市南开区红旗南路508号	300381		351
13	杭州诺贝尔集团有限公司	浙江省杭州市余杭区临平镇世纪大道1133号	311100		382
14	上海奥盛投资控股（集团）有限公司	上海市浦东新区商城路518号16-17楼	200120		411
15	广东新明珠陶瓷集团有限公司	广东省佛山市禅城区南庄镇华夏陶瓷博览城	528061		463
黑色冶金及压延加工业					
1	宝钢集团有限公司	上海市浦东新区浦电路370号宝钢大厦	200122	35	9
2	河北钢铁集团有限公司	河北省石家庄市裕华西路40号	050000	43	13
3	江苏沙钢集团有限公司	江苏省苏州市张家港市锦丰镇	215625	53	18
4	渤海钢铁集团有限公司	天津市和平区马场道74号	300050	59	19
5	新兴际华集团有限公司	北京市朝阳区东三环中路7号财富中心A座	100020	68	21
6	首钢总公司	北京市石景山区石景山路68号首钢厂东门	100041	86	29
7	鞍钢集团公司	辽宁省鞍山市铁东区东山街77号	114009	97	32
8	武汉钢铁（集团）公司	湖北省武汉市友谊大道999号	430080	104	37
9	酒泉钢铁（集团）有限责任公司	甘肃省嘉峪关市雄关东路12号	735100	109	39
10	山东钢铁集团有限公司	山东省济南市高新区舜华路2000号舜泰广场4号楼	250101	122	49
11	本钢集团有限公司	辽宁省本溪市明山区环山路36号	117000	131	53
12	中天钢铁集团有限公司	江苏省常州市中吴大道1号	213011	137	56
13	杭州钢铁集团公司	浙江省杭州市半山路178号	310022	141	58
14	湖南华菱钢铁集团有限责任公司	湖南省长沙市湘府西路222号	410004	175	75
15	陕西东岭工贸集团股份有限公司	陕西省宝鸡市金台大道东段	721004	179	78
16	北京建龙重工集团有限公司	北京市丰台区南四环西路188号总部基地十二区50号楼	100070	180	79
17	马钢（集团）控股有限公司	安徽省马鞍山市九华西路8号	243000	193	87
18	河北新华联合冶金控股集团有限公司	河北省沧州市渤海新区	061113	196	89
19	青山控股集团有限公司	浙江省温州市龙湾区永中街道青山村青陶路1号	325038	200	91

行业名次	公司名称	通讯地址	邮编	名次（1）	名次（2）
20	河北津西钢铁集团股份有限公司	河北省唐山市迁西县三屯营镇	064302	208	98
21	广西柳州钢铁（集团）公司	广西柳州市北雀路 117 号	545002	214	100
22	南京钢铁集团有限公司	江苏省南京市六合区大厂卸甲甸	210035	223	105
23	河北敬业企业集团有限责任公司	河北省平山县南甸镇河北敬业集团	050400	225	107
24	天津荣程祥泰投资控股集团有限公司	天津市经济技术开发区第三大街盛达街 9 号泰达金融广场 8 楼	300457	253	119
25	唐山瑞丰钢铁（集团）有限公司	河北省唐山市丰南区小集镇工业区	063303	276	132
26	安阳钢铁集团有限责任公司	河南省安阳市殷都区梅元庄	455004	277	133
27	广州钢铁企业集团有限公司	广东省广州市荔湾区芳村大道 1 号	510381	285	136
28	冀南钢铁集团有限公司	河北省武安市南环路南侧	056300	289	139
29	昆明钢铁控股有限公司	云南省昆明市安宁市昆明钢铁控股有限公司	650302	301	145
30	江苏新长江实业集团有限公司	江苏省江阴市夏港镇夏港街道长江村	214442	303	147
31	日照钢铁控股集团有限公司	山东省日照市沿海路 600 号	276806	313	152
32	四川省川威集团有限公司	四川省成都市龙泉驿区车城东 6 路 5 号	610100	320	158
33	包头钢铁（集团）有限责任公司	内蒙古包头市昆区河西工业区包钢信息大楼	014010	321	159
34	江苏西城三联控股集团有限公司	江苏省江阴市临港新城夏港街道静堂里路 21 号	214442	330	164
35	江苏申特钢铁有限公司	江苏省常州市溧阳经济开发区昆仑北路 288 号	213300	348	173
36	新余钢铁集团有限公司	江西省新余市冶金路	338001	360	179
37	唐山港陆钢铁有限公司	河北省遵化市镇海东街 198 号	064200	366	181
38	山东泰山钢铁集团有限公司	山东省莱芜市新甫路 1 号	271100	377	188
39	四川德胜集团钒钛有限公司	四川省乐山市沙湾区铜河路南段 8 号	614900	382	191
40	天津友发钢管集团股份有限公司	天津市静海县大邱庄镇尧舜度假村	301606	400	203
41	湖南博长控股集团有限公司	湖南省冷水江市轧钢路 5 号	417500	401	204
42	福建省三钢（集团）有限责任公司	福建省三明市梅列区工业中路群工三路	365000	405	207
43	河北普阳钢铁有限公司	河北省武安市阳邑镇东	056305	418	215
44	武安市裕华钢铁有限公司	河北省武安市上团城乡崇义四街村北	056300	421	216
45	江西萍钢实业股份有限公司	江西省南昌市红谷滩新区凤凰中大道 890 号	330038	423	217
46	河北新金钢铁有限公司	河北省武安市武邑路骈山村东	056300	429	221
47	青岛钢铁控股集团有限责任公司	山东省青岛市李沧区遵义路 5 号	266043	430	222
48	凌源钢铁集团有限责任公司	辽宁省凌源市钢铁路 3 号	122504	454	235
49	武安市明芳钢铁有限公司	河北省武安市北关河北侧	056300	471	244
50	武安市烘熔钢铁有限公司	河北省武安市冶陶镇固镇村	056304	489	258
51	广西盛隆冶金有限公司	广西防城港市港口区公车镇垭港村	538004		279
52	四川省达州钢铁集团有限责任公司	四川省达州市通川区西河路 25 号	635002		284
53	四平红嘴集团总公司	吉林省四平市铁西区红嘴路 28 号	136000		292
54	武安市文安钢铁有限公司	河北省武安市南环路	056300		298

行业名次	公司名称	通讯地址	邮编	名次（1）	名次（2）
55	重庆钢铁（集团）有限责任公司	重庆市大渡口区大堰三村1栋1号	400080		302
56	山东淄博傅山企业集团有限公司	山东省淄博市高新区卫固镇傅山村	255084		307
57	武安市鑫汇冶金工业有限公司	河北省武安市午汲镇下白石村北	056300		316
58	河北安丰钢铁有限公司	河北省秦皇岛市昌黎县靖安镇	066603		326
59	武安市广耀铸业有限公司	河北省武安市大同镇小屯村东	056300		336
60	河北天柱钢铁集团有限公司	河北省唐山市丰润区殷官屯村村东	064000		348
61	河南济源钢铁（集团）有限公司	河南省济源市虎岭产业集聚区	459000		349
62	西林钢铁集团有限公司	黑龙江省伊春市西林区新兴街121号	153025		379
63	浙江协和集团有限公司	浙江省杭州市萧山区红山农场	311234		384
64	河北文丰实业集团有限公司	河北省武安市南环路南侧城西工业区	056300		385
65	天津市恒兴钢业有限公司	天津市静海县静海镇北环工业园	301600		386
66	方大特钢科技股份有限公司	江西省南昌市青山湖区冶金大道475号	330012		394
67	振石控股集团有限公司	浙江省桐乡市崇福大道708号振石科技大楼	314500		410
68	山西建邦集团有限公司	山西省侯马市北效工业园区	043000		412
69	辛集市澳森钢铁有限公司	河北省辛集市南智邱镇赵马村村东	052360		432
70	河北前进钢铁集团有限公司	河北省霸州市胜芳镇开发区	065701		433
71	崇利制钢有限公司	河北省邯郸市涉县井店一街崇利制钢有限公司	056404		437
72	宁波宝新不锈钢有限公司	浙江省宁波市经济技术开发区（北仑。霞浦）	315807		445
73	邢台钢铁有限责任公司	河北省邢台市桥西区钢铁南路262号	054027		451
74	唐山东华钢铁企业集团有限公司	河北省唐山市丰南区小集工业区	063303		455
75	潍坊特钢集团有限公司	山东省潍坊市钢铁工业园区东路	251201		464
76	秦皇岛宏兴钢铁有限公司	河北省秦皇岛西部经济开发区昌黎循环经济产业园滦河大街1号	066602		465
77	西宁特殊钢集团有限责任公司	青海省西宁市城北区柴达木西路52号	810005		482
一般有色冶金及压延加工业					
1	中国铝业公司	北京市海淀区西直门北大街62号	100082	44	14
2	正威国际集团有限公司	广东省深圳市福田区深南大道7888号东海国际中心一期A座29层	518040	45	15
3	江西铜业集团公司	江西省南昌市高新区昌东大道7666号	330096	71	22
4	金川集团股份有限公司	甘肃省金昌市金川区金川路98号	737103	79	27
5	中国有色矿业集团有限公司	北京朝阳区安定路10号中国有色大厦（北楼）	100029	82	28
6	铜陵有色金属集团控股有限公司	安徽省铜陵市长江西路有色大院	244001	110	40
7	海亮集团有限公司	浙江省诸暨市店口镇解放路386号	311814	113	41
8	陕西有色金属控股集团有限责任公司	陕西省西安市高新区高新路51号高新大厦	710075	136	55
9	大冶有色金属集团控股有限公司	湖北省黄石市新下陆下陆大道18号	435005	148	62
10	南山集团有限公司	山东省龙口市东江镇南山工业园	265706	161	68
11	云南冶金集团股份有限公司	云南省昆明市北市区小康大道399号	650224	270	127

行业名次	公司名称	通讯地址	邮编	名次（1）	名次（2）
12	白银有色集团股份有限公司	甘肃省白银市白银区友好路 96 号	730900	273	129
13	四川宏达（集团）有限公司	四川省成都市青羊区锦里东路 2 号宏达国际广场 27 楼	610041	311	150
14	宁波金田投资控股有限公司	浙江省宁波市江北区慈城城西西路 1 号	315034	322	160
15	宁夏天元锰业有限公司	宁夏中宁新材料循环经济示范区	755103	375	186
16	山东天信集团有限公司	山东省东营市东营区淮河路 79 号	257091	386	193
17	西部矿业集团有限公司	青海省西宁市五四大街 56 号	810001	413	212
18	东营方圆有色金属有限公司	山东省东营经济开发区浏阳河路 99 号	257091	417	214
19	东营鲁方金属材料有限公司	山东省东营市东营区养殖区骨干路 22 号	257091	438	227
20	河南豫光金铅集团有限责任公司	河南省济源市荆梁南街 1 号	459001	449	231
21	深圳市中金岭南有色金属股份有限公司	广东省深圳市福田区车公庙深南大道 6013 号中国有色大厦 23-26 楼	518040	482	252
22	万基控股集团有限公司	河南省洛阳市新安县万基工业园	471800	485	255
23	河南豫联能源集团有限责任公司	河南省巩义市新华路 31 号	451200		269
24	广西有色金属集团有限公司	广西南宁路金浦路 22 号名都大厦 9 层	530028		287
25	江西钨业集团有限公司	江西省南昌市火炬大街 188 号淳和大厦	330096		289
26	浙江富冶集团有限公司	浙江省杭州市富阳区鹿山街道	311407		296
27	山东创新金属科技股份有限公司	山东省滨州市邹平县城北外环路东首	256200		337
28	中条山有色金属集团有限公司	山西省运城市垣曲县	043700		341
29	天津华北集团有限公司	天津市北城区津围公路 15 号	300040		350
30	人本集团有限公司	浙江省温州市经济开发区南江路 17 号	325011		368
31	河北立中有色金属集团	河北省保定市七一东路 948 号	071000		413
32	河南金利金铅有限公司	河南省济源市虎岭产业集聚区	459000		426
33	厦门钨业股份有限公司	福建省厦门市湖滨南路 619 号 1601	361004		428
34	无锡市凌峰铜业有限公司	江苏省宜兴市官林镇东虹路 2 号	214251		450
35	兰溪自立铜业有限公司	浙江省兰溪市大仙东路 23-2 号	321100		454
36	安徽楚江投资集团有限公司	安徽省芜湖市九华北路 10 号	241008		462
金属制品、加工工具、工业辅助产品加工制造业					
1	江苏法尔胜泓昇集团有限公司	江苏省江阴市澄江中路 165 号	214434	456	237
2	江苏新华发集团有限公司	江苏江阴临港新城申港镇澄路 1299 号	214443	493	260
3	精功集团有限公司	浙江省绍兴柯桥金柯桥大道 112 号精功大厦 18F	312030	494	261
4	江苏大明金属制品有限公司	江苏省无锡市通江大道 1518 号	214191		299
5	福星集团控股有限公司	湖北省汉川市沉湖镇福星街 1 号	431608		305
6	浙江元立金属制品集团有限公司	浙江省遂昌县元立大道 479 号	323300		306
7	浙江东南网架集团有限公司	浙江省杭州市萧山区衙前镇新林周村	311209		359
8	精工控股集团有限公司	浙江省绍兴市袍江世纪西街 1 号	312071		369

行业名次	公司名称	通讯地址	邮编	名次（1）	名次（2）
9	邯郸市正大制管有限公司	河北省邯郸市成安工业区聚良大道9号	056700		376
10	春风实业集团有限责任公司	河北省冀州市冀新西路86号	053200		387
11	浙江栋梁新材股份有限公司	浙江省湖州市吴兴区织里镇栋梁路	313008		396
12	湖南金龙国际集团	湖南省长沙市望城金星路888号	410000		418
13	金洲集团有限公司	浙江省湖州市二里桥路57号	313000		435
14	北京君诚实业投资集团有限公司	北京市朝阳区八里庄西里61号楼1404室	100025		440
15	江苏海达科技集团有限公司	江苏省江阴市华士镇环南路800号	214421		452
工程机械、设备及零配件制造业					
1	徐州工程机械集团有限公司	江苏省徐州市金山桥经济开发区驮蓝山路26号	221004	165	70
2	三一集团有限公司	湖南省长沙市经济开发区三一工业城	410100	181	80
3	中联重科股份有限公司	湖南省长沙市银盆南路361号	410013	204	95
4	太原重型机械集团有限公司	山西省太原市万柏林区玉河53号	030024		271
5	四川省宜宾普什集团有限公司	四川省宜宾市岷江西路150号普什集团产业发展部	644007		314
6	大连机床集团有限责任公司	辽宁省大连市开发区双D港辽河东路100号	116022		329
7	广西柳工集团有限公司	广西柳州市柳南区柳太路1号	545007		361
8	杭叉集团股份有限公司	浙江省临安经济开发区东环路88号	311305		419
9	卫华集团有限公司	河南省长垣市卫华大道西段	453400		460
10	大连重工·起重集团有限公司	辽宁省大连市西岗区169号华锐大厦	116013		461
11	中国第一重型机械集团公司	黑龙江省富拉尔基一重厂前路9号	161042		481
12	山推工程机械股份有限公司	山东省济宁市327国道58号	272100		483
13	安徽叉车集团有限责任公司	安徽省合肥市经开区方兴大道668号	230601		496
工业机械、设备及零配件制造业					
1	盾安控股集团有限公司	浙江省杭州市滨江区泰安路239号	310052	251	117
2	中国恒天集团有限公司	北京市朝阳区建国路99号中服大厦	100020	271	128
3	沈阳机床（集团）有限责任公司	辽宁省沈阳市经济技术开发区开发大路17甲1号	110000		346
4	北方重工集团有限公司	辽宁省沈阳市经济技术开发区开发大路16号	110141		374
5	天洁集团有限公司	浙江省诸暨市牌头镇杨傅村天洁工业园	311825		377
6	海天塑机集团有限公司	浙江省宁波市北仑区小港海天路1688号	315821		397
7	大连冰山集团有限公司	辽宁省大连市沙河口区西南路888号	116033		401
8	沈阳鼓风机集团股份有限公司	辽宁省沈阳经济技术开发区开发大路16号甲	110869		405
9	江西博能实业集团有限公司	江西省上饶经济开发区七六西路博能集团	334100		470
10	杭州制氧机集团有限公司	浙江省杭州市下城区中山北路592号弘元大厦	310014		471
农林业机械、设备及零配件制造业					
1	山东时风（集团）有限责任公司	山东省高唐县鼓楼西路	252800	376	187

行业名次	公司名称	通讯地址	邮编	名次（1）	名次（2）
2	福田雷沃国际重工股份有限公司	山东省潍坊市北海南路192号	261206		278
电力、电气等设备、机械、元器件及线缆制造业					
1	天津百利机械装备集团有限公司	天津市南开区长江道4号	300100	117	44
2	超威电源有限公司	浙江省长兴县画溪街道画溪工业功能区	313100	198	90
3	天能电池集团有限公司	浙江省湖州市长兴县画溪工业功能区包桥路18号	313100	211	99
4	新疆特变电工集团有限公司	新疆昌吉市北京南路189号	831100	287	138
5	德力西集团有限公司	浙江省乐清市柳市镇柳青路1号	325604	319	157
6	亨通集团有限公司	江苏省苏州市吴江区经济技术开发区中山北路2288号	215200	328	163
7	正泰集团股份有限公司	浙江省乐清市柳市镇工业区正泰大楼	325603	352	176
8	人民电器集团有限公司	浙江省乐清市柳市镇车站路555号	325604	381	190
9	江苏金辉铜业集团有限公司	江苏省宜兴市官林镇金辉工业园	214252	388	195
10	宁波富邦控股集团有限公司	浙江省宁波市海曙区长春路2号	315010	435	225
11	宝胜集团有限公司	江苏省宝应县宝胜中路1号	225800	448	230
12	远东控股集团有限公司	江苏省宜兴市高塍镇远东大道6号	214257	474	246
13	天津塑力线缆集团有限公司	天津市北辰科技园区高新大道41号	300412	495	262
14	富通集团有限公司	浙江省富阳市金秋大道富春科技园18号	311400		291
15	华仪电器集团有限公司	浙江省乐清经济开发区中心大道228号	325600		318
16	中国西电集团公司	陕西省西安市高新区唐兴路7号	710075		325
17	永鼎集团有限公司	江苏省苏州市吴江区黎里镇汾湖经济开发区国道路751号	215211		340
18	晶科能源有限公司	江西省上饶经济技术开发区晶科大道1号	334100		342
19	上海胜华电缆（集团）有限公司	上海市浦东新区沪南公路7577号胜华科技大厦	201314		343
20	兴乐集团有限公司	浙江省乐清市柳市镇后街工业区昌盛路17号	325604		354
21	浙江富春江通信集团有限公司	浙江省富阳市江滨东大道138号	311401		371
22	湘电集团有限公司	湖南省湘潭市下摄司街302号	411101		373
23	华通机电集团有限公司	浙江省乐清市柳市苏吕工业区华通大厦	325604		390
24	江苏上上电缆集团有限公司	江苏省溧阳市上上路68号	213300		407
25	铜陵精达铜材（集团）有限责任公司	安徽省铜陵市经济技术开发区黄山大道	244000		441
电梯及运输、仓储设备、设施制造业					
1	中国国际海运集装箱（集团）股份有限公司	广东省深圳市南山区蛇口工业区港湾大道2号中集集团研发中心	518067	190	86
2	西子联合控股有限公司	浙江省杭州市江干区庆春东路1-1号西子联合大厦21楼	310016		268
3	森赫电梯股份有限公司	浙江省湖州市练市工业园区森赫大道1号	313013		477

行业名次	公司名称	通讯地址	邮编	名次（1）	名次（2）
轨道交通设备及零部件制造业					
1	中国南车集团公司	北京市海淀区西四环中路16号院5号楼	100036	119	46
2	中国北方机车车辆工业集团公司	北京市丰台区方城园一区15号楼中国北车大厦	100078	135	54
家用电器及零配件制造业					
1	海尔集团公司	山东省青岛市海尔路1号	266101	77	26
2	美的集团股份有限公司	广东省佛山市顺德区北滘镇美的大道6号美的总部大楼B区26-28楼	528311	108	38
3	TCL集团股份有限公司	广东省惠州市仲恺高新区惠风三路17号TCL科技大厦	516006	142	59
4	海信集团有限公司	山东省青岛市市南区东海西路17号	266071	147	61
5	四川长虹电子集团有限公司	四川省绵阳市高新区绵兴东路35号	621000	152	64
6	奥克斯集团有限公司	浙江省宁波市鄞州县（区）日丽中路757号25F	315100	228	108
7	创维集团有限公司	广东省深圳市南山区高新南四道创维半导体设计大厦东座24层	518057	402	205
8	双良集团有限公司	江苏省江阴市临港街道西利路88号	214444	414	213
9	广东格兰仕集团有限公司	广东省佛山市顺德区容桂大道南25号	528305	428	220
10	广州万宝集团有限公司	广东省广州市海珠区江南大道中111号	510220	437	226
11	杭州金鱼电器集团有限公司	浙江省杭州市西湖区天目山路159号现代国际大厦A座16楼	310013		393
12	合肥美菱股份有限公司	安徽省合肥市经济技术开发区莲花路2163号	230601		408
13	澳柯玛股份有限公司	山东省青岛经济技术开发区前湾港路315号	266510		434
14	华意压缩机股份有限公司	江西省景德镇市高新区长虹大道1号	333000		493
黄金冶炼及压延业					
1	中国黄金集团公司	北京市东城区安定门外大街9号	100011	118	45
2	山东黄金集团有限公司	山东省济南市高新区舜华路2000号舜泰广场3号楼	250100	177	76
3	山东招金集团有限公司	山东省招远市开发区盛泰路108号	265400	286	137
4	浙江日月首饰集团有限公司	浙江省绍兴县福全工业区	312046		500
电子元器件与仪器仪表、自动化控制设备制造业					
1	中国电子信息产业集团有限公司	北京市海淀区万寿路27号电子大厦	100846	75	24
2	山东科达集团有限公司	山东省东营市府前大街65号	257091	387	194
3	晶龙实业集团有限公司	河北省宁晋县晶龙大街289号	055550	462	239
4	新疆金风科技股份有限公司	新疆省乌鲁木齐市经济技术开发区上海路107号	830026		309
5	大全集团有限公司	江苏省扬中市新坝镇大全路66号	212200		310

行业名次	公司名称	通讯地址	邮编	名次（1）	名次（2）
6	三花控股集团有限公司	浙江省新昌县城关镇七星街道下礼泉村	312500		339
7	中芯国际集成电路制造有限公司	上海市张江路18号	201203		383
8	富智康精密电子（廊坊）有限公司	河北省廊坊市建设南路369号	065000		442
9	上海斐讯数据通信技术有限公司	上海市松江区思贤路3666号	201616		446
10	中国四联仪器仪表集团有限公司	重庆市北碚区蔡家镇同熙路99号	400707		458
计算机及零部件制造业					
1	联想控股股份有限公司	北京市海淀区科学院南路2号融科资讯中心A座10层	100190	38	10
2	京东方科技集团股份有限公司	北京市朝阳区酒仙桥路10号	100015	337	167
3	同方股份有限公司	北京市海淀区王庄路1号同方科技大厦A座29层	100083	469	243
4	浙江大华技术股份有限公司	浙江省杭州市滨江区滨安路1199号	310053		480
通信器材及设备、元器件制造业					
1	华为技术有限公司	广东省深圳市龙岗区坂田华为基地	518129	39	11
2	天津中环电子信息集团有限公司	天津市南开区复康路23号	300191	101	34
3	中兴通讯股份有限公司	广东省深圳市科技南路55号	518057	164	69
4	四川九洲电器集团有限责任公司	四川省绵阳市九华路6号	621000		295
5	武汉邮电科学研究院	湖北省武汉市洪山区邮科院路88号院办机要室	430074		297
6	侨兴集团有限公司	广东省惠州市汤泉侨兴科技园	516023		485
办公、影像等电子设备、元器件制造业					
1	得力集团有限公司	浙江省宁波市宁海县得力工业园	315600		398
2	深圳华强集团有限公司	广东省深圳市深南中路华强路口华强集团1号楼	518031		402
3	舜宇集团有限公司	浙江省宁波市余姚区阳明街道舜宇路6668号	315400		457
汽车及零配件制造业					
1	上海汽车集团股份有限公司	上海市威海路489号	200041	10	2
2	中国第一汽车集团公司	吉林省长春市东风大街2259号	130011	17	3
3	东风汽车公司	湖北省武汉市经济技术开发区东风大道特1号	430056	18	4
4	北京汽车集团有限公司	北京市顺义区双河大街99号北京汽车产业基地	101300	34	8
5	广州汽车工业集团有限公司	广东省广州市天河区珠江新城兴国路23号广汽中心	510623	73	23
6	浙江吉利控股集团有限公司	浙江省杭州市滨江区江陵路1760号	310051	102	35
7	华晨汽车集团控股有限公司	辽宁省沈阳市大东区东望街39号	110044	103	36
8	万向集团公司	浙江省杭州市萧山经济技术开发区	311215	114	42
9	江苏悦达集团有限公司	江苏省盐城市世纪大道东路2号	224007	130	52

行业名次	公司名称	通讯地址	邮编	名次（1）	名次（2）
10	中国重型汽车集团有限公司	山东省济南市英雄山路165号	250002	194	88
11	长城汽车股份有限公司	河北省保定市朝阳南大街2266号	071000	207	97
12	江铃汽车集团公司	江西省南昌市迎宾北大道666号	330001	250	116
13	陕西汽车控股集团有限公司	陕西省西安市经济开发区泾渭工业园	710200	317	155
14	安徽江淮汽车集团有限公司	安徽省合肥市包河区东流路176号	230022	318	156
15	郑州宇通集团有限公司	河南省郑州市管城区宇通路河宇通工业园	450061	394	199
16	奇瑞汽车股份有限公司	安徽省芜湖市经济技术开发区长春路8号	241009	411	211
17	厦门金龙汽车集团股份有限公司	厦门市厦禾路668号22-23层	361004		283
18	万丰奥特控股集团有限公司	浙江省新昌县万丰工业园	312500		293
19	三环集团公司	湖北省武汉市东湖新技术开发区佳园路33号	430074		312
20	广西汽车集团有限公司	广西柳州市河西路18号	545007		345
21	重庆小康控股有限公司	重庆市沙坪坝区井口工业园	400033		365
22	骆驼集团股份有限公司	湖北省襄阳市汉江北路65号	441000		370
23	海马汽车集团股份有限公司	海南省海口市金盘工业区金牛路2号	570216		378
24	庆铃汽车（集团）有限公司	重庆市九龙坡区中梁山协兴村1号	400052		388
25	华翔集团股份有限公司	浙江省宁波市象山县西周镇安路104号	315722		391
26	安徽中鼎控股（集团）股份有限公司	安徽省宁国市经济技术开发区	242300		423
27	北汽银翔汽车有限公司	重庆市合川区土场镇三口村北汽银翔工业园	401533		484
28	宁波均胜电子股份有限公司	浙江省宁波市高新区聚贤路1266号	315040		486
29	恒威集团有限公司	浙江省宁波市江北区洪塘工业B区江北大道1236弄9号	315033		495

摩托车及零配件制造业

行业名次	公司名称	通讯地址	邮编	名次（1）	名次（2）
1	重庆力帆控股有限公司	重庆市北碚区蔡家岗镇凤栖路16号	400707	395	200
2	隆鑫控股有限公司	重庆市九龙坡区石坪桥横街2号附5号	400051	408	209
3	宗申产业集团有限公司	重庆市巴南区渝南大道126号宗申工业园	400054		317
4	重庆润通控股（集团）有限公司	重庆市渝北区龙山一路100号圣地大厦11楼	400039		497

航空航天及国防工业

行业名次	公司名称	通讯地址	邮编	名次（1）	名次（2）
1	中国兵器工业集团公司	北京市西城区三里河路46号	100821	23	5
2	中国航空工业集团公司	北京市朝阳区建国路128号中航工业大厦	100022	26	6
3	中国航天科技集团公司	北京市海淀区阜成路16号	100048	95	30
4	中国航天科工集团公司	北京市海淀区阜成路甲8号	100048	100	33

动力、电力生产等装备、设备制造业

行业名次	公司名称	通讯地址	邮编	名次（1）	名次（2）
1	潍柴控股集团有限公司	山东省潍坊市高新技术开发区福寿东街197号甲	261061	115	43
2	上海电气（集团）总公司	上海市四川中路110号	200002	150	63
3	杭州汽轮动力集团有限公司	浙江省杭州市庆春东路68号杭州汽轮国际大厦18楼	310016	218	102

行业名次	公司名称	通讯地址	邮编	名次(1)	名次(2)
4	中国东方电气集团有限公司	四川省成都市高新西区西芯大道 18 号	611731	302	146
5	广西玉柴机器集团有限公司	广西玉林市玉柴大道 1 号	537005	316	154
6	哈尔滨电气集团公司	黑龙江省哈尔滨市香坊区三大动力路 39 号	150040	466	242
7	卧龙控股集团有限公司	浙江省绍兴市上虞区人民西路 1801 号	312300		270
综合制造业（以制造业为主，含有服务业）					
1	中国五矿集团公司	北京市海淀区三里河路 5 号五矿大厦	100044	33	7
2	比亚迪股份有限公司	广东省深圳市坪山新区比亚迪路 3009 号	518118	220	103
3	无锡产业发展集团有限公司	江苏省无锡市县前西街 168 号	214031	221	104
4	新华联集团有限公司	北京市朝阳区东四环中路道家园 18 号新华联大厦 17 层	100025	224	106
5	上海复星高科技（集团）有限公司	上海市黄浦区复兴东路 2 号	200010	232	109
6	万达控股集团有限公司	山东省东营市垦利县行政办公新区万达大厦	257500	247	114
7	江苏华西集团公司	江苏省无锡市江阴市华士镇华西新市村	214420	265	123
8	华盛江泉集团有限公司	山东省临沂市罗庄区双月湖西岸	276017	284	135
9	重庆化医控股（集团）公司	重庆市北部新区星光大道 70 号天王星 A1 座	401121	341	169
10	杭州锦江集团有限公司	浙江省杭州市湖墅南路 111 号锦江大厦 20–22 楼	310005	342	170
11	重庆机电控股（集团）公司	重庆市北部新区黄山大道中段 60 号	401123	397	202
12	山东华兴机械股份有限公司	山东省博兴县乐安大街 1678 号	256500	472	245
13	苏州创元投资发展（集团）有限公司	江苏省苏州市工业园区苏桐路 37 号	215021	484	254
14	攀枝花钢城集团有限公司	四川省攀枝花市东区长寿路	617023		294
15	华立集团股份有限公司	浙江省杭州市余杭区五常大道 181 号华立科技园	310023		353
16	重庆市博赛矿业（集团）有限公司	重庆市渝中区邹容路 131 号世界贸易中心 47 楼	400010		358
17	花园集团有限公司	浙江省东阳市南马镇花园工业区	322121		363
18	安徽淮海实业发展集团有限公司	安徽省淮北市相山北路 57 号	235000		364
19	利时集团股份有限公司	浙江省宁波市鄞州区投资创业中心诚信路 518 号	315105		367
20	致达控股集团有限公司	上海市静安区延平路 121 号 29 楼	200042		414
21	浙江航民实业集团有限公司	浙江省杭州市萧山区瓜沥镇航民村	311241		427
船舶工业					
1	中国船舶重工集团公司	北京市海淀区昆明湖南路 72 号	100097	76	25
2	江苏扬子江船业集团公司	江苏省江阴市鲥鱼港路 38 号	214431	373	184
3	上海外高桥造船有限公司	上海市浦东新区洲海路 3001 号	200137		319
4	沪东中华造船（集团）有限公司	上海市浦东新区浦东大道 2851 号	200129		330
5	春和集团有限公司	浙江省宁波市江北区扬善路 51 号金港大厦 12 楼	315020		395

行业名次	公司名称	通讯地址	邮编	名次（1）	名次（3）
能源（含电力、热力、燃气等）供应、开发、减排及再生循环服务业					
1	国家电网公司	北京市西城区西长安街86号	100031	3	1
2	中国南方电网有限责任公司	广东省广州市珠江新城华穗路6号	510623	19	10
3	浙江省能源集团有限公司	浙江省杭州市天目山路152号	310007	187	70
4	北京能源集团有限责任公司	北京市朝阳区永安东里16号CBD国际大厦A区	100022	197	74
5	山西省国新能源发展集团有限公司	山西省太原市长风大街108号东座	030006	356	119
6	天津能源投资集团有限公司	天津市南开区南开四马路28号	300100	390	130
7	申能（集团）有限公司	上海市虹井路159号申能能源中心	201103	393	131
8	新奥能源控股有限公司	河北省廊坊市经济技术开发区新源东道	065001	424	135
9	福建省能源集团有限责任公司	福建省福州市省府路1号	350001	450	143
10	安徽省能源集团有限公司	安徽省合肥市马鞍山路76号	230011		186
11	东华能源股份有限公司	江苏省张家港市保税区出口加工区东华路668号	215634		205
12	深圳能源集团股份有限公司	广东省深圳市福田区深南中路2068号华能大厦33楼	518031		218
13	四川省能源投资集团有限责任公司	四川省成都市锦江区毕升路468号	610000		226
14	重庆中节能实业有限责任公司	重庆市渝中区中山三路131号庆隆希尔顿商务中心19层	400015		238
15	无锡市国联发展（集团）有限公司	江苏省无锡市金融一街8号国联金融大厦20楼	214131		241
16	广西水利电业集团有限公司	广西南宁市厢竹大道30号	530023		247
17	深圳市燃气集团股份有限公司	广东省深圳市福田区中康北路深燃大厦11楼	518049		248
18	四川华油集团有限责任公司	四川省成都市青羊区狮子巷55号	610017		362
19	安徽国祯集团股份有限公司	安徽省合肥市高新区科学大道91号	230088		377
20	武汉市燃气热力集团有限公司	湖北省武汉市江汉区台北路225号	430015		404
21	海越控股集团有限公司	浙江省诸暨市西施大街59号海越大厦	311800		405
22	潮州华丰集团股份有限公司	广东省潮州市潮州大道中银大厦13-17楼	521000		418
23	青岛能源集团有限公司	山东省青岛市宁夏路123号	266071		459
24	杭州市燃气集团有限公司	浙江省杭州市天目山路30号	310007		482
铁路运输及辅助服务业					
1	中国铁路物资股份有限公司	北京市海淀区复兴路17号国海广场C座	100036	172	67
2	中铁集装箱运输有限责任公司	北京市宣武区鸭子桥路24号中铁商务大厦612房间	100055		472
陆路运输、城市公交、道路及交通辅助等服务业					
1	山东高速集团有限公司	山东省济南市历下区龙奥北路8号	250098	292	100

注：名次（3）为2015中国服务业企业500强中的名次

行业名次	公司名称	通讯地址	邮编	名次(1)	名次(3)
2	广东省交通集团有限公司	广东省广州市珠江新城珠江东路 32 号利通广场	510623	334	111
3	浙江省交通投资集团有限公司	浙江省杭州市钱江新城五星路 199 号明珠国际商务中心	310020	369	124
4	安徽省高速公路控股集团有限公司	安徽省合肥市望江西路 520 号	230088		173
5	重庆交通运输控股（集团）有限公司	重庆市北部新区高新园青松路 33 号	401121		230
6	上海交运集团股份有限公司	上海市闸北区恒丰路 288 号 10 楼	200070		257
7	安徽省交通投资集团有限责任公司	安徽省合肥市高新技术开发区望江西路 520 号	230088		265
8	天津市交通（集团）有限公司	天津市和平区营口道 10 号	300041		271
9	广州市地下铁道总公司	广东省广州市海珠区新港东路 618 号南丰汇 11-14 楼	510000		307
10	内蒙古高等级公路建设开发有限责任公司	内蒙古呼和浩特市新城区哲里木路 9 号	010051		334
11	万合集团股份有限公司	河北省邯郸市机场路与河大路交叉口东行 50 米	056001		348
12	苏州汽车客运集团有限公司	江苏省苏州市金阊区留园路 288 号	215008		384
13	上海强生控股股份有限公司	上海市静安区南京路 920 号强生南泰大厦 1802 室	200041		388
14	现代投资股份有限公司	湖南省长沙市芙蓉中路二段 128 号现代广场	410004		406
15	江西赣粤高速公路股份有限公司	江西省南昌市朝阳洲中路 367 号	330025		420
16	交运集团公司	山东省青岛市市北区延吉路 100 号	266034		453
17	天津市公共交通集团（控股）有限公司	天津市河西区黑牛城道 59 号增 1 号	300211		487
水上运输业					
1	中国远洋运输（集团）总公司	北京市西城区复兴门内大街 158 号远洋大厦 11 层	100031	94	38
2	中国海运（集团）总公司	上海市东大名路 678 号	200080	163	62
3	广东省航运集团有限公司	广东省广州市越秀区八旗二马路 48 号广东航运大厦 3006 室	510111		435
港口服务业					
1	广西北部湾国际港务集团有限公司	广西南宁市金浦路 33 号	530021	260	93
2	天津港（集团）有限公司	天津市滨海新区（塘沽）津港路 99 号	300461	290	99
3	上海国际港务（集团）股份有限公司	上海市虹口区东大名路 358 号国际港务大厦	200080	431	137
4	日照港集团有限公司	山东省日照市黄海一路 91 号	276826		161
5	河北港口集团有限公司	河北省秦皇岛市海港区海滨路 35 号	066002		192
6	宁波港集团有限公司	浙江省宁波市北仑区明州路	315800		197
7	大连港集团有限公司	辽宁省大连市中山区港湾街 1 号	116001		229
8	营口港务集团有限公司	辽宁省营口市鲅鱼圈区营港路 1 号	115007		237
9	广州港集团有限公司	广东省广州市越秀区沿江东路 406 号港口中心	510100		298

行业名次	公司名称	通讯地址	邮编	名次(1)	名次(3)
10	唐山港集团股份有限公司	河北省唐山市唐山海港经济开发区	063611		364
航空运输业					
1	海航集团有限公司	海南省海口市国兴大道7号海航大厦	570203	99	40
2	中国南方航空集团公司	广东省广州市机场路航云南街27号	510406	132	48
3	中国航空集团公司	北京市朝阳区霄云路36号国航大厦	100027	134	50
4	中国东方航空集团公司	上海市长宁区虹桥机场空港三路99号	200335	151	55
5	四川航空股份有限公司	四川省成都市双流国际机场四川航空大厦	610202		174
6	山东航空集团有限公司	山东省济南市二环东路5746号	240014		223
航空港及相关服务业					
1	上海机场（集团）有限公司	上海市虹桥机场迎宾二路200号	200335		234
2	厦门翔业集团有限公司	福建省厦门市思明区仙岳路396号翔业大厦17楼	361000		263
电信、邮寄、速递等服务业					
1	中国移动通信集团公司	北京市西城区金融大街29号	100033	9	6
2	中国邮政集团公司	北京市西城区金融街甲3号	100808	22	13
3	中国电信集团公司	北京市西城区金融大街31号	100033	27	15
4	中国联合网络通信集团有限公司	北京市西城区金融大街21号中国联通大厦	100033	37	19
软件、程序、计算机应用、网络工程等计算机、微电子服务业					
1	三胞集团有限公司	江苏省南京市雨花台区软件大道68号	210012	160	60
2	浪潮集团有限公司	山东省济南市高新区浪潮路1036号	250101	244	87
3	广州无线电集团有限公司	广东省广州市天河区黄埔大道西平云路163号	510656		206
4	东软集团股份有限公司	辽宁省沈阳市浑南新区新秀街2号东软软件园	110179		288
5	浙大网新科技股份有限公司	浙江省杭州市西湖区三墩镇西园八路1号A楼15F	310030		378
物流、仓储、运输、配送服务业					
1	厦门建发集团有限公司	福建省厦门市思明区环岛东路1699号建发国际大厦43楼	361008	116	44
2	中国外运长航集团有限公司	北京市海淀区西直门北大街甲43号金运大厦A座	100082	154	56
3	中国诚通控股集团有限公司	北京市南四环西路188号总部基地6区17号楼	100070	195	73
4	河北省物流产业集团有限公司	河北省石家庄市中华北大街3号	050000	229	80
5	玖隆钢铁物流有限公司	江苏省张家港市锦丰镇锦绣路1号玖隆物流园	215625	236	83
6	厦门象屿集团有限公司	福建省厦门现代物流园区象兴四路21号银盛大厦9楼	361006	239	84
7	腾邦投资控股有限公司	广东省深圳市福田保税区桃花路9号腾邦集团大厦	518038	279	96

行业名次	公司名称	通讯地址	邮编	名次(1)	名次(3)
8	深圳市飞马国际供应链股份有限公司	深圳市深南大道 7008 号阳光高尔夫大厦 26 楼	518040	385	129
9	广西交通投资集团有限公司	广西南宁市民族大道 146 号三祺广场 45 楼	530028	477	147
10	山西能源交通投资有限公司	山西省太原市长风西街 1 号丽华大厦 A 座 15–16 层	030021		159
11	福建省交通运输集团有限责任公司	福建省福州市东水路 18 号交通综合大楼东楼 21–23 层	350001		175
12	云南物流产业集团有限公司	云南省昆明市广福路 8 号	650228		267
13	重庆港务物流集团有限公司	重庆市江北区海尔路 298 号	400025		276
14	武汉商贸国有控股集团有限公司	湖北省武汉市解放大道 1127 号富商大厦 8–9 楼	430030		319
15	新疆棉花产业集团有限公司	新疆乌鲁木齐市火车北站四路 38 号	830000		352
16	重庆长安民生物流股份有限公司	重庆市渝北区红锦大道 561 号	401121		354
17	四川安吉物流集团有限公司	四川省宜宾市岷江西路 150 号	644007		411
18	青海省物资产业集团总公司	青海省西宁市朝阳东路 34–2 号	810003		412
19	深圳市联合利丰供应链管理有限公司	广东省深圳市福田区深南中路 3018 号世纪汇广场办公楼 16 层]	518031		456
20	苏州港口张家港保税区现代物流有限公司	江苏省张家港保税区上海路 18 号			457
21	上海亚东国际货运有限公司	上海市黄浦区延安东路 45 号工商联大厦 16 楼	200002		461
22	四川省物流产业股份有限公司	四川省成都市顺城大街 127 号嘉好大厦 9 楼	610015		490
23	武汉国裕物流产业集团有限公司	湖北省武汉市青山区建设五路中银大厦 19 楼	430080		498
24	广州华新集团有限公司	广州海珠区翠竹路 18 号好景花园裕丰大厦一至三层	510300		499
矿产、能源内外商贸及批发业					
1	中国航空油料集团公司	北京市海淀区马甸路 2 号桥冠城园中国航油大厦	100088	61	30
2	晋能集团有限公司	山西省太原市开化寺街 82 号	030002	81	33
3	山西煤炭进出口集团有限公司	山西省太原市长风大街 115 号	030006	139	52
4	珠海振戎公司	北京市朝阳区大屯里 121 号华悦国际公寓 J 座	100108	176	68
5	浙江前程石化股份有限公司	浙江省宁波市江北区大庆南路 99 号来福士广场 17–18 层	315000	490	150
6	广州元亨能源有限公司	广东省越秀区东风东路 850 号锦城大厦 18 楼	510600		156
7	南方石化集团有限公司	广东省广州市天河区林和西路 3–15 号耀中广场 14 层	510610		185
8	上海际大投资控股集团有限公司	上海市杨浦区翔殷路 1088 号 503	200433		201
9	天津恒运能源股份有限公司	天津市塘沽区海洋高新技术开发区金江路 45 号	300451		317
10	泰德煤网股份有限公司	辽宁省大连市高新园区黄浦路 537 号泰德大厦	116023		339
11	上海龙宇燃油股份有限公司	上海市浦东新区东方路 710 号 19 楼	200122		356

行业名次	公司名称	通讯地址	邮编	名次（1）	名次（3）
12	宁波明港液化气有限公司	浙江省宁波市海曙区江厦街21号浦发大厦5楼	315010		413
13	厦门海澳集团有限公司	福建省厦门市海沧区钟林路12号海沧商务大楼19楼	361026		415
14	天津三和众诚石油制品销售有限公司	天津市静海县唐官屯物流园区一大道1号	301608		485
化工产品及医药批发及内外商贸业					
1	中国中化集团公司	北京市复兴门内大街28号凯晨世贸中心中座F11	100031	16	9
2	南通化工轻工股份有限公司	江苏省南通市南大街28号	226001		163
3	宁波神化化学品经营有限责任公司	浙江省宁波市江东区东胜路35号	315040		178
4	日出实业集团有限公司	浙江省宁波市鄞州区天童南路588号宁波商会国贸中心A座42楼	315100		320
5	中宁化集团有限公司	浙江省宁波市海曙区江厦街21号	315000		465
6	湖南省轻工盐业集团有限公司	湖南省长沙市芙蓉区建湘路519号	410005		493
机电、电子批发及内外商贸业					
1	中国通用技术（集团）控股有限责任公司	北京丰台区西三环中路90号	100055	92	36
2	广东省广新控股集团有限公司	广东省广州市海珠区新港东路1000号	510308	191	72
3	宁波市慈溪进出口股份有限公司	浙江省宁波市慈溪市北三环东路1988号恒元广场22楼	315300		262
4	广州佳都集团有限公司	广东省广州市天河软件园建中路66号佳都商务大厦东塔9楼	510665		360
5	上海金开利集团有限公司	上海市黄浦区西藏南路758号金开利广场5楼	200011		408
6	厦门嘉联恒进出口有限公司	福建省厦门市莲秀里185号必利达大厦28D	361000		440
7	国宏电气集团股份有限公司	浙江省宁波市宁海县（区）跃龙街道跃龙路169号	315600		448
生活消费商品（含家居、文体、玩具、工艺品、珠宝等）内外批发及商贸业					
1	浙江省国际贸易集团有限公司	浙江省杭州市中山北路308号	310003	222	79
2	广东省丝绸纺织集团有限公司	广东省广州市东风西路198号丝丽大厦	510180	300	103
3	江苏国泰国际集团有限公司	江苏省张家港市人民中路国泰大厦3009室	215600	307	105
4	广州轻工工贸集团有限公司	广东省广州市沿江西路147号	510120	353	117
5	安徽国贸集团控股有限公司	安徽省合肥市政务文化新区祁门路1779号	230071	419	133
6	江苏省苏豪控股集团有限公司	江苏省南京市雨花台软件大道48号A座519室	210012		160
7	新华锦集团	山东省青岛市崂山区松岭路127号11号楼	266101		180
8	太平鸟集团有限公司	浙江省宁波市环城西路南段826号	315011		199
9	深圳粤通国际投资有限公司	广东省深圳市龙岗区布澜路李朗国际珠宝园B1栋8楼			232

行业名次	公司名称	通讯地址	邮编	名次（1）	名次（3）
10	广州纺织工贸企业集团有限公司	广东省广州市越秀区东风中路 438 号广德大厦	510040		253
11	中国免税品（集团）有限责任公司	北京市东城区东直门外小街甲 2 号-1 正东国际大厦 A 座	100027		284
12	浙江华瑞集团有限公司	浙江省杭州市萧山区建设一路 66 号华瑞中心一号楼 28 楼	311215		292
13	湖北银丰实业集团有限责任公司	湖北省武汉市江岸区青岛路 7 号银丰大厦 12 楼	430014		322
14	浙江凯喜雅国际股份有限公司	浙江省杭州市体育场路 105 号	310004		346
15	万事利集团有限公司	浙江省杭州市江干区天城路 68 号 B 幢 17 楼	310021		353
16	厦门市嘉晟对外贸易有限公司	福建省厦门市思明区塔埔东路 165 号 1803 单元	361008		363
17	上海丝绸集团股份有限公司	上海市吴兴路 283 号	200030		409
18	鑫东森集团有限公司	福建省厦门思明区观音山商务中心南投路 11 号荣鑫盛运营中心 22f	361008		468
19	厦门华融集团有限公司	厦门市思明区故宫东路 27 号 601 单元	361004		475
粮油食品及农林、土畜、果蔬、水产品等内外批发商贸业					
1	中粮集团有限公司	北京市朝阳区朝阳门南大街 8 号中粮福临门大厦	100020	52	24
2	深圳市大生农业集团有限公司	深圳市福田区金田路 2028 号皇岗商务中心	400042	242	86
3	重庆粮食集团有限责任公司	重庆市北部新区星光大道 90 号土星商务中心 A2	401121		181
4	安徽安粮控股股份有限公司	安徽省合肥市金寨路 389-399 号盛安广场	230061		184
5	新疆生产建设兵团棉麻公司	新疆乌鲁木齐市沙依巴克区西北路 955 号香江丽华酒店	830000		190
6	湖南粮食集团有限责任公司	湖南省长沙市开福区芙蓉北路 1119 号	410000		287
7	浙江省农村发展集团有限公司	浙江省杭州市武林路 437 号农发大厦	310006		289
8	天津市长芦盐业总公司	天津市和平区睦南道 20 号	300050		293
9	安徽省盐业总公司	安徽省合肥市胜利路 1366 号	230011		296
10	厦门夏商集团有限公司	福建省厦门市厦禾路 939 号华商大厦 17-18 楼	361004		300
11	万向三农集团有限公司	浙江省杭州市萧山经济技术开发区	311215		357
12	江苏省粮食集团有限责任公司	江苏省南京市中山路 338 号苏粮国际大厦 25-27 楼	210008		361
13	宁波市绿顺集团股份有限公司	浙江省宁波市江东县（区）大戴街 2 号	315040		391
14	重庆市盐业（集团）有限公司	重庆市渝北区金石大道 458 号	401120		410
15	深圳市粮食集团有限公司	广东省深圳市福田区福虹路 9 号世贸广场 A 座 13 楼	518033		421
16	新疆前海集团公司	新疆喀什市克孜都维路 478 号	844000		423

行业名次	公司名称	通讯地址	邮编	名次(1)	名次(3)
17	广东省肇庆土产进出口有限公司	广东省肇庆市端州区江滨西路18号	526020		446
18	新疆银隆农业国际合作股份有限公司	新疆乌鲁木齐市南湖北路89号温州大厦	830017		491
19	新疆生产建设兵团第一师棉麻有限责任公司	新疆阿克苏地区阿拉尔市军垦大道西1099号质量记住监督局拐角楼	843300		500
生产资料批发及内外商贸业					
1	天津物产集团有限公司	天津市和平区营口道四号	300041	24	14
2	浙江省物产集团公司	浙江省杭州市环城西路56号	310006	64	32
3	广东物资集团公司	广东省广州市北较场横路12号物资大厦	510050	157	58
4	重庆对外经贸（集团）有限公司	重庆市北部新区星光大道80号天王星D座	401121		182
5	安徽辉隆农资集团	安徽省合肥市祁门路1777号辉隆大厦	230022		191
6	黑龙江倍丰农业生产资料集团有限公司	黑龙江省哈尔滨市松北区新湾路88号	150028		207
7	厦门路桥工程物资有限公司	福建省厦门市海沧区海虹路5号	361026		222
8	张家港百维物贸有限公司	江苏省张家港锦丰镇锦绣路3号冶金物流中心734-736	215624		231
9	浙江建华集团有限公司	浙江省杭州市沈半路2号	310015		233
10	佛山市顺德区乐从供销集团有限公司	广东省佛山市顺德区乐从镇跃进路供销大厦四楼	528315		246
11	庆丰农业生产资料集团有限责任公司	黑龙江省大庆市龙凤区卧里屯大街55号	163714		285
12	中国天津国际经济技术合作集团公司	天津市和平区睦南道103号	300050		301
13	新疆农资（集团）有限责任公司	新疆乌鲁木齐市中山路2号	830002		312
14	河北省农业生产资料有限公司	河北省石家庄市胜利北大街151号冀兴大厦A507	050041		349
15	厦门恒兴集团有限公司	福建省厦门市思明区鹭江道100号财富中心大厦42层	361001		365
16	湖北省农业生产资料集团有限公司	湖北省武汉市汉口建设大道737号广发银行大厦25楼	430014		367
17	常州市化工轻工材料总公司	江苏省常州市桃园路19号	213003		389
18	福建省福农农资集团有限公司	福建省福州市鼓楼区尚宾路32号	350001		392
19	吉峰农机连锁股份有限公司	四川省郫县红光镇现代工业港北片区港通北二路219号	611743		428
20	九禾股份有限公司	重庆市九龙坡区西郊路33号九龙明珠大厦5楼	400050		449
21	厦门育哲进出口有限公司	福建省厦门市同安区银湖路85号莲福大厦3层311室	361100		496
金属内外商贸及加工、配送、批发零售业					
1	西安迈科金属国际集团有限公司	陕西省西安市高新区唐延路33号迈科国际大厦23层	710075	162	61

行业名次	公司名称	通讯地址	邮编	名次（1）	名次（3）
2	上海均和集团有限公司	上海市曲阳路 910 号 15 楼	200434	354	118
3	大汉控股集团有限公司	湖南省长沙市人民东路大汉建材城 1 栋	410000	422	134
4	张家港保税区旭江贸易有限公司	江苏省张家港市锦丰镇沙钢科技大楼	215625		158
5	华南物资集团有限公司	重庆市江北区红黄路 1 号 1 幢 15-1	400020		172
6	天津立业钢铁集团有限公司	天津市东丽区军粮城东金路	300301		283
7	上海闽路润贸易有限公司	上海市杨浦区国宾路 36 号万达广场 B 座 11 楼	200433		294
8	江阴长三角钢铁集团有限公司	江苏省江阴市澄山路 2 号	214400		309
9	上海尚友实业集团有限公司	上海市杨浦区国权路 39 号金座 6 楼	200433		344
10	张家港保税区荣德贸易有限公司	江苏省张家港市锦丰镇沙钢集团科技大楼财务处	215625		375
11	山西宝力金属材料集团有限公司	山西省太原市和平北路三给村东大道北侧	030023		414
12	张家港福洛瑞物贸有限公司	江苏省张家港市锦丰镇扬子江冶金工业园 735 室	215625		430
13	天津渤海润德钢铁集团有限公司	天津市河西区围堤道 53 增 1 号丽晶国际大厦 23 层	300201		433
14	重庆河东控股（集团）有限公司	重庆市南岸区丹龙路 18 号东原亲亲里 7 栋 6 楼	400060		438
15	上海福然德部件加工有限公司	上海市宝山区潘泾路 3759 号	201908		473
16	厦门轨道物资有限公司	福建省厦门市思明区厦禾路 1236-1238 号 2 号楼一层	361004		481
17	上海埃圣玛金属科技集团有限公司	上海市宝山区盘古路 388 号祥腾国际 5 号楼 5 层	201900		494
18	上海百营钢铁集团有限公司	上海市宝山区友谊路 1518 弄永景国际大厦 1 号 10-16F	201999		497
综合性内外商贸及批发业、零售业					
1	厦门国贸控股有限公司	福建省厦门市湖滨南路 388 号国贸大厦 38 楼	361004	158	59
2	浙江省兴合集团有限责任公司	浙江省杭州市延安路 312 号	310006	183	69
3	远大物产集团有限公司	浙江省宁波市江东区惊驾路 555 号泰富广场 A 座 12-15 层	315040	280	97
4	上海纺织（集团）有限公司	上海市古北路 989 号	200336	295	101
5	中基宁波集团股份有限公司	浙江省宁波市鄞州区天童南路 666 号	315199	367	123
6	东方国际（集团）有限公司	上海市娄山关路 85 号东方国际大厦 A 座 23F	200336		164
7	广西物资集团有限责任公司	广西省南宁市东葛路 78 号	530022		167
8	宁波君安控股有限公司	浙江省宁波市江东区彩虹北路 40 号	315040		171
9	武汉中商集团股份有限公司	湖北省武昌区中南路 9 号	430071		189
10	北方国际集团有限公司	天津市和平区大理道 68 号	300050		210
11	广州轻出集团股份有限公司	广东省广州市越秀区长堤大马路 87 号	510120		277

行业名次	公司名称	通讯地址	邮编	名次（1）	名次（3）
12	浙江万丰企业集团公司	浙江省杭州市萧山区城厢街道人民路51号	311203		342
13	宁波海田控股集团有限公司	浙江省宁波市江北区文教路72弄16号	315016		368
14	上海外经集团控股有限公司	上海市小木桥路681号上海外经大厦	200032		383
15	嘉兴良友进出口集团股份有限公司	浙江省嘉兴市东升东路2500号良友大厦	314033		390
16	宁波萌恒工贸有限公司	浙江省宁波市鄞州县（区）宁南北路18号	315100		469
汽车及摩托车商贸、维修保养及租赁业					
1	庞大汽贸集团股份有限公司	河北省唐山市滦县火车站广场东侧庞大汽贸集团	063700	213	77
2	中升集团控股有限公司	辽宁省大连市沙河口区河曲街20号	116021	231	81
3	上海永达控股（集团）有限公司	上海市瑞金南路299号	200023	297	102
4	山东远通汽车贸易集团有限公司	山东省临沂市通达路319号	276002		188
5	万友汽车投资有限公司	重庆市渝中区长江二路77号	400042		194
6	润华集团股份有限公司	济南市经十西路3999号润华汽车文化产业园	250117		216
7	利泰集团有限公司	广东省佛山市季华五路10号金融广场23楼	528000		221
8	浙江康桥汽车工贸集团股份有限公司	浙江省杭州市拱墅区拱康路100号康华大厦17楼	310015		239
9	广东鸿粤汽车销售集团有限公司	广东省广州市白云区白云大道北958号鸿粤集团大楼	510440		244
10	中国农业机械华北集团有限公司	天津市和平区赤峰道127号	300041		260
11	宁波轿辰集团股份有限公司	浙江省宁波市高新区星海南路16号轿辰大厦	315040		281
12	安徽亚夏实业股份有限公司	安徽省宁国市宁阳西路75号	242300		290
13	山西大昌汽车集团有限公司	山西省太原市平阳南路88号	030032		306
14	重庆百事达汽车有限公司	重庆市渝北区松牌路521号百事达汽车	401147		313
15	温州开元集团有限公司	浙江省温州市温州大道南郊工业区2729号	325000		314
16	上海申华控股股份有限公司	上海市宁波路1号申华金融大厦24F	200002		325
17	湖南兰天集团有限公司	湖南省长沙市岳麓大道375号	410003		341
18	广州南菱汽车股份有限公司	广东省广州市白云区白云大道北1399号	510440		370
电器商贸批发业、零售业					
1	苏宁控股集团	江苏省南京市玄武区徐庄软件园苏宁大道1号	210042	40	20
2	国美电器有限公司	北京市朝阳区霄云路26号鹏润大厦	100016	106	41
3	深圳市爱施德股份有限公司	广东省深圳市南山区茶光路南湾工业区7栋3楼	518055	262	94
4	天音通信有限公司	广东省深圳市深南中路1002号新闻大厦26层	518027	361	121
5	江苏五星电器有限公司	江苏省南京市鼓楼区中山北路241号	210009		245
6	武汉工贸有限公司	湖北省武汉市硚口区解放大道855号工贸家电大厦	430032		343
7	常熟市交电家电有限责任公司	江苏省常熟市海虞金家浜路2号	215500		458

行业名次	公司名称	通讯地址	邮编	名次（1）	名次（3）
8	厦门盛元集团有限公司	福建省厦门市湖滨南路 819 号宝福大厦 26 层	361004		470
医药专营批发业、零售业					
1	中国医药集团总公司	北京市海淀区知春路 20 号	100191	54	25
2	九州通医药集团股份有限公司	湖北省武汉市汉阳区龙阳大道特 8 号	430051	310	106
3	天津领先控股集团有限公司	天津市空港经济区商务园东区 E2 号	300300	442	141
4	重庆医药（集团）股份有限公司	重庆市渝中区大同路 1 号	400011		168
5	浙江英特药业有限责任公司	浙江省杭州市滨江区江南大道 96 号中化大厦 1107	310051		195
6	鹭燕（福建）药业股份有限公司	福建省厦门市湖里区安岭路 1004 号	361006		324
7	广西柳州医药股份有限公司	广西柳州市柳州区长风路 4 号	545000		340
8	宁波医药股份有限公司	浙江省宁波市海曙县车轿街 26 号	315000		386
9	浙江省医药工业有限公司	浙江省杭州市莫干山路文北巷 27 号	310012		417
10	老百姓大药房连锁股份有限公司	湖南省长沙经济技术（星沙）开元西路 1 号	410100		425
11	全洲药业集团有限公司	湖南省长沙市时代阳光大道 216 号	410117		471
商业零售业、连锁超市					
1	大商集团有限公司	辽宁省大连市中山区青三街 1 号	116001	93	37
2	百联集团有限公司	上海市黄浦区中山南路 315 号百联大厦 13 楼	200010	112	43
3	山东省商业集团有限公司	山东省济南市山师东路 4 号	250014	167	63
4	重庆商社（集团）有限公司	重庆市渝中区青年路 18 号	400010	241	85
5	天津一商集团有限公司	天津市和平区唐山道 54 号	300040	272	95
6	合肥百货大楼集团股份有限公司	安徽省合肥市长江西路 689 号金座 A2408	230088	333	110
7	浙江省商业集团有限公司	浙江省杭州市惠民路 56 号 2 号楼	310002	336	112
8	永辉超市股份有限公司	福建省福州市鼓楼区湖头街光荣路 5 号院	350003	340	114
9	武汉武商集团股份有限公司	湖北省武汉市江汉区解放大道 690 号武汉国际广场 8 楼	430022	362	122
10	长春欧亚集团股份有限公司	吉林省长春市高新技术产业开发区飞跃路 2686 号	130011	378	126
11	中百控股集团股份有限公司	湖北省武汉市硚口区古田二路汇丰企业总部 8 号楼 B 座	430035	379	127
12	石家庄北国人百集团有限责任公司	河北省石家庄市中山东路 188 号	050000	383	128
13	利群集团股份有限公司	山东省青岛市崂山区崂山路 67 号	266102		155
14	银泰商业（集团）有限公司	浙江省杭州市下城区延安路 528 号标力大厦 B 座 8F 综合部	310006		169
15	淄博商厦股份有限公司	山东省淄博市张店区中心路 125 号	255000		183
16	大连金玛商城企业集团有限公司	辽宁省大连市金州新区金马路永德街 1 号	116600		187
17	杭州联华华商集团有限公司	浙江省杭州市庆春路 86 号	310003		198
18	浙江宝利德股份有限公司	浙江省杭州市西湖区求是路 8 号公元大厦南楼 503	310013		202

行业名次	公司名称	通讯地址	邮编	名次（1）	名次（3）
19	月星集团有限公司	上海市普陀区澳门路168号	200060		220
20	广州百货企业集团有限公司	广东省广州市越秀区西湖路12号23楼	510030		224
21	唐山百货大楼集团有限责任公司	河北省唐山市路北区新华东道125号	063000		243
22	河北怀特集团股份有限公司	河北省石家庄市裕华区槐岭路26号	050021		249
23	无锡商业大厦大东方股份有限公司	江苏省无锡市中山路343号	214001		268
24	上海新世界（集团）有限公司	上海市黄浦区九江路619号22楼	200001		272
25	新疆友好（集团）股份有限公司	新疆乌鲁木齐市友好南路668号	830000		275
26	天津金元宝商厦集团有限公司	天津市滨海新区塘沽解放路668号	300450		278
27	银川新华百货商业集团股份有限公司	宁夏银川市兴庆区解放西街2号老大楼写字楼7楼	750001		308
28	湖南友谊阿波罗控股股份有限公司	湖南省长沙市芙蓉区车站中路345号	410001		311
29	山西美特好连锁超市股份有限公司	山西省太原市迎泽区南内环街179号	030012		315
30	邯郸市阳光百货集团总公司	河北省邯郸市中华北大街29号	056002		331
31	江苏恒大置业投资发展有限公司	江苏省苏州市吴江区松陵镇交通路1999号38幢	215022		350
32	青岛利客来集团股份有限公司	山东省青岛市李沧区京口路58号	266100		358
33	武汉市汉商集团股份有限公司	湖北省武汉市汉阳大道134号	430050		373
34	青岛维客集团股份有限公司	山东省青岛市李沧区京口路86号	266100		380
35	广东天河城（集团）股份有限公司	广东省广州市天河路208号	510620		382
36	雄风集团有限公司	浙江省诸暨市陶朱街道诸三路100号	311800		398
37	长沙通程控股股份有限公司	湖南省长沙市劳动西路589号	410007		402
38	黄冈市黄商贸易股份有限公司	湖北省黄冈市黄州区宝塔大道162号			416
39	重庆华轻商业有限公司	重庆市渝中区邹容路107号	400010		422
40	重庆市新大兴实业（集团）有限公司	重庆市涪陵区鹅颈管1组新大兴大厦3楼	408000		452
41	广州友谊集团股份有限公司	广东省广州市越秀区环市东路369号	510095		460
42	浙江供销超市有限公司	浙江省绍兴市延安东路173号	312000		463
43	浙江华联商厦有限公司	浙江省宁波市余姚市南雷南路2号 商会大厦 南楼27层	315400		467
44	湖州市浙北大厦有限责任公司	浙江省湖州市红旗路南街口	313000		474
45	心连心集团有限公司	湖南省湘潭市韶山中路10号	411100		477
46	天津二商集团有限公司	天津市和平区山东路112号	300041		478
47	中兴-沈阳商业大厦（集团）股份有限公司	辽宁省沈阳市和平区太原北街86号	110001		479
48	加贝物流股份有限公司	浙江省宁波市北仑区大矸庐山中路1号	315806		495
银行业					
1	中国工商银行股份有限公司	北京市西城区复兴门内大街55号	100140	4	2
2	中国建设银行股份有限公司	北京市西城区金融大街25号	100033	5	3
3	中国农业银行股份有限公司	北京市东城区建国门内大街69号	100005	7	4

行业名次	公司名称	通讯地址	邮编	名次（1）	名次（3）
4	中国银行股份有限公司	北京市复兴门内大街 1 号	100818	8	5
5	国家开发银行股份有限公司	北京市西城区复兴门内大街 18 号	100031	14	7
6	交通银行股份有限公司	上海市银城中路 188 号	200120	31	18
7	招商银行股份有限公司	广东省深圳市深南大道 7088 号招商银行大厦 45 楼	518040	42	21
8	兴业银行股份有限公司	福建省福州市湖东路 154 号中山大厦 A 座	350003	51	23
9	中国民生银行股份有限公司	北京市中关村南大街 1 号友谊宾馆嘉宾楼	100873	55	26
10	上海浦东发展银行	上海市中山东一路 12 号	200002	58	29
11	中国农业发展银行	北京市西城区月坛北街甲 2 号	100045	90	34
12	中国光大集团股份有限公司	北京市西城区太平桥大街 25 号中国光大中心	100033	91	35
13	华夏银行股份有限公司	北京市东城区建国门内大街 22 号华夏银行大厦	100005	138	51
14	北京银行	北京市西城区金融大街丙 17 号北京银行大厦	100033	169	65
15	渤海银行股份有限公司	天津市河西区马场道 201-205 号	300204	326	108
16	盛京银行股份有限公司	辽宁省沈阳市沈河区北站路 109 号	110013	458	144
17	天津银行股份有限公司	天津市河西区友谊路 15 号	300201	470	145
18	广州农村商业银行股份有限公司	广东省广州市天河区珠江新城华夏路 1 号	510623	473	146
19	重庆农村商业银行股份有限公司	重庆市江北区洋河东路 10 号	400020		166
20	天津农村商业银行股份有限公司	天津市河西区马场道 59 号国际经济贸易中心 A 座 1-6 层	300203		214
21	汉口银行股份有限公司	湖北省武汉市建设大道 933 号	430015		250
22	青岛农村商业银行股份有限公司	山东省青岛市香港东路 109 号	266061		254
23	武汉农村商业银行股份有限公司	湖北省武汉市江岸区建设大道 618 号	430015		255
24	华融湘江银行股份有限公司	湖南省长沙市天心区芙蓉南路一段 828 号	410004		261
25	青岛银行股份有限公司	山东省青岛市香港中路 68 号青岛银行 12 楼办公室	266071		274
26	重庆银行股份有限公司	重庆市渝中区邹容路 153 号	040010		295
27	桂林银行股份有限公司	广西桂林市中山南路 76 号	541002		303
28	长沙银行股份有限公司	湖南省长沙市芙蓉中路 1 段 433 号	410005		318
29	广西北部湾银行股份有限公司	广西南宁市青秀路 10 号	530028		326
30	宁夏银行股份有限公司	宁夏回族自治区银川市金凤区北京中路 157 号	750002		336
31	龙江银行股份有限公司	黑龙江省哈尔滨市滨市道里区友谊路 436 号	150018		337
32	江苏张家港农村商业银行股份有限公司	江苏省张家港市人民中路 66 号	215600		369
33	张家口市商业银行股份有限公司	河北省张家口市桥东区胜利北路 51 号	075000		371
34	无锡农村商业银行股份有限公司	江苏省无锡市金融二街 9 号	214125		374
35	柳州银行股份有限公司	广西壮族自治区柳州市中山西路 12 路	545001		394
36	齐商银行股份有限公司	山东省淄博市金晶大道 105 号	255025		395

行业名次	公司名称	通讯地址	邮编	名次（1）	名次（3）
37	江苏江阴农村商业银行股份有限公司	江苏省江阴市澄江中路1号	214431		400
38	青海银行股份有限公司	青海省西宁市黄河路36号	810000		426
39	赣州银行股份有限公司	江西省赣州市章贡区赣江源大道26号	341000		436
40	江苏吴江农村商业银行股份有限公司	江苏省吴江市中山南路1777号	215200		443
41	重庆三峡银行股份有限公司	重庆市渝中区民权路107号	400011		483
人寿保险业					
1	中国人寿保险（集团）公司	北京市西城区金融大街17号中国人寿中心	100033	15	8
2	新华人寿保险股份有限公司	北京市朝阳区建国门外大街甲12号新华保险大厦	100022	107	42
3	泰康人寿保险股份有限公司	北京市西城区复兴门内大街156号泰康人寿大厦	100031	146	54
4	阳光保险集团股份有限公司	北京市朝阳区朝外大街乙12号1号楼昆泰国际大厦25层2512	100020	323	107
证券业					
1	广发证券股份有限公司	广东省广州市天河区天河北路183-187号大都会广场43楼	510075		204
2	方正证券股份有限公司	湖南省长沙市芙蓉中路二段华侨国际大厦22层	410015		372
财产保险业					
1	中国人民保险集团股份有限公司	北京市海淀区清华西路28号	100084	29	16
2	国元农业保险股份有限公司	安徽省合肥市长江西路315号	230031		484
其他金融服务业					
1	广西投资集团有限公司	广西南宁市民族大道109号	530028	199	75
2	兴华财富集团有限公司	河北省武安市上团城西	056310		165
3	四川信托有限公司	四川省成都市锦江区人民南路2段18号川信红照壁大厦	610016		492
多元化投资控股、商务服务业					
1	华润股份有限公司	广东省深圳市罗湖区深南东路5001号华润大厦28楼2801单元	518001	21	12
2	中国中信集团有限公司	北京市朝阳区新源南路6号京城大厦	100004	30	17
3	国家开发投资公司	北京市西城区阜成门北大街6号-6	100034	125	46
4	深圳市神州通投资集团有限公司	广东省深圳市南山区西丽茶光路南湾工业区第6、7栋	518035	256	91
5	广东省广晟资产经营有限公司	广东省广州市珠江新城珠江西路17号广晟国际大厦50-58楼	510623	304	104
6	云南省能源投资集团有限公司	云南省昆明市人民中路20号美亚大厦18-24楼	650021	349	116

行业名次	公司名称	通讯地址	邮编	名次（1）	名次（3）
7	重庆市能源投资集团有限公司	重庆市渝北区洪湖西路 12 号	401121	358	120
8	广东粤合资产经营有限公司	广东省广州市天河区天河路 242 号丰兴广场 B 座 8 楼 804-810 室	510620		176
9	广东粤海控股集团有限公司	广东省广州市天河区天河路 208 号粤海天河城大厦 45 楼	510620		193
10	中国万向控股有限公司	上海浦东新区陆家嘴西路 99 号万向大厦	200120		196
11	青海省投资集团有限公司	青海省西宁市城西区新宁路 36 号	810008		211
12	武汉经济发展投资（集团）有限公司	武汉市江汉区长江日报路 77 号投资大厦	430015		215
13	厦门海沧投资集团有限公司	福建省厦门市海沧区钟林路 8 号海投大厦	361026		269
14	湖北能源集团股份有限公司	湖北省武汉市武昌区徐东大街 96 号	430062		299
15	广州中大控股有限公司	广州市海珠区新港西路 135 号中大科技综合楼 B 座自编 1614 房	510275		327
16	广西西江开发投资集团有限公司	广西南宁市民族大道 100 号西江大厦	530022		328
17	四川省开元集团有限公司	四川省成都市一环路南三段 47 号	610041		329
18	广西金融投资集团有限公司	广西南宁市金浦路 22 号名都大厦	530022		381
19	无锡市交通产业集团有限公司	江苏省无锡市运河东路 100 号	214031		397
20	中国电力工程顾问集团中南电力设计院有限公司	湖北省武汉市武昌区中南二路 12 号	430071		447
21	上海宝华企业集团有限公司	上海市广中西路 555 号 23 楼	200072		466
房地产开发与经营、物业及房屋装饰、修缮、管理等服务业					
1	绿地控股集团有限公司	上海市打浦路 700 号绿地总部大厦	200023	47	22
2	大连万达集团股份有限公司	北京市朝阳区建国路 93 号万达广场 B 座	100022	57	28
3	恒大地产集团有限公司	广东省广州市天河区黄埔大道 78 号天伦大厦恒大中心	510620	129	47
4	绿城房地产集团有限公司	浙江省杭州市杭大路 1 号黄龙世纪广场 A10 楼	310007	168	64
5	银亿集团有限公司	浙江省宁波市江北区人民路 132 号 27 楼	315020	235	82
6	隆基泰和实业有限公司	河北省高碑店市东方路 66 号	074099	249	89
7	重庆龙湖企业拓展有限公司	重庆市渝江区天山大道西段 32 号 1 幢	401123	255	90
8	广东圣丰集团有限公司	广州市广州大道中 988 号圣丰广场北塔 s 层	510620	344	115
9	重庆市金科投资控股（集团）有限责任公司	重庆市江北区石马河街道金科十年城 5 栋 3 楼	400000	372	125
10	天津住宅建设发展集团有限公司	天津市和平区马场道 66 号	300050	406	132
11	福佳集团有限公司	辽宁省大连市沙河口区兴工街 4 号 A 栋 24 楼	116021	426	136
12	世纪金源投资集团有限公司	北京市海淀区蓝晴路 1 号	100097	433	138
13	弘阳集团有限公司	江苏省南京市大桥北路 9 号弘阳大厦	210031	436	139
14	卓尔控股有限公司	湖北省武汉市盘龙城经济开发区楚天大道特 1 号卓尔大厦	430312	444	142

行业名次	公司名称	通讯地址	邮编	名次(1)	名次(3)
15	广州越秀集团有限公司	广东省广州市珠江新城珠江西路5号国金中心64-65楼	510623	481	148
16	天津房地产集团有限公司	天津市河西区宾水道增9号环渤海发展中心A座16-19层	300061	488	149
17	香江集团有限公司	广东省番禺区大道锦绣香江花园集团办公楼	511442		157
18	苏州金螳螂企业（集团）有限公司	江苏省苏州市姑苏区西环路888号	215004		162
19	大华（集团）有限公司	上海市宝山区华灵路698号	200442		217
20	西安高科（集团）公司	陕西省西安市高新区科技路33号高新国际商务中心34层	710075		219
21	天津现代集团有限公司	天津市和平区滨江道219号利华佳商厦	300051		225
22	锦联控股集团有限公司	辽宁省大连市中山区祝贺街35号锦联大厦	116001		236
23	广东珠江投资股份有限公司	广东省广州市珠江东路421号珠江投资大厦6楼	510623		252
24	深圳广田装饰集团股份有限公司	广东省深圳市罗湖区沿河北路1003号东方都会1-2楼	518000		259
25	滨海投资集团股份有限公司	天津市滨海新区塘沽烟台道15号	300450		266
26	重庆协信控股（集团）有限公司	重庆市满意经区洋河一路68号协信中心C座27楼	400020		273
27	四川富临实业集团有限公司	四川省绵阳市高新区普明北路东段588号	621000		279
28	厦门禹洲集团股份有限公司	厦门市湖滨西路39号华侨海景城6楼	361003		286
29	重庆华宇物业（集团）有限公司	重庆市沙坪坝区华宇广场1号世纪银河30楼	400030		302
30	联发集团有限公司	福建省厦门市湖里大道31号联发大厦	361006		305
31	荣安集团股份有限公司	浙江省宁波市海曙县区灵桥路513号天封大厦5楼	315000		335
32	祥生实业集团有限公司	浙江省诸暨市苎萝东路195号祥生新世纪广场商务楼15层	311800		338
33	宁波富达股份有限公司	浙江省宁波市海曙（区）解放南路208号建设大厦18-19楼	315000		355
34	宁波伟立投资集团有限公司	浙江省宁波市江东县百丈东路758弄7号现代大酒店三楼行政区	315040		366
35	天津海泰控股集团有限公司	天津华苑产业区梅苑路6号海泰大厦11-12层	300384		387
36	宁波联合集团股份有限公司	浙江省宁波市经济技术开发区东海路1号联合大厦	315803		396
37	厦门住宅建设集团有限公司	福建省厦门市思明区莲富大厦办公楼8/20楼	361004		403
38	宁波宁兴控股股份有限公司	浙江省宁波市中山西路138号天宁大厦26楼	315010		427
39	厦门经济特区房地产开发集团有限公司	福建省厦门市思明区文塔路211号4-6层	361004		437
40	东冠集团有限公司	浙江省杭州市滨江区江南大道588号恒鑫大厦	310052		442

行业名次	公司名称	通讯地址	邮编	名次（1）	名次（3）
41	广西云星集团有限公司	广西南宁市金湖路 59 号地王国际商务中心 34 层	530028		445
42	宁波宁兴房地产开发集团有限公司	浙江省宁波市海曙区和义路 77 号 26 楼	315000		454
43	上海金桥（集团）有限公司	上海市浦东新区新金桥路 27 号 1 号楼	201206		455
44	武汉地产开发投资集团有限公司	湖北省武汉市江汉区新华路 25 号伟业大厦 14 层	430022		462
45	天津贻成集团有限公司	天津市塘沽区河北路 4862-1 号	300451		464
46	安徽文峰置业有限公司	安徽省合肥市包河区马鞍山路绿地赢海大厦 C 座 9 楼	230000		476
47	重庆市黔龙实业（集团）有限责任公司	重庆市正阳工业园区金龙路	409000		486
旅游、宾馆及娱乐服务业					
1	中国港中旅集团公司	北京市宣武区广安门内大街 338 号 9 层（香港干诺道中 78-83 号中旅集团大厦）	100053	246	88
2	北京首都旅游集团有限责任公司	北京市朝阳区雅宝路 10 号凯威大厦	100020	331	109
3	上海春秋国际旅行社（集团）有限公司	上海市长宁区 1558 号	200500		227
4	中青旅控股股份有限公司	北京市东城区东直门南大街 5 号	100007		235
5	开元旅业集团有限公司	浙江省杭州市萧山区市心中路 818 号	311202		321
6	广州广之旅国际旅行社股份有限公司	广东省广州市白云区机场西乐嘉路 1 号	510403		401
公用事业、市政、水务、航道、港口等公共设施的投资、经营与管理业					
1	北京控股集团有限公司	北京市朝阳区东三环北路 38 号院北京国际中心 4 号楼	100026	217	78
2	辽宁日林实业集团有限公司	辽宁省丹东振兴区三纬路 1 号 A 区 A 座	118000	440	140
3	北京首都创业集团有限公司	北京市东城区朝阳门北大街 6 号首创大厦 15 层	100027	496	151
4	宁波华东物资城市场建设开发有限公司	浙江省宁波市江东县（区）世纪大道北段 323 号 20 层	315040		200
5	南昌市政公用投资控股有限责任公司	江西省南昌市青山湖区湖滨东路 1399 号	330039		203
6	湖北省交通投资集团有限公司	湖北省武汉市洪山区珞喻路 1077 号东湖广场			209
7	天津城市基础设施建设投资集团有限公司	天津市和平区大沽北路 161 号城投大厦	300040		213
8	武汉市城市建设投资开发集团有限公司	湖北省武汉市洪山区团结大道 1020 号	430061		242
9	广西北部湾投资集团有限公司	广西南宁市中泰路 11 号北部湾大厦	530029		264
10	天津市政建设集团有限公司	天津市和平区衡阳路 4 号	300050		323
11	上海临港经济发展（集团）有限公司	上海市浦东新区新元南路 555 号	201306		330
12	南京大地建设集团有限责任公司	江苏省南京市华侨路 56 号大地建设大厦 27 楼 2703	210000		332
13	佛山市公用事业控股有限公司	广东省佛山市禅城区季华五路 22 号季华大厦	528000		333
14	广州市水务投资集团有限公司	广东省广州市天河区临江大道 501 号	510655		347

行业名次	公司名称	通讯地址	邮编	名次（1）	名次（3）
15	武汉市水务集团有限公司	湖北省武汉市建设大道957号	430015		480
人力资源、会展博览、国内外经济合作等社会综合服务业					
1	中国国际技术智力合作公司	北京市朝阳区光华路7号汉威大厦西区25层	100004	281	98
2	北京外企服务集团有限责任公司	北京市朝阳区西大望路15号外企大厦B座19层	100022	338	113
3	中国江苏国际经济技术合作集团有限公司	江苏省南京市北京西路5号	210008		179
4	中国对外贸易中心（集团）	广东省广州市海珠区阅江中路382号	510335		393
5	中国大连国际经济技术合作集团有限公司	辽宁省大连市西岗区黄河路219号	116011		434
科技研发、推广及地勘、规划、设计、评估、咨询、认证等承包服务业					
1	中国煤炭科工集团有限公司	北京市朝阳区和平里十三区煤炭大厦	100013		153
2	银江科技集团有限公司	浙江省杭州市西湖科技园西园八路2号银江软件园G座	310030		310
3	柏年康成健康管理集团有限公司	浙江省宁波市高新县（区）江南路1558号浙大科技园3楼	315040		351
4	赛鼎工程有限公司	山西省太原市高新区晋阳街赛鼎路1号	030032		379
5	长江勘测规划设计研究院	湖北省武汉市汉口江岸区解放大道1863号	430010		419
文化产业（书刊的出版、印刷、发行与销售及影视、广播、音像、文体、演艺等）					
1	安徽出版集团有限责任公司	安徽省合肥市政务文化新区翡翠路1118号	230071		152
2	安徽新华发行（集团）控股有限公司	安徽省合肥市包河区北京路8号	230051		170
3	湖南省新华书店有限责任公司	湖南省长沙市五一大道826号新华大厦	410005		251
4	浙江出版联合集团有限公司	浙江省杭州市天目山路40号	310013		256
5	西安曲江文化产业投资（集团）有限公司	陕西省西安市雁塔南路292号曲江文化大厦	710061		280
6	四川新华发行集团有限公司	四川省成都市人民南路一段86号城市之心12楼	610017		345
7	云南出版集团有限责任公司	云南省昆明市环城西路609号	650034		359
8	安徽广电传媒产业集团	安徽省合肥市高新区合欢路20号	230088		488
信息、传媒、电子商务、网购、网络娱乐等互联网服务业					
1	京东商城电子商务有限公司	北京市朝阳区北辰西路8号北辰世纪中心A座10层	100101	123	45
2	腾讯控股有限公司	广东省深圳市南山区高新科技园科技中一路腾讯大厦	518057	171	66
3	阿里巴巴集团控股有限公司			188	71
4	百度股份有限公司	北京海淀区上地十街10号百度大厦		257	92
5	唯品会（中国）有限公司	广东省广州市荔湾区芳村花海街20号自编6号楼	510370		154
6	网易公司				228
7	搜狐网络有限责任公司				240

行业名次	公司名称	通讯地址	邮编	名次(1)	名次(3)
8	深圳市朗华供应链服务有限公司	广东省深圳市福田区深南大道6021号喜年中心B座朗华大厦11楼	518040		258
9	北京奇虎科技有限公司	北京			270
10	携程旅行网	上海			297
11	上海东方电视购物有限公司	上海市杨浦区国定路400号	200433		304
12	新浪公司	北京			376
13	畅游有限公司	北京市石景山区八角东街65号B座畅游大厦			385
14	当当网信息技术（天津）有限公司	天津市武清区大王古庄镇京滨工业园民王道7号	301700		399
15	搜房控股有限公司	北京			407
16	广东省广播电视网络股份有限公司	广东省广州市珠江西路17号广晟国际大厦37层	510623		424
17	聚美优品				429
18	完美世界（北京）网络技术有限公司				431
19	广州华多网络科技有限公司	广东省广州市天河区黄埔大道中309号羊城创意产业园3-08栋	510655		432
20	盛大游戏有限公司				439
21	欢聚时代				441
22	途牛旅游网				450
23	湖南新长海发展集团有限公司	湖南省长沙市经开区板仓南路26号	410100		451
24	好易购家庭购物有限公司	浙江省杭州市学源街998号	310018		489
综合服务业（以服务业为主，含有制造业）					
1	中国机械工业集团有限公司	北京市海淀区丹棱街3号A座	100080	56	27
2	中国保利集团公司	北京市东城区朝阳门北大街1号保利大厦28层	100010	98	39
3	上海东浩兰生国际服务贸易（集团）有限公司	上海市延安中路837号	200040	133	49
4	新疆广汇实业投资（集团）有限责任公司	乌鲁木齐市新华北路165号广汇中天广场32层	830002	143	53
5	大印集团有限公司	海南省海口市滨海大道123号鸿联商务广场5楼	570105	210	76
6	上海均瑶（集团）有限公司	上海市徐汇区肇嘉浜路789号均瑶国际广场37楼	200032		177
7	广州岭南国际企业集团有限公司	广东省广州市流花路122号中国大酒店商业大厦4-6层	510015		208
8	湖南九龙经贸集团有限公司	湖南省娄底市长青中街199号	417100		212
9	苏州国信集团有限公司	江苏省太仓市上海东路105号	215400		282

行业名次	公司名称	通讯地址	邮编	名次(1)	名次(3)
10	宁波滕头集团有限公司	浙江省奉化市萧王庙街道滕头村	315503		291
11	华茂集团股份有限公司	浙江省宁波市西门望春工业区龙嘘路125号	315175		316
12	上海恒升企业（集团）有限公司	上海延安西路777号裕丰国际大厦24楼	200080		444
综合保险业					
1	中国平安保险（集团）股份有限公司	广东省深圳市福田区福华路星河发展中心15楼	518048	20	11
2	中国太平洋保险（集团）股份有限公司	上海市浦东新区银城中路190号交银金融大厦南楼	200120	63	31
3	中国太平保险集团有限责任公司	北京市西城区广宁伯街2号金泽大厦7层	100023	156	57

后 记

一、《中国 500 强企业发展报告》是由中国企业联合会、中国企业家协会组织编写的全面记载和反映中国 500 强企业改革和发展的综合性大型年度报告。

二、为深入贯彻落实党的十八届三中、四中全会精神，促进企业做大做强做优，提高国际竞争力，发展我国大型跨国公司，中国企业联合会、中国企业家协会连续第十四年参照国际惯例推出中国 500 强企业及其与世界企业 500 强的对比分析报告，连续第十一年推出了中国制造业企业 500 强、中国服务业企业 500 强及其分析报告，并在此基础上连续推出了中国企业效益 200 佳和中国跨国公司 100 大及其分析报告。国务院领导多次作出批示，希望中国企业联合会继续把这方面的工作做好。2015 中国企业 500 强、2015 中国制造业企业 500 强、2015 中国服务业企业 500 强、2015 中国跨国公司 100 大的产生得到了各有关企联（企协）、企业家协会及大企业的大力支持，在此深表感谢。

三、本报告为中国企业联合会、中国企业家协会的研究成果。各章的作者为第一章：冯立果、李素云；第二章：赵婷、吴晓；第三章：高蕊、张德华；第四章：李建明；第五章：郝玉峰；第六章：刘兴国；第七章：殷恒晨；第八章：张德华；第九章：吴晓；第十、十一章：张德华；第十二、十三章：吴晓；全书由郝玉峰统稿。参加编辑工作的有：郝玉峰、缪荣、刘兴国、冯立果、高蕊、张德华、吴晓、张倩、郭雪娇、杨润、王艳华。

四、凡引用本报告研究数据、研究成果者，应注明引自“中国企业联合会《2015 中国 500 强企业发展报告》”或“中国企业联合会 2015 中国企业 500 强”、“中国企业联合会 2015 中国制造业企业 500 强”、“中国企业联合会 2015 中国服务业企业 500 强”或中国企业联合会 2015 中国跨国公司 100 大，未经授权不得转载 2015 中国企业 500 强、2015 中国制造业企业 500 强、2015 中国服务业企业 500 强、2015 中国跨国公司 100 大的名单。

五、2016 年我会将继续对中国企业 500 强、中国制造业企业 500 强、中国服务业企业 500 强进行分析研究，出版《中国 500 强企业发展报告》，希望申报 2016 中国企业 500 强、2016 中国制造业企业 500 强、2016 中国服务业企业 500 强的企业请与中国企业联合会、中国企业家协会研究部联系，电话：010－88512628、68701280、68431613、88413605、68465525；传真：68411739；网址：www.china-500.org。

六、本报告得到了双志精英会、汇桔网、印纪传媒娱乐公司、爱波瑞管理咨询集团公司、中国可持续发展工商理事会、大成律师事务所、清华大学、中国企业管理科学基金会的大力支持，在此特别致谢！

由于时间仓促，本报告难免出现疏漏和不尽人意之处，恳请经济界、企业界及其他各界人士提出宝贵意见和建议。

在本书即将出版之际，我们还要向一直负责本书出版的企业管理出版社表示感谢。

编 者

二〇一五年八月